ISBN 978-0-332-68235-8
PIBN 10988016

REVISTA

DE

GUIMARÃES

PUBLICAÇÃO

DA

SOCIEDADE MARTINS SARMENTO

PROMOTORA DA INSTRUCÇÃO POPULAR NO CONCELHO DE GUIMARÃES

VOLUME XXIX

N.º 1 — Janeiro — 1912

PORTO

TYP. DE A. J. DA SILVA TEIXEIRA, SUCCESSOR
Rua da Cancella Velha, 70
1912

A **Revista de Guimarães** publica-se nos mezes de janeiro, abril, julho e outubro, em fascículos de 48 paginas.

Cada volume, composto de quatro fascículos, custa por assignatura 600 reis; cada numero avulso 200 reis. Os portes do correio são á custa da empreza. As assignaturas são pagas adeantadas.

Os artigos publicados n'esta Revista são, a todos os respeitos, da exclusiva responsabilidade dos seus auctores.

Toda a correspondencia deve ser dirigida á Direcção da Sociedade Martins Sarmento, G u i - m a r ã e s .

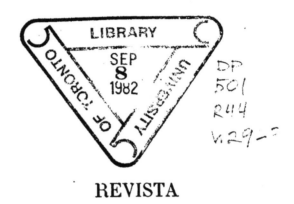

REVISTA

DE GUIMARÃES

—

VOLUME XXIX — ANNO DE 1912

REVISTA

DE GUIMARÃES

PUBLICAÇÃO DA

SOCIEDADE MARTINS SARMENTO

PROMOTORA DA INSTRUCÇÃO POPULAR NO· CONCELHO
DE GUIMARÃES

———

Volume XXIX – Anno de 1912

————▶◀————

PORTO
TYP. DE A. J. DA SILVA TEIXEIRA, SUCCESSOR
Rua da Cancella Velha, 70
1912

ARCHIVO

COLLEGIADA DE GUIMARÃES

(Continuado do volume xxviiɪ, pag. 148)

———

CMXXXIV

25 — XI — 1412

Emprazamento, em tres vidas, de casas na rua de Santa Maria, feito pelo Cabido ao conego Aluaro gonçaluez, com a renda de 4 maravidis da moeda antiga e um par de gallinhas.

Feito na capella de Sanhoane da Egreja de Santa Maria a 25 de novembro da Era de 1450 pelo tabellião Johane Annes. (Nota Antiga, Livro 10, fl. 24 v.).

CMXXXV

26 — XII — 1412

Emprazamento, em tres vidas, da vinha da Amorosa, feito pelo Cabido a Luis dominguez, çapateiro, genro de Gonçalo peres, vinhateiro, e mulher Maria gonçaluez, com a renda de 3 maravidis de moeda antiga e um par de gallinhas.

Feito na capella de Sanhoane da Egreja de Santa Maria a 26 de dezembro da Era de 1450 pelo tabellião Johane Annes, sendo testemunhas Affonso martinz, brita quanto acha, e Affonso annes, tabellião. (Idem, fl. 25).

CMXXXVI

17 — 1 — 1412 ?

Emprazamento, em duas vidas, da terça parte da almoinha das Molianas, feito pelo Cabido a Aluaro dominguez, morador em rua de Ual de donas, com a renda de 8 maravidis de moeda antiga.

Feito na capella de Sanhoane da Egreja de Santa Maria a 17 de janeiro da Era de 1450 (talvez erro e deva ser 1451) pelo tabellião Johane annes. (Idem, fl. 25 v.).

CMXXXVII

20 — I — 1413

Emprazamento, em tres vidas, de casas na rua de Santiago, feito pelo Cabido a Joham affonso e mulher Maria affonso, paateira, com a renda de 8 maravidis da moeda antiga.

Feito na capella de Sanhoane da Egreja de Santa Maria a 20 de janeiro da Era de 1452 pelo tabellião Johane Annes. (Idem, fl. 25 v.).

CMXXXVIII

18 — I — 1413

Emprazamento, em tres lidas, de casa e almoinha no fundo da rua Caldeiroa, feito pelo Cabido a Vaasco martinz e mulher Antonjnha Steuez, com a renda de 7 maravidis e um par de gallinhas.

Feito na capella de Sanhoane da Egreja de Santa Maria a 18 de janeiro da Era de 1451 pelo tabellião Johane annes. (Idem, fl. 26).

CMXXXIX

13 — IV — 1412

Emprazamento, em tres vidas, do casal do Souto, freguezia de Sanhoane de Ponte, que trasla Vaasco dominguez, capellão d'esta Egreja, feito pelo Cabido a Gil Lourenço, genro de Gonçalo Romeu, e mulher Johana gonçaluez, com a renda de 4 maravidis da moeda antiga.

Feito na capella de Sanhoane da Egreja de Santa Maria a 13 d'abril da Era de 1450 (está riscado *hum* no fim da data) pelo tabellião Johane annes, sendo testemunhas Mestre Johane, fisico que cura do dito Gil Lourenço, e Nicolaao de freytas, abbade das Caldas. (Idem, fl. 26 v.).

CMXL

23 — VII — 1412

Emprazamento, em tres vidas, de casas que estão a par de Sam Paayo e partem com as de Gil Vaasquez, abbade de Borba, feito pelo Cabido a Maria perez, com a renda de 5 libras da moeda antiga.

Feito na capella de Sanhoane da Egreja de Santa Maria a 23 de julho da Era de 1450 (está riscado *hum* no final da data) pelo tabellião Johane annes. (ldem, fl. 27).

CMXLI

22 — IV — 1412

Doação do casal das Quintaãs, freguesia de Nespereira, e de 10 soldos impostos no casal da Arrochella, feita ao Cabido por Joham de Basto, vinhateiro, e mulher Leonor Eannes, moradores em Guimarães, por alma do doador e de Johana Martim, que foi sua mulher, filha de Martim lourenço e mulher Senhorinha lourenço, d'onde o dito casal das Quintaãs descendeu.

Feito na capella de Sanhoane da Egreja de Santa Maria a 22 d'abril da Era de 1450 pelo tabellião Johane annes, sendo testemunha Pero fernandes, demandador. (ldem, fl. 27 v.).

CMXLII

10 — VI — 1412

Emprazamento, em tres vidas, do lugar de Villar, feito pelo Cabido a Martim annes, carniceiro, e mulher Catalina aluarez, moradores em Guimarães, com a renda de 30 maravidis de moeda antiga e um par de capooes, renunciando este praso

·8

sob esta condição Martim Steuez e mulher Senhorinha annes, presos na prisão do Porto, em virtude de procuração feita a 28 de março da Era de 1450 na dita prisão pelo tabellião do Porto Affonso Annes, sendo testemunhas Joham garcia, tabellião do Porto, e Martim gil, tabellião de Lanhoso, preso na mesma prisão, e Vaasco annes, carcereiro.

Feito na capella de Sanhoane da Egreja de Santa Maria a 10 de junho da Era de 1450 pelo tabellião Johane annes, sendo testemunha Affonso dominguez, abbade de Santa Margarida. (Idem, fl. 27 v.).

CMXLIII

22 – VI – 1402

Emprazamento, em duas vidas, da terça parte da almoynha das Molianas, feito pelo Cabido a Lourenco perez, ferreiro, e mulher Vereixema annes, moradores na rua de Gatos, com a renda de 7 maravidis de moeda antiga.

Feito na capella de Sanhoane da Egreja de Santa Maria a 22 de junho da Era de 1450 (a letra final *hum* da data está traçada) pelo tabellião Johane annes, sendo testemunha Affonso annes, carpenteiro do Conde. (Idem, fl. 28 v.).

CMXLIV

17 – VIII – 1412

Emprazamento, em tres vidas, do casal de Fonte boa, freguesia de Palmeira, termo de Braga, feito pelo Cabido a Girall pires, com a renda de 15 libras de moeda antiga.

Feito na Capella da Egreja de Santa Maria a 17 d'agosto da Era de 1450 pelo tabellião de Guimarães Fernando Affonso. (Idem, fl. 29 v.).

CMXLV

14 – IX – 1450

Emprazamento, em tres vidas, do casal do Outeiro, freguesia de Santiago de Raufe, feito pelo Cabido a Affonso uaasquez e mulher Senhorinha martinz, com a renda de 6 maravidis de moeda antiga.

Feito na capella maior da Egreja de Santa Maria a 14 de setembro da Era de 1450 pelo tabellião Johane annes. (Idem, fl. 30).

CMXLVI

23 – XI – 1412

Emprazamento, em tres vidas, de Eixido na rua do Gaado, que trasia Luiz Migeeis, colcheairo do Cabido, feito pelo Cabido a Joham affonso, ferreiro, jenrro de Margarida Gill, e mulher Luziia aluarez, moradores na rua da Enfesta que vae para o castello, com a renda de 1 maravidil de moeda antiga.

Feito na capella de Sanhoane da Egreja de Santa Maria a 23 de novembro da Era de 1450 pelo tabellião de Guimarães Nicolaao de freytas, sendo testemunhas Affonso annes e Affonso perez, alfajames, Affonso annes, tabellião, e Aluaro uaasquez, marcearo. (Idem, fl. 30 v.).

CMXLVII

22 – VI – 1412

Emprazamento, em tres vidas, da terça da almoynha das Molianas, feito pelo Cabido a Affonso bicente e mulher Domingas martinz, com a renda de 20 maravidis de moeda antiga.

Feito na capella de Sanhoane da Egreja de Santa Maria a 22 de junho da Era de 1450 (está traçada a palavra *hum*, antes escripta) pelo tabellião Johane annes, sendo testemunha Affonso annes, carpenteiro do Conde. (Idem, fl. 31).

CMXLVIII

5 – V – 1413

Emprazamento, em tres vidas, do casal de Figueyras, freguesia de S. Miguell de Gonça, que foi renunciado por Vaasco annes e mulher Johana Dominguez, feito pelo Cabido a Joham de loureyro e mulher Domingas martinz, com a renda de 6 libras e 11 soldos e duas gallinhas.

Feito na capella de Sanhoane da Egreja de Santa Maria a 5 de maio da Era de 1451 pelo tabellião Johane annes. (Idem, fl. 31 v.).

CMXLIX

21 — X — 1412

Emprazamento, em tres vidas, do casal do Barall, freguesia de Sanhoane da Folhada, julgadô de Gouuea, feito pelo Cabido a Aluaro gllz. e mulher Johana dominguez, moradores no Bayrall da dita freguesia, com a renda de 5 maravidis de moeda antiga.

Feito na capella de Sanhoane da Egreja de Santa Maria a 21 d'outubro da Era de 1450 pelo tabellião Johane annes, sendo testemunhas Garcia Lopes, alcaide da villa de Guimarães, Pedre annes, mestre de gramatiga, e Rodrigo Affonso, homem do dito alcaide. (Idem, fl. 32).

CML

6 — I — 1412

Emprazamento, em tres vidas, das casas, vinhas e lauras da Egreja de Silvares, que trasia Gonçalo annes, laurador, feito pelo Cabido a Joham luiz, seu parceiro e conjgo da Egreja de Santa Maria, com a renda de 6 maravidis de moeda antiga e 2 capoõs e colheita a dous conegos cada anno.

Feito na capella de Sanhoane da Egreja de Santa Maria a 6 de janeiro da Era de 1450 pelo tabellião Johane annes, sendo testemunha Gonçalo Lourenço, porteiro do almoxarifado de Guimarães. (Idem, fl. 32 v.).

CMLI

27 — IV — 1412

Emprazamento, em tres vidas, do casal do Paaçó, freguezia de Sam Paayo de uillacoua, feito pelo Cabido a Pero dominguez e mulher Maria gonçaluez, moradores no mesmo, com a renda de 2 e meio maravidis de moeda antiga e um par de gallinhas.

Feito na capella de Sanhoane da Egreja de Santa Maria a 27 d'abril da Era de 1450 pelo tabellião Johane annes. (Idem, fl. 33).

CMLII

10 — III — 1413

Emprazamento, em tres vidas, de casas na rua de Traspom, feito pelo Cabido a Luis martins e mulher Aldonça rodriguez, com a renda de 4 maravidis de moeda antiga.

Feito na capella de Sanhoane da Egreja de Santa Maria a 10 de março da Era de 1451 pelo tabellião Johane annes. (Idem, fl. 33 v.).

CMLIII

9 — X — 1412

Emprazamento, em tres vidas, metade de casas na rua de Santa Maria, e do logar de Mourilhe, freguesia de Siluares, feito pelo Cabido a Pedre annes, mestre de gramatiga, e mulher Breatriz gllz., moradores na mesma rua, com a renda de 2 e meio maravidis pelas casas e 6 maravidis pelo logar de Mourilhe.

Feito na capella de Sanhoane da Egreja de Santa Maria a 9 d'outubro da Era de 1450 pelo tabellião Johane annes, sendo testemunha Joham steues, parameyro. (Idem, ll. 34).

CMLIV

15 — VII — 1412

Emprazamento, em tres vidas, de casas na rua de Santa Maria, que confrontam com as de Dona Branca e as do abbade de Torrados, que trasla e renunciou Gill martinz, chaueiro do mosteiro da Costa, feito pelo Cabido ao conego Affonso giraldez, com a renda de 3 e meia libras de moeda antiga.

Feito na capella de Sanhoane a 15 de julho da Era de 1450 pelo tabellião Johane annes, sendo testemunhas Gonçalo gllz., tabellião de Felgueyras, e Gonçalo perez, filho de Pero domingues, aparalhador. (Idem, fl. 34 v.).

CMLV

5 – II – 1414

Emprazamento, em tres vidas, do casal do Telhado, freguesia de Sam Romaaom de meijom ffryo, feito pelo Cabido a Affonso gonçalues, filho de Gonçalo do telhado, e mulher, com a renda de 10 libras e 9 soldos de moeda antiga e um par de gallinhas.

Feito na Crasta da Egreja de Santa Maria a 5 de fevereiro da Era de 1452 pelo tabellião geral d'Elrei dAntre Doyro e mjnho, Vasco Affonso. (Idem, fl. 35).

CMLVI

16 – III – 1414

Emprazamento, em tres vidas, da Quintaã da Rochela, freguesia de Santa Ouaya de Nespereira, e seus casaes e pertenças, feito pelo Cabido a Alfonso annes e mulber Catalina affonso, com a renda de 24 maravidis e um par de gallinhas. (Eram conegos, entre outros, Bras esteuez, tesoureiro, Affonso lourenço, abbade de Torrados, Joham affonso, abbade de Freitas, Fernam gill. abbade d'inffjas (?), Joham gonçaluez, abbade das Caldas, Joham gonçaluez, abbade de S. Romaaom de meijom frio, Lourenço esteuez, abbade de Gondar, Lourenço pires. abbade dos Gemeos).

Feito na capella de Sanhoane da Crasta de Santa Maria a 16 de março da Era de 1452 pelo tabellião de Guimarães Rodrigue annes, sendo testemunha Mestre Affonso, prior da dita Egreja.

A outorga da dita mulher Catalina affonso foi feita a 4 d'abril da mesma Era a par da Egreja de Santa Maria pelo mesmo tabellião, sendo uma testemunha Rodrigo ayras, abbade de Goyos. (Idem, fl. 35 v.).

CMLVII

19 – XII – 1414

Emprazamento, em tres vidas, de casas na rua Çapateira, feito pelo Cabido a Johana gonçalues, mulher de Gonçalo perez, cedendo este a vida que no mesmo praso tinha, com a renda de 8 maravidis de moeda antiga.

Feito no coro da Egreja de Santa Maria a 19 de dezembro da Era de 1452 pelo tabellião Affonso uaasquez, sendo testemunhas Joham gomez, abbade d'esturaaos, Aluaro gonçaluez, abbade de S. Pero deste, Pero annes, mestre de gramatyga, Joham affonso, çoqueiro. (Idem, fl. 36).

CMLVIII

13 - IV - 1414

Emprazamento, em tres vidas, da almuinha e casas a par da Egreja de Santa Luzia, feito pelo Cabido a Diego de villa froll, criado de Joham fogaça, e mulher, com a renda de 10 maravidis de moeda antiga e um par de gallinhas.

Feito no Paaço da Egreja de Santa Maria a 13 d'abril da Era de 1452 pelo tabellião Johane annes. (Idem, fl. 37).

Era conego Pedro affonso, abbade de S. Crimente de Sande.

CMLIX

3 - III - 1414

Emprazamento, em tres vidas, do casal de Suribas, freguezia de S. Martinho de Seidões, julgado de Celorico de Basto, feito pelo Cabido, sendo conegos Braz esteves, tesoureiro, Lourenço esteues, abbade de Gondaar, Vasco perez, abbade dos Gemeos, Joham dulueira, abbade de S. Romaão de Meyjom frio, Affonso giraldez, abbade de S. Frausto, Fernam annes, abbade de S. Nomede daldam, Vasco martinz, abbade da Castanheira, Vasco martinz, abbade de S. Romaão darões, Pedro affonso, abbade de Pedome, Pedra affonso, abbade de S. Crimente de Sande, a Vasco gonçaluez e mulher Maria domingues, (que fora mulher de Joham perez, do mesmo casal), com a renda de 9 maravidis de moeda antiga.

Feito na Egreja de Santa Maria a 3 de março da Era de 1452 pelo tabellião Rodrigue annes. (Idem, fl. 37 v.).

CMLX

11 - XII - 1414

Emprazamento, em tres vidas, do casal da Quintaã, freguezia de Santo Tisso de praziy, feito pelo Cabido a Vasco lourenço e mulher Margarida perez, com a renda de 17 maravidis de moeda antiga e 2 capoões.

Feito na capella da Egreja de Santa Maria a 11 de dezembro da Era de 1452 pelo tabellião Johane annes. (Idem, fl. 38).

CMLXI

18 — VII — 1414

Emprazamento, em tres vidas, do casal das Quintaãs, freguezia de Santa Maria de Villa frya, feito pelo Cabido, renunciando-o Affonso lourenço, conego e abbade de Torrados, a Vasco annes, carpenteiro, e mulher, com a renda de 7 maravidis de moeda antiga.

Feito na capella de Sanhoane da Egreja de Santa Maria a 18 de julho da Era de 1452 pelo tabellião Johane annes. sendo testemunha Gonçalo Perez, abbade de Villa frya, e Affonso giraldez, que tira para os lazaros. (Idem, fl. 38 v.).

CMLXII

22 — X — 1416

Emprazamento, em tres vidas, de casas, vinhas e campos, devezas no logar de Varziellas, freguezia de S. Miguel do Inferno, que trazia Aluaro gllz. missa e que foi de Durança annes, feito pelo Cabido a Pero martinz, ferreiro, morador no Castello de Guimarães, e a sua mulher Catalina annes, com a renda de 4 e meio maravidis da moeda antiga.

Feito na capella de Sanhoane da Igreja de Santa Maria a 22 d'outubro da Era de 1454 pelo tabellião de Guimarães Nicolaao de Freytas, sendo testemunhas Gonçallo lourenço, porteiro do almoxarifado, Affonso annes, tabellião. (Idem, fl. 38 v.).

CMLXIII

18 — VI — 1464

Emprazamento, em tres vidas, do casal denlias, freguezia de S. Vitouro, termo da cidade de Bragaa, feito pelo Cabido, sendo conegos Joham de Resende, arcediago de Neyua e mestre escola, Pedro eannes, capellão, Nicolaao eannes, Jorge affonso, e outros, a Martim de guimaraães, tabellião em Bragaa, com a renda de 2 maravidis de moeda antiga, pagados a 700 por um.

Feito no coro da muito honrada Collegiada Igreja de; Santa Maria a 18 de junho do anno do nascimento de Nosso Senhor Jesus Xpo de 1464 por Joham de Sousa, publico tabellião por o snr. conde Dom Fernando, do Paaço na villa de Guimarães. (Nota antiga, Livro 11.º, fl. 1 v.).

CMLXIV

16 — VII — 1464

Emprazamento, em tres vidas, de casas na rua de Ual de donas, feito pelo Cabido, sendo tesoureiro Affonso Pires de Freytas, a Maria de Santiago, filha de Pero Crimenso, que foi pregoeiro de Guimarães, e de sua mulher Costança Vaasquez, com a renda de 2 libras de moeda antiga.

Feito na Capella maior da Collegiada Igreja de Santa Maria a 16 de julho do anno de 1464 pelo tabellião de Guimarães pelo Conde D. Fernando, João de Sousa, sendo testemunha João Gonçaluez, mestre de gramatica. (Idem, fl. 1 v.).

CMLXV

18 — VII — 1464

Emprazamento, em tres vidas, do logar da Ramada, ácerca do Campo da Feira, feito pelo Cabido a Johane annes e mulher Catalina annes, com a renda de 14 maravidis de moeda antiga e um par de gallinhas.

Feito no coro da Igreja Collegiada de Santa Maria a 18 de julho do anno de 1464 pelo tabellião João de Sousa. (Idem, fl. 2).

CMLXVI

17 — VIII — 1464

Emprazamento, em duas vidas, da quintaã de Cedofeita ácerca de Santa Cruz e casaes a ella juntos, feito pelo Cabido a Diego aluarez Leite, escudeiro d'Elrey, e mulher Maria Aluares.

Feito no coro da Igreja Collegiada de Santa Maria a 17 d'agosto do anno de 1464 pelo tabellião João de Sousa, sendo testemunhas Lopo Machado, escudeiro que foi de Ruj da Cunha que Deos aja, Joham affonso, abbade de Gradizella. (Idem, fl. 2).

CMLXVII

13 — IX — 1464

Emprazamento, em tres vidas, de uma casa e eixido na rua de Gatos, feito pelo Cabido a Diogo Aluarez e mulher Johana perez, com a renda de 1 maravidil e duas gallinhas.

Feito no coro da Collegiada Igreja de Santa Maria a 13 de setembro do anno de 1464 pelo tabellião João de Sousa. (Idem, fl. 2 v.).

CMLXVIII

28 — IX — 1464

Emprazamento, em tres vidas, de dous casaes denominados Casaes Novos, freguezia de S. Miguel de Creixomil, feito pelo Cabido a Joham Vaasquez e mulher Lionor uaasquez, com a renda de 15 maravidis de moeda antiga e quatro gallinhas.

Feito no coro da Igreja Collegiada de Santa Maria a 28 de setembro do anno de 1464 pelo tabellião por o conde D. Fernando, Joham de Sousa, sendo testemunha Pedra affonso, abbade de Sam Cjbraão de tauoadello. (Idem, fl. 2 v.).

CMLXIX

5 (?) — X — 1464

Emprazamento, em tres vidas, de duas casas na rua de Alcobaça, feito pelo Cabido a Pedraluarez e mulher Catalinha pirez, com a renda de 2 libras e meia de moeda antiga e com obrigação de as leuantarem de sobrado.

Feito no coro da Igreja Collegiada de Santa Maria a 5 (?) d'outubro do anno de 1464 pelo tabellião Joham de Sousa, sendo testemunha Aluaro annes, cujtelleiro. (Idem, fl. 3).

CMLXX

24—X—1464

Emprazamento, em tres vidas, do meio casal da Via Coua, freguezia de Santo Tisso de prazins, feito pelo Cabido a Gonçalo aluarez, da Ruella, da mesma freguezia, e mulher Cataljnha Bertollameu, com a renda de 6 maravidis de moeda antiga e 2 gallinhas.

Feito no coro da Collegiada Igreja de Santa Maria a 24 d'outubro do anno de 1464 pelo tabellião Joham de Sousa, sendo testemunhas Affonso Vicente, abbade de S. Pedro de Queimadella e coreiro da dita Egreja, Joham annes, coreiro da mesma, irmãos do conego Fernam annes. (Idem, fl. 3).

CMLXXI

16—XI—1464

Emprazamento, em tres vidas, de casas na rua de Santa Maria, feito pelo Cabido a Affonso Vicente, abbade de S. Pedro de Queimadella, com a renda de 7 maravidis de moeda antiga e um par de gallinhas.

Feito no coro da Collegiada Igreja de Santa Maria a 16 de novembro do anno de. 1464 pelo tabellião Joham de Sousa, sendo testemunhas Pero Gonçalues, abbade de Gondomar, Joham Dias, abbade de Gonça, coreiros da dita Egreja. (Idem, fl. 3).

CMLXXII

23—XI—1464

Emprazamento, em tres vidas, do casal de Villa Noua alem da ponte da rua Caldeiroa, que renunciou Senhorinha Affonso, mulher que foi de Joham pepinho, feito pelo Cabido a Affonso annes e mulher Ines uaasques, com a renda de 14 maravidis e um par de gallinhas.

Feito no coro da Collegiada Igreja de Santa Maria a 23 de novembro do anno de 1464 pelo tabellião Joham de Sousa. (Idem, fl. 3 v.).

CMLXXIII

28 – XI – 1464

Emprazamento, em tres vidas, do casal da Groua, freguezia, de S. Pedro dasorey, feito pelo Cabido a Nuno'Dias, escudeiro de Fernam de Magalhães, e mulher Maria aluarez, com a renda de 10 maravidis de moeda antiga e um par de gallinhas. Era trasido emprasado por Johane annes, alcaide pequeno do Castello de Guimarães.

Feito no coro da Collegiada Igreja da Santa Maria a 28 de novembro do anno de 1464 pelo tabellião Joham de Sousa. (Idem, fl. 3 v.).

CMLXXIV

22 – III – 1464

Outorga dada por Maria aluarez, mulher de Nuno Dias, ao emprazamento anterior.

Feito em Guimarães nas pousadas do tabellião Joham de Sousa e por este. (Idem, fl. 4).

CMLXXV

10 – XII – 1464

Emprazamento, em tres vidas, do casal d'abelleira, freguezia de Sanhoane de pensello, feito pelo Cabido a Lopo gonçalues, morador na freguezia de Selho, com a renda de... libras e duas gallinhas. Renunciou este casal Gonçalo affonso n'elle morador.

Feito no coro da Collegiada Igreja de Santa Maria a 10 de dezembro do anno de 1464 pelo tabellião Joham de Sousa. (Idem, fl. 4).

CMLXXVI

22 – XII – 1464

Emprazamento, em tres vidas, do casal de Montesinhos, freguezia de S. Miguel das Caldas, que trazia ora Aluaro lourenço Correia, almoxarife, e do casal de S. Bento, na mesma freguezia, que foi de Costança Dominguez, servidor de Martim,

Affonso, conego de Guimarães, e que os emprazados ora doaram, feito pelo Cabido a Joham aluarez e mulher Beatriz
annes, com a renda de 12 maravidis de moeda antiga e um
par de gallinhas.

Feito no coro da Collegiada Igreja de Santa Maria a 22
de dezembro do anno de 1464 pelo tabellião Joham de Sousa.
(Idem, fl. 4).

CMLXXVII

11 – I – 1465

Emprazamento, em tres vidas, do casal de Borado, freguezia de S. Paio de Riba de Vizella, feito pelo Cabido a
Vaasco Dias e mulher Costança Rodriguez, com a renda de 6
maravidis de moeda antiga e um par de gallinhas.

Feito no coro da Collegiada Igreja de Santa Maria a 11
de janeiro do anno de 1465 pelo tabellião Joham de Sousa.
(Idem, fl. 4 v.).

CMLXXVIII

26 – I – 1465

Emprazamento, em tres vidas, da casa e vinha de Aldam, freguezia de S. Romaam de meijom frjo, que renunciou Aluaro annes, e mulher Leonor ffernandes, moradores
nas hostas da Egreja de Santa Maria, feito pelo Cabido a Diogo
Affonso, filho d'Affonso annes, morador em Aldam, e mulher
Maria anues, com a renda de 5 maravidis de moeda antiga e
um par de gallinhas.

Feito no coro da Collegiada Igreja de Santa Maria a 26
de janeiro do anno de 1465 pelo tabellião Joham de Sousa.
(Idem, fl. 5).

CMLXXIX

2 – VIII – 1465

Emprazamento, em tres vidas, do casal da Egreja de
S. Martinho de Conde, feito pelo Cabido a Bras affonso e mulher Cataljnha annes, com a renda de 8 libras de moeda antiga, um boa marrã ou 50 reaes brancos por ella, e um par
de gallinhas.

Feito no coro da Collegiada Igreja de Santa Maria a 2 d'agosto do anno de 1465 pelo tabellião Joham de Sousa, sendo testemunha Affonso aluarez, escudeiro de Fernam de sousa, e Gonçallo annes, filho de Joham de miuça? porteiro dos Contos. (Idem, fl. 5).

CMLXXX

24 – IX – 1465

Emprazamento, em tres vidas, do casal de Requeixo, freguesia de S. Pedro d'Escudeiros, termo de Braga, que renunciou Gill affonso, do Couto de Vimeeiro, feito pelo Cabido a Aluaro uaasques e mulher Innes affonso, moradores na dita freguesia, com a renda de 6 e meio maravidis de moeda antiga e um par de gallinhas.

Feito no coro da Collegiada Igreja de Santa Maria a 24 de setembro do anno de 1465 pelo tabellião Joham de Sousa, sendo testemunhas Affonso pirez, abbade de Fraìaom, e Vaasco affonso, tosador. (Idem, fl. 5 v.).

CMLXXXI

8 – XI – 1465

Emprazamento, em tres vidas, do casal da Batoca, freguesia de S. Martinho de Candosso, que trazia Aluaro, genro de Gil, feito pelo Cabido a Aluaro de boando e mulher Margarida, ou Maria, uaasquez, com a renda de 5 libras de moeda antiga e um par de gallinhas.

Feito na Clastra da Collegiada Igreja de Santa Maria acerca da capella de Sanhoane a 8 de novembro do anno de 1465 pelo tabellião Joham de Sousa, sendo testemunhas Ruj pirez, prebendeiro do Cabido, Joham annes, regatom. (Idem, fl. 6).

CMLXXXII

27 – XII – 1466

Emprazamento, em tres vidas, do casal que está acerca do Castello de Guimarães junto com a capella do Corpo de

Deos, que trazia Joham de Bragaa, carpenteiro, feito pelo Cabido a Esteuom pirez, ferreiro, e mulher Lionor affonso, com a renda de 3 libras de moeda antiga e um par de gallinhas.

Feito no coro da Collegiada Igreja de Santa Maria a 27 de dezembro do anno de 1466 pelo tabellião Joham de Sousa. (Idem, fl. 6).

CMLXXXIII

3 — I — 1466

. Emprazamento, em tres vidas, de casas e eixido na rua Nova do Muro, que renunciou Cataljnha annes, mulher que foi de Pero lourenço, procurador do numero na villa de Guimarães, feito pelo Cabido a Joham affonso, abbade de Gradizella, com a renda de cinco maravidis de moeda antiga e um par de gallinhas.

Feito no coro da Collegiada Igreja de Santa Maria a 3 de janeiro do anno de 1466 pelo tabellião Joham de Sousa. (Idem, fl. 6 v.).

CMLXXXIV

7 — III — 1466

Emprazamento, em tres vidas, do logar dos Trigaães, que está ácerca da Seara de Santa Maria, feito pelo Cabido a Pero lourenço e mulher Catalinha affonso, com a renda de 15 maravidis e um par de gallinhas, renunciando-o a terceira pessoa do praso velho Viollante affonso, morador em Setubal.

Feito no coro da Collegiada Igreja de Santa Maria a 7 de março do anno de 1466 pelo tabellião Joham de Sousa. (Idem, fl. 6 v.).

CMLXXXV

2 — V — 1466

Emprazamento, em três vidas, dos casaes de Mata Clerigos, freguezia de S. Pedro desorey, em que morava Gomes annes, sarralheiro, feito pelo Cabido ao conego tesoureiro Affonso pirez de freytas, com a renda de 12 maravidis de moeda antiga e um par de gallinhas.

-¿' Feito no coro da Collegiada Igreja de Santa Maria a 2 de maio do anno de 1466 pelo tabellião Joham de Sousa, sendo testemunha Fernando Ferreira (?) tabellião de Guimarães. (Idem, fl. 7).

CMLXXXVI

26 – IV – 1466

Emprazamento, em tres vidas, do casal de Arcusello, freguezia de S. Miguel de Cerzedo, Couto de Pombeiro, que está ermo, feito pelo Cabido a Fernando affonso e mulher Maria lourenço, com a renda de 5 libras de moeda antiga e um par de gallinhas, e obrigação de refazer as casas d'elle.

Feito na Clasta da Collegiada Igreja de Santa Maria, ácerca dos muymentos de Gill lourenço de miranda, a 26 d'abril do anno de 1466 pelo tabellião Joham de Sousa. (Idem, fl. 7 v.).

CMLXXXVII

8 – V – 1466

Emprazamento, em tres vidas, do casal de Villa uerde, freguezia de Santa Maria dos gemeos, feito pelo Cabido a Joham affonso e mulher Catalinha ffernandes, com a renda de 10 maravidis e um par de gallinhas.

Feito no coro da Collegiada Igreja de Santa Maria a 8 de maio do anno de 1466 pelo tabellião Joham de Sousa, sendo testemunha Johane aluarez, abbade de Sanhoane de Caluos, terra de Vermoim. (Idem, fl. 7 v.).

CMLXXXVIII

3 – IX – 1466

Emprazamento, em tres vidas, dos casaes do Cabo e Pascoal, freguesia de Santo Tisso de prazins, que renunciou Aluaro Esteues e mulher Margarida gllz, do Cabo, por serem velhos e cançados, feito pelo Cabido a Pero gllz , filho de Gonçallo pirez, e a Catalinha gllz., sua esposa recebida por palavras de presente, com a renda de 12 libras de moeda antiga e duas gallinhas.

Feito no coro da Collegiada Igreja de Santa Maria a 3 de setembro do anno de 1466 pelo tabellião Joham de Sousa. (Idem, fl. 8).

CMLXXXIX

13 – IX – 1466

Emprazamento, em tres vidas, do casal da Caal, freguezia de Santa Christina de Cayde, que renunciou Joham da taipa e mulher Catalinha andré, feito pelo Cabido á Joham aluarez e mulher Catalinha Uaasquez, com a renda de 3 maravidis de moeda antiga e um par de gallinhas, e refaçam as casas e façam dentro de 6 annos uma vinha de madeira de 4 homens.

Feito no coro da Collegiada Igreja de Santa Maria a 13 de setembro do anno de 1466 pelo tabellião Joham de Sousa. (Idem, fl. 8 v.).

CMXC

18 – IX – 1466

Emprazamento, em tres vidas, do casal das Marinhas, ou Maranhas, que renunciou Joham Dias e mulher Catalinha Dias, feito pelo Cabido a Pero uaasquez e mulher Beatriz annes, filha dos renunciantes, que n'este dia se recebeu por palavras de presente, com a renda de 12 maravidis de moeda antiga e um par de gallinhas.

Feito no coro da Collegiada Igreja de Santa Maria a 18 de setembro de 1465 pelo tabellião Joham de Sousa, sendo testemunhas Diogo aluares Leite, escudeiro d'Elrey, e Lourenço esteues, e Nuno gllz., tabelliães. (Idem, fl. 8 v.).

CMXCI

20 – X – 1466

Emprazamento, em tres vidas, de metade do moinho da Cerdeira no rio de Fato, ácerca da vinha da Seara de Santa Maria, feito pelo Cabido a Gonçallo annes, ferreiro, e mulher Beatriz gill, com a renda de 2 maravidis e uma gallinha.

Feito no coro da Collegiadá de Santa Maria a 20 de outubro do anno de 1466 pelo tabellião Joham de Sousa, sendo testemunhas Diogo pirez, almoxarife d'elrei em Guimarães, Idem, fl. 9).

CMXCII

25 — X — 1466

Emprazamento, em tres vidas, da Quintaã do Telhado, freguezia de Santa Christina de Cajde, feito pelo Cabido a Pedro Annes e mulher, com a renda de 20 libras de moeda antiga e 2 capooẽs.

Feito no coro da Collegiada Egreja de Santa Maria a 25 (?) d'outubro do anno de 1466 pelo tabellião Joham de Sousa. (Idem, fl. 9).

CMXCIII

28 — X — 1466

Emprazamento, em tres vidas, do casal da Porta, freguezia de Santa Ouaja de Nespereira, renunciando-o Fernanda affonso e mulher Lionor uaasques, feito pelo Cabido a Pedro annes, filho de Joham mateus, e a suá mulher Maria pirez, com a renda de 12 maravidis de moeda antiga e um par de gallinhas.

Feito no coro da Collegiada Igreja de Santa Maria a 28 d'outubro do anno de 1466 pelo tabellião Joham de Sousa. (Idem, fl. 9 v.).

CMXCIV

31 — XII — 1466

Emprazamento, em tres vidas, do logar da Ramada acerca do rio de Cojros, feito pelo Cabido a Joham annes e mulher Senhorinha annes, com a renda de 7 maravidis de moeda antiga e duas gallinhas.

Feito no coro da Collegiada Igreja de Santa Maria no derradeiro dia de dezembro do anno de 1466 pelo tabellião Joham de Sousa. (Idem, fl. 9 v.).

CMXCV

24 – VII – 1444

Emprazamento, em tres vidas, do logar, casas e almojnha da Ramada, que jaz acima da fonte de rua de Coiros, que sohia de traser Fernam caluo, feito pelo Cabido a Aluaro Roiz, e mulher Bjatriz fferz., com a renda de 8 maravidis de moeda antiga, pagados a 700 por 1, e um par de gallinhas.

Feito no paaço do Cabido, onde fazem o Cabido, da Igreja Collegiada de Santa Maria, sendo conegos Joham de resende, mestre escola, Aluaro annes, abbade de freitas, a 24 de julho do anno do Nascimento de Christo de 1444 pelo tabellião d'Elrei em Guimarães Luis da maia, sendo testemunhas Pero annes, tanoeiro, Pero aluerez,' prebendeiro do Cabido. (Nota antiga, Livro 11.º, fl. 11).

CMXCVI

5 – VIII – 1444

Emprazamento, em tres vidas, da quintaã de Gatom, julgado de Celorico de Basto, feito pelo Cabido, sendo chantre Pedro affonso, a Aluaro annes, lavrador, e mulher Maria Roiz., com a renda de 11 maravidis de moeda antiga e um par de galinhas.

Feito no coro da Igreja Collegiada de Santa Maria a 5 d'agosto do anno de 1444 pelo tabellião Luis da maia, sendo testemunha Johane affonso, capellão de S. Bertolameu de ujlacoua, clerigo do coro. (Idem, fl. 11).

CMXCVII

29 – VIII – 1444

Emprazamento, em tres vidas, do logar de Fundamães, freguesia de Feruença, julgado de Celorico de Basto, feito pelo Cabido, sendo conego Pedre annes, capellão de cura, a Johane affonso e mulher Senhorinha lopez, com a renda de 3 maravidis de moeda antiga e um par de gallinhas.

Feito no coro da Igreja Collegiada de Santa Maria a 29 d'agosto do anno de 1444 pelo tabellião Luis da maia, sendo testemunha Rodrigo airas, escudeiro e creado de Fernam Coutinho. (Idem, fl. 11 v.).

CMXCVIII

4 – IX – 1444

Emprazamento, em tres vidas, do logar da Ramada, que jaz junto do arrabalde do Campo da Feira, renunciando-o Maria affonso, mulher que foi de Ruj fferz. já finado, feito pelo Cabido, sendo tesoureiro Pero annes, a Affonso airas, com a renda de 6 maravidis de moeda antiga e um par de galinhas.

Feito no paaço do Cabido da Igreja Collegiada de Santa Maria a 4 de setembro do anno de 1444 pelo tabellião Luis da maia. (Idem, fl. 11 v.).

CMXCIX

4 – IX – 1444

Emprazamento, em tres vidas, do logar da Torre, freguezia de S. Martinho de Conde, feito pelo Cabido a Fernam pirez e mulher Maria andré, com a renda de 3 maravidis de moeda antiga e um par de galinhas.

Feito no paaço da Igreja Collegiada de Santa Maria a 4 de setembro do anno de 1444 pelo tabellião Luis da maia. (Idem, fl. 12).

M

5 – IX – 1444

Emprazamento, em tres vidas, do logar das Codesas, Couto de Moreira, feito pelo Cabido a Estaço annes e mulher Senhorinha gllz., com a renda de 9 teigas de pam meado, meo milho e meo centeo, 16 almudes de vinho na dorna com sua cinta, e um par de galinhas.

Feito na Igreja Collegiada de Santa Maria a 5 de setembro do anno de 1444 pela tabellião Luis da maia. (Idem, fl. 12 v.).

MI

18 — IX — 1444

Emprazamento, em tres vidas, de casas na rua de Santa Maria, em que morou a Mostaçeira, feito pelo Cabido a Affonso annes, azeiteiro, e mulher Byatriz gomez, com a renda de 6 maravidis de moeda antiga.

Feito no paaço do Cabido da Igreja Collegiada de Santa Maria a 18 de setembro do anno de 1444 pelo tabellião Luis da maja, sendo testemunha Gonçalo annes, neto de Joham pirez, escripvom dos besteiros dos coutos de Guimarães. (Idem, II. 12 v.).

MII

25 — IX — 1444

Emprazamento, em tres vidas, de casas na rua Nova do Muro, que partem com casas em que morou Joham de Sousa, tabellião de Guimarães, feito pelo Cabido a Vasco pirez, çapateiro, com a renda de 10 libras de moeda antiga e um par de gallinhas.

Feito no paaço da Igreja Collegiada de Santa Maria a 25 de setembro do anno de 1444 pelo tabellião Luís da maja, sendo testemunha Joham pirez, homem do almoxarifado de Guimarães. (Idem, fl. 13).

MIII

23 — X — 1444

Emprazamento, em tres vidas, da quintaã do Telhado, freguezia de Santa Christina de Caide, e de uma cuba, feito pelo Cabido a Joham glz., lavrador, e mulher Maria glz., e a Pero glz. seu filho, com a renda de 20 maravidis de moeda antiga e um par de capoões.

Feito no paaço do Cabido da Igreja Collegiada de Santa Maria a 23 d'outubro do anno de 1444 pelo tabellião Luis da maia. (Idem, II. 13).

MIV

27 — X — 1444

Emprazamento, em tres vidas, do logar do Souto, freguezia de S. Pedro de poluoreira, feito pelo Cabido a Pero esteuez, lavrador, e mulher Maria affonso, com a renda de 8 maravidis dé moeda antiga e um par de gallinhas.

Feito no paaço do Cabido da Igreja Collegiada de Santa Maria a 23 d'outubro do anno de 1444 pelo tabellião Luis da Maya. (Idem, fl. 13 v.).

MV

7 — XI — 1444

Posse de casas na rua qualdeiroa, em que mora Joham ffernandes galego e mulher, tomada pelo Cabido, sendo procuradores os conegos Ujçente martins e Joham uiçente.

Feito pelo tabellião Luis da maya a 7 de novembro do anno de 1444, sendo testemunha Uasco Uarela, demandador. (Idem, fl. 12 v.).

MVI

7 — XI — 1444

Emprazamento, em tres vidas, do logar de uila duste, freguezia de Rauffe, renunciando-o Affonso gonçaluez, morador na rua de Gatos, feito pelo Cabido a Joham Roiz, lavrador, e mulher Senborinha Lourenço, com a renda de 5 maravidis de moeda antiga e um par de galinhas.

Feito no coro da Igreja Collegiada de Santa Maria a 7 de novembro do anno de 1444 pelo tabellião Luis da maja, sendo testemunhas Luis gllz., abbade de Uilafrja, clerigo do coro. (Idem, fl. 14).

MVII

13 — XI — 1444

Emprazamento, em tres vidas, de metade da quintaã do Uilar e seus casaes, freguezia de Santa Marinha do mosteiro da Costa, renunciando Affonso annes boo, morador em Gui-

marães, feito pelo Cabido a Joham gllz., que moròu em terra
de Ferreira, e mulher Maria gllz., com a renda de 14 maravidis de moeda antiga e um par de galinhas. Era metade da
quintã como estava demarcada com outro Joham gonçaluez o
moço.

Feito no paaço do Cabido da Igreja Collegiada de Santá
Maria a 13 de novembro do anno de 1444 pelo tabellião
Luis da maia, sendo testemunha Vasco annes, tabellião em
Guimarães. (Idem, fl. 14 v.).

MVIII

13 — XI — 1444

Emprazamento, em tres vidas, de metade da quintaã do
Uilar e seus casaes, freguezia de Santa Marinha do mosteiro
da Costa, renunciando-o Alfonso annes boo, feito pelo Cabido
a Joham gonçaluez o moço, que mora em Riba de Doiro e
mulher Enes Eannes, com a renda de 14 maravidis de moeda
antiga e um par de galinhas.

Feito no paaço do Cabido da Igreja Collegiada de Santa
Maria a 13 de novembro do anno de 1444 pelo tabellião
Luis da maya. (Idem, fl. 14 v.).

MIX

13 — XI — 1444

Emprazamento, em tres vidas, do logar de Cima de ujla,
freguezia de S. Christouom dauaçom, renunciado por Costança
affonso, moradora na rua Çapateira, feito pelo Cabido a Pero
affonso, pedreiro, e mulher, com a renda de 6 maravidis de
moeda antiga e um par de galinhas.

Feito no paaço do Cabido da Igreja Collegiada de Santa
Maria a 13 de novembro do anno de 1444 pelo tabellião
Luis da maia. (Idem, fl. 15).

MX

27 — V — 1444

Emprazamento, em tres pessoas, de casas na rua Nova
do Muro, em que mora Joham de Sousa, tabellião, e confrontam com as em que mora Uasco affonso o çego e com as em

que mora Joham pirez das Caldas, porteiro do almoxarifado de Guimarães, feito pelo Cabido a Diego uaasquez, alfaiate, e mulher Cataljna affonso, com a renda de 10 maravidis de moeda antiga e um par de galinhas.

Feito no paaço do Cabido da Igreja Collegiada de Santa Maria a 27 de mayo do anno de 1444 pelo tabellião Luis da maia, sendo testemunha Joham gllz., mestre de gramatega, morador em Guimarães. (Idem, fl. 15 v.).

MXI

8 — I — 1445

Emprazamento, em tres pessoas, de casas na rua de Santa Maria, feito pelo Cabido ao conego Pero annes, tesoureiro, com a renda de 3 libras de moeda antiga e um par de galinhas.

Feito no coro da Igreja Collegiada de Santa Maria a 8 de janeiro do anno de 1445 pelo tabellião Luis da maia. (Idem, fl. 16) [1].

MXII

22 — I — 1445

Emprazamento, em tres vidas, do logar da Quintaã, freguezia de S. Cosmade de Garfe, renunciado por Aluaro affonso, da dita freguezia, feito pelo Cabido a Gil gonçaluez e mulher Maria annes, do mesmo logar, com a renda de 4 maravidis de moeda antiga e tres galinhas.

Feito no coro da Collegiada Igreja de Santa Maria a 22 de janeiro do anno de 1445 pelo tabellião Luis da maya. (Idem, fl. 17).

MXIII

4 — VI — 1445

Emprazamento, em tres vidas, de casa na rua da Torre uelha, feito pelo Cabido a Johane affonso, çapateiro, e mulher

---

[1] Seguem-se dous começos de titulos de emprazamentos no anno de 1445, que ficaram incompletos, em um dos quaes figura como renunciante dos prasos das Egrejas de Urgezes e d'Asorey Martim Uaasquez da Cujnha.

Margarida de freytas, moradores contra a porta da Torre velha, com a renda de 3 maravidis de. moeda antiga e um par de galinhas.

Feito no coro da Igreja Collegiada de Santa Maria a 4 de junho do anno de 1445 pelo tabellião Luis da maia. (Idem, fl. 17 v.).

MXIV

19 – II – 1446

Emprazamento, em tres vidas, de casas, almoinha, lagar e lata nas Molianas, feito pelo Cabido, sendo tesoureiro o conego Diego affonso, a Joham diaz, morador na rua de Coiros, e mulher Catalina dias, com a renda de 22 maravidis de moeda antiga e um par de galinhas.

Feito na Igreja de Santa Maria a 19 de fevereiro do anno de 1446 pelo tabellião de Guimarães Johane annes. (Idem, fl. 18).

MXV

15 – XII – 1445

Emprazamento, em tres vidas, da chousa do Priol nas hortas que estão acerca.da porta do Postygoo, feito pelo Cabido a Joham gllz., almocreue, e mulher Costança annes, com a renda de 12 maravidis e um par de galinhas.

Feito no coro da Igreja de Santa Maria a 15 de dezembro do anno de 1445 pelo tabellião de Guimarães. Joham uaasquez, vassallo d'Elrei, sendo testemunha Romaaom martíns, cujtelleiro, morador em rua de Gatos. (Idem, fl. 18 v.).

MXVI

22 – XII – 1445

Emprazamento, em tres vidas, da chousa alem do Campo da ffeyra, feito pelo Cabido a Gonçalo pirez de Sub as teeigas e á sua servidor Senhorinha annes, com a renda de 12 maravidis velhos e um par de galinhas.

Feito no coro da Igreja de Santa Maria a 22 de dezembro do anno de 1445 pelo tabellião Joham uaasquez, vassallo d'Elrei, sendo testemunhas Luis uaasquez, genro que foi de

Vasco affonso, vogado, e Joham martinz, abbade de S. Lourenço, Joham affonso, abbade de S. Miguel do Monte, clerigos
do coro.

No dia 31 de dezembro do anno de 1466 perante o
mesmo tabellião, Senhorinha Annes outorgou este praso,
sendo testemunhas Luis uaasquez, caualleiro? e çapateiro,
Uasco martins, barbeiro. (Idem, fl. 18 v.).

MXVII

16 — II — 1446

Quitação e perdão da renda da terça do Natal da orta
das Molianas, que trazia Aluaro affonso, alfaiate, feita pelo
Cabido ao mesmo por ser velho, doente e pobre, e renuncia
do dito emprazamento.

Feito na Igreja de Santa Maria ácerca da pia da augua
benta, que está a direito da capella de Santo Esteuam, a 16
de fevereiro do anno de 1446 pelo tabellião Joham uaasquez,
vassallo d'Elrei, sendo testemunhas Luis eannes, procurador
do numero, Vaasco affonso, tabellião, criado de Martim de
Castro. (Idem, fl. 19).

MXVIII

26 — III — 1446

Emprazamento, em tres vidas, de vinha e devesa nos
Paombaaes, freguezia de S. Miguell de Creixemil, que soia
trazer o conego Joham Viçente, feito pelo Cabido a Affonso
annes, marçeiro, e mulher Beatriz gomez, com a renda de 3
maravidis de moeda antiga e um par de galinhas.

Feito na Igreja Collegiada de Santa Maria, quando os conegos saiam da procissão da Oliueira, a 26 de março do
anno de 1446 pelo tabellião Joham uaasquez, vassallo d'El-
rei. (Idem, fl. 19).

MXIX

9 — IV — 1446

Doação do censo annual de 12 libras de moeda antiga,
imposto em casas da rua dos Mercadores, com obrigação de
2 missas annuaes, feito ao Cabido por Lopo affonso, escrivão

da sisa geral em Guimarães, viuvo de Catalyna Nicollas, em cumprimento da vontade d'esta e sua.

Feito em Guimarães a 9 d'abril do anno de 1446 pelo tabellião Joham uaasquez, vassalo d'Elrei, sendo testemunhas Joham Martins, abbade de S. Lourenço, Luis gonçalluez, abbade de uillafrya, e clerigos do coro, e Gonçallo uaasquez, rendeiro que foi da Chancellaria. (Idem, fl. 19 v.).

MXX

23—VI—1446

Emprazamento, em tres vidas, de casa na rua de Frolles, que em 8 d'outubro do anno de 1428, sendo chantre Pero annes, e thesoureiro Pero annes, fora emprazada a Joham annes, almocreue, vassallo d'Elrei, e mulher Maria uaasquez, e lavrada pelo tabellião Affonso perez, feito pelo Cabido a Pero aluarez, filho d'Aluaro pirez, demandador, e sua esposa Ines perez, com a renda de 6 maravidis de moeda antiga e 9 soldos, ou por estes um par de gallinhas.

Feito no coro da Igreja de Santa Maria a 23 de junho do anno de 1446 pelo tabellião Affonso perez. (Idem, fl. 20).

MXXI

28.—V—1446

Emprazamento, em tres vidas, de casarias e hortas nas Molianas, renunciadas por Joham Dias, morador na rua de Coiros, feito pelo Cabido a Joham Dias e mulher Catalina Dias, com a renda de 11 maravidis e um par de gallinhas.

Feito na Capella de Sanhoane da Igreja Collegiada de Santa Maria a 28 de maio do anno de 1446 pelo tabellião Luis da maia. (Idem, fl. 20 v.).

MXXII

28—V—1446

Emprazamento, em tres vidas, de hortas e casarias nas Molianas, feito pelo Cabido a Gonçalo Dias e mulher Marga-

rida· uaasquez, .com a' renda de 13 maravidis e um par de
gallinhas.
·· Feito na capella de S. Bras da Igreja Collegiada de Santa
Maria a 28 de maio do anno de 1446 pelo tabellião Luis da
maia. (Idem, fl. 21).·

MXXIII

15 — VII — 1446

Emprazamento, em tres vidas, de casas, vinha, horta e
devesa, que estão no Espritall no Campo da Feira renunciadas por Affonso gonçaluez, çurrador, feito pelo Cabido a Gonçalo pirez gallego e-mulher .... pirez, com a renda de 9 maravidis de moeda antiga e um par de gallinhas.
Feito no coro da Igreja Collegiada de Santa Maria a 15
de julho do anno de 1446 pelo tabellião Luis da Maja. (Idem,
fl. 21 v.).

MXXIV

13 — VII — 1446

Emprazamento, em tres vidas, de casas e hortas na
Chousa do Prior e das' canariças que estão na Perota, feito
pelo Cabido a Joham gonçaluez, porteiro do almoxarifado, e
mulher Maria aluerez, com à renda de 5 maravidis e dous
pares de gallinhas.
Feito no coro da Igreja Collegiada de Santa Maria a 13
de julho do anno de 1446 pelo tabellião Luis da maia, sendo
testemunhas duas pessoas moradores na çerqua uelha do Castello da villa de Guimarães. (Idem, fl. 22).

MXXV

30 — VII — 1446

Emprazamento, em três vidas, dos casaes de Mirance,
freguezia de Villa Chaa, terra da Maya, renunciados por
--Affonso Vaasques e mulher. Clara Martins como constou por
- instrumento feito por Bras martins, tabellião do julgado da

Maya, feito pelo Cabido a Diego gonçaluez da Estapa (ou Escapa), morador na cidade do Porto, e mulher C.ª diaz, com a renda de 3 libras de moeda antiga.

Feito no coro da Igreja Collegiada de Santa Maria a 30 de julho do anno de 1446 pelo tabellião Luis da maia, sendo testemunha Gonçalo uaasquez, que foi rendeiro da Chançelaria. (Idem, fl. 22 v.).

MXXVI

22 — VII — 1446

Emprazamento, em tres vidas, de casas e hortas na Caldeiroa, renunciadas por Johane affonso, tecelão, feito pelo Cabido Gonçalo annes e mulher Enes martins, com a renda de 9 maravidis e dous pares de gallinhas.

Feito no coro da Igreja Collegiada de Santa Maria a 22 de julho do anno de 1446 pelo tabellião Luis da maia. (Idem, fl. 22 v.).

MXXVII

1 — VII — 1446

Emprazamento, em tres vidas, do casal do Paaço, freguezia de Santa Locaya de Briteiros, feito pelo Cabido a Fernandaluarez, lavrador, e mulher Maria affonso, com a renda de 12 maravidis de moeda antiga e um par de gallinhas, pagando antes 14 maravidis e um par de gallinhas os mesmos emprazados que já o traziam.

Feito no coro da Igreja Collegiada de Santa Maria no primeiro dia de julho do anno de 1446 pelo tabellião Luis da maia, sendo testemunha Joham Martins, abbade de S. Lourenço de Riba de Selho, clerigo do coro. (Idem, fl. 23).

MXXVIII

24 — IX — 1446

Emprazamento, em tres vidas, de casas na rua de Santa Maria, feito pelo Cabido a Martim airas, lavrador, morador na freguezia do Rolfe, com a renda de 15 maravidis e um par de gallinhas.

Feito no coro da Igreja Collegiada de Santa Maria a 24 de setembro do anno de 1446 pelo tabellião Rodrigo airas, vassallo d'Elrei, sendo testemunha Loppe affonso criado de Ruj da Cunha, e Aluaro martins, commendador douriz (?). (Idem, fl. 23 v.).

(Continua).

Tagilde, 1912.

O ABBADE OLIVEIRA GUIMARÃES.

CONVENTO DA COSTA

(Continuado do vol. xxviii, pag. 173)

————

Sempre será memoravel para este Mosteiro o dia dezaseis de Fevereiro deste prezente anno de 1783 no qual a morte nos tirou das nossas vistas para o ocultar no sepulchro ao nosso estimadissimo Prelado o Muito Reverendo Padre Fr. José da Natividade tendo completado anno e meio do seu terceiro Trienio que não acabou. Filho da primeira profição do Real Mosteiro da Penha Longa e da segunda filiação do Real Mosteiro de Bellem. Em todo o tempo das suas Prelazias foi sempre estimado de todos pellas bellas qualidades de que se achava ornado. Em todos os Trienios fez obras excelentes, alem das communs e ordinarias. Quando entrou para Prelado no primeiro Trienio achou a obra do Frontespicio começada e só feita athé os oculos junto da Porta da Igreja e o acabou athe ó ultimo das Torres, com os dois pateos immediatos á mesma Igreja. No ultimo anno do seu primeiro Trienio lhe chegou o breve para se denominarem os Prelados Abbades, sendo elle o primeiro que teve este titulo. Celebrou o seu primeiro pontifical dia de S. José, santo do seu nome para o qual fez o Docel branco, comprou as mitras que hoje existem, e as vestes Pontificaes como são a Loba, capa magna, etc. que tudo ainda hoje serve: convidou toda a nobreza da villa e communidades para assistirem a este primeiro Pontifical, no qual recitou huma Homelia Latina, o Padre Mestre Fr. Pedro de Jezus Henriques, que então se achava neste Mosteiro e depois foi nosso Geral, Vezitador e Reformador por Breve do Excellentissimo Nuncio postulado por Sua Magestade Fidelissima o snr. Rey D. José primeiro que o supplicou pelo seu Ministro o Excellentissimo Marquez de Pombal. No segundo Trienio fez a capella em que hoje existe o Santissimo Sacramento, que lhe importou muito dinheiro e em dia de Santa Marinha colocou neste novo Tabernaculo ao nosso Deos Sacramentado, fazendo Pontifical em que recitou hum grande sermão o Muito Reverendo Padre Fr. José de Santa Dorothea Monge deste mesmo Mosteiro, e asistio a esta função toda a maior parte da nobreza desta villa. No Terceiro Trienio em que só foi Prelado anno e meio, acabou a obra que deixou principiada no seu segundo Trienio, que erão as grades do coro e o orgão como hoje se vê com admiração ; pintando a caxa do orgão e dourando tudo como são grades, Bacias, e algũas mais pinturas pela Igreja e sacrestia colocou na Maquineta no meio das grades do côro o Sancto Christo como hoje se vê encarnado. Fez mais as cortinas novas de Damasco para a boca da Tribuna, e tinha desejos de fazer de novo todo o coro de sima se completasse este terceiro Trienio. Foi tres Trienios procurador geral de Margaride, e principiou o quarto com a Prelazia deste Mosteiro não acabou por cauza da Morte. Foi Vezitador geral de toda a ordem e especial tãobem em outro Trienio deste Mosteiro. Foi secretario geral da Religião e deste lugar passou para Prior deste Mosteiro no primeiro Trienio e quazi no fim deste lhe chegou o breve para se denominar D. Abbade e foi o primeiro que teve este Mosteiro. Tinha huma bella conducta, que o fazia amavel não só dos subditos, mas tambem dos estranhos e seculares, era muito brando de genio, amigo de paz e se algũa vez se alterava isto não nascia do seu genio mas sim de o obrigarem a estas cousas alguns senistros informes que lhe davão, os quais acreditava pella sua sinceridade. Tambem foi obra sua neste anno e meio antes de morrer a obra, lagedo e sepulturas do Claustro e chafariz como hoje se vê e foi elle o primeiro que se enterrou nestas novas sepulturas. Foi sentida geralmente a sua morte não só dentro mas tambem fóra da Religião pelo muito que todos o amavão e sempre será saudosa a sua memoria. Morreu de um accidente de apoplexia, que dando-lhe no dia quinze pelas duas oras depois do meio dia e repetindo-lhe no dia desaseis pela hua hora lhe acabou a vida. Preparou-se antes muito bem para a morte com confissões gerais e particulares ; e no dia que morreu tomou pela manhã o Senhor por

Viatico e só não levou a unção, suposto se lhe principiou a dar, mas foi tarde, porque acabava de espirar. Deu mostras de que conhecia a morte, dezapropriando-se antes de receber a communhão e fazendo algumas declarações vocais. No dia dezasete se lhe fez a sua Irmandade cantando-se-lhe um officio com assistencia das communidades da villa e varias pessoas distinctas da mesma, em que officiou de Pontifical em tudo athe se enterrar, o Reverendíssimo Senhor D. Abbade do Mosteiro de Pombeiro, o snr. Fr. Francisco de Jesus Maria, Irmão do nosso Monge o Padre Fr. Luiz Mendes de Vasconcellos. Deu-se o seu corpo á terra com bastante saudade dos seus Irmãos na tarde do dia desasete do mesmo mez de Janeiro deste anno de 1783 ; e jaz na sepultura ao pé da Porta das Graças, que tem o numero de 1. Teria de idade como elle confeçou 73 annos e de habito 50 e tantos. Está satisfeito.

No fim do dia, perto da noute, nove de julho deste prezente anno de 1785, vindo da sua Quinta de Esporões para Braga, para dormir em casa de seu irmão, deu-lhe de repente mal subio a escada de caza, ao Padre Fr. Antonio de S. José Valle, hum accidente que deixando-o em madorna sentado em hũa cadeira, deu nesta postura a alma ao Creador, sem confição nem sacramento porque o accidente não deu lugar a nada : no outro dia foi a enterrar ao Colegio dos Padres Gracianos do Populo, e teve enterro luzido com asistencia de todas as communidades da Cidade de Braga. Tinha de habito trinta e dois annos, dois mezes, e vinte oito dias ; e de idade cincoenta, nove mezes e vinte e tres dias. Está satisfeita a sua Irmandade.

Depois de huma grave e prolixa enfermidade que durou quatro mezes continuos, pagou o tributo á Natureza o Nosso Muito Reverendo Padre Fr. Bento de Santa Anna, filho deste Real Mosteiro e D. Abbade que tinha sido o Trienio passado. No fim de hum mez depois de acabar de Prelado se preparou para a certa e infalivel passagem deste mundo para a Eternidade. Recebeu todos os sacramentos em seu juízo perfeito, com signaes e demonstrações de verdadeiro Monge, como quem se queria salvar. Alem do muito, que tinha padecido em tão dilatada queixa, sofreu nos ultimos dias afflições mais terriveis e fortes que a mesma morte e tudo levou com grande paciencia e conformidade athe o ultimo instante da vida e sempre com juizo claro. Teve varios nomes a sua molestia : huns dizião ser uma ressicação interior e hydropesia no peito: outros hua cacoquilia, outros principio de um tuberculo por não poder estar deitado e afrontar muito do peito. Só a sua natureza forte podia sofrer tanto tempo semilhante queixa, chegando a estar alguns dias sem comer cousa algũa, como forão os ultimos em que existio neste mundo. Este deichou no dia tres de Mayo deste prezente anno de 1786 pelas seis horas da tarde, com bastante sentimento de todos nós em quem existirá sempre hũa grande saudade nos nossos corações, não só pelo seu merecimento e amavel companhia, mas tambem por ter sido hum grandissimo Prelado, governando este Mosteiro com muita pax e socego e tratando a todos igualmente se n distinção de pessoas, só sim olhando para a conducta de cada hum. Foi este grande Padre natural de Agarez, aldeia junto de Villa Real, de pays abundantes de bens temporais e com parentes distinctos e graves na sua terra e suas vizinhanças. Teve dois Irmãos Religiosos Agostinhos Descalços e hum delles Mestre e Doutor e de muito merecimento dentro e fora da Religião, e elle o fez ser confeçor da Excellentissima Senhora D. Marianna, Mulher do Excellentissimo Snr. Ayres de Sá e Mello, secretario que foi de Estado, depois de ter sido Embaixador em Napoles e Espanha; e destes mesmos Fidalgos era tão bem atendido o nosso Padre Fr. Bento de Santa Anna por conta deste Irmão. Teve mais Irmãos, huns casados e outros solteiros e hũa Irmãa que casou com hum cavalheiro vezinho de Villa Real. Seu Pay se chamava Bento Alvarez. Com 23 annos de habito mereceo que esta communidade puzesse nelle os olhos para o fazer seu Prelado e não se enganou nésta escolha, porque o foi excellente pelo bom tracto que deu aos Padres sem lhe faltar nada tocante ao temporal, administrando-lhe muito bem todos os seus bens e por isso fez tantas e tão excellentes obras como se estão vendo por toda a parte do Mosteiro. Solhou de novo todo o Dormitorio, excepto o salão que já o tinhão solhado: fez janellas para todos os Tranzitos com vidraças e estas poz tambem nos oculos dos mesmos tranzitos: janelas novas em toda a galeria e com vidraças novas e todas as janelas muito bem pintadas de verde: solhou o claustro de sima todo: fez o coro de sima, com a estante tudo novo, como agora se vé. Cazas novas para o forno, despença e para o cuzinheiro. Fez a cuzinha como agora se vé de novo: dois arcos novos no alpendre junto da cuzinha. Fez o jardim que agora tem o claustro e mais o tanque para a agoa. Acabou de pagar a despeza do orgão, para o que deu seis centos e tantos mil reis. Pagou varias dividas dos Trienios antecedentes. Alem de todas estas obras mencionadas fez varias no cerco e passais, como são a nova porta que hoje tem no fim do cerco, varias portas e casas dos moçòs, abegoarias e mais obras ordinarias da caza que em todos os Trienios se fazem que não importão pouco. O cerco foi bem admenistrado que estava quazi exausto de lenhas, e nem hum só pau se comprou, e não faltou nunca para os gastos da cuzinha em todo o seu tempo, alem da que se costuma mandar aos Ministros e dar de esmola. Para todas as sobredictas obras teve dinheiro, sem lhe faltar, nem empenhar a communidade: antes no fim do seu Trienio lhe cresceo dinheiro em abundancia para dezempenhar a communidade de mais de tres mil cruzados, que devia dos Trienios passados e deichar duzentos e tantos mil reis para se completarem as obras que elle não pôde acabar por falta de tempo, como erão pintar o coro, revocar e dealbar a cusinha, cazas novas, que fez e forrar o alpendre da porta da cuzinha. Finalmente, não serviu athé agora Prelado que tivesse tanto dinheiro, e fizesse tantas, e tão excellentes obras como elle fez. Teve algua ajuda de custo para isto como forão as esmolas que lhe derão alguns dos Noviços que aceitou e as suas comedorias. No Espiritual não foi menos ; porque todas as funcções do coro e Igreja se fazião com todo o lustre, e gravidade. Poz em milhor figura alguns ornamentos da sacrestia que estavão á antiga, e acrescentou algũa roupa nova de linho para o ministerio do altar. Era observante no santo silencio, e recolhimento dos Monges em caza, e não era excessivo nas licenças, e queria se fizesse tudo conforme a Ley mandava, e cabia no possível, não obstante haverem muitos Monges velhos e alguns doentes. Fez todas as deligencias para que se creassem bem os Noviços que aceitou e não consentia se lhe dessem largas e liberdades para asim os conter dentro dos lemites da boa disciplina Regular. Governou o Mosteiro com hua grandissima pax e quietação e não consentia meixericos, nem zellos farizaicos ; porque só asim se vive em pax e o contrario he guerra. Era de todos amavel e por isso se vio na sua ultima enfermidade o amor com que todos o tratavão, era serio e grave ainda que não com aspereza, e não escandelizava alguem, ainda quando o advertia ou lhe dava a reprehenção, porque nas suas palavras se descobria a caridade e amor com que o fazia para cumprir com o dever de verdadeiro Pastor e Pay. Todas estas prendas̃o fazião digno dos nossos affectos e porisso nos custou muito a

sua morte, tanto pelo referido, como por hir quasi na flor da
sua idade, porque não contava mais do que quarenta e seis
annos e meio ; e de habito vinte e seis quatro mezes e tres
dias. Fez-se-lhe a sua Irmandade, e jaz na sepultura do numero dois, aonde se enterrou aos quatro dias do mez de Mayo
deste prezente anno de 1876 [1].

Declaro que o sobredicto Padre Fr. Bento de Santa Anna
teve huma grande capacidade para as Letras e Sciencias, porque alem de saber grandemente Latim, como baze e fundamento para ellas se conseguirem, emtendendo bem os Livros
por onde as mesmas se estudão; soube muito bem a Filozofia
e Theologia. E querendo o Exc.[mo] snr. Bispo que he hoje do
Porto, sendo geral da nossa congregação, que elle se graduasse
para ficar lendo no collegio não o chegou a conseguir por não
quererem concorrer os seos Parentes com os gastos necessarios. Voltou então para este Mosteiro aonde se aplicou á Moral,
que soube muito bem, e exercitou o emprego de Pregador,
que o fazia excelentemente por este estillo moderno, de que
deichou alguns papeis bem feitos. Teve particular idea para
obras, como o mostrão as que elle fez e asima declarei, e
para tudo o mais teve muito grande habilidade, como todos
experimentavão no que lhe communicavão : era ut supra.

Na idade inocente de 14 annos incompletos tirou Deos
dos perigos do seculo para o estado da Relegião o Padre
Fr. José de Santo Thomaz natural da cidade do Porto, Irmão
do Reverendíssimo Padre Mestre Fr. João de Santa Thereza Ex
Provincial da Provincia dos Observantes de S. Francisco, sobrinho do Reverendissimo Padre Mestre Doutor Manoel de
S. Bernardo Ex geral dos Conegos seculares do Evangellista, e

---

[1] *No fundo das duas laudas onde vem este assento lê-se :*
Sendo D. Abbade o Padre Fr. Bento de Santa Anna, aos 17 de
Fevereiro de 1785, quando o celebrante levantou a Gloria deu repentinamente hum unico trovão extraordinario com hun clarão
de fogo e cheiro de polvora que assombrou a communidade que
estava no coro alto, sem offender Monge algum, não obstante
estar hum Padre junto da janela da parte do Evangelho, abalando
o raio huma pedra para fóra da dita janela, como ainda se vê.
Havia cem annos, que cahio outro, conforme a tradição ; e a
comunidade deu graças a Deus e a Nosso Santo Padre. No dia
tres de Junho do anno de 1784, perto do meio dia houve huma
grande trevoada, e cahio um raio na torre da parte do Evangelho
e lhe fez algum prejuizo na capela e vidraças, porem não houve
perigo de pessoa alguma, graças a Deos e a Nosso Santo Padre.

tambem do Reverendíssimo Padre Mestre Doutor Fr. Ignacio Theotonio, o qual, sendo digno Prelado deste Mosteiro lhe lançou o santo Habito, e teve por Mestre do seu Noviciado o Veneravel Padre Fr. Francisco Xavier, digno de eterna memoria pellas suas virtudes e letras; com a doutrina e exemplo deste observantissimo Mestre aprendeu o novo Pupilo perfeitamente as Leis, cerimonias e santos costumes da Religião que professou aos sinco de Junho de 1747, tendo de habito dous annos, hum mez e sinco dias. Completos os estudos, para os quaes tinha talento, e aplicação, foi eleito por Patente do Reverendissimo para substituto da Cadeira de Moral neste Mosteiro, conseguindo igual instrução na Theologia Mistica, obrigado de varias Pessoas devotas, que no confessionario e por escripto procuravão a sua direção. Na Predica fez grandes progressos e chegou a ser hum bom orador, pregando nos milhores pulpitos desta Villa e da Cidade do Porto com acceitação do auditorio sabio, que ouvia com gosto os seus sermões, pella clareza das doutrinas provadas com muitos e bem aplicados lugares da Escriptura Sagrada, sem faltar aos Preceitos da Rethorica como bem mostrão seus manuscriptos. Era de genio docil, e benigno, dezejando servir a todos, e particularmente a sua communidade, para o que tinha raros talentos, os quaes empregou com muito disvelo e grande zello em todos os officios deste Mosteiro, merecendo ser reeleito em quazi todos. Nos seus primeiros annos foi Superior, Mestre de ceremonias, Sachristão, Hospedeiro e Arqueiro; e logo que foi vogal o elegerão e reelegerão Prior, e Mestre dos Novos, em os quaes empregos trabalhou quanto poude para promover a perfeição dos officios Divinos e observancia das Leis e costumes Santos de que era acerrimo defensor. E para ensinar os Novos não só com palavras, mas tambem com costumes elegeo hum douto Religioso para Director de sua consciencia com cujos dictames se fez exemplar a seus Discípulos, pello recolhimento, devoção, e observancia das Leis, e votos, principalmente da Pobreza, espoliando-se voluntariamente de alguns moveis mais coriozos e menos necessarios; bem instruido que o precioso e superfluo repugna inteiramente ao Estado Religioso com o qual nunca se pode cohonestar nem ainda intervindo a violenta permissão, ou extorquida licença dos Perlados, que se calão ou por puzilanimidade ou por evitar grandes desordens. Eu, que tive a felicidade de ser Discipulo deste vigilante Mestre, nunca poderei alegar ignorancia para escuza da minha relaxação, porque alem dos santos dictames que dava a seus Discípulos nas praticas e lições espirituaes quotidianas, muito mais lhe ensinava com o exemplo recolhendo-se na cella ocupado no estudo, lição ou oração mental ou vocal sem faltar á devota vizita do Santissimo Sacramento e dos Altares em dia de Jubileu e Indulgencias para soccorrer as almas do Purgatorio de quem era devotadissimo, aplicando-lhes muitos sacrificios e repetidas orações. Depois de seis annos de Prior e Mestre de Novos foi Procurador do Temporal e tendo dado tantas provas do seu merecimento, os Monges capitulares o elegerão em dous escrutinios successivos Abbade deste Mosteiro, Dignidade que elle tanto temia e de que Deus o livrou permitindo que a vontade do Reverendissimo Padre Mestre Geral o Senhor D. Fr. Diogo Jardim, hoje Bispo de Pernambuco, se não conformasse com os Eleitores. Padeceo muito este Monge em varias molestias, sendo atacado por quatro vezes de huma Parlezia ; e porque não ignorava os ordinarios fins de semelhante queixa, não deixando de servir a sua communidade no ministerio de Recebedor, cuidava muito principalmente em ajustar com exação as contas da sua consciencia. E para alcançar de Deos auxilios mais particulares procurou a intercessão das almas do Purgatorio, offerecendo-lhes em suffragio, suposta a permissão do Prelado, todas as Missas que do producto dos moveis do seu uzo lhe podessem pertencer e finalmente no dia 29 de outubro de 1787, tendo-se confessado e celebrado o sacrosanto sacrificio da Missa, foi atacado á noute de hum accidente de apoplexia no qual se lhe administrou a extrema-unção ; e sendo frustrados os muitos e violentos remedios, que se lhe applicarão, deu sua alma a Dèos no ultimo dia do dito mez de outubro e foi sepultado na sepultura do numero tres, et per misericordiam Dei requiescat in pace.

(Continua).

BOLETIM

———

4.° TRIMESTRE DE 1911

Em sessão extraordinaria de 31 de outubro, o snr. presidente, communicando o fallecimento do consocio snr. José Joaquim Monteiro de Meira, filho do snr. dr. Joaquim José de Meira, illustre socio honorario d'esta Sociedade e um dos seus mais devotados amigos, e irmão do snr. dr. João de Meira, tambem nosso consocio e distincto professor da Escóla Medica do Porto, propoz, e por todos os presentes foi approvado, um voto de profundo pezar pelo tristissimo acontecimento, pedindo ao snr. dr. Alberto Lobo para representar esta Sociedade nos funeraes. Mais se resolveu officiar ao snr. dr. Joaquim José de Meira cumprimentando-o e pedindo-lhe para que se digne transmittir a sua exc.ᵐᵃ familia o profundo pezar d'esta Sociedade.

———

Na sessão de 15 de novembro participou o snr. presidente o fallecimento da exc.ᵐᵃ snr.ᵃ D. Rosa Candida Martins Ferreira, mãe do snr. tenente Francisco Martins Ferreira, illustre director da bibliotheca d'esta Sociedade; e do snr. Antonio Peixoto de Mattos Chaves, nosso consocio, motivo por que o snr. presidente propoz e foi approvado um voto de sentimento.

Foi lida uma carta do snr. Louis Siret pedindo, para os estudos a que se dedica, amostras do bronze de alguns machados existentes no muzeu da Sociedade. Foi resolvido satisfazer o pedido.

Foi lido um officio da comissão administrativa da Camara Municipal d'este concelho pedindo para que a Bibliotheca estivesse aberta durante parte da noite, afim de facilitar a sua frequencia a todas as classes. Resolveu-se responder, que a Sociedade teria muito prazer em annuir ao pedido caso os seus recursos o permittissem, e que se a camara podesse custear as despezas da abertura nocturna, immediatamente o seu desejo sería satisfeito.

Da Associação de Classe das Quatro Artes da Construcção Civil foi lido um officio pedindo o emprestimo de algumas carteiras e quadros parietaes que a Sociedade possue. Resolveu-se annuir ao pedido.

Na sessão de 2 de dezembro, o snr. presidente participou o fallecimento do socio snr. Luiz Lopes Cardoso, e propoz um voto de sentido pezar, que foi approvado.

Leram-se os seguintes officios:

Do snr. dr. Joaquim José de Meira agradecendo os cumprimentos que lhe foram dirigidos por occasião do fallecimento de seu filho.

Do snr. tenente Ferreira agradecendo os pezames que a direcção lhe enviou.

Na sessão de 15 de dezembro, participou o snr. presidente o fallecimento do consocio snr. João Antonio Gouveia Moreira Guimarães, e propoz um voto de pezar que foi approvado.

Leram-se os seguintes officios:

Da Associação de Classe dos Operarios Curtidores e Surradores de Guimarães, convidando o snr. presidente a assistir a uma missa por alma dos socios fallecidos.

Dos alumnos da «Escóla Industrial Francisco d'Hollanda» dizendo que, possuindo agora uma bandeira, esperam que esta Sociedade os convide a comparecer nos actos solemnes.

Do Centro Escolar Republicano de Bissau pedindo livros, jornaes e revistas. Resolveu-se enviar-lhe a *Revista de Guimarães.*

Resolveu-se officiar á Camara pedindo para ser reparado o caminho que conduz á Citania de Briteiros.

A Sociedade recebeu desde 1 de outubro a 30 de dezembro as seguintes offertas, que, reconhecidamente, uma vez mais, aqui agradecemos.

Para a bibliotheca:

Livros

Louis Siret, 5 volumes e 2 folhetos.
Bibliotheca da Academia das Sciencias de Lisboa, 3 volumes.
Commissão executiva da Assistencia Nacional aos Tuberculosos, 1 volume.
Gustavo Todesche Corrêa Neves, 1 volume.
Escola Medico-Cirurgica de Lisboa, 2 volumes.
Dr. Alfredo Pimenta, 1 volume.
Sociedade Portugueza de Estudos Historicos, 1 folheto.
Camara Municipal do Porto, 1 volume.
Arthur Pinto Basto, 1 volume.
Lyceu Nacional Central de Braga, 1 folheto.

Para os museus:

Capitão Duarte de Amaral, 1 medalha da expedição á India e 3 moedas de cobre.
Antonio Pereira da Silva Junior, 1 moeda de prata.
Abbade João Gomes d'Oliveira Guimarães: 1 tubo de barro de canalisação d'aguas, 2 fragmentos do mesmo barro, 1 machado de pedra, 11 objectos de metal, dos quaes a maior parte são pregos (encontrado em S. Jorge de Vizella).

Guimarães, 31 de dezembro de 1911.

O 2.º secretario,

JOSÉ VAZ VIEIRA.

BALANCETE

Movimento da caixa desde 1 de outubro
a 31 de dezembro

Saldo em 30 de setembro.	262$775	
Receita cobrada.	301$420	
Deficit.	63$795	627$990

Despeza	627$990
Saldo para catalogação	450$000

Guimarães, 31 de dezembro de 1911.

O thesoureiro,

João Rourigues Loureiro.

Lista dos jornaes e revistas que permutam com esta publicação

Acro Club de Portugal. Lisboa.
O Archeologo Portuguez. Lisboa.
A Agricultura.
A Alvorada. Arcos de Val-de-Vez.
A Alvorada. Guimarães.
Archivo Bibliographico da Bibliotheca da Universidade. Coimbra.
Archivo da Historia da Medicina Portugueza. Porto.
Archivo Historico Portuguez. Lisboa.
Boletim Annunciador de Benguella.
Boletim da Associação Central da Agricultura Portugueza.
Boletim da Associação dos Archeologos Portuguezes. Lisboa.
Boletim da Sociedade Broteriana. Coimbra.
Boletim da Sociedade de Geographia de Lisboa.
Boletim da União dos Atiradores Civis Portuguezes. Lisboa.
Boletín de la Comisión Provincial de Monumentos Históricos y Artisticos de Orense.
Bolleti de la Societat Arqueologica Luliana. Ilhas Baleares — Palma.
Bulletin Historique du Diocèse de Lyon.
A Caça. Lisboa.
O Caixeiro do Norte. Porto.
Cintra da Beira. S. Pedro do Sul.
O Commercio de Guimarães.
O Cyclista.
Diario de Noticias. Lisboa.
Educação Nacional. Porto.
Echos da Avenida. Lisboa.
O Espozendense. Espozende.
Figueira.
Gazeta da Figueira.
Gazeta dos Hospitaes do Porto.
Gazeta de Taboaço.
O Imparcial. Guimarães.
O Independente. Guimarães.
O Instituto. Coimbra.
O Jornal do Commercio. Lisboa.
Jornal de Lafões. S. Pedro do Sul.
Jornal de Noticias. Porto.

A **Justiça.** Guimarães.
Limia. Vianna do Castello.
Luz e Verdade.
Mala da Europa. Lisboa.
O Oriente Portuguez. Nova Goa.
O Porto.
Portugal, Madeira e Açôres. Lisboa.
O Primeiro de Janeiro. Porto.
O Progresso Catholico. Porto.
Revista de Abrantes.
Revista do Bem. Lisboa.
Revista Commercial e Industrial. Lisboa.
Revista do Minho.
Revista de Obras Publicas e Minas. Lisboa.
A **Seara de Ruth.** Bahia.
Tiro e Sport. Lisboa.
O Vegetariano. Porto.
A **Velha Guarda.** Guimarães.

Revista de Guimarães

NUMERO ESPECIAL

FRANCISCO MARTINS SARMENTO

Cada exemplar . . . . **1$500 reis**

Os Argonautas, por F. Martins Sarmento.

Cada exemplar . . . . **1$500 reis**

Documentos ineditos do seculo XII-XV, por Oliveira Guimarães (Abbade de Tagilde). [Separata da Revista de Guimarães].

Cada exemplar 500

Pedidos á Sociedade Martins Sarmento ou ao snr. Francisco Jacome — **Guimarães.**

No Porto, á venda na livraria Moreira, praça de D. Pedro.

REVISTA

DE

GUIMARÃES

PUBLICAÇÃO

DA

SOCIEDADE MARTINS SARMENTO

PROMOTORA DA INSTRUCÇÃO POPULAR NO CONCELHO DE GUIMARÃES

VOLUME XXIX

N.º 2 — Abril — 1912

PORTO

TYP. DE A. J. DA SILVA TEIXEIRA, SUCCESSOR
Rua da Cancella Velha, 70
1912

A **Revista de Guimarães** publĭca-se nos mezes de janeiro, abril,, julho e outubro, em fasciculos de 48 paginas.

Cada volume, composto de quatro fasciculos, custa por assignatura 600 reis; cada numero avulso 200 reis. Os portes do correio são á custa da empreza. As assignaturas são pagas adeantadas.

Os artigos publicados n'esta Revista são, a todos os respeitos, da exclusiva responsabilidade dos seus auctores.

Toda a correspondencia deve ser dirigida á Direcção da SOCIEDADE MARTINS SARMENTO, G u i - m a r ã e s.

ARCHIVO

DA

COLLEGIADA DE GUIMARÃES

(Continuado da pag. 36)

MXXIX

3 — XI — 1446

Emprazamento, em tres vidas, de uma leira de vinha, lagar e dorna, nos Ponbaees, que era trazida pelo conego Nicolaao annes, a Affonso Goncaluez, carpenteiro, morador na rua de traz da caderrea ?, e molher Catalina gonçaluez, com a renda de 5 libras de moeda antiga e um par de gallinhas.

Feito na Igreja Collegiada de Santa Maria ao pé da escada que vae para o coro a 3 de novembro do anno de 1446 pelo tabellião Rodrigo airas, vassallo d'Elrei, sendo testemunha Gonçalo ? uaasques, creado de Martim uaasquez da Cunha. (Idem, fl. 23 v.).

MXXX

24 — IX — 1446

Emprazamento, em tres vidas, do logar da Portella, freguezia de S. Lourenço de Gultãees, renunciado por Affonso martins e mulher, feito pelo Cabido a Aluaro martins e sua mulher Catallina Gill, com a renda de 5 maravidis de moeda antiga e um par de gallinhas.

Feito no coro da Igreja Collegiada de Santa Maria a 24 de setembro do anno de 1446 pelo tabellião Rodrigo airas, vassallo d'El-rei. (Idem, fl. 24).

MXXXI

18 — XI — 1446

Emprazamento, em tres vidas, de um alloque na rua Ça-pateira, que agora ardeu junto com a torre de Maria gllz., feito pelo Cabido a Aluaro gonçalluez, çapateiro, e mulher Maria pirez, moradores em Santa Luzia, com a renda de 1 mara-vidy de renda antiga.

Feito no coro da Igreja Collegiada de Santa Maria a 18 de novembro do anno de 1446 pelo tabellião Rodrigo airas, vassallo d'Elrei. (Idem, fl. 24 v.).

MXXXII

22 — I — 1447

Emprazamento, em tres vidas, do casal da Nogeira, fre-guezia de S. Romaaom d'aroës, feito pelo Cabido a Joham da nogeira e mulher Costança uasquez, com a renda de 10 ma-ravidis de moeda antiga e um par de gallinhas.

Feito no coro da Igreja de Santa Maria a 22 de janeiro do anno de 1447 pelo tabellião Rodrigo airas, vassallo d'Elrei,. sendo testemunhas Geruaz ? annes, criado de Martim Vaas-ques da Cunha, e Luis aluarez, criado do senhor duque de Bragança. (Idem,. fl. 24 v.).

MXXXIII

9 — I — 1450

Emprazamento denfatiota para sempre de um chão e pardieiro d'umas casas na rua Çapateira, em que morou Ca-taljna annes a candieira, e outro chão que foram casas em que morou Martim gonçalluez, çapateiro, e são pardieiros por rasão da queima que ardeu a dita rua, feito pelo Cabido, sendo tesoureiro Affonso pirez, a Pero aluarez, mercador, prebendeiro do Cabido, com a renda de 3 maravidis de moeda antiga.

Feito no coro da Igreja Collegiada de Santa Maria a 9 de janeiro do anno de 1450 pelo tabellião de Guimaraẽs pelo snr. Duque senhor da mesma villa, Joham uaasques, escudeiro, vassallo d'Elrei. (Idem, fl. 25).

MXXXIV

24 — V — 1451

Emprazamento, em tres vidas, da Quintã, com casas e mais pertenças, em que soia morar Lourenço pirez, escudeiro, pae do emprazado, freguezia de Ribas, julgado de Celorico de Basto, feito pelo Cabido a Gonçallo lourenço, creado de Fernam Coutinho, solteiro, com a renda de 50 libras de moeda antiga.

Feito na crasta da Igreja de Santa Maria pelo tabellião de Guimarães pelo snr. Duque de Bragança, Joham de Sousa. (Idem, fl. 25 v.).

MXXXV

28 — V —,1451

Emprazamento, em tres vidas, do lugar de Bugalhós, freguezia de S. Vicente de mascotellos, que tinha sido de Martinho annes e mulher Catalinha giraldez, recebido por doação de Vaasco dominguez, creado de Bertollameu ffernandes, renuciado por esta sendo viuva, feito pelo Cabido a Luis eannes, genro da dita Catalinha giraldez, e mulher Margarida martins, com a renda de 8 libras de moeda antiga e um par de gallinhas.

Feito no coro da Igreja de Santa Maria a 28 de maio do anno de 1451 pelo tabellião pelo snr. Duque de Bragança, Joham de Sousa. (Idem, fl. 26).

MXXXVI

28 — V — 1451

Emprazamento, em tres vidas, de casas na rua de Santa Maria em que morou Paay Rodriguez, escrivão dos contos, feito pelo Cabido ao conego Affonso pirez de ffreytas, tesoureiro, com a renda de 20 libras a. primeira vida, 25 a segunda e 30 a terceira, e um par de gallinhas.

Feito no coro da Igreja de Santa Maria a 28 de maio do anno de 1451 pelo tabellião Joham de Sousa. (Idem, fl. 26 v.).

MXXXVII

7 — V — 1451

Emprazamento, em tres vidas, do casal de Sabugossa, freguezia de S. Pedro de ffreytas, renunciado por Vaasco dominguez, em instrumento feito pelo tabellião de Guimarães, Diogo lopes, feito pelo Cabido a Vaasco pirez, morador no dito lugar, e mulher Lionor affonso, com a renda de 4 e meio maravidis de moeda antiga e um par de gallinhas.

Feito no coro da Igreja de Santa Maria a 7 de maio do anno de 1451 pelo tabellião Joham de Sousa, sendo testemunha Joham aluarez, mestre dos horgoons. (Idem, fl. 26 v.).

MXXXVIII

15 — III — 1451

Emprazamento, em tres vidas, do casal de Fonteboa, freguezia de Santa Ouaya de foramontaãos, feito pelo Cabido a Affonso annes e mulher Maria annes, com a renda de 10 maravidis de moeda antiga e duas gallinhas.

Feito no coro da Igreja de Santa Maria a 15 de março do anno de 1451 pelo tabellião Joham de Sousa. (Idem, fl. 27).

MXXXIX

27 — II — 1451

Emprazamento, em tres vidas, do casal de Bouçoo, freguezia de S. Romaaom daroës, renunciado por Gonçalo dominguez, morador no casal da Torre, da mesma freguesia, feito pelo Cabido a Gonçallo uaasquez, neto do dito renunciador, morador na freguezia de S. Viçenço de paaços, e a sua mulher ... annes, com a renda de 14 maravidis de moeda antiga e dous pares de gallinhas.

Feito na Igreja de Santa Maria a 27 de fevereiro do anno de 1451 pelo tabellião Joham de Sousa. (Idem, fl. 27 v.).

MXL

30 — XII — 1451

Emprazamento, em tres vidas, do casal da Bacoreira, freguezia de Santa Ouaya de foramontaàõs, renunciado por Affonso da Bacoreira, viuvo, feito pelo Cabido, sendo conegos Lopo affonso, abbade de Brito, e Gonçallo affonso, abbade de Garffe, a Aluaro uaasques, genro do renunciador, e mulher Cataljnha affonso, com a renda de 6 e meio maravidis de moeda antiga e dous pares de capoões.

Feito na Igreja de Santa Maria a 30 de dezembro do anno de 1451 pelo tabellião Joham de Sousa. (Idem, fl. 28).

MXLI

20 — XI — 1454

Emprazamento, em tres vidas, do casal de Penteeiros em que morou Andre, feito pelo Cabido a Aluaro ffernandez, creado de Fernandaffonso, tabellião, e mulher Maria affonso, com a renda de 12 maravidis de moeda antiga e um par de gallinhas.

Feito na Igreja de Santa Maria a 20 de novembro do anno de 1454 pelo tabellião Joham de Sousa. (Idem, fl. 28).

MXLII

10 — I — 1453

Contracto de transacção amigavel sobre a renda de 3 maravidis impostos na metade da quintaã de Cortegaça, que foi de Giralde annes, e mais 1 maravidil imposto em casas do canto da rua dos Mercadores, em Guimarães, que foram d'Affonso gonçallues do canto, ficando o Cabido a receber annualmente esta mesma renda e quitando as rendas em divida, feito entre o Cabido a Fernandaffonso farom, escudeiro, vassallo d'Elrei, e mulher Margarida André, actuaes possuidores da quintaa, e casas, moradores na quintaa do Bairro, julgado de Roças.

Feito na Igreja de Santa Maria, na ousja antre o altar maior, a 10 de janeiro do anno de 1453 pelo tabellião Joham de Sousa, sendo testemunha Joham gonçalluez, escudeiro d'Elrei, escrivaõ dos Contos. Incorporado em seguida ao final do documento existe outro lavrado pelo mesmo tabellião do qual consta que, a 30 do mesmo mez ante as casas da morada d'Aluaro pirez carapeto compareceu Affonso aluarez, tosador, e apresentou o instrumento d'outorga dada a este contracto por da dita Margarida Andre, lavrado a 28 de janeiro na quintaa do Bairro, julgado de Roças, por Lourenço annes, tabellião do dito julgado, sendo testemunha Fernam gonçaluez, creado de Dom João, e outros. (Idem, fl. 28 v.).

MXLIII

28 – V – 1455

Emprazamento, em tres vidas, do casal de Cima de uilla, freguezia de Sanhoanne de ponte, em que soia morar Pedro affonso, feito pelo Cabido a Gonçallo affonso, morador em Caldellas, e a sua mulher, com a renda de 10 maravidis de moeda antiga e um par de gallinhas.

Feito na Igreja de Santa Maria a 28 de maio do anno de 1455 pelo tabellião Joham de Sousa, sendo testemunha Vaasco do Souto, vassallo d'Elrei. (Idem, fl. 29 v.).

MXLIV

20 – V – 1455

Emprazamento, em tres vidas, do casal do Couto de cima, freguezia de Sanhoane de ponte, feito pelo Cabido a Gonçallo annes e mulher Enes annes, com a renda de 8 maravidis e um par de gallinhas.

Feito na Igreja de Santa Maria a 20 de maio do anno de 1455 pelo tabellião Joham de Sousa, sendo testemunha Affonso pires, tabellião de Guimarães. (Idem, fl. 29 v.).

MXLV

30 — IV — 1455

Emprazamento, em tres, vidas, do casal das Quintaãs, freguezia de Villaffria, renunciado por Maria annes, mulher que foi de Affonso eannes, feito pelo Cabido a Gonçallo affonso e a sua espossa Cataljnha affonso, com a renda de 8 maravidis de moeda antiga e um par de gallinhas.

Feito no coro da Igreja de Santa Maria no derradeiro dia d'abril do anno de 1455 pelo tabellião Joham de Sousa, sendo testemunha Gonçallo dominguez, porteiro do Cabido. (Idem, fl. 30).

MXLVI

23 — IV — 1455

Emprazamento, em tres vidas, de logar no Campo da feira, renunciado por Gonçallo pirez de su as teigas, feito pelo Cabido a Lopo ffernandez e mulher Cataljnha martins, com a renda de 10 libras de moeda antiga e um par de capoões.

Feito no coro da Igreja de Santa Maria a 23 d'abril do anno de 1455 pelo tabellião Joham de Sousa, sendo testemunha Joham aluarez, mestre dos horgaos. (Idem, fl. 30 v.).

MXLVII

16 — IV — 1455

Emprazamento, em duas vidas, do lugar e orta no Campo da fleira, feito pelo Cabido, sendo conego Lopo affonso, abbade de Brito, a Vaasco martins e mulher Costança martins, com a renda de 7 e meia libras de moeda antiga e um par de gallinhas.

Feito no coro da Igreja de Santa Maria a 16 d'abril do anno de 1455 pelo tabellião Joham de Sousa. (Idem, fl. 30 v.).

MLIV

22 – I – 1457

Emprazamento, em tres vidas, do casal da Parede, freguezia de Santo Esteuom durgesses, renunciado por Affonso Lourenço, filho de Lourenço Uaasquez, feito pelo Cabido a Lopo Gonçalluez, natural de Pena, e mulher Lionor Annes, com a renda de 5 maravidis de moeda antiga e um par de galinhas.

Feito no coro da Igreja de Santa Maria a 22 de janeiro do anno de 1457 pelo tabellião Joham de Sousa. (Idem, fl. 32 v.).

MLV

20 – I – 1457

Emprazamento, em tres vidas, do casal de Lourido, freguezia de S. Cosmade do Ualle, terra de Vermohim, feito pelo Cabido a Rodrigo Affonso, filho d'Affonso de Ponball, e mulher Maria Annes, com a renda de 2 libras e meia de moeda antiga e uma galinha.

Feito no coro da Igreja de Santa Maria a 20 de janeiro do anno de 1457 pelo tabellião Joham de Sousa. (Idem, fl. 33).

MLVI

6 – I – 1457

Emprazamento, em tres vidas, do casal de Ladrido o velho, freguezia de S. Cibraaom de Tauoadello, feito pelo Cabido a Joham do Ponball e mulher Ennes Annes, com a renda de 4 libras de moeda antiga e um par de galinhas.

Feito no coro da Igreja de Santa Maria a 6 de janeiro do anno de 1457 pelo tabellião Joham de Sousa. (Idem, fl. 33).

MLVII

17 – VI – 1457

Emprazamento, em tres vidas, do casal de Requeixo, freguezia de S. Pedro d'Escudeiros, termo de Braga, renunciado por Maria Gonçalluez, mulher que foi de Aluaro Uaasquez, onde morou Vaasco Lourenço, pae do dito Aluaro Uaasquez e depois este, feito pelo Cabido a Gill Affonso, filho de Tome Affonso, morador na freguezia de Villa Coua, termo de Braga, e mulher Catalynha Pirez, com a renda de 6 maravidis de moeda antiga e um par de galinhas, e obrigaçaõ de fazer cosinha e celeiro.

Feito no coro da Igreja de Santa Maria a 17 de junho do anno de 1457 pelo tabellião Joham de Sousa, sendo testemunha Luis Aluarez, escudeiro do duque de Bragança. (Idem, fl. 33 v.).

MLVIII

6 — XII — 1456

Emprazamento, em tres vidas, do casal do Barrall em Emfyas, freguezia de S. Vitoiro, feito pelo Cabido a Affonso Uaasquez e mulher Clara Gonçalluez, com a renda de 3 e meio maravidis de moeda antiga e um par de galinhas.

Feito no coro da Igreja de Santa Maria a 6 de dezembro do anno de 1456 pelo tabellião Joham de Sousa. (Idem, fl. 33 v.).

MLIX

5 — XI — 1456

Emprazamento, em tres vidas, de casas, que entestam na Uliueira sua, e hortas com suas latas, feito pelo Cabido a Gonçallo Affonso e mulher Costança Annes, com a renda de 19 maravidis de moeda antiga e um par de gallinhas.

Feito no coro da Igreja de Santa Maria a 5 de novembro do anno de 1456 pelo tabellião Joham de Sousa. (Idem, fl. 34).

MLX

22 — X — 1456

Emprazamento, em tres vidas, do casal de Mattos de Mill, freguezia de Santa Locaya de Briteiros, feito pelo Cabido a Affonso Gonçalluez e mulher Costança Affonso, morador em Varziellas, freguezia de Santiago de Sobradello, com a renda de 6 maravidis de moeda antiga e um par de gallinhas.

Feito no coro da Igreja de Santa Maria a 22 d'outubro do anno de 1456 pelo tabellião Joham de Sousa, sendo testemunha um creado de Pedro Affonso, abbade de S. Gonçallo. (Idem, fl. 34 v.).

MLXI

22 — X — 1456

Emprazamento, em tres vidas, do casal do Quarteiro, freguezia de S. Tyago de Sobrodello, renunciado por Affonso Gonçalues e mulher Costança Affonso, de Varziellas, da mesma, feito pelo Cabido a Domingos pirez e mulher Johana Annes, com a renda de 5 maravidis de moeda antiga e um par de gallinhas.

Feito no coro da Igreja de Santa Maria a 22 d'outubro do anno de 1456 pelo tabellião Joham de Sousa. (Idem, fl. 34 v.).

MLXII

22 — X — 1456

Emprazamento, em tres vidas, do casal de Ralteiro, freguezia de S. Lourenço de Caluos, renunciado por Aluaro Annes, feito pelo Cabido a Pedro Annes, genro do renunciante, e a sua mulher Maria Aluarez, com a renda de 10 maravidis de moeda antiga e um par de gallinhas.

Feito no coro da Igreja de Santa Maria a 22 de outubro do anno de 1456 pelo tabellião Joham de Sousa. (Idem, fl. 34 v.).

MLXIII

18 — X — 1456

Emprazamento, por tempo de dez annos, do casal do Souto de Porcas, freguezia de Santa Maria de Palmeira, termo de Braga, feito pelo Cabido a Affonso Annes, com a renda de 3 maravidis de moeda antiga e um par de gallinhas.

Feito no coro da Igreja de Santa Maria a 18 d'outubro do anno de 1456 pelo tabellião Joham de Sousa. (Idem, fl. 34 v.).

MLXIV

8 – X – 1456

Emprazamento, em tres vidas, do casal da Arrifana, freguezia de Pineiro, feito pelo cabido, sendo Vaasco Annes, chantre confirmado no Chantrado da dita Igreja, a Joham Nouo e mulher Cataljnha Martins, com a renda de 2 e meia libras de moeda antiga e um par de gallinhas.

Feito no coro da Igreja de Santa Maria a 8 d'outubro do anno de 1456 pelo tabellião Joham de Sousa,. sendo testemunhas Alvaro Annes de guimaraes e Vaasco Annes, creados do duque de Bragança. (Idem, fl. 34 v.).

MLXV

11 – IX – 1456

Emprazamento, em tres vidas, do casal de Sequeiros, freguezia de Priscos, e do casal de Funde de Villa, freguezia de Arnosso, termo de Barcellos, feito pelo Cabido a Fernam Aluarez e mulher Lionor Martins, moradores na freguezia de Priscos, com a renda de 6 maravidis de moeda antiga e um par de gallinhas.

Feito na Clastra da Igreja de Santa Maria, na capella d'Alvaro Gonçalluez de Freitas, a 11 de setembro de 1456 pelo tabellião Joham de Sousa, sendo testemunha Joham Gonçalluez, mestre de gramatica e procurador do numero em Guimaraĕs. (Idem, fl. 35).

MLXVI

23 – XII – 1463

Emprazamento, em tres vidas, do casal de Penellas, freguezia de Santo Tisso de Prazijs, feito pelo Cabido a Affonso Martins e mulher Maria Martins, dos Lares, da mesma freguezia, com a renda de 10 maravidis de moeda antiga e um par de gallinhas.

Feito no coro da Collegiada Igreja de Santa Maria a 23 de dezembro do anno de 1463 por Joham de Sousa, tabellião do paaço na Villa de Guimaraês por o conde D. Fernando, sendo testemunhas Martim Aluarez, capellâo da duquesa Dona Costança, e Joham Dias, abbade de Gonça e clerigo do coro. (Nota antiga, Livro 12.º, fl. 1 v.).

MLXVII

4 — I — 1464

Emprazamento, em tres vidas, do casal de Villa Pouca, freguezia de Santa Crisptina d'Aroões, renunciado por Alvaro Gonçalluez e mulher Aldonça Diaz, feito pelo Cabido a Affonso Annes e mulher Beatriz Annes, com a renda de 12 maravidis de moeda antiga e duas gallinhas.

Feito no coro da Collegiada Igreja de Santa Maria a 4 de janeiro do anno de 1464 pelo tabellião, pelo Conde D. Fernando, Joham de Sousa. (Idem, fl. 1 v.).

MLXVIII

1464

Emprazamento em parte illegivel, feito pelo Cabido e lavrado pelo tabellião Joham de Sousa. (Idem, fl. 1 v.).

MLXIX·

3 — II — 1464

Emprazamento, em tres vidas, da Quintaã e casal dos Gastos, freguezia de S. Cosmade de Garffe, renunciado por Gill Affonso e mulher Catalinha Annes, feito pelo Cabido a Pero Gonçalluez, genro do dito Gill Affonso, e a sua mulher Innes Gill, com a renda de 4 maravidis de moeda antiga e um par de gallinhas.

Feito no coro da Collegiada Igreja de Santa Maria a 3 de fevereiro do anno de 1464 pelo tabellião Joham de Sousa.

Em 11 do mesmo mez foi lavrada a outorga da mulher do renunciante pelo mesmo tabellião, sendo testemunha Joham Vieira, abbade de S. Simon de Nomaaês e clerigo do coro. (Idem, fl. 1 v.).

MLXX

8 – II – 1464

Emprazamentos, em tres vidas, do casal da Porta, freguezia de santa Ouaya de Nespereira, renunciado por Affonso Annes e mulher Costança Annes, feito pelo Cabido a Fernamdaffonso e mulher Branca Aluarez, com a renda de 12 maravidis de moeda antiga e duas gallinhas.

Feito no coro da Collegiada Igreja de Santa Maria a 8 de fevereiro do anno de 1464 pelo tabellião Joham de Sousa, sendo testemunhas Pero Gonçalluez, abbáde de Gondemar, e Martim Aluarez, abbade de Gondaar ?, coreiros. (Idem, fl. 1 sem indicação, que fizesse parte do livro).

MLXXI

? – II – 1457

Emprazamento, em tres vidas, do casal da Quintaã ... das Truitas, freguezia de S. Martinho .de Fareja, renunciado por Affonso Gonçalluez e mulher Lionor Martins, moradores na freguezia de Santa Maria de Villa Nova dos Infantes, feito pelo Cabido a Pero Gonçalluez e mulher Maria Esteuez, com a renda de 10 maravidis de moeda antiga e um par de capooēs.

Feito no coro da Igreja de Santa Maria a ... de fevereiro do anno de 1457 pelo tabellião Joham de Sousa. (Idem, fl. 1).

MLXXII

26 – VIII – 1457

Emprazamento, em tres vidas, do casal do Caluo, freguezia de Nespereira, feito pelo Cabido a Joham Affonso, das Quintaãs da mesma freguezia, e mulher Costança Annes, com a renda de 6 maravidis de moeda antiga e um par de gallinhas.

Feito no coro da Igreja de Santa Maria a 26 d'agosto do anno de 1457 pelo tabellião Joham de Sousa. (Idem, fl. 1).

MLXXIII

26 — VIII — 1457

Emprazamento, em tres vidas, do casal do Paaço, freguezia de Santa Locaja de Briteiros, renunciado por Fernamdaluarez e mulher Maria Affonso, feito pelo Cabido a Diegaluarez e mulher Ennes Aluarez, com a renda de 10 e meio maravidis de moeda antiga e 2 pares de gallinhas.

Feito no coro da Igreja de Santa Maria a 26 d'agosto do anno de 1457 pelo tabellião Joham de Sousa. (Idem, fl. 1 v.).

MLXXIV

22 — VIII — 1457

Emprazamento, em tres vidas, de duas casas na rua de Santa Maria, renunciadas pelo conego Gonçallo Affonso, abbade que foi de Garfe, feito pelo Cabido ao conego Luis Vaasquez, com a renda de 8 maravidis por umas e 3 maravidis por outras, e um capom.

Feito no coro da Igreja de Santa Maria a 22 d'agosto de 1457 pelo tabellião Joham de Sousa, sendo testemunha Diogo Lopes, tabellião de Guimaraẽs. (Idem, fl. 2).

MLXXV

9 — IX — 1457

Emprazamento, em tres vidas, de casas na rua dos Mercadores, renunciadas por Luis Aluarez, escudeiro do duque de Bragança, e mulher Marinha Affonso ahi moradores, feito pelo Cabido a Ruj Pirez, escudeiro do duque de Bragança, filho do prebendeiro do Cabido Pedro Aluarez, e a sua esposa ... Affonso, recebida por palavras do presente, com a renda de 7 maravidis de moeda antiga e um par de gallinhas.

Feito na clasta da Igreja de Santa Maria, na casa do Paaço onde ora costumam fazer Cabido, a 9 de setembro do anno de 1457 pelo tabellião Joham de Sousa, sendo testemunhas Lopo Affonso, clerigo, sacrisptom da Igreja de Santa Maria, e Joham Uaasquez, abbade de Cabeçudos. (Idem, fl. 2).

MLXXVI

17 — I — 1459

Emprazamento, em tres vidas, de um logar da Carrapatossa, renunciado este e outro junto por Esteuom Dominguiz, que os trazia por doação feita por Lopo Affonso, escrivão que foi das Sissas, e nas quaes fora apessoado Fernam Lopez, seu filho, e que agora dimittio o seu direito em Joham Diaz, filho do becudo e em Affonso Aluarez, que sam casados com duas sobrinhas e creadas d'elle dito Steuam Dominguiz, feito pelo Cabido a Affonso Aluarez e mulher Johana Esteuez, com a renda de 13 maravidis de moeda antiga e um par de capoões recebondos.

Feito no coro da Collegiada Igreja de Santa Maria a 17 de janeiro do anno de 1459 por Joham Vaasques, escudeiro vassallo d'Elrei, tabellião na villa de Guimaraẽs pelo snr. duque senhor d'ella, sendo testemunha Sancho Vaaz, abbade de Mogege. (Idem, fl. 2 v.).

MLXXVII

12 — XII — 1457

Emprazamento, em tres vidas, de dous casaes no logo de Mascotellos, renunciados por Pero Diaz e mulher Maria André, moradores em S. Vicente de Mascotellos, em que moravam Joham Miguenz e filho Nuno Annes, feito pelo Cabido a Pero Gonçallues, ora morador no ... do Mosteiro de Santo André, terra de Lanhoso, e mulher Maria André?, com a renda de 14 maravidis de moeda antiga e 2 pares de gallinhas.

Feito na clasta de Santa Maria, na casa do Paaço, onde ora se costuma fazer Cabido, a 12 de dezembro do anno de 1457 pelo tabellião Joham de Sousa. (Idem, fl. 3).

MLXXVIII

12 — XII — 1457

Emprazamento, em tres vidas, de casas no cabo da rua de Traspom, feito pelo Cabido a Gonçallo Gonçalluez e mulher, com a renda de 20 soldos de moeda antiga.

Feito na clasta da Igreja de Santa Maria, na casa do Paaço, a 12 de dezembro do anno de 1457 pelo tabellião Joham de Sousa. (Idem, fl. 3 v.).

MLXXIX

9 — XII — 1457

Emprazamento, em tres vidas, de casa na rua de Traspom, feito pelo Cabido a Aluaro Annes e mulher Catalinha Martins, com a renda de 20 soldos de moeda antiga.

Feito na clasta da Collegiada Igreja de Santa Maria a 9 de dezembro do anno de 1457 pelo tabellião Joham de Sousa. (Idem, fl. 3 v.).

MLXXX

21 — X — 1457

Emprazamento, em tres vidas, do casal do Minhoto, que chamam de S. Francisco o velho, freguezia de Santo Esteuom de Urgesses, renunciado por Luis Annes, feito pelo Cabido, sendo conego Pedro Affonso, abbade de S. Cibraaom, a Pero Gonçalluez, carpinteiro, genro do renunciante, e mulher Margarida Luis, com a renda de ... e um par de gallinhas.

Feito a 21 d'outubro do anno de 1457 pelo tabellião Joham de Sousa, sendo testemunhas Pedro Annes, escrivão do Arcebispo, morador em Braga, e Joham Vaasquez, abbade de Cabeçudos e coreiro. (Idem, fl. 4).

MLXXXI

14 — X — 1457

Emprazamento, em tres vidas, do casal d'Eiras, freguezia de S. Miguel de Creixemill, renunciado por Affonso Ffernandez, çapateiro, morador na rua de Gatos, feito pelo Cabido a Pedraluarez, filho d'Aluaro Pirez, demandador, e mulher Innes Pirez, moradores na dita rua, com a renda de 14 e meia libras de moeda antiga e um par de gallinhas.

Feito no coro da Igreja de Santa Maria a 14 d'outubro do anno de 1457 pelo tabellião Joham de Sousa. (Idem, fl. 4).

MLXXXII

12 – X – 1457

Emprazamento, em tres vidas, dos casaes de Celorico e de Frogenell, freguezia de Sanhoane de Ponte, renunciados por Innes Martins, mulher que foi de Joham do Outeiro, feito pelo Cabido a Pero Gonçalluez de Roças e mulher Maria Gonçalluez, com a renda de 8 maravidis de moeda antiga e um par de gallinhas.

Feito na clasta da Igreja de Santa Maria a 12 d'outubro do anno de 1457 pelo tabellião Joham de Sousa, sendo testemunhas Fernamdaffonso Farom, escudeiro, Joham Barreiros, procurador do numero em Guimaraẽs. (Idem, fl. 4 v.).

MLXXXIII

28 – IX – 1457

Emprazamento, em tres vidas, do casal de Soalhães, freguezia de Santa Maria de Siluares, renunciado por Innes martins, mulher que foi de Joham do Outeiro, moradora em Sanhoane de Ponte, feito pelo Cabido a Joham Gonçalluez e mulher Senhorinha Aluarez, moradores em Siluares, com a renda de 3 maravidis de moeda antiga.

Feito na clasta da Igreja de Santa Maria, cerca da capella d'Aluaro Gonçalluez de Freitas a 28 de setembro do anno de 1457 pelo tabellião Joham de Sousa, sendo testemunha Nicolaao Vieira, escudeiro. (Idem, fl. 4 v.).

MLXXXIV

17 – I – 1459

Emprazamento, em tres vidas, de um logar na Carrapatossa, renunciado por Steuom Dominguiz, feito pelo Cabido a Joham Diaz e mulher Beatriz Affonso, com a renda de 13 maravidis de moeda antiga e um par de capoões.

Feito no coro da Collegiada Igreja de Santa Maria a 17 de janeiro do anno de 1459 pelo tabellião Joham Vaasquez, escudeiro vassallo d'Elrei. (Idem, fl. 5).

MLXXXV

29 – XII – 1459

Emprazamento, em tres vidas, de tres casas na rua de Trespom, feito pelo Cabido a Aluaro Gonçalluez, das Maranhas, mercador, e mulher Beatriz Affonso, moradores em Guimarães, com a renda de 3 libras de moeda antiga.

Feito no coro da Collegiada Igreja de Santa Maria a 29 de dezembro do anno de 1459 pelo tabellião Joham Vaasquez, escudeiro vassallo d'Elrei, sendo testemunha Diego Pirez, almoxarife em Guimaraẽs. (Idem, fl. 5).

MLXXXVI

27 – II – 1459

Emprazamento, em tres vidas, d'um casal de S. Vicente de Mascotellos, que foi de Nuno Annes, filho de Joham Miguens, renunciado por Pero Gonçalluez, çapateiro, morador em Guimaraẽs, feito pelo Cabido a Fernamdaffonso e mulher Branca Aluarez, com a renda de 7 maravidis e 4 gallinhas.

Feito no coro da Collegiada Igreja de Santa Maria a 27 de fevereiro do anno de 1459 pelo tabellião Joham Vaasquez, escudeiro vassallo d'Elrei, sendo testemunha Luis Vaas, abbade de Moreira de Rej. (Idem, fl. 5 v.).

MLXXXVII

7 – III – 1459

Emprazamento, em tres vidas, do casal da Cantonha, feito pelo procurador do Prioll e Cabido a Nicolaao Vieira, procurador do numero, e contador dos Coutos, e mulher Cataljna Gomez, com a renda de 10 libras e um par de gallinhas.

Feito no coro da Collegiada Igreja de Santa Maria a 7 de março do anno de 1459 pelo tabellião Joham Vaasquez, escudeiro vassalo d'Elrei, sendo testemunha Joham Vaasquez, abbade Cabeçudos, clerigo do coro. (Idem, fl. 5 v.).

MLXXXVIII

16 – III – 1459

Emprazamento, em tres vidas, de casas na rua de Santa Maria, renunciadas por Pero Lourenço do Condado, ora morador no Couto de Belmill, feito pelo Cabido ao conego Luis Eannes com a renda de 9 maravidis de antiga moeda e um par de boas gallinhas recebondas.

Feito no coro da Collegiada Igreja de Santa Maria a 16 de março do anno de 1459 pelo tabellião Joham Vaasquez, escudeiro vassallo d'Elrei. (Idem, fl. 6).

MLXXXIX

16 – III – 1459

Emprazamento, em tres vidas, de casas na rua de Santa Maria, renunciadas pelo conego Luis Eannes a quem foram legadas por testamento de seu tio o Chantre Pero Affonso, feito pelo Cabido ao conego Martim Lourenço com a renda de 12 maravidis de antiga moeda e duas gallinhas.

Feito no coro da Collegiada Igreja de Santa Maria a 16 de março do anno de 1459 pelo tabellião Joham Vaasquez, escudeiro vassallo d'Elrei. (Idem, fl. 6).

MXC

30 – III – 1459

Emprazamento, em tres vidas, da orta de Maçacricas, renunciado por Gonçallo Lourenço, feito pelo Cabido a Pero Gonçaluez, filho do renunciante, e a sua espossa Aldonça Annes, com a renda de 10 maravidis de moeda antiga e um par de gallinhas.

Feito no coro da Collegiada Igreja de Santa Maria a 30 de março do anno de 1459 pelo tabellião Joham Vaasquez, escudeiro vassallo d'Elrei, sendo testemunha Pero Aluarez, filho que foi do prioll de Santorcade. (Idem, fl. 6 v.).

MXCI

23 — V — 1459

Emprazamento, em tres vidas, de casas em Amarante, que são estalajem, renunciadas pelo tutor do menor filho de Affonso Rodriguez e de sua mulher, já finados, feito pelo Cabido a Fernamdaluarez, mantieiro da Senhora Duqueza de Bragança, com a renda de 5 libras de moeda antiga e um par de gallinhas e obrigação de receber alguma pessoa do Cabido, que fôr ao dito logo, sem dinheiro pela casa e como sendo estalajem.

Feito no coro da Collegiada Igreja de Santa Maria a 23 de maio do anno de 1459 pelo tabellião Joham Vaasquez. escudeiro vassalo d'Elrei, sendo testemunha Joham Gomes, abbade de Pinheiro. (Idem, fl. 6 v.).

MXCII

21 — XI — 1459

Emprazamento, em tres vidas, do casal do Paaço, freguezia de Enffias, renunciado por Pero Vaaz, genro de Martim Perez, feito pelo Cabido a Joham Affonso, lavrador, e mulher Margarida Gonçalluez, com a renda de 7 maravidis de moeda antiga e um par de gallinhas recebondas.

Feito no coro da Collegiada Igreja de Santa Maria a 21 de novembro do anno de 1459 pelo tabellião Joham Vaasquez, escudeiro, vassallo d'Elrei. (Idem, fl. 7).

MXCIII

14 — XII — 1459

Emprazamento, em tres vidas, do logar de Villa noua, alem da ponte de rua Caldeiroa, que foi de Joham Grande, feito pelo Cabido a Joham Pequeno, filho d'aquelle, e mulher Senhorinhaffonso, com a renda de 13 maravidis de moeda antiga e um par de gallinhas récebondas.

Feito no coro da Collegiada Igreja de Santa Maria a 14 de dezembro do anno de 1459 pelo tabellião Joham Vaasquez, escudeiro vassallo d'Elrei, sendo testemunha Affonso Annes, porteiro dos dinheiros de Çepta. (Idem, fl. 7).

MXCIV

28 – XII – 1460

Emprazamento, em tres vidas, de metade da quintãa e casal do Paaço, freguezia de Santo André de Paynzella, julgado de Cabeceiras de Basto, feito pelo Cabido a Durom Martins e mulher Cataljna Annes, com a renda de 12 e meia libras de moeda antiga e um par de gallinhas recebondas.

Feito no coro da Collegiada Igreja de Santa Maria a 28 de dezembro do anno de 1460 pelo tabellião Juham Vaasquez, escudeiro vassallo d'Elrei, sendo testemunha Vaasco Martins, tabellião em Guimaraẽs. (Idem, fl. 7).

MXCV

28 – XII – 1460.

Emprazamento, em tres vidas, de metade da quintãa e casal do Paaço, freguezia de Santo André de Paynzella, julgado de Cabeceiras de Basto, feito pelo Cabido a Joham Annes e mulher Senhorinha Martins, com a renda de 12 e meia libras de moeda antiga e um par de gallinhas recebondas, devendo o casal e quintãa ser partido com seu cunhado Durom Martins a quem se fez o outro emprazamento antecedente.

Feito no coro da Collegiada Igreja de Santa Maria a 28 de dezembro do anno de 1460 pelo tabellião Joham Vaasquez, escudeiro vassallo d'Elrei. (Idem, fl. 7 v.).

MXCVI

21 – IV – 1460

Emprazamento, em tres vidas, do casal da Ribeira, freguezia de S. Lourenço de Riba de Selho, feito pelo Cabido a Martim Gonçalluez, lavrador, e mulher Estaça Annes, com a renda de 6 maravidis de moeda antiga e um par de gallinhas recebondas.

Feito no coro da Collegîada Igreja de Santa Maria a 21

d'abril do anno de 1460 pelo tabellião Joham Vaasquez, escudeiro vassallo d'Elrei, sendo testemunha Ruj Gonçalluez abbade de Santa Senhorinha de Basto. (Idem, fl. 7 v.).

MXCVII

23 — V — 1460

Emprazamento do casal da Cantonha, renunciado por Nicollaao Vieira, procurador do numero e contador dos contos, por agora ser chamado por seu irmão Aluaro Vieira, escrivão da Camara, para o mandar fazer algumas cousas nas obras das cidades e villas conforme o officio que tem de prover as ditas obras, e por que se poder passar algum tempo sem poder vir tam cedo a esta villa, feito pelo Cabido e Aluaro de Freitas, procurador do prior Affonso Gomes de Lemos, a Pedre Annes, morador em Gega do julgado de Villa Chaã, e mulher Viollamte Affonso, com a renda de 10 libras de antiga moeda e um par de gallinhas, metade para o Cabido e metade para o Prioll.

Feito no coro da Collegiada Igreja de Santa Maria a 23 de maio do anno de 1460 pelo tabellião Joham Vaasquez, escudeiro vassallo d'Elrei, sendo testemunha Aluaro Paaez, pregoeiro. (Idem, fl. 7 v.).

MXCVIII

11 — VI — 1460

Emprazamento, em tres vidas, do casal do Outeiro, freguezia de Johane, julgado de Vermojm, em que morou Joham Lourenço, feito pelo Cabido a Gonçallo Fernamdez, lavrador, e mulher Catalina Gonçalluez, com a renda de 4 maravidis da antiga moeda e um par de gallinhas.

Feito no coro da Collegiada Igreja de Santa Maria a 11 de junho do anno de 1460. Foi testemunha Joham Aluarez, abbade denffias, clerigo coreiro. Não foi authenticado por tabellião. (Idem, fl. 8).

MXCIX

11 — VI — 1460

. Emprazamento, em tres vidas, do casal em Johane, terra de Uermojm, que foi de Luis, feito pelo Cabido a Gonçallo

Fernandez, lavrador, e mulher Catalina Gonçalluez, com a renda de 1 maravidill a primeira e segunda pessoa e 4 maravidis a terceira.

Feito no coro da Collegiada Igreja de Santa Maria a 11 de junho do anno de 1460. Não foi authenticado por tabellião. (Idem, fl. 8).

MC

1 — VII — 1460

Emprazamento, em tres vidas, de casas ácerca da porta do Postigo, feito pelo Cabido a André Gonçalluez, filho d'Affonso Gonçalluez, alfaiate, morador nas Choussas do Prioll, ao qual as doou Aldonça Martins, mulher que foi d'Affonso Pirez o gordo, e mulher Jenebra Vaasquez, com a renda de 12 maravidis e um par de gallinhas recebondas.

Feito no coro da Collegiada Igreja de Santa Maria no primeiro de julho do anno de 1460 pelo tabellião Joham Vaasquez, escudeiro vassallo d'Elrei. Não está authenticado pelo tabellião. (Idem, fl. 8 v.).

MCI

2 — VII — 1460

Emprazamento, em uma vida, do casal de Çiguello, julgado de Cellurico de Basto, feito pelo Cabido a Aluaro Gonçalluez, de Villar, escudeiro, creado de Gonçallo Pereira, morador no julgado de Cabeceiras de Basto, com a renda de 2 libras de moeda antiga

Feito no coro da Collegiada Igreja de Santa Maria a 2 de julho do anno de 1460. Foi testemunha Gonçallo Vaasquez, abbade de Gondaar. (Idem, fl. 8 v.).

MCII

8 — VII — 1460

Emprazamento, em tres vidas, de casas na Judaria de Guimaraës, a fundo da adega do snr. Duque, que já foram trazidas por Joham Pirez, sarralheiro, e mulher, feito pelo Ca-

bido a Mosse Querido, judeu, tecelão, e mulher Jamilla, com a
renda de 6 libras e meia da antiga moeda, não pagando os
tres annos primeiros pela obrigação de as reparar por estarem
dapnificadas.

Feito na clasta da Igreja de Santa Maria na porta travessa
que vae para a capella d'Aluaro Goncalluez de Freitas a 8 de
julho do anno de 1460. O dito judeu apresentou carta de contracto de Elrei assignada por o doutor Pero Lobito. (Idem,
fl. 8 v.).

MCIII

1 — VI — 1459

Emprazamento, em tres vidas, de casas ácerca da Igreja
de S. Paaio, que confrontam com o adro, feito pelo Cabido a
Ruj Gonçalluez Nouaaes, abbade dê Santa Senhorinha de Basto,
com a renda de 3 maravidis e 19 soldos da antiga moeda e
um par de gallinhas recebondas.

Feito no coro da Collegiada Igreja de Santa Maria no primeiro de junho do anno de 1460. Foi testemunha Gomez Martins, escudeiro do snr. Duque. (Idem, fl. 9).

MCIV

3 — VI — 1459

Emprazamento, em tres vidas, de dous casaes novos dos
Ponbaees, freguezia de S. Migell de Creixymjll, feito pelo Cabido a Rodrigue Annes, filho de Joham Marques, tecelão, e
mulher Lyonor Gonçalluez, com a renda de 14 maravidis de
moeda antiga e dous pares de gallinhas.

Feito no Paaço do Cabido da Collegiada Igreja de Santa
Maria a 3 de junho do anno de 1459 pelo tabellião de Guimaraẽs Diego Lopez, escudeiro vassallo d'Elrei. (Idem, fl. 9).

MCV

4 — VII — 1459

Emprazamento, em tres vidas, de duas casas, poço e eixido, na rua de Santa Maria, renunciadas por Aldonça ou Cos-

tança Domingues, servidor que foi de Luis Gonçalues, abbade que foi antigamente de Pinheiro, feito pelo Cabido a Joham Luis, filho da renunciante, creado do Arcebispo de Braga, com a renda de 6 maravidis de antiga moeda e um par de gallinhas.

Feito no coro da Collegiada Eigreja de Santa Maria a 4 de julho do anno de 1459 pelo tabellião Fernam Annes, escudeiro vassallo d'Elrei. (Idem, fl. 9 v.).

MCVI

31 — VII — 1459

Emprazamento, em tres vidas, de casas no logo de Villa de Conde, que são estalajem, feito pelo Cabido a Joham Aluarez, escudeiro, creado de D. Fernando de Menezes, alcaide d'este no dito logo, e mulher Branca Ffernandez, com obrigação de as reparar por estarem muito dapnificadas e com a renda de 15 libras da antiga moeda e um par de gallinhas recebondas.

Feito na crasta da Igreja de Santa Maria a 31 de julho do anno de 1459. (Idem, fl. 9 v.).

MCVII

8 — VIII — 1459

Emprazamento, em tres vidas, de casa na rua da Arrochella, em que soia de morar Johane Annes, de traz Santiago, porteiro que foi do almoxarifado. feito pelo Cabido a Joham da Beira, çapateiro, e mulher Ines Eanes, com a renda de 2 libras da antiga moeda e uma gallinha recebonda.

Feito no coro da Collegiada Igreja de Santa Maria a 8 d'agosto do anno de 1459. (Idem, fl. 10).

MCVIII

7 — IX — 1459

Emprazamento, em tres vidas, do casal de Campos, freguezia de Gomjnhaaes, que soia de trazer Martins Affonso, carniceiro que foi do Duque, feito pelo Cabido a Aluaro Eanes, lavrador, e mulher Senhorinha Affonso, com a renda de 5 e meio maravidis e um par de gallinhas.

Feito no coro da Collegiada Igreja de Santa Maria a 7 de setembro do anno de 1459, sendo testemunha Fernam Annes, tabellião, e Joham da Cunha, porteiro do Cabido. (Idem, fl. 10).

MCIX

26 – IX – 1459

Emprazamento, em tres vidas, de casas na rua de Santa Maria, que confrontam com as da morada de Aluaro Pirez o negro, feito pelo Cabido a Lopo Rodrigujz, creado do Mestre Escola, e mulher Catalina Esteuez, com a renda de 8 maravidis e um par de gallinhas.

Feito no coro da Igreja Collegiada de Santa Maria a 26 de setembro do anno de 1459. (Idem, fl. 10).

MCX

19 – XI – 1459

Emprazamento, em tres vidas, do casal da Batoca, freguezia de S. Martinho de Candosso, renunciado por Gonçallo da Batoca, lavrador, feito pelo Cabido a Fernam Gonçalluez, lavrador, morador em Parada de Boiro, e mulher Maria Affonso, com a renda de 6 maravidis da antiga moeda e um par de boas gallinhas recebondas.

Feito no coro da Collegiada Igreja de Santa Maria a 19 de novembro do anno de 1459. (Idem, fl. 10 v.).

MCXI

21 – XI – 1459

Emprazamento, em tres vidas, do casal do Outeiro, freguezia de S. Saluador de Pinheiro, em que morou Gill do Outeiro, feito pelo Cabido a Pero Vaasquez, lavrador, e mulher Maria Gill, com a renda de 6 maravidis da antiga moeda e um par de gallinhas recebondas.

Feito no coro da Collegiada Igreja de Santa Maria a 21 de novembro do anno de 1459. (Idem, fl. 10 v.).

MCXII

3—I—1462

Emprazamento, em tres vidas, do casal de Baryfalcom, freguezia de Santa Senhorinha de Basto, feito pelo Cabido a Pedro Affonso e mulher Aldonça Martins, com a renda de 5 e meio maravidis de moeda antiga e um par de gallinhas.

Feito no coro da Collegiada Igreja de Santa Maria a 3 de janeiro do anno de 1462 pelo publico tabellião d'Elrei do paaço na villa de Guimaraës, Joham de Sousa, sendo testemunha Ruj Gonçalluez Nouaaes, abbade de Santa Senhorinha de Basto.

E em 3 de fevereiro do mesmo anno foi apresentado ao dito tabellião o documento de renuncia do dito casal, feito a 26 de janeiro por Joham Martins Franco, tabellião de Cabeceiras de Basto, por mandado de Margarida Affonso, mulher que foi de Luis Vaasques, tabellião que foi de Basto, e tambem o da outorga da dita Aldonça Martins feito a 29 do mesmo mez pelo mesmo tabellião. (Idem, fl. 11.).

MCXIII

29 — I — 1462

Emprazamento, em tres vidas, do casal de Villa Uerde, freguezia de Sanhoane de Caluos e de Gradizella, renunciado por André Annes, feito pelo Cabido a Joham Affonso e a Cataljnha Fernandez, sua esposa recebida por palavras de presente, com a renda de 13 maravidis de moeda antiga e 4 gallinhas boas recebondas.

Feito no coro da Collegiada Igreja de Santa Maria a 29 de janeiro do anno de 1462 pelo tabellião Joham de Sousa, sendo testemunha Gonçallo Uaasquez, serralheiro, porteiro do Cabido. (Idem, fl. 11 v.).

MCXIV

6 — II — 1462

Emprazamento, em tres vidas, do casal de Mata Clerigos, ácerca do Canho das Gaffas, freguezia de S. Pedro de Sorey, renunciado por Johane Annes, morador em Maçoulas, feito pelo Cabido a Gomez Annes, serralheiro, e mulher Lionor Fernandez, com a renda de 12 maravidis e um par de gallinhas.

Feito no coro da Collegiada Igreja de Santa Maria a 6 de fevereiro do anno de 1462 pelo tabellião Joham de Sousa. (Idem, fl. 11 v.).

MCXV

22 — II — 1462

Emprazamento, em tres vidas, do casal do logar na Ramada, ácerca do Campo da Feira, renunciado por Maria Alfonso, segunda mulher de Alvaro Gonçalluez, que estava emprégado, feito pelo Cabido a Lopo Fernandes e mulher Maria Pirez, filha e genro da renunciante, com a renda de 7 maravidis de moeda antiga e um par de gallinhas.

Feito no coro da Collegiada Igreja de Santa Maria a 22 de fevereiro do anno de 1462 pelo tabellião Joham de Sousa. (Idem, fl. 12).

MCXVI

25 — XI — 1462

Emprazamento, em tres vidas, do casal do Bairro em Montysijnhos, freguezia de S. Miguel das Caldas, renunciado por Joham Dominguiz e mulher Margarida Annes, que foram moradores no casal do Ribeiro e ora no Bairro, em Montesinhos, na qual renuncia se incluia a parte que trazia Aluaro Lourenço Correa, almocreve, feito pelo Cabido a Apariço Gonçalluez e mulher Maria Affonso, com a renda de 12 maravidis de moeda antiga e um par de gallinhas.

Feito no coro da Collegiada Igreja de Santa Maria a 25 de novembro do anno de 1462 por Joham de Sousa, publico tabellião do paaço na villa de Guimaraẽs por o snr. D. Fernando, primogenito herdeiro do Duque de Bragança e marquez e conde e ... (Idem, fl. 12 v.).

(Continua).

Tagilde, 1912.

O ABBADE OLIVEIRA GUIMARÃES.

CONVENTO DA COSTA

(Continuado da pag. 36)

O Padre Fr. Thomaz Luiz da Nazaré, sobrinho do Padre Fr. Francisco de Santo Antonio Prior deste Mosteiro, foi natural da Cidade do Porto. Este Monge servio muito a sua communidade nos ministerios de Organista, Corrector do Canto e da Letra, Mestre de Ceremonias, Inspector ou Arqueiro Prior, e Mestre dos Novos, e sabia perfeitamente os louvaveis costumes da Religião. Pregou muito e com aplauzo dos Povos, que gostavão de o ouvir pella grande intimativa, e clareza das suas doutrinas. Obzequiava a todos, e era igualmente obzequiado. Teve huma grande e particular devoção á Senhora Santa Anna e a outros muitos Santos, aos quaes rezava as suas respectivas comemorações; e sem urgentíssima cauza não deixava de celebrar o Santo Sacrificio da Missa. No acto de receber o sagrado Viatico, na ultima enfermidade de huma febre pôdre e nervosa, pedio perdão a todos protestando que nunca tivera odio a pessoa algũa. Sobreveio-lhe huma hidropezia da qual lhe rezultavão alguns ataques de aflição grande em hum dos quaes recebeo a santa unção e entregou seu Espírito a Deos no dia doze de Setembro de 1788, tendo de idade 74 annos e de habito 54 pouco mais ou menos, e foi sepultado na sepultura do numero quatro et per misericordiam Dei requiescat in pace.

O Padre Fr. Francisco de Santa Rosa Maciel, natural da villa de Vianna do Minho, pella primeira Profição filho do Espara esse effeito as varas do Palio e a Cruz antiga. Reformou o Dormitorio do Noviciado e o Refeitorio, provendo-o de louças e mais alfayas necessarias. Mandou fazer o guarda vento para a Porta da Igreja e para o frontespicio a Imagem de Nosso Padre S. Jeronymo e de seu Irmão S. Pauliniano. Deixou finalmente o Mosteiro empenhado em doze mil e tantos cruzados. Faleceo a 8 de Novembro de 1794. Está sepultado na sepultura do numero 11 e a sua Irmandade satisfeita.

O Padre Fr. Caetano da Silveira, alias de S. José, natural da Cidade do Porto, ou de Mira Gaya, professo em Penha Longa com seu Irmão o Padre Fr. Candido de S. Carlos, e ambos perfilhados neste Mosteiro, aonde viveo exemplarissimamente levantando-se duas horas antes de amanhecer para rezar as suas muitas devoções e gastando quasi toda a manhã no coro para ouvir quantas missas se dizião. Foi Monge muito recolhido e muito calado, e pellas suas Religiosas qualidades o elegerão Abbade, em cujo Ministerio nunca faltou aos actos da Communidade, apesar da sua muita idade. Renunciou no segundo anno e faleceo a 29 de Outubro de 1796. Está sepultado na sepultura do numero 1 e a sua Irmandade satisfeita.

O Irmão Fr. Manoel Alvarenga, natural de Villa Nova do Porto, faleceo thizico, sendo collegial, em caza de seu Pay aos 25 de Abril de 1797. Está satisfeita a sua Irmandade. Foi sepultado na Igreja da Serra dos Padres Cruzios, digo no Claustro do Mosteiro da Serra.

O Irmão Leigo Fr. Manoel de S. José, da caza de Villa Pouca de Guimarães, muito prompto em satisfazer os officios que a obediencia lhe encomendava proporcionados ao seu curto talento, faleceo a vinte e sinco de Dezembro de 1798 e foi enterrado na sepultura do numero segundo, e satisfeita a sua Irmandade.

O Reverendíssimo Padre Mestre Doutor Fr. Estevão Manoel de Campos, natural da cidade do Porto, foi condecorado pella Rainha com os Privilegios de Lente apozentado, e tença na Universidade de Coimbra, aonde era respeitado pello seu raro engenho e grande talento. Foi Vizitador Geral da Congregação, e D. Abbade Reitor do Collegio, aonde depois de ter padecido com resignação largas infirmidades, faleceo com setenta e tantos annos de idade no dia sinco de Fevereiro do anno de 1799. Está satisfeita a sua Irmandade, como Filho que era deste Mosteiro da Costa.

O Padre Fr. Joaquim de S. José, natural de Coimbra, filho deste Mosteiro, Monge de bom comportamento, foi Mestre de Noviços, Superior, Prior, Inspector, Recebedor e D. Abbade dous annos, sendo tambem depois D. Abbade Prior de Valbemfeito e Vesitador Geral da Congregação e Procurador do Capitolo geral. Padeceo com rezignação huma larga infermidade da qual veio a falecer no dia seis de Janeiro de 1800, tendo-se preparado para a morte como bom Religioso edificando a todos com o seu exemplo. Deu para a caza do Capitulo os paineis ou quadros dos Apostolos de boa pintura. Foi sepultado na sepultura do numero 3.º Satisfeita a sua Irmandade.

O Padre Fr. Joaquim de Santa Clara, filho deste Mosteiro, muito bom estudante, e Prezidente das conferencias de moral, havendo de pregar na Festa de Nossa Santa Patriarcha, e não aparecendo quando se havia de principiar a Festa, apareceo morto na cella e não houve sermão. Foi sepultado na sepultura do numero quarto, no dia primeiro de Outubro de 1808. Pozerão-sè geraes trinta missas pella alma deste Monge, as quaes pagou a Communidade de esmola ordinaria, em observancia das duas Actas capitulares antecedentes, nas quaes se manda que cada Mosteiro por falecimento de cada hum dos Monges da sua filiação, mande dizer hum trintario de Missas, pagas da Arca do Mosteiro.

O Chorista Fr. Antonio de S. Jeronimo Diacono, que foi aceito para Organista e Cantor e no Seminario dos Orfãos de Braga tinha estudado Gramatica, Filozofia e Rethorica, foi morto na batalha da Povoa de Lanhozo, talvez no dia dezanove de Março, quando os Francezes pretenderão entrar em Braga, porque se adiantou temerariamente, devendo retirar-se a exemplo dos mais Monges deste Mosteiro e dos mais Religiosos de outras Religiões e do clero secular, que forão á guerra armados e vestidos de Paizanos. E por não haver toda a certeza da sua morte se demorou a sua Irmandade que se satisfez no dia dez de Junho de 1809 e a communidade lhe mandou dizer as trinta missas que as actas capitulares determinão, que cada Mosteiro mande dizer por cada Monge da sua filiação logo nos trinta dias sucessivos á sua morte. Consta que foi sepultado na capella de Santo Antonio na Povoa, ou nas suas vizinhanças [1].

---

[1] *Á margem:* «Consta que este Monge bem podera fugir do inimigo ; porem, obrigado da caridade se demorou assistindo a hum portuguez ferido, e quasi moribundo, e neste tempo chegou hum ou mais Francezes e lançando-o de costas no chão, lhe deu hum tiro no peito e ficou morto. »

O Irmão Leigo Fr. Caetano de Santa Anna, depois de ter servido com incançavel zello esta sua Communidade no lugar de Procurador, quasi quarenta annos dando sempre exemplo de bo·n Religioso, na vida e na morte, faleceo no dia quatro de Dezembro do anno de 1810. E depois de estar ungido, se lhe mandou dizer a Missa *ad postulandam gratiam bene moriendi* como determina o cerimonial da Congregação e depois de morto lhe mandou dizer a Communidade as trinta Missas, que determinão as Actas Capitulares. Foi sepultado na sepultura do numero quinto, satisfazendo-se a sua Irmandade.

O Reverendissimo Padre Mestre Doutor, e ex-geral Fr. José de Santa Anna, natural da cidade do Porto, foi aceito para Organista deste Mosteiro, porem ajuntando ao seu Religioso comportamento huma seria aplicação ás letras, e ciencias, foi condecorado pella Universidade de Coimbra com o grau de Doutor, e pella Religião com o Magisterio, no qual foi incançavel, lendo Rethorica, Filosofia e Theologia com aproveitamento dos Monges seus Discipulos. Foi vizitador geral e finalmente se perfilhou no Mosteiro de Bellem ; porem, conhecendo ser anticanonica a forma de eleição de Geral como despoticamente praticavão os Bellemitas, sendo o Abbade daquelle Mosteiro eleito pellos vogaes de Bellem e por consequencia Geral da Congregação sem que os Abbades e Procuradores dos Mosteiros fossem admittidos a votar, contra o que dispunhão as Bullas Pontificias, promoveo quanto pôde a observancia dellas para que o geral fosse elleito pellos Abbades e Procuradores de todos os Mosteiros, ficando aos vogaes de Bellem o seu direito de eleger o Abbade do seu Mosteiro, como finalmente se veio a decedir depois de huma larga controversia da ordem contra Bellem. E deste modo foi elle tambem eleito geral, tendo sido D. Abbade deste Mosteiro da Costa. Quando, porem, os Bellemitas obtiverão Breves para se separarem da Congregação e da obediencia do D. Abbade Geral della, obteve este Reverendissimo outro Breve para tornar á sua primeira filiação deste Mosteiro, aonde viveo exemplarmente e do seu espolio ou peculio deo para a Igreja dous Thuribulos de prata muito bem feitos. Chegando á ultima enfermidade, que sofreu com toda a resignação, se preparou com todos os Sacramentos e mais religiosas dispozições bem edificantes para a morte que foi no dia de Santo Augustinho a 28 de Agosto do anno de 1811, tendo-se-lhe dito muitas Missas *pro gratia bene moriendi*, como manda o cerimonial e depois da morte lhe mandou dizer a communidade trinta Missas como nos capitulos geraes

se determinou que cada Mosteiro mandasse dizer hum Trintario de Missas por cada Monge da sua filiação nos dias seguintes á sua morte. Foi sepultado na sepultura do numero seis
satisfazendo-se a sua Irmandade.

O Reverendíssimo Padre Mestre Doutor Fr. João Pinto de
Santa Rita, Professo deste Mosteiro da Costa, faleceo aos 29 de
Dezembro de 1812 no nosso Collegio de Coimbra aonde então
estava o Hospital militar. Este Reverendissimo que era Monge
de comportamento muito religiozo e de grande aplicação, foi
primeiramente D. Abbade Reitor do Collegio, depois D. Abbade
do Mosteiro de S. Marcos; Deffinidor Geral, e ultimamente
D. Abbade Geral da Congregação, eleito pella ordem no primeiro capitulo geral que se celebrou no Collegio casa capitular depois de estar o Mosteiro de Bellem desmembrado da
Congregação. Teria de idade, quando faleceo 55 annos, pouco
mais ou menos. Sendo ex-geral houve huma discordia em
Bellem, e a Regencia e o Ex.ᵐᵒ Nuncio o nomearão vizitador
Reformador daquelle Mosteiro aonde esteve governando alguns
mezes sendo a sua vizita e Actas aprovadas pella Regencia e
Nuncio que lhe gratificarão a sua deligencia com cartas muito honrosas; e deixando introduzido a paz naquelle Mosteiro
se recolheo ao Collegio aonde faleceo, pedindo ao Prelado delle
quizesse mandar para este Mosteiro da sua Filiação os livros
da sua escolhida livraria que houvesse na do Collegio. Neste
Mosteiro se mandarão dizer pella sua alma as 30 missas que
as Actas determinão e se mandou dar a sua reção pellos trinta
dias como dispoem o cerimonial. Fizerão-se as suas Exe-
quias [1].

(Continua).

---

[1] *Á margem:* « Do Rio de Janeiro mandou o Principe a este
Reverendissimo hum despacho honroso com huma tença da Universidade que não chegou a gozar, porque tinha já falecido antes
de chegar o Despacho ».

BOLETIM

Em sessão de 2 de janeiro, o snr. presidente participou o fallecimento da snr.ª condessa de Margaride, que esta Sociedade contava no numero dos seus associados, propondo um voto de sentimento, que foi approvado. Leram-se os seguíntes officios :

Do snr. presidente da Sociedade Portugueza de Estudos Historicos, participando que aquella sociedade resolvera envidar todos os esforços pela conservação das bibliothecas e archivos das corporações extinctas pela lei da Separação do Estado das Egrejas, e para que este movimento tomasse o caracter de um movimento collectivo das sociedades litterarias e scientificas, pedia a esta Sociedade o apoio e algum alvitre para se conseguir o fim em vista. Resolveu-se responder que a Sociedade Martins Sarmento da melhor vontade apoiará o generoso pensamento da Sociedade Portugueza de Estudos Historicos.

Do snr. presidente da commissão do Centenario da Guerra Peninsular pedindo esclarecimentos sobre a divisa heraldica de D. Affonso Henriques, glorioso fundador da Monarchia Portugueza. Ficou encarregado de estudar o assumpto o director snr. tenente Ferreira.

Foi proposto e admittido socio o snr. Gaspar Ferreira Paúl.

Na sessão de 15 de janeiro, resolveu-se que o premio a distribuir em 9 de março ás creanças com melhor aproveitamento nas escólas primarias, fosse o *Obulo*, de que são auctores Camillo Castello Branco e Francisco Martins Sarmento.

Mais se resolveu que, tendo cessado as escólas regimentaes, fosse supprimido o premio «Vasconcellos Porto».

O snr. tenente Ferreira propoz socios e foram approvados os snrs. Francisco Martins Fernandes Junior e Antonio de Quadros Flores.

Resolveu-se n'esta sessão de 1 de fevereiro conceder ao arrematante dos pinheiros da Citania mais o praso de seis mezes para o corte dos mesmos, informando o snr. João Gualdino estar aclarada uma duvida com o mesmo.

Deliberou-se empregar, na compra de revistas, a quantia de 50$000 reis, que esta Sociedade é obrigada a dispender annualmente na acquisição de obras para a bibliotheca.

Na sessão de 15 de fevereiro leu o snr. presidente um officio de um socio, perguntando a esta Sociedade se pódia tomar a responsabilidade da entrega mensal de um subsidio a um alumno da freguezia de S. Pedro Fins de Gominhães, pelo parocho da mesma, reconhecido o mais pobre que frequente a escóla primaria de S. Torquato ou S. Lourenço de Selho, emquanto em Gominhães não haja escóla official. O subsidio denominar-se-ha «José de Meira», e durará durante a vida do instituidor. Resolveu-se annuir da melhor boa vontade e agradecer o auxilio prestado á instrucção.

Resolveu-se convocar a assembleia geral d'esta Sociedade para o dia 8 de março e caso não haja numero de socios sufficiente, para o dia 16, para se proceder á eleição.

Leu o snr. presidente a allocução que tem de dirigir ao snr. presidente da camara no dia 9 de março, que foi approvada.

Foram admittidos os seguintes senhores para socios: dr. José de Pinho, proposto pelo snr. dr. Pedro Guimarães, e Joaquim Cardoso Guimarães, proposto pelo snr. Domingos Martins Fernandes.

Em sessão de 1 de março foi por proposta do snr. presidente exarado na acta um voto de pezar pelo fallecimento do snr. conselheiro D. Prior Manuel d'Albuquerque, socio d'esta Sociedade.

Sessão solemne de 9 de março

Realisou-se n'este dia a sessão solemne de distribuição
de premios aos alumnos mais distinctos das differentes escólas
do concelho, commemorando o 30.º anniversario da fundação
da Sociedade.

Assumiu a presidencia o digno presidente da commissão
administrativa da camara municipal, snr. José Pinto Teixeira
d'Abreu.

Aberta a sessão, tomou a palavra o snr. presidente da Sociedade, respondendo-lhe o snr. presidente da commissão administrativa da camara municipal.

' A allocução proferida pelo snr. presidente da Sociedade
foi a seguinte:

Snr. presidente, minhas senhoras e meus senhores:
É sempre com desvanecimento que, n'esta nossa tão intima
festa, nós podemos registar que mais um anno passou sem que
entibiasse a solida alliança, que ha já bastos annos nos liga á
illustre Corporação administradora dos interesses collectivos da
cidade, de que v. exc.ª, snr. presidente, é tambem o digno e mais
elevado representante actual; que nós podemos registar que a
sympathia e o interesse, com que nos receberam e acalentaram
desde os nossos principios, perdura sempre vivido no espirito dos
nossos concidadãos. Por este momento de legitimo orgulho e viva
satisfação, snr. presidente, snrs. professores, minhas senhoras e
meus senhores, o nosso maior reconhecimento.
Cabe-me este anno a honra de, em nome da direcção a que
presido, fazer o relatorio dos nossos trabalhos, ou antes, o exame
retrospectivo do que foi para nós o anno que passou. Como todos
os annos lastimosamente succede, lá deixamos pelo caminho pedaços da nossa alma e do nosso corpo, aqui um rosto amigo, que
nos incitava e applaudia nos nossos triumphos, além uma alegria
e uma esperança, um orgulho do nosso meio, que abruptamente
caíu. Guardamos com a memoria de todos a nossa saudade; mas
não desanimemos!
A nossa lista de socios honorarios foi augmentada com o
nome prestigioso do snr. Antonio José d'Almeida, ministro do interior do governo provisorio da republica, que posteriormente nos
deu a honra da sua visita. Teve esse diploma por origem a sua
lei d'instrucção primaria, documento comprovativo da sua grande
fé na prosperidade do paiz pelo desenvolvimento da instrucção
popular, fé que é tambem a nossa ha trinta annos. Oxalá as condições economicas do paiz permittam emprezas de tal magnitude
n'este sentido, sem que tragam comsigo o estiolamento ou a
ruina d'outros serviços e orgãos essenciaes á vida da nação.

Entrando precisamente na ordem dos nossos trabalhos, sem nos prendermos a particularidades, que mais especialmente respeitam ás nossas sessões deliberativas, o que tenho a dizer diz-se em poucas palavras; reorganisou-se o museu de numismatica, fizeram-se pequenos reparos e correcções no museu de archeologia, desenvolveu-se o gabinete de leitura, entregaram-se ao publico os primeiros livros de verbetes do novo catalogo da sala Sarmento, a *Revista de Guimarães* está em dia e o resto do primeiro volume dos *Monumenta Vimaranis* está prompto a sahir. Não deixamos tambem de fazer a nossa pia romagem á Citania de Briteiros, cuja ascensão escabrosa cada vez difficulta mais o estudo do sabedor e o prazer do *touriste*. E eis tudo. Continuando na róta que vem de traz, aberta e seguida por tantos nossos antecessores, que á força de dedicação e não pequenos sacrificios, conseguiram dar a esta Sociedade o bom nome que a tornou conhecida e estimada no paiz e no estrangeiro, se não conseguimos dar-lhe lustre novo, tambem, diz-nol-o a consciencia, não a deslustramos.

Desejava esta direcção, quando tomamos conta dos nossos cargos, fazer mais alguma coisa em ordem a completar o circulo das nossas instituições, repetir a tentativa já feita ha bastantes annos com um successo animador mas de pouca dura. Pensavamos organisar series de conferencias em pequenos grupos, ligadas entre si em cada grupo pela unidade de materia e de ponto de vista, destinadas a servir aquelles que, tendo pouco tempo para o estudo demorado e reduzidos elementos scientificos, o que é sem duvida o caso mais geral, desejassem comtudo adquiril-os com menos trabalho. Esta instituição, se podessemos creal-a, completaria a obra da Sociedade, seria a coróa, o remate do formoso edificio. Esta obra, que já foi tentada, como disse, que nós temos a consciencia muito clara de ser um defeito de que soffremos, em todo o tempo precisa, é agora indispensavel, desde que o povo, que somos nós todos, revindica com tão forte vehemencia o direito de mandar nos seus destinos. Mandar requer saber. Para essa obra nós contamos, e certamente contamos bem, muito principalmente com a nova geração, philosophicamente disciplinada, pujante de saber e abnegação. Isto, porém, requer tranquillidade de espirito, e o espirito só está tranquillo quando é livre, absolutamente livre. Esperemos pois que á tormenta, que modernamente se desencadeou sobre o paiz, succeda, como é natural, a bonança, sem a qual nenhum trabalho prospéra.

Esta obra, esta formosissima obra, minhas senhoras e meus senhores, collocaria Guimarães, a nossa pequena e querida patria, ao par do movimento mais moderno do estrangeiro, das nações já definitivamente integradas na civilisação, que nos offuscam pela sua opulencia, pelo seu saber e pelo seu juizo. Collocaria não, acabaria de collocar. E' a propria verdade. Com uma vantagem e uma desvantagem. A vantagem é que a nossa Sociedade existe ha trinta annos.

Não ha duvida. Ha um ponto em que Portugal escapou á sina fatal da imitação, que nos tem desnacionalisado, que perverteu o nosso caracter.

Esse ponto é aqui, é esta casa. Só esta em Portugal. Ha em Portugal outra Sociedade Martins Sarmento com trinta annos de existencia? Não me consta. Ha-as no estrangeiro? Haverá; mas, se é certo que nem a Allemanha nem a Inglaterra vieram a nossa casa copiar-nos, tambem nós d'está vez não fomos lá aprender. Póde Guimarães dizel-o com orgulho, isto é fructo do seu espirito e do seu coração. Póde querer-lhe como a um filho.

A desvantagem, e grande que ella é, está toda na desproporção enorme da riqueza, do saber e da educação popular. Alguns exemplos apenas do anno que acabou ha dois mezes.

A 14 de julho de 1911, o rei Jorge de Inglaterra inaugurou solemnemente a nova casa da University College da Galles do Norte, em Bangor. A cidade offereceu o terreno, que lhe custou 8:000 libras, digamos 36:000$000 reis. Foi a cidade, não foi a camara. Esta accrescentou-lhe o terreno d'um parque no valor de 15:000 libras, ou seja 67:500$000 reis. As despezas de construcção foram cobertas rapidamente por subvenções e donativos, fornecidos por toda a gente desde o millionario ao cabouqueiro. Juntaram-se assim 100:000 libras, 450:000$000 reis. E' certamente Bonger uma grande cidade. Qual? é uma cidade de 10.000 habitantes, é Guimarães.

Logo no dia immediato, 15 de julho, o rei Jorge foi ao sul da mesma provincia.

Ha ahi uma cidadesinha de 6:000 almas, uma graciosa estação de banhos de mar, Aberystwyth. Possue uma bibliotheca rica em manuscriptos gallezes desde 1907, só aberta ao publico em 1909, mas desde logo os seus fundadores sonharam construir-lhe um palacio. O sonho vae realisar-se, o rei foi lançar-lhe a primeira pedra. As despezas de construcção serão em parte cobertas, como em Bangor, por offertas particulares. Estas montavam já n'essa occasião a 21:000 libras ou 94:500$000; mas, coisa digna de nota, os trabalhadores das pedreiras de Ffestiniog cotizaram-se com 70 libras e 18 shillings comprehendendo 744 subscripções todas inferiores a 10 shillings. Podia ainda accrescentar mais, um museu ethnographico de Rotterdam, por exemplo, cuja nova casa, construida em 1908-1909, custou 28:000$000; mas essa é uma grande cidade. Fiquemos aqui.

Guimarães póde pois orgulhar-se com a sua obra e esta Sociedade tambem com os auxilios que tem recebido. Que ella foi comprehendida pela sua terra e pelo seu paiz é um facto honroso para todos.

Como Bangor recebeu subvenções do governo para a sua casa; como Bangor, snr. presidente, da illustrissima camara, cuja sympathia intelligente eu tenho satisfação em publicamente reconhecer, recebe uma dotação; tivemos tambem o homem generoso que construiu o nosso Museu e nos beneficiou com os seus legados; e a cidade de Guimarães deu-nos a-maior subscripção, que até então se tinha feito entre nós.

Não temos pois senão a congratular-nos pela fórma por que temos sido sempre acolhidos, e a dedicar-nos quanto em nossas forças caiba pela prosperidade d'esta casa, como prova da nossa gratidão. E' o que todos temos feito sempre.

Mas, por isso mesmo que assim é, nós podemos mais facilmente representar-nos o que pode ser a vida da University College de Bangor, onde ha a dedicação e a opulencia, comparando-a com o que ella é na Sociedade Martins Sarmento, onde ha só a dedicação. Esta, por maior que seja a boa vontade, cança com a idade, o talento e o saber não acompanham sempre a dedicação, as exigencias da vida dispersam as capacidades. A estabilidade só se obtem pela remuneração. Um dia, pelo desenvolvimento da riqueza publica, pela consideração de quanto uma instituição d'esta ordem tem d'utilidades varias, de nobres estimulos, de poderosos effeitos no desenvolvimento da riqueza, da intelligencia, da esthetica e da moral collectiva, tornará a lembrar Bangor, a pequena cidade da 'Galles do Norte. Que essa monção venha breve é do que precisa o nosso paiz.

Snr.ᵃˢ e snrs. professores; entramos agora no numero mais sympathico da nossa festa annual, esta em que nós, intermediarios entre os vossos pequenos alumnos e tantas almas generosas e intelligentes, premiamos n'elles o vosso honrado esforço, o vosso saber e o vosso carinho, na missão cada vez mais pesada em grossas responsabilidades, que vos impõe a Sociedade moderna. Eu irei recordando, conforme a chamada, os nomes abençoados dos generosos protectores da infancia, que nos offereceram os seus premios, que são com pequena differença os do anno anterior. Cessou o premio Vasconcellos Porto, pois que cessaram pela nova reforma do exercito as escólas regimentaes a que eram destinados, e accresce o « Subsidio José de Meira », flôr nascida d'um tumulo prematuramente aberto. Em nome da Sociedade Martins Sarmento, peço pois a v. exc.ª, snr. presidente, se digne fazer a distribuição dos premios conferidos.

A allocução do snr. presidente da commissão administrativa da camara municipal foi :

Snr. presidente, minhas senhoras e meus senhores :
Devo dizer em abono da verdade, que a camara, que represento, tem a maxima consideração por esta Sociedade, a que v. exc.ª dignamente preside.

As instituições de iniciativa particular, com fins da natureza dos que perfilha a prestante aggremiação que hoje festeja o seu anniversario, não podem deixar de merecer ás corporações que administram os interesses collectivos d'uma dada localidade senão muita consideração e gratas affirmações de jubilo pelo seu engrandecimento. Sobretudo n'um paiz como o nosso, onde uma enorme massa de individuos tão carecida se mostra de instrucção, seria um crime negar a instituições, como a Sociedade Martins Sarmento, o maximo apoio moral e o auxilio material que seja compativel com as receitas que formam o erario destinado a prover ás necessidades geraes.

Como muito bem disse v. exc.ª, snr. presidente, mandar, requer saber. E um povo que, como o portuguez, heroicamente luctou por libertar-se, a fim de poder mandar nos seus destinos, tem urgente necessidade de saber, para integrar-se definitivamente na civilisação e seguir a róta que esta traça aos povos que se submetterem aos seus preciosos e inexhauriveis influxos.

Mas para este povo, que já teve a dita de attingir a maioridade, ou seja a capacidade moral que se arrogou para governar-se, possa com segurança entrar no caminho do progresso e das conquistas da civilisação, será indispensavel que as instituições da natureza d'esta envidem os seus esforços no sentido de lhe facultar meios de caracter instructivo, e de tál modo que tambem aproveitem a sua educação civica, infelizmente tão descurada.

Todos os vimaranenses reconhecem com louvor que a Sociedade Martins Sarmento, no cumprimento do programma que se traçou, tem desempenhado um papel destacante no que diz respeito ao desenvolvimento da instrucção popular no concelho de Guimarães.

Principalmente por intermedio da grande e valiosa bibliotheca que possue, muitos aqui têm haurido extraordinarios conhecimentos, tanto litterarios como scientificos, que concorrem para que seja cada vez mais elevado o grau de instrucção não só dos que directamente assim se esforçam por illuminar-se, mas tambem dos que, por meio da convivencia com estes, attentamente os escutam e procuram imitar.

É, porém, certo que, sendo a conferencia um dos meios mais efficazes para o desenvolvimento da instrucção, não tem sido tal meio posto em prática por esta Sociedade, com a perseverança que seria para desejar e que certamente faria com que uma radical transformação se operasse nos costumes da população vimaranense.

Esta obra, a que v. exc.ª se refere com o enthusiasmo proprio de quem comprehende rigorosamente o seu alto valor, podia, a meu vêr, ser levada a effeito desde já; escusado seria esperar-se que á tormenta, que modernamente se desencadeou sobre a nação portugueza, como v. exc.ª diz, succeda a bonança.

É no momento em que grandes luctas sociaes se desencadeiam que o ouvido da população está mais attento. E a população portugueza, digamol-o sem rebuço, só nos momentos de agitação febril é que manifesta desejos de tudo saber e comprehender.

Mas nós, por acaso, nem sequer atravessamos um periodo tormentario. Atravessamos antes um periodo de renovação, que traz como consequencia um ou outro incidente, de resto naturalissimo n'um paiz que se havia abandonado a uma paz pôdre.

Se me detive um pouco n'este ponto, snr. presidente, foi apenas para, melhor ou peor, manifestar o desejo de que esta Sociedade, no interesse de levantar o nivel moral e intellectual da nossa querida patria, tome a iniciativa de realisar as conferencias a que v. exc.ª allude no seu bem elaborado discurso. Fazendo-o, a Sociedade terá mais um justo motivo para merecer de todos os vimaranenses muita e muita gratidão.

Resta-me saudar esta benemerita Sociedade, com sincero e effusivo enthusiasmo, pelo seu anniversario, sem esquecer n'este momento, com o devido respeito, a memoria para sempre veneranda de Martins Sarmento, o sabio illustre que tanto honrou a nossa terra.

E, como não podia deixar de ser, saúdo tambem, ao mesmo tempo, os distinctos professores e professoras das escólas primarias do nosso concelho, as criancinhas que aqui vêm receber os premios que lhes confere esta Sociedade, na intenção de as estimular a proseguirem no estudo proveitoso que encetaram; e faço votos para que a educação e instrucção, que agora lhes é ministrada, obedeça em tudo a honestos e patrioticos intuitos.

Relação dos alumnos premiados:

Escóla d'Abbação, José Duarte Guimarães e Albina Mendes Ferreira; *Airão,* Daniel da Silva Mendes e Joaquina Nogueira da Silva; *Arosa,* Manuel dos Santos e Maria da Conceição de Sousa; *Azurem,* Antonio Pereira e Beatriz da Annunciação da Costa Alves; *Santo Estevão de Briteiros,* João Baptista Leite de Faria e Anna Pereira; *Santa Leocadia de Briteiros,* José Gomes de Lima; *Brito,* José d'Oliveira; *S. João das Caldas,* Emilio Peixoto Pereira da Silva Caldas e Maria das Dôres; *S. Miguel das Caldas,* Cesar Augusto da Silva Salgado e Alda Braga e Silva; *Caldellas,* Manuel de Faria e Candida Machado; *Candoso,* Adelino Ribeiro d'Abreu e Anna Ribeiro d'Araujo; *Creixomil,* Emilia Teixeira; *Fermentões,* Anna Ribeiro; *Figueiredo,* Antonio Ribeiro e Maria Vieira de Sousa; *Gondomar,* Domingos Ferreira Pinto e Antonia de Mattos; *Guimarães* (escólas centraes), Domingos Teixeira, Justino Alberto Manuel de Barros, Sara Augusta d'Araujo Dantas e Emilia de Lourdes Guise; *Infantas,* Abilio Leite e Ludovina Leite; *Longos,* Rodolpho da Silva e Angelina Rodrigues; *Lordello,* João Pereira Cardoso; *Mexão-frio,* Francisco Fraga e Maria da Piedade Magalhães; *Nespereira,* Alberto Ribeiro e Maria da Luz Leite Pereira; *Penteeiros,* Manuel de Sousa e Joanna de Lima; *Ponte,* Antonio Ribeiro Miranda; *Ronfe,* João Nogueira; *S. Torquato,* José Mendes Meira Guimarães e Elvira Lage Gomes; *S. Lourenço de Sande,* Manuel d'Oliveira e Maria de Freitas; *S. Martinho de Sande,* José Ferreira e Maria da Conceição Ferreira; *S. Jorge de Selho,* José d'Oliveira Faria e Maria Albertina Leite; *S. Lourenço de Selho,* Antonio de Freitas Junior e Laura da Silva; *Serzedello,* Adelino Pereira e Laura Pinto d'Abreu; *Serzedo,* Maria da Conceição; *Souto,* Amandio Vieira e Luciana da Silva; *Urgezes,* Fortunato Pereira da Cunha e Anna Maria da Silva; *Vixella S. Faustino,* João Teixeira e Alice Dias; *Vixella S. Paio,* Antonio Duarte da Silva Azeredo e Maria da Assumpção Duarte d'Azeredo; *Asylo de Santa Estephania,* Aurora da Cunha; *Collegio de Nossa Senhora da Conceição,* Siberia de Moura Moniz; *Collegio do Sagrado Coração de Maria,* José Accacio Pinto Rodrigues e Aurelina Pereira de Freitas Pires; *Escóla Moderna,* José Francisco de Castro; *Escóla municipal nocturna,* Antonio Gomes d'Araujo; *Escóla de S. Salvador de Briteiros,* Joaquim Ferreira e Elisa da Conceição; *Escóla do Sagrado Coração de Jesus,* Luiz Filippe Gonçalves Coelho; *Escólas da Veneravel Ordem Terceira de S. Francisco,* João de Faria Martins e Maria das Mercês Borges Nogueira; *Collegio Academico,* Fernando de Freitas Costa; *Circulo Catholico S. José e S. Damazo,* Manuel Lopes.

Entre os alumnos premiados foram distribuidos os seguintes premios de dinheiro:

Premio VENANCIO. 15$000 reis, offerecido pelo benemerito snr. Rodrigo Venancio da Rocha Vianna, para dividir em cinco premios de 3$000 reis em memoria de seu pae, que foram distribuidos, por sorteio, aos alumnos;

João Baptista Leite de Faria, Angelina Rodrigues, Aureliana Pereira de Freitas Peres, José Francisco de Castro e João de Faria Martins.

Premio D. Maria Sarmento, 30$000 reis, offerecido pela exc.ma snr.ª D. Maria de Freitas Aguiar Martins Sarmento, para dividir em seis premios de 5$000 reis, destinados a seis alumnos dos mais pobres, que foram distribuidos aos alumnos: Manuel dos Santos, Anna Pereira, Rodolpho da Silva, Maria da Conceição, Luciana da Silva e Joaquim Ferreira.

Premio Augusto Leite, 6$000 reis, offerecido pela exc.ma snr.ª D. Margarida Emilia Pereira Leite, para dividir em dois premios de 3$000 reis, destinados a dois alumnos pobres da freguezia de S. Sebastião, foram distribuidos a Manuel João e Margarida Thadeu.

Premio João de Mello, 5$000 reis, offerecido pelo benemerito snr. João Fernandes de Mello, para dividir em dois premios de 2$500 reis, destinados a dois alumnos da escóla industrial *Francisco d'Hollanda* (cadeira de desenho elementar e ornamental), foram distribuidos a Martinho de Sousa Lobo e D. Maria Ernestina de Faria Martins.

Premio Dr. Avelino Germano, 5$000 reis, offerecido pela exc.ma snr.ª D. Maria Josephina da Costa Freitas e seus filhos, para um alumno da cadeira de physica da escóla industrial *Francisco d'Hollanda*, coube a Antonio de Faria Martins.

Premio Maria Antonia, 4$500 reis (ouro), offerecido pelo benemerito snr. Francisco dos Santos Guimarães, para uma alumna da escóla de Urgezes, coube a Maria Virginia Ferreira.

Subsidio José de Meira, 500 reis mensaes, durante um anno, para um alumno indicado pelo parocho de S. Pedro Fins, de Gominhães, instituido por um socio, foi concedido a José Teixeira d'Oliveira.

Em reunião da assembleia geral de 16 de março, foram eleitos para membros da direcção que ha de administrar a Sociedade durante o anno de 1912-1913, os snrs. Alberto d'Oliveira Lobo, Augusto Pinto Areias, Domingos Leite de Castro, Duarte do Amaral Pinto de Freitas, Francisco Martins Ferreira, João Gualdino Pereira, José da Costa Santos Vaz Vieira; para substitutos os snrs. Abel de Vasconcellos Gonçalves, Abel de Vasconcellos Cardoso, Alfredo d'Oliveira de Sousa Peixoto, Fernando Gilberto Pereira, João Martins de Freitas, José Luiz de Pina, Pedro Pereira da Silva Guimarães Junior.

A Sociedade recebeu desde 1 de janeiro a 31 de março as seguintes offertas, de que lhe é muito grato aqui repetir o agradecimento já feito.

Para a bibliotheca :

Livros

Academia das Sciencias de Lisboa, 2 volumes.
Assistencia Nacional aos Tuberculosos, 1 volume.
Sociedade Protectora dos Animaes de Guimarães, 1 folheto.
Faculdade de Medicina do Porto, 2 volumes.
Rodolpho Guimarães, 1 volume.
José da Costa Santos Vaz Vieira, 4 volumes.
Virgilio Corrêa, 1 folheto.
Associação das Escolas Moveis, 1 volume.
Lyceu Nacional de Guimarães, 1 folheto.
Dr. Alvaro Bastos, 1 volume.
Frank Thomaz, 1 folheto.
Capitão Arthur Jorge Guimarães, 1 volume.
Lyceu Nacional Central de Villa Real, 1 folheto.
Associação de Soccorros Mutuos « Soares Mendes », 1 folheto.
Mariano Felgueiras, 1 folheto.

Para a collecção de jornaes e revistas :

O *Patriota*, Guimarães.
A *Caça*, Lisboa.
A *Voz do Direito*, Lisboa.

Para os museus :

José Luiz de Pina, uma porção de ceramica encontrada na Penha
(Guimarães).
Antonio da Rocha Braga, 1 moeda de prata encontrada no Convento
do Anjo (Guimarães).

Guimarães, 31 de março de 1912.

O secretario,

JOSÉ VAZ VIEIRA.

BALANCETE

Movimento da caixa desde 1 de janeiro a 31 de março

ENTRADA

Receita cobrada . . . . 685$865

SAHIDA

Despeza . . . . 510$835
Deposito feito em virtude d'uma arrematação . . 10$000
Saldo para a publicação dos Vimaranis Monumenta Historica . . . . 84$900
Dito para nova conta . . . . 80$130   685$865

Saldo para catalogação . . . . 450$000

Guimarães, 31 de março de 1912.

O thesoureiro,

João Rodrigues Loureiro.

Lista dos jornaes e revistas que permutam com esta publicação

---

Aero Club de Portugal. Lisboa.
O Archeologo Portuguez. Lisboa.
A Agricultura.
A Alvorada. Arcos de Val-de-Vez.
A Alvorada. Guimarães.
Archivo Bibliographico da Bibliotheca da Universidade. Coimbra.
Archivo da Historia da Medicina Portugueza. Porto.
Archivo Historico Portuguez. Lisboa.
Boletim Annunciador de Benguella.
Boletim da Associação Central da Agricultura Portugueza.
Boletim da Associação dos Archeologos Portuguezes. Lisboa.
Boletim da Sociedade Broteriana. Coimbra.
Boletim da Sociedade de Geographia de Lisboa.
Boletim da União dos Atiradores Civis Portuguezes. Lisboa.
Boletín de la Comisión Provincial de Monumentos Históricos y Artísticos de Orense.
Bolleti de la Societat Arqueologica Luliana. Ilhas Baleares — Palma.
Bulletin Historique du Diocèse de Lyon.
A Caça. Lisboa.
O Caixeiro do Norte. Porto.
Cintra da Beira. S. Pedro do Sul.
O Commercio de Guimarães.
O Cyclista.
Diario de Noticias. Lisboa.
Educação Nacional. Porto.
Echos da Avenida. Lisboa.
O Espozendense. Espozende.
Figueira.
Gazeta da Figueira.
Gazeta dos Hospitaes do Porto.
Gazeta de Taboaço.
O Imparcial. Guimarães.
O Independente. Guimarães.
O Instituto. Coimbra.
O Jornal do Commercio. Lisboa.
Jornal de Lafões. S. Pedro do Sul.
Jornal de Noticias. Porto.

A Justiça. Guimarães.
Limia. Vianna do Castello.
Luz e Verdade.
Mala da Europa. Lisboa.
O Oriente Portuguez. Nova Goa.
O Porto.
Portugal, Madeira e Açôres. Lisboa.
O Primeiro de Janeiro. Porto.
O Progresso Catholico. Porto.
Revista de Abrantes.
Revista do Bem. Lisboa.
Revista Commercial e Industrial. Lisboa.
Revista do Minho.
Revista de Obras Publicas e Minas. Lisboa.
A Seara de Ruth. Bahia.
Tiro e Sport. Lisboa.
O Vegetariano. Porto.
A Velha Guarda. Guimarães.

Revista de Guimarães

NUMERO ESPECIAL

FRANCISCO MARTINS SARMENTO

Cada exemplar . . . . **1$500 reis**

Os Argonautas, por F. Martins Sarmento.

Cada exemplar . . . . **1$500 reis**

Documentos ineditos do seculo XII-XV, por Oliveira Guimarães (Abbade de Tagilde). [Separata da **Revista de Guimarães**].

Cada exemplar 500

Pedidos á Sociedade Martins Sarmento ou ao snr. Francisco Jacome — **Guimarães.**

No Porto, á venda na livraria Moreira, praça de D. Pedro.

REVISTA

DE

GUIMARÃES

PUBLICAÇÃO

DA

SOCIEDADE MARTINS SARMENTO

PROMOTORA DA INSTRUCÇÃO POPULAR NO CONCELHO DE GUIMARÃES

VOLUME XXIX

N.º 3 — Julho — 1912

PORTO

TYP. DE A. J. DA SILVA, TEIXEIRA, SUCCESSOR

Rua da Cancella Velha, 70

1912

A **Revista de Guimarães** publica-se nos mezes de janeiro, abril, julho e outubro, em fasciculos de 48 paginas.

———

Cada volume, composto de quatro fasciculos, custa por assignatura 600 reis; cada numero avulso 200 reis. Os portes do correio são á custa da empreza. As assignaturas são pagas adeantadas.

———

Os artigos publicados n'esta Revista são, a todos os respeitos, da exclusiva responsabilidade dos seus auctores.

———

Toda a correspondencia deve ser dirigida á Direcção da Sociedade Martins Sarmento, Guimarães.

A ATLANTIDA E AS DEZ CASSITERIDES.

Este artigo amplia ou substitue o que publiquei sob o titulo de «A Atlantida» a pag. 5 do volume xxviii d'esta mesma Revista, pois é coisa muito diversa embora entre os resultados, a que chego n'um e n'outro, não haja muito mais do que a differença, que ha sempre, entre a parte e o todo.

O problema é ainda mais simples de resolver, mas ao mesmo tempo mais comprehensivo, do que se me tinha afigurado na occasião. Em balde Platão se esmerou em dar-nos todas as garantias de authenticidade da historia que nos contava. Elle citou-nos as auctoridades em que se fundava, os sacerdotes de Saïs e Solon; disse-nos quem guardava ainda no seu tempo os escriptos do grande philosopho, as testemunhas a quem este tinha narrado a velha historia; determinou a época do successo com a approximação possivel; avisou-nos de que os nomes gregos dados aos filhos de Poseidon, e portanto aos seus reinos, eram a traducção d'outros em egypcio, traducção por sua vez dos primitivos na lingua do paiz, o que indicava logo serem esses nomes meros traços descriptivos mais ou menos caracteristicos dos povos ou cidades mencionadas. Infelizmente Platão não se contentou em dar-nos uma data approximada, mas historica, e deu-nos outra em numero certo d'annos, mas *geologica;* infelizmente ainda, querendo explicar o desapparecimento da grande ilha, que ninguem encontrava onde era esperada, deu-nos como facto certo e averiguado a hypothese precipitada de um cataclismo grandiosamente dramatico, que absorveu a attenção das gerações que se lhe seguiram. E assim, estes elementos de somenos valor tornaram-se o principal da lenda, e, sendo puras illusões d'um grande espirito, tornaram-se a unica Verdade, que todos procuravam, inutilisando por completo, para a sciencia, certamente o mais antigo documento da historia do occidente conhecido até hoje.

Isto me parece poder estabelecer-se muito facilmente e deixar provado nas poucas paginas, que vão seguir-se.

Quando os deuses procederam á partilha do mundo, coube a Poseidon, deus do mar, a Atlantida. Um dia que elle andava visitando os seus dominios, chegou a uma planicie deliciosa, adiante da qual, n'um monte não muito elevado, vivia Evenor, «o valente», um dos primogenitos da Terra, com a sua companheira Leucippe, «a do cavallo branco», e a «docil (?)» Clito, sua filha unica. Como na Grecia, onde foi seu costume de sempre, Poseidon amou a rapariga e, ao fallecimento dos paes, uniu-se a ella. «Cinco vezes Clito concebeu e, de cada uma d'ellas, deu o sêr a um par de gemeos do sexo masculino. Poseidon creou-os, poz-lhes nomes e mais tarde dividiu a Atlantida em dez porções, dando uma a cada filho. Ao mais velho dos primeiros gemeos deu a morada da mãe com a terra vasta e fertil, que se estendia ao derredor, e fel-o rei de seus irmãos, aos quaes tambem fizera soberanos de grande multidão de homens e extensão de terra. Esse primeiro gemeo e primeiro rei chamou-se Atlas e foi d'elle que toda a ilha e todo o mar tiraram o nome de Atlantico. Seu irmão, segundo gemeo, teve em partilha a extremidade da ilha visinha das Columnas de Hercules e da terra ainda hoje chamada gadirica por via d'essa visinhança ; chamava-se em grego Eumele e na lingua do paiz Gadira, e foi este o nome que poz á região » [1].

---

[1] Platão, *Critias.*

Não póde haver duas maneiras de entender estas palavras de Platão. N'estes dois reinos ou porções da Atlantida trata-se indubitavelmente de Gadira (Cadix), o velho e opulento Tartessus ou Tarshîsch, que havia de guardar mais tarde o monopolio commercial do Occidente, tão fallado depois nas escripturas sagradas dos Hebreus; trata-se tambem da Região do Atlas, egualmente bem conhecida e afamada na mithologia grega, e tão visinha d'aquella que, pelo macisso triangular, que a termina ao noroeste, tão pejado de tradições, apenas os separa o estreito de Gibraltar.

Sendo isto assim, como é, e examinado com o espirito isento de quaesquer preconceitos, começa já a vêr-se o que póde ser a Atlantida, a resenha geographica das communidades politicas ou commerciaes do Occidente n'uma época remotissima. Começa a vêr-se; mas nós precisamos da certeza, e, para a alcançarmos, Platão não nos dá mais informações do que as que por ventura constem dos proprios nomes dos filhos de Poseidon, traduzidos do egypcio para grego e para o egypcio da lingua indigena.

São os seguintes, conforme um diccionario da lingua grega, menos os dois primeiros:

1.º grupo de gemeos

Atlas — «celui qui supporte de compagnie» [1].
Gadira — «la forteresse» [2] ou Eumele (Εὔμπλον) «que tem muitas e magnificas ovelhas».

2.º grupo

Amphère (Ἀμφήρις) — «controvertido, disputado».
Eudemon [3] (Εὐδαίμων) — «feliz, afortunado, cuja sorte é prospera: *alg. vez* rico, opulento ». A raiz Δαίμων significa «deus, demonio, *no pl.* os manes, os genios infernaes, as sombras dos mortos».

---

[1] Jubainville, *Les premiers habitants de l'Europe*, II, pag. 25.
[2] Kiepert, *Manuel de Géographie ancienne*, Paris 1887, pag. 257.
[3] Platão, ed. de Bipontium 1787; a trad. de Schwalbé traz Évémon.

3.º grupo

Mnéséa (Μνῆσις) — «reminiscencia, saudade».
Autochthones (Αυτοχθων) — «indigena».

4.º grupo

Élasippe (Ἐλάσιππος) — «que anima os corceis, cavalleiro, escudeiro».
Mesora [1] (Μέσορος) — «que serve de limite, marco servindo de limite».

5.º grupo

Azaès (Αζα,πς) — «fuligem, negrura de corpo queimado, borra secca, sujidade».
Diaprépès (Διαπρεπής) —distincto, notavel, illustre. Πρεπο — fazer-se distinguir. Δια — Jupiter?

Eis o que dizem os nomes da lista de Platão, nomes dos filhos de Poseidon e dos seus reinos. Para a pesquiza dos paizes a que devem ser applicados, nada por ora nos adianta ; materia para hypotheses, um ou outro debil raio de luz na noite tenebrosa; mas não passa d'isto.

Desde que este assumpto começou a preoccupar-me, a coincidencia da divisão da Atlantida em dez reinos com a divisão das Cassiterides em dez ilhas causou-me sempre uma tal ou qual suspeita. Infelizmente d'ahi tambem nos não póde vir auxilio nenhum ; pois que ainda hoje se discute o que eram as Cassiterides. Mullenhoff via-as na Inglaterra, Sarmento nas regiões meridionaes da mesma ilha, Mr. Salomon Reinach nas Scilly, embora consideradas como logares de deposito, visto não haver estanho n'ellas, e Mr. Louis Siret na Armorica. Todos para o norte ; mas nenhum insistindo na divisão em dez, apontada por Strabon e Ptolemeu. D'esta fórma, impossivel fazer uma approximação qualquer. E, se mais tarde vier a poder-se fazer, será em beneficio das Cassiterides e não dos reinos da Atlantida. Devo porém a essa impressão o pensamento de estabelecer com as ilhas conhecidas das relações antigas a approximação que não podia realisar com as Cassi-

---

[1] Bipontium; Schwalbé leu Mestor.

terides. É o que vamos fazer com os dois poemas de Avieno, começando pela *Descriptio Orbis Terrae*, versão livre de Diniz o Periegeta.

São estas as ilhas que menciona no Mar Exterior [1].

   1.ª — Hesperides,
   2.ª — « Erythia »,
   3.ª — « Sacrum mons », incluido no numero das ilhas, como se vê dos versos 736-738,
   4.ª — « Britanorum », hæ numero geminae,
   5.ª — « Et brevis e pelago vertex subit »,
   6.ª — « Thulé »,
   7.ª — « Insula aurea ».

Ao todo sete. Para obter-se o numero *consagrado* de dez, seria preciso desdobrar as Britanorum e contar as Hesperides por tres, como na fabula! É forçado. Além, d'isso, são relativamente modernos os elementos de que se serviu, posteriores a Pytheas, mas ainda envoltos nos sonhos lendarios da Erythea, etc. Fornece porém informações principalmente negativas, de valor; vêr-se-ha depois.

Os povos, que conhece são os *Mauri propter columnas*, os *Iberos magnanimos*,

   Ili super Oceani borealis frigida tangunt,
   Æquora.

e os Bretões.

Seremos mais felizes com a outra obra do mesmo auctor, *Ora Maritima*, feita sobre um periplo ou periegèse do sec. VI a. C. As ilhas do Occidente, que menciona, são as seguintes:

   1.ª — Insula Gadir (v. 283).
   2.ª — Insula Cartara (v. 255).
   3.ª — Insula Agonida (v. 214; ha ahi duas ilhas, mas a mais pequena nem nome tem).
   4.ª — Paetonicn insula (v. 199).
   5.ª — Insula Achale (v. 183).
   6.ª — Pelagia insula (v. 164).
   7.ª — Insulas duas (v. 159, inhabitadas de pequenas que são).
   8.ª — Insula Albionum (v. 112).

---

[1] Versos 739 a 771.

para as tendas de campanha e para as velas dos navios » [1].
Não póde, pois, negar-se, cuido eu, que este principe tinha
todo o direito a chamar-se Eumele, *um rico proprietario de
muitas e bellas ovelhas.*

III — Amphère

Corresponde na lista 3.ª a Cartara, na 4.ª aos Cempses
antigos. Avieno conta assim a sua triste historia:
«Segue-se a ilha de Cartara, que, segundo é voz corrente, foi em tempo occupada pelos Cempses». E accrescenta
immediatamente : «Expulsos depois pela guerra, que lhe mo-
veram os seus visinhos, estes povos foram procurar outros
logares» [2]. D'ahi, na relação de Platão, chamar-se, e com
toda a justiça, Amphère, o *disputado.*

IV — Eudemon

Posto o Sacrum da lista 2.ª em relação com os Cynetes,
como não podia deixar de ser, dada a deficiencia da lista, ficam a corresponder com elles a ilha Agonida e o Eudemon.
Este ultimo nome está tambem, pela sua significação atraz
exposta, em perfeita conformidade com o caracter e as lendas
sagradas, que illustravam desde os mais antigos tempos o
cabo de S. Vicente. Falta-nos portanto procurar apenas o que
poderá ser a ilha Agonida, não tanto por ella, como pela cidade que subentende.
Esta consideração afasta-me das hypotheses apresentadas
até agora [3]. Eu vejo a Agonida em qualquer das ilhas de areia
do cabo de Santa Maria, e a cidade n'essa região a que Mela
chama o *Cuneus ager,* Cuneus = cunha é uma etymologia popular feita pelos escriptores classicos. Cuneus-ager tem a
mesma significação que tem em outras expressões correspondentes : *ager romanus, ager tartessius, ager Ophiusae,* etc.

---

[1] *Ora M.,* v. 218-221.
[2] *Ora M.,* v. 255 e 259.
[3] Sobre o assumpto em que vamos entrar, o leitor tem na
nossa lingua duas obras dignas sempre de consulta: *Ora maritima,* 2.ª ed., de F. Martins Sarmento, e *Religiões da Lusitania,* do
snr. J. Leite de Vasconcellos. É com ellas que eu estabeleço a comparação da narrativa da Atlantida.

Na nossa especie valerá então como *região dos Coneos*, sendo esta expressão referida ao nome da capital dos Cynetes, a velha cidade de *Con-istorgis*, talvez depois Estor ou Estoy.

Valeria assim Conistorgis como quem dissesse hoje o *Estoy dos Coneos*. Appiano diz mesmo : « Conistorgis no paiz dos Coneos [1]. A fórma *Estor* encontro-a só em Duarte Nunes de Leão [2], que a approxima de Estombar e não d'Estoy, com o mesmo direito, supponho, com que eu faço o contrario, pois que, provavelmente, lh'a suggeriu apenas « A relação das sédas do seculo XIII » mencionando a *Estorensem* [3].

V — Mneséa

Mneséa, Paetanion, Cempses ; cá os temos outra vez, aos pobres Cempses, no fim da carreira em que vieram de Cartara. Deve notar-se que, no verso 55, o anonymo auctor do periplo se refere ao abandono da cidade primitiva, como simples tradição antiga, embora constante, emquanto o nome symbolico, que lhes é dado no seu novo logar, mostra ainda viva a recordação e a saudade da patria perdida e a dòr do exilio recente.

Nos versos 178-180 da *Ora Maritima*, Sarmento reconheceu uma estrada, que, partindo dos Tartessios, vinha ter á foz do Tejo. Podiam ter sido os Cempses que a iniciassem na sua fuga ; mas a menção d'ella no poema faz vêr que era uma estrada muito concorrida ainda no tempo do anonymo. O exodo não seria completo, as relações entre o ponto de partida e o de chegada continuariam ainda por muito tempo. Em todo o caso, este pequeno povo de uma cidade, desgraçado e dividido, apparece-nos mais tarde no outro poema de Avieno, a *Descripção do Universo*, traducção livre de um auctor do IV seculo, occupando todo o occidente da Hespanha até os Pyreneus ! Ninguem mais soube isto ; mas ultimamente assim foi acreditado.

A ilha Paetanion não póde ser a ilha do Pessegueiro ; porque ella anda associada a um *vasto porto*, e, ao sul do Tejo, nenhum merece ser assim designado como o do Sado ; porque os Cempses ficavam na Ophiusa e limitavam com os

---

[1] L. VI, LVII-LVIII.
[2] *Desc. do Reino de Portugal*, 2.ª col., pag. 29.
[3] *Espanha Sagrada*, vol. IV, pag. 267.

Cynetes e, n'essa hypothese, ficaria muito reduzido o territorio d'estes e muito ampliado o *ager Ophiusae*. A ilha Paetanion não póde ser o mesmo que a ilha Achale; porque uma é dos Cempses e a outra dos Saefes, como se vae vêr.

Aqui convém recordar o que já ficou dito: as ilhas na *Ora Maritima* são cidades no littoral ou as indicam. Esta de que se trata está situada

... ad Saefum latus

e por isso nos occuparemos de ambas no numero immediato.

VI — Autochtone

A «ilha chamada Achale pelos *indigenas*» pertencia aos Saefes, segundo a nossa tabella comparativa. São esses portanto os indigenas, os «autochtones» de Platão, assim como os Barbaros de Ptolemeu (prom. Barbarium), e fica provado que não é nada manifesto que *ab incolis* não passe de mera redundancia poetica. As phantasias poeticas de Avieno virão mais abaixo, não são estas.

O viajante vem do Tejo. Primeiramente encontra o cabo Cepresico, ou Cempsico segundo a correcção de Wernedorf, ou Barbarium, segundo Ptolomeu; em seguida fica-lhe logo por baixo, *subjacet*, a ilha, abrigada pelo cabo, na costa onde se encontra Cezimbra.

Os Saefes parece serem tambem um pequeno ou disseminado povo, e por isso os vemos acantonados n'uma das suas pequenas cidades nos limites dos Cynetes e d'Ophiusa, como os Cempses, a quem acolheram. A Paetanion d'estes ficava, tambem segundo a lição de Holder,

... ad Saefum latus;

portanto ainda na margem sul da provincia d'Arrabida; supponhamos (unicamente como exemplificação do pensamento) Cezimbra e Setubal, uma dos Saefes, outra dos Cempses. Áquella (dos Barbaros, note-se) caberia a immunda descripção de Avieno de verso 185 por deante.

O *ager Ophiusae* abrangia a peninsula d'Arrabida e n'esta habitariam os dois povos em altos montes. Para a mesquinhez com que se apresentam na historia, já não será dar-lhes pouco.

VIII — Élasippo

A situação da ilha Pelagia deduz-se dos versos seguintes:

... post Pelagia est insula (v. 164)

e *logo immediatamente:*

... prominens surgit dehinc
Ophiusae in oras......... (v. 172)

Como Sarmento disse, os cabos indicam portos, e, como tambem é verdade, as ilbas indicam cidades. É o que acontece agora com o *prominens*... *in oras*, que vae do cabo Carvoeiro ao cabo da Roca. Sarmento não acceitou esta significação do *prominens,* proposta por Mullenhoff; porque precisava d'um logar certo e determinado para acabar a *jornada,* que vinha do cabo Aryium; mas esse ponto ficava da mesma maneira fixado, lá onde o « prominens » *surgit.* Ahi começa para terminar no Roca. A ilha está tambem indicando a cidade proxima; essa ilha é uma das Berlengas. Um dos motivos porque Sarmento tambem não acceitou esta hypothese é que as Berlengas não eram uma só; mas o auctor do roteiro nunca teve em vista descrever todas as ilhas (propriamente ditas) do occidente; aproveitava apenas as que lhe convinham. Foi o que elle aqui fez, distinguindo aquella, que era

... Saturno sacra (v. 165)

A outra objecção, tirada da propria descripção, que d'ella faz Avieno, tambem me não parece grave. O poeta diz em summa que a ilha abundava em hervas e era muito batida do vento e do mar.

Ao terminar da *saliencia* (prominens), virando para o golfo, apparece-nos a cidade; para os poetas, *Ophiusa,* para os geographos e historiadores deve ser Oliusa, primeiro elemento de Oliosipon com a terminação phenicia, que lhe dará a significação de *cidade de Liuses* (?). Liuses, segundo Jubainville, é o mesmo que Ligures, e, no nosso quadro comparativo, lá estão os Ligures correspondendo com Pelagia e Élasippo. Com a narrativa de Avièno igualmente concorda, pontuando os versos como certamente devem ser entendidos:

> Cempsi atque Saefes arduos colles habent
> Ophiusae in agro: propter hos pernix Ligus,
> Draganumque proles sub nivoso maxime
> Septemtrione, collocaverant larem.

Os Ligures lá estão *propter hos*, tão perto de Cempses e Saefes, que estes até ficam *in agro Ophiusae*, como os Draganes nos montes nevosos, do norte. Elasippo é pois o Ligur infatigavel, o agil e feliz cavalleiro, que montava as velozes eguas da Lusitania, filhas do vento, de que fallam os auctores classicos.

VIII — Mésora

Observando o quadro comparativo, que vamos estudando parcellarmente, o leitor notou que a columna n.º 3 constante das ilhas da *Ora Maritima*, apresenta umas ilhas a mais, as OEstrymnides, que eu abandonei como estranhas e que realmente o são, á columna n.º 1. Que significa isso?

Significa que a noticia historica dos sacerdotes de Saïs é anterior, assim como o roteiro da *Ora Maritima* é posterior ao exodo dos OEstrymnios. N'este meio tempo os Draganes, isto é, os Brigantes ou Bragantes (?) vieram de uma das ilhas dos Hiernos ou dos Albiões (provavelmente d'esta ultima; o leitor verá isso no numero seguinte), acommetteram os OEstrymnios, puzeram-os fóra da terra, substituindo-os na região, que elles occupavam, a noroeste da Hispanha.

Os OEstrymnios expulsos foram habitar o littoral do mar da Mancha, fazendo assim os dois povos uma especie de *chassé-croisé*. Os Brigantes eram um grande povo, estirpe provavel dos povos da Callaecia, onde uma carta do seculo x, ainda se recorda da grande região de Brigantia, e onde fundaram a cidade depois chamada Flavium Brigantium, Bragança e não sei se Brachara. Posto isto, os Dercynos, que Jubainville identificou com Draganes (Dercunos, personificação provavel dos Draganes [1]), serão tambem os Brigantes da ilha dos Albiões, companheiros dos Ligures com quem Hercules ahi se bateu? Não esqueça que a este Dercyno Pomponio Mella

---

[1] Jubainville, *Les premiers habitants de l'Europe*, I, pag. 350.

chama Bergion. Seria, pois, com o nome d'estes Bragantes corrigido em *Draganes* e o de Oliúsa corrigido em *Ophiusa*, que Avieno constituiu mais uma vez a conhecida anecdota historico-poetica d'um exercito de serpentes assaltando um povo, que é assim posto fóra da terra, ficando esta vazia.

O leitor vae vêr isto quasi demonstrado, áparte quaesquer razões glotticas, que por acaso haja em contrario da approximação Bragantes-Dercunos ou Bergion.

Um dos pontos mais difficeis da restauração ou interpretação da *Ora Maritima* é exactamente o que se refere á passagem, que agora nos occupa, querendo-se vêr as estações indicadas na costa do poente, principalmente a tentadora identificação do Aryium d'Avieno com o Avarum de Ptolomeu, das *insulae duae* de Avieno com as *Deorum insulae duae* de Ptolemeu.

Por mais que tenha procurado, não vejo maneira de admittir essa hypothese, a não se transferir tudo para o littoral do norte, ou será preciso julgar viciado o roteiro por confusão em que se visse Avieno, julgando de mais o grupo do poente, se por ventura o roteiro indicava duas estações diversas, uma dos Brigantes, ao norte, outra dos antigos habitantes, os OEstrymnios, a oeste, ambas ellas assignaladas, cada uma por seu cabo e duas ilhas deshabitadas. A não ser assim... o *texto novo* manda-nos ir em qualquer caso para o *Magnus portus*. A regra exige que os cabos indiquem portos e as ilhas cidades. Aqui parece haver, não um cabo mas dois e as duas ilhas *tão pequenas que são por isso inhabitaveis*. O cabo de Venus é hoje talvez o Ortegal ou o Prior; as duas ilhas serão os *islotes* de Gabeiras; o cabo Aryium de Avieno será o *Solis arae* (mesmo no nome — o Arae) de Ptolomeu, talvez o S. Adrian, que tambem tem duas ilhas, para o caso de não servirem as primeiras, as Sisargas. E assim ficaram grandemente assignalados o porto e a cidade de Flavium Brigantium, sendo que o segundo cabo, no logar occupado pela sua descripção no poema, interrompida como é a *jornada*, que vem trazendo, com a contagem da distancia, que d'ahi vae até as columnas do poderoso Hercules, serve apenas para fixar esta estação na viagem. É certo que as medidas anteriores ficam bastante augmentadas, entre o Aryium e o Prominens in oras; mas pouco maiores do que era admittido por Müller e, applicado o mesmo metro em direcção ao norte, os cinco dias levam exactamente ao Pas de Calais, uma das columnas exteriores de Sarmento.

Onde está, porém, o novo texto, a grande prova? perguntará o leitor. Esse texto insophismavel é o nome do grande monarcha Mésaro, o *extremo*, o *marco servindo de limite*, o celebre monumento erigido pelos OEstrymnios «ubi Brigantia civitas Galleciae sita, antiquissimum pharum et inter pauca memorandi operis ad speculam Britanniae» [1]. Não falta nada.

IX — Aaoés

Esta identificação faz-se com um nome — os *Pictos*, que se diz deverem o seu nome ao habito de se pintarem. Os *Pictos* (Cruithne, um dos povos irlandezes mais antigos) eram uma tribu da Caledonia, visinhos dos Bretões. D'estes, diz Cesar, que pintavam o corpo de verde-mar. D'uns e d'outros, diz Plinio, que o pintavam de azul. Dos seus parentes, ribeirinhos do Douro, contava Strabão que viviam á maneira dos Lacedemonios e se untavam com oleo. Havia-os que se pintavam de negro. Na Thracia, segundo Herodoto, os nobres distinguiam-se do vulgo pintando o corpo. Mas aqui, como se verá, o nome é posto n'um sentido humilhante, e, visto que elle comporta a ideia de — borra secca — deverá traduzir-se — o Borrado.

X — **Diaprépès**

Com esta o mesmo. A Irlanda era chamada desde a mais remota antiguidade a *Sacra*,

> ... sic insulam
> Dixere prisci ...

diz Avieno. Era isto no tempo dos *Nemedes*, os celestes, os distinctos, escolhidos de Jupiter, os santos.
E ahi está o que é a Atlantida!

Não... ainda não é tudo. Falta saber-se o que levou a grande ilha e, para isto, nada mais caracteristico e illucidativo do que a seguinte passagem d'Herodoto:
« ... os Gregos, que habitam as margens (*do sul*) do

---

[1] Paulo Osorio (*Coloniae*, M.D.XLIII) pag. 18.

Ponto-Euxino, dizem que Hercules chegou com os bois de Geryon ao paiz occupado agora pelos Scythas, n'esse tempo deserto; que Geryon morava *para além do Ponto*, n'uma ilha a que os Gregos chamam Erythia, a qual Erythia (ora vejam!) era situada ao pé de Gades, no Oceano, para além das columnas d'Hercules» [1]. la-se para o polo para chegar ao poente.

Vejamos isto por partes; porque só por partes póde ser visto.

Diziam pois os Gregos do Ponto-Euxino que Hercules chegára com os bois ao paiz dos Scythas, então deserto; era isto na margem esquerda do Danubio inferior. Que Geryon morava para além do Ponto, portanto para o norte; tinha descido pois o Danubio, tinha provavelmente subido o Rheno e atravessado o mar da Scythia, que assim se chamava tambem aos mares do norte, passando da foz do Tamisa (na Erythia — Inglaterra) para a do Rheno. É em parte uma variante do itinerario da volta dos Argonautas, restaurado por Sarmento [2].

Ao tempo que isto se dizia nas margens do Ponto-Euxino, pelas ilhas do mar Egeu dizia-se outra coisa. As columnas d'Hercules do estreito occidental, assignalavam as extremidades da terra e do mar e, para além d'ellas, não havia mais nada do que uma ilha, maior do que a Libya e a Asia juntas, que pela sua posição *á beira do estreito*, facilitava a communicação entre os povos do occidente, ilha esta que os Egypcios chamavam Atlantida e os Gregos chamavam Erythia. «Erythia dos Atlantes», lhe chama Clemente d'Alexandria [3]. Como as Columnas eram no fim do mundo e para lá ainda havia essa grande terra, ella ficava infallivelmente á beira das Columnas e tudo quanto a vaga tradição dizia aos Gregos que ficava para o occidente, ou para o norte, desde que lá se chegasse por mar, ahi ficava tambem.

Quando os Gregos chegaram ás Columnas, não encontraram Atlantida nem Erythia ao pé de Gades, como dizia Herodoto. Ficaria então ao pé do Sacro, como quer Diniz o pariegeta [4]; mas tambem lá não estava. Ficaria com certeza em

---

[1] Herodoto, IV-VIII.
[2] F. Martins Sarmento, *Os Argonautas*. Para Erythia o primeiro capitulo e immediatos.
[3] *Stromata*, 81.
[4] Avienus, *Descriptio orbis terrae*, v, 741.

frente da Lusitania, como o pretendeu Pomponio Mela [1]. E
assim, atraz' da miragem, sempre na esperança d'encontrar
a grande ilha, que lhes facilitasse a passagem para as outras
ilhas e terras, sem terem d'arrostar com os pavores do
grande Oceano, assim chegaram tambem pelo sul á Inglaterra
e sem a conhecerem ainda passaram além; porque a *insula
aurea* do verso 769 do mesmo Deniz, que elle localisa não
sei se para os mares do norte, se para o mar polar, é a Ery-
'thia, *a vermelha*, é a Atlantida, a Inglaterra que, em vez de
abysmar-se no fundo do mar como depois se pretendeu, continua, pelo contrario, não já conservando só a hegemonia politica do occidente, que Poseidon estabelecera a Atlas, mas a
quasi hegemonia do mundo.

Assim, a grande ilha da Atlantida não é mais do que
uma segunda fórma do reino de Azaès, não perturba, não altera o numero consagrado de dez ilhas de que constava todo
o conjuncto da Atlantida, tal e qual como eram as dez ilhas
Cassiterides, ácerca das quaes podemos já agora dizer qualquer coisa, que não pareça logo ás primeiras palavras uma
pura hypothese lunatica.

As Cassiterides entram na historia na fórma de um
grupo de ilhas, situadas ao noroeste da Hispanha e a muito
maior distancia de qualquer outra região da terra firme. É a
posição que lhes marca Ptolemeu [2]. Strabão diz que ellas se
encontram a partir do porto dos Artabros para o norte [3]. É a
mesma noticia. Mela, o mesmo; diz que as Cassiterides,
abundantes em chumbo, existem entre os Celtici [4]. Ora, os
Celtici ficam exactamente no noroeste da Hispanha; são os
Artabros de Strabão. Diodoro Siculo explica que as minas
estão nas ilhas do Oceano, chamadas *por isso* Cassiterides,
em frente da Iberia e por cima da Lusitania [5]. Por cima
da Lusitania fica a Callaecia. Acabemos pelo grande geogra-
pho Plinio. N'uma passagem confirma a noticia de todos [6];
n'outra nega a existencia d'ellas [7].

Realmente, o grupo das Cassiterides não appareceu em

---

[1] *De situ orbis*, III, 6, citado por Sarmento.
[2] *Mercator*, carta segunda.
[3] III, 5, 11.
[4] III, 6.
[5] V, XXXVIII.
[6] IV, 36.
[7] XXXIV, 47.

parte nenhuma. Ainda hoje, uns identificam-as com as Scilly, a sudoeste da Inglaterra, outros com umas ilhas da Armorica, fazendo uns e outros pouco caso do numero de dez. Mas, salvo o respeito devido aos sabios, que defendem essas opiniões, se o archipelago não apparecia em parte nenhuma, se, por outro lado, é sabido que as linguas semitas teem uma só palavra para significar *ilha, peninsula, cidade maritima*, não seria natural procurar as Cassiterides na terra firme? Alguns assim o entenderam, localisando-as na Inglaterra, ou nas regiões meridionaes da Inglaterra. Mas, porque não na Callaecia, onde foi tão intensa a pesquiza do estanho, como demonstrou Mr. Louis Siret [1] onde os recortes da praia offereciam logar para ainda mais de dez portos e muito mais de dez cidades, como se vê pelos *castros*, e pelas praias archaicas de que restam vestigios? Fosse como fosse, o que é certo é que a sciencia moderna tende toda a encontrar as Cassiterides na Inglaterra, especialmente na Cornuallia. E aqui temos nós já duas regiões disputando-se as honras de principaes productoras ou negociadoras do estanho, aqui temos nós já, portanto, duas verdadeiras Cassiterides, não é verdade?

Mas agora, seja-nos permittido perguntar:

Porque razão ha de ser apeada das honras de Cassiteride, e das mais ricas, a velha Gadir, visinha do *Argentarius*, assim chamada pelos antigos:

«Stanno iste namque latera plurimo nitet»? [2]

Porque não é tambem Cassiteride a ilha de Cartara, essa então visinha do monte Cassius, que, na opinião dos Gregos, fôra quem dera o nome ao *cassiteros* [3] e, portanto, ás Cassiterides?

Do Sacro diz o pariegeta:

« ... genitrix haec ora metalli
Albentis stanni venas vomit....» [4]

Porque não tambem Cassiteride? A região onde domi-

---

[1] *Les Cassiterides*, carte des routes de l'etain.
[2] *Ora Mar.*, v, 293.
[3] Ibid., v, 260.
[4] *Descriptis Orbis*, v. 743.

nava Conistorgis, fosse ou não onde hoje Estoy, foi muito tra-
balhada de minas [1], e nas margens do Anas ficava-lhe, julgo
eu, Cotinae, que é provavelmente Alcoutim [2].

Das ilhas ou cidades de Achale e Paetonium e de Oliusi-
pon nada se diz tambem; mas as regiões em que dominavam
eram egualmente mineiras [3], nada sendo de estranhar que
negociassem com ellas pelo menos; o contrario é que seria
estranhavel.

A região d'Eblana finalmente marca-a M. Louis Siret [4]
tambem como productora de estanho, e, dada pelo menos a
visinhança em que o Atlas se encontra da Hispanha, em
nenhuma d'ellas deixamos de encontrar, ou a prova de terem
sido *cassiterides*, ou condições topographicas taes que as tor-
navam fatalmente traficantes do estanho, portanto possivel-
mente cassiterides.

Assim, a hypothese a que o estudo da Atlantida me levou, a respeito das *dez ilhas cassiterides* de Ptolemeu e
Strabão, suppondo que ellas sejam, pelo menos no principio, os dez reinos da Atlantida, não parecerá destituida
de fundamento. Ha todavia uma objecção, que é preciso
arredar, explicando o facto que a origina. Consiste ella na
ignorancia que demonstra de tudo isto, não tanto Ptolemeu, como Marino de Tyro, sobre cujas informações o primeiro escreveu a sua geographia na parte relativa ao occidente. Essa ignorancia explica-se, porém, se admittirmos
que as Cassiterides pertenciam ao periodo tyrio da influencia phenicia, e que os Tyrios guardaram o seu segredo
tanto dos Carthaginezes, seus irmãos, como de quaesquer outros povos. E que assim foi, parece provarem-no as viagens
de reconhecimento pelos paizes do occidente, encarregadas a
Hannon e Himilcon pelo governo de Carthago, logo que esta
cidade pôde lançar mão ao commercio do Atlantico. Sabendo
que existiam as dez Ilhas Cassiterides é de crêr que as
procurassem; não as encontrando, não querendo desprezar
essa tradição do passado, ou Marino ou Ptolemeu suppuzeram

[1] Snr. J. Leite de Vasconcellos, *ibid.*, pag. 15.
[2] Strabão, *Geog.*, III, II, 3, onde Cotinae deve referir-se ás
margens do Anas, em que ainda não mencionou povoação mineira
nenhuma, e que baralha constantemente com as do Baetis, separando a noticia d'esta mina da das outras.
[3] Snr. J. Leite, *ibid.*
[4] Carta citada.

um archipelago a pouca distancia da região mais afamada pela producção do estanho, e essa região foi, pelo menos nos primeiros tempos, o noroeste da Hispanha. Geralmente parece ligar-se a sorte das Cassiterides á das Œstrymnides. Isso poderia explicar como posteriormente todos procuram as ilhas do estanho nas margens ou nas àguas do golpho Œstrymnico.

Rematando, compendiamos assim os resultados a que chegamos :

1) A Atlantida era apenas o littoral atlantico da Europa desde o Atlas até á Irlanda ;

2) O reino d'Atlas, um dos dez reinos da Atlantida, foi o primeiro, o mais importante do grupo, e o que lhe deu o nome ;

3) Os outros eram : Cadix, Cartara (Cartaya ?), o Sacrum (comprehendendo S. Vicente e Santa Maria), os Saefes e Cempses ao sul da Arrabida, Oliusippo, Brigancia, Gran-Bretanha e Irlanda ;

4) A Grande Ilha da Atlantida não era nada mais que a Gran-Bretanha, isto é, um dos dez povos que occupavam esse littoral ;

5) As Dez Ilhas Cassiterides eram muito provavelmente o mesmo que os Dez Reinos da Atlantida, consideradas como o conjunto do mercado do estanho.

D. Leite de Castro.

ARCHIVO

DA

COLLEGIADA DE GUIMARÃES

(Continuado da pag. 78)

MCXVII

17 — VII — 1461

Emprazamento, em vida de tres pessoas, do casal do Couto de Cima de Villa, freguezia de Sanhoane de Ponte, feito pelo Cabido a·Gonçallo Pirez e mulher Margarida Luis, com a renda de 13 maravidis e um par de gallinhas.

Feito no coro da Collegiada Igreja de Santa Maria a 17 de julho do anno de 1461 por Joham de Sousa, tabellião de Guimarães pelo Duque de Bragança, sendo testemunhas Pero Gonçalluez, abbade de Gondomar, e Joham Diaz, abbade de Gonça. (Idem, fl. 13).

MCXVIII

26 — VIII — 1461

Emprazamento, em tres vidas, do casal da Contanha, freguezia do Mosteiro da Costa, renunciado por Pedro Annes, escudeiro de Fernam Pereira, que a elle fora doado por Nicalaao Vieira, feito pelo Cabido e por Aluaro Gonçalluez, conego e procurador de D. Affonso Gomez de Lemos, prioll, a Gonçallo Annes, ferreiro, e mulher Beatriz Gill, com a renda de 10 libras de moeda antiga e um par de gallinhas.

Feito no coro da Igreja de Santa Maria a 26 d'agosto do anno de 1461 pelo tabellião de Guimarães Joham de Sousa pelo snr. duque de Bragança. (Idem, fl. 13 v.).

MCXIX

28 – VIII – 1461

Emprazamento, em tres vidas, de casas ao canto da rua, feito pelo Cabido a Joham Affonso, alfaiate, e mulher Costança Rodriguiz, com a renda de 10 maravidis e um par de gallinhas recebondas.

Feito no coro da Igreja Collegiada de Santa Maria a 28 d'agosto do anno de 1461 por Joham de Sousa, tabellião pelo Duque de Bragança, sendo testemunha Gill Pirez de Freitas, escudeiro de Fernam de Sousa, e Joham Aluarez, abbade denffias. No titulo, por lettra diversa, diz-se que são na rua das Mostardeiras. (Idem, fl. 14).

MCXX

11 – IX – 1461

Emprazamento, em tres vidas, de casas na rua de Santa Maria, em que morou Paay Rodriguiz, escrivão dos Contos, feito pelo Cabido ao conego tesoureiro Affonso Pirez de Freitas com a renda de 20 libras de moeda antiga e um par de gallinhas boas recebondas.

Feito no coro da Eigreja de Santa Maria a 11 de setembro do anno de 1461 por Joham de Sousa, tabellião pelo duque de Bragança, sendo testemunha Sancho Vaasquez, abbade de Santa Marinha de Mogege, e Nuno Gonçalluez, tabellião de Guimarães. (Idem, fl. 14 v.).

MCXXI

16 – IX – 1461

Emprazamento, em tres vidas, do logar da Ramada, alem do rio de Coiros, feito pelo Cabido a Pedro Affonso, alfaiate, e mulher Maria Gomez, a quem foi doado por Gill Annes Merandinhas, com a renda de 13 maravidis de moeda antiga e um par de gallinhas.

Feito no coro da Igreja de Santa Maria a 16 de setembro do anno de 1461 por Joham de Sousa, tabellião pelo duque de Bragança. (Idem, fl. 15).

MCXXII

15 – VIII – 1462

Emprazamento, em tres vidas, do casal de Fylhjm, freguesia de S. Chrisptouom d'Esporooẽs, termo de Braga, deixado ao Cabido por Pero Lourenço, feito pelo cabido a Affonso Martins e mulher Branca Luis, com a renda de 2 maravidis de moeda antiga e um par de gallinhas, devendo fazer na casa grande uma cosinha.

Feito no coro da Collegiada Igreja de Santa Maria a 15 d'agosto do anno de 1462 por Joham de Sousa, tabellião em Guimarães por D. Fernando, primogenito herdeiro do duque de Bragança, marquez e conde e... (Idem, fl. 15 v.).

MCXXIII

31 – VIII – 1462

Emprazamento, em tres vidas, do logar de Maçoulas, feito pelo Cabido a Johane Annes, pedreiro, e mulher Lionor Pirez, a quem foi doado por Vaasco Martins, carpinteiro, com a renda de 9 maravidis de moeda antiga e um capom.

Feito na capella maior da Collegiada Igreja de Santa Maria derradeiro dia d'agosto do anno de 1462 por Joham de Sousa, tabellião por D. Fernando, primogenito herdeiro do duque de Bragança, marquez e conde e... (Idem, fl. 16).

MCXXIV

17 – IX – 1462

Emprazamento, em tres vidas, de casas na rua que vae da Praça para Rua de Santa Maria, em que morou Affonso Vaasques Peixoto, renunciadas por Alvaro Martins, commendador d'Avis, feito pelo Cabido ao conego Diego Affonso com a renda de 15 maravidis de moeda antiga e um par de gallinhas.

Feito no coro da Collegiada Igreja de Santa Maria a 17 de setembro do anno de 1462 por Joham de Sousa, tabellião por D. Fernando, primogenito herdeiro do duque de Bragança, marquez e conde e... (Idem; fl. 16).

MCXXV

17 — IX — 1462

Emprazamento, em tres vidas, do casal do Ribeiro e d'um castinejro com sua sesega, freguezia de S. Pedro de Polvoreira, renunciados por Innes Pirez, mulher que foi dé Vaasco Rodriguez, e agora já casada com Pedraluarez, de Degoyno, freguezia de S. Vicente de Paaços, feito pelo Cabido a Joham Gonçalluez, creado de Fernam Lopes, escrivão das sisas de Guimarães, e mulher Cataljnha Affonso, com a renda de 11 maravidis de moeda antiga e um par de boas gallinhas.

Feito no coro da Collegiada Igreja de Santa Maria a 17 de setembro do anno de 1462 por Joham de Sousa, tabellião de Guimarães por D. Fernando, primogenito herdeiro do duque de Bragança, marquez e conde e... (Idem, fl. 17).

MCXXVI

25 — IX — 1462

Emprazamento, em tres vidas, do casal de Su Carreira, freguezia de Sanhoane de Pensello, feito pelo Cabido a Pedraluarez, filho que foi do prioll do mosteiro de S. Trocade, e mulher Cataljna Vaasquez, com a renda de 7 maravidis de moeda antiga e um par de gallinhas.

Feito no coro da Collegiada Igreja de Santa Maria a 25 de setembro do anno de 1462 por Joham de Sousa, tabellião por D. Fernando, primogenito herdéiro do duque de Bragança, marquez e conde e... (Idem, fl. 17).

MCXXVII

22 — XII — 1462

Emprazamento, em tres vidas, de casas quando vaõ da Praça para a rua de Santa Maria, renunciadas por Pero Gonçalluez, filho de Góncallo Lourenço, morador em Maçoulas, a quem as legou em testamento Vaasco Domingues, feito pelo Cabido a Catalynha Annes, mulher que foi de Gonçallo Domin-

Andrade e conegos Martim Lourenço Riconado e Joham Fernándes, e Mendaffonso, ácerca de certos vallos, tapagens e castinheiros na freguezia de S. Romaaom daroeês, nas pertenças dos casaes de Nogueira e do Souto.

Feito nos casaes d'Estrufaees na dita freguezià d'Aroês a 20 de março do anno de 1477 por Nuno de Uargas, escudeiro, publico notairo na villa de Guimarães e seus termos pelo snr. duque senhor d'ella. (Idem, fl. 19).

MCXXXIV

31 — V — 1477

Emprazamento, em tres vidas, do casal de Dom Gyaaom, freguezia de Nespereira, renunciado por Martim Affonso e mulher Maria Annes, feito pelo Cabido a Joham Periz, lavrador e mulher María Affonso, com a renda de 116 reaés brancos d'esta moeda ora corrente d'Elrei Nosso Senhor de dez pretos. o real, e um par de gallinhas recebondas.

Feito no coro da Egreja Collegiada de Santa Maria a 31 de maio do anno de 1477 por Nuno de Uargas, escudeiro, publico notario. (Idem, fl. 19 v.).

MCXXXV

18 — IV — 1477

Emprazamento, em tres vidas, de casas na rua de Santa Maria, renunciadas pelo conego Gill Vasquez, feito pelo Cabido a Joham do Porto, escudeiro, creado de Joham Rodrigues Pereira, e mulher Catalina Affonso, com a renda de 90 reaes brancos, de 10 pretos o real, e um par de gallinhas recebondas, devendo refazel-as de novo de madeira e telha e solhamento de sobrado.

Feito no coro da Egreja Collegiada de Santa Maria a 18 d'abril do anno de 1477 por Nuno de Uargas, escudeiro, publico notairo, sendo testemunha Aluaro Nunes, escudeiro, creado de Fernam de Sousa, e Bastiam de Fereira, creado do snr. duque da villa de Guimarães. (Idem, fl. 20).

MCXXXVI

23 — VII — 1477

Emprazamento, em tres vidas, de casas na rua de Ffrolles, em que soia morar Affonso Gonçalluez castellam, e confrontam com as de Dona mulher que foi de Jacob Benaaden, feito pelo Cabido a Domjngos Affonso e mulher Margarjda Esteuez, com a renda de 120 reaes brancos e um par de gallinhas recebondas.

Feito na Capella de S. Bras, que está na Crasta da Collegiada Egreja de Santa Maria a 23 de julho do anno de 1477 por Nuno de Uargas, escudeiro, publico notario, sendo testemunha Pero Esteuez, pintor, morador em Guimarães. (Idem, fl. 20 v.).

MCXXXVII

12 — IX — 1477

Emprazamento, em tres vidas, um logar na rua de Gatos, feito pelo Cabido a Gomçallo Fernandes e mulher Johana Martinz com a renda de 150 reaes brancos e um par de gallinhas recebondas.

Feito no coro da Egreja Collegiada de Santa Maria a 12 de setembro do anno de 1477 por Nuno de Uargas, escudeiro, publico notairo. (Idem, fl. 20 v.).

MCXXXVIII

22 — IX — 1477

Emprazamento, em tres vidas, de casas na rua da porta do Postigoo, feito pelo Cabido a Pero Dijz, clerigo de missa, coreiro, filho de Diego Vasquez, alfaide, e este apessoara a sua filha Isabell Dijz e marido Joanne Annes, e elle as comprara a estes por escriptura feita em Villa Reall por Aluaro Nouaees, tabellião na dita villa em 8 de setembro de 1477, sendo testemunhas Denis Vasquez, escudeiro, Rodrigafonso, curtidor, ahi moradores, e Diego Fernandes, tabellião em Ameiaees, com a renda de 270 reaes brancos e um par de gallinhas recebondas.

Feito no coro da Egreja Colegiada de Santa Maria a 22 de setembro do anno de 1477 por Nuno de Uargas, escudeiro, publico notairo, sendo testemunha Gomez Affonso, escudeiro, prebendeiro que foi do Cabido. (Idem, fl. 21).

MCXXXIX

31 — X — 1477

Emprazamento, em tres vidas, de casas na porta do Postigoo, que entestam na entrada da rua Nova do Muro e de diante com rua publica da Praça, renunciadas por Pero Dijz, clerigo, filho de Diego Vasquez, nos quaes este viveu, feito pelo Cabido a Joham Aluarez, albardeiro, e mulher Branca Annes, com a renda de 270 reaes brancos e um par de gallinhas recebondas.

Feito no coro da Colegiada de Santa Maria a 31 d'outubro do anno de 1477 por Nuno de Uargas, escudeiro, publico notairo. (Idem, fl. 21 v.).

MCXL

8 — VIII — 1476

Emprazamento, em tres vidas, de casas na rua Caldeiroaa, renunciadas por Catalina Vasquez, viuva de Diego Periz, feito pelo Cabido a Fernamdaffonso, corrieiro, e mulher Issabell Rodriguez, com a renda de 300 reaes brancos e um par de gallinhas recebondas.

Feito no coro da Egreja Colegiada de Santa Maria a 8 d'agosto do anno de 1476 por Nuno de Uargas, escudeiro, publico notairo pelo snr. duque de Bragança e da villa de Guimarães, sendo testemunha um creado de Gill Vasquez, abbade de Santa Maria de Negrellos. (Idem, fl. 22).

MCXLI

5 — VIII — 1476

Emprazamento, em tres vidas, dos casaes de Frogenell e de Celorico, freguezia de Sanhoanne de Ponte, feito pelo Cabido a Affonso Ffernandez e mulher Margarida Martinz, com a renda de 120 reaes brancos e um par de gallinhas recebondas.

Feito no coro da Egreja Colegiada de Santa Maria a 5 d'agosto do anno de 1476 por Nuno de Uargas, escudero, publico notairo, pelo duque de Bragança e d'esta villa de Guimarães, sendo testemunha Gomez Affonso, prebendeiro do Cabido. (Idem, fl. 22 v.).

MCXLII

17 — VIII — 1476

Emprazamento, em tres vidas, do casal de Carualhall, freguezia de S. Martinho de Candoosso, feito pelo Cabido a Joham Affonso e mulher Margarida Gonçalluez, lavradores, com a renda de 154 reaes brancos e um par de gallinhas recebondas.

Feito no coro da Egreja Colegiada de Santa Maria a 17 d'agosto do anno de 1476 por Nuno de Uargas, escudeiro, publico notairo por o duque de Bragança e de Guimarães. (Idem, fl. 22 v.).

MCXLIII

22 — VIII — 1476

Emprazamento, em tres vidas, de casas na rua Escura, renunciadas por Aluaro Affonso, estalegadeiro que foi na rua de Gatos, e mulher, por não viver aqui, feito pelo Cabido a Rodrigo Affonso, escudeiro, creado do duque de Guimarães, e mulher Aldonça Martinz, e partem com casas que foram do doutor Pero Esteuez e com as em que soia morar o armeiro do Cabido e que as trouxe Joham Aluarez, de Pensello, escudeiro do snr. conde estabre, com a renda de 200 reaes brancos.

Feito no coro da Egreja Colegiada de Santa Maria a 22 d'agosto do anno de 1476 por Nuno de Uargas, escudeiro, publico tabellião pelo duque de Bragança e de Guimarães. (Idem, fl. 23).

MCXLIV

26 — XI — 1476

Emprazamento, em tres vidas, dos casaes da Caal e da Pedra, freguezia de Santesteuom d'Urgesses, renunciados por Pero Aluerez e mulher Margarida Ffernandez, feito pelo Cabido a Joham Dijz, lavrador, e mulher Crara Annes, com a renda de 245 reaes brancos e dous pares de gallinhas recebondas.

Feito no coro da Egreja Colegiada de Santa Maria a 26 de novembro do anno de 1476 por Nuno de Uargas, escudeiro, publico notairo pelo Duque de Bragança e de Guimaraẽs, sendo testemunha Gill Lourenço de Miranda. (Idem, fl. 23 v.).

MCXLV

11 — XII — 1476

Emprazamento, em tres vidas, de mojnhos á ponte de Selho, freguezia de S. Lourenço de Selho, e do casal da Ribeira na mesma freguezia, que trazia Luis da Ribeira e ora está danificado, renunciados os moinhos por Nuno de Uargas, escudeiro e publico notairo, e mulher Briatrjz de Resende, feito pelo Cabido a Martim Gomez, filho de Gomez Martins, morador em Guimaraẽs, com a renda de 200 reaes brancos e 4 gallinhas.

Feito na Capella maior da Egreja Collegiada de Santa Maria a 11 de dezembro do anno de 1476 por Nuno de Uargas, escudeiro, publico notairo. (Idem, fl. 24).

MCXLVI

26 — XI — 1476

Emprazamento, em tres vidas, do casal de Soutello, freguezia de Poluoreira, renunciado por Joham Dijz e mulher Crara Annes, feito pelo Cabido a Pedralluarez e mulher Margarida Ffernandez, com a renda de 210 reaes brancos e um par de gallinhas recebondas.

Feito no coro da Collegiada Egreja de Santa Maria a 26
de novembro do anno de 1476 por Nuno de Uargas, escudeiro, publico notairo. (Idem, fl. 24 v.).

MCXLVII

16 — XII — 1476

Emprazamento, em tres vidas, dos casaes de S. Vicenço
de Mascotellos, renunciados por Affonso Gonçaluez e mulher
Branqua Periz, feito pelo Cabido a Gonçallo Vasquez e a sua
mulher Violante Luis, com a renda de 300 reis brancos e 4
gallinhas recebondas.

Feito no coro da Egreja Collegiada de Santa Maria a 16
de dezembro do anno de 1476 por Nuno de Uargas, escudeiro,
publico notairo. (Idem, fl. 25).

MCXLVIII

15 — I — 1477

Emprazamento, em tres vidas, dos mojnhos dos Caneiros
e campo de Briteiros, freguezia de Santa Ouaya de Feramon-
taaões, renunciados por Vasquo Periz, lavrador, e mulher Catalina Annes, feito pelo Cabido a Affonso Annes e sua mulher
Maria Gonçalluez, com a renda de 274 reaes brancos e um
par de capoeẽs recebondos.

Feito no coro da Egreja Colegiada de Santa Maria a 15
de janeiro do anno de 1477 por Nuno de Uargas, escudeiro,
publico notairo, sendo testemunha Gonçallo dornellas, escudeiro, creado do arcebispo D. Fernando da louuada memoria.
(Idem, fl. 25 v.).

MCXLIX

26 — XII — 1477

Emprazamento, em tres vidas, do campo de Rigueiras,
freguezia de Creixemyll, feito pelo Cabido a Aluaro Martyz e
mulher Branca Annes, moradores nos Ponbaees, com a renda
de 60 reaes brancos e um par de gallinhas recebondas.

Feito no curo da Egreja Colegiada de Santa Maria a 26
de dezembro de 1477 por Nuno de Uargas, escudeiro, publico notario, sendo testemunhas Gomez Martiz, escudeiro, juiz
este anno em Guimarães, e Joham Ramos, abbade de Santa
Maria de Souto. (Idem, fl. 25 v.).

MCL

11 — VI — 1477

Emprazamento, em tres vidas, do casal de S. Gemjll,
freguezia de Sanhoane de Ponte, feito pelo Cabido a Aluaro
Annes e mulher Catalina Gonçalluez, com a renda de 250
reaes brancos e um par de gallinhas recebondas.

Feito no coro da Egreja Colegiada de Santa Maria a 11
de junho do anno de 1477 por Nuno de Uargas, escudeiro,
publico notairo. (Idem, fl. 26).

MCLI

17 — 1 — 1477

Emprazamento, em tres vidas, do casal do Bareiro e o
de Telhado, e diversos campos, no Couto de Lageossa, julgado de Lanhosso, feito pelo Cabido a Esteuom Affonso e mulher Margarida Periz, com a renda de 80 reaes brancos e um
par de gallinhas recebondas.

Feito no coro da Egreja Colegiada de Santa Maria a 17
de janeiro de 1477 por Nuno de Uargas, escudeiro, publico
notairo, sendo testemunha Joham Affonso, abbade de Santa
Eufemea. (Idem, fl. 27).

MCLII

30 — V — 1477

Emprazamento, em tres vidas, do Casal Novo dos Ponbaees, freguezia de Creixemill, que soia de trazer Briatriz Gomez, renunciado por Gonçallo Vasquez, lavrador, viuvo, feito
pelo Cabido a Francisque Annes, e mulher Filipa Nunez, com
a renda de 306 reaes brancos e quatro gallinhas.

Feito no coro da Egreja Colegiada de Santa Maria a 30 de maio do anno de 1477 por. Nuno de Uargas, escudeiro, publico notairo. (Idem, fl. 27 v.).

MCLIII

22 – VII – 1468

Emprazamento, em tres vidas, dos dous casaes de Mide, freguezia de S. Paayo de Moreira, feito pelo Cabido a Joham Gonçalluez e mulher Briatriz Annes, com a renda de tres libras de moeda antiga e uma marram recebonda e 52 alqueires de pam meyado de milho e centeio.

Feito na Egreja Collegiada de Santa Maria na capella do doutor Pero Esteuez, que Deus haja, por Joham de Sousa, publico tabellião pelo snr. Conde D. Fernando na villa de Guimarães, a 22 de julho do anno de 1468, sendo testemunhas Ruj Periz, escudeiro, prebendeiro do Cabido, e Affonso Periz, abbade de Faaiz (?) e Fernam Annes, abbade de S. Pedro de Rujuaaeẽs. (Idem, fl. 28).

MCLIV

5 – VIII – 1468

Emprazamento, em tres vidas, de dous casaes do Reguengo, freguezia de S. Frausto de Riba de Uisella, feito pelo Cabido a Gonçallo Fernandez e mulher Beatriz Aluarez, com a renda de 12 maravidis de moeda antiga e quatro gallinhas.

Feito no coro da Egreja Collegiada de Santa Maria a 5 d'agosto do anno de 1468 por Joham de Sousa, publico tabellião pelo Conde D..Fernando, sendo testemunha Gonçallo Aluarez, abbade de S. Frausto. (Idem, fl. 28).

MCLV

10 – IX – 1468

Emprazamento, em tres vidas, dos casaes da Nogueira e da Varzea, freguezia de S. Paayo de Moreira, renunciados por Rodrigo Aluarez e mulher Innes Rodriguiz, feito pelo Cabido a Fernam Martins e mulher Cataljna Gonçalluez, com a renda de 10 teeigas de pam meyado de milho e de centeio e 6 maravidis de moeda antiga e um par de gallinhas.

Feito no coro da Collegiada Igreja de Santa Maria a 10 de setembro do anno de 1468 por Joham de Sousa, publico tabellião pelo Conde D. Fernando, sendo testemunhas Joham Aluarez, abbade de Sanhoane de Caluos, terra de Vermujm. (Idem, fl. 28 v.).

MCLVI

10 — IX — 1468

Emprazamento, em tres vidas, de casas na rua das Streuarias, em que morou Durom Pirez, abbade que foi de Outeiro, feito pelo Cabido a Pedraluarez, genro de Joham Uaasqùez o..., çapateiro e sua mulher Innes Annes, con a renda de 6 libras de moeda antiga e um par de gallinhas.

Feito acerca da capella maior da Collegiada Igreja de Santa Maria a 10 de setembro do anno de 1468 por Joham de Sousa, publico tabellião pelo Conde D. Fernando. (Idem, fl. 29).

MCLVII

15 — X — 1468

Enprazamento, em tres vidas, do casal de S. Martinho do Conde, feito pelo Cabido a Aluaro Uaasquez e mulher Cataljnha Annes, com a renda de 9 libras de moeda antiga e um par de gallinhas recebondas.

Feito na capella do dr. Pero Esteuez, que Deus aja, da Collegiada Igreja de Santa Maria, a 15 d'outubro por Joham de Sousa, publico tabellião pelo snr. Conde D. Fernando. (Idem, fl. 29 v.).

MCLVIII

15 — XII — 1468

Doação da quintãa e casal de Viande, freguezia de Santa Maria de Silvares, e de parte no casal de Entre as Vinhas, freguezia de Santo Esteuom d'Urgesses, feita ao Cabido por

Vaasco Affonso, alfaiate, morador na rua de Santa Maria, com obrigação de uma missa annual com oração por sua alma e de sua mulher Lionor Annes.

Feito na Collegiada Egreja de Santa Maria, na capella do dr. Pero Esteuez, que Dèus aja, a 15 de dezembro do anno de 1468 por Joham de Soúsa, publico tabellião pelo snr. Conde D. Fernando, sendo testemunhas Joham Aluarez, abbade de Sanhoane de Caluos, e Joham Affonso, abbade de Gradizella, e Joham Diaz, abbade de Gonça. (Idem, fl. 30).

MCLIX

15 — ? — 1468

Emprazamento, em tres vidas, do casal da Carrapatossa, renunciado por Margarida Gonçalluez, mulher que foi d'Affonso Annes, feito pelo Cabido a Affonso Fernandez e mulher Briatriz Affonso, genro e filha da renunciante, com a renda de 13 maravidis de moeda antiga e um par de gallinhas.

Feito na Collegiada Igreja de Santa Maria a 15 de ... do anno de 1462 por Joham de Sousa, publico tabellião pelo Conde D. Fernando. (Idem, fl. 31).

MCLX

9 — I — 1469

Emprazamento, em tres vidas, de casal no logar das Morinhas, renunciado por Beatriz Annes, mulher que foi de Pero Uaasquez, feito pelo Cabido a Rodrigo Affonso, pedreiro, e á renunciante Beatriz Annes, sua mulher, recebido por palavras de presente no coro n'este dia, com a renda de 10 maravidis de moeda antiga e um par de gallinhas.

Feito no coro da Collegiada Igreja de Santa Maria a 9 de janeiro do anno de 1469 por Joham de Sousa, publico tabellião pelo Conde D. Fernando. (Idem, fl. 31 v.).

MCLXI

11 – II – 1469

Emprazamento, em uma vida, de casa na rua das Mostardeiras, feito pelo Cabido a Joham Farom, carpinteiro, com a renda de 2 maravidis de moeda antiga e 2 capoeẽs.

Feito no coro da Collegiada Igreja de Santa Maria a 11 de fevereiro do anno de 1469 por Joham de Sousa, publico tabellião pelo Conde D. Fernando. (Idem, fl. 32).

MCLXII

16 – II – 1469

Emprazamento, em tres vidas, de almujnha na Ramada, ácerca do Campo da Feira, renunciada por Johane Annes, alfaiate, e mulher Cataljnha Annes, feito pelo Cabido a Vaasco Aluarez, fílho de Aluaro Rodriguez, e a sua esposa Cataljnha Pirez, recebida por palavras de presente, com a renda de 15 maravidis de moeda antiga e 2 gallinhas.

Feito no coro da Collegiada Igreja de Santa Maria a 16 de fevereiro do anno de 1469 por Joham de Sousa, publico tabellião pelo Conde D. Fernando, sendo testemunha Pero Gonçallues, abbade de Gondomar, clerigo coreiro. (Idem, fl. 32 v.).

MCLXIII

22 – II – 1469

Emprazamento, em tres vidas, do casal da Ramada, acerca do rio de Couros, feito pelo Cabido a Luisa ? Annes, viuva, com a renda de 13 maravidis e 2 gallinhas.

Feito no coro da Collegiada Igreja de Santa Maria a 22 de fevereiro do anno de 1469 por Joham de Sousa, publico tabellião pelo Conde D. Fernando, sendo testemunhas Fernam Pirez, abbade de Santo Esteuom de Barrosas, e Joham Affonso, abbade de Santa Ofemea, coreiros. (Idem, fl. 33).

MCLXIV

24 – II – 1469

Emprazamento, em tres vidas, do casal da Ponte e do casal de Leirea e vinha da Granja, freguezia de S. Paayo de Moreira, feito pelo Cabido a Joham Aluarez e mulher Maria Uaasquez, moradores na freguezia de Gradizella, termo de Uermoym, com a renda de 4 almudes de vinho e 6 alqueires de pam myado de milho e de centeio pelo casal da Ponte, e o terço do vinho e 2 gallinhas pela vinha da Granja, e 11 libras de moeda antiga pelo casal de Leirea.

Feito no coro da Collegiada Igreja de Santa Maria a 22 de fevereiro do anno de 1469 por Joham de Sousa, publico tabellião pelo Conde D. Fernando. (Idem, fl. 33 v.).

MCLXV

5 – IV – 1469

Emprazamento, em tres vidas, do casal de Pedraaços, freguezia de Santa Marinha de Portalla, terra de Vermuhim, renunciado por Fernam Pirez e mulher Maria Gonçalluez, moradores na freguezia de S. Saluador de Rujuaaes, feito pelo Cabido a Nicolaao Uaasquez e mulher Cataljnha Gill, moradores em Fim de Uilla, freguezia de Telhado, com a renda de 5 maravidis de moeda antiga e 2 gallinhas.

Feito no coro da Collegiada Igreja de Santa Maria a 5 d'abril do anno de 1469 por Joham de Sousa, publico tabellião pelo Conde D. Fernando, sendo testemunhas Vaasco Annes, abbade de Ceruos, capellão da duqueza D. Costança, e Joham Affonso o cocho?, coreiro e abbade de Santa Ofemea. (Idem, fl. 34).

MCLXVI

25 – IV – 1469

Emprazamento, em tres vidas, de logar com casas e hortas nas ortas de Santa Maria, que trazia Aluaro Annes, carpinteiro, e mulher e Lionor Fernandes, feito pelo Cabido a

Fernam Annes, almocreue, e mulher Guiomar Lopez, com a renda de 5 maravidis de moeda antiga e 2 gallinhas.

Feito no coro da Collegiada Igreja de Santa Maria a 25 d'abril do anno de 1469 por Joham de Sousa, publico tabellião pelo Conde D. Fernando, sendo testemunhas Pero Gonçalluez, abbade de Gondomar, e Joham Alfonso, capellão da Igreja de Santa Maria de Villa noua das Infantes, coreiros. (Idem, fl. 34 v.).

MCLXVII

23 — V — 1469

.Emprazamento, em tres vidas, do Casal de Sucarreira, no canto de Santadriaaom, freguezia de Johane, que trazia Joham Martins, feita pelo Cabido a Johane Annes e mulher Maria Annes, filha e genro do dito Joham Martins, com a renda de tres libras de moeda antiga e uma gallinha.

Feito no coro da Collegiada Igreja de Santa Maria a 23 d'abril do anno de 1460 por Joham de Sousa, publico tabellião por o Conde D. Fernando. (Idem, fl. 35).

MCLXVIII

30 — VIII — 1469

Emprazamento, em tres vidas, do casal dos Auiascos, freguezia de S. Paayo, Couto de Moreira, renunciado por Rodrigo Aluarez e mulher Innes Rodriguez, feito pelo Cabido a Affonso Gonçalluez e mulher Cataljnha Affonso, com a renda de 40 alqueires de pam myado de milho e de centeo, 10 libras de moeda antiga e 2 gallinhas.

Feito no coro da Collegiada Igreja de Santa Maria a 30 d'agosto do anno de 1469 por Joham de Sousa, publico tabellião pelo Conde D. Fernando. (Idem, fl. 35 v.).

MCLXIX

27 — X — 1469

Emprazamento, em tres vidas, do meio casal do Hermo, acerca da quintaã de Guilhimilho, freguezia de S. Pedro de

Poluoreira, renunciado por Aluaro Affonso, barbeiro, morador em Guimarães, feito pelo Cabido a Fernande Diz e mulher Aldonça Annes, com a renda de 3 maravidis de moeda antiga.

Feito no coro da Collegiada Igreja de Santa Maria a 27 d'outubro do anno de 1469 por Joham de Sousa, publico tabellião pelo Conde D. Fernando. (Idem, fl. 36).

MCLXX

29 — XII — 1470

Emprazamento, em tres vidas, do casal do Souto, freguezia de S. Croio, com o barco no vao, feito pelo Cabido a Lopo Diaz e mulher Margarida Affonso, moradorès na freguezia de Santa Cristina de Longos, com a renda de 7 e meia libras de moeda antiga e duas gallinhas, devendo passar no barco sem dinheiro a dous conegos com suas bestas, moços e homens do dito Cabido.

Feito no coro da Igreja de Santa Maria a 29 de dezembro do anno de 1470 por Joham de Sousa, publico tabellião pelo Conde D. Fernando. (Idem, fl. 36 v.).

MCLXXI

30 — V — 1470

Emprazamento, em tres vidas, de casas, leiras e adega em Amarante, que soia de trazer Joham Martins, alfaiate, feito pelo Cabido a Affonso Martins, alfaiate, e mulher Innes Gonçalluez, com a renda de 5 libras de moeda antiga e duas gallinhas.

Feito na clastra da Igreja de Santa Maria a 24 de maio do anno de 1470 por Joham de Sousa, publico tabellião pelo Conde D. Fernando. (Idem, fl. 36 v.).

Tagilde, 1913.   (Continúa).

O ABBADE OLIVEIRA GUIMARÃES.

CONVENTO DA COSTA

(Continuado da pag. 86)

O Padre Frei José Joaquim de Santo Antonio pella primeira Profissão filho de Penha Longa, e depois perfilhado neste Mosteiro da Costa, e delle D. Abbade, padeceo huma prolongada molestia de hidropesia com religiosa conformidade e no dia quatro de Julho de 1813 faleceo com todos os Sacramentos, e foi sepultado na sepultura do numero sete.

O Padre Frei José do Espirito Santo, tendo dado sempre a conhecer huma grande propenção para a virtude, esta se manifestou mais pela sua observancia exacta depois de ser sacerdote, padecendo indizivelmente por causa de escrupulos, alguns dos quaes erão indiscretos, nascidos de huma grande debilidade do cerebro, que lhe cauzava varias e diversas cismas, e manias das quaes ninguem o podia despersuadir. E finalmente passados muitos e muitos dias sem querer comer se foi defecando de sorte que só por esta causa faleceu em Braga na casa de sua Mãy aos 11 de Março de 1817 e foi sepultado no convento do Populo, e neste Mosteiro se fez o que mandão as nossas Leis em semilhantes casos. Quando faleceu teria quasi vinte annos de habito. Era Irmão do Padre Frei Bento de S. José tambem Monge deste Mosteiro.

O Padre Frei João da Natividade nascido na caza da Preza, da freguezia de Santo Estevão de Urgezes, sendo Prior do nosso Collegio de Coimbra nelle faleceo no dia 23 de Abril de 1818 com universal sentimento de todas as Pessoas que conhecião as suas Religiosas qualidades, o seu genio docil, o seu comportamento serio e devoto, a sua grande caridade e promptidão para servir e dar gosto a grandes e pequenos, e a sua habilidade e comprehensão para qualquer ministério, como bem manifestou. Sendo procurador deste Mosteiro, Prior, Recebedor, Mestre de Cerimonias, e Cartorario, sendo incansavel não só para reduzir a milhor forma e digestão como hoje se acha o Cartorio deste Mosteiro, mas tambem adquirindo huma completa instrução do que nelle se contem; e a este Monge se deve a descoberta dos titulos e documentos com que se venceo o Padroado da Igreja de S. Jorge de Sima de Celho. E finalmente depois de padecer por muitos annos com exemplar sofrimento e paciencia huma complicação de gravissimas molestias, não tendo ainda trinta annos de habito *mortuus est et per misericordiam Dei requiescat in pace*. Neste Mosteiro se satisfez a sua Irmandade. Não deve ficar em silencio a virtude da verdadeira humildade que manifestou este Monge no anno de 1817, no qual sendo eleito canonicamente para D. Abbade deste Mosteiro, elle sem faltar á santa obediencia soube rezistir á primeira e segunda carta compulsoria de modo que o Nosso Reverendíssimo D. Abbade Geral, attendendo as suas humildes suplicas, mandou proceder a nova elleição que recahio no Padre Frei José de Santa Dorothea filho tambem deste Mosteiro.

O Padre Frei Antonio de Santa Anna Mosqueira filho deste Mosteiro e natural de Vílla Real, estando na cidade do Porto em caza de seu Pay o Dezembargador Mosqueira, quando o Povo se levantou em massa para repelir os Francezes foi nomeado capelão de hum Batalhão ao qual acompanhou por Portugal e Castella, em cujas viagens adquirio varias molestias, vindo finalmente a cahir em huma hidropesia da qual depois de hum bem edificante preparo á morte faleceo na sua quinta da seara nos racintos (?) de Vílla Real e no dia doze de Abril de 1819 chegou a este Mosteiro da Costa a noticia da sua morte. Está satisfeita a sua Irmandade e trintario de Missas.

O Irmão Corista Fr. Manoel Joaquim da Reçurreição, Irmão do Padre Frei João de S. Bernardino e do Ex.mº Snr. Arcebispo da Bahia D. Francisco de S. Damazo da Vílla de Guimarães. Faleceo repentinamente no dia 21 de outubro de 1820, foi sepultado na sepultura do numero 8. Fica satisfeita a sua irmandade.

O M. R. Padre Frei João de S. Jeronimo Alvarenga, natural da Vila Nova do Porto; Porfeço, Ex.mº D. Abbade deste rial Mosteiro da Costa depois de huma larga enfermidade que sofreo com muita resignação, hindo tumar ares á sua Patria aonde esteve alguns mezes, finalmente preparando-se para a morte com edeficação religioza, e emxemplar, faleceo com todos os Sacramentos no primeiro de Mayo de 1822 e foi sepúltado pelos Reverendíssimos Padres Cruzios do Mosteiro da Serra de Villa Nova, e neste Mosteiro se fizerão os sufragios dó costume como se nelle falecesse.

O Padre Frei João Pinto, Filho deste Mosteiro e natural de Guimarães faleceo no dia 26 de setembro de 1823 em casa de seu Irmão; onde esteve por mais de vinte annos com Breve Apostolico e sujeito ao Vigario Geral de Malta; tinha talento e instrucção; foi bom Pregador e Mestre de Cerimonias; o seu porte dentro e fora do Mosteiro hera grave e honesto; teria 70 annos de idade quando morreo com molestia dilatada e bem resignado, e munido com todos os Sacramentos e absolvição da Ordem administrada por hum Padre deste Mosteiro que elle pedio. Veio sepultar-se ao nosso Claustro na sepultura n.º 9. Satisfez-se a sua Irmandade; disserão-se as trinta Missas das Actas e deu-se a esmolla da sua ração nos trinta dias.

O Padre Frei Manoel Higino, Filho deste Mosteiro, e natural do Freixial nas vezinhanças de Leiria, sobrinho do Conego da Sé de Braga Manoel d'Oliveira Valle, e Irmão de José Marcellino, Conego na mesma Cathedral; falleceo no dia 24 de Janeiro de 1825 tendo de idade 57 annos e de Habito perto de 38. Recebeo todos os sacramentos conhecendo muito bem proximo o seu fim. Foi Procurador no Temporal do Mosteiro, incançavel com zello, mais que entereçante por muito afferrado a sua opinião e saber: de porte serio e Religiozo. Sepultou-se na Campa n. 10 junto da Portaria, e satisfesse aos seos sefragios, ás 30 Missas e ração mensal.

O Padre Frei João Pedro da Conceição natural de Leiria, faleceo aos 11 d'Abril de 1825 da terrivel molestia de hum cancro em parte melindrosa que por decencia encobrio por muitos annos e passou por isso a já não ter remedio mais do que na paciencia e resignação na vontade de Deos; padeceo muito e muito e sempre pedindo a Deos passiencia para podér soportar o martirio de suas dôres. Teve huma morte edeficante sempre resignado na vontade de Deos, pedindo seos auxilios, munido de todos os sacramentos e absolviçoens. Trabalhou muito em todos os exercicios religiosos, amigo do Coro a que não faltava, hera bom organista e tinha muito boa voz. Amigo do Confessionario e pregou muito com acceitação. Servio os cargos da Religião em Abbade de Valbemfeito, de Penha Longa, Vezitador Geral Superior e Mestre dos Novos neste Mosteiro e assestio com voto em muitos cappitolos geraes. Teria 72 annos d'idade e 50 d'habito quando faleceo, está sepultado na sepultura do n. 11 junto á porta de De profundis. Satisfesse a sua Irmandade; disserão-se as 30 Missas da Communidade por sua tenção e deo-se a esmola da sua ração por hum mez.

O Reverendissimo Padre Frei Bento de Jezus Maria José D. Abbade Exgeral da Nossa Congregação nasceo aos 14 de Novembro de 1739 na Freguezia de S. Martinho de Candozo, meia legoa distante de Guimarães e deste Mosteiro; seus Pays se chamavão Francisco Ribeiro e sua May Chatarina d'Abreu: herão pobres e humildes, mas Virtuosos e bem regulados assim no Espiritual como no Temporal: tiverão: sete Filhos de legitimo Matrimonio, e os dous primeiros morrerão de pouca idade, os sinco todos forão Religiosos e vierão a fazer o amparo e delicias dos seos ultimos dias e morte. Logo de tenra idade os forão encaminhando a estudar a Arte de Muzica e por hirem mostrando nellas boas vozes huns após d'outros forão chamados para o seminario de Braga, onde se apurarão em Muzica, Gramatica, Retorica, Filozofia etc. e juntando á sua instrução bom comportamento e virtude forão rogados para entrar por prenda, o mais Velho o Padre Frei Francisco de S. Józé e o 2.º o Padre Frei José de S. Francisco na Ordem de S. Bento; o 3.º o Padre Frei Antonio de Santo Thomaz na dos Carmelitas calçados onde foi Mestre e por suas Letras e Virtude o quizerão para Provincial ao que rezestio; o 4.º o P.e Frei João d'Assumpção na de S. Domingos e o 5.º que hera o Nosso Reverendissimo Padre Frei Bento de Jesús Maria Józé depois de ser regeitado em algumas religiões pello defeito que tinha em hum olho teve elle e Nós a felicidade de ser aceito neste Mosteiro para Corrector atendendo mais aos seus merecimentos de instrução literaria, da Muzica e á grande e sonora voz de Baixo do que ao defeito de hum olho que nada obstou para deixar de ser o melhor Corrector da Provincia e vir a pôr o Choro deste Mosteiro na melhor ordem e instrucção que de todos hera elogiado; tendo á força de seu incansavel zello pella perfeição dos Officios Divinos assim no cantado como no entoado; e para o conseguir soffreo e trabalhou muito compondo canttorias que faltavão, como Responsorios, Missas, Himnos, Antifonas e fazendo tambem novos acompanhamentos e pondo outros em melhor ordem e armonia que dizem ser hoje o melhor choro da Provincia ou talvez do Reyno.

(Continua).

Na sessão de 1 de abril, o snr. presidente communicou que, em reunião da assembleia geral, fôra reeleita a direcção anterior, com excepção do snr. thesoureiro que, a seu pedido, fôra substituido pelo snr. Augusto Pinto Areias, e perguntou a cada um dos snrs. vogaes se podia continuar a dirigir o pelouro que acceitára na sessão de 1 de abril de 1911, sendo respondido affirmativamente.

Resolveu-se manter as resoluções tomadas na mencionada sessão de 1911 quanto a dias de sessão e cedencia do salão.

Em sessão extraordinaria de 20 de abril, o snr. presidente communicou o fallecimento do socio honorario rev. João Gomes d'Oliveira Guimarães, Abbade de Tagilde, um dos que mais contribuiram para o engrandecimento da Sociedade, e propoz que na acta d'esta sessão fosse lançado um voto de sentido pezar, o que todos approvaram. Seguidamente tomaram-se as seguintes deliberações: que a direcção da Sociedade assistisse ao funeral em Tagilde, acompanhando o feretro a Mascotellos; que se participasse a todos os socios residentes n'este concelho o fallecimento e local dos funeraes; que se mandasse celebrar uma missa no 30.º dia do seu fallecimento, para a qual fossem convidados todos os socios, parochos do concelho e habitantes da cidade; que se publicasse um numero da *Revista de Guimarães* exclusivamente dedicado á memoria do illustre consocio; que se mandasse executar o seu retrato; e que a Sociedade tomasse luto, suspendendo-se por tres dias o expediente.

Em Mascotellos, na occasião de baixar á sepultura o cadaver du illustre extincto, o snr. presidente pronunciou as seguintes palavras:

A Sociedade Martins Sarmento, que em nome da sua direcção n'este acto represento, vindo aqui n'esta dolorosa romagem acompanhar á sua ultima morada o cadaver d'aquelle que foi o Abbade de Tagilde, João Gomes d'Oliveira Guimarães, não é impulsionada apenas pela immarcescivel saudade do amigo, que o foi de nós todos, sempre dedicado, sempre amoravel e generoso. Elle foi um dos nossos socios, que mais e melhor trabalho lhe deu, que mais contribuiu para o seu bom nome, que mais apaixonadamente a amou. A sua memoria ha de ser sempre honrada por quem a honrar a ella, está indissoluvelmente ligada á obra para que concorreu como os que mais concorreram.

Mas a nossa paixão não nos obscurece o espirito a ponto de não recordarmos os outros grandes predicados da sua individualidade. Elle foi um erudito que honrou as letras patrias com os seus trabalhos e as suas investigações profundas. Elle foi um patriota, e um grande patriota vimaranense, dando á patria a sua tranquillidade, sacrificando-lhe o seu tempo, mesmo as horas mais encantadoras das suas lucubrações intimas. Elle foi sobretudo um grande sacerdote, sem um momento de tibieza nem de improprio orgulho, correcto e bom, honra da Egreja immortal. N'estas horas tristes que vão passando, elle foi um dos filhos da Egreja, que o livre-pensador legitimo ao cruzar no caminho sauda com veneração e estima. Tudo isso acabou para elle. O homem publico, o erudito, o sacerdote exemplar está aqui. Para nós restam-nos o seu exemplo, que não esquecerá, os serviços que fez ao seu paiz, de que todos nós aproveitamos, a saudade que não se extingue da suave harmonia do seu tracto.

Na sessão de 3 de maio, a direcção tomou conhecimento dos pezames enviados por diversas sociedades scientificas do paiz, pelo fallecimento do socio honorario, Abbade de Tagilde, communicando o snr. presidente ter já agradecido.

O snr. presidente disse que, tendo fallecido o snr. Abbade de Tagilde que estava encarregado da publicação do *Vimaranis Monumenta Historica*, era necessario escolher quem o substituísse na direcção d'ella; que o mesmo snr. Abbade de Tagilde indicára o snr. dr. João de Meira; que em sua opinião a escolha não podia ser-melhor, e que por isso pedia auctorisação para convidar para tal encargo esse illustre e dedicado consocio. Unanimemente concordaram.

Resolveu-se convocar a assembleia geral d'esta Sociedade para o dia 28 do corrente, para exame e approvação das contas˜da gerencia que findou em 31 de março..

O snr. Simão Araujo propoz para socios os snrs. Padre Domingos José da Costa Araujo e Dr. Joaquim Augusto Machado, que foram admittidos.

___

Na sessão de 24 de maio communicou o snr. presidente ter officiado á Camara Municipal lembrando a grande conveniencia em alcançar do governo a conservação em Guimarães do archivo da Collegiada, visto o mesmo ter pertencido a uma das extinctas corporações religiosas, e dizer-se que o governo pensa em arrecadar em Lisboa todos os documentos que ás mesmas pertenceram.

Disse ainda que, tendo chegado ao seu conhecimento que a Camara aventa a ideia de applicar a capella de S. Jorge, existente no edificio occupado pelo Tribunal, á installação da repartição de aferimento de pesos e medidas, baseando-se no mau estado de conservação da mesma capella, lhe officiou propondo que a Sociedade se encarregasse da conservação da mesma, evitando-se a completa destruição de alguns trabalhos de valor artistico que a ornamentam; respondeu a Camara que acedia ao pedido feito. O snr. presidente agradeceu, declarando que a direcção estava prompta a receber a entrega da capella.

O snr. Augusto Pinto Areias propoz para socios e foram admittidos os snrs. tenente João Gomes Abreu Lima, dr. José Joaquim Oliveira Bastos, José Mendes de Oliveira, José de Sousa Lima, João Antonio de Sampaio e Alexandrino Pereira da Costa Guimarães.

___

Em sessão de 28 de junho, o snr. presidente propoz que na acta fosse lançado um voto de agradecimento ás pessoas que assistiram á missa do 30.º dia por alma do saudoso e illustre socio honorario snr. Abbade de Tagilde.

Resolveu-se fazer mais estantes para a bibliotheca, e comprar uma machina de escrever.

O snr. thesoureiro propoz para socios os snrs. Antonio de Freitas Pimenta Machado e José Caetano Pereira.

A Sociedade recebeu, desde 1 de abril a 30 de junho, as seguintes offertas, cujo agradecimento nos é grato aqui repetir.

Para a bibliotheca:

Livros

Faculdade de Medicina do Porto, 1 folheto.
Aero-Club de Portugal, 1 folheto.
Domingos Guimarães, 5 volumes.
Companhia dos Banhos de Vizella, 1 folheto.
Francisco dos Santos Guimarães, 1 volume.
Anonymo, 1 folheto.
José Vaz Vieira, 1 folheto.
Padre Silva Gonçalves, 1 volume.
Domingos Leite de Castro, 1 volume.
Ministerio do Interior, 1 volume.
Lyceu Passos Manoel, 1 folheto.
Lyceu de Camões, 1 folheto.

Para a collecção de jornaes e revistas:

Revista da Universidade de Coimbra.
Revista Aeronautica, Lisboa.
Bollettino dell'Associazione Archeologica Romana, Roma.
Jornal da Creança, Angra.
Povo de Vieira.

Para os museus:

Conselheiro Luiz Augusto Teixeira Lobato, 1 moeda de prata.
João Eduardo Alves Lemos, 152 moedas de cobre.
José Luiz de Pina, 1 disco de pedra, encontrado na Penha.
Commissão do Centenario da Guerra Peninsular, 1 medalha commemorativa do mesmo Centenario.
Francisco Jacome, 1 moeda de prata.
Domingos A. de Magalhães e Augusto Fernandes, 1 moeda de nickel e 2 notas de 1$000 reis da Republica dos E. U. do Brazil.

Guimarães, 30 de junho de 1913.

O secretario,

José Vaz Vieira.

BALANCETE

Movimento da caixa desde 1 de abril a 30 de junho

ENTRADA

Saldo existente em 31 de março	80$130	
Dito para a publicação dos «Vimaranis Monumenta Historica»	84$900	
Deposito em virtude d'uma arrematação	10$000	
Receita cobrada	146$720	321$750

SAHIDA

Despeza	304$005	
Deposito	10$000	
Saldo existente	7$745	321$750
Saldo para catalogação		450$000

Guimarães, 30 de junho de 1913.

O thesoureiro,

AUGUSTO PINTO AREIAS.

Lista dos jornaes e revistas que permutam com esta publicação

---

Jornaes diarios:

O Dia. Lisboa.
Diario de Noticias. Lisboa.
Diario do Norte. Porto.
Jornal de Noticias. Porto.
O Primeiro de Janeiro. Porto.

Bi-semanaes, semanaes e mensaes:

A Agricultura.
A Alvorada. Arcos de Val-de-Vez.
A Alvorada. Guimarães.
Archivo Bibliographico da Bibliotheca da Universidade. Coimbra.
Archivo Historico da Medicina Portugueza.
Boletim Annunciador de Benguella.
Boletim da Associação dos Architectos Portuguezes. Lisboa.
Boletim da Associação Central da Agricultura Portugueza.
Boletim da Associação Commercial e Industrial de Setubal.
Boletim da Associação dos Medicos do Norte de Portugal.
Boletim da Direcção Geral da Agricultura Portugueza.
Boletim da Sociedade Broteriana. Coimbra.
Boletim da Sociedade de Geographia de Lisboa.
Boletim da União dos Atiradores Civis Portuguezes. Lisboa.
Boletín de la Comisión Provincial de Monumentos Históricos y Artísticos de Orense.
Boletin de la Associasion Archeologica Romana.
Bolleti de la Societat Arqueologica Luliana. Ilhas Baleares — Palma.
Bulletin Historique du Diocèse de Lyon.
O Bom Pastor.
O Bracarense.
O Commercio de Guimarães.
O Correio.
Desafronta. Famalicão.
Educação Nacional. Porto.
O Espozendense. Espozende.
A Folha. Ponta Delgada.
Gazeta da Figueira.

Gazeta dos Hospitaes do Porto.
Gazeta de Taboaço.
O Instituto. Coimbra.
Jornal da Creança. Angra.
O Legionario. Braga.
O Lusitano. Guimarães.
Luz e Verdade. Porto.
Mala da Europa. Lisboa.
O Oriente Portuguez. Nova Goa.
Portugal, Madeira e Açôres. Lisboa.
O Progresso Catholico. Porto.
Revista Acronautica. Lisboa.
Revista de Historia. Lisboa.
O Semeador. Lisboa.
Tiro e Sport. Lisboa.
O Vegetariano. Porto.
A Voz do Povo. Porto.

Revista de Guimarães

NUMERO ESPECIAL

FRANCISCO MARTINS SARMENTO

Cada exemplar . . . . **1$500 reis**

Os Argonautas, por F. Martins Sarmento.

Cada exemplar . . . . **1$500 reis**

Documentos ineditos do seculo XII-XV, por Oliveira Guimarães (Abbade de Tagilde). [Separata da **Revista de Guimarães**].

Cada exemplar 500

Pedidos á Sociedade Martins Sarmento ou ao snr. Francisco Jacome — **Guimarães.**
No Porto, á venda na livraria Moreira, praça de D. Pedro.

REVISTA

DE

GUIMARÃES

PUBLICAÇÃO

DA

SOCIEDADE MARTINS SARMENTO

PROMOTORA DA INSTRUCÇÃO POPULAR NO CONCELHO DE GUIMARÃES

VOLUME XXIX

N.º 4 — Outubro — 1912

Summario: I. Documentos para a Historia de Guimarães, pag. 145. — II. Convento da Costa, pag. 167. —
III. Boletim, por *José Vaz Vieira*, pag. 185 — IV. Ba-
lancete, por *Augusto Pinto Areias*, pag. 188 — V. Lista
dos socios, pag. 189.

PORTO

TYP. DE A. J. DA SILVA TEIXEIRA, SUCCESSOR

Rua da Cancella Velha, 70

1914

A Revista de Guimarães publica-se nos mezes de janeiro, abril, julho e outubro, em fasciculos de 48 paginas.

Cada volume, composto de quatro fasciculos, custa por assignatura 600 reis; cada numero avulso 200 reis. Os portes do correio são á custa da empreza. As assignaturas são pagas adeantadas.

Os artigos publicados n'esta Revista são, a todos os respeitos, da exclusiva responsabilidade dos seus auctores.

Toda a correspondencia deve ser dirigida á Direcção da Sociedade Martins Sarmento, Guimarães.

DOCUMENTOS

PARA A

HISTORIA DE GUIMARÃES

Alguns documentos primitivamente reunidos para a publicação dos *Vimaranis Monumenta Historica* não foram incluidos entre elles por sahirem do plano que se fixou para a obra definitiva.

Dando-lhe acolhimento na *Revista de Guimarães*, evitamos que continuem desaproveitados nos archivos onde se encontram.

1259

In christi nomine. hec est karta uendicionis et.eterne fermitudinis quam iussimus facere ego Eluira petri et Vir meus Stephanus mendj vobis domno Martino pelagij Cantorj vimaranis. de tota octaua parte tocjus. Casalis quod stat insta heremitagium sancti Benedicj in collem sanctj Micahelis de Caldis cum omnibus iuribus suis per ubicumque illud potueritis inuenire tam in parrochia sanctj micahelis quam in parrochia sanctj Saluatoris de taagildi vendimus uobis totam ipsam octauam partem tocjus predictj Casalis de monte in fontem per ubi illum potueritis inuenire pro precio quod de uobis accepimus. X.ª morabitinos et suam Roboram. Tantum nobis et uobis placuit et de precio nichil pro dare remansit. habeatis igitur ex hac die senper firmiter totam ipsam hereditatem et qui nobis placuerit in perpetuum. Let si aliquis homo uenerit qui hoc factum nostrum irrumpere uoluerit conponat uobis ipsam hereditatem duplatam et quantum fuerit meliorata. et cui nocem uestram dederitis pectet illj .d. solidos. Et si nos uobis in Concilio auctorizare noluerimus uel potuerimus similiter faciamus, facta karta, mense Martij E.ᵃ M.ᵃ CC.ᵃ LXXXXVII per manus Pelagij iohannis Tabellionis Vimaranis hoc signum apponentis. Deus est ueritas et qui diligit üeritatem diligit deum et deus illum. Nos supranominnatjm qui hanc kartam iussimus fieri eam uobis coram idoneis testibus nostris propriis manibus roboramus — pro testibus — Petrus testis — Pelagius testis — Johanes testis.

Vide Archivo da Torre do Tombo. Collegiada de Guimarães. Maço 12, n.º 23.

II

1259

In christi nomine. hec ,est karta uendicionis et eterne firmitudinis quam iussimus facere ego Dominica petriz et vir meus Petrus iohanis et ego Dominicus petri et uxor mea Dominica Dominici et ego Dominicus fernandi et uxor mea Maria petri et ego Maior petri et vir meus Martinus martiuj vobis domno Martino pelagij Cantorj vimaranis. De totis quatuor octauis tocius hereditatis que stat apud heremitam sanctj benedictj cum omnibus iuribus et prestanciis suis iu collibus sancti Micahelis de caldis et sancti Saluatoris de taagildi. Vendimus uobis totas ipsas quatuor octauas tocjus predict hereditatis de monte in fontem per ubi illas potueritis inuenerit pro precio quod de nobis accepimus Xᵃ morabitinos. habeatis igitur ex hac die senper firmiter totam ipsam hereditatem et qui uobis placuerit in perpetuum. Let si aliquis. homo uenerit qui hoc factum nostrum irrumpere uoluerit conponat uobis ipsam hereditatem duplatam et quantum fuerit meliorata. et cui uocem uestram dederitis pectet illi .d. solidos. Et nos similiter facta karta mense Junij E.ᵃ M.ᵃ CC.ᵃ LXUII per manus pelagij iohanis vimaranis hoc signum apponentis. Deus est ueritas. Nos predictj hanc kartam nostris manibus coram bonis hominibus roboramus = pro testibus. Petrus = Pelagius. = Johanes testis = [1].

Vide Archivo da Torre do Tombo. Collegiada de Guimarães. Maço 12, n.º 28.

---

[1] A este documento e ao antecedente faz-se allusão nos *Vimaranis Monumenta Historica*, pag. 335, nota 2..

III

1262

Carta de foro Casalis de Barundas.

In christi nomine. Notum sit omnibus presentem cartam inspecturis. Quod Ego Alfonsus dei gratia Rex Portugalie facio cartam de foro vobis Dominico iohannis et uxori uestre Sancie iohannis de uno casali 'quod habeo in Creyximir in loco qui uocatur casale de Barrundas cum omnibus pertinencijs suis tali pacto quod uos et successores uestri teneatis ipsum casale populatum et fructificatum et detis inde mihi et successoribus meis annuatim terciam partem de pane de lino et leguminibus. Et medietatem de vino et unum puzale de vino, et uno fearteiro de pane pro eyradiga de inter me et uos. Et detis annuatim sex morabitinos ueteres pro directuris ad tertias anni. et ducatis panem et vinum et linum et legumina. et directuris supradictas ad meum cellarium de vimaranis. Et detis geyram inqualibet ebdomada. Et homo qui mortuus fuerit in ipso casali. det luytosam quando obierit. et nocetis meum maiordomum ad omnia iura mea supradicta. Habeatis uos et omnes successores uestri supradictum casale· cum omnibus pertinencijs suis exceptis molendinis .qui ibi modo sunt facti. Et si forte ibi feceritis molendinos de nouo detis inde mihi et successoribus meis' terciam partem de maqıias et faciatis mihi et successoribus meis de predicto casali supradictum forum annuatim Et non uendatis nec donetis. nec testetis nec elemosinetis supradictum casale militibus nec ordinibus. nec clericis nisi villano qui mihi successoribus meis faciat supradictum forum et non crietis in ipso casali filium militis Dant Colimbrie xx die aprilis. Rege maudante per cancellarium et per martinum rialem Almoxarifum vimaranensis. Dominicus petri fecit. E.ᵃ M.ᵃ CCC. ⸗

Archivo da Torre do Tombo. Chancellaria de D. Affonso III. Livro I, fl. 37 v.

IV

1262

Carta Durandi petri et uxoris sue super uno casali de Creyximir prope vimaranis.

In dei nomine. Notum sit omnibus hominibus tam pre-

*

sentibus quam futuris. Quod ego alfonsus dei gratia Rex portugalie facio cartam de foro vobis Durando petri et uxori uestri marie martinj de uno meo-casali regalengo quod facio de nouo apud vimaranis in villa de creyxemil quod casale uocitant de madrona cum omnibus iuribus et pertinencijs suis tali uidelicet pacto quod uos et successores uestri teneatis ipsum casale populatum et fructificatum. et detis inde mihi et omnibus successoribus meis annuatin terciam partem de lino et de leguminibus et de pane et medietatem de vino. Et detis pro eyradiga unum puzale de vino et unum quartarum de pane de inter me et uos Et detis annuatim pro directuris pro festo sancti johannis baptiste vnam teeygam de tritico et ıy solidos pro pedida de maiordomo et unam pernam de carnario uel ıy solidos pro ea Et detis pro festo sancti michaelis de Septembrio. duo bragalia et duo capones et xx oua et unum franganum et x oua Et detis pro festo Natalis domini vnam spatulam de porco cum xy costis et unam teeygam de tritico et unum almude de vino et unum almude de castaneis uiridibus et unam leytigam uel tres soldos pro ea. Et detis pro die de entruydo unum cordeyrum album uel sex soldos pro eo. Et pro festo pasce vnum caseum cum una coona de manteyga. uel tres soldos por eis. Et uos et successores uestri ducatis annuatim omnia iura mea supradicta ad meum cellarium de vimaranis et detis geyram in qualibet ebdomada. Et homo qui morator fuerit in ipso casali. det luytosam quando obierit. Et nocetis meum maiordomum ad omnia uira mea supradicta. habeatis uos et omnes successores uestri supradictum casale cum omnibus uiribus et pertinencijs suis. et faciatis inde mihi et omnibus successoribus meis supradictum forum. Et non uendatis nec donetis nec testetis nec elemosinetis supradictum casale militibus nec ordinibus nec ecclesijs nisi hominibus villanis qui mhi et successoribus meis faciant supradictum forum. Et non crietis in ipso casali filium militis. Dant Colimbrie xxj die aprilis Rege mandante per Cancellarium et per martinum rialem almoxarifum de vimaranis. Dominicus martinj fecit. E.ª M.ª CCC == [1].

Archivo da Torre do Tombo. Chancellaria de D. Atfonso III. Livro I, fl. 60.

[1] Faz-se allusão a este documento nos *Vimaranis Monumenta Historica*, pag. 337, nota 2.

V

1263

E.ª M.ª CCC.ª I.ª Kalendas octobris.

Hoc est testamentum quod Ego Johannes didacj facio pro remedio anime mee. Inprime mando corpus meum sepeliri in ecclesia sancti Jacobi de vimaranis et mando altari eiusdem .IIII. morabitinos. Item altari sancte marie magdalene eiusdem .I. morabitinum. Item altari sancti iohannis eiusdem. I. morabitinum. Item mando pro meo anniuersario eubesie iam dicte annuatim. I. morabitinum per domos meas que sunt in uico sancte marie et diuidunt una parte cum martino pelagii pardal et alia cum iohanne boilla. Item ad terram sanctam de ultra mare XII.ᶜⁱᵐ morabitinos. Item sancte marie de rupe amatoris. V. morabitinos. Item fratribus minoribus .III. morabitinos pro pitaneijs. Item pro indulgencijs .I. morabitinum. Item pro uno annalj .XIIᶜⁱᵐ morabitinos. Item pro uno trintenario. I. morabitinum et quartum. Item altari sancte marie Vimaranis. II. morabitinos. Item canonicis eius dem. II. morabitinos. Item pro absolucione decimarum. IIII. morabitinos. Item Ieprosis et leprosabus Vimaranis. II. morabitinos. Item leprosis de bouzas. I. medium morabitinum Item sancto pelagio de vimaranis .I. morabitinum. Item sancto christoforo. I. morabitinum pro meis decimis. Item sancto iohanni de cortegaça pro meis decimis. medium morabitinum. Item pontj de caues. medium morabitinum. Item pontj auriensi. medium morabitinum. Item inclusis. I. morabitinum. Item marie petri incluse. I. morabitinum. Item si habeo pecuniam male adquisitam pro animabus illorum quorum fiat. XII. morabitinos. Sin autem ubj pro meliorj uiderint. Item Stephanie filie petrj menendj dictj ameaes. I. morabitinum. Item filiis iohanñis durandj. X. liberas. Item filiis marie didacj. IIII.ᵒʳ morabitinos. Item filiis Sanchie didacj. VI. morabitinos. Item filiis petrj didacj. V. morabitinos. Item pro missis sabbattj. XV. morabitinos. Item Tarasie que dicit se esse meam filiam. .X. morabitinos. Item Dominico petri scriptorj. medium morabitinum. Item Gunsaluo. V. morabitinos. Item Menendo iohannis meo abbatj. II. morabitinos. Item Geraldo didacj meo fratri. X. morabitinos. Item hospitalj de Roncisuallis. I. morabitinum. Item cuj vadat pro me ad sanctum Jacobum de gallecia. III. morabitinos. Item fratri pelagio meo abbatj. unam togam. Item ad celebrandum missas pro anima patris mej et matris mee.

II. morabitinos. Item Dominico uicencij capellano sancti Jacobj vimaranis. I. morabitinum. Item Durando gunsaluj. I. morabitinum. Et rogo Stephanum iohannis meum filium quod compleat totum meum testamentum cum consilio suj patruj Geraldi didacj et mando quod faciat suum mundatum pro mea benedictione [1].

Archivo da Collegiada de Guimarães. Pergaminhos avulsos n.º 31.

VI

1265

Instrumentum donationis facte per domnum Petrum iohanis domne Vrrace alfonsi: In nomine dominj nostri jhesu cristi amen. Notum sit omnibus hoc instrumentum publicum inspecturis. Quod ego domnus petrus iohanis filius quondam domnj johanis martinj et domne Vrrace aprilis sponte ac liberaliter et in mente Sana constitutus. dono et concedo domne Vrrace alfonsi filie domnj alfonsi Jllustris Regis portugalie medietatem tocius hereditatis mee quam habeo et habere debeo in Thamal in loco qui dicitur Gyzu et in faria in loco qui dicitur paaçoo. Et in penafiel in loco qui dicitur martjm et in Neuia in loco qui dicitur Darqui. Et in indicatu de maya in loco qui dicitur sobrado. Et in indicatu de penafiel in loco qui dicitur Baruosa uetus Et in indicatu de Santa Cruce in loco qui dicitur vilar de torno et in loco qui dicitur Louredo et in loco qui dicitur Soutelo. Et in ripa de auizela in loco qui dicitur Ragildi et in indicatu de penaguyam in loco qui dicitur villa marim et in loco qui dicitur Carualhaes et Chacim. Et medietatem de quanto habeo et habere debeo in terminis de Bragancia. et Ledra et de Lampaças et de mirandela et in termino de aregos in loco qui dicitur Beeua. Et medietatem de quanto habeo et habere debeo in Couto Sancti Martinj de Chaas et in cauto de Caria et in termino de Ranados. et in villa et in terminis de Tromcoso scilicet de Casis et vineis et de aldeya que dicitur Cortegada. et medietatem de quanto habeo et habere debeo in

---

[1] Este documento foi summariado pelo rev. abbade de Tagilde no *Archeologo Portuguez.*

termino de Celorico de Boyra in loco qui dicitur moreyras.
Et medietatem de aldeya que dicitur Espedrada in Beria. Et
medietatem de totó illo quod habeo et habere debeo in Guardia et in terminis suis scilicet de Casis et de aldeya pedra do
moço. Et medietatem de toto illo quod habeo et habere debeo
in termino de Couelliana. Scilicet de aldeya que dicitur Be-
nauente qui fuit domnj Martinj iohanis et medietatem de
quanto habeo in aldeya de sam demir in terra de Sena. Et
medietatem de quanto habeo in Colimbria et in terminis suis.
Et medietatem de quanto habeo in aaueyro et in termino suo.
et medietatem de quanto habeo et habere debeo in aguda et
in terminis suis. Et medietatem de quanto habeo in Vlixbona
et in Turribus ueteribus et in Obidos et in terminis istarum
villarum. Do inquam sibi medietatem cuiuslibet hereditatis
supradicte cum omnibus iuribus et pertinencijs medietatis
hereditatis ipsius. et non solum do sibi medietatem omnium
hereditatum supradictarum set etiam medietatem omnium
aliarum hereditatum. quas in regno portugalie habeo et
habere debeo in presenti tam de auolemga quam de patrimonio quam de ganancia. Et istam donationem facio predicte
domne Vrace alfonsi pro multa mercede et multo bono quod
mihi fecit pater suus predictus domnus alfonsus Rex Portugalie et pro herdamento quod mihi pater suus dedit. Videlicet
medietatem de aldeya de Lamegal cum medietate iuris patronatus Ecclesie ipsius loci in termino de pinel. Et pro cauto
quod ipse domnus Rex dedit prefate aldeye de Lamegal. Et
propter comparam de corpore predicte domne vrace alfonsi
de quo ipsa fecit meam uoluntatem. Et propter sex quintanas
et sexagintam Casalia que Ego obligaueram me dare sibi per
bonos fideiussores. per compara sui corporis quas Quintanas
et Casalia et fideiussores ipsa domna Vraca alfonsi et pater
suus quitant mihi propter istam donationem quam modo sibi
facio. Et supradictam donationem sibi facio tali pacto et tali
conditione. quod si Ego prius moriar quam ipsa et non remanserit filius uel filia de me et de ipsa quod ipsa domna
Vraca et omnes sui successores habeant et possideant in
perpetuum iure hereditario sicut superius dictum est medietatem omnium hereditatum supradictarum cum omnibus iuribus et pertinentijs predicte medietatis. plene libere et in
pace. Et si remanserit filius uel filia de me et de ipsa habeant totam supradictam medietatem. ita tamen quod ipsa
domna vraca alfonsi habeat fructus predicte medietatis in
tota uita sua. Et si forte predicta domna Vraca prius mortua

fuerit quam Ego. et non remanserit filius uel filia de me et
de ipsa predicta medietas quam sibi do remaneat mihi cum
omnibus iuribus et pertinencijs suis plene libere et in pace.
Et predicta medietas de Lamegal quam predictus domnum
Rex mihi dedit cum iure patronatus ecclesie eiusdem loci
remaneat supradicto domino Regi. et successoribus suis. Si
uero remanserit filius uel filia de me et de ipsa predicta
medietas sue matris plene cum omnibus iuribus et pertinentijs
suis remaneat ipsi filio uel filie aut filijs. Et quiccumque tam
ex parte mea quam ipsius domne Vrrace Alfonsi contra hoc
factum uenerit pectet alteri parti. hoc pactum seruanti. viginti milia aureorum in auro. ffacto isto nichilominus in perpetuum ualituro. In cujus Rei testimonium Ego prefato domnus petrus iohanis presentem Cartam feci mei sigilli robore
consignari. Et ad huius Rei maiorem roboris firmitatem ro-
gauy fratrem alfonsum priorem monasterij Ordinis predicatorum et Conuentum monasterij fratrum Ordinis fratrum minorum Vlixbon. et Concilium vlixbon. ut sua sigilla apponerent
huic carte. Nos uero frater alfonsus prior predicti monasterij
predicatorum et nos conuentus prefati monasterij fratrum
minorum Vlixbon. Nos etiam concilium Vlixbon. huic carte
apposuimus sigilla nostra in testimonium ueritatis. Siquidem
nos Dominicus pelagii et Dominicus suery sarillius publici
tabelliones Ciuitatis Vlixbon. rogati a prefato domno petro
iohanis interfuimus donationj predicte ac omnibus et singulis
supradictis et ad rogatum iam dicti domnj petri iohanis. Et Ego Dominicus suerij sarillius supradictus Tabellio
confeci manu propria hoc publicum instrumentum. Nos etiam
supradicti duo Tabaliones Vlixbon. ad preces memorati domnj
petri iohanis apposuimus signa nostra in hoc publico instrumento. in testimonium rej geste. Acta sunt hec apud Vlixbon
mense madij Era milesima tricentesima tercia. presente domno
Alfonso Jllustris Rege portugalie et presentibus alijs infra
scriptis domno johane petri de auoyno maiordomo dominj
Regis domno Stephano iohanis Cancellario eiusdem dominj
Regis Roderico garsie de pauia. petro martinj Caseual uice
maiordomo Regis martino iohannis portario maiori dominj
Regis petro iohanis repositario maiori domini regis petro
fernandi coparjo dominj Regis magistro Stephano phisico.
Johane munionis clerico dominj Regis nicholao iohanis sa-
raza Johane vincencij de maruam. Soeyro petri de baruosa.
valasco fernandi zamorensis petro fortes de criatione petro
stephanij de criatione. martino alano de criatione. Roderico

alfonsi maiordomo prefacti domnj petri iohanis Johane lobeyra milite. Stephano petri lambaz. petro uelho de Gondijz. Gonsalo freijs. martino origuiz. Garsia origuiz. Roderico martinj de Aguiar de panoyas. Suerio pelagii alano. Guiano pelagii de almadana Johane dominici de criatione.

Real Archivo da Torre do Tombo. Chancellaria de D. Affonso III. Livro III, folha 30 v.

VII

1267

In nomine dominj amen. Sub E.ª M.ª CCC.ª V.ª Nonas decembris. Ego Marina petri posita in mea memoria et in meo integro sensu. timens diem mortis mee meum facio testamentum. Inprimo mando corpus meum sepeliri in ecclesia sanctj Jacobj de vimaranis et mando eidem ecclesie sancti Jacobj. II. morabitinos annuatim soluendos pro mea medietate de Quintana et Senara de vinea quam habeo cum viro meo alfonso pelagij in Paazoo pro meo anniuersario. et mando eadem ecclesiam mecum unam cocedram et unum chumaçum et unam colchiam cardenam sine alga. Stem mando altari Ecclesie sante Marie vimaranis. II. morabitinos et Canonicis. I. morabitinum et pro pulsare signa. I. morabitinum. Item mando fratribus minoribus sancti ffrancisci unam pitanciam comedendj. et operi ipsius locj. I. morabitinum et medium. Item mando. XII. morabitinos pro uno annalj. Item mando Ecclesie sancti johannis de ponte medium morabitinum. Ecclesie sancte Eolalie de ripa Seleij. medium morabitinum. Item Pontj de Cauez et Pontj de Auria. medium morabitinom. Item leprosis hominibus et mulieribus vimaranis. medium morabitinum. Item leprosis de Bauzis. unam octauam de morabitino. Item mando Menendo iohannis canonico et capellano vimaranis. II. morabitinos. Item Pelagio laurencij meo abbatj. I. morabitinum. Item mando Stephano guilelmj fratri meo totam illam Leiram integram de super Seyxal quam ego et vir meus Alfonsus pelagij conparauimus de Martino gonsaluj de nantimir. et mando Petro stephanj consoprino meo aliam leiram integram que iacet iuxta ipsam leiram. Item mando Petro guilelmi fratri meo aliam leiram de campo de sub rodelo iuxta Santum et mando quod vir meus Alfonsus pelagij nichil recipiat pro istis tribus Ieiris. Item mando vicencio

iohannis meo consoprino. III. morabitinos. Item mando Marie
eanes unam sagiam et unum zoramem pro anima mea.
Item Marie pelagij meam guarnalbam de sargia. domne
Tharasie meum mantum de araiz. Dominice iohannis. II.
morabitinos. Tharasie. II. morabitinos. Item mando sancte
Marie de rochamador. VII. morabitinos et heres meus persoluat
illos cuj pro bono uiderit. Item Nuno. II. morabitinos et
medium. Item mando Alfonso pelagij uiro meo totam meam
domum perfectam cum apoteca et cum exitu et cum suis
ingressibus et egressibus et cum omnibus iuribus et pertinencijs suis suplectilibus et utensilibus et quito ei . c. liberas
quas ipse promisit mihi dare in arris. et quiequid cum eo
habeo in rebus mobilibus tam in capitalj quam in aliis rebus
ei recognosco quod ego habeo cum ipso Alfonso pelagij uiro
meo cartam medietatis omnium bonorum mobilium et inmo-
bilium tam eorum que habebamus antequam esset inter nos
matrimonium celebratum quam eorum que post matrimonium
adquisimus. Item facio et constituo Johannem petri dictum
caluum mercatorem de Castello vimaranis heredem meum in
omnibus bonis meis mobilibus et inmobilibus habitis et haben-
dis et ipse Johannes petri persaluat meum testamentum et
mea debita et faciat pro anima mea sicut de eo confido et
ita deus faciat pro anima sua sicut ipse fecerit pro mea. et
mando quod ipse meum testameutum sit stabile et firmum in
perpetuum et si forte aliud fuerit inuentum factum ante istud
testamentum uel post non ualeat. Et si aliquis corum quibus
aliquid lego in testamento meo uenerit contra istud meum
testamentum perdat quicquid ei lego. et heres meus habeat
illud. Actum fuit hoc vimaranis era die et mense suprascriptis.
Presentibus Menendo iohannis canonico vimaranis. Pelagio
laurencij. Dominico uicencij presbiteris. Dominico menendj et
Martino petri lacis. et Ego Vicencius iohannis publicus tabellio
vimaranis ad hoc adhibitus et rogatus hijs omnibus interfuj
et ad instanciam supradicte Marine petri presens testamentum
propria manu conscripsi et hoc sig + num meum apposuj
in testimonium permissorum [1].

---

[1] Este documento foi summariado pelo rev. abbade de Tagilde, no *Archeologo Portuguez*.
  A elle se faz allusão nos *Vimaranis Monumenta Historica*,
pag. 338, nota 1.

Archivo da Collegiada de Guimarães. Pergaminho avulso n.º 33.

VIII

1269

In dei nominè amem Nouerint vniuersi quod ego Rodericus alfonsi domini Alfonsi illustris Regis Portugalie et Algarbii filius non vi non metu non dolo nec fraude, alicuius inductus sed mea libera propria et spontanea uoluntate do dono et concedo vobis domno Alfonso illustri Regi Portugalie et Algarbii patri meo iure hereditario in perpetuum possidendas hereditates et possessiones quas habeo in Sanctarena et in terminis suis et in Vimaran. et in terminis suis et omnibus aliis partibus Regni Portugalie cum omnibus iuribus et pertinenciis suis ad me pertinentes tam ex successione quam ex emptione ac donatione seu eciam quocumque alio titulo. Et hoc facio propter multa bona et mercedem et gratiam que a uobis me profiteor recepisse. Et si forte aliqud instrumenta uel munimenta a me confecta seu aquocumque alio huic facto contraria apparuerint reuoco. et eisdem renuncio et decerno irrita atque nulla. et promitto me bona fide nunquam in contrarium per me nec per alium uenire nec eciam super hoc litteras apostolicas inpetrare. Et tu huiusmodi donatio datio seu concessio maius robur obtineat firmitatis Rogo uos Petre martini vicepretor et ffernande gunsalui aluazilis vlixbon. quod huic littere in testimonium hujus rei sigillum Concilii vlixbon. apponi faciatis. Et nos predicti vicepretor et Aluazilis ad ejus instanciam hanc patentem litteram sigillo vlixbon. Concilii fecimus sigillari. Ego uero vincencius martini publicus tabellio ciuitatis vlixbon. adhibitus et rogatus a supradictis domino Rege et Roderico alfonsi Lijs omnibus et singulis interfui et hoc instrumentum propria manu confeci et in testimonium rei geste hoc meum signum apposui in eodem. Actum apud vlixbonam vij.ª die Julii Era M.ª CCC.ª vij.ª presentibus Martino petri de baruosa. ffernando fernandi cogomino. Petro martini caseual militibus. Alfonso suerii superindice. Stephano petri de Ratis Petro iohannis magistro scolarum Siluen. Vincencio iohannis Canonico de Portu. Magistro Petro Magistro Durando. Johanne petri Canonico Colimbrien. Nuno suerii rectore Sancti Bartholamei Sanctaren. Martino martini hāmo. Martino petri de Cracara. Laurencio petri Cerario. et aliis quam pluribus ad hoc testibus adhibitis et rogatis.

Archivo Nacional. Chancellaria de D. Affonso III. Livro i, folha 93 v.

IX

1272

Nouerint uniuersi quod cum inter Capitulum Bracharense ex una parte et Martinum Robertum rectorem ecclesie de nespereijra in terra de Vimarane ex altera super quator modiis de datiuá qui in thomo beatj Geraldi continentur per quare recepcione (?) mensuradis (?) decimis. mortuariis. bracalibus. qui idem Capitulum dicebat sibi soluj debere anno quolibet a prefata ecclesia questio uerteretur tándem inter eos me Durando dominici publico tabellione Bracharensi presente adhibito et rogato a partibus talibus amicabilis composicio intercessit quod pro premissis prefatum Capitulum ab eodem Martino Roberto nomine predicte ecclesie de Nespereijra ut continetur superius sibi soluj petebat idem Martinus Robertj sex morabitinos et non plus in uita sua anno quolibet sine contraditione aliqua solueretur Capitulo memorato. ita quod persona Martinj Robertj hec compositio non excedat. quam compositionem quelibet partium ratam habuit. acceptauit. et bona fide seruare. Et ne habeatur in dubium pro futuris mandauerunt indefierj per me tabellionem predictum duas kartas per alphabetum diuisas quarum una remanet penes eundem Martinum Robertum altera uero retinet Capitulum memoratum. Acta sunt hec in Capitulo Bracharensi E.ª M.ª CCC.ª X. V.º kalendas julij presentibus domno Geraldo archidiacono. Magistro johanne Cantore. domnus Petrus pelagij. Laurentio gùnsaluj et pluribus aliis canonicis Bracharensibus et Ego durandus dominicj predictus tabellionis premissis omnibus interfuj in perhibitam formam redegi et signum meum apposuj in testimonium premissorum. Petrus. johannes. Martinus. testes.

Vide Livro II dos testamentos, documento n.º II.

X

1272

Alfonsus Dei gratia Rex Portugaliae et Algaruii vobis judici de Vimaran. salutem. Sciatis quod Capitulum de Vimaran.

mandauit michi discere quod Maria Sueri vestra vicina fecit eis mallum et fortiam in uno suo herdamento quod habent in Aldão et quod ipsa Maria Sueri recognouit perante vos quod fuerat eis mallum et fortiam in dicto herdamento. Unde mando vobis quod faciatis ipsam Mariam Sueri perante vos venire et audiatis cum ea ipsum capitullum vel suum procuratorem et faciatis eidem capitullo habere totum suum directum taliter quod non mitat super hoc ad mea allia vice propter defectum justitiae. Unde aliter non faciatis si non pectabitis michi quinqentos solidos. Data Olisbon. decimo sexto die setembris. Rege mandante per Alfonsum Sueri supra judicem. Joannes Petri not. Era mil tresentos e dez.

Archivo da Collegiada de Guimarães. Livro dos Privilegios, tomo ı, folha 7 v.

· XI

1273

Nouerint vniversi presentem cartam inspecturi quod ego Alfonsus dei gracia Rex Portugalie et Algarbii Recepi conpotum et recabendum de Petro martini filio Martini ryal quondam mei almoxariffi vimaranis pro se et pro Alfonso martini germano suo perante donnum Johannem de Auoyno meum Maiordomum et donnum Stephanum iohannis meum Cancellarium et Valascum menendi uice maiordomum et Martinum petri Dominicum petri et Dominicum uincencis clericos meos. et Johannem uincencii meum notarium de Cancellaria. et perante Pelagium iohannis scribanum meum de predicto almoxarifatu quem tenuit a tercia decima die Julii de Era M.ª CC.ª Lxxxx.ª vj.ª usque ad primam diem aprilis de Era M.ª CCC.ª j.ª et de terris de celorico de basto et de monte longo a xxiij.ª die Agusti de Era M.ª CC.ª Lxxxx.ª vij.ª, usque ad xxiiij.ª diem Marcij de Era M.ª CC.ª Lxxxx.ª ix.ª et de terra de Sausa quam tenuit a secunda die Marcij de Era M.ª CC.ª Lxxxx.ª ix.ª usque ad kalendas octobris de eadem Era et de terra de Penafideli quam tenuit ab undecima die Nouenbris de Era Lxxxx.ª ix.ª usque ad xx diem Nouenbris de eadem Era. et de pannis quos recepit de decimis in viana quando erat Almoxarifus, et de aliis pannis quos recepit in Valencia postquam non erat iam Almoxarifus et de aliis rebus de quibus Pelagius iohannis meus scribanus vimaran. fuit scriptor eius-

dem Martini rial sicut per partes in Libro ipsius Pelagii iohannis continetur. Et conputatis omnibus supradictis predicti filij
Martinj ryal remanserunt michi pro debitoribus de Nouingentis
et quinquaginta tribus libris et duodecim solidis et septem denarijs. et de uno modio et quindecim alqueires de tritico per
quayram vimaran. et de Sexaginta et tribus modiis et decem
teeygas de secunda et de uno medio alqueire per eandem
mesuram et de uno Calaure et duabus marris et octo Cunijs
et decem maleis de ferro. Item predictus Petrus martinj pro
se et pro dicto germano suo recabedauit coram predictis con-
putatoribus de terra de Aquilary de Sausa quam tenuit a kalendis Septenbris de Era M.ª CC.ª Lxxxx.ª usque ad Marcium
mediatum de Era Lxxxx.ª prima et de ipso Marcio mediato
usque ad unum annum. Et de judicatu de felgueyris quem
tenuit a mense Septenbris de Era Lxxxx.ª usqٔe ad octauam
decimam diem de Era Lxxxx.ª prima. Et de Judicatu de
Lausada quem tenuit a kalendis Septenbris de Era Lxxxx.ª
usque ad Marcium mediatùm de Era Lxxxx.ª prima. Item
recabedauit de ipso judicatu quem tenuit a Marcio mediato
usque ad kalendis Junii de predicta Era. Item de terra de
Benuiuer quam tenuit a iij.º kalendis Septenbris de Era Lxxxx.ª
usque ad quintam diem Decembris de eadem Era. Item de
terra de Penafideli cum Ruyli et cum palatiis quam tenuit a
iij.º kalendas Septenbris de Era Lxxxx.ª usque ad quintam
diem Decembris de eadem Era. et de terra de vermui quam
tenuit a kalendas Septembris de Era Lxxxx.ª usque ad xxij
diem Marcii de Era Lxxxx.ª prima et de terra de Gondemar
quam tenuit a kalendas Septenbris de Era Lxxxx.ª usque ad
iij.º kalendas ffebruarij de Era Lxxxx.ª prima. Item de terris
de Maya et de Cornado quas tenuit a kalendas Septenbris de
Era Lxxxx.ª usque ad kalendas Januarii de eadem Era. et de
terra de Neuya quam tenuit ab ultima die aprilis de Era
Lxxxx.ª prima usque ad festum Sancti Johannis bauptiste de
eadem Era. et de terra de prado quam tenuit a kalendas
Septenbris de Era Lxxxx.ª usque ad kalendas Aprilis de Era
Lxxxx.ª prima. Item de terra de Penafideli de Bastuzo et de
palatiis quam filiauit et tenuit in Era Lxxxx.ª ix.ª ab illa die
qua mortuus fuit Egeas Laurencii de Cunya qui ipsam terram
tenehat usque ad festum Sancti yoannis bauptiste de eadem
Era. Et de terra Sancti Martinj de Reripalimie quam tenuit a
xviij.ª die Junij de Era Lxxxx.ª viij.ª usque ad primam
diem Marcii de Era Lxxxx.ª ix. Et de Villa plana quam tenuit
in predicto tempore. Item de terra de Panoyas quam tenu?

in Era M.ª CC.ª Lxxxx.ª ix.ª Et computatis pronominatis terris remanserunt mihi pro debitoribus de Trecentis et Nonaginta et una libris et duodecim solidis et quatuor denariis. Item recabedauit mihi coram supradictis conputaribus de meis collectis quas sacauit inter dorium et Minium pater suus Martinus ryal cum Petro suerij et de Pedroso et de Eclesiola et de Oya in Era M.ª CC.ª Lxxx.ª ix.ª Et predictis collectis conputatis remanserunt mihi pro debitoribus de quatuor centis et octuaginta et. tribus libris et tribus soldis. Item recabedauit mihi coram supradictis de meis collectis quas sacauit inter Dorium et Minium cum Dominico pelagii de Barca in E. M.ª CC.ª Lxxxx.ª v.ª et remanserunt inde mihi pro debitoribus de Centum et nonaginta et septem libris et terdecim solidis. Item remanserunt michi pro debitoribus de quatuordecim libris de contis de supradictis collectis quas Martinus ryal sacauerat cum Petro suerii et iste quatuordecim libras sunt iam conputate in predicta suma de collectis supradictis quas saccauit cum Petro suerii. Et ita conputatis omnibus supradictis tam receptis quam expensis tam de Almoxarifatu quam de terris quam de collectis quam de alijs rebus supradictis de quibus partes in Rotolo sue recapitulacionis plenius continetur remanserunt mihi pro debitoribus de duabus mille et viginti et sex libris et vndecim denarijs et de uno modio et quindecim alqueires de tritico per quayram vimaran et de Sexaginta et tribus modijs et decem taligis et medio alqueire de secunda per eamdem quayram vimaran, et de uno calaure et duabus marris et octo cunijs et decem malleis de ferro supradictis. de quibus omnibus et singulis suprascriptis mihi dedit bonum compotum et recabendum et recognosco inde me pacatum et do et concedo predictos Alfomsum martini et Petrum martini filios Martini ryal et heredes eorum pro quitis de omnibus et singulis suprascript s. In cuius rei testimonium dedi predicto Petro martini istam meam cartam. Dante vlixbon. xv. die Junij Rege manda te per donnum Johannem de Auoymo maiordomum suum et per Cancellarium. Johannes vincencij notuit Era M.ª CCC.ª xi.ª

Archivo Nacional. Chancellaria de D. Affonso iii. Livró i, fl. 121 v.

XII

1280

Nouerint vniuersi quod in presencia venerabilis viri donnj Alfonsi suerij prioris vimaran. Ecclesie mej Laurencij martini publici Tabelionis vimaran. et testium subscritorum Matheus muy Canonicus vimaran. Ecclesie ostendit et legi fecit quidam publicum instrumentum factum per manum vincencij johannis publici Tabellionis vimaran suo signo signatum ut in eodem apparebat non rasum non abolitum non cancellatum nec in aliqua parte sui uiciatum tenorem hujusmodi continentem: In nomine domini amem. Nouerint vniuersi presentis scripti seriem inspecturi quod nos ff. decanus Bracaren. Prior ecclesie vimaran. et eiusdem ecclesie Capitulum statuimus et ordinamus bona fide promitimus et inviamus quod non concedimus litteram uel litteras ali cuy super receptione in canonicum prebende non vacantis committere uel diuisi nec recipiamus aliquem in Canonicum ad futurum prebendam antequam uacet neque super recepcione alicuius uel litteris concedendis Prior Capitulum nec Capitulum priorem super hoc rogent set in simul ordinent et faciant quicquid fuerit ordinandum. Item eodem modo ordinamus et statuimus ut quandocumque et quomodocumque prebenda uacauerit in Ecclesia vimaran. fructus prebende sit vacantis consernentur per Annum et in expensas et utilitatem ipsius Ecclesie couertantur. Acta sunt hec in Capitolo vimaran. iiij.ª nonas Marcij Era M.ª CCC.ª vij.ª presentibus Alffonso iohannis Thesourario Nuno Martini Michaele Pelagii iohannis canonicis vimaran. Juliano Durandi et alijs quam pluribus et Ego Vincencius iohannis publicus Tabelio vimaran. ad hoc adibitus et rogatus hijs omnibus interfuy et ad instanciam dictorum prioris et Capituli presens in instrumentum scripsi et hoc signum meum apposui jn testimonium premissorum quo instrumento perlecto ego predictus Tabellio hic de uerbo ad uerbum translatanj. Actum vimaran. vj.ª die Agusti Era M.ª CCC.ª xviij.ª presentibus Donno Alffonso Eannes. Martino didacj. Petro Petri. Martino gunsalui canonicis vimaran. fratre aprile gardiano vimaran. Et ego predictus Laurencius martini publicus Tabelio vimaran. de mandato dictj Mathei nunj et ad instanciam dicti prioris donnj Alfonsi suerij presens instrumentum inde confeci et meo signum meum apposui quod est tale in testimonium premissorum.

Archivo Nacional da Torre do Tombo. Chancellaria de D. Diniz. Livro ii, fl. 21.

XIII

1282

Nouerint vniuersi presentis instrumentj seriem inspecturi quod in presencia mej Dominicj martinj publicj tabellionis ciuitatis Elborensis et testium subscriptorum Dominicus uillelmj clericus dominj Regis oriundus de ciuitate Olixbonensi dixit et confessus fuit quod ipse uiderat suaqdam litteras domne Sancie filie jllustrisimi dominj Afonsi quondam Regis Port. et algarbij tenor uero litterarum talis est. Ao onrrado padre em christo don ffreij Telo pela merçee de deus arcebispo de Bragaa. De mjm Infanta domna Sancha filha do muj nobre dom Affonso pela graça de deus Rey de Port. e do Algarue saude em iehu christo come a aquel que amo e pera que quèria muyta saude e bona uentura. Sabede que Affonso Soariz priol da Eygreia de sancta Maria de Guimaraes monstrou a mjm huma quarta aberta com seello pendente de domna Maria paays ribeira em que era conteudo que confessaua que per muytas maneyras sse trabalhara de saber sse hauia dereyto ela eno padroado da eygreia de Villa de Conde e nom achara per cartas nem per testemoyas nem per nenhuma outra maneyra que y dereyto auia e que sse partia ende. mays achaua que o padroado dessa eygreia era de Sancta Maria de Guimaraes e eu poys que ui esta carta alguns enbarguos que eu fazia em essa eygreia presentando a ela e mandando reçeuer os dereytos dela por que entendia que auia y dereyto. mandej releuar todo empartormende. E des aqui a deante fazede y o que teuerdes por dereyto. Dada em Badallouçe primo dia de mayo. Domna Sancha o mandou per Martjm paayz chançeler da Raya. Pedro uiçente a fez. E.ª M.ª CCC.ª XX.ª Et predictus Dominicus uillelmj renunciauit omnj et presentationi de se facte a dicta domna Sancia de ecclesia santi Johannis de Villa Comitis et promisit bona fide quod nunquam inde interetur predicte presentationi nec unquam inpederet per se nec per alium oculte uel manifeste aliquod impedimentum ecclesie sancte Mariae de Vimaranis. In cujus rei testimonium Ego predictus Tabellio ad istanciam predictj Dominicj uillelmj omnibus istis interfuj et presens strumentum manu propria conscripsj et hoc signum meum aposuj quod tale + est in testimonio rej gesle. Alfonsns suerij superjudex dominj Regis. testes. Petrus pelagij advocatus eiusdem - Regis. Magister jullianus ejusdem similiter advocatus. Fernandus mediz miles. Matheus muj canonicus Vimaranensis. Johannes stephanj et Fernandus petri clericj predicti prioris. Actum fuit hoc in Ecclesia Elborensi. VII. dia madij. E.ª M.ª CCC.ª XX.ª Et predictus Dominicus uillelmj suplicauit Reuerendo patri Domno D. dej gratia Episcopo Elborensi quod hunc littere sigillum suum ducert aponemdum. Et Nos supradictus Episcopus ad preces et instancia supradictj Dominicj uilelmj in presenti littera sigillum nostrum aposuimus in testimonium ueritatis. Actum Elbore Era mense die superius nominatis [1].

Vide Archivo da Collegiada de Guimarães. Pergaminho n.º 36.

XIV

1282

In dei nomine. Ego Dominicus iohanniz. et Uxor mea. Marla iohanniz. facimus cartam uendicionis et perpetue firmitudinis. vobis Capitulo vimaranensis ecclesie. de tota illa nostra hereditate quam habemus in loco qui dicitur Corredoyra sub porta plenaria de opido Vimaranensi. in qua hereditate morata fuit Maria de Augusto. et que hereditas fuit de Petro garsie petrario. Vendimus uobis totam supradictam hereditatem per ubj illam potueritis inuenire cum domibus. almunijs aquis. campis. ingressibus et egressibus. et cum omnibus iuribus et pertinencijs suis. pro precio quod de uobis recepimus. XLV. morabitinos ueteres. et suam roboram. que tantum nobis et ucbis placuit. et de precio apud nos non remansit pro dare. Habeatis uos igitur totam supradictam hereditatem firmiter in perpetuum. et omnis posteritas uestra post uos. Et si forte aliquis uenerit qui hoc factum nostrum irrumpere uoluerit. non sit ei licitum. sed quantum quesierit uel impedierit. tantum uobis in duplo conponat. et cuj uocem uestram dederitis.

---

[1] Conserva pendente de um cordão vermelho o sello de cera vermelba, em oval, do bispo d'Evora, Durando, tendo no campo uma figura de bispo e na orla *Dvrandus Dei... Elborensis E...*
Este documento foi summariado pelo rev.º abbade de Tagilde no *Archeologo Portuguez.*

pectet illi. d. solidos. bone monete. karta ista nichilominus
ualitura. Facta carta. XX. die marcij. E. M.ª CCC.ª XXII.ª Nos
supradicti qui hanc cartam iussimus fieri. eam coram bonis
hominibus nostris manibus roboramus. Presentibus. Dominico
petri barroso. Dominico mansso. Durando martinj choquino.
Menendo petri clerico. Dominico iohannis et ego. Vincentius
iohannis publicus tabellio Vimaranensis rogatus a partibus
hanc cartam scripsi et hoc sig + num meum opposuj in
eadem [1].

Vide Archivo da Collegiada de Guimarães. Pergaminho
n.º 39.

XV

1283

In Dei nomine amem. era millessima trecentessima vi-
cessima prima fēria quarta scilicet quator nonas augusti. Ego
mannes Dominici de Vimarani, Civis Portuensis timens die
mortis meae in mea pace et in meo pleno sensu, et intelectum
meum facio testamentum et dispono de rebus meis in hunc
modum... Item mando Ecclesiae et canonicis de Vimaranis
uiginti liberas. Item mando Ecclesiae de Vimaranis domos
fueras, quas habeo juntas cum Ecclesia de Vimaranis, quae
bierunt Domni Michaellis Pellagi, quas sibi dedit in concambium Domnus Ferdinandus Joannis ollim Prior Vimarani3 per
mandatum bonae memoriae Domni Martini Bracharensis Ar-
chiepiscopi pro alliis domibus, quae idem Archiepiscopus mi-
serat in exitu Rectorii Ecclesiae Vimaranis, ut Canonici ejusdem
faciant annuatim pro anima· mea unum anniuersarium, et
alliud anniuersarium pro anima Sthephanae Petri quondam
uxoris meae, et alliud anniuersarium pro anima Domni Michaellis Pellagii avunculli mei, et si forte Prior de Vimaranis
qui pro tempore fuerit voluerit desfacere illud concambium
dicti canonicis habeant pro dictis anniuersariis allias duas
domos, quae sunt in ipse mesturate in exitu refeitorii supradicti, et tegullatas pro ut erant... Item operi Sancti Trocadi.
Item confrariae de alfaates tres liberas. Item hominibus lepro-

---

[1] Este documento foi summariado pelo rev.º abbade de Tagilde, no *Archeologo Portuguez*.

sis de Vimaranis viginti solidos. Item mulieribus leprosis ejudem viginti solidos. Item leprosis de boussis de ultra Vimaran. Viginti solidos... Item inclusis Sancti Micaelis de Creixomil, et Sancti Micaelis de Castello, et Sancti Petri de Azurei, et Sancti Estephani sec liberas, et diuidantur per illas inclusas, quae ibi fuerint tunc temporis... Item mando dictae Iluirae Gonçalui domos meas quas habeo *Vini* (Vimarani) quae jacent inter domos leprosorum, et domos quae sunt Joannis Dominici ejusdem canonici de quibus domibus sunt in mediatate Patris' mei, et allia mediatas sunt avunculli mei fratris Patris mei, et sunt de sucessom inde mediatas per quam mediatatem Joannes de Olueira avunculus meus diuisit annuatim Ecclesiae de Vimaran. unum marauitinum... similiter fratribus minoribus de Vimaran. decem liberas pro vestire, et decem liberas pro comedere. Item fratribus predicatoribus de Vimaran, decem liberas pro comedere et decem liberas pro vestire... [1].

Vide Archivo da Collegiada de Guimarães. Livro i dos Testamentos e doações, fl. 55 v.

XVI

1289

Dom Denis pela graça de deus Rey de portugal e do algarue a todos aqueles que esta carta vyrem faço a ssaber. Que eu dou e outorgo a fforo pera todo sempre a martim martins e sa molher e a todos seus successores o meu forno que Eu ey en o Casteelo de Guymaraaes com todos seus dereitos e com sas perteemças per tal preyto e so tal comdiçom que dem ende a mjm e a todos meus successores cadaanno em saluo xv marauidis velhos. E eles nem deuem vender nem dar nem dõar nem alhẽar em nem huma maneyra o

---

[1] Este documento é um traslado do original passado em Guimarães a 7 de julho da Era de 1367 (Ch. 1329) pelo tabellião Thomé Affonso por mandado dos juizes de Guimarães Esteuam Paes e Lourenço Coelho. Foi trasladada sómente a parte que se refere a Guimarães.

A este documento faz-se referencia nos *Vimaranis Monumenta Historica,* pag. 343, nota 2.

dicto forno a ordin nem a abade nem a prioll nem a clerigo nem a nenhuma pessõa rreligiosa se nem a a tal pessõa que faça a mym e a todos meus successores cadaano o dicto foro. En testemõijo da qual cousa dey ende a eles esta mha carta. Dante em lixbõa. XVIIJ dias de feuereiro. El Rey o mandou pelo chàncelér. Domingo peres a fez. E. M. CCC XXVY.

Archivo da Torre do Tombo. Chancellaria D. Diniz. Livro ɪ, fl. 250.

XVII

1298

Dom Denis pela graça de Deus Rey de portugal e do Algarue a quantos esta carta virem faço saber que Eu dou e outorgo a fforo pera todo senpre a uos Domjngos Juyaães e a uossa molher maria perez e a todos uossos suçessores huma mha casa que Eu ey na mha Vila de Guimaraães a qual casa be antre a casa de Joham martins do poço a huma parte e a casa en que ora mora domjngos moreira da outra parte a qual casa dou a uos com sas entradas e com seus Eixidos per tal preito que uos a moredes e todos uossos suçessores e façades e rrefaçades a dita casa e mantenhades cada que for mester e que dedes ende a mjm e a todos meus suçessores en cada huum ano por dia de sam miguel de Setenbro sete marauidis e meyo uelhos. E uos nem uossos sucesores non deuedes uender nen dar nen penhorar a dicta casa nen parte dela a ordjm nem a caualeiro nen a scudeiro nen a clerigo nen a dona nen a nenhuma pessõa rreligiosa. mais se uender ou dar ou penhorar quiserdes fazedeo a atal pessõa que faça ende a mjm e a todos meus suçessores en cada huum ano compridamente os dictos foros. En testemũyo desta cousa dej ende a uos esta carta. Dada en Coinhra viij dias doutubro. El Rey o mandou pelo chanceler pero perez a fez. E. M. CCC XXXVI anos,

Archivo da Torre do Tombo. Chancellaria de D. Diniz. Livro ɪv, fl. 11.

XVIII

1308

Don Denis pela graça de Deus Rey de Portugal e do Al garue A quantos esta carta virem faço saber que eu querendo fazer graça e merce a Domingos longo Almoxarife de guima- rãaes meu procurador georal antre doiro e minho tenho por bem que el dia daquelo que uencer por mjm e em meu nome per direito daquelo que eu hy ei enalhĕhado e de que nunca stiui en posse no arcebispado de Braga ou no julgado de Goy- marãaes que ualha duzentas libras cada ano e isto lhy faço en sa uida tan solamente e todo o al que uençer pera mjm auelo eu logo. E outrossi auer estas duzentas libras depos sa morte. En testemuyo desto dei lhy esta· mha carta. Dante en Sanctarem xxv. dias de Janeiro el Rey o mandou Joham lou- redo A ffez. Era M.ª CCC.ª xr.ª vj Anos.

Archivo Nacional. Chancellaria de D. Diniz. Livro iii, fl. 61 v.

CONVENTO DA COSTA

(Continuado da pag. 139)

———

Este Reverendissimo logo desde os seos primeiros annos foi sempre hum espelho de virtudes, edificação; tanto no Claustro como fora delle as suas sahidas ordinarias herão para ver e assistir a seos bons paes Pays onde muitas vezes se juntavão todos os sinco Irmaons Religiosos edificando aquelles Povos com assistencia e amparo que fazião a seus Pays, concorrendo todos para que nada lhe faltasse e o Nosso Reverendissimo dispendeu com elles o melhor de 500$000 reis alem de innumeraveis Missas que mandou dizer e disse por sua tenção e Alma. Nelle se viu o exemplar desempenho dos trez solemnes votos que professou; muito humilde e respeitoso a seos Prelados; a sua cella que sempre foi a mesma muito pobre; o vistuario igualmente pobre; sempre casto, sempre puro em sua prezença ninguem se atrevia a dizer graça que cheirasse a deshonesta. Sempre aplicado, nunca ocioso, lendo os seus Moral, Escriptura, Santos Padres e livros que dizião respeito á vida Religiosa e importante negocio de sua salvação. Hera muito instruido em nossas Leys. Escreveo muitas Lembranças curiosas e interessantes para o futuro e compoz humas Meditaçoens sobre a Payxão de Jezus Christo e Dores de Sua Santissima May, de quem hera devotissimo, obra admiravel que mostra bem sua virtude, seu espirito inflamado e a instrução que tinha das sagradas Letras e Santissimos Misterios; são bem dignos d'emprença para utilidade e edificação de todo o christão. Nunca quiz ser Pregador, mas sabia fazer e imendar Sermoens e suas cartas e escriptos herão admirados ate dos que lhe não herão afeiçoados porque sempre a Virtude foi mal vista dos que a não teem. Fugio sempre a lugares de distinção; e que podesem obstar ao dezempenho do seu emprego de corrector e para melhor o conseguir e fugir tambem as inquietações que consigo traz o uzo do votto, obteve do Santissimo Padre hum breve para não votar nem ser votado e dizia elle que hera bem ser digno dos lugares, mas nunca desejalos e menos procuralos, mas a Providencia que quando lhe apraz sabe abater os soberbos e exaltar os humildes dispos que tendo-se suscitado a fatal questão de destruir o Monopolio dos Padres de Bellem serem somente delles e eleitos por elles os Geraes da Congregação e por consequencia herão elles os que a seo arbitrio a governavão ocupando os melhores empregos d'honra e enteresse sem algum se lhe oppor para o que compuzerão as Leys a seo modo contra as bulas Apostolicas que maliciozamente occultarão á Congregação hindo os DD. Abbades e Procuradores dos Mosteiros aos Capítolos Geraes somente como Testemunhas do que nelles se fazia e aprovar o que se determinava; e por esta Regalia dizião os Padres Bellemitas que valia mais hum leigo de Bellem do que qualquer Prelado dos Mosteiros.

O Reverendíssimo Padre Mestre Doutor Frei Bernardo do Salvador, Filho do Mosteiro de S. Marcos foi eleito Geral da Congregação por Breve do Nuncio e Avizo Regio e foi juntamente D. Abbade de Bellem o qual descobrio as Bullas Apostolicas que mandavão que o geral fosse eleito pellos Abbades e Procuradores de cada Mosteiro contra a Prepotencia e violenta Regalia dos Bellemitas fundados nas cavilozas Leys que a seu modo nos tinhão dado; e para que este negocio se continua-se e vencese hera precizo escolher hum futuro Geral da Congregação que tivese firmeza, instrução e subtileza para se não deixar illudir das cavilosas e delicadas opposiçoens dos Padres de Bellem e que juntamente fosse hum Prelado irreprehensivel que com seu exemplo sofoca-se á sua vontade os manejos da communidade opposta, e que desse em vista á Religiozissima soberana e a toda a Corte: Com efeito entre os muitos dignos da Congregação antepuzerão este humilde, pobre e virtuoso Corrector da Costa a Mestres, Doutores e Prelados dos Mosteiros para ser Geral e Prelado maior de toda a Congregação; não obstante o Illmo Monsenhor Salter Presidente daquelle Cappitulo Geral querer e teimar em hum Padre Mestre e Doutor filho da Congregação o qual na verdade hera sabio e virtuoso mas innocente e simples e por isso os Padres de Bellem influião no Illmo Presidente e na Eleição deste Padre Mestre e Doutor esperando illudir a sua virtuosa innocencia transtornar toda a grande obra de ultimar a liberdade dos

Prelados e Procuradores dos Mosteiros escolherem, votarem e elegerem para seu Prelado Mayor aquelle Monge que em toda a congregação julgasem mais digno.

Não obstante toda a astuciosa manobra dos Padres Belle-mitas e o decidido empenho do Prezidente daquelle capitolo Geral Monsenhor Salter a favor delles instarão os Padres vo-gaes da Congregação em ellegerem para D. Abbade Geral della ao Reverendissimo Padre Frei Bento de Jezus Maria e para que o seu escrupolo o não podesse obrigar a rezestir pello Espirito Santo foi-lhe remettida ao Mosteiro da Costa em que se achava a Carta d'Officio do Ill.ᵐᵒ Prezidente com a formalidade seguinte: «Ill.ᵐᵒ Snr. O capitolo Geral da Con-gregação de S. Jeronimo de que sou Prezidente por insinua-ção de Sua Magestade e Breve do Ex.ᵐᵒ Nuncio com as amplas faculdades que poderão referir os Portadores desta ellegeo hontem nove do corrente no Real Mosteiro de Bellem onde está convocado a Vossa Reverendissima para D. Abbade Geral da mesma Congregação; Vossa Reverendissima nesta confor-midade deverá vir ao dito Mosteiro sem perda de tempo, e em Virtude de Santa Obediencia exercitar hum lugar que lhe foi conferido e sem a liberdade de recuza para que a hu-mildade muito notoria de Vossa Reverendissima não tivesse o menor detrimento. Sua Magestade está do mesmo animo da Congregação e não admittirá escusa nem ainda de algum Breve Apostolico que Vossa Reverendissima tenha obtido não entendendo conceder o seu Real Beneplacito senão emquanto a graça nelle concedida podesse ser compatível com o bem da Religião a que Vossa Reverendissima deve sobordinar o seu particular interesse. Eu terei o mayor em que Deus Nosso Senhor que he o primeiro Autor da elleição de Vossa Reve-rendissima conclua esta obra da sua Misericordia abençoando o zello e a piedade de Vossa Reverendissima e dando-lhe Vida para lhe fazer muito serviço. Lisboa 10 de Junho de 1789. De Vossa Illustrissima muito Venerador e afectuosissimo servo. Reverendissimo Snr. Frei Bento de Jesus Maria José. Monsenhor Joaquim Salter de Mendonça».

Em virtude, pois, deste officio e para elle nunca esperada novidade, confuso, atonito, e indecizo, e perplexo consultando cheio de lagrimas a Deos e aos seos Amigos e vendo que o chamamento não admetia escuzas deliberou seguir a vos de Deos e se por a caminho e foi tomar posse do Generalado que sustentou todo o seu triennio observando e fazendo observar aquella communidade todo o Regulamento Monastico que as

circumstancias melindrosas e os tempos criticos lhe permitião ;
porem que ataques, que insultos, que violencias não sofreo
elle contra o respeito e decoro que se lhe devia? Contudo
elle sem se dar por ofendido tudo sofria em silencio e com a
maior prudencia e modestia promovendo sempre a observancia sendo o primeiro em todos os Actos da Communidade e
dizendo somente aos mesmos Padres que as Leys da Congregação tinhão sahido do Mosteiro de Bellem para todos os mais
Mosteiros e sem faltar a promover esta observancia lançou
logo mão da razão e da justiça da Congregação sobre a elleição do seu Prelado superior e a fez ver a Sua Magestade aos
seus Secretarios d'Estado a toda a Côrte e a toda a Congregação já em seus escriptos admiraveis e convincentes e já pellas
certidoens authenticas de Varias Bullas que mandou vir de
Roma a este mesmo respeito e fez triumfar a verdade, a Razão
e a justiça por parte da Congregação com tanta clareza verdade e firmeza em todo o seu triennio que vendo os Padres
Bellemistas que já não podião ter esperanças de sustentar o
seu monopolio inteiramente dezesperados tratavão logo no
principio do triennio seguinte de separar-se da Congregação e
o conseguirão com licença Regia e Bulla Apostolica cuja separação tem sido toda a desgraça daquelle Mosteiro escandalo
de toda a Côrte e paz de toda a Congregação. Foi então que
este respeitavel Reverendissimo findo o seu triennio se recolheo ao seu Mosteiro da Costa a continuar a sua vida verdadeiramente eremitica e Monastica sem gozar de algum Privilegio ou despença do Coro a que podia hir, e lhe permitião seus
avançados annos e suas molestias e inda mesmo dipois ape-
gado a um pao athe o fim do anno de 1825 em que faleceo
com hũa morte de Varão Justo e Veneravel com 86 annos de
idade e 66 do Santo Habito.

Este Reverendissimo no tempo do seu Governo mandou
que se pagassem as Bullas da Cruzada aos Religiosos e que
tambem se lhes pagassem as Missas de sequito pela esmolla
de 120 reis que agora são pagas a 240 per Acordaõ da communidade. O dinheiro que se lhe cobrou das suas collectas o
fez repartir pellos Mosteiros com proporção ás que pagavão.
Partio daqui a tomar posse do Generalado com 24$000 reis
que tanto hera o seu espolio e recolheo-se com 4$800 ; taes
forão os interesses que tirou de Prelado Mayor. Sendo como
hera hum Monge recolhido e que não procurava comunicações
assim por seu Santo zello pôde adquirir immensas Reliquias
por Pessoas devotas com que asseou e enriqueceu a nossa

caza do capitolo gastando em retocar, dourar, e envidraçar muitos dos seus quadros e mandando fazer outros muitos de novo e caixilhos em que collocase as Santas Reliquias e da sua esmolla fez todo o asseio e riqueza em que hoje admirão todos aquelle santoairo no que gastou melhor de quinhentos mil reis; e daqui se pode ver ao que chega o dinheiro bem aplicado do Religiozo sem faltar ás muitas e frequentes esmollas de parte da sua ração como de doce e dinheiro enfadando-se de que lhe não dessem parte das necessidades de alguns pobres para logo lhes acudir o que logo fazia e não menos a esmollas particulares e obras de piedade admirando todos a quanto chegava a esmolla da sua Missa que muitas e muitas dizia de graça por seos Pays, Irmaons e Parentes, e as propinas e vestearias que lhe dava a Communidade que nada mais tinha nem donde o ouvese. Mandou vir e pagou o Breve para serem Preveligiados para os nossos Monges todos os Altares da Igreja, Sacristia, salão e Capitolo e ó de Santa Marinha para os seculares. Por suas reiteradas e constantes diligencias conseguiu da Santa Sé Apostolica o rezar-mos de todos os Santos da Nossa Ordem com rito de 2.ª clase e compoz o officio da sua reza; conseguiu resar-mos do Nosso Monge Portuguez o Beato Lourenço e tambem da Coroa de espinhos e dos Santos Cathimio, Marcello, Theodorio, Lea, Eliodoro, Exuperio, Rustico, Chomerio, Assella, Melania, e dos Santos Martires Monges da Palestina. Tambem couseguio Breve para a Imagem de Nossa Senhora das Dôres do Coro estar descoberta no tempo do seu septenario e em todo o dia da Sua Festa e tambem neste dia a Imagem de Nossa Senhora da Piedade da Sacristia. Mandou fazer a Santa Pacella pequena que está no Capitulo com reliquia, e tambem mandou pintar os meios corpos dos santos e da Santa Marinha que estão no mesmo capitulo bem como os braços que lá estão tambem com reliquias e o mesmo Capitulo foi pintado a oleo á sua custa para que tudo fica-se rico e asseado. Collocou na Igreja da sua Freguezia huma Devota Imagem da Virgem Dolorosa e todos os annos mandava cantar hum officio, e Missa de Defuntos pellas Almas de seos bons Pays. Deixou na Irmandade das Almas neste Mosteiro hum Legado de dez Missas annoaes para todo o sempre conforme a sua aplicação que a Irmandade aceitou por 60$000 reis em metal. Deixou na enfermaria deste Mosteiro muitas coisas que comprou para utilidade dos Doentes e entre elles hum carrinho de mão em que passeião os enfermos de que elle tambem se servio até para hir á porta do choro ouvir os Officios Divinos unindo seu pensamento ás vozes dos Monges a que já não podia com magoa unir a sua. Este Venerando Reverendissimo antes dadoecer empregava todo o tempo em seguir os Actos da Communidade em que hera frequente, em dizer è ouvir Missa, em Ler o seu Moral, Escriptura, Santos Padres, e livros espirituaes, e tinha tanta instrução que quando alguem vinha ao Mosteiro consultar algum cazo de Moral os Padres do seu tempo para elle repretião os pertendentes. Fazia de dia e de noute frequentes vezitas ao Santissimo Sacramento e aos Santos de sua muita devoção sinco annos antes da sua morte de todo lhe faltou a vista e porque não podia dizer Missa não faltava a ouvillas e sentindo muito já não poder ler pedia a quem lhe lesse livros espirituaes e interessantes para sua salvação e sempre se lhe viam as contas na mão. De manhã e tarde gastava muitas horas no seu Santoario do Capitolo em oração mental e deprecaçoens aquellas santas Reliquias com que por seu admiravel zello o tinha enrequecido. Finalmente cheio de dias e de merecimentos foi cançando aquella exemplar vida aquelle espelho de virtudes, aquella Columna do Mosteiro e da Congregação e munido com todos os sacramentos e absolviçoens com santa resignação e conhecimento da morte entregou seu espirito ao seu Creador aos tres de setembro de 1825 em idade de 86 annos e 67 do santo Habito. Satisfesse a sua Irmandade com officio inteiro e foi sepultado com Habitos Prelaticios na sepultura do numero 12. Deo-se a esmola da sua ração por hum mez e disserão-se as 30 Missas que paga a Communidade e bastantes da Agonia sem ator porque sua morte a nossos olhos foi a morte do Varão Justo.

O Padre Frei Jozé de Santa Dorothea, natural do Portto e professo neste Mosteiro sendo nos primeiros annos de Monge muito Doente que até não seguia os Actos de Communidade por molestia de peito veio depois a recoperar tanta saude que até Velho hera o mais robusto arostando todos os tempos mais que outros mais novos. Frequentou as Aulas com grande aproveitamento vindo a ser hum bom Theologo, Moralista, e hum dos melhores Pregadores da Provincia com quem muitas vezes competio em Braga, Guimarães e todo o Minho, hera grande o seu talento e admiravel no manejo das santas escripturas e Santos Padres. Hera muito esmoler e caritativo ; pella predica ganhou muito dinheiro mas não o sabia guardar por prodigo. Foi a muitos Cappitolos Geraes e sahindo Prelado Mayor o Reverenlissimo Frei Bento de Jezus Maria Jozé, Filho deste Mosteiro e seu condecipulo e Amigo o fes seu secretario geral, mas hindo fazer a elleição de Penhalonga lá lho roubaram para Prelado daquelle Mosteiro e com taes creditos que logo no triennio seguinte os Padres do Espinheiro o ellegerão para seu D. Abbade onde fes muitas obras tanto na Igreja como no Mosteiro ao que por genio hera muito inclinado. Em Evora como em toda a parte hera muito respeitado maiormente do snr. Arcebispo elogiador de suas virtúdes. Duas vezes foi D. Abbade deste Mosteiro, e no seu triennio se fizerão muitas e grandes obras como se pode ver no Catalogo dos Prelados deste Mosteiro e ainda nos seos ultimos dias deu da sua esmolla trezentos mil reis para pintar e dourar a nova Tribuna e frestas da Capella mor e disposto com todos os Sacramentos e conhecimento da morte deu seu espirito ao Creador no dia seis de Fevereiro (?) de 1826. Foi sepultado na sepultura do numero 1.º e disserão-se as 30 Missas e deu-se a sua ração por hum mez aos pobres.

O Padre Frei Manuel de Santa Ritta Cabral, Filho de hum Negociante do Portto e proffesso neste Mosteiro delle foi per duas vezes Prior e deffinidor do Capitolo geral; tambem foi Recebedor e sendo bastante Doente por augmento de suas molestias e disposto com todos os Sacramentos veio a falecer no dia 8 de setembro de 1828 em idade de 56 annos e 41 d'habito. Satisfesse a sua Irmandade e as 30 Missas, e deu-se a ração por trinta dias aos pobres. Sepultou-se na sepultura numero 2.º

O Padre Frei João Baptista da Purificação natural da Freguezia de Palmeira entrou para o Santo Habito em idade de 32 annos e foi acceito para corrector em que hera Mestre e o desempenhou até a idade de 72 annos. Já veio Sacerdote e confessor e dipois tambem lhe derão a patente de Pregador que exerceo com acceitação dos Povós no que ganhou bastante dinheiro mas hera prodigo em o distribuir. Alguns tempos antes da sua morte teve ameaços de estupor que se forão repetindo até o dia do seu falecimento que foi em 27 de Fevereiro de 1831. Mandou-lhe a Communidade dizer as 30 Missas do costume, deo-se a esmola da sua ração por 30 dias e fizerão-se os seos sufragios. Está sepultado na sepultura do numero 4.º

O Padre Frei Jozé Bernardino da Motta natural de Braga que primeiramente foi proffesso do Mosteiro do Espinheiro, Prior do Collegio e D. Abbade de Penha Longa, Dignidade que demetio aos seis mezes dipois; conseguiu mudar sua profissão para este Mosteiro da Costa onde foi D. Abbade e ultimamente Vezitador Geral da Congregação cuja Vezita se não vereficou pellos movimentos da guerra; padecia debelidade de nervos e passava melhor no Mosteiro do que na sua Patria, mas sedendo ás instancias de sua Familia para com elle se suavizarem na morte de hum Irmão Abbade; pouco depois se seguio a delle que foi no dia 28 de Março de 1834 munido com todos os sacramentos e conhecimento do seu fim; enterrou-se na Igreja do Carmo, onde foi hum Padre deste Mosteiro assestir e officiou e canttou a Missa do seu enterro que foi com ostentação. Satisfizerão-se os seos sufragios.

O Reverendíssimo Padre Frei Joaquim da Apresentação Mendes e Vasconcellos foi natural de Braga e filho de huma das mais antigas e Destintas. Familias daquella Cidade; dipois de ser Prior deste Mosteiro foi secretario geral da Congregação; e tres vezes D. Abbade deste Mosteiro e depois Geral; no seu primeiro triennio fez as casas proximas á Portaria de baixo que serve para casa do porteiro e outras para arrumar de palheiro; renovou o eido do gado e lhe poz hũa grande ramada e o paredão dabi até á caza do forno; no fim do segundo governo deu de propinas a cada Monge 50$000 reis. Pella expulção que todos sofremos retirou-se para o seio de sua Familia em Braga onde por molestias e disgosto de sua e nossa emigração deu fim da sua existencia dipois de refeito com todos os Sacramentos e provas de Religioso, no dia 14 de Dezembro de 1835.

O Padre Frei Jozé de Santa Gertrudes natural de Braga tendo sido por muitos triennios recebedor deste Mosteiro foi D. Abbade delle no lamentavel tempo em que fomos expulços deste Mosteiro, verificada em nove de Julho de 1834 lance este que tanto o magoou que variou de seu juizo e julgo que por isso o deixarão ficar no Mosteiro onde foi muito tratado e alimentado á custa de sua esmolla e de algumas prestações que recebeu; não tornou a seu juizo e neste estado deixou de viver sem poder munir-se com os santos Sacramentos. Foi sepultado no corpo da Igreja em a sepultura da casa da Azenha com vestes Clericaes, cazula, etc. não sei porque se lhe negou sepultura no nosso claustro. O seu Funeral fes-se com muita decencia, de boa e aceada eça armação de Igreja, competentes luzes, Missas Geraes e a assistencia de muitos clerigos e Monges egressos do Mosteiro a que eu tambem assesti no dia 7 de Março de 1836.

Fundação [1] do Mosteiro de Santa Marina da Costa, proximo a Guimarães. Extrahida da Chronica manuscripta do Padre Mestre Dr. Fr. Manoel Baptista de Castro, por Fr. Adriano Casimiro de Santa Paula Pereira d'Oliveira, Monge de S. Jeronimo, professo no Mosteiro de S. Marcos. Belem, 27 de Outubro de 1832 [2].

CAPITULO 1.º

Da antiguidade deste Mosteiro

Principiou este Mosteiro a Rainha D. Mafalda, mulher do Snr. D. Affonso Henriques, e o deo aos conegos Regulares de Santo Agostinho em 1139 com o titulo de Santa Marinha V. M. Portugueza, com muitas rendas, os quaes habitarão n'elle até 1528 em que D. Jayme Duque de Bragança, estando o Mosteiro deshabitado pela relaxação dos referidos conegos o pedio ao Snr. D. João 3.º para os monges de S. Jeronimo com o beneplacito do Papa Clemente 7.º

Entrarão pois os monges n'este Mosteiro, e lhe foram concedidas todas as rendas que tinhão os conegos Regrantes.

Appresenta hoje o Prior d'este Mosteiro 5 Igrejas, a de Santa Eulalia de Fafe, a de Santa Eulalia de Barrozas, a de Santa Maria de Ataens, a de Santa Marinha da Costa, e a de Nossa Senhora da Expectação de Pedrozo, e cobra os dízimos, e outras rendas mais.

O Prelado d'este Mosteiro é Prior da Igreja de Santa Marinha, para o que appresenta um cura trazendo elle a chave do Sacrario da 5.ª feira Santa até domingo de Paschoa.

---

[1] Na sua ultima vinda a Guimarães, o falecido snr. abbade de Tagilde entregou-nos o manuscripto cuja publicação iniciamos e ainda outro, tambem referente ao Convento da Costa, que a seguir publicaremos.
[2] Copiado por Manuel San Romão em 1895 do manuscripto de Fr. Adriano, pertencente a Joaquim Martins de Carvalho, de Coimbra.

CAPITULO 2.º

Descreve-se o Mosteiro da Costa no tempo dos Conegos Regrantes

Constava a sua entrada de um grande penedo, em que estava uma columna com uma cruz em cima, donde principiava uma escada de 15 degraos de pedra de 35 palmos de largura, á qual se seguia um patareo terreo de 50 passos; tendo da banda direita uma fonte de pedra encostada ao muro da parte do pateo da portaria, a qual era um retabulo de columnas de pedra com uma ave, que deitava agua pelo *bico*, digo pelo peito em um tanque. Seguião-se logo 5 degraus donde se subia a outro patareo terreo de mais de 40 passos de comprido aonde ficava o alpendrado da Portaria, o qual era quadrangular com seus assentos e 4 columnas jonicas na frontaria, e 3 nos lados.

D'este patareo se subia ao atrio da Igreja por uma escada de pedra de 12 degraos, constava este atrio de 7 passos de comprido e 12 de largo, aonde ficava o frontispicio da Igreja, de largura mais de 30 palmos com o portal d'obra gothica.

Entrando na Igreja, dentro da qual fica o côro, que se sustenta em 2 arcos que descançam pela parte das paredes em 2 columnas correspondentes, e em uma no meio aonde está a pia da agua benta, ficão da parte direita os confessionarios, e da esquerda 2 capellas, uma de um santo crucifixo, que tem porta para o cruzeiro, e outra para dentro para a capella de Santa Marinha.

O cruzeiro tem grades de ferro, e 2 altares collateraes com retabulos de pedra fingida.

A capella-mór constava d'outro retabulo similhante, e no altar, da mesma obra, tem um sacrario.

A Sacristia era uma pequena casa com o vestuario de castanho com um painel no meio de N. S. com o menino nos braços entre 2 anjos. Da parte esquerda havia outro painel de 3 Santos, S. Sebastião, S. Martinho e S. Vicente, e da outra parte uma pintura de quando meterão o Senhor no Sepulchro, obra do monge Fr. Carlos, feita em 1534, que lhe puzerão os nossos Padres quando entrarão.

O claustro era limitado d'obra gothica com outro por cima, ambos de botareos.

O refeitorio constava de (sic) 0, digo 3 janellas de vidraças, e 7 mezas, e a pintura que teve na parede da meza travessa não se sabe o que n'ella estava pintado : os nossos monges lhe mandarão pintar N. Senhora com o menino nos braços, e de um lado S. Jeronimo, e d'outro Santa Catharina.

CAPITULO 3.º

Descreve-se este mosteiro na forma que hoje existe

Entrando n'este mosteiro os nossos monges fizerão muitas obras, com as quaes parece este mosteiro mais outro que o mesmo.

Tem na sua entrada um cruzeiro muito bem lavrado. Tem principio a sua entrada por umas grandes escadas de pedra, por onde sobe a um taboleiro aonde fica à Portaria pela qual se entra por um portal de pedra d'obra moderna. Sobe-se d'este taboleiro por outros degraos de pedra ao adro da Igreja, a qual é a mesma antiga. Por se arruinar o seu frontispicio o Padre Manoel F. Heitor Pinto, sendo Prior, lh'o mandou fazer de novo, que é o que hoje tem.

N'esta Igreja da parte do Evangelho, debaixo do côro, tem a pia do baptismo por ser esta Igreja Parochia.

As grades do cruzeiro se fizerão de novo de pau preto bronzeado.

He esta Igreja azulejada até ao tecto de azulejos brancos e azues.

O cruzeiro tem dous altares collateraes, o da parte da Epistola é de Santa Anna, com um retabulo de talha dourada, que é Sanctuario, aonde tem meios corpos de Santos com as reliquias no peito das que mandou a Snr.ª Rainha D. Catharina repartir pela nossa ordem. Na parte superior d'este retabulo está uma imagem de Nossa Senhora.

O altar da parte do Evangelho tem outro retabulo de talha dourada com uma imagem de Santo Antonio. Estes retabulos mandarão fazer os nossos monges.

A capella-mór por ser muito pequena, a mandou fazer maior o Padre Fr. Thomaz de Basto, sendo Prior, e lhe mandou fazer um retabulo de talha estofada, aonde se collocou uma imagem de S. Jeronimo de uma parte, e da outra a de Santo Agostinho que foi dos conegos Regulares.

O Padre Fr. Alexandre d'este mosteiro sendo Prior, renovou este retabulo, e estendeo mais a capella-mór.

Dep)is o fez de novo de talha dourada, obra moderna, o Padre Fr. José de Santo Antonio, professo de Belem, sendo Prior.

O Sacrario tambem é da mesma talha dourada, obra moderna. Tem mais este altar N. Senhora do Pilar, que parece ser ainda do tempo dos conegos Regrantes. Tem d'uma e d'outra parte dous anjos aonde se põem os cereaes. Nas paredes d'esta capella-mór estão 2 grandes [quadros ?] de N. Senhora (?).

Tem 6 janellas rasgadas de vidraças, tres de cada parte, e tem na entrada um arco de pedraria, muito bem lavrado, e um grande lampadario de prata.

Tem duas portas, uma que entra para a sachristia e outra em correspondencia.

O pavimento da capella-mór é lagedo, e o da Igreja são coraes (?). O tecto da capella-mór é *lagedo*, digo de castanho muito bem lavrado.

Tem esta Igreja um Presepio que fica da parte do Evangelho em uma casa immediata á capela de Santa Marinha, de sufficiente grandeza, o melhor que ha hoje naquella Província.

CAPITULO 4.°

Da Sachristia d'este mosteiro

Arruinada a antiga Sachristia determinou o Padre Prior Fr. Crespim da Conceição, professo de Belem, fazel-a de novo em 1734, em que a deixou.acabada ; é de proporcionada grandeza com porta para a capella-mór : ha na entrada da Sachristia 2 lavatorios com 4 registos de bronze dourado a fogo, que deitão a agua em duas taças de pedra fina. Seguese de uma e outra parte 4 amituarios de pau preto com guarnições de bronze dourado a fogo.

Ha n'esta Sachristia um calix que deo Elrei D. Affonso Henriques, e outro da mesma obra que deo o Snr. D. Sancho 1.°, como consta de um letreiro que tem; cujos calices ficaram dos conegos Regrantes.

Levanta-se nos lados d'este pavimento um degrao sobre que estão os caixões, quatro de cada lado, cada um com 3 gavetões, que fazem 12 de cada parte, com fechaduras, argolas e guarnições de bronze dourado a fogo, sendo a madeira dos caixões, páo preto.

N'estas gavetas se guardão os ornamentos e sobre estes

caixões estão os vestuarios, sendo os *apainelados,* digo os espaldares apainelados da vida de N. Padre com molduras de talha dourada.

Tem um altar defronte da porta principal que se entra pelo claustro. Fica este altar no grosso da parede com sua simalha e retabulo de talha dourada e o frontal tambem é da mesma talha com brocado fingido estofado. Está n'este altar a Senhora da Piedade, estofada com o Senhor nos braços, e no retabulo tem um painel, aonde se vê pintado o monte calvario. D'esta mesma parte estão 5 janellas com grades de ferro, e vidraças. O tecto é abaulado de castanho pintado que parece estuque com uma grande tarja no meio com as armas do N. Padre, e nos 4 cantos estão pintadas as 4 virtudes. Descança este tecto em uma cimalha com cornijas, frizos e *alquitraves* dourados.

CAPITULO 5.º
Da entrada d'este mosteiro pela nova Portaria

Entrando n'esta Portaria se segue uma porta para o claustro, o qual se fez de novo por se arruinar o antigo (Fr. Jacinto de S. Miguel diz que é o mesmo do tempo dos conegos) o qual é um quadrangulo de 28 passos para cada lanço, lageado, e com 6 columnas por cada parte d'obra jonica, de que procedem 5 arcos. O tecto é de castanho guarnecido de talha com seus florões.

Tem no meio uma fonte redonda com sua taça, da qual correm 4 bicas, tendo outras 4 nas pilastras, que correm a esta taça, a qual remata em um Leão de pedra dourada; vem esta agoa do cerco da fonte dos Verdeaes.

Por cima está outro claustro com janellas de sacada de grades de ferro com bolas douradas, tendo 3 janellas por cada lado fazendo 12.

Defronte da entrada da Portaria, no lanço do claustro está outra entrada, que tem uma escada que tem 19 degraos de pedra pela qual se sobe a um patareo, e deste deita para a outra parte 10 degráos pelos quaes se desce para a porta por onde se entra para o cerco, e deste patareo correm dous corrimões de pedra com seus leões nos remates, e subindo-se a outro patareo d'este se sobe para 2 lanços de 10 degráos cada um para entrar para 2 portas para o salão, que tudo

fica em um espaço quadrangular, e neste patareo aonde ficão as 2 escadas que tem as 2 portas para o salão pela parte
de fora n'esta parede está um grande painel da Rainha D. Mafalda, fundadora d'este mosteiro, que se fez sendo Prior Fr.
Crispim da Conceição.

Dá luz a estas escadas uma grande janella que deita para
o cérco.

O salão tem mais de 20 passos de comprimento e 14 de
largura. Tem pelas paredes os retratos dos nossos venerandos
de estatura ordinaria, os quaes se fizerão no tempo do dito
Fr. Crispim; e tanto estas pinturas, como as modernas da Sachristia foram feitas pelo Pintor Furtado, natural de Barcellos.

Tem este salão um oratorio da largura de 13 palmos,
com um frontal de talha dourada, e retabulo, que consta de
4 columnas de talha dourada, n'elle estão as seguintes lami-
nas de cobre com molduras de ebano quatro de cada lado,
uma do menino Jesus com os martirios, outra de Santa Catharina, outra de Santo Estevão, e outra do S. Miguel, e as
outras, uma da Visitação, outra da Sant'Anna e as 2 d'outros
Santos, todas pinturas de muito preço e estimação. Tem este
retabulo Nossa Senhora do Espinheiro. Tem mais uma imagem
de Christo, da India, com cruz d'ebano.

N'este oratorio podem os monges doentes ouvir missa
da porta das suas cellas por ficar defronte do Dormitorio;
tem este 3 tranzitos com suas janellas, 2 de cada parte.

No principio de uma banda tem a cella Prioral com janella rasgada, e da outra parte a 1.ª foi livraria, que hoje é
cella. Tem 13 cellas de cada parte: entrando á mão direita
tem as cellas vista para a villa, e á esquerda para o cérco.

Tem o dormitorio da largura de parede a parede 25 passos, e de comprimento 120.

O tecto é de castanho abaulado, e apainelado. He d'altura de 6 covados. No fim d'este dormitorio se entra para
uma varanda que tem de comprido 25 passos e de largo 15.
Tem no meio uma fonte de circumferencia de 40 palmos, em
4 meias laranjas. A taça aonde cahe a agoa é de 4 conchas
lizas donde sahe uma pilastra piramidal que por boca de 6
cavallos de bronze lança a agoa que é da fonte dos verdeaes,
a qual cahindo na taça corre ao tanque que é oitavado por 6
flôres de pedra com canos de bronze.

Tem vista para a villa, e outras partes mais; tem de um
lado a coelheira e d'outro o pombal.

Por baixo do dormitorio fica a adega, celleiro e mais officinas, tudo em arcos sobre columnas. Na adega antiga que serve de lagar está uma cuba que leva 30 pipas de vinho, celebrada por alguns escriptores: a adega nova fica debaixo do salão.

As hospedarias ficam por cima da Portaria principal; uma das casas da hospedaria servia de casa de fogo por o inverno, e hoje é livraria; ás hospedarias se continuam outras casas que formão uma formosa galaria com grades de ferro nas janellas saccadas, e aonde de novo se fizerão cellas para os monges.

Por baixo d'esta galaria está o refeitorio novo de fronte do velho, o qual se dividio, ficando uma parte para os hospedes, e outra parte que serve de casa de profundis por onde se entra para o refectorio novo. Na casa de profundis *por onde se entra para o refectorio ha*, digo ha um lavatorio. He o refectorio de bastante grandeza com 5 janellas rasgadas para a parte do sul, e por cima da mêsa travessa hum painel da cêa do Senhor, e no fim está a ministra.

No pateo da porta do carro, se fês um dormitorio para os Donatos, e moços fidalgos, e por baixo estão casas para os moços do cêrco. No refeitorio velho a que chamão hospicio, comem os donatos e moços fidalgos, e os hospedes de menos estimação.

CAPITULO 6.º

Do que contem o cêrco d'este mosteiro

Tem o cêrco d'este mosteiro quasi meia legua em circuito. Dentro d'elle estavão as casas em que assistião o Snr. D. Duarte, filho do Snr. D. João 3.º e D. Antonio, filho do infante D. Luiz, de que hoje não ha noticia.

Na parte que fica perto da capella mór estiveram as aulas dos primeiros estudos, que teve este Reino, antes da Universidade de Coimbra, em que estudarão os referidos D. Duarte e D. Antonio, de que hoje não ha vestigios, mais que huma pedra que está na parede da capella-mór que tem o seguinte letreiro: «N'este collegio foi edificado o collegio de S. Jeronimo por El-Rei D. João 3.º D'elle foi reitor o Padre Fr. João de Chaves, Prior e ministro de S. Francisco, e morreo Bispo da Guarda. Aqui se congregarão os mestres que vierão para reforma da Universidade de Coimbra. N'elle estudarão os Snrs. Infantes D. Duarte e D. Antonio, e n'elle foi 2.º Reitor e Prior o Padre Fr. Diogo de Murça, que depois o foi da Universidade de Coimbra, e ficou privilegio para se fazerem mestres em artes como na Universidade de Coimbra, e só aqui ficou esta memoria».

Junto da capella-mór fica um jogo da bola cercado de parreiras até ao lavatorio das tunicas.

Tem o cérco uma prêsa d'agua, que vem de fóra do cêrco, de 75 passos de circuito, e dizem que 15 d'alto.

D'esta prêsa moem 3 moinhos, etc., etc.

CAPITULO -7.°

Dos virtuosos varões que teve este mosteiro e primeiramente do Padre Fr. Cypriano

D. Rodrigo da Cunha na 2.ª parte dos arcebispos de Braga, diz que Fr. Cypriano nasceu em Guimarães.

Era religioso, mui pontual nos seus deveres. Na sua cella occupava o tempo na oração, e estudava a Sagrada Escriptura, pregando com grande efficacia, e não pensando senão na observancia dos preceitos divinos.

Nas horas vagas exercitava-se com algumas manufacturas.

Faltando um dia à hora do côro, mandou o prelado saber d'elle, e o acharão de joelhos com a cabeça encostada no braço esquerdo, e com os oculos postos, na forma que costumava rezar o officio divino, apontando com o dedo o primeiro verso do Psalmo de Sexta == Defecit in saluatare tuum anima mea. == Parecendo que estava vivo tendo fallecido, mostrando que foi tão grande o amor que teve a Deus, que desfalleceo pela vehemencia da contemplação. Os monges admirados, de joelhos, lhe beijaram as mãos e depois o sepultarão, e parece que foi o primeiro monge que falleceo n'este mosteiro, e dos primeiros que ali entrou.

Fr. Jacintho de S. Miguel diz que professara na Costa em 2 de Fevereiro de 1539, sendo Prior Fr. Diogo de Murça.

Faz d'elle menção o *Agiologio Lusitano* em 21 de Março, pag. 344 e 352.

Falleceo a 22 de Maio de 1601, portanto muito depois de terem sahido os conegos.

Floreceo tambem n'este mosteiro o Padre Fr. Ignacio de Semide, donde se julga que fora natural.

O Padre Fr. Jeronimo de Barcellos que tambem se julga da villa do seu appellido.

Foi lente de Theologia e Philosophia em que jubilou. Foi prior do seu mosteiro, e do de S. Marcos, e em ambos foi bom prelado.

O manto com que estudou na Universidade foi o mesmo que o cobriu toda a sua vida.

Falleceo a 2 de Maio de 1672.

O Padre Fr. Miguel de S. Jeronimo, nasceu em Evora. Foi muitos annos mestre de noviços. Muito observante e virtuoso, falleceo em 22 de Março de 1686.

O Padre Fr. Balthazar dos Reis, natural da Barca, filho de paes nobres.

Muito observante e devoto de Nossa Senhora a quem jejuava todos os sabbados.

Estando bom, chamou o vigario, por auzencia do Prelado, e lhe disse que hia morrer; recebendo os Sacramentos, falleceu de 80 annos.

Nosso Rev.^{mo} Padre M. Dr. D. Abbade Geral.

Em virtude da Ordem Regia que V. Rev.^{ma} me participa e manda o informemos do estado actual d'este Mosteiro Real de Santa Marinha da Costa extra-muros da Villa de Guimarães.

Fazemos saber a V. Rev.^{ma} ter este Mosteiro cinco Igrejas da sua appresentação, que rendem os disimos d'ellas, em cada anno, 2:293$697 reis, cuja quantia não fica liquida e desembaraçada para as despezas d'este mosteiro, porque d'ella se tira para a fabrica das ditas Igrejas, concertos e reparos das capellas-móres, que ha nas mesmas freguezias, casas da residencia dos respectivos parochos, e da das rendas, congrua dos coadjuctores, no que tudo se consome annualmente uma grande parte do dito rendimento.

Tem mais este mosteiro de foros em dinheiro cada anno 128$785 reis.

Trigo de renda 1:207 alqueires que a preço de 600 reis importão em 724$200 reis.

Tem de renda de milho alvo e centeio 1:500 alqueires, a preço de 300 reis, 450$000 reis.

Tem mais de rendas de fóros, de carne de porco, gallinhas, frangos, carneiros, leitões, manteiga, geiras, vinho, lenha, carretos e outras miudezas, 554$440 reis.

Rende o cêrco e os passaes um anno por outro, pouco

mais ou menos 5C0 alqueires de milho grosso e centeio, vinho e azeite, que tudo poderá render 120$000 reis.

Tem o incerto que são Laudemios a que se não póde fazer conta líquida.

Tem mais este mosteiro a esmola de 2 arrobas de cêra cada um anno, assentadas no rendimento de um por cento e obra pia por Alvará de Sua Magestade Fidelíssima aos 4 de novembro de 1779.

Não tem este mosteiro capellas, nem dividas activas nem passivas.

Tinha este mosteiro antes das Ordens Geraes prohibitivas da recepção de noviços, 30 monges e um leigo; depois da dita prohibição geral acceitaram-se 15 monges e um leigo, e tem agora presentemente este mosteiro 28 monges e 2 leigos da sua filiação, e estão vagos 2 lugares de monges, que completam o numero 30, que foi determinado para este mosteiro em 22 de abril de 1778, por Breve do Nuncio e Ordem Regia, depois de feito o calculo das rendas.

Tem este mosteiro no Dormitorio grande e pequeno, em que se acha o noviciado 32 cellas.

Todo o rendimento que o mosteiro precebe, supposto o cuidado e diligencia, que ha na sua economia, não contemplado as necessarias obras de que necessita o Dormitorio, Casa de Capitulo, claustro, côro, que estão por acabar, sachristia e casas da procuração, e outras de necessidade, apenas chega para os precisos, indispensaveis funcções de Igreja, e substancia dos monges e criados que são 18, em que entrão os da lavoura, além da muita pobreza que soccorre em a Portaria e casas particulares.

Isto é o que podemos informar a V. Rev.ᵐᵃ. Mosteiro Real de Santa Marinha da Costa, 29 de Novembro de 1787.

Fr. Joaquim de S. José, D. Abbade.
Fr. Francisco de Santa Rosa Maciel, deputado.
Fr. José de Santa Dorothea, deputado.
Fr. Caetano da Silveira, deputado.
Fr. Joaquim da Appresentação, deputado.

Na sessão de 15 de julho, o snr. presidente disse que teve conhecimento de que o dedicado membro da direcção d'esta Sociedade snr. Augusto Pinto Arêas, tinha sido detido pela auctoridade para averiguações, como suspeito de estar envolvido nos ultimos acontecimentos politicos. Que sentia este acontecimento, como todos os seus collegas, e propunha que na acta d'esta sessão fique exarado um voto de grande pezar por este facto e consignada a esperança que a direcção d'esta Sociedade tem de o ver, em breve, restituido ao exercicio das suas funcções. Approvado por unanimidade.

Em sessão extraordinaria de 9 d'agosto, o snr. presidente expôz que o fim d'esta sessão era commemorar o 13.º anniversario do fallecimento do illustre consocio d'esta Sociedade, snr. dr. Francisco Martins Sarmento, de inolvidavel memoria, a quem esta Sociedade deve o seu engrandecimento e prestigio. Por este motivo, propunha que, na fórma dos annos anteriores, fossem dirigidos cumprimentos á viuva do mesmo, a ex.ᵐᵃ senhora D. Maria de Freitas Aguiar Martins Sarmento. Approvado por unanimidade.

Em sessão extraordinaria de 7 de setembro, o snr. presidente disse que mais um amigo d'esta Sociedade tinha desapparecido e d'aquelles que por ella tinham maior dedicação.

A perda do collega da direcção, snr. João Gualdino Pereira, que acaba de exalar o ultimo alento de vida, póde considerar-se irreparavel não só para esta Sociedade como para outras instituições de Guimarães onde exercia grande actividade, e prestava serviços de incalculavel valor. Eleito para o cargo de membro da direcção d'esta Sociedade por diversas vezes, exerceu-o sempre com inexcedível interesse, trabalhando afanosamente para o bom resultado dos seus emprehendimentos vencendo por si e pelos seus amigos, quaesquer attrictos e difficuldades que surgissem. Por este motivo, propunha que na acta d'esta sessão seja exarado um voto de profundo sentimento pela sua morte; que d'esta resolução se dê conhecimento á viuva, a ex.ᵐᵃ senhora D. Maria da Conceição Abreu Pereira e ao irmão do finado, snr. dr. Fernando Gilberto Pereira. Esta proposta foi approvada por unanimidade, resolvendo-se depôr uma corôa funebre no seu ataúde a expensas da direcção, e que no edificio d'esta Sociedade se façam as demonstrações de lucto do costume.

A Sociedade, recebeu desde 1 de julho a 30 de setembro, as seguintes offertas, cujo agradecimento, uma vez mais, aqui consignamos.

Livros

Para a bibliotheca

Jeronymo d'Almeida, 1 folheto ;
Centro Commercial do Porto, 1 volume ;
Dr. Pedro Augusto Ferreira, 2 folhetos ;
Antonio Guimarães, 1 folheto ;
João Gualdino Pereira, 1 volume ;
Idem, 4 folhetos ;
Sociedade Portugueza de Estudos Historicos (a publicação «Revista d'Historia»);
Alberto Cesar, 1 folheto ;
José da Costa Santos Vaz Vieira, 1 volume ;
Ministerio do Fomento, 1 volume ;
Associação Commercial do Porto, 1 volume ;
Commissão Official Executiva do 1.º Centenario da Guerra Peninsular, 1 folheto ;
A Empreza do «Vegetariano», 1 folheto;
Centro Commercial do Porto, 1 folheto;
Academia das Sciencias de Lisboa, 1 volume;
Severino de Sant'Anna Marques, 1 folheto.

Para a collecção de jornaes e revistas :

«A Voz do Direito» Lisboa;
«Revista de Historia», Lisboa:
«Revista Colonial», (offerta da União Colonial Portugueza);
«O Legionario», Baltar;
«A Mascara», Lisboa (offerta do snr. Martinho de Sousa Lobo).

Para os museus :

Alberto Cesar, 2 moedas portuguezas de prata ;
Manoel Ramalho, 1 dita ;
Victorino de Mello, 1 apolice n.º 261:326 de 5:000 reis, do Real Erario ;
Bento Luiz Ferreira, 1 pistola (antiga);
Francisco d'Assis Pereira Mendes, 11 moedas de cobre ;
Fernando da Costa Freitas, 1 photographia d'uma imagem de Christo do seculo ix — romano-byzantino;
Joaquim Machado Cunha, 1 moeda ingleza de prata;
Capitão Duarte do Amaral, 1 moeda portugueza de prata.

Guimarães, 30 de setembro de 1912.

O secretario,

José Vaz Vieira.

BALANCETE

Movimento da caixa desde 1 de julho
a 30 de setembro

ENTRADA

Saldo existente em 30 de junho	7$745	
Dito para a publicação dos «Vimaranis Monumenta Historica»	84$900	
Deposito por effeito d'uma arrematação	10$000	
Receita cobrada	723$405	826$050

SAHIDA

Despeza	578$525	
Deposito	10$000	
Saldo para a publicação dos «Vimaranis Monumenta Historica»	84$900	
Dito existente em caixa	152$825	826$050
Saldo para catalogação		450$000

Guimarães, 30 de setembro de 1912.

O thesoureiro,

Augusto Pinto Areias.

LISTA DOS SOCIOS

DA

SOCIEDADE MARTINS SARMENTO

Socios honorarios

Antonio (Conselheiro) Carlos Coelho de Vasconcellos Porto.
Antonio (Dr.) José d'Almeida.
Bernardino (Conselheiro) Machado Guimarães.
Bernardo Moreira de Sá, Porto.
Conde de Agrolongo, Lisboa.
Conde de Paçô Vieira.
Delphina (D.) Rosa d'Oliveira Cardoso.
Domingos José Ribeiro Callixto.
Domingos Leite de Castro (socio iniciador).
Francisco dos Santos Guimarães.
Gaspar (Dr.) de Queiroz Ribeiro, Villa Nova da Cerveira.

Guilherme Afflalo, Foz do Douro.
Ignacio (General) Teixeira de Menezes.
João (Conselheiro) Ferreira Franco Pinto Castello Branco.
Joaquim (Dr.) José de Meira.
Joaquim de Vasconcellos, Porto.
José (Padre) Joaquim Gomes, Vizella.
José Marques da Silva, Porto.
Manoel (Dr.) Marinho de Castro Falcão, Porto.
Maria (D.) de Madre de Deus Freitas Aguiar Martins Sarmento.

Socios correspondentes

Adolpho Salazar, Porto.
Alberto (Dr.) Osorio de Castro, India.

Antonio Arroyo, Lisboa.
Arthur (Capitão) Augusto da Fonseca Cardoso, Porto.

Conde de Bretiandos, Lisboa.
Felix (Dr.) Alves Pereira, Lisboa.
Francisco (Dr.) Tavares Proença, Castello Branco.
João (Dr.) de Vasconcellos e Menezes, Marco de Canavezes.
Joaquim (Padre) Augusto Pedrosa, Santo Thyrso.

José (Padre) Raphael Rodrigues, Villa Pouca d'Aguiar.
José (Dr.) Leite de Vasconcellos, Lisboa.
José (Conselheiro) Thomaz Ribeiro Fortes, Porto.
Ricardo Severo da Fonseca e Costa, Porto.
Visconde de Meirelles.

Socios effectivos

Aarão (Dr.) Pereira da Silva.
Abel de Vasconcelhos Cardoso.
Abel (Dr.) de Vasconcellos Gonçalves.
Abilio (Padre) Augusto de Passos.
Abilio (Dr.) da Costa Torres, Vizella.
Abilio Rebello de Carvalho, da Cheshire, Liscard, Inglaterra.
Adelaide (D.) Sophia Monteiro de Meira.
Adelino (Dr.) Adelio Leão da Costa, Porto.
Adelino Lemos, Abrantes.
Adrião (Padre) Neves Saraiva.
Affonso (Major) Mendes.
Agostinho (Padre) Antunes de Azevedo, Lameira, Villa do Conde.
Agostinho Fernandes Rocha.
Albano Pires de Souza.
Alberto (Dr.) d'Oliveira Lobo.
Alberto (Dr.) Ribeiro de Faria, Taipas.
Alberto (Dr.) Rodrigues Ferreira da Silva.
Alberto (Conego) da Silva Vasconcellos.
Alcino (Capitão) da Costa Machado.
Alexandrino Pereira da Costa Guimarães.
Alfredo (Padre) João da Silva Corrêa.
Alfredo (Dr.) d'Oliveira Sousa Peixoto.
Alfredo (Dr.) Pimenta, Lisboa.
Alfredo da Silva Bravo, Vizella.

Alvaro da Costa Guimarães.
Alvaro da Cunha Berrance.
Alvaro (Dr.) José da Silva Basto, Coimbra.
Alvaro (Dr.) Ribeiro da Costa Sampaio, Famalicão.
Americo Vieira de Castro, Foz do Douro.
André (Commendador) Avelino Lopes Guimarães, Porto.
Anselmo (Padre) da Conceição e Silva.
Antonia (D.) d'Araujo Fernandes Leite de Castro.
Antonio Alves Martins Pereira.
Antonio d'Araujo Salgado.
Antonio Augusto d'Almeida Ferreira.
Antonio (Conselheiro) Augusto Fernandes Braga, Lisboa.
Antonio (Padre) Augusto Monteiro.
Antonio (Dr.) Baptista Leite de Faria.
Antonio Cayres Pinto de Madureira.
Antonio (Dr.) Coelho da Motta Prego.
Antonio (General) Eduardo Alves de Noronha.
Antonio de Freitas Pimenta Machado.
Antonio (Dr.) de Freitas Ribeiro.
Antonio (Conego) Hermano Mendes de Carvalho
Antonio José da Costa Braga.
Antonio José Fernandes.
Antonio José Pereira de Lima.
Antonio José da Silva Bastos.

Antonio (Dr.) José da Silva Basto Junior.

Antonio José da Silva Ferreira.

Antonio Leal de Barros e Vasconcellos, Fafe.

Antonio Leite de Castro Sampaio Vaz Vieira.

Antonio Lopes de Carvalho.

Antonio Lopes Martins.

Antonio Luiz da Silva Dantas.

Antonio (Dr.) Maria do Amaral Freitas.

Antonio Maria Rebello de Magalhães, Fafe.

Antonio (Padre) Mendes Leite.

Antonio Pereira da Silva.

Antonio (Alferes) de Quadros Flores.

Antonio (Conego) da Silva Ribeiro.

Antonio (Padre) Teixeira de Carvalho.

Antonio Teixeira de Carvalho Sousa Cyrne.

Antonio Teixeira de Mello, Porto.

Antonio (Tenente-coronel) Tiburcio Pinto Carneiro de Vasconcellos.

Antonio Vaz da Costa, Santa Leocadia de Briteiros.

Antonio (Dr.) Vicente Leal Sampaio, Povoa de Varzim.

Arthur (Dr.) Ribeiro d'Araujo Faria.

Augusto Ignacio da Cunha Guimarães.

Augusto (Dr.) José Domingues d'Araujo.

Augusto Mendes da Cunha.

Augusto Mendes da Cunha e Castro.

Augusto Pinto Arêas.

Augusto de Sousa Passos.

Aureliano Leão da Cruz Fernandes.

Avelino (Tenente) Augusto da Silva Monteiro, Lisboa.

Barão de Pombeiros de Riba Vizella.

Baroneza de Pombeiro de Riba Vizella.

Bento José Leite.

Bernardino Rebello Cardoso de Menezes.

Cacilda (D.) Neves de Castro Guimarães.

Carlos (General) Maria dos Santos, Porto.

Christina (D.) Martins de Queiroz Montenegro.

Conde de Margaride.

Delfina (D.) Emilia Carneiro Martins.

Diniz Teixeira Lobo, Felgueiras.

Domingos Antonio de Freitas Junior.

Domingos Guimarães, Albergaria a-Velha.

Domingos (Padre) José da Costa Araujo.

Domingos José Pires.

Domingos José de Sousa Junior.

Domingos Marques.

Domingos Martins Fernandes.

Domingos Pereira Pinto de Sousa Lobo, Aveiro.

Domingos Ribeiro Martins da Costa.

Domingos (Dr.) de Sousa Junior.

Duarte (Capitão) do Amaral Pinto de Freitas.

Duarte (Tenente) Ferreri de Gusmão Sousa Fraga.

Eduardo (Dr.) Augusto de Freitas, Lixa.

Eduardo Lemos Motta.

Eduardo Manoel d'Almeida.

Eduardo (Dr.) Manoel d'Almeida Junior.

Eduardo Pires de Lima.

Eduardo da Silva Guimarães.

Emiliano Abreu.

Eugenio da Costa Vaz Vieira.

Ezequiel (Capitão) Augusto Roque de Carvalho Machado, Trancoso.

Felicidade (D.) Rosa de Araujo Figueiras de Sousa.

Fernando Antonio d'Almeida.

Fernando Augusto da Costa Freitas, Lisboa.

Fernando (Dr.) Gilberto Pereira.

Fortunato José Marques, Santa Leocadia de Briteiros.

Francisco Antonio Alves Mendes.

Francisco (Padre) Antonio Peixoto de Lima.

Francisco d'Assis Costa Guimarães.

Francisco (Padre) d'Assis Pinto dos Santos.

Francisco de Faria.

Francisco Ignacio da Cunha Guimarães, Pevidem.

Francisco Jacome.

Francisco Joaquim de Freitas.

Francisco José de Carvalho Oliveira Junior.

Francisco José da Silva Guimarães.

Francisco Lopes de Mattos Chaves, Porto.

Francisco Martins Fernandes.

Francisco (Alferes) Martins Fernandes Junior.

Francisco (Capitão) Martins Ferreira.

Francisco Ribeiro Martins da Costa (Aldão).

Francisco (Dr.) da Silva Garcia, S. Martinho de Saude.

Francisco da Silva Pereira Martins.

Francisco (Dr.) Xavier Canavarro Valladares, Cabeceiras de Basto.

Gaspar (Padre) da Costa Roriz.

Gaspar (Capitão) do Couto Ribeiro Villas.

Gaspar (Alferes) Ferreira Paúl.

Gaspar Loureiro d'Almeida Cardoso Paül, Porto

Gaspar Paúl Ribeiro da Silva Castro.

Gonçalo (Dr.) Loureiro Montenegro Dá Mesquita Paúl, Penafiel.

Gonçalo (Dr.) Monteiro de Meira, Arcos de Valdevez.

Henrique (Dr.) Cardoso de Menezes, Margaride.

Henrique de Sousa Corrêa Gomes.

Hermano (Padre) Amandio Mendes de Carvalho.

Jeronymo Augusto d'Almeida.

Jeronymo de Castro.

Jeronymo (Dr.) Gonçalves de Abreu, Silvares.

Jeronymo Gualter Martins Navarro Vaz de Napoles.

Jeronymo Ribeiro da Costa Sampaio, Rio de Janeiro.

João Antonio d'Almeida.

João (Dr.) Antonio d'Almeida Junior.

João Antonio Pereira Guimarães, Africa Occidental, Cubango.

João Antonio de Sampaio.

João (General) Augusto Pereira d'Eça de Chaby.

João (Abbade) Candido da Silva, Villa Nova de Sande.

João Cardoso de Menezes Martins.

João (Padre) Crysostomo Rodrigues de Faria.

João (Dr.) da Costa Santiago de Carvalho e Sousa.

João Eduardo Alves Lemos, Extremoz.

João de Faria e Sousa Abreu.

João Fernandes de Mello.

João (Dr.) Ferreira da Silva Guimarães, Albufeira.

João (Tenente) Gomes d'Abreu de Lima

João-Jacintho.

João Joaquim d'Oliveira Bastos.

João Lopes de Faria.

João (Dr.) Martins de Freitas.

João (Dr.) Monteiro de Meira, Porto.

João Pereira Mendes.

João (D.) Pedro Peixoto da Silva Bourbon.

João (Dr.) Ribeiro da Costa Sampaio Cardoso, Braga.

João Ribeiro Jorge.

João (Dr.) Rocha dos Santos.

João Rodrigues Loureiro.

João Velloso de Araujo.

Joaquim (Dr.) Augusto Machado.

Joaquim (Capitão) Bernardino Fernandes d'Azevedo, Braga.

Joaquim Cardoso Guimarães.

Joaquim (Dr.) da Cunha Machado.

Joaquim (Prior) Ferreira Freitas.

Joaquim José Marques Guimarães, Santa Leocadia de Briteiros.

Joaquim José da Silva Alves Moniz.
Joaquim Martins de Menezes.
Joaquim Penafort Lisboa.
Joaquim Pereira Mendes.
Joaquim Ribeiro da Silva.
José do Amaral Ferreira.
José (Reitor) Antonio Fernandes Guimarães, Fermentões.
José (Capitão) Antonio de Novaes Teixeira.
José (Commendador) Antonio Vieira Marques, Braga.
José Borges Teixeira de Barros.
José Caetano Pereira.
José Corrêa de Mattos.
José da Costa Carneiro.
José da Costa Santos Vaz Vieira.
José (Abbade) do Egypto Vieira, Braga.
José Felizardo Vieira, Mossamedes.
José Francisco Gonçalves Guimarães.
José (Commendador) Francisco Lisboa, S. Jeronymo — Braga.
José de Freitas Costa Soares.
José (Dr.) Joaquim d'Oliveira Basto.
José Lopes d'Almeida Guimarães, S. Paulo.
José Luiz de Pina.
José (Conego) Maria Gomes.
José (Dr.) Maria de Moura Machado.
José Mendes da Cunha.
José Mendes d'Oliveira.
José Menezes d'Amorim.
José Pinheiro.
José de Pinho, Amarante.
José Pinto Pereira d'Oliveira.
José Pinto Teixeira d'Abreu.
José Ribeiro Martins da Costa.
José (Dr.) Sebastião de Menezes.
José da Silva Guimarães.
José (Dr.) da Silva Monteiro, Monsão.
José de Sousa Lima.
José de Sousa Passos
José Teixeira dos Santos.
José (Tenente) Vieira de Faria.
Julio Antonio Cardoso.
Justino José da Silva.

Laura (D.) de Mattos Chaves Gonçalves.
Luiz (Capitão) Augusto de Pina Guimarães.
Luiz Cardoso de Menezes.
Luiz Dias de Castro.
Luiz José Gonçalves Basto.
Luiz (Commendador) Martins Pereira de Menezes, Marselha.
Luiz Martins de Queiroz.
Luiz (Tenente) Torquato de Freitas Garcia.
Magdalena (D.) Baptista Sampaio.
Malaquias (Alferes) Augusto de Sousa Guedes.
Manoel Augusto d'Almeida Ferreira.
Manoel Augusto de Freitas Aguiar.
Manoel Baptista Sampaio, Gondar.
Manoel Bezerra.
Manoel da Cunha Machado.
Manoel Fernandes Guimarães, Gondomar.
Manoel Ferreira Guimarães.
Manoel (Padre) Ferreira Ramos.
Manoel de Freitas Ferreira e Silva, Canciros.
Manoel Joaquim da Cunha.
Manoel José de Carvalho.
Manoel Lopes Cardoso, Ronfe.
Manoel Martins Barbosa d'Oliveira.
Manoel (Conego) Moreira Junior.
Manoel (Reitor) Ribeiro Cardoso, Silvares.
Manoel Vieira de Castro Brandão.
Maria (D.) Adelaide Monteiro de Meira.
Maria (D.) d'Araujo Fernandes.
Maria (D.) Beatriz Monteiro de Meira.
Maria (D.) do Carmo Lobo Leite de Castro, Felgueiras.
Maria (D.) do Carmo Pinheiro Osorio Sarmento, Lisboa.
Maria (D.) da Conceição Pereira Forjaz de Menezes.
Maria (D.) da Gloria de Sousa Bandeira.

Maria (D.) Josephina da Costa Freitas.
Maria (D.) d'Oliveira Almeida.
Maria (D.) Rita de Castro Sampaio.
Mariauno Augusto da Rocha.
Marianno da Rocha Felgueiras.
Mario Augusto Vieira.
Miguel (Dr.) Tobin de Sequeira Braga.
Narciso do Amaral Semblano, Nespereira.
Pedro (Dr.) de Barros Rodrigues.
Pedro (Dr.) Pereira da Silva Guimarães.
Roberto Victor Germano.

Rodrigo Augusto Lopes Pimenta.
Rodrigo (Capitão) Augusto de Sousa Queiroz.
Rodrigo (Dr.) de Freitas Araujo Portugal.
Rodrigo José Leite Dias.
Rosa (D) d'Araujo Fernandes.
Seraphim (Conselheiro) Antunes Rodrigues Guimarães, Braga.
Simão Alves d'Almeida Araujo.
Simão da Costa Guimarães.
Simão Eduardo Alves Neves.
Simão Ribeiro.
Thomaz Rocha dos Santos.
Visconde do Paço de Nespereira.
Visconde de Sendello

Benemeritos protectores

Casimiro Vasco Ferreira Leão, Moncorvo.
Domingos Martins da Costa Ribeiro, Lisboa.
Joaquim Ferreira Moutinho, Porto. ·

Rodrigo Venancio da Rocha Vianna, Rio de Janeiro — Brazil.
Visconde de Sanches de Baêna (fallecido).

Socios fallecidos

Agostinho (Dr.) Antonio do Souto (socio honorario).
Alberto (Dr.) da Cunha Sampaio (socio honorario).
Albano Ribeiro Bellino (socio correspondente).
Alberto Alves da Silva.
Anthero (Dr) Campos da Silva.
Antonio (Padre) Affonso de Carvalho.
Antonio Augusto da Rocha Peixoto (socio correspondente).
Antonio Augusto da Silva Caldas.
Antonio Augusto da Silva Cardoso (socio honorario)
Antonio Candido Augusto Martins.
Antonio da Costa Guimarães.
Antonio (D.) da Costa (socio honorario).
Antonio (Commendador) Fernandes d'Araujo Guimarães.

Antonio Ferreira dos Santos (socio correspondente).
Antonio (Padre) Gualberto Pereira.
Antonio Joaquim da Costa Guimarães.
Antonio Joaquim de Meira.
Antonio (Dr.) José da Costa Santos.
Antonio Peixoto de Mattos Chaves.
Antonio (Padre) José Ferreira Caldas.
Antonio José Pinto Guimarães.
Antonio Luiz Carneiro.
Antonio Mendes Guimarães.
Antonio Manoel d'Almeida.
Antonio (Dr) Manoel Trigo.
Antonio Martins de Queiroz.
Antonio da Silva Carvalho Salgado.
Augusto Leite da Silva Guimarães.

Avelino (Dr.) Germano da Costa Freitas (socio honorario).

Avelino (Dr.) da Silva Guimarães (socio iniciador).

Bernardino (Padre) Fernandes Ribeiro de Faria.

Braulio (Dr.) Lauro Pereira da Silva Caldas.

Caetano (Dr.) Mendes Ribeiro.

Carlos A. Bezerra do Rego Cardoso.

Conde de S. Bento.

Conde de Villa Pouca (socio honorario).

Condessa de Margaride.

Custodio (Padre) José Bragança.

Custodio José de Freitas.

Damião (Capitão) Martins Pereira de Menezes.

Domingos Antonio de Freitas.

Domingos José Ferreira Junior (socio iniciador).

Domingos José Ribeiro Guimarães.

Domingos Martins Fernandes.

Domingos Ribeiro da Costa Sampaio.

Domingos (Padre) Ribeiro Dias.

Eduardo d'Araujo Moura e Castro.

Eugenio da Costa Vaz Vieira.

Felix Antonio Lopes Guimarães.

Fernando de Vasconcellos Fernandes.

Fortunato (Padre) Casimiro da Silva Gama (benemerito protector).

Fortunato José da Silva Basto.

Francisco Antonio de Sousa da Silveira.

Francisco Joaquim Gomes Santa Cruz.

Francisco (Dr.) Martins Gouvêa Moraes Sarmento (1.º socio honorario.

Francisco Ribeiro Martins da Costa (socio honorario).

Francisco da Silva Monteiro.

Geraldo (Dr.) José Coelho Guimarães.

Gualter Martins da Costa.

Henrique (Dr.) Ferreira Botelho (socio correspondente).

Illydio (Dr.) Ayres Pereira do Valle (socio honorario).

Jeronymo Peixoto d'Abreu Vieira.

Jeronymo (Dr.) Pereira Leite de Magalhães Couto.

João Antonio Gouvêa Moreira Guimarães.

João (Abbade) Antonio Vaz da Costa Alves.

João Antunes Guimarães (socio honorario).

João (Tenente) Baptista Barreiro (socio honorario).

João Chrysostomo.

João de Castro Sampaio.

João (Dr.) de Deus (socio honorario).

João (Abbade) Gomes d'Oliveira Guimarães.

João Gualdino Pereira.

João Lopes Cardoso.

João (Dr.) de Mello Sampaio.

João Pereira da Silva Guimarães.

João Pinto Coelho de Simões.

Joaquim Antonio da Cunha Guimarães.

Joaquim Ferreira dos Santos.

Joaquim José da Cunha Guimarães (benemerito protector).

Joaquim Conselheiro) Maria Pereiro Botto.

Joaquim Martins de Macedo e Silva.

Joaquim Martins d'Oliveira Costa.

Joaquim Ribeiro Gonçalves Guimarães.

José Augusto Ferreira da Cunha.

José (Dr.) de Barros da Silva Carneiro. Marco de Canavezes.

José (Dr.) da Cunha Sampaio (socio iniciador).

José (Dr.) Eugenio d'Almeida Castello Branco.

José Ferreira Mendes da Paz.

José (Dr.) de Freitas Costa.

José Henriques Pinheiro.

José Joaquim da Costa.

José Joaquim Ferreira Monteiro.

José Joaquim Monteiro de Meira.

José (Dr.) Joaquim da Silva Pereira Caldas (socio honorario).

José Luiz Ferreira.

José Martins da Costa.

José Martins de Queiroz.
José Miguel da Costa Guimarães.
José da Silva Caldas.
Lopo (Conselheiro) Vaz de Sampaio e Mello (socio honorario).
Luiz (Dr.) Augusto Vieira.
Luiz Lopes Cardoso.
Luiz (Dr.) Ribeiro Martins da Costa.
Luiz dos Santos Leal.
Manoel (Conselheiro D. Prior) d'Albuquerque.
Manoel (Abbade) Augusto Esteves Vaz.
Manoel (Abbade) Duarte de Macedo (socio correspondente).
Manoel de Castro Sampaio.
Manoel (Commendador) da Cunha Guimarães Ferreira (socio honorario).
Manoel José de Cerqueira Junior.
Manoel Pereira Guimarães.
Manoel Pinheiro Caldas Guimarães.

Manoel Pinheiro Guimarães.
Manoel Ribeiro de Faria.
Manoel Ribeiro Germano Guimarães.
Maria (D.) Alexandrina Vieira Marques (socia honoraria).
Maria (D.) Macrina Ribeiro.
Marianno (Conselheiro) Cyrillo de Carvalho (socio honorario).
Marquez de Lindoso.
Nicolau José da Silva Gonçalves.
Pedro Belchior da Cruz.
Pedro Lobo Machado Cardoso de Menezes.
Rodrigo Augusto Alves.
Rodrigo (Dr.) Teixeira de Menezes.
Rufino Luiz Ferreira.
Theotonio (Dr.) Rebello Teixeira.
Thomaz (General) Julio da Costa Sequeira.
Thomaz Pedro da Rocha.
Visconde de Thayde.
Viscondessa de Roriz.

Lista dos jornaes e revistas que permutam com esta publicação

Jornaes diarios:

O Dia. Lisboa.
Diario de Noticias. Lisboa.
Diario do Norte. Porto.
Jornal de Noticias. Porto.
O Primeiro de Janeiro. Porto.

Bi-semanaes, semanaes e mensaes:

A Agricultura.
A Alvorada. Arcos de Val-de-Vez.
A Alvorada. Guimarães.
Archivo Bibliographico da Bibliotheca da Universidade. Coimbra.
Archivo Historico da Medicina Portugueza.
Boletim Annunciador de Benguella.
Boletim da Associação dos Architectos Portuguezes. Lisboa.
Boletim da Associação Central da Agricultura Portuguza.
Boletim da Associação Commercial e Industrial de Setubal.
Boletim da Associação dos Medicos do Norte de Portugal.
Boletim da Direcção Geral da Agricultura Portugueza.
Boletim da Sociedade Broteriana. Coimbra.
Boletim da Sociedade de Geographia de Lisboa.
Boletim da União dos Atiradores Civis Portuguezes. Lisboa.
Boletin de la Comisión Provincial de Monumentos Históricos y Artisticos de Orense.
Boletin de la Associasion Archeologica Romana.
Bolleti de la Societat Arqueologica Luliana. Ilhas Baleares — Palma.
Bulletin Historique du Diocese de Lyon.
O Bom Pastor.
O Bracarense.
O Commercio de Guimarães.
O Correio.
Desafronta. Famalicão.
Educação Nacional. Porto.
O Espozendense. Espozende.
A Folha. Ponta Delgada.
Gazeta da Figueira.

Gazeta dos Hospitaes do Porto.
Gazeta de Taboaço.
O Instituto. Coimbra.
Jornal da Creança. Angra.
O Legionario. Braga.
O Lusitano. Guimarães.
Luz e Verdade. Porto.
Mala da Europa. Lisboa.
O Oriente Portuguez. Nova Goa.
Portugal, Madeira e Açores. Lisboa.
O Progresso Catholico. Porto.
Revista Aeronautica. Lisboa.
Revista de Historia. Lisboa.
O Semeador. Lisboa.
Tiro e Sport. Lisboa.
O Vegetariano. Porto.
A Voz do Povo. Porto.

Revista de Guimarães

NUMERO ESPECIAL

FRANCISCO MARTINS SARMENTO

Cada exemplar . . . . **1$500 reis**

Os Argonautas, por F. Martins Sarmento.

exemplar . . . . **1$500 reis**

Documentos ineditos do seculo XII-XV, por Oliveira Guimarães (Abbade de Tagilde). [Separata da **Revista de Guimarães**].

Cada exemplar 500

Pedidos á Sociedade Martins Sarmento ou ao snr. Francisco Jacome — **Guimarães.**
No Porto, á venda na livraria Moreira, praça de D. Pedro.

REVISTA

DE

GUIMARÃES

PUBLICAÇÃO

DA

SOCIEDADE MARTINS SARMENTO

PROMOTORA DA INSTRUCÇÃO POPULAR NO CONCELHO DE GUIMARÃES

VOLUME XXX

1913

GUIMARÃES

Pap. e Typ. Minerva Vimaranense

Rua de Payo Galvão

1916

A Revista <del>Sciences do Porto</del> publica-se nos mezes de janeiro, abril, julho e outubro.

———

Cada volume, composto de quatro fasciculos, custa por assignatúra 600 reis; cada numero avulso 200 reis. Os portes do correio são á custa da empreza. As assignaturas são pagas adiantadas.

———

Os artigos publicados nesta Revista são, a todos os respeitos, da exclusiva responsabilidade dos seus auctores.

———

Toda a correspondencia deve ser dirigida á Direcção da SOCIEDADE MARTINS SARMENTO, **Guimarães.**

REVISTA

DE GUIMARÃES

———

VOLUME XXX—ANNO DE 1913

REVISTA

DE GUIMARÃES

PUBLICAÇÃO DA

SOCIEDADE MARTINS SARMENTO

PROMOTORA DA INSTRUCÇÃO POPULAR NO CONCELHO

DE GUIMARÃES

———

Volume XXX–Anno de 1913

GUIMARÃES
Pap. e Typ. Minerva Vimaranense
Rua de Payo Galvão
1916

João Gomes d'Oliveira Guimarães

Abbade de Tagilde

PAGANDO UMA DIVIDA

Á *Revista de Guimarães* só agora se depara ense-jo de prestar homenagem á boa memoria do que foi um dos seus melhores collaboradores, João Gomes d'Oliveira Guimarães, Abbade de Tagilde.

Soberanamente merecia este tributo de gratidão e saudade quem tanto e por tanto tempo a enriqueceu com muitos dos fructos da sua vida tão cheia e tão operosa. Durante trinta annos consecutivos as paginas d'esta *Revista* muito e bem alto disseram dos grandes predicados da sua individualidade, mostrando o escriptor com pulso e rutilas qualidades litterarias, de uma erudição verdadeiramente singular, alliando a um poder benedictino de investigação uma agudeza e força superior de espirito critico.

O desvelado e apaixonadissimo cultor da historia de Guimarães, que elle encontrou por fazer, aqui encetou a longa serie de estudos que em boa verdade constituiram, com os de Gaspar Estaço, os primeiros *rigorosos* trabalhos de investigação historica local.

Nesta *Revista* appareceram, além d'outros, artigos sobre a *Tinturaria vimaranense*, a *Alçada de 1828 em Guimarães*, os *D. Priores da Collegiada*, o *Convento de Santa Clara*, a freguezia de *Tagilde*, o *Couto de S. Torquato*, o *Couto de Ronfe*, a terra das *Caldas de Vizella*, as *Festas Camararias*, as *Epidemias em*

Guimarães, o *Theatro vimaranense,* o *Abastecimento de aguas.*

A estas monographias devem ajuntar-se os dois volumes em que historiou o culto de Santo Antonio e da Virgem no concelho de Guimarães.

Muitos outros trabalhos publicou o Abbade de Tagilde, mas a sua obra capital, monumento de saber e evangelica paciencia, são os *Vimaranis Monumenta Historica.*

Não pôde concluir a sua coroa de gloria. Mas deixou impresso o primeiro volume em cujos indices trabalhava quando a mortal doença o acommetteu.

Bem ganhou a sua vida o indefesso combatente que á posteridade legou tão grande espolio que ainda nesta hora, depois de desapparecido tambem João de Meira, se não enxergam hombros que dignamente retomem a tarefa em que a morte o colheu. E nesta desoladora verdade está o melhor argumento do valor excepcional do grande e querido morto.

ABBADE DE TAGILDE

Salvar do olvido, que parasitariamente viceja e medra na terra das sepulturas, nomes que a saudade de uns e o respeito de todos reclamam para a vida larga da posteridade, é a santa missão dos que, mingoados de recursos proprios, alguma coisa querem fazer para o futuro das sociedades.

Pede o a perfectibilidade e a tão fecunda solidariedade da especie.

Não é sem riscos o registo d'aquelles nomes.

Involvidos na atmosphera nevoenta e artificialmente temperada das nossas paixões, que nos impede a visão clara das coisas, possuidor da necessidade de amaciar asperezas que nos chocam no conspecto tão complexo das pessoas e do meio, constrangidos muitas vezes a indultarmos o que não é indultavel, a disfarçarmos a falta do bom ouro de qualidades reaes com a purpurina d'uma critica soezmente parcial, e a inaltecermos nos outros as nossas proprias qualidades, convertendo assim a critica numa autobiographia, quantos e quantos riscos que ameaçam de insuccesso a nossa collaboração naquelle registo!.

Santo Amaro! quantas recordações, quanta saudade nesta só evocação!

Eramos moços, somos velhos. Era uma alvorada illuminando-nos a azul tão sem nuvens da vida, é um crepusculo innoitando-nos com a caligem da treva a ultima hora da vida, que nos foge; era o *sursumcorda* das nossas aspirações, é a *omnia vanitas* dos nossos desenganos; era a espérança chamando-nos com os deslumbramentos d'uma miragem feiticeira, é a realidade tão triste, tão triste, que dolentemente suspira pela paz das sepulturas; era a arte na sua grande funcção — idealisando o real e realisando o ideal, é a negação apagando as luzes da fé, deslastrando-nos a alma de esperança, soterrando o amor no que elle tem de mais ethereo e divino com a caliça do egoismo no que elle tem de mais sordido e asqueroso; era o fervor crescente por um culto, é o furor trasbordante d'iconoclastas impenitentes e relapsos.

Cantava-se, chora-se, iamos para a vida, vamos para a morte. Havia nomes na sciencia, na litteratura, na arte e na politica, agora ha anonymos; os que podiam ter um nome escondem-se, por modestia? não, pelo receio do anachronismo.

Era—hontem, é—hoje, hoje talvez sem—amanhã.

Eu não sei bem se, contrariamente ao conceito d'um grande genio, as ruinas não são já o berço do futuro, mas só o tumulo do passado.

※

A sua naturalidade deu o nome, com que era conhecido entre condiscípulos e contemporaneos, ao futuro Abbade de Tagilde, que não foi só o parocho mais distincto e de mais valor no concelho de Guimarães, mas tambem um dos filhos que melhor honrou, serviu e bem mereceu d'esta terra tão venerandamente fidalga.

Com as suas qualidades de intelligencia e de trabalho, e na plena consciencia do seu valor relativo o Abbade de Tagilde seria grande em toda a parte.

Commemorar a sua vida escholar é recordar a

sua e minha mocidade, é — e valha-me isso para digni-
ficar este trabalho — obedecer, como me cumpria, ao
graciosissimo convite d'um amigo, que muito presei, e
que foi d'entre os jovens da nossa terra o mais devo-
ᵗᵉ do e consciente admirador do Abbade de Tagilde e
da sua obra. (1)

As lagrimas da minha dor e da minha saudade,
ainda agora e sempre tão sentidas, o *infandum reno-
vare dolorem* de ideaes batidos pela luz impiedosa e
crua d'esta hora de tão descaroaveis amarguras, dirão
aos homens de coração, que me honrarem com a sua
attenção, o que ha de doloroso e triste na minha obediencia.

Num dos numeros da *Revue française,* M. Paul
Raynal, fallando d'um dos homens de mais valor da
mentalidade franceza d'hoje, cita as seguintes linhas
d'um livro d'esse gentilissimo espirito — *Trente cinq ans
d'épiscopat,* e que definem o que foram os annos da
sua vida escholar.

«Nada eguala a tranquillidade, a paz intima e profunda, a suavidade serena e doce d'esses annos que lá
vão. A minha imaginação não precisa colloril os com
tons enganadores, nem decoral-os com fementidos encantos. Na minha mente desfila essa mocidade tão fervorosa e amavel em cujo seio achei corações tão nobres, e almas tão leaes, tão simples e tão puras. O
meu espirito revê nossos mestres tão veneraveis, pater-
naes e doces, levemente ingenuos, e prestigiosamente
encantadores na sua phisionomia grave, e nos seus cabellos brancos. Recordo o enthusiasmo dos nossos
estudos, o coriosissimo despertar dos nossos espiritos,
os ardis innocentes nas nossas relações com os nossos
professores... Que alegria tão communicativa a d'es-

---

(1) O mallogrado Dr. João de Meira. Mal eu cuidava que
havia de irmanar na dor d'esta commemoração os que irmanados
por um grande talento caminhavam com egual ardor na via aspe-
ra da sciencia em demanda da verdade e luz que os enamorava.

ses rapazes avidos de saber e preoccupados já com as disposições do mundo em que vão lançar-se.»

M. Raynal celebra calorosamente a ternura tão delicada, a graça toda original d'estas linhas.

Adoravel, diremos ainda. Foi assim a nossa mocidade. Depois... ai depois o egoismo esterilizador, a intoxicação pelas hypocrisias das convenções sociaes, o ardimento cego e louco nas luctas pela vida passaram sobre os nossos vinte annos, e as exuberancias das nossas floridas almas d'adolescentes eil-as murchas e queimadas mal sustendo nas suas hastes calcinadas as raras saudades que por lá vicejam.

Nem todos tinhamos talento, que é sempre o privilegio de bem poucos, mas havia em todos esse mixto de dedicação e generosidade, que é a bondade, e se, como diz Gounod, o homem se curva perante o talento, e ajoelha perante a bondade, todos estavamos bem servidos na partilha.

*

Por 1867 apparecia no lyceu de Braga, vindo de Coimbra, um rapaz, anonymo ainda, pois mal principiava o seu noviciado litterario, mas com talento e qualidades de trabalho mais que bastantes para conquistar um nome.

Era João Gomes d'Oliveira Guimarães. E' possivel que dos rapazes d'então nem todos lhe tenham retido o nome, mas não ha um que tenha esquecido o Santo Amaro. Sob esse nome viveu na nossa arcadia, como mais tarde na nossa estima, e agora na nossa saudade.

Tinha então o lyceu de Braga um corpo docente brilhantíssimo, e bem á altura das necessidades do ensino.

Para esses homens, que foram os nossos mestres, iam então os nossos respeitos de rapazes, como vae hoje a nossa saudade de velhos que já somos.

Todos desappareceram.

Todos, não; sobrevive ainda o nosso amigo snr. dr. José Alves de Moura, que pelo brilho inextinguivel do seu tão culto espirito, e pelos primores adoraveis do seu tão grande coração, é uma veneranda reliquia, em tudo digna d'esses homens de tão largo saber que foram os seus collegas e de tão carinhoso coração que foram os nossos mestres.

Perante as cathedras d'homens d'um tão alto relevo intellectual, scientifico e moral, perpassou então uma geração academica, em que ha nomes, que são o justo desvanecimento dos que tivemos a honra de ser seus condiscípulos e contemporaneos. Eram Gonçalves Crespo, Alfredo Campos, Antonio Candido, Manoel Marnôco, Arzilla da Fonseca, Conde de Felgueiras, Antonio Feijó, Visconde de Pindella, José Novaes, Conde de Arnoso, Dr. João Manoel Corrêa, D. Francisco José, Bispo de Lamego, Dr. Manoel Gama, Paulo Marcelino, Pereira e Cunha, Dr. Luiz José Dias, Dr. José Maria Rodrigues, Dr. Sousa Gomes, Silva Cordeiro, Dr. Dias da Silva, Dr. Fernandes Vaz, Dr. Sanches, Dr. Meira, e quasi no occaso da nossa vida escholar o santo e apostolico Senhor Arcebispo-Bispo da Guarda (1) que tão brilhantemente se está affirmando nesta hora o defensor indefesso e intemerato, *sans peur et sans reproche,* das liberdades da Egreja.

Nesta tão opulenta floração de talentos ha nomes, que são dos primeiros entre as mais lidimas illustrações da sciencia, da litteratura, da hyerarchia, da diplomacia, da politica e do magisterio, e o destaque numa geração que esmaltava os seus brazões com as tão rutilas fulgurações d'uma tal élite, é já uma consagração.

Essa não faltou ao nosso Santo Amaro. A ala luzida dos namorados da sciencia tinha na sua vanguarda mais um combatente, e bem podia creditar no activo dos seus valores mais uma gloria.

Santo Amaro principiou desde logo a revelar-se — era um moço com talento, e que queria saber.

A agudeza do seu espirito e o seu grande poder d'assimilação eram servidos por extraordinarias e invejaveis qualidades de trabalho.

Não se deixando narcisar pelos louros conquista-

---

(1) Hoje Arcebispo de Braga.

dos seguia ávante demandando louros novos. Cápua não estava no roteiro, que se tinha imposto para a sua peregrinação mental.

O estudante d'então deixava bem adivinhar o homem, que havia de morrer estudando. Assim á medida que ia alargando as fronteiras do seu saber, crescia na estima e consideração dos seus professores e condiscípulos. E com razão; a apotheose da mediocridade veio bastante depois, e consequentemente a incompetencia não tinha ainda o culto depois assignalado por Emile Faguet.

Todos os que passaram pelas escholas sabem bem quanto o juizo dos rapazes vale mais para medir o valor d'um condiscípulo do que o juizo dos mestres para o seu julgamento — o exame. Ha neste contingencias que se não dão naquelle. As honrosissimas distincções conquistadas por Santo Amaro nos seus exames mostram porém como era uniforme o juizo com que professores e condiscípulos aquilatavam o seu merecimento.

Entrando anonymo no lyceu de Braga Santo Amaro ia deixal-o tendo conquistado um nome, que se podia lisongear o seu bem entendido amor proprio, devia preoccupal-o pelas responsabilidades, que lhe impunha. Como espirito bem formado Santo Amaro sabia bem quanto *noblesse oblige*.

Eil-o que passa, e os que com elle terminavamos o nosso curso de preparatorios subíamos ás vergas veleadas pelos enthusiasmos dos nossos dezoito annos para, como a vencedor, o saudarmos com os *hurrahs* da nossa ordenança de moços.

*

Deixando o lyceu de Braga em 1872 tinhamos diante de nós o curso triennal de Theologia.

O Seminario de Braga era então o primeiro do paiz.

Que era uma universidade diziam todos os que conheciam e admiravam a alta competencia do seu corpo docente. Havia nelle professores como o Dr.

Gomes Martins, o primeiro theologo portuguez, d'então.

Recusando-se a ficar na Universidade, como mais tarde recusara uma mitra, passou a sua vida modestamente num quarto do Seminario como professor de Theologia dogmatica especial. Era um sabio e um santo. Que proficiencia nas suas prelecções, que segurança de doutrina, que fé a d'aquelle altissimo espirito! Lembra-me ainda, como ha-de lembrar a muitos dos meus condiscípulos, uma prelecção sua, que, entre muitas, nunca esquecerei. Fallava sobre a divindade de Jesus, numa linguagem muito sua, desataviada, bastante incorrecta por vezes como d'homem que só com ideias se preoccupa. O Dr. Martins faz uma synthese historica e critica de todos os erros e heresias que visam aquelle ponto de doutrina, como nunca ouvíramos, vinga a verdade catholica com acentos d'um enthusiasmo crescente, sóbe, sóbe e de repente a palavra some-se e cobrindo o rosto com as mãos curva-se sobre a cadeira. Chorava. Dir-se-ia que a razão humana guiara esse homem até á fronteira da sciencia, e que ahi a fé lhe segredara a grande, a suprema palavra que o homem recolhe na sua ascenção para Deus: adora. Extase e adoração eram aquellas lagrimas. Deus te pague, meu santo mestre, os proficientissimos ensinamentos do teu saber e as edificantissimas lições da tua santa vida!

Um outro ornamento d'aquelle tão distincto professorado era ainda o erudito P.e Martinho A. Pereira da Silva, honrado com a estima do grande Pontifice Pio IX. Um dos poucos sobreviventes da *entourage* de Oliveira Martins, que em recolhido e selecto cenaculo escutava uma despretenciosa conferencia sua sobre direito internacional, saudava-o ao terminar com estas palavras — a sua especialidade é a generalidade.

Da competencia e auctoridade do P.e Martinho em todos os ramos da tão vasta e difficil sciencia theologica podia bem dizer-se que a sua especialidade era tambem a generalidade. Eram ainda nossos professores Alves Matheus, que pela sua tão brilhante eloquencia foi uma das primeiras glorias da tribuna sagrada e parlamentar; o Dr. Lopes Figueiredo a cuja potentissima intelligencia só faltou o estudo para ser uma notabilidade, e outros, todos á altura das responsabilidades do ensino. Ao visto d'homens d'um tão alto valor ia Santo Amaro apresentar os seus titulos. Impunha-se ao seu brio a obrigação de não deixar murchar os seus louros. E não deixou, accrescentou-os.

As suas lições em Historia Ecclesiastica, uma notabilissima em Theologia Dogmatica sobre a prophecia de Daniel marcaram inilludivelmente a sua hegemonia intellectual. Das sabbatinas tão frequentes e tão temidas na vida escholar d'então uma houve, que ninguem esqueceu. Versava sobre suicidio, pena de morte e duello. Foram chamados Santo Amaro, Antonio M. de Seixas—o mallogrado Seixas, Julio Candido—o conhecido Abbade de Serzedo, Manoel Bacellar—o nosso Conego Bacellar, Manoel Miranda—o Mirandinha; e parece-me que o Dr. Pires de Freitas—hoje Abbade de Adaufe.

Era o escol do nosso curso. O professor da cadeira que era o fallecido Dr. Dias d'Araujo, e que seria hoje uma summidade se a morte o não surprehendesse prematuramente no meio dos seus aturadissimos estudos, desce á arena onde tão garlosamente se batiam aquelles rapazes. — Eu não discuto com V. Ex.ª diziam aquelles. Era a continencia respeitosa e gentil feita ao professor.

Depois professor e arguentes preliavam com um denodo e galhardia, que fizeram d'essa sabbatina a primeira entre todas da nossa carreira academica.

Dera a hora nesse dia com uma precocidade que todos lamentavamos, e o Dr. Dias radiante nos seus enthusiasmos de moço, pois moço era, parlamentava do alto da Cathedra com estas palavras: muito bem, meus Senhores, se um absurdo é sempre sustentavel por meia hora, com intelligencias como as que ahi estão pode sustentar-se por trez ou quatro horas. E ao sair os combatentes d'aquella hora acharam os braços de todos os seus condiscipulos abertos, anciosos de os abraçar num impulso de fraternidade authentica e sem suspeições como... adiante.

Ha na vida das escolas, entre rapazes de valor, invejas mal reprimidas e mal contidos despeitos.

E' humano. Temperemos com um pouco de indulgencia a severidade dos juízos dos puritanos. Pois

pode dizer-se, sem receio de desmentido, que d'isso
não havia entre os sessenta e tantos rapazes do nosso
curso. Se não fôra o desprimor para as gerações que
nos succederam poder-se-ia referir o juizo d'alguem
sobre o tão vivo e nunca desmentido espirito de solidariedade que tão intensamente animou sempre os nossos condiscípulos. Que nobreza naquella radiosa mocidade! No culto d'aquelle sentimento extremou-se
sempre Santo Amaro, do que deu uma prova bem con-
vincente no enthusiasmo tão communicativo com que
mais tarde promoveu e trabalhou para a festa do nosso jubileu escholar dos 25 annos volvidos sobre o termo da nossa vida academica em 1875. Terminados
neste anno o nosso curso deixava Santo Amaro o seminario, como deixara trez annos antes o lyceu — o
alumno justa e distinctamente laureado, tendo conquistado pelo seu estudo a consideração dos seus mestres, e pelos primores do seu espirito e do seu caracter a estima dos seus condiscípulos. Segue agora para o altar.

Padre! «Sabeis — deixai-m'o dizer com um genio
— o que é um padre, oh vós que vos desconcertaes
e sorrís desdenhosamente só com tal palavra? Um padre é por dever o amigo, a providencia viva de todos
os infelizes, o consolador de todos os afflictos, o defensor dos que não teem defeza, o amparo da viuva, o
pae do orphão. Toda a sua vida é uma longa e heroica immolação pelo bem dos seus similhantes. Dor-
mis ainda, e já o homem da caridade, precedendo a
aurora, começou o dia do seu trabalho e bem fazer.
Consolou o pobre, visitou o enfermo, enxugou as lagrimas do infortunio, ou fez borbulhar as do arrependimento, instruiu o ignorante, alentou o fraco, confirmou
na virtude as almas açoitadas pelas tormentas das paixões. Eis o padre».
A estas palavras de Lamennaes, antes da sua de-
ploravel queda, que accrescentar? A minha alma ena-
morada d'um ideal de grandeza moral, num brado soberbo de fé e enthusiasmo, nesta hora e em terras de

Portugal, accrescenta estas duas palavras apenas: tenho a honra de ser padre.

Santo Amaro fôra o estudante, o padre é agora o
Abbade de Tagilde. Para a sua grande missão e para
os seus subsequentes estudos, em ordem a alargar os
horizontes do seu espirito, não faltava ao Abbade de
Tagilde, como temos visto, a therapeutica moral que
Platão preconisava como indispensavel para á conquista da verdade.

O que foi esse padre, e sobretudo o que foi esse
parocho sabem-o todos os que tivemos o prazer de o
conhecer naquillo em que elle podia revelar-se. Como
flores mimosas que só vicejam no ambiente tepido das
estufas, ha na vida interior do padre virtudes que só
florescem no sacrario inviolavel da vida intima. Ex-
pol as á luz crua do sol é profanal-as.

Ha na psychologia do Abbade de Tagilde um caso,
que desconcerta os mediocremente versados na psychologia humana. Não é bem um caso psychologico; é
antes um caso de theologia mystica. Não o profane-
mos porém; do lado de lá o Abbade de Tagilde bra-
dar-nos-ia como Jehovah no cimo do Horeb: pára; é
santo o terreno que pisas.

Se os inimigos do padre fossem homens de coração, e quizessem com um criterio seguro — o conhecimento do coração proprio—julgar das luctas e tormentas, que tumultuam no coração do padre, e dos riscos,
que lhe accidentam a *via dolorosa,* oh no cimo do nosso Calvario, a jùstiça, numa hora de reparação, para-
phraseando a palavra d'ha 20 seculos bradaria tambem
— este homem era realmente o homem de Deus!

*

Do que foi o Abbade de Tagilde como jornalista,
escriptor e homem de sciencia melhor o dirá a sua
obra.

Do que foi como parocho dil-o com uma eloquencia superior a toda a eloquencia o que nós vimos em
Tagilde no dia 22 d'abril de 1912.

Morrera o Abbade de Tagilde; a nova consternou

e enlutou a generosa alma vimaranense apezar de preparada para o triste desenlace. Nesses dias de lucto
sentia-se bem que a vida não serve só para preparar
phosphatos, como quer o materialismo, e que para dores taes só ha balsamos e confortos na consoladora palavra do christianismo — a vida serve para preparar a
eternidade.

A expressão mais viva da grande dor d'aquella
hora estava nas lagrimas tão sentidas do povo de Tagilde.

Que bom que é o nosso povo, quando, trabalhado
satanicamente pela tão corrosiva perversão que tudo
ameaça gangrenar, conserva ainda no peito uma tão
próvida reserva d'affectos e carinhos. Nunca o Abbade
de Tagilde ambicionara mais eloquente oração funebre.

Prégavam aquellas lagrimas. Se lh'o não vedara
a santa discripção do evangelho, o Abbade de Tagilde
dir-nos-ia o preço porque lhe ficaram aquellas lagrimas — as necessidades a que acudira, as lagrimas que
enxugou, os gelos fendidos pelo seu amor, as chagas
que cicatrizou, os lares onde reaccendeu affectos o seu
verbo de paz, as trevas que illuminou com os seus ensinamentos, as virtudes que floriram sob o calor dos
seus exemplos, o bem que espalhou a mãos largas, todo o amor, todos os sacrificios da sua alma de apostolo.

Prégavam aquellas lagrimas. Diziam na sua tão
quente eloquencia como, em correspondencia com uma
tão extensa e tão intensa vida parochial, o povo cultiva
e acaricia o tão bello, o tão nobre, o tão raro sentimento de gratidão. Oh o tão raro sentimento de gratidão! No dia immediato áquelle em que se sepultou
Louis Veuillot, um dos mais altos engenhos da França, ao ver como todo o Paris da sciencia, da litteratura e da arte, onde Veuillot tinha aliás tantos adver-
sarios, accorrera a prestar-lhe a ultima homenagem, escrevia — como a morte abre horizontes! No dia em
que se sepultava o Abbade de Tagilde, nós, os que
com o lucto na alma e lagrimas nos olhos, acudiamos
a dizer o ultimo adeus ao santo amigo, que perdera-
mos, ao estranhar a ausencia de tantos que cortejavam
o Abbade de Tagilde, que lhe bateram á porta a
mendigar favores, que numa profanação repellente de

hypocrisia e doblez se diziam seus amigos, bem podia-
mos tambem dizer: como a morte abre horizontes, e em
horizontes assim abertos pela morte como é mais clara a
visão da pequenez e miserias da vida! A esthetica do
quadro ganhará talvez com essa sombra, mas o coração
humano perde e degrada-se com essa aberração. D'esse
esquecimento desforçar-se-ha a memoria do Abbade de
Tagilde com a perpetuidade que lhe garantem o valor
de toda a sua obra e a eterna saudade dos nossos corações amigos.

«Só se morre quando se quer» dizia Goethe, e se,
apezar da sua apparencia paradoxal, ha verdade num
tal conceito, o Abbade de Tagilde não morrerá.

*

Na hora da tua santa morte — a morte do justo
— bem podera o teu coração numa alternativa de do-
res.e esperança suspirar com.o cantor das *Méditations
poétiques:*
Viens donc, viens détacher mes chaines corporelles!
Viens, ouvre ma prison; viens, prête — moi tes
ailes!
Que tardes — tu? Parais; que je m'élance enfin
vers cet être inconnu, mon principe et ma fin.
Como a chamma deixando na terra as cinzas se
adelgaça, crepita e sobe para o alto, assim a tua bel·
la alma se evola para Deus, sacudindo as cinzas do
teu fragil involucro, num supremo anceio da paz que
não souberam dar-te as inclemencias da vida e dos homens.
Vae, borboleta sedenta de luz, deixa a treva, e
foge e vôa para o fanal das eternas claridades; vae,
ave sem ninho, demanda outros climas no ceu das
eternas primaveras; vae, pobre captiva, e lá em cima,
na patria, num arroubamento infindo, canta o hymno
dulcíssimo da tua libertação; vae... e perde-te e descança no seio amoravel de Deus.

Villa Nova de Sande
3o de Janeiro.

J. Candido.

O ABBADE

———

Quer a *Revista*, neste numero, pagar a sua divida de muita gratidão á memoria do ultimo abbade de Tagilde, seu collaborador illustre, ou mais que isto, seu principal sustentaculo.

E' justo, justíssimo que o faça. Já que lhe foi, somente, e tantos annos, motivo de cuidados e cancciras, sem o menor estipendio, ou recompensa, não deixe, ao menos depois da morte, de pôr-lhe em relevo os serviços.

Bem sei que não utilisam os que vão com as apreciações elogiosas dos que ficam. Rodeados pela aureola das suas virtudes ou mergulhados nas trevas dos peculiares defeitos, em nada lhes intensificam a claridade ou adensam as sombras louvores ou deprimencias.

Mas na rememoração saudosa do bem que prestaram ao patrimonio commum, quer no campo das especulações scientificas, quer nos dominios da caridade dulcificadora, acha o coração humano um certo lenitivo e tributo de indelevel reconhecimento. E sob o ponto de vista social este registo dos nomes e acções prestimosas, é, incontestavelmente, fonte d'abundantes estimulos, força geradora de civilisador progresso. Justissima e necessaria é, pois, esta carinhosa homenagem.

O extincto Abbade de Tagilde—João G. d'Oliveira

Guimarães—foi um egregio e persistente trabalhador! O estudo de documentos antigos, indispensavel á reposição da verdade historica na sua pureza primitiva, absorveu-lhe parte da muita actividade de que dispunha. Quando a morte o assaltou andava elle ainda em pacientes e conscienciosas investigações, com que ia, pouco a pouco, illuminando o passado da terra que lhe foi berço, ora revelando coisas desconhecidas, ora ferindo lendas e desfazendo erros que, com fóros de factos certos, narram obras de escriptores notaveis. Lembro-me perfeitamente das expressões sentidas e tom de desalento do muito erudito, talentoso e nunca esquecido Dr. João de Meira, quando ambos a caminho de Vizella, vínhamos de vizita-lo, em vesperas do seu obito—«O Abbade faz falta, muita falta. Entre mãos traz um trabalho que só elle é capaz de realisar».—

Verdadeiramente apaixonado pela Sociedade Martins Sarmento, devem-lhe os seus bellos museus, bibliotheca e *Revista* os mais relevantes esforços.

Não houve acto d'importancia desta benemerita e sympathica collectividade que o não encontrasse presente, e creio não exagerar, até, dizendo-o seu principal promotor.

Politico ardoroso e figura de destaque no partido em que militou, o Abbade de Tagilde preponderou na politica concelhia. Candidato a deputado contra João Franco, veio o actual regime encontrá-lo na presidencia da Camara Municipal, cujos rendimentos considerou, emquanto lá esteve, como gotas de suor do povo.

Mas não é como politico ou homem de lettras que eu quero neste momento encará-lo. E' como Padre, é como Parocho.

Se o nosso grande orador Raphael Melhão receou que as cinzas do Conde de Barbacena, ao tecer-lhe o elogio funebre, se indignassem no tumulo e que a voz do illustre morto lhe bradasse, em accento solemne, que o deixasse em paz ou, se era necessario á terra em que nasceu, fallasse d'elle apenas como christão, por maioria de motivos, pois se trata d'um sacerdote e pastor d'almas, devo eu temer um semelhante aviso. Que a verdade, portanto, me ensine a bosquejá-lo sob este ponto de vista!

De vida menos tranquilla que as aguas de remansoso lago, nunca o Abbade de Tagilde esqueceu, todavia, a sua qualidade de padre e o respeito devido á classe a que pertenceu. Foi sempre aprumado e limpo. Faltar-lhe-iam o fervor d'um apostolo e a caridade ardente d'um martyr, mas o que jamais lhe faltou foi a fé viva, operosa e communicativa d'um confessor. Era crente, no sentido rigoroso do termo, e assim, sem parenthesis, se manifestou, livre de quebrantos ou tergiversações, fraquezas ou respeitos humanos.

Vivendo numa epocha de desmoronamento social, em que o cléro a cada passo é alvejado, porque o principio religioso que representa reage constantemente contra as tentativas demolidoras, o Abbade passou através de tudo firme e impolluto.

Diga, embora, a critica que elle errou na interpretação d'um pergaminho ou assevére a politica que, em momentos de lucta, lhe fraquejou a serenidade, debilitada pela paixão, o que ninguem, porém, ousará insinuar sequer é que tivéra amortecimentos de crença ou desvios que de leve lhe roçassem a integridade moral.

Ao vê-lo frequentemente em Guimarães entregue a mistéres de politica e de administrações locaes ou rebuscando no pó dos archivos documentos dos tempos idos, alguem supporia, e não sem razão apparente, que o Abbade descurava a sua missão de Parocho ou negligentemente a exercia. Tem, na verdade, o cura d'almas serviços que se não compadecem com ausencias continuadas, deveres cujo cumprimento, de momento a momento, pôde ser exigido. Urge que esteja sempre prompto a proferir aquellas palavras que a La Harpe—quando mergulhado em funda tristeza e sem um raio d'esperança gemia nos carceres sombrios da republica—se lhe afigurou ouvir da boca dulcíssima de Jesus, no instante em que lia, ainda sceptico, «o melhor de todos os escriptos do homem,» o livro de Gersou—(1) «Eis-me comtigo, meu filho! Chamaste-me... aqui estou»—Mas o Abbade, apesar de tudo, nunca faltou.

_____

(1) R. de Lorgues.

Lá esteve tambem, sempre, no seu posto, embora, uma vez ou outra, na pessôa de substituto digno.

Nenhum povo da ribeira do Vizella teve então melhor instrucção religiosa, mais sollicitude na administração dos sacramentos, maior cuidado em chamá-lo a exercicios de piedade que o povo de Tagilde. E se do respeito e dedicação dos pastoreados ao Pastor é licito tirar argumento a favor do zelo d'este, o Abbade Oliveira Guimarães possuiu todo o direito a ser tido como dos mais modelares.

Tão sentida foi a sua morte, em Tagilde, de tanta dôr revestidos os funeraes que altamente impressionados de lá saíram os seus amigos que de longe foram prestar-lhe a ultima homenagem, dizer-lhe o derradeiro adeus.

E o povo só chora ou brame quando o pesar o opprime ou a indignação o fére. Nem artisticas lisonjas, nem maneiras estudadas, nem risos ou lagrimas faceis, nada ha nelle de postiço.

Chorava? Apenas na recordação dos beneficios recebidos, do carinho que lhe fôra dispensado, das qualidades do homem de coração, que desapparecia, poderemos encontrar a causa de tanta commoção, a origem de tanta saudade. Pranteava a perda do seu Abbade, porque o seu Abbade fôra bom.

Conego Moreira.

O PORTO DE BRACARA

———

Num livro recente, *(a)* do snr. José de Azevedo e
Menezes—*Ninharias, pag. 95*—vem uma referencia a
algumas paginas minhas, que termina d'esta maneira:
«Allude depois á estação de Aquis Celænis nestes
termos: *a unica maneira d'encarreirar á sahida de
Braga, o itin. de Braga a Astorga «per loca maritima», é suppô-lo partindo de Vianna: Aquis Celenis,
stad. CLXV (pela foz do Minho)»*. E commenta: «Ha
equivoco. A foz do Minho é em Caminha; e a do Lima
em Vianna». E, depois d'esta liçãosinha de chorogra-
phia, mais nada. Ora, que ha equivoco é certo, não
tem duvida nenhuma; mas é do auctor do reparo, não
meu. Pois, se a minha supposição, talvez mais estranha ainda do que lhe pareceu, é exactamente fazer
sair o *Iter per loca maritima* da foz do Lima, que necessidade tenho eu de tornar a fallar em Vianna, que
é o ponto de partida? A estação immediata, 165 stadios mais adiante, pela foz do Minho, é que é para
mim, nessa hypothese, *Aquis Celenis. (b)* De tudo

———

(a) Este artigo está em nosso poder desde a publicação do
dito livro, mas, tendo sido até agora suspensa a publicação d'esta
Revista, só agora pode ser publicado.
(b) Tambem a pag. 83 da mesma obra se quer que Albano
Bellino tivesse dito *por milha* em vez de dizer *por passos*. Mas,
verdade, verdade, porque não ha-de fallar em passos quem conta
por milhas? porque não ha-de fallar em metros quem conta por
kilometros?

isto, porém, o que puderá deprehender-se com mais
segurança é que fui pouco claro na exposição da minha
hypothese e, embora a sciencia nada tenha a ganhar
com isso, como tambem o prejuízo de duas ou três
paginas inuteis não é grave, aventure-se uma explanação mais ampla do caso.

O *Iter per loca maritima mpm CCVII* por onde
seguia á sahida de Bracara? Contador d'Argote e a
maior parte dos antiquarios levam-o a Fão, é a opinião
classica; 'mas ha quem a combata. Bellerman leva a
estação de Aquis Celenis para as proximidades de Caminha, pouco mais ou menos por onde eu tambem á
figurei; o snr. Christovam Ayres leva-a a Vianna,
d'onde eu fiz partir o Iter. Examinemos primeiro o sys-
tema d'Argote.

a) Argote foi arrastado á suá opinião pela necessidade de encontrar um trajecto *maritimo* até á 1.ª
estação, visto a distancia ser contada em stadios; mas
esta razão não colhe, porque chamar a um trajecto pelo
rio Cavado um trajecto *per loca maritima* é sempre
uma liberdade demasiado poetica. Dada pois a situação
de Bracara, o que pareceria é que o *Iter* de que se
trata está decapitado, que lhe falta a 1.ª estação, cuja
distancia seria naturalmente contada em milhas.

b) O itinerario, que estamos examinando, é o
d'uma viagem para norte, Vigo, Brigancia. Quem de
Braga quizesse ir para o norte da Gallisa, num tempo
em que os caminhos de ferro com subsidio kilometrico
nem ainda na tinta estavam, difficilmente se lembraria
de traçar a sua estrada por Fão. Caminhando directamente até á foz do Lima, poupava cerca de duas leguas
de viagem e embarcava logo com qualquer tempo por
assim dizer.

c) A estrada de que se trata parece ser o troço
terminal d'uma outra, que vem d'Astorga, ou de
mais longe, e da qual não ha marcos milliarios; portanto provavelmente pre-romana e certamente muito

frequentada, como estrada de penetração commercial no noroeste da Hespanha. Sendo assim, não é crivel lhe dessem uma entrada por mar só francamente aproveitavel, e na melhor das hypotheses, em tempo de inverno, o menos proprio para viagens, como será o trajecto pelo Cavado; nem que o morgado de Pouve pudesse nunca ou mesmo quizesse (e muito menos no seculo XV, em plena epocha de resurgimento maritimo) tolher com as suas azenhas de Maresses a navegação do rio.

d) Se, admittidas estas duvidas quanto á travessia fluvial, se quizer appellar para a hypothese d'uma estrada terrestre, mais ou menos ao longo e á margem do leito do rio ás difficuldades expostas accresce a do augmento do encommodo, seria necessario explicar, porque razão a um caminho directo era preferido o mais longo, ao mais facil o mais difficil.

O snr. José de Menezes lembra os nomes de *bouça da Barra* e *Porto de Mortim;* mas esses nomes de Barra e Porto são vulgares no interior, nada podem provar. Quanto á Furada, que vem do rio *furar* o quer que seja, e o *canal de ligação* inventado *de toutes pièces,* e o rio Torto a dar essa ligação á sahida de Braga, como ponto de partida d'uma viagem para os mares da Gallisa, parecem-me como seixos rolados com que a gente, á falta de melhor material, pensasse construir um edificio, que á primeira rajada de vento se esborôa.

Posta pois de parte a identificação de Aquis Celenis e Fão, a que nos havemos nós de soccorrer para lhe fixar a situação? E' facil em parte, desde que ha um ponto certo tão proximo como Vicus Spacurom, Vigo. Vejamos. Da estação de embarque, estação X, a Aquis Celenis ha 165 stadios de distancia; d'esta a Vigo 195; ao todo 360, ou seja 66.600 metros, á razão de 185 por stadio. Esta distancia, medida pelo littoral, de Vigo para sul, leva exactamente á foz do Lima, que ficaria sendo a estação X, o ponto de partida da jornada. Medindo agora da foz do Lima para norte á procura de Aquis Celenis, 165 stadios, ou de Vigo para sul 195, encontramos-nos sempre na Punta Basar. Ficaria ahi a estação que se procura? Duvido; mas deve estar por perto. Eu imagino-a pelas margens da foz do Minho, como as outras estações para norte,

reram ao juiz lhe desse inteiro cumprimento e o fizesse trasladar e autenticasse na forma do dito alvará; e, visto pelo juiz seus requerimentos e o estado e forma em que se achava o cartorio, mandou que em tudo se desse cumprimento ao alvará e logo se deu principio ao traslado. (fls. 1 e 2).

Alvará em que el-rei, a requerimento do D. Prior, D. Pedro de Souza, e dos dignidades, conegos e cabido, lhes faz mercê para que o juiz de fóra da villa de Guimarães faça autenticar os livros necessarios e nelles trasladar os papeis antigos da collegiada.

Foi passado em Lisboa àos 12 d'agosto de 1688. (fls. 3 e 4).

1.º

Doação e demarcação do couto de S. Torquato, feita na era de 1211 por el-rei D. Affonso Henriques e seus filhos, el-rei D. Sancho e a rainha D. Theresa, a D. Pellagio prior do mosteiro de Santa Maria e de S. Torquato e aos seus frades.

Entre os presentes que assistiram foram : Pedro Amarello, prior de Guimarães, D. Mendo, prior da Costa, Villano, vigario de Guimarães, Fernaõdo Bispo.

Escripta em latim. *(a)* (fls. 4 v.º a 5 v.º).

2.º

Traslado d'uma sentença sobre a jurisdicção do couto de S. Torquato, dada por el-rei D. Affonso IV em 13 de março da era de 1374.

Foi passado em Guimarães, na rua dos Mercadores, aos 13 de julho do anno de Christo de 1471, a pedido de João de Barros, conego de Braga e prior do mosteiro de S. Torquato, representado por João Gonçalves, mestre da grammatica e procurador dos do numero d'esta villa, mandado passar por Gomes Affonso, escudeiro vassallo d'el-rei e juiz n'esta villa, a Luiz Vaz,

---

(a) Cada um dos documentos está autenticado pelo escrivão do Tombo. Este documento publica-se no «Vimaranis Monumenta Historica» sob o n.º CXI a folhas 94.

vassallo·· aposentado d'el-rei e tabellião nesta villa e seus termos pelo duque, de que foram testemunhas Fernão Lopes, escrivão das cisas, João Alvres, filho que foi de Pero Alvres escudeiro, Gonçalo Fernandes, abbade de S. Martinho de Seidões e João Fernandes, clerigo, moradores nesta villa. *(b)* (fl. 5 v.º).

3.º

Publica forma da carta d'el-rei D. Affonso III, dada em Guimarães a 12 de julho da era de 1300, concedendo a Pedro Nunes, prior de S. Torquato e seu convento, a jurisdicção do couto de S. Torquato e que nomeem juiz quem e quando quizerem.

Passada, em latim, por Pellagio Esteves, tabellião de Guimarães, mas não tem data. *(c)* (fl. 8 v.º).

4.º

Carta d'el-rei D. Affonso III, dada em Lisboa a 19 de fevereiro da era de 1314, mandando ao Alcaide Juiz de Guimarães que saiba os homens que britaram os coutos da Sua egreja de Santa Maria de Guimarães e que fizeram mal e força nos homens que moram nesses coutos e nos outros herdamentos da dita egreja e vejam todas as cousas que lhe tomaram e as faça de todo entregar á mesma egreja, emprazando-os a irem perante a côrte responder a el-rei e á sobredita egreja dos encoutos que britaram, e Lhe mandassem dizer os nomes dos cavalleiros e dos homens e das dónas que isto fizeram e o dia em que deviam apparecer perante a sua côrte, etc. *(d)* (fl. 9 v.º).

5.º

Carta d'el-rei D. Diniz, dada em Torres Vedras

(b) A sentença publica-se sob n.º CCCX na citada obra a folhas 401.
(c) A carta publica-se sob n.º CCLXII da mesma obra a folhas 337.
(d) Publica-se sob n.º CCLXVIII da referida obra a folhas 340.

aos 13 de novembro da era de 1348, confirmando a carta d'el-rei D. Sancho II, dada junto a Coimbra aos 28 de janeiro da era de 1267, sobre os privilegios e guarda do couto de S. Torquato, sendo prior do mosteiro João Peres. *(e)* (fl. 10).

6.º

Carta, passada em Lisboa aos 10 d'agosto da era de 1352, em que el-rei D. Diniz toma debaixo da sua protecção a Pay Perez, prior do mosteiro de S. Torquato, aos seus frades, mosteiro e seus homens, herdamentos e possessões. *(f)* (fl. 11).

7.º

Carta d'el-rei D. Duarte, dada em Santarem a 27 de novembro do anno de Christo 1433, em que confirma todas as graças e privilegios do mosteiro e couto de S. Torquato. (fl. 12).

8.º

Carta d'el-rei D. Pedro I, dada em Santarem aos 2 de maio da era de 1400, por o prior e mosteiro de S. Torquato lhe dizerem tinham perdido a que lhes havia dado, passada em Coimbra a 21 d'outubro da era de 1395, em que confirma todos os privilegios e graças ao dito prior e mosteiro. *(g)* (fl. 12 v.º).

9.º

Carta d'el-rei D. João I, dada em Braga aos 24 de dezembro da era de 1425, confirmando todos os privilegios do prior do *nosso* mosteiro de S. Torquato; «el rei o mandou por Alvaro Gonçalves Machado escolar em leis, seu vassallo e corregedor da sua côrte

---

(e) Idem sob n.º CCXCII idem a folhas 391; a carta de D. Diniz é em portuguez e a de D. Sancho em latim.
(f) Idem sob n.º CCXCIV idem a folhas 392.
(g) Idem sob n.º CCCXVII idem a folhas 406.

a que esto mandou desembargar, Vasco Affonso a fes». (fl. 13 v.°).

10.° (h)

«Sub Imperio Sanctæ et individue Trinitatis Patris, et Filii, et Spiritus Sancti qui manet ac permanet in sœculla sœcullorum amem. Electus est in regno Ferdenandus serenissimus Rex filius Santii Regis et Muma Dominœ Reginœ et ejus conjux Santia Regina prolix Adefonsi regis, et Gelloire Regina, et per Ordemnationem Domini Jesu Christi pervenimus in locum Cenobii Vimaranes, quœ est fundata ad radicem montis Latito inter bis alveis vehementibus Ave, et Avisella territorio Bracharen, in quo Cenobio reconditœ sunt.

Não se continua este traslado por conter sómente das reliquias dos Santos que estão na Igreja de S. Torquato.» (fl. 14 v.°).

10.°

Doação do padroado das egrejas de S. Cosme da Lobeira e de S. Romão de Rendufe, feita a Lourenço Martins prior e seu convento do mosteiro de S. Torquato e ao dito mosteiro, por Pero do Cernado da freguezia de S. Romão, Marinha Domingues e Domingos Peres seus filhos, Domingas Domingues, mulher d'este, Marinha Domingues, filha de Domingos de S.ta Martha e de Domingas Peres, Domingas Domingues, filha de Domingos Esteves da Lama, Senhorinha Domingues Darões sua irmã, Antoninho Peres neto de Domingos da Lama, João Linhares abbade de S. Pedro de Queimadella, João Esteves de Travassós e Pero Esteves clerigo.

Foi escripta no dito mosteiro por Gonçalo Martins escrivão jurado dado por el-rei a João de Braga seu tabellião em Guimarães, que tambem esteve presente, aos 2 de fevereiro da era de 1387, sendo testemunhas Martim Gil, Vasco Affonso tabellião, Pero Martins

---

(h) Este numero está traçado.

conego de. Guimarães, Lourenço Gomes frade do dito mosteiro e outros. *(i)* (fl. 14 v.º).

11.º

Doação do padroado da egreja de Rendufe, feita ao prior Lourenço Martins e seu convento de S. Torquato por João Domingues, filho de Domingos de Villa Cova e de sua mulher Luiza Paes, Lourenço Domingues, Maria Joannes, João do Casal e Maria Joannes.

Foi escripta em Guimarães aos 9 de fevereiro da era de 1387 pelo supramencionado Gonçalo Martins, sendo testemunhas Martim Gil, Nicolau Geraldes, Lourenço André e outros. (fl. 15 v.º).

12.º

Doçumento igual ao n.º 10.º, ipsis verbis, mas mencionando somente a egreja de Rendufe e não a de Lobeira, e a Marinha chama-lhe Maria. (fl. 16 v.º).

13.º

Outra doação do padroado da egreja de Rendufe, feita aos mesmos prior e mosteiro dos documentos anteriores, por Affonso Gonçalves escudeiro, filho que foi de Gonçalo Martins, morador que foi de Lamego e neto de Martim.Peres escudeiro de Rendufe.

Escripta por Gonçalo Martins, aos 15 de fevereiro da era de 1387, sendo testemunhas Gonçalle Annes, Lourenço Franco, Affonso Thesouras e outros. (fl. 17).

14.º

Traslado, passado na Torre do Tombo aos 4 de março de 1717 por provisão d'el-rei D. João V de 28 de janeiro do mesmo anno, d'uma carta d'el-rei D. Affonso V dada em Guimarães aos 14 d'agosto do

---

(i) Em todos os documentos onde se disser depois dos nomes individuaes «e outros» é conforme está escripto, sem dizer quem são os outros.

anno de 1443, pela qual confirma todos os privilegios e graças concedidos ao *nosso* mosteiro de S. Torquato. (fl, 18).

15.º

Doação do padroado da egreja de S. Cosme da Lobeira por Cibrão Gonçalves de Lobeira, Martim Annes de Covas, Domingos Domingues do couto de S. Torquato, João da Longra, Domingos Peres da Longra, seu irmão, João Domingues e Martim Martins do dito couto,. Domingos Martins, da freguezia de S. Torquato, Pero Domingues, Maria Paes, mulher de Cibrão Gonçalves de Lobeira, Maria Peres, do referido couto, Liança Peres, da freguezia de Rendufe, Senhorinha Domingues, filha· do *Celleiro* (sic), Pere Esteves, clerigo, seu irmão,. Lourenço Esteves, Maria Domingues, mulher de Pero Domingues, Domingos Gil, Domingos Trocade, Domingos Domingues do Pombal, Lourenço Peres, da freguezia de S. Torquato, Maria do Sisto, Martim Joannes, filho de João Dias, Joanne Esteves e Pero Janeiro, ao prior Lourenço Martins e convento do seu mosteiro de S. Torquato.

... Escripta aos 2 de fevereiro da era de 1387 pelo mesmo escrivão do documento 10.º, estando presente o tabellião nelle mencionado, e foram testemunhas Pero Martins, conego de Guimarães, Domingos Paes de Brito, João Peres, do dito couto e outros. (fl. 19 v.º).

16.º

Confirmação feita em Braga pelo arcebispo D. Lourenço, aos 18 d'outubro da era de 1412, da união ou annexação das egrejas de S. Cosme da Lobeira e S. Romão de Rendufe ao mosteiro de S. Torquato, que tinha feito «o honrrado eSages Dom Guilhem Pillote entom vigario geral» do arcebispo D. Guilherme, por sua commissão e do seu cabido, cuja união foi mostrada por Lourenço Martins prior do mosteiro. (fl. 20 v.º).

17.º

Carta, em latim, de confirmação ou collação de João Rodrigues, ·conego regular do mosteiro de S.

Lanhoso, annexa de S. Torquato, que João Formoso, clerigo da diocese de Braga, estante na villa de Guimarães, notario apostolico, deu, perante Affonso Fernandes, lavrador e caseiro da dita egreja de Lanhoso, e Gonçalo Lopes, freguez da mesma, ao conego Luiz Vaz, como representante do cabido de Guimarães, sobre cuja egreja o cabido tinha obtido em Braga sentença contra Alvaro Rodrigues Dazeredo.

Foi tomada a posse a 9 de março de 1493, sendo testemunhas Martim Annes, clerigo de missa e abbade de Souto, e seu creado Martim Vaz, clerigo de evangelho, e os ditos freguezes e muitos outros. (fl. 37).

26.º

Carta do arcebispo de Braga, dada em Braga a 15 d'outubro de 1507, mandando aos seus visitadores não constranjam mais os capellães e curas das egrejas de S. Torquato, S. Gens e Tollões, a mostrar carta de cura passada por si ou por seus officiaes, pois estão escusos d'ella em virtude da Bulla que as annexou ao cabido de Guimarães com a clausula de que as ditas egrejas sejam regidas por capellães removiveis ad nutum do cabido. (fl. 38 v.º).

27.º

Escriptura feita na nota do tabellião João de Faria, aos 4 de julho de 1629, pela qual a confraria do Santíssimo Sacramento, da freguezia de S. Torquato, se obriga a fabricar a sua sacristia para seu uso e das mais confrarias da dita egreja, sem que os vigarios lhe estorvem, porque tinham requerido ao cabido de Guimarães, padroeiro, para poderem fazer a dita sacristia, o qual lhe deferira em 5 de maio do mesmo anno, e sem prejudicar aos freguezes o direito que tinham de não fabricarem a capella-mór. (fl. 39 v.º).

28.º

Alvará passado pela camara municipal de Guimarães em 9 de dezembro do anno de 1475, para que os moradores de S. Torquato não paguem relego ao concelho, conforme os seus privilegios, o qual pagavam ha 14 annos, desde que o mosteiro foi em poder de João de Barros, e agora os aconselhou a protestar e a pedir este alvará o conego mestre escola Lourenço Affonso d'Andrade e o conego Vicente Martins, por parte do cabido.

Foi escripto por Rui de Castro e assignado por Gomes Martins, Affonso de Lemos, Fernão Vaz e João Annes. (fl. 41).

29.º

Traslado da sentença dada em Barcellos a 13 de janeiro de 1501 por Lopo Vaz, escudeiro do duque de Barcellos, D. Jaime, e seu ouvidor em suas terras de Entre Douro e Minho e Beira, em como a agua da foz de Real era do mosteiro de S. Torquato e não de Gil de Poveiras, da freguezia de Segade, do termo d'esta villa.

O traslado foi passado no paço do concelho de Guimarães em 30 do mesmo mez e anno, onde em audiencia, perante Affonso de Lemos, escudeiro e juiz ordinario nesta villa pelo duque, pareceu o dito Gil de Poveiras, lavrador e morador na freguezia de S. Torquato, pedindo o traslado da sentença que o cabido houvera contra elle, sobre aguas, e era em poder do tabellião Gonçalo Annes, que foi quem o trasladou, sendo testemunhas Affonso Annes, Payo Vieira, Nuno de Vargas e outros. (fl. 42).

30.º

Sentença que o cabido houve contra o corregedor de Guimarães, dada na supplicação em Lisboa aos 22 de junho de 1572, sobre a repartição da terça do pão do couto de S. Torquato, a qual devia ser feita pelo juiz do dito couto e não pelo corregedor. (fl. 44 v.º).

31.º

Sentença de desaggravo, havida pelo cabido contra a camara de Guimarães, porque os rendeiros da egreja de S. Torquato e suas annexas (S. Cosme da Lobeira e Rendufe que em tempo foi uma só freguezia) não deviam terçar senão deante do juiz do couto de S. Torquato.

Dada no Porto a 10 de dezembro de 1596. (fl. 47 v.º).

32.º

Traslado da sentença que o cabido houve no dezembargo, dada no Lumiar a 6 de fevereiro de 1526, sobre as coimas do couto de S. Torquato, mandando ás justiças de Guimarães não se mettam na jurisdicção civel do mesmo couto.

Estando dentro, no Padrão fronteiro á collegiada, em 8 de junho de 1528, João Lourenço juiz de fóra pelo duque com alçada de el-rei, o meio conego Diogo Gonçalves apresentou-lhe a sentença e pediu d'ella publica forma, que logo passou João Alves de Azeredo, tabellião de Guimarães pelo duque, que a conferiu com o tabellião João Ribeiro. (fl. 51 v.º).

33.º

Sentença que o cabido e Amaro Fernandes e Mathias Gonçalves, moradores no couto de S. Torquato, houveram na relação do Porto a 24 de maio de 1602, contra o sargento mór de Guimarães, Antonio Pereira de Castro, que havia prendido na cadeia da correição o Amaro e o Mathias por não irem aos alardos, para que não obrigasse os moradores do couto de S. Torquato a irem aos alardos, por serem privilegiados das taboas vermelhas de Nossa Senhora da Oliveira. (fl. 55 v.º).

Tem o cumpra-se, posto pela camara de Guimarães em 8 de junho de 1602.

34.º

Sentença da supplicação, dada a 29 d'abril de 1581, para que os moradores do couto de S. Torquato não paguem a finta para pontes, fontes, calçadas, &, que a camara de Guimarães lhe havia lançado. (fl. 58 v.º).

35.º

Sentença dada em Guimarães pelo licenceado Antonio Rodrigues de Figueiredo, juiz de fóra «em esta muito notavel e sempre leal villa de Guimarães» a 3 de fevereiro de 1617 e publicada em audiencia a 9 do mesmo mez e anno, a favor do cabido e contra Custodio Moreira morador no Assento do couto de S. Torquato que queria pôr taberna no dito sítio, a qual manda que os caseiros do Assento não façam ahi taberna, do que já haviam feito contracto em 30 de janeiro d'este anno.

Foi passada por Braz de Meira Peixoto, tabellião do auto judicial. (fl. 61 v.º).

36.º

Sentença da supplicação, dada em 19 de maio de 1574 a favor do cabido e contra Pero Gonçalves, Margarida Gonçalves, Maria Pires, Pero Gonçalves das Figueiras, Pero Affonso, João Pires de Sendim e outros reus moradores na freguezia de Gonça, sobre a agua que nasce na veiga de Freitas e vem ao mosteiro de S. Torquato, ser do mesmo mosteiro.

Auto da posse da agua, tomada por 2 conegos, nos campos abaixo da Veiga de Freitas, junto á poça do Trigal, onde foi o dr. corregedor Bernardo da Serra, que fez pergunta a Gonçalo Pires de Sendim, Francisco Annes, João Gonçalves de Sendim, Bastião Gonçalves de Fontella, Pero Gonçalves de Fundo de Villa, Violante Fernandes viuva e Isabel Gonçalves da Silva, reus, se tinham razão de embargos &.ª; era jurado da freguezia de S. Romão do Xisto João Pires e foram presentes Heitor de Meira, tabellião nesta villa, Affonso Alves Fontes, porteiro d'esta correição, João Gonçalves, porteiro, e Antonio do Canto, escrivão que o escreveu a 29 d'abril de 1578. (fl. 66 v.º).

37.º

Sentença e sobre sentença, dadas na supplicação em 20 de novembro e 5 de dezembro de 1589, contra o arcediago de Fonte Arcada, que era Bartholomeu do Valle, sobre os 2 regos da agua que vem da Veiga de Freitas ao mosteiro de S. Torquato pertencerem ao mesmo mosteiro e não ao arcediagado. (fl. 73 v.º).

38.º

Sentença, dada pelo ouvidor em Guimarães do duque de Barcellos, Lopo Vaz escudeiro da casa do duque, em Barcellos, a 13 de janeiro de 1501, a favor do cabido e contra Gil de Poveiras, sobre a agua da levada de Real, pertencente ao mosteiro de S. Torquato.

Posse de restituição da dita agua, que o juiz ordinario d'esta villa, Affonso de Lemos, mandára que Duarte Leitão alcaide d'esta mesma villa a fosse dar por si ou por outro, que Gonçalo Annes, tabellião, com João Deiras, homem da alcaidaria da villa foi á levada de Real do couto de S. Torquato e deu-a ao conego Pero Gonçalves que foi sacristão, representante do cabido, em 29 de janeiro de 1501.

Do mandado para a posse foram testemunhas Nuno de Vargas, João de Neiva, Affonso Annes e Payo Vieira, todos tabelliães nesta villa. (fl. 87 v.º).

39.º

Sentença dada na supplicação a 27 de maio de 1659 em que declara que é do «deão e cabido de Guimarães» a agua que vem da Veiga de Freitas e não é dos moradores de Gonça; esta demanda durou alguns annos. Na vistoria de 24 de outubro de 1652 esteve o dr. Balthazar Barbosa de Araujo, corregedor de Guimarães, e Francisco da Rocha Gamardo, procurador do cabido; e na de 16 de junho de 1655 o dr. Francisco Moreira de Freitas, do dezembargo de S. M. syndicante que servia de corregedor, e Antonio Nogueira, escrivão dos reguengos.

Sobre sentença da supplicação, dada em 28 d'abril de 1661.

Auto de posse e restituição em 6 de setembro de 1661 a que esteve presente o dr. Diogo de Carvalho Cerqueira, corregedor. (fl. 90 v.º).

40.º

Sentença dada em Guimarães pelo dr. juiz de fóra Antonio Cayado Rebello, aos 25 de outubro de 1678, a favor do cabido e contra Senhorinha Gonçalves, viuva que ficou de Gonçalo Gonçalves Velloso, morador no logar de Funde Villa, da freguezia de Gonça, sobre as aguas que veem da Veiga de Freitas, fonte da Parpalhosa e poça do Trigal. (fl. 131).

41.º

Sentença dada pelo juiz de Guimarães, Lopo de Castro, vassallo d'el-rei, em 14 de março do anno de 1442, a favor do prior do mosteiro de S. Torquato, D. Alvaro Martins, e contra Gil Martins dicto Matullas e outros da freguezia de Gonça, sobre a agua da Foz de Real.

Foi escripta por «Fernam Dafonço» tabellião nesta villa, presentes João Vasques, Vasco Annes, Luiz da Maia, Nuno Daviz, Affonso Pires e João Affonso, tabelliães e Vasco Martins, juiz dos reguengos.

D'este processo, consta o seguinte: num documento, feito por Vasco Affonso, tabellião nesta villa, a 16 de julho da era de 1441, foram testemunhas Vasco Martins, Vasco Gonçalves, Affonso Fernandes, João Lourenço, João Pires e Vasco Dias, tabelliães d'esta villa e Affonso Martins era prior castreiro do mosteiro e não havia prior maior; noutro documento, feito por Fernando Affonso, tabellião d'el-rei, nesta villa a 20 de janeiro da era de 1459 estando em audiencia Gil Domingues e Alvare Annes, juizes da villa, foram testemunhas Affonso Vasques, Affonso Annes e Rodrigo Annes, tabelliães; outro, escripto por Alvare Annes, escrivão d'el-rei no almoxarifado d'esta villa, em 29 de julho da era de 1451, Alvares inquiridor e ouvidor em logo de Diogo Martins, almoxarife d'el-rei, testemunhas Gil Pires e Pero Lourenço, procuradores do numero e Affonso Gil, tabellião; em 22 de novembro do anno de 1441 era prior do mosteiro D. Alvaro Martins e em 8 de novembro da era do nascimento de 1441 era juiz de Guimarães Lopo de Castro. (fl. 145).

42.º

Sentença dada pelo juiz de Guimarães, Affonso Annes do Castello, em 14 de novembro da era de 1449, escripta por Nicolau de Freitas, tabellião d'el-rei nesta villa, a favor do prior do mosteiro de S. Torquato e contra Alvaro de Mosege, por tapar com sebe o rego que da Foz de Real vem com agua para o mosteiro. Eram procuradores do prior do mosteiro os conegos Affonso Martins e Bernalde Annes, tabelliães Gil Lourenço prebendeiro e João Pires e testemunhas Vasco Dias, João Peres, Estevão Peres, Affonso Annes, tabelliães da villa e Gil Peres e Affonso Vieira procuradores do numero. *(j)* (fl. 150).

43.º

Confissão feita por Martim Peres dicto Poveiras e sua mulher Maria Paes, em S. Torquato a 13 de junho da era de 1333, escripta por Pero Lourenço, tabellião d'el-rei em terras de Freitas, de a agua da fonte Vieiro ser pertencente ao mosteiro de S. Torquato. *(k)* (fl. 152 v.º).

44.º

Transacção e confissão feita em Braga a 11 de setembro da era de 1331, perante D. Vicente Joannes, conego e vigario de Braga, *sede vacante,* por Lourenço Joannes, Domingos Joannes, Martinho Peres leigos e Maior Pelliteira de Mossege, porque pertence ao mosteiro de S. Torquato a agua e presa do Carvalho.

Foi escripta, em latim, por Geraldo Esteves, tabellião de Braga, sendo testemunhas presentes Simão Esteves, reitor de Navarra, Martinho Paes, conego do Mosteiro de Souto, e João Geraldes e Domingos Peres,

---

(j) Este documento é o n.º 199 do Catalogo dos pergaminhos existentes no archivo da I. e R. Collegiada de Guimarães, o qual pergaminho tem a data de 7 e não de 14, como depois de impresso foi visto pelo snr. abbade de Tagilde.
(k) Este documento é o n.º 56 do catalogo referido.

escolares de Guimarães, Payo Joannes, conego. e procurador do mosteiro de S. Torquato, de que era prior D. Durando Joannes. *(l)* (fl. 153).

45.º

Inquirição sobre os dízimos do casal do Villar d'Atão, dada em dia de Todos os Santos da era de 1234 ao mosteiro de S. Torquato, em que foram auditores e juízes Diogo prior de Guimarães e D. Villano e uma das testemunhas Martinho Peres, maiordomus, chantre de Guimarães.

Escripta em latim. *(m)* (fl. 154 v.º).

46.º

Sentença, dada em Guimarães a 29 de julho da era de 1451 ao prior do mosteiro de S. Torquato e a Affonso da Batoca, sobre a agua das fozes de Requeixo. Foi inquiridor e ouvidor Alvaro Annes, em logo de Diogo Martins, almoxarife d'el-rei, e testemunhas. Gil Peres e Pero Lourenço, procuradores do' numero, e Affonso Gil, tabellião; escripta por Alvaro Annes, escrivão d'el-rei no almoxarifado d'esta villa. *(n)* (fl. 155 v.º).

47.º

Sentença de aggravo, dada em Lisboa a 14 de fevereiro da era de 1431, que obteve o cabido contra o Mestre Matheus, sobre o casal de Riba de Selho, que foi de Fernam Bentom e ora traziam Gonçalo Foucinhos e o dito Mestre Matheus, que partia d'uma parte com quinta e herdades que foram de Geral Vicente e da outra com o rio de Selho, pelo qual se pagava cada anno 4 maravidis e meio de dinheiros portuguezes e o dito Mestre Matheus pelo seu meio casal

---

(*l*) Este documento é o n.º 53 do catologo referido.

(*m*) Publica-se sob n.º CXLII no «Vimaranis Monumenta Historica» a fl. 108.

(*n*) Este documento é o 201 do citado catalogo.

não pagava os 2 maravidis e quarta desde 1417. *(o)* (fl. 156 v.º).

48.º

Sentença, dada em Guimarães, pelo corregedor dr. Francisco Lobato de Vasconcellos e Macedo, aos 27 de Setembro de 1759, a favor do cabido, contra o vigario da freguezia de S. Torquato, Manuel Ferreira Cardozo, por este ter mandado tirar o banco que estava no arco da egreja defronte da cadeira parochial, no qual se sentavam o juiz e o procurador do couto. Requerimento do cabido de Guimarães deferido pelo arcebispo de Braga em 15 de junho de 1760 mandando que o parocho observe a sentença sem embargo dos capitulos de visita, e quando se julgue prejudicado use dos meios ordinarios. *(p)* (fl. 158).

49.º

Sentença dada na relação do Porto a 27 de março de 1762 a favor do ouvidor do couto de S. Torquato, Antonio de Souza d'Araujo e Menezes, sobre a sua nomeação feita pelo cabido a 22 de junho de 1761 que alguns moradores do couto impugnavam. Neste processo mostrava-se que os ouvidores tambem podiam conhecer de aggravos. (fl. 162 v.º).

(q)

(o) Este documento é o 179 do citado catalogo.

(p) Este documento foi trasladado no Tombo em 7 de março de 1786 por Paulo Pereira dos Guimarães, escrivão das cisas, e o seguinte em 9 do mesmo mez e anno.

(q) As folhas 169 v.º a 172 v.º estão em branco.

Couto do Codeçoso

1.º

Carta d'el-rei D. Affonso IV, dada em Lisboa a 10 de setembro da era de 1374, ao abbade de Tollões, para continuar com a jurisdicção do couto do Codeçoso. (fl. 173).

2.º

Carta d'el-rei D. Fernando, dada em Evora a 14 de janeiro da era de 1407, em que confirma o documento anterior. (fl. 175).

3.º

Carta d'el-rei D. Duarte, dada em Santarem a 28 de dezembro do anno de 1434, confirmando todos os privilegios do couto do Codeçoso ao abbade de Tollões. (fl. 176 v.º) *(a)*

4.º

Instrumento de rectificação de posse que em 30 de novembro do anno de 1474 foram tomar da egreja de S.ᵗᵒ André de Tollões 4 conegos de Guimarães, como procuradores do cabido. (fl. 177 v.º).

5.º

Instrumento de posse das egrejas de S.ᵗᵒ André de Tollões, S. Gens de Montelongo e S. Torquato, tomada por conegos de Guimarães em nome do cabido, a d'aquellas em 1 e a d'esta em 2 de novembro do anno de 1474. (fl. 178 v.º). *(b)*

6.º

Sentença dada em Guimarães a 1 de março do anno de 1499 a favor do cabido e contra Pero da Cu-

---

(a) Este documento é o CCLIV do citado catalogo.
(b) Este documento é o CCCXIII do citado catalogo.

nha Coutinho, fidalgo da casa d'el-rei e senhor da terra de Celorico de Basto, sobre a jurisdicção do couto do Codeçoso.

Instrumento da posse que da mesma jurisdicção e couto foi tomar, por ser mandada dar pela sentença, em 5 d'outubro do mesmo anno, o meio conego Lopo Fernandes, como procurador do cabido, que logo nomeou e pôz juiz e porteiro por um anno, aos quaes deu juramento; escrivão João de Queiroz, tabellião no julgado de Celorico de Basto, pelo reu supra Pero Coutinho. (fl. 181 v.°). *(c)*

7.º

Carta d'el-rei D. João I, dada em Cintra a 20 d'agosto da era de 1443, para o porteiro da egreja da Collegiada poder penhorar os caseiros d'ella. (fl. 186).

8.º

Sobre sentença dada em Guimarães «pelos doutores desembargadores ouvidores na corte dos aggravos e que andavam com alçada nas comarcas d'Entre Douro e Minho e Traz os Montes» *(d)*, a 17 de março do anno de 1499, dada a favor do cabido e contra Pero da Cunha Coutinho, sobre a jurisdicção do couto do Codeçoso. (fl. 187).

9.º

Publica forma mandada passar em Guimarães pelo licenceado Miguel Correa, juiz de fóra pelo duque, a 2 de março de 1534, d'um instrumento d'alvará feito no Porto a 26 de fevereiro de 1534 em que Pero da Cunha Coutinho, donatario da terra de Celorico de Basto, manda as suas justiças deixem o cabido usar da jurisdicção civel do couto de Codeçoso, conforme a possuíram os DD. Abbades do mosteiro de Tollões. (fl. 188).

(c) Este documento é o CCCLII do citado catalogo.
(d) Estes julgadores foram os do documento 6.º supra.

10.º

Instrumento de posse da egreja de Santo André de Tollões e suas pertenças, a qual se achava vaga por morte do vigario d'ella, Gregorio Pires, tomada em 12 de março de 1656 pelos conegos prebendados Gaspar d'Affonseca Goes e Thomaz Bocarro da Costa, procuradores geraes do cabido de Guimarães.

Escripto por Antonio da.Fonseca tabellião do publico e de notas do cabibo. (fl. 189).

11.º

Instrumento de posse da egreja e mosteiro de Santo André de Tollões, vaga por obito do vigario Antonio Dias de Affonseca, tomada a 18 de janeiro de 1665 pelos conegos mestre escolla, doutor Manuel Pinto de Araujo, e Gaspar d'Affonseca de Goes. Escrivão Domingos Coelho tabellião da collegiada e testemunha o padre Francisco Vieira coadjutor da egreja de Tollões. (fl. 190 v.º).

12.º

Certidão passada na Torre de Tombo, em 19 de novembro de 1501, a pedido do cabido de Guimarães, por alvará d'el-rei D. Manuel I, dado em Lisboa a 13 do mesmo mez e anno, em que constam as inquirições mandadas tirar por el-rei D. Affonso III a 16 de maio da era de 1266, porque se mostra ser couto Codeçoso e Aboim; são escriptas em latim. (fl. 191).

13.º

Carta do duque de Bragança e Guimarães, escripta na sua villa de Chaves em 5 de novembro do anno de 1474, mandada ao seu ouvidor Martim da Rocha e aos juízes de Guimarães conservem o cabido na posse do mosteiro de S. Torquato e das egrejas de Tollões de Souza e de S. Gens de Montelongo e suas. pertenças. (e) (fl. 194).

_____

(e) Este documento e os dois seguintes foram aqui tras-·

14.º

Traslado autentico em 7 de agosto de 1689 por Antonio Nunes, tabellião do judicial em Guimarães, sendo juiz de fóra o dr. Antonio Henriques de Barros, de sentenças sobre a jurisdicção do couto de Codeçoso, sendo uma escripta em pergaminho, em Lisboa a 10 de setembro da era de 1374, e outras contra Pero da Cunha Coutinho, senhor das terras de Basto, dadas ao cabido, sendo uma d'ellas em 25 de fevereiro de 1502. (fl. 195).

15.º

.. Sentença dada em Basto a 3 de fevereiro de 1744 pelo dr. Luiz Antonio de Souza Cunha juiz de fóra e dos orfãos com alçada em a villa de Celorico de Basto, a favor dos moradores dos coutos de Codeçoso e Aboim, para se lhe não lançar decima nem quatro e meio por cento conforme lhe lançaram no anno de 1735. (fl. 198 v.º).

As folhas 207 a 212 v.º estão em branco; nas folhas 213 a 216 está o index e as folhas 216 v.º a 218 v.º tambem estão em branco.

Fim d'este Tombo.

J. L. DE FARIA.

ladados, por Paulo Pereira dos Guimarães, escrivão das cisas, respectivamente em 2 d'agosto de 1785, e 11 de março de 1786.

POESIA POPULAR

AS "DÉCIMAS DO PADRÃO" DO AMEIXIAL

UM ROMANCE DO SEC. XIX

Adês villa de Extremoz,
Adês *Serra do Padrão*,
Campos de Santa Victoira,
Onde os mês amores 'stão.

De S.ta Victoria do Ameixial.

SUMMARIO

CAP. I

— *a)* Poesia popular, seu caracter
e sua classificação.

— *b)* Informações: as *Decimas do
Padrão,* o poeta, etc.

Nos cantares do povo está a fonte original da
poesia buccolica. O povo do campo e da montanha
fórma um elemento semiconsciente da natureza; manifesta-se, em todos os actos d'elle, como a acção d'esse
permanente contacto é grande. No sentimento popular,
quando tem expressividade, ha o caracteristico preciso
e contínuo do maior naturalismo. O povo allia, em toda a parte, ao mais pertinaz respeito das suas affeições
e das suas chronicas tradicionaes, a delicadeza simples
e poetica da sua imaginação. Vive do passado e do
sentimento, e envolve estas faculdades de psychologia
propria, de um unico, passivo e constante caracter poetico. Sempre assim foi.

«O povo... só aspira ao futuro nas grandes cala-
«midades, porque o passado é quasi sempre o seu
«ideal,» diz Theophilo Braga. (1)

As formulas domesticas, religiosas, agricolas, artisticas, litterarias, mantêm-se atravez de todas as vi-
cissitudes. «A *lôa* deita-se ainda hoje nos cirios das
«provincias do Sul, recita-se nos presepes do Natal das
«provincias do Norte do reino.» (2)

E' a continuação dos velhos hymnos da liturgia
primitiva dos Christãos, de mistura com a posterior

---

(1) Teoph. Braga, *Historia da Poesia Popular*, 1867, pag. 5.
(2) Alm. Garrett, *Romanceiro*, ed. illustr. de 1904 (é a que
tenho á mão) pag. 115. Vid. umas lôas do Sec. XVII em Theophilo Braga, *Cancioneiro Popular*, Coimbra, 1867, pag. 165 e ss.

feição d'elles nos autos dos santos, representados nas igrejas. Os mais bellos e brilhantes d'esses hymnos são anonymos, (1) populares, de uma sentida espontaneidade. Dão mesmo a nota do improviso.

Nas artes plasticas dos cultores populares é soberàna a forma tradicional. Das cabanas pastorís, rudes e incommodas, de que ha exemplares curiosos actual·mente nas serras do Centro e do Norte do paiz (2) e das cabanas de madeira dos pescadores, na costa, — á casa saloia dos arredores de Lisboa, hospitaleira e de aspecto agradavel, o typo architectural conserva-se regionalmente, de accordo com as condições, espirito e commodidades locaes. (3) Casas brancas, agarradas á terra ingrata, no Alentejo; risonhas entre o arvoredo, no Minho; coloridas; — escuras, de dois pavimentos, varanda de ordinario estendida á frente, na Beira e Traz-os-Montes; — fizeram com seus elementos, addicionados de outros de influencia differente, sobre tudo do seculo XVIII, o estylo chamado, embora incorrectamente, de casa á antiga portuguesa. A esculptura *(ex-votos),* (4) a pintura *(milagres,* (5) *alminhas,* (6) etc.*),*

---

(1) Theoph. Braga, ·*Hist. da Poesia pop. op cit.*, pag. 8.

(2) «No Minho algumas casas são abertas na encosta dos «montes, — como grutas artificiaes: observei isto no Alto-Minho, onde «as chamam por isso *barracas de so-chão* (sob o chão).» Leite de Vasconcellos, *Museu Ethnographico Português,* Porto, 1894, pag. 34. Vid. tambem: Felix Alves Pereira, *Habitações castrejas do Norte de 'Portugal,* Vianna do Castello, 1914, no cap. 3.º «Sobrevivencias pittorescas de uma architectura arcaica (Arcos de Valdevez), pag. 22 e ss.; Vergilio Correia As «*Cabanas da Assafarja*», Sep. da «Aguia», Jan.º de 1915, etc.

(3) Rocha Peixoto, *A Casa Portugueza*, in «Serões», vol. I (2.ª serie) pag. 106 e 209. Felix Alves Pereira, *Noticia summaria ácerca do Soajo,* Lix.ª 1914, fig. a pag. 26-27. Leite de Vasconcellos, *op.* cit. pag. 34 a 37, «moradas».

(4) Leite de Vasconcellos, *op. cit.* pag. 12; id. *Religiões da Lusitania,* Lisboa 1913, III vol. pag. 395; Luís Chaves, in *O Archeologo 'Português,* «A collecção de *milagres* do Museu Ethnologico Português», vol. XIX pag 152-158, e «os *ex-votos* esculpturados do Museu Ethnologico Português», no mesmo vol. pag 290 a 300.

(5) Rocha Peixoto, in *'Portugalia,* «Tabulae votivae» vol. II pag. 186 e ss.; Luís Chaves, in *O Arch. Port.,* vol. XIX, pag. 152 a 176.

(6) Vergilio Correia, in *Aguia,* «As Alminhas» pag. 146 a 155, do N.º 23 (2.ª Serie) — Novembro de 1913.

as artes industriaes, caseiras, (1) das rendas de Peniche, dos tapetes dè Arrayolos, (2) a ceramica, (3) popular, todas essas coisas em que o povo documenta o seu instincto conservador, sem olvidar a gravura de modelos, alguns, prehistoricos ou de sua feição, nas *cornas*, nos *tarros*, nas colheres, nos cajados, dedeiras das ceifeiras, obedecem a conceitos velhos e a formas tradicionaes.

Esse carater de estabilidade, que é absorvente em tudo que vive na alma do povo, attinge como não podia deixar de ser a poesia. O naturalismo surge por toda a parte. (4) Na sua essencia o homem do campo e da montanha é pagão como os antigos; prende o o nascimento ás terras que primeiro viu, e forma parte integrante d'ellas, como uma arvore, ou como uma fonte; pertence, a par dos outros pormenores, á mesma paisagem. Por isso tudo se lhe reflecte no espirito, que só tem olhos para o que o rodeia. (5) Estyliza por tradição e por consciencia, nas suas artes plasticas; imprime o maximo buccolismo ás suas canções. A *desgarrada* no Sul, as *cantigas ao desafio* no Norte, são de uma poesia corrente, limpida, em que cada verso é uma figura lyrica; aquellas quadras, de que se compôem, tem em geral duas partes, exprime-se a ideia nos dois primeiros versos, applica-se nos outros, subjectiva a primeira, objectiva a segunda. Do lyrismo dos cantadores de romances medievaes, conservaram as composições poeticas do povo o naturalismo, o amoroso e a simplicidade.

Não quebraram a tradição as prohibições que os nobres faziam, para se não erguerem nos seus palacios e castellos os cantares do povo. Diz o Marquês de Santilhana: «Infimos son aquellos que sin ningunt orden regla, ni cuento facen estos romances è cantares,

---

(1) Leite de Vasconcellos, *Museu Ethrogr. Port.*, pag. 45, n.º 12.

(2) D. José Pessanha, *Tapetes de Arraiolos*, in *O Arch. Port.* vol. XI, n.ᵒˢ 5-8, de 1906.

(3) José Queiroz, *Ceramica Portugueza*, Lix.ᵃ 1908.

(4) «E' a mesma selvatica, ingenua, caprichosa e aerea virgem das montanhas que se appraz nas solidões incultas, ...» Garrett, *Romanceiro*, ed. cit. I, pag. 19.

(5) «O povo fala como pensa, sem transposições.» Theop. Braga, *op. cit.*, pag. 5.

«de que a gente baja è de servil condicion se ale-
«gra.» (1) Resistiu a feição poetica do ar livre. Ber-
nardim Ribeiro escutou-a, mas as suas eglogas breve
se perderam no classicismo italiano de Ferreira, Sá de
Miranda, Camões e todos os Quinhentistas, Mestre Gil
Vicente de fóra. Mas foi no seculo XIX, depois de
tantas phases sob as influencias estranhas, que o romantismo, renascedor dos tempos aureos das lendas e do
mysticismo, religioso e cavalheiresco, dos cantares na-
cionaes, espontaneos, puros e livres, lhe deu a importancia que tinha, como caracter nacional e nacionali-
zante. Appareceu então o *Romanceiro* de Garrett, se-
guiram-se-lhe os estudos *folkloricos,* e a colheita de lendas, cantigas, proverbios, espalhou-se pelo paiz.

*

As composições poeticas do povo são *lyricas* oú
dramaticas, incluidos nas primeiras os *cantares de
amor,* em que o subjectivismo desborda; contidos nas
segundas os *romances* ou *xacaras,* de genero narrativo,
e os *autos* de santos e maravilhas, em que o poeta não
fala de si, nem evoca a sua pessoa. O lyrismo porém
penetra-as fundo, a dar-lhes o vero caracter do espirito popular.

O *romance,* como as outras formas, é anonymo, e
corria de bocca em bocca, quando a sua feição hiera-
tica era familiar. Modificou-se, desceu da epopeia popular, e hoje amodernizou-se no *fado* em Lisboa, e
nas *decimas* no Alentejo. A canção de *gesta* adaptou-se
á sociedade moderna. A rima tambem se modificou.
A assonancia, que, privativa dos romances antigos lhes
dava uma harmonia nobre, expontânea, deu hoje a rima
litteraria: o *romance* actual, *fado* ou *décima,* tem a rima de qualquer outra estrophe de poetas eruditos. Só
o octossyllabo ficou. E' elle que lhe conserva o rithmo
da velha *gesta* medieval. E, dos tempos remotos, chegaram até hoje a mesma inspiração e o mesmo metro da
redondilha. (2)

---

(1) *Carta do Marquez de Santillana ao Condestavel de
Portugal,* ed. de Amador de los Rios, pag. 54.
(2) ...«mas observa-se que o metro d'estes improvisos é

*

As *décimas* que vou trasladar foram colhidas em Santa Victoria do Ameixial. Celebram a victoria que os Portuguescs obtiveram sobre os Hespanhoes, nos campos do Noroeste da villa de Extremoz, — os *Campos do Ameixial.*

O poeta, que as fez, era pastor naquella vasta charneca. Tinha fama nos arredores. Emquanto os outros «faziam colheres», gravando-as como rendas, elle urdia no seu maravilhoso os poemas campestres que cantaria. Pediam-he que cantasse ou *dissesse* versos, e elle improvisava-os, recitando-os, meio cantados, para quem queria ouvi-lo. Morreu há poucos annos, e toda a gente, nos arredores do padrão do Ameixial, guarda memória do velho pastor, descendente dos antigos *trovadores ó decidores*. Chamava-se Caleiro.

Estas *Decimas do Padrão* andam muito espalhadas nas aldeias e *montes* da charneca. Muitas cópias me foram mostradas, e toda a gente me falava d'ellas.

São curiosas as interpretações que o poeta foi tirar à leitura, feita por outrem, da incripção do monumento. O maravilhoso manifesta-se. Apparecem três pessoas de sangue real, tendo elle trazido mais duas personagens á scena: D. Affonso VI de Portugal, e D. Felippe IV de Hespanha. Pôs tambem o Rei de Portugal a falar ás tropas; a prometter, se vencesse, uma *memoria da batalha,* que teria a corôa d'elle no cimo; e a offerecer aos soldados umas anachronicas medalhas. Creou situações dramaticas, que foi acompanhando de commentarios pesarosos, cheios de moralidade, coração e piedade. Não poude escapar-se á narração das lastimas das batalhas, entrelaçando-as com as côres tristes da saudade, a portuguesa saudade, e com a heroica revolta contra a sorte dos soldados. Lá surge, a soberania fatal do Destino, a Morte, que tudo verga; é o *fado.* E as decimas, narrativas, vem, irmãs do *fado,* emparceirar com elle, fórmas caducas de uma origem com-

---

«sempre sem excepção alguma, o da redondilha de oito syllabas»...
Garrett, *op. cit.* pag. 20.

mum, apenas differentes na côr local. Assim veio do causticante *fabliau* e da *gesta* heroica, a *decima* philosophante.

Se não tem glosa, como o *fado,* principia cada *decima* pelo verso final da antecedente. E' deixa contínua que as liga em cadeia. A rima dispõe-se symetricamente nas duas metades: rimam o primeiro verso, o quarto e quinto; o segundo e terceiro rimam entre si; o sexto rima com o setimo e decimo; rimam, um com o outro, o oitavo e nono. Conservam intervallos eguaes.

*

CAP. II

a)—O facto historico celebrado nas *Decimas do Padrão:* a victoria do Ameixial.　*b)*—O Padrão commemorativo.

A poderosa armada de Orquendo trazia, de caminho para Lisboa, em 1640, duas missões importantes a realizar. De tal transcendencia eram ellas, que o Duque de Olivares as considerou de primeira necessidade para firmeza da sua politica europeia, ou, como hoje se diria, do imperialismo hespanhol que elle fomentava. A primeira coisa, que a esquadra teria de fazer, era a derrota das forças navaes hollandesas : desembaraçar-se-hia o ministro na grave questão dos Paises Baixos. A segunda era a de proteger em Lisboa «a annexação violenta,—sem egualdade, nem garantias, como de um país conquistado e escravizado». (1) A esquadra hespanhola foi, porém, batida pelos Hollandeses na batalha naval das Dunas, no mês de Março. A outra disposição do Duque ficou por isso prejudicada.

Dada ordem á nobreza de Portugal, para em massa partir até a Catalunha, a fim de suffocar a revolta de Junho; e, depois, obrigada sem excepções, nem mesmo do Duque de Bragança, a acompanhar o Rei ás côrtes aragonesas, no dia 24 de Agosto,—a conspiração antihespanhola activou-se. Na manhã de 1 de Dezembro, os conjurados depuseram a Duquesa de' Mantua, regente do reino em nome do Rei de Hespanha, e proclamaram Rei de Portugal o Duque de Bragança, com o nome de D. João IV.

Os Hespanhoes procuraram rehaver o reino, que por sessenta annos assenhorearam. A guerra contra os Portugueses iniciou-se em 1641, e, com varias feições, estendeu-se até 1668. Diz Oliveira Martins: «A guer-«ra proseguía; e D. João de Austria, senhor do Alemte-«jo, ameaçava Lisboa, quando a revolução de palacio «que entregou o governo ao unico estadista portuguez «do XVII seculo, o conde de Castello-melhor, imprimiu «força e unidade ás operações, dando-nos as victorias «*decisivas* do Ameixial e de Montes-Claros». (2).

Deixo, á inscripção do monumento commemorativo da batalha do Ameixial, os possiveis pormenores do feito militar. A importancia politica da victoria fica já assignalada.

No local da peleja foi erguido um padrão commemorativo da victoria. Chama-lhe o povo, por antonomasia corrente e muito peculiar do seu instincto, o *padrão* e tambem a *memoria* ou *mimoira* em linguagem local. A estrada, que de Extremoz segue por Noroeste e vae a Sousel, estende-se ao longo de uma cadeia de collinas; vem de Villa Viçosa e Borba num antemural da Serra de Ossa, a Norte d'ella, e formam-lhe á direi-

---

(1) Oliveira Martins, *Historia de Portugal*, v. II, ed. de 1882, pag 120.
(2) id. id. II pag. 137 e 138. Cp. II pag. 128. Sublinhei expressamente *decisivas* para frisar o alcance da victoria.

ta uma barreira contínua. A oito kilometros da villa dc Extremoz, está o padrão da batalha do Ameixial, á esquerda da estrada, e já na planície. Em frente fica-lhe uma collina, a mais alta, onde teria sido o centro da defesa dos Portugueses; esta collina tem o nome de *Serra do Padrão* (1), por motivo da proximidade d'elle.

O padrão, todo feito de marmore branco de Extremoz, é extremamente simples. Uma columna dorica, com pedestal, ergue a sua linha austera na extensa planicie. Em cima do capitel, no abaco, está uma almofada saliente, onde poisa a coroa real que remata o monumento. Obedece ao gosto classico da época, tem por isso todo o cunho nacional. (2)

No plintho, na face voltada para a estrada, lê-se em capitaes latinas a inscripção que segue, e encerra parte da chronica marmorea da batalha:

I NO ANNO D SEIS CENTOS E SETENTA

E TRES EM OVTO D IVNHO REINANDO

EM CASTELLA DOM PHELIPE QVARTO

VINDO DOM IOÃO D AVSTRIA SEV FILHO

CAP^M GEN^L DO EX^TO DAQVELF REINO RETI=

RANDOSE COMELLE DA SIDAD D EVORA

SE FORMOV NESTE SITTO A VISTA DO EX^TO

DE PORTVGAL QVE O SEGVIA D QVE ERA

GOV^OR DAS ARMAS DOM SANCHO ME^L CON=

DE D VILA FLOR O ACOMETEO DANDOLHE BA.

TALHA E DESTROINDO AO EX^TO D CASELLA

EM QVE VINHA TODA A NOBREZA

---

(1) Dá-se no Alentejo o nome de *Serra* a qualquer elevação. Isto é para não confundir monte orographico com *monte agricola*, que é o centro da herdade, o casario dos lavradores, pessoal, arribanas, etc.

(2) Este monumento não é o primitivo, mas uma cópia

Na face voltada ao Norte foi gravada a restante parte da inscripção, que conserva o mesmo typo:

II DLA GANHAMDOEE ARTRᴬ QVE TRAƷIA E

GRAND CANTIDAD E CARRIAGENS QVE O

ACOMPANAVA E PARA MEMÓRIA DE TAM

GLORIOƷO SVCECO MANDV ELREI DOM

AFONCO CEXTO NOSO SOR POR AQVI

ESE PEDRÃO Q HE O LVGAR EM QVE SE

DV EVENCIO A BATALHA .

Não offerece difficuldades a leitura. As abreviaturas são correntes: CAP^M GEN^L corresponde a CAPITÃO GENERAL (1, 5.ª linha), EX^TO a EXERCITO (1,5.ª7.ª e 11.ª l.) GOV^OR a GOVERNADOR (1,9.ª), MEL^L a MANVEL (1, 9.ª), ARTR^A a ARTILHARIA (11,1.ª linha), SOR (variante de Snr.) a SENHOR (11, 5.ª linha), Q a QVE (11, 6.ª). O uso do *U-V* não tem novidade, nem I-J. A conjugação e inclusão de lettras provém das lapides romanas, são de todas as inscripções latinas. Aqui de curioso, embora não seja facto insulado, ha a assimilação graphica das três lettras L, H e E, para formar o grupo LHE da 10.ª linha (1): DANDOLHE.

Notem-se as incorrecções da orthographia, que demonstram a impericia litteraria do abridor das lettras, no seculo do *cultismo*. S por C em SIDADE (1, 6.ª l.) e C por S(-SS) em SVCECO—SVCCESSO (1, 4.ª l.) e em CEXTO (1, 5.ª l.); SITTO por SITIO, por causa de influencia regressiva do T (1, 7.ª l.); O por U em DESTROINDO por acção phonetica do presente do indicativo, (1, 11.ª l.); CANTIDADE por QVANTIDADE, phenomeno vulgaríssimo na pronuncia popular de todo o paiz («calidade»—por qualidade; «cantia»

d'elle: *Revista Militar*, 853, pag. 316. Talvez a substituição se désse, quando foi fundada a capella de Santa Victoria do Ameixial, no primeiro quarto do Sec. XVIII.

—e «contia»—quantia; «canto» por quanto, etc), (1, 2.ª l.); no N de ACOMPANHAVA faltou o til para á maneira antiga, e corrente no tempo do artista canteiro, accentuar o N, e dar a esta apical o valor do phonema palatal NH, (1, 3.ª l.); AFONCO por AFÔNÇO — AFONSO, (11, 5.ªl.); por influencia popular, alentejana, E por A em PEDRÃO, com abrandamento do *a* atóno, talvez por comparação com pedra, (*vára-varão*—vãrão) (11, 6.ª l.); não dobra por vezes as consoantes, (VILA, (1, 10.ª l.); SVCECO por SVCESO, (11, 4.ª l.); AFONCO por AFFONSO, (11, 5.ª l.); NOSO, (11, 5.ª l.); não ha hyphen, nem accento, nem outro signal phonetico, além do til de PEDRÃO. «1673 por 1663» na 1.ª e 2.ª linhas da parte I.

A dois kilometros e meio d'este padrão, na orla de um outeirozinho, ha uma aldeia minuscula em torno da igreja de invocação de S.ta Victoria que no prin-

I NO ANO. D 1665 REINANDO
ENPORTVGAL DOM AF° O 6°
EM QARTA FEIRA 17 D IVNHO
DO MESMO ANNO DIA INFRA
OVATAA DO GLORIOSO SAN
PORTVGVES NESE SITIO D
MONTES CLAROS D ANT° LVIZ
D MENEZES MARQVES D MARI
ALVA CAPITAO GERAL DO A
LEMEIO EMBATAHA SINGVL
AR POR ESPACO D 9 ORAS
Q COMESARAO AS 9 D MENAM

II AS G DA TARD MATOV ROMP

EO DSBARATOV E VENCEO O E

XERCITO CASTEHANO Q O MAR

QVES D CARASSEN A CAPITAO

GERAL D ESTREMADVRA COE

RNAVA. O QVAL DIXOV NA CAMPANHA

HVM GRADE NVMARO D PRIZIONEI

ROS EMVITOS CAROS TODA ARTH

ARIA CARRVAGE E AVILLA VICOSA LI

VRE DO SITIO Q LE TINHA POS^{TO}

ESTA MEMORIA FES P.^A OS PREZEN

ES E VINDOVROS RENDREM ABOS

III GRAC E REZARAM PELAS ALMA .

S DOS QVE SE ASHARAM E MOR

RERAO EM TAO NOTAVEL CONENDA

cípio do seculo XVIII, por mandado real, alli foi erguida para commemorar a sorte da batalha. E' a aldeia de *Sta Victoria de Ameixial.*

Por complemento, dou a inscripção do monumento da batalha de Montes Claros. E' a mesma columna, e a mesma corôa. Só a inscripção differe. Junto do cabeço da Vigaria, na mesma linha de colinas de Villa Viçosa a Sousel, no extremo oriental do concelho de Borba, ergue-se o padrão (1). E no cimo de um dos cabeços de Montes Claros está a ermida de N.ª S.ª da Victoria, feita por voto do Marquês de Marialva, o vencedor. (2)

I, II e III indicam as três faces da inscripção, dividida por outras tantas superficies do pedestal. Em geral as observações a fazer, são as mesmas do padrão do Ameixial. Ha mais a mencionar: MENAM por MAÑAM—Manhã, como PEDRÃO por PADRÃO, (influencia talvez da bi-labial, *m* e *p)* em 1, 12.ª; DIXOV por DEIXOV, o *ei* no Alemtejo dá ê, antes de consoante, e não *i*, 11, 6.ª; NVMARO por NVMERO, o que é geral na linguagem popular, (como *numbro)*, similhante a padrão, em 11, 7.ª l.; ABOS ÁBOS, curiosa ampliação do pronome indefinido, applicado collectivamente aos dois tempos (passado e futuro), como tambem aos homens, todos os PREZENTES E VINDOVROS, em 11, 12.ª l.; GRAC por GRAÇAS, em 111, 1.ª l.; ASHARAM por ACHARAM, 111, 2.ª l.; e veja-se a syntaxe que foi usada.

---

(1) P.ᵉ Antonio Joaquim Anselmo, *o Concelho de Borba* (topographia e historia), Elvas, 1907, pag. 43.

(2) «Em 64, finalmente, respondia-se ao cerco de Villa-viçosa e á nova aggressão da Hespanha, com a victoria decisiva de Montes-claros, que poz ponto á guerra». Oliv.ª Martins, id. op. cit. II, 128 Diz 64 e o padrão, bem como a lapide da memoria na ermida (vid. *op. cit.*, na nota antec.ᵗᵉ pag. id) dizem 65.

CAP. III

AS DECIMAS DO PADRÃO

Apresentado o valor historico do facto que as decimas cantam, e dado o justo valor á feição poetica d'essa composição narrativa do poeta da charneca, falta o traslado do que o rustico *juglar* improvisou. E' o que preenche este capitulo. São vinte nove as estrophes.

1.ª

Padre, Filho, Esp'rito Santo,
Digo êu pera começari.
E começo a filociari.
Minha vista ao ceo levanto,
P'ra pedir a quên dá tanto,
Dêi juizo e capacidade,
P'ra que minha M'ralidade
D'sêmpenhe a minha pessôa
Olhando p'ra esta c'rôa
Que aqui pôs Sua Majestade.

1.ª decima — Observa-se a influencia da oratoria sagrada. As decimas são recitadas, e o poeta suppõe-se no transe espectaculoso do orador, começando como elle a invocação da SS. Trindade. E' aliás o introito épico, e vae corresponder á invocação das Musas, como Camões entrega a Calliope a inspiração dos *Lusiadas*. No 3.º verso apparece o verbo *filociar;* supponho que será *filauciar*, de «filaucia» ou «phılaucıa» (Bluteau, *Vocabulario Português*, s. v. «Philaucia»). *Desempenhar* (8.º v.) significa «tirar de-empenho» a «interesse» (o interesse de se sahir bem) isto é «resgatar» (Vid. Candido de Figueiredo *Novo Dicc.*, s. v. «desempenho»). O *r* final descoberto (2.º e 3.º v.) pronuncia-se *ri*. Ê=êi.

2.ª

Que aqui pôs Sua Majestade
En um dia santeficado.
Que neste dia assignalado
Houve grande impiedade,
D'sapareceu a humanidade,
Appareceu a ambição.
Mesmo a santa relegião
Está d'zendo a todo o instante:
Quên offende o seu semelhante
Forma grande escuridão.

3.ª

Forma grande · escuridão:
Os que en seri maus consideram,
Contas do que cá fizeram
Nã se lembram que as darão.
Pois de as darêm pertos 'stão,
Aquelles que as nã tên dado;
Nen fidalgo, nen morgado,
Que a sua riqueza prometta,
A morte ên vindo nã r'spêta
Nên paisana, nên sôldado.

2.ª *Em um dia santificado*, no 2.º v. principia a imaginação
a trabalhar; era santificado o dia, para dar mais realce ao feito da
commemoração. E' corrente a mudança do *i* em *e*, 2.º e 7.º, e
impiadade por *impiedade* (Leite de Vasconcellos, *Subdialecto
alemtejano*, 1883, (pag. 9). *Em*=*en*, na pronuncia local.
3.ª *Não* pronunciam-no os alentejanos *nã* com proclise do *o*
(4.º, 6.º, 9.º v.). *Em* final pronunciam-no por *ên*, (2.º, 5.º v.). *Respêta*
(9.º v.)—o dithongo *ei*, descoberto ou coberto, como aqui por ex.,
pronuncia-se no Alentejo *ê*, (Leite de Vasconcellos, *Subdialecto
alemtejano*, 1883, pag. 5). *Tem* (6.º v.) pronuncia-se *ei* e não *ãe*
como no resto do país (Gonç. Vianna, *Essai de phonétique*,
pag. 11). *Sôldado* (10.º v), o *o* atono antes de *l* sôa como ô (Leite
de Vasconcellos, id. 10).

4.ª

Nên paisana, nên sôldado,
Nên alferes, nên c'pitão,
Nên médico, nên surgião,
Nên juiź nên um lettrado,
Nên o homen bên armado,
Seja lá com que armas fôri,
Nên gin'rali nên gov'rnadôri;
Nên c'roneli nên brigadêro,
Nên casado, nên soltêro,
Nên vigairo, nên priôri,

5.ª

Nên vigairo, nên priôri,
Nên o bispo na sua egrêja,
Resiste ainda que seja
Côn ministro e embaixadori,
Côn o Rê e Imperadori.
Toma a mesma confiança,
Leva-os a mesma balança
Aonde leva o pelengrino.
Moço velho e o menino.
Vivên na mesma esperança.

6.ª

Vivên na mesma esperança.
Sêmos igaes no nasceri
E sêmos igaes no m'rreri,

4.ª Como na 3.ª *Paisana* forma neutra, popular, de *paisano*.
Nem (cfr. *tem* da 3.ª est.ª). *Surgião* syńcope de *Cirurgião* (como
em *cluna—columna*). *Brigadêro* e *soltêro* cfr. *Respêta* da 3.ª *Vigairo* metathese de *Vigario* (*drento* por *dentro* é outro ex.).
5.ª Vigairo cfr. anterior. (1.º v.)—*Pelengrino (pelingrin'o*
tambem) em mss. do sec. XVIII encontra-se *enleição* por eleição)
enxeminar por *examinar*. (cfr. Leite de Vasconcellos *op. cit.* p. 11,
(8.º v.). *Om* vale *ón* (id. id p. 10) 3.º e 4.º v.
6.ª *Igaes* por *iguaes*, queda do *u* atono. (2.º v.). *Veve* por *vive* é
força da rima, (6.º v.). *Mimoira* metathese de *memoria* (9.º v.) *Ca-
léro* por *Caleiro*, vid. ant. é o nome do poeta que fala. *L* final diz *li*.

Só no viveri ha mudança.
Pòis quê nã ʼmorre ên ̃criança,
Nã cuide que sêmpre veve.
Con uma lêmbrança leve,
E uma attênçã naturali
Para esta mimoira reali,
Diz o Calêro que s' deve,

7.ᵃ

Diz o Calêro que s' deve
Para este padrão ôlhari,
E d'vemos de calculari
Tudo o que nelle s'percebe.
Que elle calcula e m'nuscreve
C'mo estes foram atacados.
Dês perdôe os sês peccados ·
A cantos aqui morreram.
Vês aqui o que soffreram
Os nossos antepassados.

8.ᵃ

Os nossos antepassados
Da nossa antiguedade,
Vês aqui a crueldade
Com que foram castigados,
Caindo despedaçados,
Destruidos pelo chão.
Por essa mesma razão,
Encanto o ʼmundo durar
Sêmpre se ha de falar
Nesta *Serra do Padrão*.

7.ᵃ *Ôlhar*, o *o* átono pronuncia-se ô por influencia da labial,
2.º v. (Leite de V. *op. cit.* 10) *Cantos* por *quantos*, no 6.º v.—*Dês*
e *sés* é pronuncia de *Deus* e *seus*, (Leite de Vasconc. *op. cit.* pag.
5), 7.º v. *Vês*: dirige ao que lê, a inscripção de *memoria* (vid: 8.ᵃ,
17.ᵃ). *Manuscreve* (5.º v.), por infl. litteraria se emprega.
   8.ᵃ *Antiguedade* por *antiguidade* : pronuncia popular do
gu=g, e i atono a dar *e*, 2.º v.º. *Vês* sôa como *vées*. (3.º v.) *Encan-*
to por *emquanto* é pronuncia popular corrente. 8.º v.

9.ª

Nesta *Serra do Padrão*
Houve um grande assassino,
Que morreu gente sên tino
Naquella occasião.
Ih! Jesus que afflicção
Tiveram daquella vez,
Caindo a cinco e a sês!
Encanto de pé estiveram,
Muitos gritos se aqui deram
Em sêscêntos s'tenta e três.

10.ª

Em sêscentos s'tenta e três,
No dia oito de Junho,
Morreu muita gênte a punho
Neste lugari que aqui vês.
Pessoas reaes vieram três,
A uma tomari despique.
E p'ra que esta m'moira fique
Nas vistas de quem passêa,
O primêro que se nomêa
E' de Castella D. F'lippe.

11.ª

Vêu de Castella D. F'lippe
Quarto, e sua divisão,
E vêu d'Austria D. João

9.ª *Assassino* está por *assassinio*, (2.º v.) *sês* por *seis*, (7.º e
10.º v). *Encanto* por emquanto. cfr. *sêscentos* por seiscentos, por
êi=ê, no 10.º v.

10.ª Repare-se na menção que faz de tres pessoas reaes,
vid. cfr. cap. II. *Sêscentos*, cfr. 9.ª decima. *Morreu* soa como·*mor-*
réu (o *eu* descoberto vale *êu*) (Cfr. Leite de Vasconcellos *op. cit.*
pag. 5), 3.º v. *Vês* a *três* soam por *vêes* e *trées* (4.º e 5.º v.). *Despi-*
que de *despicar* tomar desforra, (Cand. de Figueiredo *Novo Dicc.*
s. v. «despicar») mas popularmente contenda (6.º v.). *Memoira*
metathese de *memória*. *Passêa, nomêa, primêro, êi=ê*, (8.º e 9.º v.).

11.ª Note-se a confusão que faz com os nomes. D. João
d'Austria é o filho do Rei. *Vêu* de *veio* (ei=ê 1.º v.). Está *sê filho*

Com sê filho, pôr-se a pique.
Ê nâ tenho mais que explique.
Isto é o que conta a historia
Na frente d'esta memoira.
Vêu o Rei dos Càstilhanos,
Junto com dois Austrianos,
Todos três perderi victoira.

12.ª

Todos três perderam victoira,
Armas e a sua riqueza,
Aonde vêu toda a nobreza
Ganhari morte e perderi gloira.
Levaram co'a palmatoira
Do Conde de Villa-Flori,
Que elle era o Governadori
Das armas de Portugali.
No campo do Amêxiali
Acha se elle por venc'dori.

13.ª

Acha-se elle por venc'dori,
Ganhando-lhe as art'lharias.
Vinham os ôtros ha dois dias
Fugindo com sê temori.
D. Affonso, El-Rê Senhori,
Detraz os vinha seguindo.
Vinham d'Evora fugindo
Aqui p'ra esta fortaleza,
Cada vez con mais basteza
Castilhanos no chão cahindo.

---

por *seu filho*, 4.º v. *a pique* (loc. adv.) em perigo (Candido de Figueiredo, *Dicc.* cit. s. v. «pique»), 4.º v. *nân* por *não* é a pronuncia de *âo* = *ân* 5.º v. *Historia, memoira, victoira*, metatheses de
«historia,» «memoria,» e «victoria», 7.º, 8.º e 10.º v. *Mimoira* por
memoira = *memoria* é atono dá *i*, 8.º v.
　12.ª Cfr. com a decima anterior, *Castilhanos* por *Castelhanos* (Leite de Vasconcellos *op. cit.* p. 10), 8.º v. *Austrianos*, é formação directa com Austrienses.
　13.ª *Ou* vale *ô*, (Leite de Vasc. *op. cit.*, p. 5) 3.º v. Veja-se

14.ª

Castilhanos no chão cahindo
Sempre de continuamente,
D. Affonso de contente
Com D. Sancho estáva rindo,
Cada vez mais opprimindo
A inconstante batalha.
Diz Affonso: «aqui trabalha
«Hoje tudo a ferro frio,
«Que no cabo do desafio
«Cada um tên sua medalha.

15.ª

«Cada um tên sua medalha,
«Que á força d'armas ganhamos,
«Vamos a veri se acabamos
«Co'a raça desta canalha.
«Que elles nên polv'ra nên m'tralha
«A tên já no sê poderi,
«E se êu a c'rôa não perderi,
«Antes de victoira ganhari,
«Aqui prometto de a prantari
«P'ra toda a gente a veri.

---

a alteração da verdade dos factos, para collocar outra pessoa real, que é a terceira, pois de tres falava, vid. 10.ª decima.—Castilhanos por Castelhanos, como testimunha (Leite de Vasc. op. cit. p. 10), 10.º v.—Com basteza loc. adv. correspondente a com abundancia, em abastança; no Alentejo usam muito a expressão similar com franqueza, para este caso

14.ª Fala o Rei.—Castilhanos vid 13.ª D —De continuamente, acção de de contínuo e da rima, (2.º v.). Opprimindo=apertando, 5.º v.—A ferro frio loc. adv. curioso,=a frio, sem desânimo, 8.º v. Veja-se o anachronismo da promessa de medalhas, (10.º v.) — D. Sancho (Manuel) é o Conde de Villa-Flor.

15.ª Continua a fala phantasiosa do Rei. Tên=tem, (6.º v.º) cfr. 14.ª Sê poder, eu aberto dá ê, (6.º v.) e descoberto dá êu,). Victoira por victoria, (metathese), 8.º v.

16.ª

«P'ra toda a gente a veri
«A um padrão serviri de testo.
«A c'roà de D. Affonso sêsto
«E' esta, é ha de dizéri
«Que elle aqui se vêu bàteri
«Com duas nações estranjêras,
«—Com palavras verdadêras,
«O que faço não desmancho.—
«Em compáhhá de D. Sancho
«Vêu aqui ganhari bandêras.»

17.ª

Vêu aqui ganhári bandêras
No assassino d'esta guerra.
Corria ò sangue pela terra
Como auga pelas bêras.
O' lente peço que 'quêras
Esta gente soccorreri,
Que vieram aqui morreri
Gritando por Dês e Santos,
Que os gritos seriam tantos
Que más nã poderiam seri.

18.ª

Que más nã poderiam seri
Os gritos, ais e gemidos,
D'aquelles que caiam f'ridos

16.ª Continua o Rei a falar. Promette fazer o padrão, e fica explicada a existencia d'elle. *Tésto* é a tampa das panellas, de birro ou metal; a metaphora é grosseira, mas tem de rimar com *sêsto*, (2.º v.). *Vêu* por *véio, ei=ê*, (5.º e 10.º v.) *Estranjêras, verdadêras* e *bandêras*, id. (6.º 7.º 10 º v.) *Companha* é forma vulgar no Alentejo, 9.º v.

17.ª Segue a narrativa Cfr. a Decima antecedente, fr. *vêu, bandêras*, etc. *Assassino* por *assassinio*, vid. 9.ª, 2.º v. (2.º v.)— *Auga* é methatese vulgar de *agua*, (4.º v.). *Lente*=o que lê, etymologia de lente, professor da Universidade, (5.º v.). *Mais=más*.

18.ª Atraz se mencionam já os valores das nasaes. Ou=ô (7.º, 8.º 9.º v.). *Cobrados* por *quebrados*, dicção vulgar em todo o país.

Sem se poderên valeri.
Q' de pé se nã podiam teri:
Uns côn pernas partidas,
E ôtros com ôtras feridas,
E ôtros com braços cobrados,
Ôtros para alén passados
Acabaren com as vidas.

19.ª

Acabaren com as vídas,
Nûa morte táo affrontosa,
Q' tiveram a mais custosa
De todas as escolhidas.
Nên pesadas nên medidas
São estas affeliçóes.
E nas nossas oraçóes
A um Deus omnipotente,
Pedimos p'l'aquella gente,
Q' nós todos semos irmões.

20.ª

Q' nós todos semos irmões,
E da mesma terra fêtos,
Tanto os brancos c'mo os pretos,
Os môros como os Christóes.
São duros os coraçóes
Qne passam por esta estrada,
Que a d'menos nã rezam nada
P'r tanta morte que aqui foi.
Pedimos a Deus que perdôe
A esta gente desgraçada.

19.ª *Affeliçôes* como *affelictos*, epenthese de afflicções e afflictos, (6.º v.). *Pedimos* por *peçamos*, (9.º v.).
20.ª *Fêtos* por *feitos*, ei = ê, (2.º v.). *Môros* por *Mouros*,
ou = ô, (4.º v.). *Ao de menos = ao menos*, (7 º v.). *Pedimos* por *peçamos*, acaba como uma oração. (10.º v.).

21.ª

Por esta gente d'sgraçada
Todos devemos pediri,
Porque poderemos cahiri
Nos golpes da mesma espada.
Esta coisa consid'rada
Como foi e como seria,
Afflicções que aqui haveria
Morrendo c'mo passarinhos!
P'ra elles todos coitadinhos,
Muito triste foi o dia.

22.ª

Muito triste foi o dia,
E custoso na verdade.
Tênhamos d'elles piadade
Com uma Ade-Maria.
Desgraçada mãe a que cria
Filhos para dar a El-Rê,
Q' depois a morte lhe dê.
N'ûa occasião tã séria,
Mettido em tanta miseria.
Coitado de quen se vê.

23.ª

Coitado de quen se vê
No mundo tã infeliz,
Ôsênte do sê país,

22.ª *Ade-Maria* por *Ave-Maria*, é corrente no Alentejo como na Beira, (Leite de Vasconcellos, *op. cit.* pag. 9) 4.º v. e em geral é uso no país. *Piadade* por *piedade*, (A. e *op. cit.* pag. 9), 3.º v. *Tênhamos* é a accentuação popular. Note-se a piedade christã, que ao poeta inspira a oração pelos mortos, e a ira pelos causadores das guerras, que elle pessoaliza nos Reis. *El-Rê*, ei= ê, e rima com *dê* (6.º v.).
23.ª *El-Rê*, vid. ant. 22.ª Dec.ª (4.º). *Neum* por *nenhum*, forma geral (5.º v.). *Au=ó*, *ausente* dá *ósente* (3.º v.). *Eu=ê* (3.º v.)

D'baixo dos ferros d'El-Rê,
Q' nã ha mal nêun que nã dê
No triste pobre soldado.
Vê-se de bichos gafado
E muitos dias nã come,
Passa muita sede e fome,
P'ra assim morreri desgraçado.

24.ª

P'ra assim morreri desgraçado,
Mais lhe valia morreri
Acabado de nasceri,
Depois de seri baptizado,
Do que ver-se assim d'vorado
Do mais soberbo valênte,
Desviado de sua gênte,
E d'alguns amigos sês,
Sem poderi dizer adês
O' más chegado parente.

25.ª

O' más chegado parente,
Que é sua mãe e sê pae.
A desgracia é de quen vae
Ver-se co' a morte na frênte,
E ver-se na hora temênte,
Nas ancias da morte m'ttidos,
Porque alli se vêên perdidos
Das bandas os cadilhos.
Os paes perdem os filhos,
As casadas os sês maridos.

24.ª Nova manifestação christã. Mistura-se a informação
historica, deturpada, a phantasia do poeta, o commentario de
philosopho, e a crença christã de piedade e afleição.=Sês e adês
por seus e adeus, eu=è quando coberto (8.º e 9.º v.). O' por ao,
contração do dithongo, (10.º v.), phenomeno geral no país.
25.ª O' por ao vid. ant. (1.º v.) A desgracia por desgraça
foi facto apontado por Leite de Vasconcellos no op. cit. pag. 8.
Das bandas os cadilhos deve ser Dos bandos os caudilhos, (8.º v.).

26.ª

As casadas os sês maridos,
As donzellas os mancebos,
Perdem-se todos, ênlevos
Do mundo mais conhecidos,
Os homens mais instruidos
Alli pérdên o seu saberi.
Que, digo e torno a dizeri,
Alli não ha filho pr'ó pae.
A desgracia é de quem vae
Alli àquel' lugar gemeri.

27.ª

Alli àquel' lugar gemeri,
Conforme acontece a muitos,
Não àquelles que são defunctos,
Que morrem sem padeceri;
Esses morrem sem saberi
Se a morte custa ô não;
Conforme caiem no chão
Alli ficam quietinhos,
Alli morrem coitadinhos
Sên mexerên pé nên mão.

28.ª

Sên mecherên pé nên mão
Entre meio de muitos mais,
Que gritam por mães e paes,
Que sabé Deus onde estão.
Os paes que amorudos são
Dizên: «mê filho! não m'squece;
«Se ê acudir-lhe podesse!»
Dizen todos os vizinhos:
«Cá de longe coitadinhos,
«E quen lá anda é que padece!»

_____

26 « *Desgracia*, vid. 25.ª Decima, (9.º v.). *Todos enlevos por todos os enlevos.*

28.ª *Amorudos*: inclinados ao amor, voc. chulo de *amantes* (5.º v.). *ê* por *eu* 6.º v.).

29.ª

Quen lá anda é que padece,
Perde todos os regalos,
Porque até os proprios cavallos
Alli dão o seu arremesse.
Alli tudo se estremece,
N'aquelle trabalho furioso.
Que só um Dês todo poderôso
E' que alli pode acudiri.
Quem lá vae e torna a viri
Pode-se dari por ditoso

LUÍS CHAVES.

29 • *Arremesse* por *arremêsso*, ou seja coice, (4.º v.) *Se estremece*, está tomado o verbo estremecer (v. tr.) no sentido reflexo,
(5.º v.).

BOLETIM

Em sessão de 20 d'outubro, o snr. Presidente communicou que recebeu um officio da Commissão Concelhia de Administração dos Bens pertencentes ao Estado, perguntando se o edificio d'esta Sociedade se acha em condições de segurança taes que possa, sem perigo, receber e conservar em exposição os objectos de valor historico.e artistico componentes do chamado Thesouro da Collegiada de Guimarães, e que, no caso affirmativo, far-se-hia a entrega dos mesmos objectos, mediante inventario e a titulo de deposito no dia e hora que a mesma Commissão designar de accordo com a direcção d'esta Sociedade. Resolvendo-se, visto o assumpto ser de responsabilidade e encargo para esta Sociedade, fazer uma convocação de assemblêa geral para o dia 4 do proximo mez de novembro, pelas 6 horas da tarde, declarando-se logo nos annuncios que, não comparecendo numero sufficiente de socios, effectuar-se-ha no dia 12 do referido mez, á mesma hora.

Em sessão de 4 de novembro, o snr. Presidente communicou ter recebido um officicio do snr. Delegado do Procurador da Republica, em que informava que o snr. Ministro auctorisou que fossem entregues, mediante rigoroso inventario, a esta Sociedade os moveis de caracter historico ou artistico arrolados nos edificios das extinctas Congregações Religiosas d'esta cidade. Resolveu-se que o assumpto fosse tratado na proxima assemblêa geral.

O secretario communicou que na ausencia dos snrs. presidente e vice-presidente foi avisado de que desapparecera de cima de uma das mesas do Gabinete de Leitura um numero da revista «Je sais tout», como muitos outros jornaes teem faltado e, em consequencia d'isso, ordenou que d'ora em diante fossem concedidos para leitura por meio de requisição como qualquer outra obra.

O mesmo, communicou mais que recebeu um officio assignado pelos snrs. Presidente da Commissão Administrativa da Camara Municipal de Guimarães e Sub-inspector d'esta circumscripção escolar pedindo para que esta Sociedade se representasse numa reunião em que se resolvesse a maneira de instituir nesta cidade uma Cantina Escolar. Nessa reunião se participaria á Direcção da Sociedade o desejo manifestado para que ella se fizesse representar na Commissão installadora da Cantina e, no caso affirmativo, nomearia o seu representante. Em vista d'esta exposição, foi nomeado para representar a Sociedade o snr. Tenente Francisco Martins Ferreira.

Resolveu-se consignar na acta d'esta sessão um voto de sentimento pela morte do nosso consocio snr. Alberto Alves da Silva.

Na assemblêa geral de 12 de novembro, expressamente convocada para se discutir e habilitar a Direcção d'esta Sociedade a responder a uma pergunta do snr. Presidente da Commissão Concelhia dos Bens pertencentes ao Estado sobre se o edificio d'esta Sociedade está em condições de segurança taes que possa, sem perigo, receber e conservar em exposição os objectos de valor historico e artistico componentes do chamado «Thesouro da Collegiada de Guimarães», para no caso affirmativo a mesma Commissão fazer entrega d'esses objectos, mediante inventario e a titulo de deposito, no dia e hora que a mesma Commissão designar, de accordo com a direcção d'esta Sociedade, foi resolvido responder que ella, ponderando bem o caso de que se trata, é de opinião que desde já se aceite o deposito dos objectos de que se compõe o referido Thesouro com a condição expressa de que elles continuarão a estar guardados no logar em que actualmente se encontram até que por alguma forma se possa conseguir que no edificio d'esta Sociedade se façam as obras indispensaveis para garantir a segurança dos mesmos objectos.

Mais se resolveu na referida assemblêa geral, installar no edificio d'esta Sociedade um Museu de Arte Sacra, no intuito de serem nelle recolhidos muitos objectos que se achavam dispersos pelas extinctas congregações religiosas.

Na sessão de 1 de dezembro, leu-se um officio do snr. Presidente da Commissão Administrativa da Camara Municipal de Guimarães, pedindo para lhe ser enviado um exemplar do catalogo da bibliotheca do qual constem quaes as obras e livros de propriedade municipal. Resolveu-se, como no anno anterior já lhe foram cedidos 2 exemplares do mesmo catalogo e o numero reduzido dos que existem é indispensavel para o serviço da bibliotheca, responder que, nestas condições, é impossivel satisfazer o pedido expresso no mesmo officio.

Resolveu-se mais o seguinte:

Conservar encerrado aos domingos o edificio d'esta Sociedade.

Encarregar o snr. Capitão Duarte do Amaral de procurar o concessionario da Companhia de Electricidade d'esta cidade, snr. Bernardino Jordão, a fim de proceder-se a uma modificação na actual installação da luz no edificio d'esta Sociedade de forma a poder illuminar-se o salão quando seja preciso, obtendo-se uma concessão mais favoravel do que o preço actual, ao que o snr. Capitão Amaral, da melhor vontade annuiu.

O snr. Simão Alves d'Almeida Araujo propôs para socio o snr. dr. Arthur Ribeiro d'Araujo Faria, de Vizella, que foi admittido por unanimidade.

Na sessão de 14 do referido mez, o snr. Presiden-

te propôs que na acta seja exarado um voto de sentimento pela morte dos socios snrs. João Pinto Coelho
de Simães e Manuel Augusto d'Almeida Ferreira, que
foi approvado por unanimidade.

Leu-se um officio da Commissão Administrativa da
Camara Municipal, renovando o pedido de 2 exemplares do catalogo da bibliotheca por a mesma ter disposto dos que possuia. Resolveu-se responder que a Direcção d'esta Sociedade, como não pode dispôr dos
que actualmente tem, absolutamente indispensaveis para
o seu serviço, vae annunciar nos jornaes da localidade
a compra de alguns exemplares e logo que os obtenha
lhe serão remettidos os que pede.

Foi auctorisada uma pequena despesa a fazer na
propriedade do Carvalho, assim como a obra precisa
no interior do edificio d'esta Sociedade para tornar
independente a sala que está á esquerda da entrada
principal que communica com a entrada, fazendo-se
um novo lanço que lhe dê accesso.

O secretario communicou que teve conhecimento
de que a Direcção das Obras Publicas do districto de
Braga expediu a competente ordem de pagamento
para a direcção d'esta Sociedade ser embolsada da
quantia de 183$356 reis de deposito e juro, feito por
esta Sociedade em virtude de arrematação d'uma em-
preitada da obra e que essa importancia se ia mandar
receber.

I.º TRIMESTRE DE 1913

Em sessão de 4 de janeiro, o snr. Presidente communicou que foram entregues a esta Sociedade pela
auctoridade competente, a titulo de Deposito, diversos
objectos que pertenceram a algumas das extinctas Congregações religiosas d'esta cidade, e constam do respectivo auto de entrega, que fica archivado no cofre
d'esta Sociedade.

O secretario propôs para socio e foi admittido por
unanimidade o snr. Abilio Rebello de Carvalho, actualmente residente na Inglaterra.

Em sessão de 31 do referido mez, leram-se os seguintes officios:

Da Commissão Administrativa da Camara Municipal com o n.º 17 de 23 do corrente, enviando transcripção de parte da acta da sessão camararia de 15 do mesmo.

Da mesma commissão, n.º 25 de 24 do referido mez, pedindo relação dos objectos que estejam em poder da Sociedade que pertenceram ás extinctas congregações religiosas e o n.º 34 de 27, pedindo informações do estado em que se encontra a publicação dos «Vimaranis Monumenta Historica».

Do snr. Delegado do Procurador da Republica em que communica em 29 do citado mez que o snr. Ministro da Justiça concordou em que á Sociedade Martins Sarmento fosse cedida, a titulo de guarda, a bibliotheca que foi dos Padres de Santa Luzia com obrigação apenas de opportunamente enviar, por seu intermedio, á Commissão Jurisdicional dos bens das extinctas congregações religiosas um catalogo dos livros que receber e que, para effeito de se realizar a entrega auctorizada, pede que a Sociedade commissione pessoa que receba os livros e assigne o respectivo auto.

O snr. Presidente mandou ler as copias dos officios em que, como expediente, respondeu á Camara e quanto ao do snr. Procurador da Republica, lembrou e pediu ao snr. Capitão Duarte do Amaral para se desempenhar d'aquelle cargo, ao que o mesmo senhor annuiu, ficando o snr. Presidente encarregado de participar esta nomeação.

Em seguida tomaram-se as seguintes resoluções:

Mandar ampliar o retrato do socio honorario snr. Abbade de Tagilde, para ser collocado na galeria dos outros retratos.

Officiar á Camara, perguntando se mantem ou não, os premios a que se refere o n.º 8 do contracto de 22 de janeiro de 1906.

Officiar ao socio snr. dr. Alfredo Pimenta, pedindo-lhe para conseguir que sejam entregues a esta Sociedade os duplicados existentes na Bibliotheca Nacional, os quaes o ex.mo snr. dr. Julio Dantas, na sua recente visita a Guimarães e a esta Sociedade, offereceu e recommendou que não demorassem a requisição, auctorizando-o a fazer e dar conta das despezas que fizer com o seu encaixotamento.

Na sessão extraordinaria de 8 de fevereiro o snr. Presidente communicou já ter dado cumprimento á resolução tomada na sessão anterior, perguntando á Camara se no presente anno resolve dar algum premio d'aquelles a que se refere a condição 8.ª do contracto, cuja resposta aguarda.

O mesmo senhor disse que, visto que se trata de distribuição de premios e sendo as opiniões pedagogicas da actualidade contrarias a estes actos, era de parecer que modificasse a festa annual de 9 de março de forma que, sem deixar de solemnisar aquelle dia, se lhe imprimisse outro caracter, e a despesa que com ella se fazia, se applicasse com mais proveito em beneficio dos alumnos que não tivessem meios para adquirir os livros necessarios e material d'ensino.

Ouvida a exposição do snr. Presidente, com o que concordaram todos os vogais presentes, resolveu-se o seguinte:

Conservar naquelle dia em exposição o edificio d'esta Sociedade, para que possa ser visitado por todas as pessoas que costumam concorrer áquella solemnidade.

Realizar no mesmo dia á noite, uma sessão para a qual serão convidados todos os socios e suas familias em commemoração da festa tradicional d'esta Sociedade.

Convocar a assemblêa geral para o dia 21 do corrente, pelas 6 horas da tarde, ou para o dia 28 immediato, á mesma hora, se não comparecer numero sufficiente de socios, a fim de lhe ser apresentada uma proposta da Direcção no sentido acima exposto pelo snr. Presidente.

Em sessão de 17 de fevereiro, o snr. Presidente participou que a Camara tinha respondido que não dispõe actualmente de verba orçamental para premios.

Resolveu-se convocar a assemblêa geral d'esta Sociedade para o dia 8 de março proximo, pelas 6 horas da tarde, ou para o dia 15 immediato, á mesma hora, se não tiver concorrido á primeira reunião numero legal de socios, para dar cumprimento ao art.º 9.º do Estatuto que trata da eleição.

Na assemblêa geral de 28 de fevereiro, o snr. Presidente da Direcção d'esta Sociedade expôs que ha muito tempo, por motivos de todos conhecidos, era sentida a necessidade de acabar com a distribuição de premios na sessão de 9 de março. Que o mesmo senhor Inspector escolar, em nome da pedagogia moderna, e pelo conhecimento pratico que tinha do concelho, era da mesma opinião. Que, nesta ordem de ideias, a propria Commissão Administrativa da Camara Municipal deixou de concorrer com os seus premios. Que, por todos estes motivos, a Direcção d'esta Sociedade resolveu em sessão de 8 do corrente, não fazer distribuição de premios no proximo dia 9 de março; mas que julgando não dever desistir de, por qualquer forma, continuar a concorrer para o desenvolvimento da instrucção popular primaria, votara para ser presente á assemblêa geral, a proposta seguinte:

1.º

«Creação d'um fundo escolar destinado a soccorrer alumnos pobres das escolas primarias do concelho pelo fornecimento de livros e material escolar; de subsidios ou premios de frequencia e em geral de quanto represente um auxilio necessario para que a pobresa dos alumnos não sirva de desculpa para a não frequencia da escola.

2.º

Formará receita d'este fundo a verba que a Sociedade votar annualmente para este fim, e que deverá ser approximadamente a quantia até aqui dispendida com os premios por ella pagos e distribuidos em 9 de março.

A Sociedade esforçar-se-ha pelo engrandecimento d'este fundo, empregando em geral todos os meios ao

seu alcance, e, em particular, promovendo que todos
os fundadóres de premios até aqui distribuidos em 9
de março, continuem a auxiliá-la na sua missão, contribuindo para o fundo creado com as quantias que até
aqui dispendiam com os respectivos prémios.

A Direcção da Sociedade elaborará as disposições
regulamentares necessarias para a boa execução d'esta
proposta, e determinadamente para a justa e efficaz
applicação do fundo creado».

Lida e recebida esta proposta, o Senhor Presidente
da assemblêa geral pô-la á votação depois de convenientemente appreciada pelos socios presentes, sendo
approvada por unanimidade.

O snr. Presidente da Direcção disse mais que evidentemente não era possível no presente anno dar execução á proposta que acabava de ser votada e que a
sessão annual de 9 de março proximo tinha de ser por
isso uma celebração mais modesta, uma festa intima
da Sociedade, pois que não parecia proprio convidar
os professores, as creanças, o elemento official que é
costume honrar-nos com a sua presença, não tendo
essa festa nada de especial que o interessasse; que em
todo o caso desejava saber a opinião da assemblêa.

Consultada esta pelo snr. Presidente da assemblêa
geral, foi por proposta do snr. Simão Alves d'Almeida
Araujo auctorizada a organizar essa sessão annual como melhor fosse possivel, não deixando esquecer o
seu significado caracteristico.

Na sessão de 9 de março o snr. Presidente da direcção pronunciou a seguinte allocução:

Senhor Presidente, minhas Senhoras e meus Se-
nhorés.

Celebra-se hoje mais uma vez a fundação da Sociedade Martins Sarmento. Nascida, não nos cançare-
mos de o dizer, como pura homenagem de veneração
e estima por um dos mais nobres caracteres e dos
mais opulentos espíritos, que teem honrado a nossa
raça, conjugada com a generosa ambição de ser util á
nossa terra, todos os annos aqui vimos, neste dia 9

de março, fixado pelos Estatutos da casa, recordar os esforços passados para da união de todos haurirmos a força de proseguir. Esta união só pode dimanar do interesse commum, e este interesse pode apenas produzi-lo a ingerencia da Sociedade nas luctas vivas do seu tempo. A Sociedade Martins Sarmento não pode limitar-se a administrar bibliothecas e museus. Será bom que os seus amigos não esqueçam isto.

Este anno as condições em que nos reunimos são differentes das habituaes. Faltam as creanças com a sua vivacidade e alegria, falta o professorado primario do concelho, falta todo o elemento official superior, que sempre nos honrou com a sua presença e confiadamente esperamos continuará a honrar-nos, regulamentada que seja a nossa acção promotora na instrucção popular do concelho por uma forma mais consentanea ás exigencias das condições actuaes. Isto explica-se sem menoscabo para nós, nem melindre para ninguem.

Ha já bastante tempo que sentimos duvidas sobre as vantagens, nesta hora que vae correndo, dos premios que distribuiamos. Não vem a proposito dizer aqui os motivos, que aliás tem sido largamente tratados nas nossas sessões da direcção e assemblêa geral. A propria Camara Municipal, por outro lado, já ha dois annos supprimiu os premios, que costumava dar-nos a distribuir, e nós devemos crer que motivos da mesma natureza imperariam na sua resolução. Mas ha mais. O snr. Inspector escolar, com a sua auctoridade official e o conhecimento pratico das condições do ensino no concelho, resolutamente condemnava toda a distribuição de premios, sobre tudo, e nisto estamos nós em pleno accordo, nas circumstancias em que nós nos viamos obrigados a dá-los, pela impossibilidade de fazer-se sempre uma escolha justa e acertada.

Resolvemos pois supprimir a distribuição de premios das nossas sessões commemorativas da fundação da Sociedade, substituindo-a por uma conferencia sobre assumpto de forte interesse local, principiando pela propria historia de Guimarães. Acceitou-nos esse encargo o distincto professor da Universidade do Porto, snr. Dr. João de Meira, cuja competencia na materia, por elle versada sempre com amor, muita erudição e fina critica, não é, que eu saiba, egualada por ninguem. Infelizmente, o precario estado de saude do illustre professor, nestes ultimos dias, não lhe permittiu a elle nem a nós satisfazer os nossos compromissos. Esperemos que a sua saude brevemente se restabeleça e que, embora noutro dia, nos permitta a todos apreciar o seu trabalho.

Eis a razão porque este anno a festa annual da Sociedade Martins Sarmento se apresenta reduzida ás proporções modestas d'uma festa em familia. Não era correcto convidar para ella, como era antigo costume, o elemento official, não tendo a offerecer-lhe nada de interesse, d'um grande interesse publico. Quem convida para sua casa tem obrigação de satisfazer os seus hospedes. Nos annos futuros esse interesse poderá augmentar ainda quando puder pôr-se em pratica a proposta que ultimamente a Direcção votou e a assémblêa geral mandou executar.

E' a seguinte:

1.º

E' creado um fundo escolar, destinado a soccorrer alumnos pobres das escolas primarias do concelho, pelo fornecimento de livros e material escolar, de subsídios ou premios de frequencia, e em geral de quanto representa um auxilio necessario para que a pobresa dos alumnos não sirva de desculpa para a não freguencia da escola.

2.º

Formará receita d'este fundo a verba que a Sociedade votar annualmente para esse fim, e que deverá ser approximadamente a quantia até aqui dispendida com os premios por ella pagos e distribuidos em 9 de março.

A Sociedade esforçar-se-ha pelo engrandecimento d'este fundo, empregando em geral todos os meios ao seu alcance, e, em particular, promovendo que todos os fundadores de premios até aqui distribuidos em 9 de março, continuem a auxiliá-la na sua missão, contribuindo para o fundo creado com as quantias que até aqui dispendiam com os respectivos premios.

A Direcção da Sociedade elaborará as disposições regulamentares, necessarias para a boa execução d'esta proposta, e determinadamente para a justa e efficaz applicação do fundo creado.

E' muito complexo o problema da instrucção popular, quer na sua organização pedagogica, quer sob o ponto de vista do seu derramamento geral. Não se improvisa a doutrina, que é necessario estar acima de todas as discussões, nem se improvisa um professorado completo, disposto a uma tal disciplina, que o equipare, para assim dizermos, a uma força mechanica produzindo normalmente todo o seu effeito. Se assim fosse dir-se-hia brevemente resolvido o problema... se se tratasse d'um povo para o qual a instrucção pudesse ser o seu primeiro problema. Mas ha povos para quem o primeiro problema é o de viver, e, quando assim acontece, impende a todos os amigos da sua patria, preenchidas aquellas condicções, concorrer na medida das suas forças para que os menos protegidos da fortuna possam libertar-se das duas grandes algemas da vida, a miseria economica e a vacuidade moral. Como a cantina fundada pela Camara Municipal, o nosso fundo escolar, duas instituições que os annos e a experiencia aperfeiçoarão, tende a esse fim.

Neste anno, a expropriação das casas religiosas deu motivo a que fossemos convidados a receber os restos, que ficaram da *dèbacle,* em livros e objectos, considerados historicos ou artisticos; foi-nos mesmo perguntado se a nossa casa estava em circunstancias taes de segurança, que pudessemos acolher o chamado thesouro da Collegiada. O mesmo se fallou do rico e interessante cartorio da mesma casa, que por forma nenhuma deve sair de Guimarães. Isso parece até ser já cousa ganha, graças principalmente aos nossos trabalhos sobre o «Vimaranis Monumenta Historica», de cuja organização e publicação tinhamos sido encarregados pela Camara e cuja ultima parte do 1.º volume deve ficar publicada este anno. Tudo isto

são grandes interesses moraes a que nós não podíamos'
ser indifferentes. D'ahi·a obra que V. Ex.ᵃˢ encontraram á entrada, por meio da qual obtivemos uma boa
sala, onde agora estão provisoriamente installados os
objectos e volumes provenientes dos conventos dos
Jesuitas e das Capuchinhas, e á qual se poderá dar
mais facilmente a segurança exigida, se ainda for· preciso; assim como nos habilitamos a constituir com mais
facilidade um gabinete de leitura independente e outras accommodações.

Senhor Presidente, minhas Senhoras e meus Senhores – O anno social, que termina hoje, foi particularmente doloroso para nós, furtando á nossa convivencia e á nossa estima um collega d'esta Direcção,
tão dedicado, tão activo, tão sympathico, como João
Oualdino, e um dos mais velhos amigos da Sociedade,
o Abbade de Tagilde. Eram ambos infalliveis aqui na
festa d'este dia; não mais voltarão. D'elles, d'hoje em
diante, só aqui nos acompanhará a memoria e a saudade. Fixando as suas feições queridas, inauguramos
hoje o retrato de João Gomes d'Oliveira Guimarães,
Abbade de Tagilde. Não é ainda o velho alquebrado
e doente, que arrastava por essas ruas as suas dores,
preguntando á propria fé o motivo d'ellas; não é aquelle que, da ultima vez que sentiu o coração dos seus
freguezes bater junto·ao seu, inclinava a cabeça e ex-
pirava; é o nosso, o do bom tempo d'esta casa, o homem robusto e alegre, o sacerdote integro e bom, o
severo administrador da fazenda municipal, o erudito
investigador e incançavel auxiliar de Francisco Sarmento, o orador eloquente das nossas sessões commemorativas, aquelle que muito nos amou e a quem nós
muito amamos. São essas as feições, é esse o risonho
aspecto d'homem são e util, que nós desejamos per-
petuar. Os que o conheceram pessoalmente nunca o
esquecerão, os que só o conhecerem pelos seus trabalhos hão-de sempre respeitá-lo. Nós somos d'aquelles,
nunca o esqueceremos.

Tenho dito.

Na sessão de 10 de março, o snr. Presidente participou o fallecimento do consocio snr. Barão de Pom-

beiro de Riba Vizella, de quem exaltou as qualidades de caracter, dizendo que, após a constituição d'esta Sociedade, elle se revelou sempre um dos seus mais fervorosos amigos e propôs que nesta acta seja exarado um voto de sentimento por tão triste occorrencia. Approvado por unanimidade.

O secretario propôs para socio e foi approvado por unanimidade, o snr. P.ᵉ Adrião Neves Saraiva.

Na assemblêa geral de 15 do mesmo mez, realisou-se a eleição annual da nova Direcção, sendo eleitos os seguintes socios :

EFFECTIVOS

Alberto d'Oliveira Lobo (Dr.)
Augusto Pinto Areias
Domingos Leite de Castro
Duarte do Amaral Pinto de Freitas (Capitão)
Francisco Martins Ferreira (Capitão)
José da Costa Santos Vaz Vieira
Pedro Pereira da Silva Guimarães Junior (Dr.).

SUBSTITUTOS

Abel de Vasconcellos Cardoso
Abel de Vasconcellos Gonçalves (Dr.)
Alfredo d'Oliveira dé Sousa Peixoto (Dr.)
Domingos de Sousa Junior (Dr.)
Fernando Gilberto Pereira (Dr.)
João Martins de Freitas (Dr.)
José Luiz de Pina.

Em sessão de 1 d'abril, achando-se presentes os socios eleitos na assemblêa geral de 15 de março ultimo, foi dada posse á nova direcção, seguindo-se a distribuição dos pelouros, que foi feita da forma seguinte:

Presidente, Domingos Leite de Castro.

Vice-presidente e director do museu archeologico, Capitão Duarte do Amaral Pinto de Freitas.

1.º Secretario e administrador de propriedades, Dr. Pedro Pereira da Silva Guimarães.

2.º Dito e director do museu de numismatica, José da Costa Santos Vaz Vieira.

Thesoureiro, Augusto Pinto Areias.

Director da bibliotheca, Tenente Francisco Martins Ferreira.

Director da «Revista de Guimarães», Dr. Alberto d'Oliveira Lobo.

Foram tomadas as seguintes deliberações:

Que as sessões ordinarias da direcção se realisem nos dias 1 e 15 de cada mez.

Manter a deliberação tomada pela direcção d'esta Sociedade na sessão de 1 d'abril de 1911 de não ceder a sua casa para conferencias ou reuniões extraordinarias, nem assistir a ellas quando convidada, pelo motivo apresentado na mesma sessão.

Que, até que seja tomada uma resolução definitiva sobre o Gabinete de Leitura, os jornaes e revistas continuem a ser fornecidos aos leitores por meio de requisição a fim de evitar o seu desapparecimento.

Em sessão de 15 do referido mez, o snr. Presidente participou o fallecimento do snr. Mariano Augusto da Rocha, um dos socios mais antigos d'esta Sociedade, a quem devia a offerta de diversas moedas e um quadro e propôs que na acta d'esta sessão fique exarado um voto de sentido pezar por esta triste occorrencia. Approvado por unanimidade.

Resolveu-se officiar aos socios que costumam concorrer com donativos para premios, dando-se-lhes copia da proposta apresentada e approvada na assemblêa geral de 28 de fevereiro ultimo sobre a creação de um fundo escolar, perguntando se esta Sociedade pode contar com o seu auxílio para este fim.

Na sessão de 26 de maio o snr. Presidente disse que, sendo esta a primeira depois da morte do venerando Senhor Arcebispo Primaz Dom Manuel Baptista da Cunha, cujas virtudes exaltou, propunha que nesta acta seja exarado um voto de profundo pezar por este acontecimento. Approvado por unanimidade.

Fallou-se sobre a conveniencia d'uma visita ao Casal do Carvalho, em Briteiros, aproveitando-se essa occasião para visitar tambem o socio snr. Conselheiro Serafim Antunes Rodrigues Guimarães para fallar sobre uma divisão d'aguas, que, até ha pouco, regavam a mesma propriedade, ficando assente em se combinar depois o dia para esse fim destinado.

Resolveu-se convocar a assemblêa geral d'esta Sociedade para exame e approvação das contas da gerencia de 1912-1913 para o dia 12 de junho proximo, pelas 7 $^1/_2$ horas da tarde, ou para o dia 19 do mesmo mez á hora indicada, se não concorrer á primeira reunião numero legal de socios.

Na assemblêa geral de 19 de junho foram approvadas as contas da gerencia de 1912-1913, ficando, além de outros saldos existentes para contas especiaes, um saldo disponivel para nova conta de Rs. 17$141.

Na sessão de 27 do referido mez, o snr. Augusto Pinto Areias propôs e foi approvado por unanimidade um voto de sentimento pela morte da ex.ma senhora D. Maria do Carmo Lobo Leite de Castro, que ha muitos annos esta Sociedade contava no numero dos seus associados de mais distincção.

O snr. Presidente communicou que tendo ido no dia 22 do corrente, acompanhado pelos snrs. dr. Antonio do Amaral e José Vaz Vieira a casa do snr. Conselheiro Serafim Antunes Rodrigues Guimarães a fim de se esclarecerem sobre uma questão de aguas, ahi tiveram uma conferencia a que assistiram um filho do mesmo sr. Conselheiro, o caseiro do Casal do Carvalho e outro lavrador interessado, e, depois de trocadas explicações, reconheceram os ultimos que de verão só tinham a agua que lhes fosse concedida pelos ditos senhores, e de inverno promptificavam-se estes a regular a sahida da agua de forma que ella esbordasse tanto quanto necessario, com o que os lavradores presentes ficaram satisfeitos.

Na sessão de 4 de julho, leu-se um officio da Commissão Administrativa da Camara Municipal com o n.º 287 de 3 do corrente acompanhando uma copia de parte da acta da sua sessão de 25 de junho em que a mesma tomou a deliberação de suspender o subsidio constante do contracto realisado entre a Camara Municipal e esta Sociedade, em 22 de janeiro de 1906, com o fundamento de que esta Sociedade não interpreta nem cumpre rigorosamente a clausula 5.ª do mesmo contracto, em quanto esta Sociedade não justificar legalmente o seu procedimento ou der cumprimento de harmonia com a interpretação da Camara á clausula 5.ª.

O sr. Presidente leu, uma vez mais, a clausula 5.ª, em questão, e todos os membros da Direcção, que nesta sessão estavam presentes, foram unanimes em reconhecer que não havia motivo para alterar o procedimento da Direcção, visto que não só tem dado cumprimento áquella clausula, mas tem satisfeito ás disposições legaes do art. 12.º §§ 1.º e 2.º do decreto de 2 d'agosto de 1870 e do art. 9.º do decreto de 18 de março de 1911, em que a Direcção se tem inspirado na compra das obras precisas na bibliotheca.

Que pela redacção do officio, parecia que a Commissão nos convidava a levar a questão aos tribunaes; que para isso havia muito tempo, e que, portanto, era preferivel sobre-estar em qualquer resolução até que haja motivo de urgencia que o reclame.

Na sessão extraordinaria de 9 d'agosto, convocada na forma dos annos anteriores para commemorar o anniversario da morte do socio honorario d'esta Sociedade dr. Francisco Martins Sarmento, o snr. Presidente lembrou os serviços por elle prestados á Archeologia, em que se notabilisou pela sua alta cultura, sendo considerado universalmente como um dos primeiros archeologos conhecidos. Propôs que fossem dirigidos cumprimentos á viuva a ex.^{ma} senhorá D. Maria de Freitas Aguiar Martins Sarmento e que fosse levantada esta sessão em signal de pezar por aquelle acontecimento. Approvado por unanimidade.

Na sessão extraordinaria de 29 de setembro o snr. Presidente communicou o fallecimento do socio snr. dr. João Monteiro de Meira, illustre cathedratico da Faculdade de Medicina do Porto, um dos espíritos mais brilhantes e cultos da nossa terra, de quem fez o elogio, pondo em destaque os serviços que prestou a esta Sociedade, que elle amou como a instituição que, em Guimarães, mais satisfazia as suas aspirações. Disse que não podia deixar de reconhecer que este momento era triste para a Sociedade Martins Sarmento porque lhe iam faltando por esta forma os amigos de quem ella mais tinha a esperar e a podiam auxiliar nos seus trabalhos que demandam estudo e intelligencia e o dr. João de Meira era d'esses porque era um erudito. Em presença d'este facto, bem lamentavel, proponho que na acta d'esta sessão fique exarado um voto de profundo sentimento pela sua morte; que a Direcção compareça no seu funeral no maior numero que possa; que sejam dirigidos cumprimentos de condolencia a toda a sua familia, e, finalmente, como ultima homenagem prestada ao illustre morto por esta Sociedade, se mande collocar o seu retrato na galeria dos que já existem. Esta proposta foi muito applaudida e approvada por unanimidade.

O snr. Augusto Pinto Areias propôs para socios e foram admittidos os snrs. Alfredo Ferreira e Delfim Ferreira.

A Sociedade recebeu, desde 1 d'outubro de 1912 até hoje, as seguintes offertas, de que nos é grato aqui repetir o agradecimento.
Para a bibliotheca:

Livros

A. L. de Carvalho, 1 folheto;
Anonymo, 1 folheto;
Associação Commercial e Industrial de Setubal;
Ministerio do Fomento, 1 folheto;
Dr. Eduardo de Campos de Castro d'Azevedo Soares, 1 volume;
Ministerio das Finanças, 1 volume.
Academia Polytechnica do Porto, 3 volumes e folhetos;
joão Lopes de Faria, 19 volumes;
Bibliotheca Publica Municipal do Porto, 3 volumes;
Faculdade de Medicina do Porto, 13 volumes e folhetos;
Arthur Pinto Basto, 1 volume;
General Ignacio Teixeira de Menezes, 2 volumes;
Direcção Geral da Estatistica, 20 volumes e folhetos;.
Associação de Escolas Moveis pelo Methodo joão de Deus, 1 folheto;
Lyceu Sá de Miranda, 1 folheto;
Academia das Sciencias de Lisboa, 4 volumes;
Agostinho Dias de Castro, 2 folhetos;
José d'Azevedo e Menezes, 1 volume;
Bibliotheca da Universidade de Coimbra, 3 volumes 'e folhetos;
Empresa de «O Espozendense», 2 folhetos;
Companhia de Fiação e Tecidos de Guimarães, 1 folheto;
Conselheiro Henrique da Gama Barros, 2 volumes;
G. L. Santos Ferreira, 1 folheto;
Lyceu Nacional de Guimarães, 1 folheto;
Padre Luiz Gomes, 1 volume;
Companhia dos Banhos de Vizella, 1 folheto;
Instituto de Anatomia da Faculdade de Medicina da Universidade de Lisboa, 1 folheto;
Faculdade de Medicina do Porto, 1 volume;
Dr. Alfredo Pimenta, 2 volumes;
Antonio Dantas, 1 folheto;
D. Luiz Siret; 1 volume;
Camara Municipal do Porto, 1 volume;
Dr. Arthur Ribeiro de Araujo Faria, 1 volume;
Miguel Motta, 1 folheto;
Director Geral de Instrucção Secundaria Superior e Especial, 1 volume;
Museu Etnologico Portuguez, 1 folheto;
Commissão Official Executiva da Guerra Peninsular, 1 volume;
Centro Commercial do Porto, 1 volume.

Jornaes e Revistas

Boletim da Associação Commercial e Industrial de Setubal;

O Estenografo Ilustrado, Lisboa;
O Correio, Porto;
A Desafronta, Famalicão;
Diario do Norte, Porto;
Portugal Filatelico.

Para os museus

Antonio Pereira da Silva, uma chapa de metal, representando um busto de Christo—«Ecce Homo»—em relevo;

Dr. João Ferreira da Silva Guimarães, uma porção de minerio, parecendo lava;

Affonso Henriques d'Almeida, 1 moeda de prata de D. Manuel II;

Rodrigo Venancio da Rocha Vianna, 1 moeda de prata de 4$000 réis commemorativa da descoberta do Brazil; 5 ditas diversas do mesmo metal e da mesma procedencia; 1 dita portugueza e 1 mexicana do mesmo metal; 16 ditas de cobre, romanas; 3 ditas portuguezas; 5 brazileiras; 1 portugueza da Africa; 2 ditas estrangeiras; 1 de prata, romana e 4 ditas de cobre da mesma procedencia;

Arlindo Barata, 1 moeda de prata de 100 réis de D. Manuel II;

José joaquim da Rocha e Silva, 1 moeda portugueza de prata de 960 réis, cunhada em 1814;

João Ribeiro Fernandes, 1 moeda de prata de 2$000 réis, da R. dos E. U. do Brazil.

Guimarães, 30 de setembro de 1913.

O 2.º secretario,

José da Costa Santos Vaz Vieira.

BALANCETE

Movimento da caixa desde 1 de outubro de 1912 a 30 de setembro de 1913

ENTRADA

Saldo existente em 30 de setembro . .	152$825	
Dito para a publicação dos VIMARANIS MONVMENTA HISTORICA . . .	84$900	
Deposito por effeito d'uma arrematação.	10$000	
Receita cobrada	1:276$951	
Deficit	47$7₁5	1:572$391

SAHIDA

Despesa	1:480$521	
Saldo para a publicação dos VIMARANIS MON. HISTORICA.	70$870	
Dito para premios	21$000	1:572$391

Saldo para catalogação.	450$000

Guimarães, 30 de setembro de 1913.

O thesoureiro,

AUGUSTO PINTO AREIAS.

LISTA DOS SOCIOS

DA

SOCIEDADE MARTINS SARMENTO

Socios honorarios

Antonio (Conselheiro) Carlos Coe-
lho de Vasconcellos Porto.
Antonio (Dr.) José d'Almeida.
Bernardino (Conselheiro) Macha-
do Guimarães.
Bernardo Moreira de Sá, Porto.
Conde de Agrolongo, Lisboa.
Conde de Paçô Vieira.
Delphina (D.) Rosa d'Oliveira Car-
doso.
Domingos José Ribeiro Callixto.
Domingos Leite de Castro (socio
iniciador).
Francisco dos Santos Guimarães.
Gaspar (Dr.) de Queiroz Ribeiro,
Villa Nova de Cerveira.

Guilherme Afflalo, Foz do Douro.
Ignacio (General) Teixeira de Menezes.
joão (Conselheiro) Ferreira Franco Pinto Castello Branco.
Joaquim (Dr.) José de Meira.
joaquim de Vasconcellos, Porto.
José (Padre) Joaquim Gomes, Vizella.
josé Marques da Silva, Porto.
Manoel (Dr.) Marinho de Castro
Falcão, Porto.
Maria (D.) de Madre de Deus
Freitas Aguiar Martins Sarmento.

Socios correspondentes

Adolpho Salazar, Porto.
Alberto (Dr.) Osorio de Castro,
India.

Antonio Arroyo, Lisboa.
Arthur (Capitão) Augusto da Fonseca Cardoso, Porto.

Conde de Bretiandos, Lisboa.
Felix (Dr.) Alves Pereira, Lisboa.
Francisco (Dr.) Tavares Proença, Castello-Branco.
João (Dr.) de Vasconcellos e Menezes, Marco de Canavezes.
— joaquim (Padre) Augusto Pedrosa, Santo Thyrso.

José (Padre) Raphael Rodrigues, Villa Pouca d'Aguiar.
José (Dr.) Leite de Vasconcellos, Lisboa.
José (Conselheiro) Thomaz Ribeiro Fortes, Porto.
Ricardo Severo da Fonseca e Costa, Porto.
Visconde de Meirelles.

Socios effectivos

Aarão (Dr.) Pereira da Silva.
Abel de Vasconcellos Cardoso.
Abel (Dr.) de Vasconcellos Gonçalves.
Abilio (Padre) Augusto de Passos.
Abilio (Dr.) da Costa Torres, Vizella.
Abilio Rebello de Carvalho, da Cheshire, Liscard, Inglaterra.
Adelaide (D.) Sophia Monteiro de Meira.
Adelino (Dr.) Adelio Leão da Costa, Porto.
Adelino Lémos, Abrantes.
Adrião (Padre) Neves Saraiva.
Affonso (Major) Mendes.
Agostinho (Padre) Antunes de Azevedo, Lameira, Villa do Conde.
Agostinho Fernandes Rocha.
Albano Pires de Souza.
Alberto (Dr.) d'Oliveira Lobo.
Alberto (Dr.) Ribeiro de Faria, Taipas.
Alberto (Dr.) Rodrigues Ferreira da Silva.
Alberto (Conego) da Silva Vasconcellos.
Alcino (Capitão) da Costa Machado.
Alexandrino Pereira da Costa Guimarães.
Alfredo (Padre) João da Silva Corrêa.
Alfredo (Dr.) d'Oliveira Souza Peixoto.
Alfredo (Dr.) Pimenta, Lisboa.
Alfredo da Silva Bravo, Vizella.

Alvaro da Costa Guimarães.
Alvaro da Cunha Berrance.
Alvaro (Dr). josé da Silva Basto, Coimbra.
Alvaro (Dr.) Ribeiro da Costa Sampaio, Famalicão.
Americo Vieira de Castro, Foz do Douro.
André (Commendador) Avelino Lopes Guimarães, Porto.
Anselmo (Padre) da Conceição e Silva.
Antonia (D.) d'Araujo Fernandes Leite de Castro.
Antonio Alves Martins Pereira.
Antonio d'Araujo Salgado.
Antonio Augusto d'Almeida Ferreira.
Antonio (Conselheiro) Augusto Fernandes Braga, Lisboa.
Antonio (Padre) Augusto Monteiro.
Antonio (Dr.) Baptista Leite de Faria.
Antonio Cayres Pinto de Madureira.
Antonio (Dr.) Coelho da Motta Prego.
Antonio (General) Eduardo Alves de Noronha.
Antonio de Freitas Pimenta Machado.
Antonio (Dr.) de Freitas Ribeiro.
Antonio (Conego) Hermano Mendes de Carvalho.
Antonio José da Costa Braga.
Antonio José Fernandes.
Antonio José Pereira de Lima.
Antonio José da Silva Bastos.

Antonio (Dr.) José da Silva Bastos Junior.
Antonio José da Silva Ferreira.
Antonio Leal de Barros e Vasconcellos, Fafe.
Antonio Leite de Castro Sampaio Vaz Vieira.
Antonio Lopes de Carvalho.
Antonio Lopes Martins.
Antonio Luiz da Silva Dantas.
Antonio (Dr.) Maria do Amaral Freitas.
Antonio Maria Rebello de Magalhaes, Fafe.
Antonio (Padre) Mendes Leite.
Antonio Pereira da Silva.
Antonio (Tencnte) de Quadros Flores.
Antonio (Conego) da Silva Ribeiro.
Antonio (Padre) Teixeira de Carvalho.
Antonio Teixeira de Carvalho Souza Cyrne.
Antonio Teixeira de Mello, Porto.
Antonio (Tenente-coronel) Tiburcio Pinto Carneiro de Vasconcellos.
Antonio Vaz da Costa, Santa Leocadia de Briteiros.
Antonio (Dr.) Vicente Leal Sampaio, Povoa de Varzim.
Arthur (Dr.) Ribeiro d'Araujo Faria.
Augusto Ignacio da Cunha Guimarães.
Augusto (Dr.) José Domingues d'Araujo.
Augusto Mendes da Cunha.
Augusto Mendes da Cunha e Castro.
Augusto Pinto Areias.
Augusto de Souza Passos.
Aureliano Leão da Cruz Fernandes.
Avelino (Tenente) Augusto da Silva Monteiro, Lisboa.
Baroneza de Pombeiro de Riba Vizella.
Bento José Leite.
Bernardino Rebello Cardoso de Menezes.

Cacilda (D.) Neves de Castro Guimarães.
Carlos (General) Maria dos Santos, Porto.
Christina (D.) Martins de Queiroz Montenegro.
Conde de Margaride.
Delfina (D.) Emilia Carneiro Martins.
Diniz Teixeira Lobo, Felgueiras.
Domingos Antonio de Freitas Junior.
Domingos Guimarães, Albergaria-a-Velha.
Domingos (Padre) José da Costa Araujo.
Domingos José Pires.
Domingos José de Sousa Junior.
Domingos Marques.
Domingos Martins Fernandes.
Domingos Pereira Pinto de Sousa Lobo, Aveiro.
Domingos Ribeiro Martins da Costa.
Domingos (Dr.) de Sousa Junior.
Duarte (Capitão) do Amaral Pinto de Freitas.
Duarte (Tenente) Ferreri de Gusmão Sousa Fraga.
Eduardo (Dr.) Augusto de Freitas, Lixa.
Eduardo Lemos Motta.
Eduardo Manoel d'Almeida.
Eduardo (Dr.) Manuel d'Almeida Junior.
Eduardo Pires de Lima.
Eduardo da Silva Guimarães.
Emiliano Abreu.
Eugenio da Costa Vaz Vieira.
Ezequiel (Capitão) Augusto Roque de Carvalho Machado, Trancoso.
Felicidade (D.) Rosa de Araujo Figueiras de Sousa.
Fernando Antonio d'Almeida.
Fernando Augusto da Costa Freitas, Lisboa.
Fernando (Dr.) Gilberto Pereira.
Fortunato José Marques, Santa Leocadia de Briteiros.
Francisco Antonio Alves Mendes.
Francisco (Padre) Antonio Peixoto de Lima.

Francisco d'Assis Costa Guimarães.

Francisco (Padre) d'Assis Pinto dos Santos.

Francisco de Faria.

Francisco Ignacio da Cunha Guimarães, Pevidem.

Francisco Jacome.

Francisco Joaquim de Freitas.

Francisco José de Carvalho Oliveira Junior.

Francisco josé da Silva Guimarães.

Francisco Lopes de Mattos Chaves, Porto.

Francisco Martins Fernandes.

Francisco (Alferes) Martins Fernandes Junior.

Francisco (Capitão) Martins Ferreira.

Francisco Ribeiro Martins da Costa (Aldão).

Francisco (Dr.) da Silva Garcia, S. Martinho de Sande.

Francisco da Silva Pereira Martins.

Francisco (Dr.) Xavier Canavarro Valladares, Cabeceiras de Basto.

Gaspar (Padre) da Costa Roriz.

Gaspar (Capitão) do Couto Ribeiro Villas.

Gaspar (Alferes) Ferreira Paúl.

Gaspar Loureiro d'Almeida Cardoso Paúl, Porto.

Gaspar Paúl Ribeiro da Silva Castro.

Gonçalo (Dr.) Loureiro Montenegro Dá Mesquita Paúl, Penafiel.

Gonçalo (Dr.) Monteiro de Meira, Arcos de Valdevez.

Henrique (Dr.) Cardoso de Menezes, Margaride.

Henrique de Souza Corrêa Gomes.

Hermano (Padre) Amandio Mendes de Carvalho.

jeronymo Augusto d'Almeida.

Jeronymo de Castro.

jeronymo (Dr.) Gonçalves de Abreu, Silvares.

Jeronymo Gualter Martins Navarro Vaz de Napoles.

Jeronymo Ribeiro da Costa Sampaio, Rio de Janeiro.

João Antonio d'Almeida.

João (Dr.) Antonio d'Almeida Junior.

João Antonio Pereira Guimarães, Africa Occidental, Cubango.

joão Antonio de Sampaio.

João (General) Augusto Pereira d'Eça de Chaby.

João (Abbade) Candido da Silva, Villa Nova de Sande.

João Cardoso de Menezes Martins.

João (Padre) Crysostomo Rodrigues de Faria.

João (Dr.) da Costa Santiago de Carvalho e Sousa.

João Eduardo Alves Lemos, Extremoz.

joão de Faria e Sousa Abreu.

João Fernandes de Mello.

João (Dr.) Ferreira da Silva Guimarães, Albufeira.

joão (Tenente) Gomes d'Abreu de Lima.

joão Jacintho.

João Joaquim d'Oliveira Bastos.

João Lopes de Faria.

João (Dr.) Martins de Freitas.

João Pereira Mendes.

João (D.) Pedro Peixoto da Silva Bourbon.

João (Dr.) Ribeiro da Costa Sampaio Cardoso, Braga.

João Ribeiro Jorge.

João (Dr.) Rocha dos Santos.

João Rodrigues Loureiro.

joão Velloso de Araujo.

Joaquim (Dr.) Augusto Machado.

Joaquim (Capitão) Bernardino Fernandes d'Azevedo, Braga.

Joaquim Cardoso Guimarães.

Joaquim (Dr.) da Cunha Machado.

Joaquim José Marques Guimarães, Santa Leocadia de Briteiros.

Joaquim josé da Silva Alves Moniz.

Joaquim Martins de Menezes.

Joaquim Penafort Lisboa.

Joaquim Pereira Mendes.

Joaquim Ribeiro da Silva.

José do Amaral Ferreira.

josé (Reitor) Antonio Fernandes Guimarães, Fermentões.
José (Capitão) Antonio de Novaes Teixeira.
José (Commendador) Antonio Vieira Marques, Braga.
José Borges Teixeira de Barros.
José Caetano Pereira.
José Corrêa de Mattos.
José da Costa Carneiro.
José da Costa Santos Vaz Vieira.
José (Abbade) do Egypto Vieira, Braga.
José Felizardo Vieira, Mossamedes.
José Francisco Gonçalves Guimarães.
José (Commendador) Francisco Lisboa, S. Jeronymo—Braga.
José de Freitas Costa Soares.
José (Dr.) Joaquim d'Oliveira Basto.
José Lopes d'Almeida Guimarães, S. Paulo.
José Luiz de Pina.
José (Conego) Maria Gomes.
josé (Dr.) Maria de Moura Machado.
José Mendes da Cunha.
José Mendes d'Oliveira.
josé Menezes d'Amorim.
José Pinheiro.
José de Pinho, Amarante.
José Pinto Pereira d'Oliveira.
José Pinto Teixeira d'Abreu.
José Ribeiro Martins da Costa.
José (Dr.) Sebastião de Menezes.
José da Silva Guimarães.
José (Dr.) da Silva Monteiro, Monsão.
José de Sousa Lima.
José de Sousa Passos.
José Teixeira dos Santos.
josé (Tenente) Vieira de Faria.
Julio Antonio Cardoso.
justino José da Silva.
Laura (D.) de Mattos Chaves Gonçalves.
Luiz (Capitão) Augusto de Pina Guimarães.
Luiz Cardoso de Menezes.
Luiz Dias de Castro.
Luiz José Gonçalves Basto.

Luiz (Commendador) Martins Pereira de Menezes, Marselha.
Luiz Martins de Queiroz.
Luiz (Capitão) Torquato de Freitas Garcia.
Magdalena (D.) Baptista Sampaio.
Malaquias (Alteres) Augusto de Sousa Guedes.
Manoel Augusto de Freitas Aguiar.
Manoel Baptista Sampaio, Gondar.
Manoel Bezerra.
Manoel da Cunha Machado.
Manoel Fernandes Guimarães, Gondomar.
Manoel Ferreira Guimarães.
Manoel (Padre) Ferreira Ramos.
Manoel de Freitas Ferreira e Silva, Caneiros.
Manoel Joaquim da Cunha.
Manoel José de Carvalho.
Manoel Lopes Cardoso, Ronfe.
Manoel Martins Barbosa d'Oliveira.
Manoel (Conego) Moreira Junior.
Manoel (Reitor) Ribeiro Cardoso, Silvares.
Manoel Vieira de Castro Brandão.
Maria (D.) Adelaide Monteiro de Meira.
Maria (D.) d'Araujo Fernandes.
Maria (D.) Beatriz Monteiro de Meira.
Maria (D.) do Carmo Pinheiro Osorio Sarmento, Lisboa.
Maria (D.) da Conceição Pereira Forjaz de Menezes.
Maria (D.) da Gloria de Sousa Bandeira.
Maria (D.) Josephina da Costa Freitas.
Maria (D.) d'Oliveira Almeida.
Maria (D.) Rita de Castro Sampaio.
Marianno da Rocha Felgueiras.
Mario Augusto Vieira.
Miguel (Dr.) Tobin de Sequeira Braga.
Pedro (Dr.) de Barros Rodrigues.
Pedro (Dr.) Pereira da Silva Guimarães.
Roberto Victor Germano.
Rodrigo Augusto Lopes Pimenta.
Rodrigo (Capitão) Augusto de Sousa Queiroz.

Rodrigo (Dr.) de Freitas Araujo Portugal.
Rodrigo José Leite Dias.
Rosa (D.) d'Araujo Fernandes.
Seraphim (Conselheiro) Antunes Rodrigues Guimarães, Braga.
Simão Alves d'Almeida Araujo.

Simão da Costa Guimarães.
Simão Eduardo Alves Neves.
Simão Ribeiro.
Thomaz Rocha dos Santos.
Visconde de Paço de Nesperei-ra.
Visconde de Sendello.

Benemeritos protectores

Casimiro Vasco Ferreira Leão, Moncorvo.
Domingos Martins da Costa Ribeiro, Lisboa.
Joaquim Ferreira Moutinho, Porto.

Rodrigo Venancio da Rocha Vianna, Rio de Janeiro — Brazil.
Visconde de Sanches de Baêna (fallecido).

Socios fallecidos

Agostinho (Dr.) Antonio do Souto (socio honorario).
Alberto (Dr.) da Cunha Sampaio (socio honorario).
Albano Ribeiro Bellino (socio correspondente).
Alberto Alves da Silva.
Anthero (Dr.) Campos da Silva.
Antonio (Padre) Affonso de Carvalho.
Antonio Augusto da Rocha Peixoto (socio correspondente).
Antonio Augusto da Silva Caldas.
Antonio Augusto da Silva Cardoso (socio honorario).
Antonio Candido Augusto Martins.
Antonio da Costa Guimarães.
Antonio (D.) da Costa (socio honorario).
Antonio (Commendador) Fernandes d'Araujo Guimarães.
Antonio Ferreira dos Santos (socio correspondente).
Antonio (Padre) Gualberto Pereira.
Antonio Joaquim da Costa Guimarães.
Antonio Joaquim de Meira.
Antonio (Dr.) José da Costa Santos.

Antonio Peixoto de Mattos Chaves.
Antonio (Padre) José Ferreira Caldas.
Antonio José Pinto Guimarães.
Antonio Luiz Carneiro.
Antonio Mendes Guimarães.
Antonio Manoel d'Almeida.
Antonio (Dr.) Manoel Trigo.
Antonio Martins de Queiroz.
Antonio da Silva Carvalho Salgado.
Augusto Leite da Silva Guimarães.
Avelino (Dr.) Germano da Costa Freitas (socio honorario).
Avelino (Dr.) da Silva Guimarães (socio iniciador).
Barão de Pombeiro de Riba Vizella.
Bernardino (Padre) Fernandes Ribeiro de Faria.
Braulio (Dr.) Lauro Pereira da Silva Caldas.
Caetano (Dr.) Mendes Ribeiro.
Carlos A. Bezerra do Rego Cardoso.
Conde de S. Bento.
Conde de Villa Pouca (socio honorario).
Condessa de Margaride.
Custodio (Padre) José Bragança.
Custodio José de Freitas.

Damião (Capitão) Martins Pereira de Menezes.

Domingos Antonio de Freitas.

Domingos José Ferreira Junior (socio iniciador).

Domingos José Ribeiro Guimarães.

Domingos Martins Fernandes.

Domingos Ribeiro da Costa Sampaio.

Domingos (Padre) Ribeiro Dias.

Eduardo d'Araujo Moura e Castro.

Eugenio da Costa Vaz Vieira.

Felix Antonio Lopes Guimarães.

Fernando de Vasconcellos Fernandes.

Fortunato (Padre) Casimiro da Silva Gama (benemerito protector).

Fortunato José da Silva Basto.

Francisco Antonio de Sousa da Silveira.

Francisco Joaquim Gomes Santa Cruz.

Francisco (Dr.) Martins Gouvêa Moraes Sarmento (1.º socio honorario).

Francisco Ribeiro Martins da Costa (socio honorario).

Francisco da Silva Monteiro.

Geraldo (Dr.) José Coelho Guimarães.

Gualter Martins da Costa.

Henrique (Dr.) Ferreira Botelho (socio correspondente).

Illydio (Dr.) Ayres Pereira do Valle (socio honorario).

Jeronymo Peixoto d'Abreu Vieira.

Jeronymo (Dr.) Pereira Leite de Magalhães Couto.

João Antonio Gouvêa Moreira Guimarães.

João (Abbade) Antonio Vaz da Costa Alves.

João Antunes Guimarães (socio honorario).

João (Tenente) Baptista Barreiro (socio honorario).

João Chrysostomo.

João de Castro Sampaio.

João (Dr.) de Deus (socio honorario).

João (Abbade) Gomes d'Oliveira Guimarães.

João Gualdino Pereira.

João Lopes Cardoso.

João (Dr.) de Mello Sampaio.

João (Dr.) Monteiro de Meira.

João Pereira da Silva Guimarães.

João Pinto Coelho de Simões.

Joaquim Antonio da Cunha Guimarães.

Joaquim (Prior) Ferreira de Freitas.

Joaquim Ferreira dos Santos.

Joaquim José da Cunha Guimarães (benemerito protector).

Joaquim (Conselheiro) Maria Pereira Botto.

Joaquim Martins de Macedo e Silva.

Joaquim Martins d'Oliveira Costa.

Joaquim Ribeiro Gonçalves Guimarães.

José Augusto Ferreira da Cunha.

José (Dr.) de Barros da Silva Carneiro, Marco de Canavezes.

José (Dr.) da Cunha Sampaio (socio iniciador).

José (Dr.) Eugenio d'Almeida Castello Branco.

José Ferreira Mendes da Paz.

José (Dr.) de Freitas Costa.

José Henriques Pinheiro.

José joaquim da Costa.

José Joaquim Ferreira Monteiro.

José joaquim Monteiro de Meira.

José (Dr.) Joaquim da Silva Pereira Caldas (socio honorario).

José Luiz Ferreira.

José Martins da Costa.

José Martins de Queiroz.

José Miguel da Costa Guimarães.

José da Silva Caldas.

Lopo (Conselheiro) Vaz de Sampaio e Mello (socio honorario).

Luiz (Dr.) Augusto Vieira.

Luiz Lopes Cardoso.

Luiz (Dr.) Ribeiro Martins da Costa.

Luiz dos Santos Leal.

Manoel Augusto d'Almeida Ferreira.

Manoel (Conselheiro D. Prior) d'Albuquerque.

Manoel (Abbade) Augusto Esteves Vaz.
Manoel (Abbade) Duarte de Macedo (socio correspondente).
Manoel de Castro Sampaio.
Manoel (Commendador) da Cunha Guimarães Ferreira (socio honorario).
Manoel José de Cerqueira Junior.
Manoel Pereira Guimarães.
Manoel Pinheiro Caldas Guimarães.
Manoel Pinheiro Guimarães.
Manoel Ribeiro de Faria.
Manoel Ribeiro Germano Guimarães.
Maria (D.) Alexandrina Vieira Marques, (socia honoraria).
Marianno Augusto da Rocha.
Maria (D.) Macrina Ribeiro.

Maria (D.) do Carmo Lobo Leite de Castro.
Marianno (Conselheiro) Cyrillo de Carvalho (socio honorario).
Marquez de Lindoso.
Nicolau José da Silva Gonçalves.
Pedro Belchior da Cruz.
Pedro Lobo Machado Cardoso de Menezes.
Rodrigo Augusto Alves.
Rodrigo (Dr.) Teixeira de Menezes.
Rufino Luiz Ferreira.
Theotonio (Dr.) Rebello Teixeira.
Thomaz (General) Julio da Costa Sequeira.
Thomaz Pedro da Rocha.
Visconde de Thayde.
Viscondessa de Roriz.

Lista dos jornaes e revistas que permutam com esta publicação

O Bom Pastor.
O Bracarense.
O Commercio de Guimarães.
Desafronta. Famalicão.
Educação Nacional. Porto.
O Espozendense. Espozende.
A Folha. Ponta Delgada.
Gazeta da Figueira.
Gazeta dos Hospitaes do Porto.
Gazeta de Taboaço.
O Instituto. Coimbra.
Jornal da Creança. Angra.
O Legionario. Braga.
Liga Naval Portugueza.
O Lusitano. Guimarães.
Luz e Verdade. Porto.
Mala da Europa. Lisboa.
O Oriente Portuguez. Nova Goa.
Portugal, Madeira e Açôres. Lisboa.
O Progresso Catholico. Porto.
Revista Aeronautica. Lisboa.
Revista de Historia. Lisboa.
Revista da Universidade de Coimbra.
Tiro e Sport. Lisboa.
O Vegetariano. Porto.
A Voz do Povo. Porto.

REVISTA DE GUIMARÃES

NUMERO ESPECIAL

FRANCISCO MARTINS SARMENTO

Cada exemplar. . . . . . . **1$500 reis**

Os Argonautas, por F. Martins Sarmento.

Cada exemplar. . . . . . . **1$500 reis**

Documentos ineditos do seculo XII-XV, por Oliveira Guimarães (Abbade de Tagilde), separata da **(Revista de Guimarães).**

Cada exemplar . . . . 5oo reis

Pedidos á Sociedade Martins Sarmento—**Guimarães.**

No Porto, á venda na livraria Moreira, Praça de D. Pedro.

REVISTA

DE

GUIMARÃES

PUBLICAÇÃO

DA

SOCIEDADE MARTINS SARMENTO

PROMOTORA DA INSTRUÇÃO POPULAR NO CONCELHO DE GUIMARÃES

VOLUME XXXI

N.ᵒˢ 1 e 2 — Janeiro e Abril — 1921

GUIMARÃES

Pap. e Tip. Mirerva Vimaranense

1921

A **Revista de Guimarães** publica-se nos meses de janeiro, Abril, Julho e Outubro, em fascículos de 48 páginas.

———

Cada volume, composto de quatro fascículos, custa por assinatura 3$60; cada número avulso 1$00. Os portes do correio são pagos à custa da emprêsa. As assinaturas são pagas adiantadas.

———

Os artigos publicados nesta Revista são, a todos os respeitos, da exclusiva responsabilidade dos seus autores.

———

Tôda a correspondência deve ser dirigida à Direcção da SOCIEDADE MARTINS SARMENTO, **Guimarães.**

REVISTA

DE GUIMARÃES

—

VOLUME XXXI — ANO DE 1921

REVISTA

DE GUIMARÃES

PUBLICAÇÃO DA

SOCIEDADE MARTINS SARMENTO

PROMOTORA DA INSTRUÇÃO POPULAR NO CONCELHO

DE GUIMARÃES

———

Volume XXXI – Ano de 1921

GUIMARÃES
Pap. e Tip. Minerva Vimaranense
133, Rua 31 de Janeiro, 135
1921

REVISTA DE GUIMARÃES

Dois anos apenas após a sua fundação começou a ` Sociedade Martins Sarmento a publicar a sua *Revista de Guimarães*.

Tem o primeiro número a data de 1 de janeiro de 1884.

O fim desta publicação, di-lo em termos singelos mas expressivos o artigo-programa com que abre êsse primeiro número.

«E' realmente uma *revista* de Guimarães, que nós fazemos, é pela sua prosperidade que nos dedicamos, são as suas condições de vitalidade que vamos estudar e documentar, é Guimarães que procuraremos fazer conhecida e estimada pelo resto do paiz.»

Não era inoportuna a iniciativa, nem menos justificado o intuito patriótico que a determinou.

Os iniciadores da Sociedade Martins Sarmento conheciam sobejamente o meio em que viviam.

A cidade de Guimarães tinha no carácter da sua população, no seu génio activo e empreendedor, razões sérias para progredir e se impôr à consideração do país. A sua feição industrial, o seu comércio, a sua situação agrícola, davam-lhe evidentes condições de prosperidade.

Houvesse alguém que estimulasse essas naturais condições, e numa justa propaganda tornasse conhecidas as suas aptidões e qualidades de trabalho, e certo seria que o conceito que até então dela se formara se transformaria por completo.

Por tôda a parte se falava nos afamados linhos de Guimarães, nas suas cutelarias, nas suas peles curtidas; e contudo esta população que tanto se afadigava e produzia, nem tinha a devida consideração do país, nem os poderes públicos lhe dispensavam o interesse merecido.

Para que uma tal situação se modificasse, foi preciso que a Sociedade Martins Sarmento, ao mesmo tempo que se propôs constituir uma permanente, homenagem ao sábio ilustre que foi o Dr. Martins Sarmento, lançasse mãos à obra daquela indispensável propaganda.

Foi assim que entre outras iniciativas valiosas que assinalaram os seus princípios, sobressaiu a da Exposição Industrial concelhia de 1884, a primeira exposição dêste género realizada em Portugal. Até então nenhum concelho se abalançara a tal empreendimento, dispondo únicamente dos seus próprios recursos.

A cidade de Guimarães pode bem honrar-se com ter sido a primeira que tal conseguiu.

E se o conseguiu bem ou mal, di-lo o insuspeito relatório elaborado pelo Comissário do Govêrno, o engenheiro Gustavo Adolfo Gonçalves e Souza, director do Instituto Industrial do Pôrto.

Esse relatório, que foi publicado na folha oficial, fazia inteira justiça ao valor industrial desta terra e ao que dela legìtimamente se poderia esperar, dada a sua índole de iniciativa e de trabalho, desde que as instâncias oficiais lhe não faltassem com o devido apoio.

Como se vê das palavras que atrás deixo transcritas, foi com orientação semelhante que a primeira

Direcção da Sociedade Martins Sarmento resolveu a fundação da *Revista de Guimarães*.

Quem compulsar as suas páginas, durante os trinta anos em que ela foi ininterruptamente publicada (1884 a 1913), verá como se cumpriu o programa anunciado.

Embora por vezes outros interessantes assuntos nela fossem versados, forçoso é reconhecer que na sua máxima parte se tratou ali do que mais interessava à cidade e concelho de Guimarães.

Da sua arqueologia, da sua história, dos problemas da sua agricultura, das suas instituições e monumentos, da sua instrução, das suas indústrias, da sua higiene, de tudo isso houve quem particularmente ali se ocupasse.

Nesta publicação foram arquivados muitos documentos do arquivo municipal, da Colegiada, de cartórios de diversas corporações, de antigos conventos, mesmo de cartórios particulares, estatutos das antigas corporações de artes e ofícios.

Aqui se arquivaram elementos preciosos para se julgar da importância e progresso da biblioteca e museus da Sociedade.

Aqui se deu conta minuciosa da sua vida interna, da forma por que ela se ia desempenhando dos seus deveres sociais, das benemerências dos seus consócios, das suas festas escolares e de muitas outras particularidades dignas de nota.

Esta feição local que sempre se procurou salientar na publicação, conforma-se com a qualidade das pessoas que foram os seus principais e mais assíduos colaboradores durante os trinta anos da sua existência.

De facto, quem passar a vista sôbre os trinta volumes que constituem a sua colecção, reconhecerá sem demora que os trabalhos publicados pertencem na sua maioria a homens desta cidade ou aqui residentes.

O Sr. joaquim de Vasconcelos, ilustre professor e grande amigo de Martins Sarmento, foi dentre as pessoas estranhas quem mais colaborou na *Revista de Guimarães*.

São seus os artigos:

> *Advertencia* sôbre *Voyage de Jehan Van--Eyck*.
> *Renascença portugueza — O Convento de S. Marcos*.
> *Os pannos de raz em Portugal*.
> *Toreutica*.

Também o Sr. Dr. José Leite de Vasconcelos, distinto arqueólogo, que com o Dr. Martins Sarmento principiou a cultivar relações já desde o tempo em que, sendo aluno da Escola Médica do Pôrto, aqui vinha passar muitas vezes as suas férias, escreveu para a nossa *Revista* os seguintes artigos:

> *Dialectos Minhotos*.
> *Dialectos interamnenses*.

De J. Henriques Pinheiro, professor do liceu de Bragança, que nesta cidade conheci professor oficial de francês e aritmética entre 1865 e 1870, encontramos nela os artigos intitulados:

> *Ruinas romanas de Castro de Avelãs*.
> *Duas inscripções romanas ineditas*.

Ao Sr. Conselheiro Abel de Andrade pertencem os artigos:

Sá da Bandeira e as missões religiosas.
Os Missionarios Portuguezes na Africa
   Occidental.
Importancia do Clero.

Do Dr. josé Machado são os artigos:

Capella e Morgado de Guilhomil.
Padre Torquato Peixoto de Azevedo.

Outros nomes (uns 10 a 12) nela aparecem ainda; mas a sua colaboração, embora valiosa, nada teve de assídua, pois se limitou a um só artigo.

Confirma-se portanto o que já deixei dito. A colaboração da *Revista de Guimarães* pertenceu na sua máxima parte aos nossos compatrícios vimaranenses.

Os nomes de Martins Sarmento, Alberto Sampaio, José Sampaio, Domingos Leite de Castro, Avelino da Silva Guimarães, Abade de Tagilde, Avelino Germano, josé de Freitas Costa, João de Meira, são entre outros, que neste méio se formaram sob o influxo da Sociedade Martins Sarmento, dos que mais freqüentemente se nos deparam.

O Dr. Martins Sarmento faleceu em 9 de Agôsto de 1899.

Data triste! Morreu o patrono e após êle foram sucessivamente desaparecendo, e em curto praso, os iniciadores e maiores amigos da Sociedade Martins Sarmento.

O Dr. josé Sampaio sobreviveu-lhe pouco mais dum mês.

O Dr. Avelino Guimarães menos de dois anos depois seguia o mesmo caminho.

Alberto Sampaio, inconsolável pela morte do irmão, a quem o ligava uma grande amizade, retirou-se para a sua casa de Boamense (Famalicão) e ali faleceu.

Hoje já não existe um só dêsses principais colaboradores e grandes amigos da *Revista de Guimarães*.

No último número, correspondente ao ano de 1913 e publicado já no princípio de 1916, em que se presta homenagem à saudosa memória do bom Abade de Tagilde, falecido em Abril de 1912, há um artigo que eu suponho escrito por Domingos Leite de Castro, o último sobrevivente da pléiade ilustre a que me referi.

Esse artigo remata pelas seguintes palavras:

«Não pôde (o Abade de Tagilde) concluir a sua coroa de gloria ([1]). Mas deixou impresso o primeiro volume em cujos indices trabalhava quando a mortal doença o acommetteu.

Bem ganhou a sua vida o indefesso combatente que á posteridade legou tam grande espolio que ainda nesta hora, depois de desapparecido tambem joão de Meira, se não enxergam hombros que dignamente retomem a tarefa em que a morte o colheu. E nesta desoladora verdade está o melhor argumento do valor excepcional do grande e querido morto.»

Nestas palavras fica explicada também a razão por que a *Revista de Guimarães* se suspendeu a partir do ano de 1913.

Domingos Leite de Castro, o último iniciador que nos restava da Sociedade Martins Sarmento, a quem se devia a proposta da criação da *Revista de Guimarães*, via bem nesse momento o que irremediàvelmente tinha de suceder.

([1]) *Vimaranis Monumenta Histórica.*

A *Revista de Guimarães* ia interromper-se.

Porquê?

Porque se não enxergavam ombros que dignamente retomassem a tarefa dessa publicação.

Até quando?

Até que um homem com inteligência e grande fôrça de vontade, pondo decididamente o seu esfôrço ao serviço da nossa Revista, a trouxesse novamente à publicidade.

Esse homem deve ter aparecido agora, volvidos oito anos.

O Dr. Eduardo Almeida, actual presidente da direcção da Sociedade Martins Sarmento, será o restaurador da *Revista de Guimarães*.

Com êle e com a direcção da sua presidência me congratulo pelo propósito patriótico que os inspira.

Eu pertenço aos poucos que hoje restam dos sócios fundadores da Sociedade Martins Sarmento.

Conheci e tratei intimamente com os homens que há quarenta anos foram os seus iniciadores.

Acompanhei sempre a prestante instituição vimaranense com a minha maior simpatia e dedicação.

Em todas as suas iniciativas dei-lhe sempre o concurso da minha boa vontade, visto outras qualidades mais proveitosas lhe não poder dar.

Nunca lhe faltei nos sèus melhores e nos seus piores dias.

E' porisso que hoje, convidado a colaborar na nova série da *Revista de Guimarães*, e apesar do propósito desde há muito formado, eu não declino o honroso convite feito, embora reconheça o seu desempenho muito superior às minhas forças.

Recordo saudosamente o passado da instituição que tantos entusiasmos despertou nos homens da minha geração; e por mim e em nome dêles saúdo e aplaudo os novos que, cheios de fé e de amor pela sua terra, procurem iniciar para ela uma nova era de prosperidade, conservando e acrescentando o património adquirido, e congregando nessa aspiração patriótica os elementos aproveitáveis que por aí andam dispersos e perdidos.

Guimarães, 28 de Abril de 1921.

J. DE MEIRA.

ARQUIVO DA COLEGIADA

DE

GUIMARÃES

(Continuado do vol. XXX, pág. 48)

Tombo 1.º dos Privilégios *(a)*

1.º

Alvará régio de 12 de Agôsto de 1688, já relatado no Tombo dos Coutos a fls. 3 e 4 (fl. 1).

2.º

Doação das cearas de Creixomil e Azurei, feita no mês de Agôsto de 1172 por el-rei D. Afonso Henriques e seus filhos, el-rei D. Sancho e a rainha D. Teresa, ao prior Pedro Amarelo e a seus sucessores. Escrita em latim. *(b)* (fls. 2 v.º).

3.º

Carta de el-rei D. Sancho I, mandando que ninguém seja ousado a fazer mal aos caseiros da igreja de

---

(a) As primeiras 10 fôlhas e o princípio da 11.ª contém o Índex, e não estão numeradas nem rubricadas. Segue-se em duas fôlhas com rúbrica mas sem número o têrmo igual ao do princípio do Tombo dos Coutos, já publicado. As restantes 252 fôlhas em que estão transcritos os documentos que em seguida descrevemos são numeradas e têm a rúbrica «Banha».

(b) Publica-se sob o n.º cix no «Vimaranis Monumenta Histórica» à fôlhas 93.

Guimarães, nem às suas herdades. Escrita em latim. Feita em Guimarães a 29 de Maio de 1210. (a) (fls. 3 v.º).

4.º

Carta do mesmo rei, ordenando que os cónegos de Guimarães e os seus serventes não peitem de suas casas — vocem neque calumniam —. Escrita em latim. Feita em Santarém a 29 ou 30 de Dezembro de 1210. (b) (fls. 4).

5.º

Carta de el-rei D. Afonso II, tomando debaixo da sua protecção e amparo a igreja de Guimarães e o prior e cónegos dela com os seus homens e com as suas herdades. Escrita em latim. Dada em Guimarães a 6 de Setembro de 1217. (c) (fls. 4 v.º).

6.º

Carta de el-rei D. Sancho II, confirmando a de seu avô, que fica mencionada sob o n.º 4. Escrita em latim e dirigida ao pretor. Feita em Coimbra a 19 de Janeiro de 1236. (d) (fls. 5).

7.º

Carta de el-rei D. Afonso III, conde de Bolonha, mandando à abadessa de Vila do Conde, D. Maria Pais, que não impeça o reitor da igreja da mesma vila, Estêvão Peres, eleito pelo prior e cónegos de Guimarães, como padroeiros da dita igreja, o qual estava confirmado pelo Papa ; isto porque o prior e cónegos se lhe queixaram; e também ordena à dita D. Maria que, quando êle D. Afonso viesse a Guimarães, aí lhe mostrasse o direito que tinha a êste padroado da referida igreja. Escrita em latim. Feita em Lamego a 27 de Abril de 1253. (e) (fls. 5 v.º)

(a) Publica-se sob o n.º CLXII na citada obra a fôlhas 116.
(b) Idem sob o n.º CLXIII na mesma obra a fôlhas 116.
(c) Idem sob o n.º CLXXXII idem a fôlhas 130.
(d) Idem sob o n.º CCXXXI idem a fôlhas 203.
(e) Idem sob o n.º CCXLVIII idem a fôlhas 214.

8.º

Outra carta do mesmo rei, ordenando aos juízes e tabeliães de Guimarães que saibam qual foi a perda que o cabido da igreja de Guimarães teve em seus foros impostos nas casas que se demoliram para se fazer o açougue e os muros, a qual queria satisfazer. Escrita em latim.

Feita em Lisboa a 11 de Agôsto de 1265. (fls. 6).

9.º

Outra carta do mesmo rei, em que, por ter sob sua protecção a igreja de Guimarães e tudo a ela pertencénte, manda aos juízes de Guimarães que emprazem para a sua cúria e para lhe pagar os encoutos a Martinho Fernandes, cavaleiro de Urgeses, por se meter de posse dum herdamento em Urgeses, que fôra deixado à dita igreja pelo cónego da mesma, João Fernandes, irmão dêle Martinho. Escrita em latim.

Feita em Lisboa a 1 de Novembro de 1271. (fls. 6 v.º).

10.º

Outra carta do mesmo rei, dirigida ao juiz de Guimarães, porque o cabido lhe mandou dizer que Maria Sueiro lhe fêz fôrça num herdamento que êle tinha em Aldão, cujo mal ela perante o juiz reconhecera ter feito, ordenando-lhe fizesse justiça, sob pena dos encoutos. Escrita em latim.

Dada em Lisboa a 16 de Setembro de 1272. (fls. 7 v.º).

11.º

Carta de el-rei D. Dinis, mandando ao juiz de Guimarães faça justiça na causa que o cabido de Guimarães trazia com Vicente João e Domingos Gomes e suas mulheres, sôbre um casal de Riba de Selho, junto à ponte, que ao cabido dera o mestre João, chantre de Braga, e a êste o havia dado João Domingues, cónego de Guimarães, tendo sido de Maior de Frandes. Escrito em latim.

Dada em Setúbal a 31 de Março de 1279. (fls. 7 v.º).

12.º

Outra carta do mesmo rei, na qual manda ao meiri-nho-mor Vasco Martins que, tendo-se-lhe queixado o cabido de Santa Maria de Guimarães «do mal que lhe fizeram e fazem cavalleiros, e outros homens dessa terra, e que os desafiam e les fazem demandas leigalmente», não consinta que pessoa alguma do mundo faça mal ao dito cabido nem às suas cousas, e se lhe guardem os privilégios que a igreja do mesmo cabido tinha dos reis, seus antecessores, sob pena dos encoutos.
Dada na Guarda a 31 de Julho de 1279. (a) (fls. 8 v.º).

13.º

Outra carta do mesmo rei, em que manda a tôdas as justiças de Entre Douro e Minho não sofram que pessoa alguma pouse nos herdamentos da sua igreja de Guimarães.
Dada em Guimarães a 12 de Julho de 1288.

Carta do meirinho-mor de el-rei, Gonçalo Fernandes, mandando executar a carta supra, a todas as justiças que dela conhecimento tiverem.
Dada em Guimarães a 3 de Setembro de 1291. (fls. 9).

14.º

Outra carta do mesmo rei, mandando aos juízes de Guimarães não consintam que os mordomos dêle forcem o cabido de Guimarães pelas soldadas das casas da igreja de Santa Maria e da de S. Paio.
Dada em Guimarães a 1 de Agosto de 1292. (b) (fls. 9 v.º).

15.º

Outra carta do mèsmo rei, porque tendo-lhe o chantre e cabido de Guimarães mandado dizer que empraza-

---

(a) Êste documento e todos os que se seguem são escritos em português.
(b) Publica-se na citada obra sob o n.º 281, fls. 369.

ram uns herdamentos em Celorico de Basto a Gonçalo Gonçalves, cavaleiro de Herosa, o qual morrera, e o ca-valeiro Mem Gonçalves, irmão dêle, demandava-os pe-los herdamentos, manda ao juiz de Celorico não conhe-ça de causas eclesiásticas, como já tinha ordenado, e, se quisesse, que obrigasse ao dito cabido perante o seu juiz. Dada em Santarém a 4 de Dezembro de 1292. (fls. 10).

16.º

Outra carta do mesmo rei, mandando ao alcaide e juízes de Guimarães não consintam que alguém pouse nas casas dos cónegos de Guimarães contra suas vontades, com pena dos encoutos e de seis mil soldos. Foi por o mestre Pedro, seu físico e prior da sua igreja de Santa Maria, lhe dizer que alguns ricos-homens quando vinham à vila, pousavam nas casas dos seus cónegos contra sua vontade e lhes faziam aí muito nojo, muito dano e mui-ta perda.

Dada em Lisboa a 9 de Setembro de 1315. (a) (fls. 10 v.º).

17.º

Carta do mesmo rei, que, tendo-lhe o mestre Pedro, seu clérigo e Prior da sua igreja de Guimarães, dito que cavaleiros pousavam «nos seus herdamentos e que lhi filhão ende os condoitos, e as palhas, e a lenha, e que lhi fazem hi muito mal, e muita forssa», manda a todos os seus meirinhos e juízes de Entre Douro e Minho, não con-sintam tal, pois que a dita igreja é sua e quere que seja amparada e defendida como o foi em tempo de seu pai e de seus avós.

Dada em Santarém a 15 de Novembro de 1322. (b) (fls. 11 v.º).

18.º

Carta de el-rei D. Afonso IV, porque, tendo-lhe o prior e cabido da sua igreja de Guimarães, de que era

---

(a) Publica-se sob o n.º cexcv na citada obra a fólhas 392.
(b) Idem sob o n.º cccv idem a flôhas 398.

«Padrons» (padroeiro) feito queixa idêntica à do documento anterior, manda a Vasco Pereira, seu meirinho-mor Entre Douro e Minho, o não consinta e faça guardar as cartas que os ditos prior e cabido tinham de el-rei seu pai, dêle e dos reis seus antecessores.

Dada em Lisboa a 24 de Maio de 1327. (*a*) (fls. 12).

19.º

Carta de el-rei D. Pedro I, em que, a pedido de Gonçalo Teles, prior da sua igreja de Santa Maria de Guimarães, manda a João Pires, seu corregedor de Entre Douro e Minho e a tòdas as justiças de seus reinos, defendam e façam guardar tôda a jurisdição espiritual do prior de Guimarães, conforme a composição, outorgada e confirmada por privilégio do Papa para sempre, que havia entre a igreja de Braga e a de Guimarães.

Dada em Santarém a 27 de Abril de 1364. (*b*) (fls. 12 v.º).

20.º

Carta de el-rei D. Fernando, idêntica à anterior, a pedido do mestre Vicente, prior da igreja de Santa Maria de Guimarães.

Dada em Santarém a 27 de Abril de 1364. (*c*) (fls. 13 v.º).

21.º

Outra carta do mesmo rei, dada no mesmo lugar e dia da anterior e a pedido do mesmo prior, em que manda a tôdas as justiças dos seus reinos façam cumprir e guardar as sentenças de excommunhão que os priores da igreja de Guimarães puserem contra os usurpantes e ocupantes, ou turbantes e forçadores dos bens e jurisdição da dita igreja, conforme o Breve Pontifício que para isso tinham. (*d*) (fls. 14).

(*a*) Publica-se sob o n.º cccviii na citada obra a fôlhas 400.
(*b*) Idem sob o n.º cccxxii idem a fôlhas 409.
(*c*) Refere-se sob o n.º cccxxvi idem a fôlhas 411.
(*d*) Publica-se sob o n.º cccxxvii idem a fôlhas 411.

22.º

Outra carta do mesmo rei, pela qual, tendo-se-lhe queixado Pedro Esteves, abade de S. Gens de Montelongo, que a sua igreja foi tousada por Pai de Meira, sendo Mor nessa comarca em tempo de el-rei D. Afonso IV, em razão de comeduras e colheitas que os fidalgos naturais dela tinham de haver em cada ano, os quais lhe iam contra o dito touso e lho não queriam guardar, no que recebia grande perda e dano, — manda a Lopo Gomes de Lira, seu vassalo e Meirinho-Mor em Entre Douro e Minho e a todas as justiças de seus reinos, façam guardar e cumprir o dito Touso antigo como dêle constava.
Dada em Lisboa a 23 de Julho de 1373. (fls. 15).

(Continua).

JOÃO LOPES DE FARIA.

SOLDADOS DESCONHECIDOS

Palavras proferidas na sessão de homenagem aos Soldados Desconhecidos, na Escola de Belas-Artes de Lisboa.

Portugal vai abrir o tabernáculo da História a dois soldados desconhecidos que morreram lutando pela·Verdade e pelo Direito no maior conflito que abalou a face da Terra e dilacerou o coração do Homem, e êste acto de glorificação vai fazer estremecer a alma da nação, curvando-a ante o altar daquele ignorado sacrifício, como se as lágrimas tombadas a essa hora na cinza de cada lar onde se chora aquele que não volta mais, se juntassem numa luminosa via-láctea e viessem formar um resplendor de saudade sôbre o catafalco da piedosa consagração. Mas esta apoteose, feita com a ternura duma pátria, acolhida pelo peito comovido dum povo, não tem apenas uma significação restrita ao nosso sentimento e à nossa época, porque alando-se à significação dum símbolo, vai pelas idades fora, numa épica correria, responder cómo um grito de sentinela vigilante à vontade obscura que primeiro ergueu o braço no limiar da civilização para defender a família ameaçada, na conquista inicial da liberdade humana. Aqueles despojos humildes, que quatro tábuas enclausuram, trazidos da vala comum que se abriu para recolher no seu âmbito imenso os mortos da Grande Guerra, libertam-se da sua prisão estreita e pairam sôbre as nossas cabeças num vôo de ressurreição, sorrindo na luz imortal com o sorriso cândido e sagrado dos que caem iluminados pelo contentamento íntimo do martírio aceite. *Servir!* é a palavra sublimada que eu oiço coalhada pela morte no silêncio daquelas bôcas mudas; *servir!* responde a legião dos seus irmãos que se erguem da vasta dissolução do tempo, para os virem saudar num conclave de fôrças anónimas e entoarem juntos o grande e profundo coral da humanidade em marcha pelo lento mas progressivo caminho da perfeição moral. Porque a palavra fôrça não representa sòmente a acção material dum gládio que se agita e vence, mas toda a acção que acrescenta ao aperfeiçoamento do homem um elo novo, aquela que fala a linguagem do espírito, aquela que preside dentro do crâneo à batalha das ideas. Assim, os obscuros soldados que a nossa piedade e o nosso amor, talvez o nosso patriótico egoísmo, envolveram na bandeira nacional, soltam-se das dobras heráldicas do seu retumbante sudário e unem-se aos soldados obscuros que em todos os campos e em todas latitudes ajudaram a vencer as fôrças hostis da natureza que tentam deter o avanço glorioso do homem.

Soldado desconhecido é aquele que luta contra os gérmenes mortíferos no silêncio fecundo dos laboratórios, é aquele que sucumbe rasgando os sertões tropicais e abrindo os lábios tisnados pela sêde num derradeiro murmúrio de resignação, é aquele que cai entre torvelinhos de neve na algidez misteriosa das regiões polares. Todos estes irmãos em dor e morte, vejo-os eu fazer a guarda de honra aos nossos soldados desconhecidos; assistiram à sua exumação da terra estrangeira e dum retalho distante da pátria, aonde foram, tragando nostalgias, cumprir o mandato imperativo do dever; acompanharam-nos através dos mares, de cujo seio outros irmãos surgiram para lhes espargirem sôbre o caixão, com gestos de bênção, a espuma das ondas; ajudaram a depô-los sôbre o chão amado que lhes foi berço, e ajudaram a transportá-los, ao lado dos heróis de nome imorredoiro que vêm em respeitosa romagem de além da fronteira agradecer-lhes o seu auxílio na arrancada da vitória. E aos ângulos do catafalco eu vejo perfilarem-se quatro soldados desconhecidos que são quatro pontos cardiais do nosso ciclo heróico: o campónio bisonho da peonagem municipal que se bateu nas Navas de Tolosa, o bèsteiro que fêz chover setas sôbre o invasor no esporão de Aljubarrota, o cavaleiro que venceu na estropiada gloriosa de Montes-Claros, e o recruta que com os seus músculos rijos trepou, na carga avassaladora, ao espinhaço do Buçaco. São ali, imóveis, como quatro brandões de perene luz, naquela fúnebre velada de armas.

Mas; diante de artistas, eu lembrarei que há outros soldados desconhecidos, os que se alistaram na grande cruzada da Arte, os que vêm desde o período das cavernas combatendo por um ideal superior de beleza, traçando a imagem das coisas para o supremo gôzo da contemplação estética, soerguendo a rocha tirada da montanha, talhando-a, medindo-a, afeiçoando-a, esculpindo-a, desde o recinto que resguardava o banco a catedral que abrigava o Deus. Nessas pedras trabalhou o soldado desconhecido, soldado da hoste espiritual, nelas materializou o seu sonho, traduziu os seus anelos, estampou a sua esperança criadora, consubstanciado no grande todo como molécula que transmitia os seus estremecimentos ao estremecimento do vasto organismo que não poderia existir sem o seu concurso.

Na sua faina, o obscuro soldado do cinzel tinha combates singulares com o bloco rebelde, debatia-se nas vigílias da inspiração, chorava quando sentia perder o bom combate na conquista da forma, e no seu trabalho paciente, na sua tenacidade, na sua ânsia de perfeição, era o auxiliar sempre vigilante que dava à directriz superior dos mestres a segurança do triunfo sôbre a matéria e transmitia a fé pela constância laboriosa à colmeia activa que se movia labutando e martelando em volta do edifício da sua glória. Nas artes da paz como na arte da guerra, o sofrimento acompanha o esfôrço, a singeleza tímida que obedece vizinha em camaradagem, igual à camaradagem das armas, com a experiência que manda; mas aquela é o fulcro resistente e anónimo, submisso e resoluto, sôbre que esta firma a alavanca do seu saber, e representa no trabalho colectivo duma raça a substância plástica que assegura o domínio da idea porque é o corpo do seu corpo, o espírito do seu espírito.

Por isso êsse soldado desconhecido sairá também da campa rasa onde dorme junto dos irmãos ignotos, para saudar as almàs gémeas da sua, que chegam ao recinto da imortalidade, e tomar parte no concertante que há-de fazer vibrar as naves altívolas de Santa Maria da Vitória. Porque lá estarão os alvenéis que lançaram para o azul a audácia dos corucheus, lá estarão os imaginários que modelaram num pedaço de lioz a estátua jazente do Mestre de Aviz e lavráram os arcos-sólios onde repousam os ínclitos infantes, lá estará tôda a juranda em cujo seio se acendeu a grande labareda que cristalizou um voto de vitória num cântico de pedra. E um dêles, o mais modesto obreiro, o mais humilde, o soldado desconhecido, que com ingénuo sentimento ajudou a erguer as pedras da grande fábrica, surgirá a receber o cortejo, na meia luz do pórtico, amparando filialmente a cegueira de Afonso Domingues. E assim a antiga pátria de glórias estará presente para juntar as suas homenagens ao sacrifício heróico da pátria de hoje.

João Barreira.

PARTIZELAS, TENDILHAS
E VARELAS (¹)

Se o jugo é a primeira das peças ornamentadas do carro rústico minhoto, a partizela obtém o segundo lugar, podendo considerar-se a obra de ferro melhor decorada entre todos os exemplares da alfaia agrícola da província do Minho.

Três denominações lhes conhecemos, a saber: partizela *(Espozende, Viana do Castelo e Famalicão);* tendilha *(Braga e Barcelos);* e varela *(Guimarães).* E' possível que mais alguma outra denominação possua, pois ainda não estudámos sôbre o assunto nenhum dos concelhos vizinhos da serra, região onde tantas vezes o próprio carro difere, no seu tipo construtivo e decorativo *(Ponte da Barca, Arcos de Val de Vez e-Terras de Bouro)* dêste mais artístico e amplo carro da região dos vales.

E' a partizela ou tendilha ou varela, como dizem, um objecto obrado em ferro, pelo processo demorado da forja.

As suas formas são de um tradicionalismo arcaico, o qual se compreende ao primeiro exame.

Os seus ornatos, igualmente tradicionais e populares, despertam a atenção para o efeito dum estudo comparativo com outras e conhecidas manifestações das nossas artes pobres.

Relativamente à natureza da utilidade de semelhante trabalho, ainda esta nos interessa e serve de justificação da nossa maneira de ver sôbre a inspiração primitiva dos seus modelos.

E para fecho desta série de notas preambulares afir-

(¹) Publicando o presente estudo necessitamos de declarar que o mesmo faz parte do nosso trabalho, em organização, sôbre *O carro rústico do Minho.*

maremos que a partizela ornamentada é exclusiva dos costumes rústicos de Entre Douro e Minho.

Inútil se torna descrever o trabalho à forja do nosso ferreiro da aldeia. Todos sabem qual é a organização ou montagem da oficina; como se alimenta a borralha; com que paciência se move o fole; que utilidade tem a pia de destemperar, e, inclusivamente, todos conhecem a ferramenta que em geral repousa ao redor do cepo sôbre que a bigorna está montada.

As formas da partizela, como se disse, são tradicionais; contudo, o ferreiro, da abundância dos modelos conhecidos, escolhe para cada parelha aquele que melhor o interessa.

¿Que manifestação de arte sugerem, pelo menos à primeira impressão, os modelos que damos em gravura?

E' singelo: as fivulas.

Com o simples emprêgo dum a outro extremo do maior número das partizelas ao prolongamento filiforme do arco, que orna pràticamente as fivulas, tinha-se estabelecido a unidade característica entre dois objectos destinados a fins diferentes, embora desde o princípio de cada um ligados a um sentido de aplicação muito semelhante.

E' certo que as partizelas se obraram desde sempre em ferro, pelo processo do forjamento, quando as fivulas são objectos realizados em bronze e pelo processo da fundição. Não é menos certo ainda, que ao passo que pouco mais ou menos se pode determinar o período longínquo dos primeiros exemplares das fivulas, pelo contrário relativamente às partizelas, dificilmente, se não com absoluta impossibilidade, se pode indicar o período inicial da sua função.

Do que não há nem pode haver dúvida, porém, é da semelhança flagrante dos dois tipos artísticos; semelhança que agora vamos fazer avolumar indicando e comparando o objectivo a que um e outro se destinavam.

Era a fivula, como diríamos hoje, uma espécie de «alfinete de segurança» utilizado na compostura do vestuário; ou seja, um objecto aplicado a unir e suspender entre si duas partes paralelas e iguais de qualquer elemento de vestuário.

¿A que se destinava a partizela — destinava e destina — sendo a fivula, como era, um objecto de segurança?
Era e é, a partizela, uma espécie de fivula destinada

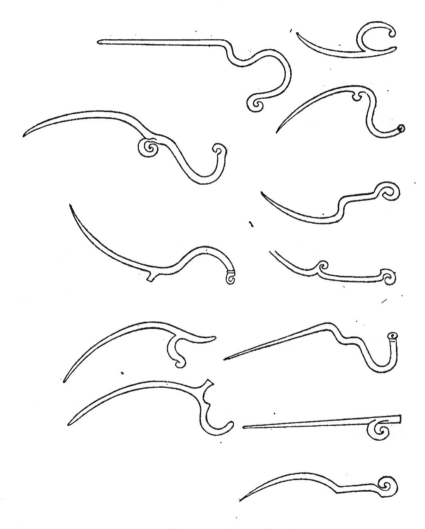

a apertar nos *arcos,* sôbre a cabeça dos bois e por detrás
do jugo, as duas extremidades, também iguais, também
paralelas, dos mesmos *arcos.*
Duas extremidades de vestuário que necessitavam de

serem ajustadas e duas hastes de *arco* que igualmente, e pelo mesmo espírito de utilização, precisavam de viver unidas, é tudo um e o mesmo assunto.

As formas, porém, são a razão mais forte dêste problema, e cremos chegarem para entrarmos na convicção

' de que, pelo menos, as fivulas foram a fonte inspiradora não só do critério prático como também da elaboração artística das partizelas.

*

Mas, para que precipitàdamente se não diga que a origem das partizelas é porventura duma data recente, entremos agora na série de referências que nos sugerem os ornatos gravados nas partizelas, tendilhas e varelas da nossa grande província.

As que estudámos no litoral e nos vales do Minho, ou seja nas zonas mais intensamente decorativas da mesma província, dão-nos elementos importantes e de sobejo merecimento etnográfico para podermos indicar que :

1.º — o pentagrama, entre nós conhecido por *signo--samão*, o qual documenta um dos ornatos apresentados, «é um sinal usado pelos germanos e celtas na antiguidade gentílica, o qual mais tarde serviu, gravado nas rochas, como preservativo contra o mal em geral, contra os pesadelos, e como meio d'esconjurar o diabo.» ([1])

2.º — «o ornamento geométrico foi obtido por todos os povos; a diferenciação procede apenas do engenho com que restringiram ou multiplicaram as combinações, frustes ou complexas, limitadas a ângulos, paralelas, losangos e circulos, ampliadas ao xadrez, às espiras, às volutas, aos meandros e às gregas, e elevadas à sua máxima expressão pela sciência possível que os árabes alcançaram das linhas. Dos esboços artísticos mais simples e que constituem os elementos duma arte na infância, o fundamento é o ponto, a recta e a curva. Cortando-se duas rectas dão o ângulo, três, o tríscelo; ângulos em série produzem o ziguezague; opostos, simétricos, alternados e em zonas paralelas, são outros tantos motivos deduzidos dum mesmo elemento para com elas se variar infinitamente uma decoração que assim repousa nesta modesta essência.» ([2])

3.º — estas mesmas decorações elementares, produzidas pelas filas de pontos ou por linhas em disposição paralela, que ou se distribuem em séries horisontais ou obliquam num sentido, ou ainda em sentidos opostos, originando ziguezagues, ângulos, etc., são, como diz Rocha Peixoto, os mesmos elementos de decoração das loiças neoliticas, de várias olarias lacustres e dolménicas, da ceramica gaulesa e da nossa de Briteiros.

([1]) Ricardo Severo e Fonseca Cardoso — Estações Pre-Romanas da Idade de Ferro, in *Portugalia*, pág. 343; — *Verhan-alungen*, pág. 576, Dezembro de 1884.

([2]) Rocha Peixoto — As olarias de Prado, in *Portugalia*, fasc. 2.º, pags. 249; — Felix Regnault — Essai sur les débuts de l'art ornamental géométrique chez les peupls primitifs, in *Bulletins* de la Société d'Anthropologie de Paris, VII, pags. 533-5.

4.º — e temos ainda que, nos nossos dias e sem contar já ou não referir de minúcia as estelas medievais, bem como os ornatos de certo monumento latino-visigótico de Portugal (Balsemão), as decorações que o ferreiro da aldeia aplica nas partizelas são aquelas mesmas, arcaicas, que ainda hoje se estilizam nas peças de olaria, nas medidas do sal, nos utensílios pastoris, nas rocas de fiar e nos próprios jugos.

Não é pois a partizela um documento remoto? Mas por que motivo, em tal caso, o são as suas decorações? Dado ainda que as decorações das partizelas nada tenham de comum e sob o ponto de vista histórico com os motivos artísticos atrás apontados, se essas decorações ou gravados não ajudam ou concorrem para uma classificação que as coloque em campo próximo de outras obras populares entregues a estudo no domínio da arqueologia, ¿como se explica então que, usando o ferreiro aldeão ornamentar quási tôdas, se não tôdas as peças que fabrica, para o serviço agrário, só nas partizelas utilize essa larga série de motivos, tornando-os um costume tradicional e exclusivo dessa mesma produção industrial?

Quanto a nós, a partizela é antiqüíssima, anterior, muito anterior ao jugo esculpido em madeira, e os seus motivos decorativos, copiados pelo vizinho do oleiro, do roqueiro e do jugueiro, ainda mais remotos.

Quinta do Atalho, Abril de 1921.

ALFREDO GUIMARÃES.

A BATALHA DO SALADO

Pelos campos do Salado
D. Afonso caminhava;
Está de mouros cercado:
Era nuvem a mourama...
De repente se quedou,
Os seus e os perros contava;
Vai-se a Deus encomendar,
Bem sabeis que demandava:
  «Se nos falta a vossa ajuda,
  «Perdido temos o reino;
  «A vossa bênção nos cubra,
  «Que nos valha o vosso lenho.
Acode nisto D. Alvaro
(O' que tam bem parecia!)
Como pai do Condestável,
Ardor do céu o movia:
  «Erguei os olhos à cruz,
  «Cavaleiros, esforcemos,
  «Os passos Deus nos conduz,
  «Tende fé que venceremos.
Linda mula se aprontava,
Tôda branca à primazia;
Sacerdote de alvo manto
Para a sela se subia;
Na mão traz uma lança
Da vera cruz encimada:
Por onde a luz se derrama,
Novas fôrças espertava...

*

Poucos são os portugueses,
Mas lutam como leões;
Não valem elmos, arneses,
Os mais rijos lorigões;

Quando os braços levantavam,
P'las vestes sangue corria;
Em peças elmos voavam,
Um cavaleiro caía,
Tam basta a chuva de setas
Que a luz do sol se tolhia;
Cavalos correm sem dono,
Os donos lutam pé terra;
Há cem lides corpo a corpo,
A brocha os braços descerra;
De sangue em fio correndo,
As ervas já se tingiam;
Os cristãos enfraquecendo
Aos mouros campos cediam:
   «Tantas horas a lutar
   «E ninguém p'ra nos render,
   «E os mouros a refrescar,
   «A crescer, sempre a crescer!

*

Galopam três cavaleiros,
A montante abrem caminho;
Por onde passam ligeiros
Nem um só deixam por vivo;
A D. Alvaro, prior
Da ordem de S. João,
Se dirigem a gran pressa,
Pedem o santo Guião.
....
Corre o vale um cavaleiro,
Por tôda a parte buscava;
Pouco depois um luzeiro
Sôbre um cabeço brilhava:
Era a cruz que lá de cima
Os seus ramos estendia;
Mata a sêde aos bons guerreiros,
Suas fôrças refazia;
Dos ramos chovem estrêlas
Que aos cristãos servem de guia;
Infiéis não podem vê-las,
Pois a vista lhes morria,
E a mourisma pelos montes
Como louca já fugia.

*

Depois de·a luta findár,
'A hora do meio dia,
No mais alto, a dominar,
A cruz erguida se via;
A· hoste de D. Afonso
Em redor se recolhia;
Era tal a mortandade
Que vales, serras enchia;
As chagas eram tamanhas,
Só S. Tiago as faria!
Enquanto os vivos murmuram
A Deus graças com fervor,
Descem os anjos à terra
A levar para o Senhor
Todo o cristão que morrera:

Cavaleiros esforçados,
Depois de tanto lidar,
Lá do céu foram chamados,
Vão das lides repousar!....

Dos heróis as almas puras,
Sôbre as nuvens a pairar,
Vão subindo nas alturas...
Ninguém as pode enxergar.

Pòrto, 1 — IV — 921.

AUGUSTO C. PIRES DE LIMA.

HÁ TRINTA ANOS

O TOURAL

O Toural visto agora, à trinta anos de distância, —
como se pudesse ser medido aquilo que só pode ser contado!...—, assemelha-se a um homem que perdeu as
ilusões e vive das recordações do Passado — amalgamadas, confusas, saudosas e indefinidas!

O Toural já não é, de facto, o mesmo. Transformado, modernizado, *squarizado,* perdeu o brilho, a fama, o
aprumo, a galantaria, a linha! D. Juan, ou Lord Brumel,
vestido à futrica.

Como a Praça de D. Pedro, no Pôrto, ou o Rossio,
em Lisboa, era ali, nesse alongado quadrilátero, que as
flores do Jardim perfumavam e as árvores cobriam, que,
dia a dia, ao entardecer, se encontravam, aos grupos, fazendo horas para a reunião habitual na *Assembleia,* instalada então no *Largo da Misericórdia,* na mesma casa onde
hoje habita o nosso querido amigo Dr. Pedro Guimarães,
os homens mais em evidência na nossa terra,— inteligentes
todos, distintos todos, ilustres todos —, homens que o povo
estimava por instinto, rodeando-os dessa admiração, dêsse
carinho, dêsse natural respeito, que despertam sempre
aqueles que têm real valor.

E tinham-no, sem dúvida!

E' que, em cada um dêles, desde os literatos aos
políticos,— e havia-os de tôdas as nuances, de todos os
matizes da policromia política —, revivia alguma coisa de
muito alto e muito nobre e muito rara, com que a cidade
de Guimarães se orgulhava, porque personificava uma
época de brilho, de esplendor e de amor pátrio que talvez
nunca mais se repetirá.

Alguma coisa de muito alta, e muito nobre e muito
rara que podia chamar-se interêsse, ambição, sonho de

glória e de renome, — o que seria naturalíssimo, dadas as qualidades por que se impunham e os talentos que possuíam —, mas que afinal nada mais era do que a absorpção de todos os afectos, de tôdas as esperanças, de todos os desejos e de tôdas as ansiedades, concretizadas, consubstanciadas, resumidas numa ideia única, constante, dominadora, — e sublime! — a maior grandeza da terra estremecida!

Hoje, porém, como ontem e como sempre, a hereditariedade dos nomes, não garante a hereditariedade das qualidades morais, nem a das virtudes cívicas!...

Homens que escreveram, por certo, uma das mais lindas páginas da história, contemporânea da nossa terra, enchendo a sua geração talqualmente um ramo de odoríferos lilases enche de inebriante perfume a sala onde mãos patrícias o colocam, ao recordar agora os seus nomes, as suas figuras, os seus actos, as suas palavras, os seus gestos, — desde aquele, bem português, que assinalou um dia à saída duma reunião da Junta Geral do Distrito —, ao recordar agora isso que era uma pura e exuberante manifestação de vida, de fôrça e de valor, de patriotismo, de inteligência, de carácter e de saber, sente-se um vazio, uma falta, um frio e um desconfôrto, —ai!—, como o que a tempestade abre no seio das florestas e a idade no coração de cada um de nós!

Quem há trinta anos se referia ao Toural, referia-se implicitamente ao ponto da cidade onde se reunia o escol da gente da nossa terra, quer nos estabelecimentos que ainda hoje o ladeiam, embora tenham passado a outros possuidores, quer nas ruas e *trottoirs* que então o atravessavam.

A *Casa Havanesa;* o estabelecimento do rotundo *Campos* à esquina da Rua de Santo António, anteriormente de Mata Diabos e hoje de 31 de Janeiro; o do *Miranda* das lotarias, — e das larachas —, homem inteligente e folgazão, mais tarde comendador e cavaleiro; a *Loja do Leque,* de *Rodrigo de Macedo,* actualmente *commis-voyageur* duma importante fábrica bracarense; a do *Domingos de Freitas* ou da *Custòdinha;* a do *Joaquim Leite,* vulgo *Prosódia;* a do *Simões,* vidraceiro; a do relojoeiro *Jácome;* a de *João de Castro Sampaio,* depois de *Domingos Vargas,* seu sócio e sucessor; a do sr. *Braga* — que Deus conserve — formando a esquina da rua de

Paio Galvão e ainda, um pouco mais adiante, a do outro
Jácome; eram outros tantos pontos concorridos e diverti-
díssimos por onde se disseminava, — como o arroz dum
saco que se rompesse, nessa época de paz, de prosperidade, de barateza e de *fartura,* — e onde se entretinha,
onde folgava e ria e... amava, a inteligência bizarra da
meia-idade e a tagarelice garota da mocidade vimaranense de há trinta anos!

Trinta anos!... rapidez dum auto que não pode ser
acompanhado pela nossa fantasia, mas atrás do qual segue a nossa saudade — aos solavancos!

No terreno neutro e equânime que era, por essa
época, o Toural, continuavam as discussões, as pugnas
da palavra, os duelos da oratória, iniciados ali ao lado,
no Café do *Vago Mestre,* discussões que só vinham a
terminar na *Assembleia,* entre um apêrto de mão e uma
gargalhada amiga, uma tacada de bilhar puxada a primor, ou uma chícara de chá de côr duvidosa e incerta,
entre o verde-escuro e o preto, mas que nem era bem
preto, nem bastantemente verde-escuro, chá preparado
pelo correcto e glabro *Jerónimo,* cuja idade se perdia, não
nas trevas dos tempos ante-diluvianos, ou pre-históricos,
mas nos da fundação do próprio grémio de que era zeloso
e honestíssimo ecónomo.

O Toural! Se as pedras que ainda hoje o pavimen-
tam; as grades que em tempo o cercaram; as flores que
outrora lhe matizaram os delineamentos e lhe deram encanto, perfume e beleza; as árvores que, no passado, lhe
prodigalizaram sombra, frescura e refrigério; surgissem
ali de novo e falassem, como fala ao nosso espírito cada
aurora que se ergue das sombras da noite extinta, — àh!
então, quantos desejos, quantas aspirações, quantas ânsias
e quantos sonhos de esplendor, a perpetuarem-se nas páginas da História da nossa terra — para o amor, para o
reconhecimento e para a gratidão eterna de nós todos,
sim, **de nós todos,** — brancos, amarelos, azuis e brancos,
ou verde-rubros?!

—Quantos?!... oh! loucos visionários, dum tão grande e tão mal compreendido amor?! —

Nesse tempo saudoso, — porque ja vai longe e não
volta mais! — -, a idea da terra pátria, — próspera, grande,
invejada e feliz —, unia e prendia, como cadeia de elos
indestrutíveis, todos os vimaranenses, sem distinção de

classes, ou de categorias, o pensamento de cada espírito, o desejo de cada coração, o ideal de cada alma, desde a mais ilustre à mais humilde, elevava-se como uma prece, ou volitava como um vôo de ave, em tôrno dum nome:

— G U I M A R Ã E S ! —

A divisa dos homens de há trinta anos dirigia, como a dos *Três Mosqueteiros,* — um por todos, todos por um — , as suas acções na consecução do mesmo ideal; à iniciativa e ao trabalho dum, juntava se o trabalho, o esfôrço e o valimento dos restantes, e quando porventura a política, essa desbragada meretriz rasteira, pretendia encapotàdamente, ou às escâncaras, lançar a cizânia onde, até então, só reinara a mais perfeita comunhão de vistas, de aspirações e de ideais, — nobres e alevantados, porque os sublimava e ungia o fervor patriótico — , a política batia em retirada, troçada, escarnecida, vilipendiada, e onde estava um *político,* passava a estar um *vimaranense* — «de antes quebrar que torcer!»

Eram assim os nossos conterrâneos de então!

Eram assim aqueles que nos legaram, com a mais linda terra que o céu cobre e meus olhos viram, uma herança de honestidade, de brio, de pundonor e de patriotismo a qual está presa a nossa própria Honra!

O Toural! O Toural! das minhas lembranças, das minhas recordações, das minhas saudades, — como eu o amo e como eu o recordo!...

Lisboa, 14—V—1920.

FERNANDO DA COSTA FREITAS.

«AVENTURAS DE MANUEL MARQUES, CHRISTÃO VELHO, NATURAL DE BUARCOS, QUE ARRENEGOU DA FÉ CATOLICA EM TERRA DE MOUROS.»

No decurso dos meus trabalhos eurísticos para a monografia histórica do actual concelho da Figueira, foz do Mondego, em que trabalho há aproximadamente três anos no Arquivo Nacional da Tôrre do Tombo, reunindo o maior número possível de referências históricas documentárias daquela região, dispersas pelos diferentes corpos daquele Arquivo, cheguei lògicamente ao estudo do Cartório do Santo Ofício, na parte referente à Inquisição de Coimbra, em cujo distrito estava situada a região de que me ocupo. Ninguém poderá conhecer a história portuguesa, geral e local, sobretudo do século XVII, sem fazer um exame consciencioso dos documentos preciosos que encerra o importante Cartório do Santo Ofício. A vida portuguesa à luz dos processos inquisitoriais aparece-nos iluminada de clarões inéditos, que ora revestem a forma sinistra de verdadeiras tragédias, ora mostram aspectos curiosíssimos de costumes, que olhados à distância de algumas centenas de anos, palpitam ainda de naturalidade e movimento. Nesta altura da minha investigação não posso por enquanto apresentar um conjunto sintético de observações gerais, porque dos duzentos e tantos processos crimes que apurei para a região objecto do meu estudo, entre o número total de dez mil duzentos e setenta e cinco, pertencentes à Inquisição de Coimbra, apenas estudei metade, não tendo ainda começado sequer a folhear as habilitações dos familiares locais, que tanta luz podem fornecer para a história das famílias. Sei já, porém, que de todas as povoações do actual concelho da Figueira, a vila de Buarcos, é a terra em que havia maior número de *judeus*, cristãos novos, que foram metòdicamente perseguidos pela Inquisição : famílias houve das quais será raro o auto-de-fé em que não figure algum dos seus membros : a dos Biscainhos, por exemplo, está neste caso.

As peças do processo que a seguir vou transcrever, sem comentários que julgo desnecessários, são um dos mais interessantes episódios que até hoje encontrei, e mais um documento que nos vem demonstrar a insegurança das nossas populações da beira-mar, sujeitas durante êste século, às sucessivas agressões dos piratas Ingleses e Berberiscos, o que devia servir de grande estôrvo ao exercício e desenvolvimento das indústrias da pesca e navegação.

«Aos vinte e dous dias do mes de janeiro de mil seiscentos e dezoito anos em Coimbra na Casa do Despacho da Santa Inquisição de Coimbra, estando ahi os Snrs Inquisidores em audiencia da tarde perante elles pareceo sem ser chamado um moço que disse ser de idade de quinze ou dezaseis annos filho de Diogo Pires homem do mar morador da villa de Buarcos, e por dizer que tinha de que se accusar nesta Mesa por ser menor lhe foi dado Curador Antonio de Padua, Porteiro da Mesa do Despacho aquem foi dado juramento dos Santos Evangelhos em que pôs a mão e sob cargo delle lhe foi mandado que bem e verdadeiramente aconselhasse o Reo e lhe desse sua autoridade para poder estar em juizo e nelle tomar juramento de dizer verdade em tudo. Aqual elle lhe deu e disse que interpunha e dava sua autoridade para o sobredito e tomar juramento o qual logo lhe foi dado. E sob cargo delle prometeo dizer verdade e disse chamar-se Manuel, e que elle se criara na dita villa de Buarcos até ser de idade de doze ou treze annos, e que avera tres pouco mais ou menos andando elle confitente em um barco que era de Pero Roiz, x. velho da mesma villa, com elle e com João Rolão, Pero Luis, e um moço por nome Paulo cego de um olho, e outras pessoas de cujos nomes ao presente senão lembra todos homens do mar e moradores na sobredita villa, e erão segundo sua lembrança, vinte e um por todos, no monte do Mondego, que he cinco leguas ao mar, colhendo as Rêdes, vierão ter com elles tres navios de Argel, que andavão roubando, e nelles vinha por Capitão mor um arrenegado framengo de nação: por nome Solimão a Rais (sic), e cativarão, a elle confitente, e a

todas as mais pessoas, que estavam no dito barco, e os
repartirám pelos navios, e a elle confitente meterão na
capitania em que vinha o dito Solimão a Rais juntamente com os sobreditos João Rolão e Pero Luis, e outros
tres ou quatro cativos, cinco ou seis por todos, e dali foram os ditos tres navios em conserva correndo a costa onde
tomaram um barco de Azurara, e dous ou tres de Vianna
de Caminha (sic) e passando pelas Ilhas de Bayona fizerão
augoada e se detiveram um dia e ao fim de nove ou dez
se foram á cidade de Argel, indo em companhia delle confitente alem dos cinco ou seis cativos de Buarcos quinze
ou dezaseis de Azurara e Viana entre os quaes iam cinco
ou seis pouco mais ou menos da idade delle confitente,
dous dos quais erão de Azurara que se chamavam Bastião e Manoel o solinho de alcunha e de Viana um que se
chamava Gregorio e outro Manoel da mesma villa e outro
moço da Galiza aquem chamavão o Galego, e não se lembra do nome proprio. E desembarcados na dita cidade
de Argel meterão a elle confitente e a todos os mais cativos que seriam perto de sessenta portugueses, franceses,
ingleses e doutras nações em casa do sobredito Solimão
a Rais que está perto do mar, onde os proveram do necessario, dando-lhes dous pães a cada um para cada dia e
arroz á noite e alguma carne, e os tiravão todos os dias
pellas manhãs á praça da cidade com guardas, que os levavam para os vender, como defeito se iam vendendo
pouco e pouco, e passados cinco ou seis dias um Arraes
por nome Cuchicapte que rezidia na dita cidade de Argel,
e era natural de Constantinopla comprou a elle confitente
por cem patacas, e os mais cativos se venderam tambem
a diversas pessoas, e se dividiram por muitas partes ficando
do alguns delles na dita cidade de Argel entre os quaes ficou elle confitente, e todos os cativos de Buarcos que iam
na capitania e cinco ou seis mais dos que iam em outro
navio, e que até o tempo, em que elle foi vendido ao dito
Arrais Cuchicapte lhe não tinham falado em deixar sua
Santa fé, e se tornar mouro, posto que no tempo em que
andarão no mar antes de desembarcar em Argel, algumas
vezes lhe perguntavão os mouros a elle e aos mais companheiros se se queriam passar á sua lei: mas, não aper-
tavão com elles porque o não costumam fazer emquanto
os não vendem. Porem que o dito seu amo Cuchicapte
depois de o ter em sua casa lhe perguntou se tinha elle

com que se resgatar, e respondendo elle confitente que
não, o dito seu amo, lhe disse que cedo se avia elle de tornar mouro, e, elle respondeo que o não havia de fazer, e
nas duas noutes seguintes estando elle na cama com outro
cativo francês de nação, o dito seu Amo se levantava e ia
á cama onde elle e o dito francês estavam, e pegava nelle
querendo levalo comsigo..... persuadindo-lhe juntamente
que se tornasse mouro, e, elle não queria ir com o dito
seu Amo por entender, que o levava por querer usar mal
delle e chamava por Nossa Senhora e pelo Santissimo Sacramento que lhe valessem, e o dito seu Amo porque elle
confitente se calasse lhe apertava com as mãos o pescoso
e com hum cabo de corda alçatroado dava muitas pancadas nelle confitente por todo o corpo disendo-lhe que se
tornasse mouro, e que fosse com elle..... e isto fasia só
a elle confitente e não ao outro cativo frances, ao qual não
dizia que se tornasse mouro: porque era já homem de
idade e os mouros costumão fazer mais força aos moços
para que arreneguem, por se servirem mais tempo delles,
e tambem porque os vencem mais facilmente que não aos
homens, que fazem mais resistencia: e que isto acima referido se passou na primeira noute e na seguinte lhe fez
o dito seu Amo o mesmo dandolhe muitas pancadas, tanto que uns Turcos que estavam na mesma casa movidos
de compaixam acudiram a elle declarante tirando da mão,
ao dito seu Amo, a corda com que elle dava, e outro dia
tratava tambem o dito seu Amo de persuadir a elle confitente que se tornasse mouro, e lhe falava nisto muitas
vezes e algumas lhe dava e tratava mal por não querer
consentir no que o dito seu Amo pretendia: o qual um
dia dependurou a elle confitente em uma trave atado com
uma corda com a cabeça para baixo, e os pés para cima
e nas solas delles lhe deu muitas pancadas com um cabo
de corda, dizendo-lhe ao tempo que lhas dava que se tornasse mouro repetindo isto muitas vezes e não cessando
de dar nelle confitente tendo fechada a porta para que
ninguem lhe acodisse, e vendose elle confitente muito mal-
tratado, e não podendo resistir, nem sofrer as dôres disse
falando com o dito seu Amo as palavras seguintes:—
Deixe-me que já estou mouro. E elle lhe tornou a perguntar se estava fino mouro, e disendo lhe elle confitente
que mal podia estar fino mouro, pois o fasiam ser a poder
de pancadas e por força, o dito seu Amo se indignou con-

tra elle e indo para continuar as pancadas elle com medo
dellas lhe disse que já estava fino mouro e o dito seu
Amo lhe mandou que em sinal de o estar levantasse o
dêdo para o ar e dissesse — *le iles, lá lá,* que na lingua
Arabiga segundo elle confitente depois soube, quer dizer
que não há mais que um só Deos : o que elle confitente
fez levantando o dedo para o ar, por ter as mãos desata-
das, e, disse as palavras sobreditas que o dito seu Amo
lhe ensinou, o qual logo desatou a elle confitente e dahi
por diante o tratou melhor tendo-o como dantes em sua
casa como escravo e servia de lavar a roupa, varrer a casa, e fazer de comer ao dito seu Amo andando com vestido e habito de mouro o qual o dito seu Amo lhe fez ves-
tir alguns dias dantes, que elle confitente se tornasse
mouro : porque asi o fasem os mouros aos cativos xpãos
quando são moços ainda que não arreneguem. E que depois dalli a dous meses pouco mais ou menos o dito seu
Amo dissera a elle confitente e a outro cativo francês
mancebo o qual tambem tinha arrenegado, que emquanto
senão retalhassem não eram mouros e elle confitente e o
dito francês entendendo que o dito seu Amo lhe dizia por
verem algumas vezes fazer a dita ceremonia a outros cativos responderam que fizesse elle o que fosse servido
o qual logo mandou buscar um mouro barbeiro e dar recado a outros mouros e turcos para que se achassem presentes : e, sendo perto da noute comeram em casa do dito seu Amo muitos dos ditos Turcos e mouros que foram
convidados e acabando de comer sendo já noite chamarão
a elle e ao sobredito francês, e em presença de todos os
retalharão dizendo os circunstantes todos juntos : *Alá Alá*
e a elle confitente para o dito efeito de ser retalhado o fizeram assentar em um banco tendo-lhe um mouro por detrás tomado os braços e mãos para que não bolisse, e o
dito barbeiro com uma navalha o circumcidou,..... e lhe
poseram o nome Morate e o curaram logo e o mesmo fizeram ao sobredito francês o qual se circumcidou tambem
na mesma forma e lhe pozeram o nome de Memi e dalli
por diante ficou elle confitente em casa do seu Amo como
dantes, conhecido por Mouro e como tal se tratava deixando o nome de Manoel, que dantes tinha usando do
de Morate que na dita circumcisão lhe fora posto, e por
ser dada a hora senão foi com esta sessam por diante, a
qual sendo-lhe lida em presença de seu curador disse es-

tar escrita na verdade, e a seu curador foi mandado que tivesse segredo em tudo sob juramento que tinha recebido. E elle o prometeo fazer e ao dito Reo que senão fosse desta cidade sem licença desta mesa e que viesse a ella todas as vezes que fosse mandado sob pena de ser gravemente castigado e asinou com seu curador juntamente com os Snrs Inquizidores. Simão nogueira o escrevi. Manoel Marques. Bastião de Mattos de Noronha. Simão Barreto de Menezes.

«Aos vinte e tres dias do mes de janeiro de mil seiscentos e dezoito annos, em Coimbra na casa do despacho da santa Inquisição estando alli os senhores Inquisidores em audiencía de pela manhã mandarão vir perante si Manoel, natural da villa de Buarcos conteudo nestes autos para continuar sua confissão e sendo presente lhe foi dado juramento dos Santos Evangelhos em que pos sua mão e sob cargo delle prometeo dizer verdade e ter segredo, e disse que depois delle confitente se circumcisar, e tomar o nome e habito de mouro como tem dito na sessam atras ficou na cidade de Argel em casa do Arrais Cuchicapte servindo como dantes. E passados tres mezes pouco mais ou menos se embarcou com elle em um navio de um Turco por nome Baluco Baxim, indo por capitão delle, e levou comsigo a elle confitente, para o levante onde o dito navio e outros que tambem partiram juntamente da dita cidade de Argel andarão a corso alguns meses por junto a Mayorca e Cartajena fazendo algumas presas e tomando alguns xpãos e depois pello discurso de tres annos que elle confitente esteve na dita cidade de Argel se embarcou por cinco ou seis vezes em companhia do seu Amo sempre em habito de mouro conhecido dos mouros e nomeado por tal, etc. Disse mais que o dito Cuchicapte depois delle se circuncisar algumas noutes foi ter com elle..... (¹) onde consumava..... o pecado nefando de sodomia o que foi por algumas vezes e não se afirma quantas. E elle confitente por mais não poder consentir no dito pecado sabendo muito bem que era grave ofensa de Deos, e que avera cinco ou seis mezes pouco mais ou menos se embar-

---

(¹) Nota á margem : «Pecado nefando sendo o R. paciente».

cou o referido Arrais Cuchicapte seu Amo no porto de Argel trazendo em sua companhia a elle confitente e outros navios que vinhão em conserva do seu com tenção de irem tomar uma ilha dos xpãos, a que não sabe o nome mas era nas Canarias, e depois de estarem no mar alguns dias lhe deu uma tormenta, que fez apartar os ditos navios e o do dito seu Amo com outros vieram dar ao Cabo de S. Vicente donde os mais navios se tornaram á Barbaria ficando só o em que vinha seu Amo e elle confitente, e sendo do norte forão ter com elles uns navios da Armada Castelhana, que depois de pelejarem com elle por espaço de tres horas o renderão tomando o dito navio com todos os mouros e xpãos cativos que nelle vinham e elle confitente disse a alguns dos soldados castelhanos que já tinham entrado no navio, que era xpão pela graça de Deus, e elles o tomaram e mudaram para a Almiranta da Armada castelhana, onde andou dous mezes pouco mais ou menos e foram a Cadis, onde se detiveram outros dous mezes e dali se vieram para a cidade de Lisboa na dita Armada Castelhana: e estando elle confitente no navio São João, aonde o tinhão mudado sobre a ancora junto a São Paulo, vendo que o não querião deixar desembarcar e aos mais cativos xpãos se deitou ao mar sendo noite e se veo a uma caravella que estava tambem ancorada e depois sendo ainda noite se foi á cidade de Lisboa aonde tem uma tia parenta de sua Mãe, a qual o recolheu e lhe deu um vestido velho. E elle confitente mandou recado a sua Mãe á villa de Buarcos dando-lhe novas de como era chegado a Lisboa, e sua Mãe partio logo para o ir buscar e trazer comsigo, e encontrando-se ambos a riba de Povos, sete leguas de Lisboa se vieram a esta cidade e foram pousar a casa de Manoel Dias Meirinho dos Clerigos por ser seu amigo e conhecido. E elle confitente por conhecer o mau estado em que andava disera aos ditos Manoel Dias e a sua Mãe, que queria vir acusarse a esta mesa, como tem feito. E que das culpas que cometeo contra nossa santa fé catolica, e tem dito nesta sua confissão está muy arrependido e pede perdão e misericordia e promette daqui por diante ser bom e verdadeiro xpão — foi-lhe dito que por Deos nosso Sñr lhe fez tam grande mercê como foi tirallo de terra e poder de mouros, dar-lhe liberdade e trazêlo a casa de seus Pais e muito maior em lhe dar graça e mover a elle vir apresentar-se a esta mesa, para nela o reduzirem ao gremio da Santa Madre Igreja e caminho de sua salvação de que andava bem desviado: procure quanto em o que for aproveitar-se do remedio que tem entre mãos para desencarregar sua consciencia e salvar sua alma proseguindo e levando ao cabo o bom conselho que tomou confessando inteiramente suas culpas e respondendo com verdade a todas as perguntas, que nesta mesa lhe forem feitas. E para que mais livremente o faça, seja certo que pelas culpas que entre mouros cometeu contra nossa santa fé catolica, e nesta mesa tem confessado não hade aver pena alguma corporal antes será tratado com toda a misericordia benignidade e favor tendo-se respeito á sua idade e ser o crime principal de que se acusa, fraqueza em que caem outros de mais anos, e que mais obrigação tem de serem constantes na confissão de nossa santa fé — pelo que posto todo o temor de parte diga e manifeste inteiramente a verdade de tudo o que for perguntado porque é para seu bem e remedio de sua alma o querem fazer.»

Sôbre estes casos foi pronunciada neste processo a sentença seguinte:

« — Foram vistos na mesa do Santo Officio aos 26 de janeiro de 618 estes autos e confissões de Manoel Marques, solteiro, xpão velho da villa de Buarcos, e pareceo a todos os votos que pela presumpção que contra elle rezulta de aver apostatado da nossa Santa fé catolica por se aver circumcidado entre mouros tomando o nome e habito de mouro, abjure de levi sospeito na fé na mesa do Santo Officio visto sua pouca idade e a razão porque diz se moveo a fazer o sobredito, e perseverar naquelle estado, e vir-se apresentar a esta mesa onde confessou suas culpas, e que seja instruido nas cousas da fé necessarias para a salvação de sua alma, e, aja penitencias espirituaes a arbitrio dos inquisidores, e se lhe mande que não seja homem de mar, e viva d'outro officio daqui por diante, pelo perigo que ha de que sendo cativo outra vez, tornará a reincidir nas mesmas culpas. E que da sodomia que confessa senão deve fazer caso, assi por ser commettida *extra regnum* onde não parece, ha lugar o breve, como tambem por ter confessado voluntariamente, não avendo contra elle prova ou presumpção alguma, e parecer mais á maior parte dos votos que o Reo devia ser absoluto *ad cautellam* da excomunhão em podia ter cahido, digo encorrido. E a todos os votos que pague as custas e que não vá ao Conselho vista a certidão junta a estes autos, e não se tratar nelles do crime nefando posto o Reo o confessasse incidentemente. E assistio como o ordinario o S^{or} bpo Conde.

A Bpo Conde

Sebastião de Mattos de Noronha	*Simão Barreto de Menezes*
Gaspar Borges d'Azevedo	*Miguel Soares Pereira*
Pero Cabral	*Bento d'Almeida*
João Pimenta	*Dom Diogo Lobo*
Matheus Peixoto Barreto	*Frei Vicente Pereira.—»*

Lisboa, S. Sebastião da Pedreira, 31 de Março de 1921. — 1.º aniversario da extinção do Tribunal do Santo Oficio em Portugal.

ANTONIO MESQUITA DE FIGUEIREDO.

PALAVRAS SEM RUMO...

Quando os Povos perdem os olhos no futuro, tendo esquecido o q. devem ao Passado, entram na decadencia e na esterilidade. Os dirigentes das Naçoens, seos responsaveis perante a Historia, dos passos q. ellas dão e dos caminhos que trilham, devem ter sempre em vista esse princípio de ordem social, para não arrastarem as collectividades nacionais para aventuras perigozas e dissolventes. 'O Presente é um instante fugitivo, imperceptivel; o Futuro é um enigma; só é real o Passado. A acção normal, sadia e fecunda, de um Povo, consiste em transformar o Passado, adaptal-o ás modalidades q. o ambiente geral lhe impõe, mas nunca em esquecel-o ou contrarial-o. O Passado é a nossa alma, é o nosso sangue, é. toda a nossa existencia. Renega!-o é renegar a nossa alma, renegar o nosso sangue, renegar a nossa existencia. Lancemos as bases ao futuro, cimentando-as no Passado. O Progresso é o Passado em marcha. Vivemos, porq. temos Passado. A Nação só existe, quando tem tradicçoens. Sem tradicçoens, pode existir um Estado. Mas um Estado é muitas vezes a obra arbitraria, caprichoza e ephemera de uma ficticia resolução diplomatica. Só a Nação perdura e se impõe. E o q. garante a existencia de uma Nação, é a presença de um Passado. Um corpo, quanto maior fôr, maior sombra projecta no Futuro. Tambem uma Nação é tanto maior, quanto maior fôr a sua existencia no Passado. O q. dá grandeza a Portugal não são os seus caprichos modernistas, não são as suas novidades: são os seus oito seculos de historia, continuos, incessantes.

A força tradiccional de um Povo é a característica fundamental da sua *Nacionalidade*. *Nacionalismo* e *Cosmopolitismo* são antagonicos. *Patriotismo* e *Humanitarismo* contradizem-se. A Humanidade é uma abstracção.

Só tem existencia real a Nação. Alem das fronteiras, ha bruma, ha nevoa, ha duvida, ha o vago...

Para amar o meo Paiz, não me lanço em galopadas no espaço: mergulho nas Chronicas, nos Cancioneiros; desço aos tumulos dos Herois, escuto as lendas, folheio a Historia. Quanto mais longe, para traz, eu fôr, tanto maior, mais firme, e mais bello, é o amor q. sinto pelo meo Paiz.

Tenho um orgulho medullar em ser de Guimaraens — porque Guimaraens infiltra as raízes da sua vida nos primeiros annos da historia da Nação. E o q. me encanta precisamente na minha terra, é o ella conservar ainda tão grande somma de tradicçoens, q. bem pode dizer-se q. é das terras mais tradiccionalistas de Portugal. E' esse o seo maior titulo de nobreza.

E é porisso q. a sua figura moderna de maior relevo intellectual, Martins Sarmento, não foi um agitador progressivo ou um acrobata modernista — mas um pesquizador do Passado, um sacerdote-magno do tradiccionalismo.

Nascido numa epocha doentia e revolta, destinado a expiar, espiritualmente, os erros doutrem, nós atravessamos, na idade moça, um periodo de iconoclastismo, q. só não foi irrisorio, porq. foi sincero. Mas foi saudavel, pessoalmente, para nós, esse periodo: esclareceo-nos, e despertou-nos tendencias ancestrais, de modo q. o espectaculo q. nos proporcionou, depressa nos aborreceo, enfadou e entristeceo. Andamos transviado e perdido, até q. os factos, mais poderosos do q. todos os doutrinarismos attrahentes, nos revellaram q. não eramos o q. suppunhamos, mas eramos o q. não julgavamos.

E hoje, neste amor ao Passado da Nação, nesta tendencia viva e cada vez mais accentuada para voltarmos ao Passado, é q. nos sentimos bem, e é q. a nossa intelligencia encontra verdadeiro ambiente para as suas creaçoens estheticas, e formulas politicas.

Comprehende-se então o prazer singular com q. accedemos ao convite q. nos é feito para collaborarmos nesta velha *Revista de Guimaraens*, e quanto nos envaidecemos por o nosso nome figurar nas paginas de uma Revista q. os nomes de Martins Sarmento, Abbade de Tagilde, Domingos Leite de Castro e outros do mesmo feitio, illustraram.

Ignoro se da minha passagem pela vida alguma coiza fica. Não sei se a opinião q. de mim formam os contemporanios, é ou não defeituoza, por excessivamente lisongeira. Não sei se das paginas q. deixo, em Arte ou em Philosophia politica, alguma se lerá, por amor ou por necessidade, depois de eu descer, tranquillo e adormecido, àquelle leito escuro q. eu desejo me seja aberto e composto, perto da casa antiga onde nasci, nas singelas terras de Aldão. Não sei nada, ai de mim q. nada sei...

Mas ha úma coiza q. eu desejo infinitamente q. fique depois de mim: o amor intenso, leal e sincero com q. amei a minha terra.

Tentei eternisar nas rimas q. teci e nas imagens q. cinzelei, anceios de coração inquieto e ternuras de um amor mysteriozo; procurei, em rimas e em imagens, fixar sonhos luminozos, desejos chymericos, espiritualizaçoens aladas, murmurios divinos de uma sensibilidade incomprehendida; desejei, em phrases claras, em formulas syntheticas, em axiomas nítidos, dar aos outros as concepçoens do meo espirito, e os resultados da minha cultura. Não sei se o consegui.

Mas o bem q. quiz á minha terra, o bem q. lhe quero — esse conceda-me Deos a satisfação de q. perdure, para q. sirva de exemplo aos q. vierem depois de mim, e para q. seja lícito pensar q. a minha terra vencerá todas as difficuldades q. o futuro lhe reservar, e todos os perigos q. o Destino lhe offerecer.

Alfredo Pimenta.

ESTATUTOS DA IRMANDADE

DE

N. S.ª DA OLIVEIRA

instituida pelo Officio d'Alfaiate

Accrescentados com o bom regimem do mesmo officio, e obrigações á mesma Irmandade, feitos e assignados pelos Mestres do dito Officio. (¹)

Collocada na capella de Santa Cruz no anno de 1813

Tem os mortaes em a Virgem N. Snr.ª da Oliveira as maiores riquesas, toda a honra, a propria santidade, os fructos, que da sua devoção colhem, os que a veneram excedem incomparavelmente a todas as preciosidades e grandesas d'este mundo, em todos os seus caminhos assiste o poder d'esta Virgem Santissima, aos que a amam, para encher de multiplicados bens os seus thesouros, os que procuram obsequial a acham n'ella amor e protecção.

Notem com particularissima attenção os innumeraveis titulos com que estamos rigorosamente obrigados a cuidar com todo o zêlo nas suas Imagens, para que por falta do aceio e menos decencia em se lhes dar a veneração devida.

(¹) Nesta *Revista* foram em tempo publicados os estatutos dos cutileiros, ourives, sapateiros, tamanqueiros, surradores e sirgueiros. Vide vol. IV, pág. 139; vol. V, pág. 24 e 29; vol. VII, pág. 77; vol. XXIII, pág. 143 e vol. XXIV, pág. 22 e 27.

Pareceu conveniente aos Devotos da Virgem Nossa Senhora d'Oliveira o instituir Irmandade n'este anno ut supra, tanto para augmento e veneração da Virgem Santissima, como para utilidade das almas n'ella congregadas, e como para se governar e dirigir com acerto é necessario haver Estatutos, ordenaram os seguintes:

CAP. 1.º

Ordenamos nós os Juízes do Officio d'Alfaiate, Jeronymo Lopes Pégada, Antonio José da Silva e João Nunes, secretario, e os mais Mestres Instituidores d'esta Santa Confraria ou Irmandade, que em dia do Corpo de Deus, e todas as Funcções Reaes tem obrigação de darem a bandeira para acompanhar a procissão. E determinam que a levarão tres mestres, que por elles forem nomeados, com vestido preto, capa e volta, (os quaes não repugnarão com pena de pagarem quatro mil reis para deposito) e serão obrigados a sahirem com ella da capella, e finalisar a procissão; e finda ella a tornarão a levar á capella.

CAP. 2.º

Ordenamos que no dia da festividade da Nossa Protectora, com solemnidade e ordem, farão a Festa conforme as esmolas da mesa e possibilidades das sobras: á qual toda a mesa e irmãos estarão com opas e grande devoção.

CAP. 3.º

Ordenamos que se elejam juizes, escrivães, thesoureiros e mais officiaes que hão-de servir pelo decurso do anno, para haver quem assista ás Festas Geraes e particulares, como aos enterros dos nossos Irmãos, e não poderão ser mesarios sem ser examinados e Irmãos da Irmandade.

CAP. 4.º

Ordenamos que a eleição se fará na vespera da Nossa Advogada Protectora a 14 d'agosto com a solemnidade dos Estatutos ao que assistirá toda a Mesa, e não farão exame algum sem que o Examinando primeiro seja Irmão com pena de seis mil reis para a cera.

CAP. 5.º

Ordenamos que assista a Irmandade aos enterros dos Irmãos com cruz e cera d'esta Irmandade; isto se entende morrendo elles n'esta villa, ou vindo-se enterrar a ella, que sendo pelo contrario se lhe mandarão dizer as Missas aos Irmãos encommendando-lhes a Deus as almas dos fallecidos d'esta Irmandade como piamente temos obrigação.

CAP. 6.º

Ordenamos que o Thesoureiro d'esta Irmandade nò dia do fallecimento de cada um irmão mandará dizer as missas que ordenam estes Estatutos conforme a vontade do Dorido.

CAP. 7.º

Ordenamos que ditas as Missas e feitas as mais despesas dos rendimentos as sobras se meterão ao seu casco no qual se não bulirá nunca por grande que seja o aperto, sob pena de o inteirar a Mesa das suas bolsas e bens, quem obrar o contrario: e succedendo que os juros não cheguem por falta de cobrança, pedirá o Thesoureiro por emprestimo ao casco até se cobrarem: havendo cuidado sempre nos successores de o inteirar.

CAP. 8.º

Ordenamos que por fallecimento de cada um Irmão o Thesoureiro mandará dizer seis Missas de cento e cincoenta ao presente, e quando a Mesa achar que o rendimento dos juros é em maior quantia poderá accrescentar o numero das mesmas como tambem as entradas dos Irmãos.

CAP. 9.º

Acceitação dos Irmãos

Ordenamos que não sejam admittidos por Irmãos d'esta Santa Irmandade pessoas que não sejam do mesmo officio (¹).

(¹) Está trancado e dificilmente se lê o seguinte: «e havendo alguns que sejam alfaiates e exercem outros officios ou depois de serem

CAP. 10.º

Ordenamos que os officiaes do officio d'álfaiate que-réndo poderão ser irmãos da Irmandade ainda que não sejam examinados, não ficando porisso exemidos de o serem querendo trabalhar por sua conta pagando as esportulas que determinam estes Estatutos.

CAP. 11.º

Ordenamos que cada irmão dará de entrada mil e seiscentos, e cincoenta reis para o campeiro, tanto casados como solteiros, isto por uma só vez e por principio da Irmandade, que depois que tiver casco mais avultado se accrescentará ás Missas, e as entradas dos irmãos, para o que a Mesa attenderá ás idades de cada um, porque parece bem verosomil, que os mais velhos dem maior quantia que os mais novos pois aquelles não poderão satisfazer a tantas obrigações como estes, ao que tudo a Mesa attenderá com seria reflexão e inteiro maduro conselho e finalmente n'isto se lhe recommenda todo o zelo livre da mais leve paixão.

CAP. 12.º

Todos os annos em vespera da Nossa Soberanna Protectora a Senhora da Oliveira que é a 14 d'agosto, tangerá a campainha pelas ruas d'esta villa para se ajuntar a Mesa, e junta eleger-se juiz, escrivão, thesoureiro e os mais officiaes que houverem de servir o anno seguinte as obrigações da mesma Irmandade, e os votos serão tomados em Mesa na qual o Juiz e mais officiaes presidirão sendo esta a mesma que haja de eleger, sem que para isso haja Definitorio em tempo algum, e se por algum accidente o Juiz actual, Escrivão, Thesoureiro, ou outro

---

irmãos da Irmandade serão riscados de irmãos e ficarão perdendo a entrada que tiverem dado; havendo presentemente alguns que sejam negros, pardos, ou filhos de paes que tenham officios vis sendo estes alfaiates não serão exemidos de se examinarem e entrarem na Irmandade mas nunca acompanharão as procissões nem enterros dos irmãos nem serão admittidos aos encargos da Irmandade e do officio, porém fazer-se-lhe-ha os mesmos suffragios depois de fallecidos.»

qualquer officia faltar, mandarão chamar o immediato para supprir a falta; e feita a Eleição, a Mesa que acaba entregará á nova eleita dentro de um mez, todas as alfaias e bens da Irmandade, dando-lhe conta do rendimento e casco actual, e das despesas que n'esse anno se tiverem feito: pena de que, não o fazendo no tempo prescripto, o Thesoureiro pagará seis mil reis para o deposito da Irmandade.

CAP. 13.º

O Juiz sempre será um dos irmãos mais prudente, pacato e zeloso da mesma Irmandade, para que de todos seja mais respeitado; o qual havendo empate na referida eleição decidirá com o seu voto o mesmo empate, e présidirá nas Procissões, acompanhamentos e em todos os mais actos da Irmandade.

CAP. 14.º

O Escrivão será um dos irmãos da mesma sorte zeloso e que bem saiba escrever e contar, afim de desempenhar os deveres de sua obrigação, pois que elle deve assentar por termos tudo o que na Mesa se determinar a bem da Irmandade, e quando este por impedimento o não possa fazer bastará que subscreva os mesmos termos; e terá em seu poder os livros da mesma Irmandade; présidirá em todas as Mesas e mais actos publicos da Irmandade, e nas faltas do nosso irmão Juiz, que por algum impedimento o não possa fazer.

CAP. 15.º

O Thesoureiro será sempre um dos irmãos mais abonado, e será obrigado a dar conta de tudo que por termo constar e lhe tenha sido entregue, ficando responsavel por todos os seus bens, e será muito diligente na cobrança dos juros afim de com a maior promptidão se satisfazer as Missas dos nossos irmãos fallecidos: não emprestará peça, alfaia nem cousa alguma da Irmandade sem especial licença da Mesa, pena de que obrando o contrario ser condemnado em seis mil reis para o deposito da Confraria; não poderá dar dinheiro a juros sem ordem da Mesa salvo sobre penhores d'ouro ou prata equivalentes, pena de que o fazendo pagar da sua casa. E nas faltas do Juiz e Escrivão presidirá elle em todos os actos da Irmandade com a sua vara. Fará a sua entrega por inteiro, conta, medida e quantidade.

CAP. 16.º

O Procurador da Mesa será muito zeloso de cousas da Irmandade; requererá os juros que se deverem á Irmandade e cuide na arrecadação d'elles, como tambem nas multas dos Irmãos que faltarem nas procissões e acompanhamentos; e os fará executar, sob pena de os pagar de sua casa: havendo de se mover alguma demanda em que a Irmandade seja auctora, porá acção em juizo e dará conta á Mesa e o Thesoureiro acodirá com o dinheiro necessario.

CAP. 17.º

Os Mordomos serão muito cuidadosos em acodirem á Mesa quando forem chamados, e terão cuidado do aceio e decencia do Altar aonde se acha collocada a Veneravel Imagem da Nossa Advogada Protectora, como tambem nas funcções e acompanhamentos dos Irmãos fallecidos, e sempre quando forem chamados pelo Juiz ou outro membro da Mesa obdecerão com pena de risco.

CAP. 18.º

O campeiro será muito diligente no que se lhe encarregar, e dando parte á Mesa quando se lhe determinar fazer-se, a dita ordem lhe será dada pelo Juiz, ou Thesoureiro, ou Procurador, ou outro qualquer que tiver a jurisdicção: assistirá em todas as Mesas que se fizerem para o que se lhe ordenar: tangerá a campainha para os acompanhamentos, ou procissões: e para tudo mais que pela Mesa lhe for mandado, e sempre irá a casa do Thesoureiro e mais Mesarios dar a parte sendo necessario, e sendo preciso ir fóra da villa o fará sem repugnancia, porque se lhe ha-de pagar: levará a cera aos irmãos quando sahir a Irmandade; e tendo algum impedimento, procurará outra pessoa que supra a sua falta, com pena de risco.

CAP. 19.º

Os irmãos d'esta Santa Irmandade serão muito obedientes ás ordens da Mesa e dos seus officiaes: cuidadosos em acompanhar os irmãos d'esta Irmandade fallecidos, como tambem nas procissões que se fizerem na casa; pois da Benegnidade dos ditos fiamos que em attenção a Nossa Senhora se portem em todos os actos com aquelle respeito e seriedade que é devido á mesma Senhora... acceitarão sem a minima repugnancia nem constrangimento todos os cargos em que pela Mesa forem eleitos, com pena de risco não tendo ligitimo impedimento que os possa escusar dos mesmos encargos, o qual representarão à Mesa para esta averiguar se é digno de ser attendido.

CAP. 20.º

Todas as veses que a Mesa achar necessario accrescentar novos capitulos a estes Estatutos, não só para a boa direcção e augmento d'esta Santa Irmandade, mesmo para maior exaltação da Nossa Protectora, o poderão fazer, e queremos que no dia da eleição se elejam juntamente os novos Juizes do Officio para as obrigações do mesmo; mas não deverão ser nenhum dos da Mesa da Irmandade: em todo o conteúdo queremos o cumpram inteiramente como n'estes Estatutos se contém para o que pedimos muito de mercê ás Justiças de S. A. R. O Principe Regente Nosso Senhor que para isso os façam guardar e cumprir como n'elles se contém sendo porém confirmados por quem directamente deva e haja de ser.

Guimarães, 23 de junho de 1813. (¹)· Juiz, Jeronymo Lopes. Juiz, Antonio José da Silva. Escrivão, João Nunes Guimarães. Antonio Jozxe Teivão. Antonio José da Silva (outro). José Maria. Antonio de Barros. Antonio José Dias. Manuel Pereira de Macedo. Antonio José de Passos. José Manuel da Silva. Gregorio Baptista. Fran-

---

(¹). Confirmados por alvará do Dr. Provedor de 3 de Julhó de 1813 e provisão do arcebispo de 22 do dito mês e ano, êste na parte espiritual e culto.

cisco José Teivão. Bento José Rodrigues. Domingos da Silva. Francisco José da Cunha. Antonio José Coelho. Francisco Xavier Machado. Antonio José da Costa Abreu. Antonio José da Silva Bizarro. Antonio José Teixeira. Manuel Antonio de Sousa. João Ferreira. Caetano José da Silva. Manuel José de Oliveira. Fernando José da Costa. José Antonio Peixoto. Antonio Pereira. João Antonio Vieira. José Antonio Vieira. Luiz Antonio. Joaquim José Pereira. José Antonio ✠ Vieira. Custodio Luiz Carneiro. Antonio João Ribeiro. Antonio José Marques.

Capitulos pertencentes ao officio d'Alfaiate

CAP. 1.º

Os Juizes do Officio serão eleitos na forma dos Estatutos da Irmandade, e estes os mais completos na Arte, para poderem examinar os examinandos, e com pena de seis mil reis não examinarão official algum sem que esteja completo em toda a qualidade d'obra de homem e mulher; examinando todos os que trabalhar por sua conta: a eleição será feita na Capella e irão tomar juramento á Camara e assignarão as cartas de exame.

CAP. 2.º

O mesmo Juiz do Officio tem obrigação de fazer examinar no seu anno a todos os officiaes que trabalharem por sua conta em qualquer parte que seja afim de que entrem na confraria, para o que pagarão as esportulas adeante declaradas, e os que se não quizerem examinar, os farão notificar para se lhe comminar as penas e se lhe fechar as portas das casas quaesquer que sejam em que trabalharem, e para se entrar n'este litigio examinarão bem primeiro se os que se devem examinar são pessoas que possam entrar na Irmandade por que sendo totalmente pobres lhe farão fazer um termo de usar do officio somente por official, emquanto não poderem pagar as esportulas do costume, e entrada.

CAP. 3.º

Indo em correição levarão comsigo duas testemunhas, ou um official de justiça de fé, para que conste por certidão tudo o que fizerem.

CAP. 4.º

Do que se deve praticar com os aprendizes e examinados

Todas as Artes e Officios para se saberem com perfeição necessitam de tempo conveniente, e para o officio d'alfaiate se julgou idoneo o espaço de trez annos; porém não poderão os Mestres ensinar nenhum sem assignado feito pelo pai, tutor, ou parente, cujo, e cujo cargo (sic) esteja o aprendiz, e sendo engeitado com licença do Doutor Juiz dos Orfãos.

CAP. 5.º

Feito o assignado o Mestre o irá registar pelo Escrivão do Officio e confraria em um livro que para esse fim haverá; e findos os tres annos lhe passará o Mestre uma certidão em que lhe dê o tempo por acabado, declarando o mesmo Mestre se está o aprendiz capaz de exercitar por jornal o officio.

CAP. 6.º

Tendo qualquer mestre dois officiaes não poderá ter senão um aprendiz, e estando este de meio tempo; poderá tomar outro, e tendo de seis officiaes para cima poderá ter dois, e de nove por deante poderá ter tres, e excedendo a este numero pagará para o deposito da Confraria quatro mil reis.

CAP. 7.º

Querendo o aprendiz mudar d'officio fará termo seu pai, tutor ou parente de não usar do d'alfaiate; e sendo o aprendiz maior de quatorze annos assignará elle mesmo o termo.

CAP. 8.º

Fugindo o aprendiz tem obrigação o pai, tutor ou parente de dar conta d'elle para acabar o tempo do ajuste ou pagarem o que faltar, a rasão de oitenta reis cada dia emté o meio do dito tempo, e d'ahi por deante a cem reis, e nenhum Mestre poderá tomar aprendiz algum que tenha feito contracto com outro Mestre, nem acabar de o ensinar; sob pena de pagar quatro mil reis para o cofre.

CAP. 9.º

Todo o official d'alfaiate d'esta villa e termo, que quizer trabalhar por sua conta deve ser examinado e entrar na confraria para o que dará dous mil e duzentos e cincoenta reis, a saber mil e seiscentos reis para o cofre da Irmandade, cincoenta reis para o campeiro e seiscentos reis para os Examinadores e Escrivão que vem a ser duzentos reis para cada um dos Juízes do Officio e duzentos reis para o Escrivão do mesmo, e pagará a carta ao Escrivão que a passar o qual não levará mais do que manda o seu regimento, e as passará no termo de vinte e quatro horas, e não o fazendo assim, o escrivão do officio passa-las-ha ficando o acima dito perdendo todos os seus emolumentos e todo o direito que tinha de as passar e os examinantes (sic) depositarão na mão do escrivão do officio os ditos dous mil e duzentos e cincoenta reis e logo que o receber fará requerimento ao Illustrissimo Senado para examinar o examinante, e o dinheiro será lançado no livro dos Irmãos pelo mesmo escrivão do Officio e Confraria, o que tudo se fará em Mesa.

CAP. 10.º

Os alfaiates examinados em qualquer cidade ou villa fora d'esta que quizerem aqui trabalhar por sua conta no dito officio apresentarão as suas cartas aos Juízes do Officio e Escrivão, e sendo verdadeiras darão logo mil e seiscentos e cincoenta reis para o cofre afim de que fiquem encorporados na confraria, sem o que não poderão usar do dito officio como Mestres trabalhando por sua conta porque como a dita Irmandade é encabeçada no officio d'alfaiate nenhum se pode exemir de ser irmão; e indo os

Juizes em correição e achando-os a trabalhar por sua conta os farão logo notificar para na primeira audiencia se verem condemnar na pena de seis mil reis para o cofre, e se lhe fecharão as portas.

CAP. 11.º

Se for Mestre alfaiate de qualquer nação catholica, não obstante mostrar carta de exame, sempre será examinado pelos Juízes do Officio d'esta villa, e se lhe passará carta estando capaz e pagando todas as esportulas costumadas, e entrarão na confraria sem o que não poderão trabalhar por sua conta, e isto se entende da mesma maneira com os algibebes ou alfaiates que fazem obra de feira e os que andam trabalhando pelas casas por sua conta n'esta villa e termo.

CAP. 12.º

Fazendo-se correição e achando-se a trabalhar por sua conta antes de cumprir o referido, encorrerão na pena de seis mil reis para o cofre da Irmandade.

CAP. 13.º

Como todos os dias succede vir ás mãos dos mestres para se comporem muitas obras de perdição, vestidos de homens e de mulheres, de pannos e sedas ricas com erros crassos, e a que já se não pode dar remedio: averigando-se os autores sabe-se que foram mulheres que os fizeram; estas meramente curiosas que não deram annos ao officio, e como d'aqui resulta um grave prejuiso ao publico e descredito ao mesmo officio, serão estas pessoas obrigadas a examinarem-se e a entrarem na Confraria dando as costumadas esportulas que dá outro qualquer examinado d'esta villa e termo.

CAP. 14.º

Para qualquer official do officio de medida, ou algibebe poder trabalhar por sua conta deve ser examinado pelos Juizes do Officio que lhes perguntarão quantos covados são precisos para um vestido de homem ou de mulher, e em quantas partes do corpo se devem tomar as medidas; e respondendo com acerto se lhe mandará sobre o panno lançar as medidas e riscar com o giz por onde se devem fazer os cortes; e não respondendo nem tomando as medidas, e conhecendo os Juízes em sua consciencia que isto procede de ignorancia os não darão por examinados : perdendo sempre as esportulas pertencentes ao exame, e ficarão esperados seis mezes durante este tempo de espera sendo achados a trabalhar por sua conta serão prezos, e da cadêa pagarão seis mil reis para o deposito da Senhora.

CAP. 15.º

Os alfaiates do termo basta que se examine em casa do Escrivão do Officio com os Juízes; e todas as eleições e mesas serão feitas na capella.

CAP. 16.º

Havendo algum transgressor que se queira oppor por demanda a derrubar estes Estatutos, com animo de viver no antigo costume como homem sem lei afim de destruir o officio enganar o povo (sic) como tambem todos os mais pleitos, que se moverem sendo em damno ao officio os Juízes o deffenderão como cousa propria, e as despesas que n'isto se fizerem as rateiarão pelos mestres e officiaes e estes pagarão a metade do que os mestres pagarem, com pena de prisão os que não quiserem pagar o que pro rata lhe tocar.

CAP. 17.º

Todas as penas deste compromisso se impoem executivamente, logo que constar que os Irmãos da Confraria e Officio convém nas suas disposições, e qualquer dos administradores, Juiz, Escrivão ou outro qualquer poderá pedir em Juizo as ditas condemnações, com ordem da Mesa; para o que se tomará sempre até tres testemunhas pessoas de verdade, e serão do mesmo officio ou outro qualquer para que os incursos nas penas não tenham subterfugio n'estas penas tanto incorrerão os mestres que trabalham pelas casas como os de loja aberta e algibebe.

CAP. 18.º

E quando pela continuação dos tempos corra algum caso que estes Estatutos não prevenham, fará a Mesa actual convocar Definitorio aonde proposto e conciderado maduramente se resolverá pela maior parte dos votos; d'esta se fará um termo por todos assignado, que se ajuntará a estes Estatutos, ę terá a mesma força e vigor d'elles d'ahi em deante e provado que seja pelo Ministro competente. (¹)

Juiz, Jeronymo Lopes. Juiz, Antonio José da Silva. Escrivão, João Nunes Guimarães. Antonio José da Silva. José Maria. Antonio de Barros. Antonio José Dias. Manuel Pereira de Macedo. Antonio José de Passos. José Manuel da Silva. Gregorio Baptista. Antonio Jo✠se Teivão. Francisco José Teivão. Bento José Rodrigues. Domingos da Silva. Francisco José da Silva. Francisco Xavier Machado. Antonio José Coelho. Antonio José da Costa Abreu. Antonio José Teixeira. Antonio José da Silva Bisarro. Manuel Antonio de Sousa. João Ferreira. Caetano José da Silva. Manuel José de Oliveira. Fernando José da Costa. José Antonio Peixoto. Antonio Pereira. João Antonio Vieira. José Antonio Vieira. Luiz Antonio. Joaquim José Pereira. José Antonio✠Vieira. Custodio Luiz Carneiro. Antonio João Ribeiro. Antonio José Marques.

João Lopes de Faria.

(¹) Confirmados pelo Juiz de fora presidente e Camara Municipal em 4 de Agôsto de 1813.

Confirmado e aprovado o Compromisso e Estatutos do ofício de alfaiate e da irmandade de N. S. da Oliveira, sua protectora, pela provisão régia de 8 de junho de 1814, visto achar-se excluída do cap. 9.º, relativo aos Estatutos da Irmandade, a cláusula que exclui dos encargos da Irmandade e do Ofício os Irmãos filhos de Pais que tivessem ofícios vis.

Têrmo a 3 de Fevereiro de 1814 feito na casa do provedor da comarca onde compareceu um dos juízes do ofício e a seu requerimento, apresentando o livro dos Estatutos, dizendo lhe mandasse riscar o cap. 9.º por conter em si cláusulas erróneas e que nada tendiam à conservação e aumento da Irmandade, o referido Ministro mandou pelo seu escrivão riscar o dito capítulo sòmente desde a palavra «havendo alguns» para baixo até ao fim.

COISAS PASSADAS

Naquele tempo havia um riso que traduzia alegria de viver, ingenuidade natural, sinceridade espontânea. Lembro-me desssa manhã luminosa de Aleluia! A sentimentalidade é perdida, e hoje o riso, forçado, morre num bocejo que desoprime afinal... Sábado de Aleluia! O encantamento dissipou-se com a nuvem de magia e os olhos, deslumbrados da ilusão, encontram apenas a banalidade corrida e insaciável!

Era de luz intensa e sonoridades aquela manhã de Aleluia! Tudo irradiava alegria, os sinos grazinando em festa, o povo, a turba dos campos que vinha mercar e feirar, vendiam-se folares, o pão de ló, as amêndoas, os cravos de papel com a sua quadra amorosa em bandeirola sôbre a haste, dentis'as-prestidigitadores clamavam, acima da multidão, atraíndo os últimos incrédulos, ostentando grandes diplomas de mérito e vendendo pomadas miraculosas, mulheres de face queimada e cabelos oleosos que liam a sina, todo o besoirar duma multidão formigando, acotovetando-se, movimentada, indo, voltando, apressando tudo, remexendo, rabuscando sem nada comprar. E até o próprio Judas, afinal, o Judas garrido e berrante na policromia oftálmica das suas vestes de papel de sêda, com botas roubadas no lixo das vielas, até êsse era simpático, alegre, irónico e chocarreiro como um bobo, e morria contente e estoirava satisfeito, pondo ao sol, claro e vibrante, a sua intestineira de estôpas e a ossatura de tábuas e arames! E, ainda por cima, aquele Judas interessante fazia o «testamento» aos seus carrascos, todo em redondilha, impresso no mais ordinário e gaiato papel-fino e deixava, deixava, deixava tudo! E corria-se, então, nas ruas, para ver estoirar o Judas, aqui e além. O povo tinha saúde e ria, interessado por estas pequenas coisas grandes! Era assim alegre, ingénuo, espontâneo, aquele povo que perdia horas a convencer e a expor razões por causa do lucro ou da perda duma moeda de cinco réis! Vai há tam pouco e parece tam distante êsse bom velho tempo!...

E vós, Senhor S. Jorge, cavaleiro, onde estais vós com vosso cavalo. de batalha?! Como o povo era bom, nesse tempo, e era são! Vinham os carros de bois, em chiadeira, cercados de garotio, como um bando de abelhas, distribuindo as ervas cheirosas e benzidas, e toda a gente era às portas, ricos e pobres, a receber o seu feixe para depois tapetar a rua de verde em frente à sua morada, no triunfo ao cavaleiro Santo! Os fidalgos mandavam seus trôpegos lacaios, como relíquias, conduzindo à mão cavalos anquilosados pelas longas permanências na indolência escura das mangedouras, cobertos com velhos xairéis armoriados; e os animais, cansados duma velhice farta e satisfeita, enfeitavam-se, como para um torneio medievo. Depois lá vinha o Santo, a cavalo, com seus moços aos estribos, segurando-lhe as pernas rijas, de pau, couraçadas na folha reluzente de Flandres. Lá atrás o pálio rico com a sua paramenta em damasco e oiro e por fim o regimento, o nosso, bem limpo, escovado, engraixado e polido, em passo cadenciado e lento, os olhos dos alferes percorrendo as varandas repletas de senhoras, trespassando tudo num apetite sem escolhas. Recolhida a procissão, seguiam-se as descargas na Oliveira, umas vezes certas, iguais, outras vezes desastradas, na irritação das vozes de comando! E o povo ria alegremente, corria, comprimia-se, atropelava-se para ver estas coisas. O povo era bom, naquele tempo...

Velhinhos rufadores de caixa e mocetões tocadores de bombo e dançarinos! Porque não trazeis mais a Senhora a Vila?! Senhora-da-Lapinha, de trás da Serra, que abençoais as sementeiras e os campos, onde está a feeria bisantina do vosso andor, scintilante de escamas de oiro e vidrilhos multicores?! Tam pequenina, mas tam pesada que os latagões transpiravam e resfolegavam quando vos traziam nos ombros largos e quadrados! Aquele cortejo de bandeirolas selváticas suspensas em altas varas encimadas com ramos de murta; os romeiros de caras tisnadas do sol amortalhados em longos véus e diademados de coroas floridas, místicas de mais para os seus carões de fartas suíças; aquela estreita rua de Santa Maria, com o seu empedrado de via romana, despejando, como um rio impetuoso, a multidão interminável no largo da Oliveira; a limonada fresca e o sol ardente e cauterizante; moças vendendo ramos para a Santa; as velas de cera de promessa, as cavacas das doceiras, tudo isso que nos infiltrava alegria, riso aberto e claro, tudo isso acabou...

Romagem de S. Tiago da Costa, tam linda, com seu andor ostentando os primeiros cachos das abençoadas uvas, a pintar; S. Tiago cortejando de cima do andor, em vénias perigosas, à despedida, os celestiais colegas e visitantes de Atães, Santo Estêvão e Lapinha! S. Tiago já não recebe, agora... A vida está cara!

E tantas outras festas, tantas, que, de criança, me andavam gravadas na retina, tudo acabou! A Semana Santa na igreja da Oliveira, o Entêrro, com os cónegos imponentes, hieráticos, paramentados de arminhos e grandes mantos roçagantes, entoando os cânticos fúnebres sob a arcaria sonora das abóbadas! Tudo findou bruscamente. ¿E o que resta para substituir na alma idealista do povo esta figuração primitiva e ingénua que lhe incutia bondade, alegria, riso, tranqüilidade, que o mantinha na sua simplicidade inata e no seu ordeiro e honesto pacifismo de trabalhador?! Nada resta. O povo de hoje faz lembrar um formigueiro em fúria, atacado por maldade: agita-se, corre, sai da toca, move-se em todos os sentidos, mas sem orientação alguma, sem destino! Todos procuram vencer, salvar-se, mas individualmente, sem arriscar um cabelo pelo todo, nesta época charra de grosseiro e desenfreado egoísmo, nestes tempos sem vergonha, sem lei e sem carácter, em que todas as honras se corrompem e se vendem! Por espírito de destruição derrubaram-se os deuses pátrios, sem se criarem novos deuses, novos valores de ordem social, ficando nas almas simples a aridez do espírito de descrença que conduz à revolta inconsciente e indisciplinada! Assim o nosso tempo, êste em que o povo já não sabe crer nem encontrar a alegria ingénua e sã daquele tempo que passou há pouco e parece ir tam longe...

MÁRIO CARDOSO.

«VOZES DA SABEDORIA»

(SENTENÇAS DO POVO)

———

Quem casa, quer casa. É certo:
um ninho quer sempre um par.
Têm ·mais honras, nas igrejas,
as santas que têm altar.

Quem não tem bens, não tem percas.
Mas tem sempre mais valer:
as riquezas vêm dos ganhos
dos que não têm que perder.

Diz a bôca, paga a bôlsa.
Em resumo êste ditado ·
ensina a boa maneira
de um homem ser sempre honrado.

Morra um homem, fique fama.
A morte apaga e conserva,
dalguns a fama que deixa,
doutros a fama que leva.

O que mais poupa, mais tem.
Serve a todos esta escola?
¿Os pobres podem poupar
os magros vinténs de esmola?

Quem chora, males minora.
E' alívio de fugida:
os males são cordas de hera
presas ao tronco da vida.

Pesa justo e vende caro.
Que esperteza de pensar!
Que linda divisa honrada
de honradamente roubar!

Migalhas também é pão.
De migalhas pão se faz:
quem acerta de poupar
sempre farta a casa traz.

Quem dá o que tem, pedir vem.
E' conforme se tomar:
uns lábios tontos, perdidos,
têm sempre esmolas a dar.

Verdade não quere enfeites.
E entra sempre em tôda a parte;
só a mentira até hoje
precisou de arranjar arte.

ALBERTO V. BRAGA.

(De cem quadras, no género, a publicar).

AS DOENÇAS E A MORTE
DE HERCULANO

Ao olharmos para qualquer retrato de Herculano, parece-nos que vemos uma figura de bronze e, como êle, duro e resistente. Todavia, esta idea é inexacta : era mais rija a têmpera da alma que a do corpo.

Nada se apurou de herança patológica. Apenas sabemos que o pai cegou, em idade que não há meio de determinar:

Ele sofreu de hemoptises em rapaz. Em carta ao seu amigo João Pedro da Costa Basto, de 21 de Dezembro de 1871, escreveu : «Como eu, terá conhecido mais de uma pessoa sujeita a ataques de hemoptyse que tem levado adiante de si duas a três gerações». O sr. Gomes de Brito, ao publicá-la, interpreta dêste modo o — terá conhecido mais de uma pessoa sujeita, *como eu fui também,* a ataques de hemoptise, etc. — : informa o mesmo amigo que de facto Herculano contava que sofrera em criança desta doença ([1]).

Não se repetiram as hemoptises e o rapaz cresceu com vigor, entregando-se aos divertimentos da adolescência. Aos 18 anos, teve um conflito na feira das Amoreiras, de que lhe resultou uma cicatriz na face, e o conflito originou-se em divergências políticas. Narra-o o sr. Teófilo Braga, o único dos biógrafos de Herculano que o cita, pela forma seguinte : «Conta-se que a scena se passara por occasião da festa do Espirito Santo, na feira annual das Amoreiras, ás Aguas Livres; ali se encontravam os ran-

---

([1]) Gomes de Brito — *Uma colecção de cartas de Alexandre Herculano,* no *Arquivo histórico português,* de 1910, fl. 147.

chos dos caceteiros miguelistas e se batiam com outros tambem alentados do campo constitucional. Insultavam-se com ditos: «*Fora, Malhado! Fora, Corcunda!*» E em seguida: *trabalhava o cacete,* como se dizia na linguagem do tempo. Alexandre Herculano pertencia a um grupo de rapazes que andava de rixa com outro pequeno grupo de estudantes liberaes; era valente e destemido, e foi por isso que quando vieram ás ruas ao anoitecer, lhe atiraram a segurar, dando-lhe uma navalhada no rosto. Dizia-se que lh'a dera um official de marinha, o Galhardo, de quem veiu a ser parente e amigo» ([1]).

Não merece a pena examinarmos miudamente o trecho ([2]). Basta-nos, apenas, reparar em que o rapaz era destemido e inspirava temor aos adversários. Contava, portanto, consigo e certamente porque se não julgava afectado de doença grave. Transcreve o sr. Teófilo Braga um trecho da composição poética *Mocidade e morte,* que tem como uma das joias da poesia portuguêsa, e julgava-a inspirada pela crise patológica ligada à febre traumática resultante da aventura da feira das Amoreiras.

«Solevantando o corpo, os olhos fitos,
As magras mãos cruzadas sobre o peito,
Vede-o tão moço, velador de angustias,
Por alta noite em solitario leito.

Por essas faces pallidas, cavadas,
Olhae, em fio as lagrimas deslisam,
E com o pulso, que apressado bate,
Do coração os estos harmonisam.

E' que nas veias lhe circula a febre;
E' que a fronte lhe alaga o suor frio;
E' que lá dentro á dor que o vae roendo,
Responde horrivel, intimo cicio...»

([1]) *Historia do romantismo em Portugal,* Lisboa, 1880, fl. 230.
([2]) · No livro do sr. Pinto de Carvalho (Tinop), *Lisboa d'outros tempos,* II, fl. 146, transcreve-se um documento da Intendência geral da polícia, de 23 de Julho de 1828, relativamente a éste caso. Herculano declarou que não foram os Galhardos quem o tinha ferido, e o juiz do crime do bairro de Andaluz não apurou coisa alguma contra êles. A desordem teve lugar em 29 de Maio de 1828.

O trecho parece aplicar-se mais a um doente de con-
sunção pulmonar do que a um acometido de febre traumática. Deve, porém, confessar-se que em favor do facto
de não ter tido consequências de maior a hemoptise, a
hipótese de qualquer hemorragia resultante da contusão
do tórax é mais sedutora.

Vem depois a emigração, vem o alistamento na legião de liberais que desembarcaram no Mindelo; durante
o cêrco do Pôrto voa aos combates, mesmo quando dispensado de o fazer: é inquestionàvelmente um homem
robusto e ninguém pode ver nêle um candidato a tuber-
culose e muito menos um tuberculoso.

Transforma-se agora a sua vida. Os trabalhos de investigação histórica e de gabinete absorvem-no por completo; mas não pode acreditar-se que a vida sedentária lhe
crie uma nova série de desordens ou predisposições orgâ-
nicas. Não; o seu trabalho é regrado e alternadamente
sucede à faina literária o exercício físico.

Na biografia publicada por António Xavier Rodrigues
Cordeiro, no *Novo Almanaque de Lembranças Luso-Bra-
sileiro para o ano de 1879*, descreve-se a vida que o grande poeta e historiador levava, baseada a narrativa na informação de João Pedro da Costa Basto:

«Levantava-se cedo (escreve-me ainda o cavalheiro a
quem já me referi, e a quem devo outros apontamentos
de que me tenho servido), almoçava ás oito horas, depois
trabalhava até ás tres horas, em que costumava jantar —
jantar simples, mas farto, á portuguesa. Dava de tarde
longos passeios pela serra de Monsanto, onde conhecia
alguns lavradores com quem se detinha a conversar em
cousas agricolas; ou ia dirigir a cultura de uma horta que
trazia arrendada na calçada do Galvão. Outras vezes en-
tretinha-se a regar e a tratar as flores do jardim contiguo
á sua residencia. Ao anoitecer recolhia e continuava a
trabalhar até perto das onze horas. Tomava então uma
colher de doce e uma sede d'agua, e deitava-se. Era a
sua hora; e mais de uma vez lhe ouvi dizer: — *Deita-te
ás onze, que não és de bronze.*

«Esta regra tinha duas excepções por semana, tambem regularissimas. Ao domingo saia de casa á uma hora
da tarde, caminho de Lisboa, recolhia na segunda-feira,
pela volta da meia noite. A's quartas-feiras, pelas Ave-
Marias, fazia outro tanto, voltando na quinta á mesma

hora da segunda. Raríssimas vezes deixou de fazer este caminho a pé, desprezando os conselhos dos amigos que lhe apontavam a imprudencia de subir a Tapada áquela hora da noite, não trazendo nunca comsigo armas de qualidade alguma; nem sequer uma chibata. As manhãs das segundas e das quintas-feiras, consumia-as na Torre do Tombo colligindo apontamentos para os seus trabalhos historicos.»

Estas informações concordam com as de Bulhão Pato, que muito viveu com Herculano, mas para o nosso propósito há muito que recolher nas *Memórias* do cantor da *Paquita*. Em 1849, aos 39 anos, diz-nos êle que o historiador tinha pernas de aço, e uma vez, em companhia do marquês de Sabugosa e dêle Bulhão Pato, partiu a pé pela Serra de Monsanto acima, cortando para Queluz, e depois duma curta demora para almoçar, seguiu para Sintra e daí os três, depois de comerem alguma fruta, partiram, serra acima, até ao convento do Carmo. Seguiu-se a tam extenso passeio um sono reparador, embora Herculano fosse o menos fatigado ([1]). Se os seus membros inferiores consentiam êstes exercícios, a capacidade pulmonar tolerava-os. Certo é, porém, que Bulhão Pato diz noutra parte que «Herculano tivera sempre os pulmões fracos. Se não fosse a regularidade de vida, excellente mesa e boa hygiene, morreria na flor dos annos» ([2]).

Em 1853, Alexandre Herculano visitou os arquivos da Beira de 1 de Junho a Setembro e no ano imediato percorreu em igual época os do Minho. Estas duas viagens por terreno acidentado e com más estradas, foram-lhe nocivas, possìvelmente pela acção das poeiras sôbre a mucosa respiratória.

Mais prejudicial lhe foi a emprêsa agrícola em que se envolveu três anos depois, quando se entregou à agricultura, tomando de arrendamento por nove anos, de sociedade com Joaquim Filipe de Sousa e Xavier Brederode, a propriedade do Calhariz da Arrabida.

Escreve o sr. Xavier Cordeiro: «Diga-se comtudo uma verdade: esta paixão que o nosso autor tinha pelo campo abreviou-lhe os dias de vida. Nas suas idas ao

---

([1]) Bulhão Pato, *Memórias*, I, fl. 173.
([2]) Ob. cit., pág. 237.

Calhariz, nos nove annos que decorreram de 1854 a 1863, manifestaram-se-lhe as primeiras sezões, e chegou a ter uma perniciosa» (¹).

Bulhão Pato confirma êste facto: «Em Calhariz da Arrabida apanhava sezões de mau caracter que se renovavam de tempos a tempos.»

Numa carta de Herculano a Rebelo da Silva, sem data, mas que deve ser de 1856 ou princípios de 1857, diz êle: «Renovaram-se as minhas sezões. Tive uma na 2.ª f.ª em casa do Ramalho que me obrigou a ficar lá; vim muito incommodado para a Ajuda e só hontem comecei a achar-me melhor» (²).

Herculano havia abandonado de todo a vida política, e depois da terminação do contrato de arrendamento do Calhariz pôde satisfazer o seu desejo de adquirir um palmo de terra que lhe pertencesse.

> ...Oh, dae-me um valle,
> Onde haja o sol da minha patria e a brisa
> Matutina da tarde, e a vinha e o cedro
> E a laranjeira em flor, e as harmonias
> Que a natureza em vozes mil murmura
> Na terra em que eu nasci, embora falte
> No concerto immortal a voz humana,
> Que um ermo assim povoará meus dias.

A aquisição da propriedade teve lugar em 1859 e «assim que poude cobrir um quarto da casa, deixou de ser hospede, na Azoia, do seu velho amigo, o general Gorjão, e veiu para Valle de Lobos» (³).

Aí, as intermitentes foram-se espaçando para não voltarem: «Valle de Lobos era salubre; e pouco a pouco as febres foram desaparecendo» (⁴).

A vida do campo obrigava-o, porém, a freqüentes desvios de higiene: «Se, entretido com os trabalhos agricolas, passava o dia no campo, o que acontecia muitas vezes, jantava á noite; passava as primeiras horas do se-

(¹) Ob. cit., fl. 32 a.
(²) *Cartas de A. Herculano*, tomo II, fl. 51.
(³) Bulhão Pato, *Memórias*, I, fl. 228.
(⁴) Idem, idem.

rão a dormitar numa cadeira de braços, proximo do fogo; alta noite ia a esposa deitar-se e elle trabalhava depois até á madrugada» ([1]).

Bulhão Pato confirma estas palavras:

«Nos ultimos tempos a boa hygiene foi, até certo ponto, desprezada, em resultado da affectibilidade do seu nobre coração. Mudara habitos muito antigos. Jantando tarde, dormia, sentado na poltrona, até ás onze horas passadas, nas longas noites de inverno. Depois acordava, animando o lume, e punha-se ao trabalho.

«Fazia isto para acompanhar a esposa, que de anno para anno, se apavorava com as noites de Valle de Lobos, receosa dos ladrões. O mestre era raro deitar-se senão sobre a madrugada» ([2]).

Em principios de Janeiro de 1869, Herculano sentia-se desalentado, e escrevia ao seu amigo João Pedro da Costa Basto:

«Eu, já agora, só tracto de trigo, azeite e vinho e de ver se estou bem com Deus quando vier o *longo dormir* que, perto dos 60, é questão de poucos annos» ([3]).

Novos incómodos o afligiam agora. Sofria de litiase renal e consequentemente de uma cistite calculosa. Ao mesmo seu amigo dirigia em 29 de Junho de 1870 estas palavras:

«O Pasteur interessa-me assaz como·productor que começo a ser do genero, não como consumidor, porque estou reduzido ao uso da agua, e uso immoderado por conselho do cirurgião Pedroso. O certo é que me tenho dado bem com isso.

«Folgarei que os seus pulmões se tenham portado com tanto juizo, como os meus rins e bexiga se estão actualmente portando commigo» ([4]).

Antes de prosseguirmos, saibamos quem era êste cirurgião Pedroso a quem Herculano se refere.

António Mendes Pedroso nasceu em Santarém a 21 de Dezembro de 1830, numa casa da travessa de S. Nicolau, onde em Dezembro de 1905 foi colocada uma placa de

---

([1]) Cordeiro, ob. cit., fl. 32 b.
([2]) *Memórias*, I, fl. 237.
([3]) *Arquivo histórico português*, VIII, fascículos 87 e 88, fl. 145.
([4]) *Arquivo histórico português*, cit., fl. 146.

mármore em sua honra, depois de celebrado um *Te-Deum* pelas. suas melhoras, festa promovida pela Mesa da Misericórdia, colegas e amigos. Na mesma ocasião a travessa onde residia passou a denominar-se Rua Dr. Mendes Pedroso.

Formou-se em medicina na Escola Médico-Cirúrgica de Lisboa, em 1855, tendo sido um estudante laureado e obtendo a classificação de louvor na defesa da dissertação.

Foi logo estabelecer residência na sua terra natal, onde adquiriu de pronto justa notoriedade, evidenciando- -se no combate das epidemias de febre amarela e cólera.

Nomeado médico do Hospital de Jesus-Cristo, administrado pela Santa Casa da Misericórdia, aí prestou relevantes serviços como médico e operador, havendo hoje no mesmo hospital uma enfermaria com o seu nome, homagem prestada ao distinto clínico pela Mesa Administrativa da Misericórdia em Maio de 1906.

Desempenhou com muito zelo vários cargos públicos e nomeadamente os de procurador à Junta Geral do Distrito e de Presidente da Câmara Municipal de Santarém.

Foi também eleito pelo círculo desta cidade em duas legislaturas. Na de 1885 apresentou um projecto de lei que desdobrava a 2.ª cadeira das escolas médico-cirúrgicas, em que se ensinava a histologia e fisiologia geral e a fisiologia humana, em duas cadeiras distintas, e da mesma maneira a de higiene e medicina legal.

Faleceu em 11 de Janeiro de 1906, ao cabo de cincoenta anos de exercício clínico. A *Medicina Contemporanea,* dando conta dêste acontecimento, recordava os seus relevantes serviços e terminava dizendo que «este nosso collega havia ha dias sido alvo de uma alta manifestação de sympathia, prestada por todas as classes sociaes de Santarem. manifestação que trouxe melhoramentos ao hospital da cidade, e que a elle tanto deve» (¹).

O assistente de Herculano, ainda havemos de o encontrar de novo. Prossigamos na história patológica do grande historiador.

Apesar de ter melhorado, sentia-se alquebrado e pro-

(¹) A maior parte destas informações foram-nos prestadas pelo nosso estimável Américo Pires de Lima, que as colheu directamente em Santarém.

curou fortalecer-se com a hidroterapia marítima. Em 10 de Dezembro de 1870 dirigia-se a Oliveira Martins e justificava-se da demora em lhe responder com a residência de algum tempo na capital: «Em Lisboa, onde uma das manifestações do caruncho dos 60 anos me obrigou a residir mez e meio, no uso de banhos do mar, recebi a sua carta que me remetteram daqui» (Vale de Lobos) (¹).

Voltou para Vale de Lobos e aí foi vivendo a sua vida de agricultor e publicista. A idade ia exercendo a sua acção destruidora e as cólicas nefríticas de tempos a tempos atormentavam-no. Cinco anos depois de escrita a carta anterior, a situação agravara-se. A D. Guiomar Torrezão, em data de 22 de Maio de 1875, explicava as razões do seu silêncio, de que ela se queixava:

«Não é só a V. Ex.ª que tenho offendido com a falta de resposta ás suas cartas. Muitas outras pessoas se queixam, ou se reputam com direito a queixar-se, de igual offensa. O facto é indubitavel; mas as causas é que são ignoradas pelos queixosos.

«Desde que vim de Lisboa tenho passado constantemente perseguido por um padecimento antigo (calculos e areias dos rins) e que terminou pela expulsão de um grande calculo, ou, para melhor dizer, não terminou, porque as dores na região correspondente continuam mais ou menos obscuras, mas sufficientes para me tornar repugnante e violento qualquer trabalho de espirito e, ás vezes, o que peior é, os proprios movimentos do corpo. Quasi que fiquei grato aô Paulo de Moraes pelas injurias que me libertaram de uma discussão, que só podia ir escrevendo interrompidamente e ás meias duzias de linhas» (²).

Esta referência a Paulo de Morais serve-nos para acentuar que o calculo ou a sua expulsão pusera mais tarde em risco a vida do historiador emérito.

«Publicava Herculano umas cartas dirigidas a Carlos Bento da Silva acerca da *Questão da emigração*. Paulo de Moraes transcrevia-as no *Jornal do Commercio,* acompanhando-as de uma critica que se foi gradualmente azedando por parte daquele publicista. Herculano, maguado, poz termo aos seus artigos. Paulo de Moraes, estranhan-

---

(¹) Herculano, *Cartas*, I, fl. 201.
(²) *Cartas*, t. ll, fl. 162.

do a decisão tomada pelo seu antagonista e insistindo, não obstante a resolução deste de o não continuar a ler, em versar a materia, proseguiu dando ao seu escrito um tom pouco favoravel á pacificação, apesar das duas linhas conciliatorias do fecho do predito artigo *(Jornal do Commercio,* n.º 6424, de 7 de abril de 1875)» (¹).

Passa-se um ano pouco mais ou menos e divulga-se em Lisboa a notícia de que Herculano fôra acometido novamente de doença grave e Paulo de Morais escreve a 15 de Março de 1876 uma nobilíssima carta de que transcrevemos apenas dois períodos: «A noticia de que V. Ex.ª se achava gravemente enfermo no seu retiro de Val-de-Lobos, maguou profundamente os admiradores e amigos de V. Ex.ª, entre os quaes eu me empenho de ser contado, principalmente desde que uma imprudencia minha poz em risco a harmonia que existia entre mim e o meu melhor mestre e o meu mais benevolo amigo.

. . . .

«Para mais me tranquillisar, tinha diligenciado saber, por todos os modos, o que deveria acreditar dos boatos que de um ao outro ponto da cidade, tem corrido de boca em boca a proposito da inquietadora noticia da doença de V. Ex.ª; até que encontrei o nosso amigo o Sr. Dulac, que me deixou mais satisfeito, dizendo-me que o perigo estava passado» (²).

Não se demorou a resposta de Herculano. A 16 de Março dizia ao seu contraditor:

«Ha dois dias apenas que me levanto da cama, e ainda estou assás fraco para escrever com difficuldade; mas a carta de V. Ex.ª datada de hontem obriga-me a fazê-lo. As minhas noites não são excessivamente boas, mas esta seria a peior se o não fizesse desde já» (³).

Parece que entre uma e outra data houve um novo acesso de cólica nefrítica, porque referindo-se à carta a D. Guiomar Torrezão, o sr. Gomes de Brito diz que Herculano estava em vésperas de novo ataque, mais violento

---

(¹) Gomes de Brito — *Alexandre Herculano* — segunda parte — *Estudos critico-bibliográficos,* no vol. XXI do *Dicionário Bibliográfico português,* fl. 67.
(²) Gomes de Brito, ob. cit., fl. 656.
(³) Gomes de Brito, ob. cit., fl. 671.

que o primeiro, e que lhe pôs em perigo a existência ([1]).

No fim dêsse ano de 1876, em carta a João Pedro da Costa Basto, ainda Herculano se refere aos seus incómodos físicos :

«Eu por aqui vou com o caruncho dos 66 que ora me sóbe aos bronchios, ora me desce á bexiga, quando não faz como S. Antonio estando ao mesmo tempo em ambos os logares» ([2]).

À Oliveira Martins dizia em Fevereiro de 1877 :

«Meu amigo :

«Provavelmente não tarda já muito que eu vá dar um passeio ao outro mundo sem tenção de voltar» ([3]).

Não se enganava nas suas apreensões, embora o vitimasse um incidente imprevisto. Veio nesse ano de 1877 a Lisboa o imperador do Brasil D. Pedro II, e mal chegou preveniu Herculano de que o procurasse para combinarem a ida a Val de Lobos, que era sua intenção realizar. Veio o escritor a Lisboa, persuadido de que o poderia dissuadir dêsse propósito. D. Pedro II mostrou-se obstinado e Herculano entrou na Livraria Bertrand, donde mandou à mulher o telegrama que foi conservado : .

Não pude convencer o homem. Vamos quatro horas no comboio da manhã. Caleche na estação.

Herculano.

Em 1 de Setembro, apesar de se sentir um tanto incomodado, foi a Lisboa, mas no regresso a Val de Lobos o incómodo havia-se agravado e o escritor viu-se obrigado a ficar de cama. No dia 6, a doença tomara um carácter grave — era uma pneumonia dupla.

Há dos últimos momentos do grande escritor dois relatos dignos de crédito, os de Bulhão Pato e Brito Aranha. Dêles nos socorremos para o complemento desta desataviada notícia.

([1]) Gomes de Brito, ob. cit., fl. 670.
([2]) Gomes de Brito, ob. cit , no *Arquivo histórico*.
([3]) Oliveira Martins, *Portugal contemporâneo*, 3.ª edição, Lisboa 1895, II, fl. 326.

Em 8 de Setembro, Bulhão Pato, visitando o seu amigo Zacarias de Aça, soube dêle que o historiador estava doente e que parecia grave o seu estado. Outro amigo de Herculano, o tenente-coronel Henrique Augusto de Sousa Reis, já tinha partido para Val de Lobos, levando consigo o médico-cirurgião Alves Branco. O autor da *Paquita* resolveu fazer o mesmo, mas antes foi à livraria Bertrand, onde se encontrou com Saraiva de Carvalho, a quem pediu notícias. Este disse-lhe que por um telegrama que recebera momentos antes, soubera que se tratava de uma perniciosa. Seguiu para o caminho de ferro e encontrou-se com o seu amigo José de Avelar que tinha o mesmo destino. Chegaram a casa do lavrador-poeta às 11 da noite :

«Estavam lá o medico assistente, dr. Pedroso e Alves Branco. As fisionomias de ambos não me influiram animo. Outro tanto me succedeu quando José de Avelar voltou do quarto do doente.

«Alexandre Herculano estava em pleno uso das suas faculdades, porem extremamente agitado.

«Sobre a madrugada partimos. Poucas palavras trocamos.

«José de Avelar disse para o seu collega Alves Branco :

«Não gosto d'isto.

«Nem eu! respondeu Alves Branco.

«Depois começaram a falar na linguagem da sciencia. Julguei perceber que o mal não estava ainda bem caracterizado, mas que o seu prognostico era mau.

«Não me atrevi a perguntar nada.»

Em 9 algumas noticias mais animadoras chegaram a Lisboa, mas eram inexactas.

... «Antonio da Silva Tullio, extremamente commovido, tinha corrido ao Paço a pedir a Magalhães Coutinho que acudisse, com a sua sciencia e grande talento, ao amigo de tantos annos.

«Mandou-se pôr um expresso. A's seis e meia entravamos na estação. Lá estava Magalhães Coutinho. Partimos. Estavamos cinco : Magalhães, João Galhardo, sobrinho de Alexandre Herculano por affinidade, Henrique de Sousa Reis, José de Avelar e eu.

«O expresso silvava constantemente, cortando o terreno como as aves cortam os ares.

«Pareceu-nos que ia devagar !

«Chegado a Valle de Lobos, Magalhães Coutinho não auscultou o doente. Tomou-lhe o pulso e disse-lhe algumas phrases vagas. Falou-lhe com insistencia de um alto personagem que se interessava pelo seu estado.

«Quando Magalhães Coutinho saiu do quarto, Alexandre Herculano, muito commovido, disse para José de Avelar:

«Isto dá vontade de a gente morrer.»

«...De madrugada regressamos a Lisboa.

«Nesse dia á noite (11) José de Avelar voltou a Vale de Lobos.

«Demos-lhe agora a palavra:

«Meu querido Bulhão Pato:

«Para completares a tua triste narrativa, queres que reconte o que se passou desde o dia em que tiveste de retirar de Valle de Lobos e éu fiquei ao lado do nosso nobilissimo e chorado amigo, na qualidade de enfermeiro, qualidade que nunca ultrapassei, como sabes. Vou cumprir as tuas ordens, e em breves palavras direi os poucos e melancolicos episodios que a minha fraca memoria não deixou escapar.

«No dia 12 resolveram propôr ao enfermo que aproveitasse a presença do tabellião que era seu respeitoso amigo e que o vinha visitar, para fazer o seu testamento; ao que elle acedeu sem a menor hesitação, demonstrando, todavia, bem accentuadamente num quasi desdenhoso sorriso, que não acreditava na coincidencia d'aquella visita.

«Assisti ao acto como testemunha.

«Dictou tudo, palavra por palavra, com a maior serenidade e sem differença de tom na voz quando fallou das disposições do seu proprio enterro, que deixava ao arbitrio e vontade da sua viuva.

«Fui eu e Santos que o amparamos para se sentar na cama e assignar o testamento. Como a primeira pena — que era de ave, e com essas é que sempre escrevia — não servisse por estar resequida e com os bicos revirados, por não ter uso havia alguns dias, fui ao escriptorio procurar outra, que preparei rapidamente, molhando-a na tinta e colocando-lh'a entre os dedos.

«Com estas curtas demoras e na posição que conservava — amparado nos braços de Santos, — tinha-se afadigado extraordinariamente, a respiração era já frequente e curtíssima, porque a maior parte dos pulmões não funccionava, e só com grande esforço e vigor da vontade conseguiu — a muito custo e com letra muito tremida e deformada — assignar o seu *A. Herculano.*

«A palavra que, decerto, o grande escriptor traçava sempre com menos attenção e quasi automaticamente, foi a ultima que escreveu, e com tantas difficuldades e cançado trabalho, como quem realmente gravava no bronze eterno a rubrica da propria immortalidade!

«Deixou-se cair offegante sobre as almofadas, com a respiração estridula e fervorosa de quem já não tinha força para expectorar.

«Disse-nos ainda que os rapazes — os seus testamenteiros — poderiam publicar uns cinco volumes de opusculos com os manuscriptos que deixava e os artigos dispersos nos jornaes.

«Depois, ficou num torpor de repoiso apparente, e nós deixamo-lo como a dormitar. Estava exhausto; poucas horas tinham de decorrer para começar a agonia.

«De noite voltaste e, como o não desamparaste mais, melhor do que eu sabes como passaram os ultimos momentos do homem, do grande e inimitavel historiador!

Teu velho amigo,

José de Avelar.»

Continua agora Bulhão Pato:
«Os telegrammas no dia 12 eram cada vez mais aterradores.

«Henrique de Sousa Reis estava descoroçoado, mas queria ainda levar o Dr. Alves Branco a ver o seu amigo.

«Era um fio de esperança: agarrava-se a elle!

«No comboio da noute partimos.

«A viagem foi soturna.

«Quando chegamos a Valle de Lobos e entramos no quarto, Alexandre Herculano olhou para Henrique e abraçou-o.

«Era um agradecimento mudo pela sua solicitude.

«O dr. Alves Branco observou detidamente o enfermo. Não despregavamos os olhos d'elle. O habilissimo medico forcejava por apparentar a maxima serenidade, falando affectivamente com Alexandre Herculano, que lhe dizia:

«—Ainda que chegasse a levantar-me d'aqui, como ficaria eu! Valeria a pena esgotar os recursos da sciencia com um homem que já nada poderia produzir? Estou cansado, doutor, tenho trabalhado muito!

«Quando entramos no escriptorio, Alves Branco sentou-se, esteve, alguns momentos, calado, e depois, como respondendo á nossa anciosa espectativa, disse-nos, com as lagrimas nos olhos:

«E' um homem irremediavelmente perdido!

«Meia hora depois Henrique, morta a esperança, voltava com o doutor para Lisboa. Eu ficava.»

Na manhã de 13, Herculano ainda quiz ver as árvores que circundavam a casa de habitação e disse:

«—Abram a janella. Quero ver as arvores.

...«A luz da manhã nascia em ondas. Alexandre Herculano estava extremamente pallido. O queixo interior que de ordinario, quando falava, tremia um pouco, agora tremia constante e fortemente.»

Mandou retirar a esposa e as senhoras que a acompanhavam. Não queria que ellas assistissem à scena final.

«O medico assistente, dr. Pedroso, chegou pelas oito horas. Na consternação da sua boa e intelligente fisionomia lia-se a sentença final.»

«Recusou um caldo que lhe trazia o seu criado Manuel, e perante a insistencia d'este, disse-lhe:

«—Bebe-o tu, coitado, que necessitas; eu já não preciso de nada!»

Mais tarde entrou no quarto o duque de Palmela, que lhe era muito dedicado.

«Alexandre Herculano estava deitado sobre o lado esquerdo. Sem proferir palavra, estendeu o braço direito e lançou-o em volta do pescoço do seu amigo.»

...«Vendo que a respiração do doente era por extremo anhelante, o que me opprimia o peito, perguntei-lhe como machinalmente:

«—Custa-lhe muito a respirar?

«—Não, não, respiro bem, muito bem.

«Disse isto com tanta convicção e naturalidade, que eu fiquei alliviado de um grande peso!

«Queixava-se muito de dores no logar do caustico. Pediu que lh'o tirassem. Como houvesse hesitação, disse:

«—Tirem, tirem; agora para que serve?

«Os olhos que elle tinha, de um grande brilho, apesar da terrivel enfermidade não haviam amortecido muito; conservavam a sua expressão reflexiva e boa.»

...«A respiração continuava anhelante, porem menos ruidosa. Cada vez maior difficuldade de expectorar.

«Tinha alguns minutos de apparente somnolencia; depois, estremecendo, abria os olhos.

«Seriam três da tarde. Interrompendo um longo silencio, disse, apontando para os pés:

«—A noute já ahi vem a subir.

«Em seguida, levando a mão á testa ampla e proeminente, bateu repetidas vezes, accrescentando:

«—Isto ainda está bom. Foi muito rijo.

«Esteve alguns minutos fitando-me e continuou:

«—Agora vocês é que ficam sendo os velhos!

«Nas horas em que estive ao pé d'elle, durante a enfermidade, foi n'este momento que pela primeira vez lhe vi os olhos humidos de lagrimas.»

A' tarde começou o delirio.

«Os olhos haviam tomado expressão diversá, espantados, desvairados» (¹).

Bulhão Pato não teve coragem para assistir ao fim. e fugiu sem se despedir de ninguém.

Duas horas depois o mestre estava morto.

A narração de Brito Aranha não se afasta notàvelmente da produzida por Bulhão Pato. Para não alongarmos de mais esta notícia, apenas transcreveremos duas passagens, uma em que novamente veremos referências aos médicos já indicados; outra em que nos é apontado um que ainda não foi mencionado:

«A' meia noite de 12 do mez indicado (setembro) reunia a conferencia medica para a qual tinham sido chamados de Lisboa os abalisados clinicos, dr. Magalhães Coutinho e dr. Alves Branco, ambos amigos de Herculano. Estava presente, para dar esclarecimentos ácerca da marcha da doença, o dr. Pedroso, mui considerado medico em Santarem e assistente do enfermo. Nada havia que fazer. Todas as esperanças de o salvar estavam perdidas.

(¹) Bulhão Pato — *Memórias*, I, fl. 254 e seguintes.

«Alexandre Herculano reconhecera a gravidade da doença. Não podiam illudi-lo as palavras pausadas que sahiam dos labios dos clinicos, apesar de reconhecer n'elles competencia e a maior dedicação. O dr. Pedroso, de Santarem, tão amigo era de Herculano, que, pelo dizer assim, daria a vida para combater a molestia e trazer á actividade da sua tão consoladora existencia de lavrador o autor do *Eurico*» [1].

Salvo pequenas diferenças, esta passagem concorda com a narração de Bulhão Pato. Agora, vejamos a nota em que se encontra menção de um médico não apontado pelo autor da *Paquita*.

«Em Valle de Lobos vi por vezes, a Bulhão Pato, Gomes de Brito, Pereira Curado, José Avelar, que iam de Lisboa visitar o illustre enfermo; e de Santarem, alem do solicito medico e o dr. Santos, que alternava com o dr. Pedroso, na assistencia de Herculano, Paulino da Cunha e Santos, lavradores, estes de Santarem [2].

Entre as cinco testemunhas do testamento de Herculano contam-se três medicos : Mendes Pedroso, Dr. Santos e Dr. José de Avelar [3].

(Conclui).

MAXIMIANO LEMOS.

---

[1] Brito Aranha — *Factos e hòmens do meu tempo. Memórias de um jornalista,* II, Lisboa 1908, fl. 14.
[2] Ob. cit., fl. 16.
[3] Ob. cit., fl. 21.

ESCASSA RESPIGA LEXICOLÓGICA

As Décadas de Barros e o falar do povo

A inserção na *Antologia Portuguesa* do volume consagrado a *Barros* (¹) lembrou-nos arpoar duma esquecida gavêta, onde se mistelavam com ,outra e vária papelada indigesta, uns rabujosos apontamentos de curioso, achacado da inofensiva toleima de estudar a sua língua e se dá a perros de o não conseguir como desejava, por mais fácil que a emprêsa se antolhe a gramáticos de outiva.

. E não percamos o passo antes de — por mais pobre que seja a referência, tem acentuado cunho de sinceridade a aquilatá-la — consignarmos o subido valor de tam patriótica e bem-fazeja iniciativa para quantos se interessam pelas nossas honrosas tradições literárias ou se dedicam à sua próveitosíssima lição, e o esclarecido critério, eminentemente educativo, a superior cultura com que é dirigida pelo professor ilustre, o sr. dr. *Agostinho de Campos,* que na sua obra não dá apenas a conhecer o talento, mas se afirma um carácter, um bondoso coração.

Foram estas as palavras do magnífico estudo, completo, precedendo a transcrição dos escolhidos textos, que nos feriram impressionantes:

«Fazendo com o devido respeito a nossa crítica aos críticos de Barros prosador, seja-nos lícito dizer que não entendemos aqueles que a seu propósito empregam as palavras *elegância, louçania, pompa, majestade, retórica,* e outras tais. Pelo contrário, sentimo-nos em agradável

---

(¹) *Antologia Portuguesa* organizada por *Agostinho de Campos — Barros —* I — Primeira *Década* da A'sia. Liv. Aillaud e Bertrand, Chardron, Francisco Alves. 1920.

consonância com todos os outros, a nosso ver mais perspicazes, que exprimiram a sua admiração usando os termos de *pureza, clareza, naturalidade, desfastio, propriedade, energia, afluência* e *abundância de vocábulos.*»

Muito principalmente quando, mais adiante, precisa —«Não ha rendilhados nem lavores na prosa de João de . Barros: há, pelo contrário, naturalidade, simplicidade, espontaneidade. A sua língua é tam viva, tam popular, tam portuguesa, que a maior parte é ainda hoje viva, popular e portuguesa» —. (¹)

Em tempos idos, de vagar e pachorra, ao folhearmos a obra do cronista — há sombrias passagens em que a leitura dos clássicos acalma o espírito entrenisiado pelo urbanismo tresandante a óleos queimados e gasolinas —, muito naturalmente nos fomos sentindo conduzidos à aproximação entre essas páginas dos anos de quinhentos e o palavrejar metódico e pitoresco, tam conforme às situações, ensilveirado de malícia e rosmaninhoso de lirismo, dos campônios minhotos.

Andava-nos cá dentro que êles falam, por vezes, muito melhor, mais concisa e definidamente, que certos doutores e boquiabria-nos um pouco (a cada hora o homem se espanta da sua ignorância) o irmos encontrar naquele texto delido do tempo dizeres e frases, a tempos e sacões

---

(¹) «Bastará citar (acrescenta exemplificando): *chuiva, torvão, cada um ano, indinado, jurdição, té, tôdolos, tôdalas, frol, amoestação, desemparar, represária, lhe* por *lhes, alimária* por *animal, ambre* por *âmbar, devação* por devoção, *arrincar, calidade, espécia, escuita, quêdo, lezira, espedir* por *despedir, page* por *pagem, escampado* por *descampado, em soma* por *em suma, destinto* por *instinto, feitiço* (adjectivo) por *fictício, contia* por *quantia, jentar* por *jantar, rostro, avoar, arrodear, estrular, mau* no sentido de difícil *(mau de contentar,* por ex.), *topar, relâmpado, tornada, obra de* por *cêrca de, remidor* em vez de *redentor...* Das contracções, tam características do povo, usou João de Barros profusamente: *entrelas, sôbrisso, télt, cadano* por *cada ano, Pedrálvares, Fernandafonso, trás* por *atrás,* etc. Mil expressões e modismos que são ainda agora vulgares, lá se encontram a cada passo nas suas obras: *a olhos vistos, a pé quêdo, às cegas, às escuras, a seu salvo, desta feita, andar de amores, ao lume de água, alevantar a Deus, fazet impressão (impressionar),* o homem ficou *feito em salada,* as labaredas *lambiam* a nau, *despachar- -se, barafustar, abalar* (partir, fugir), *acertar de* (acontecer), *debalde, escapulir-se, ir* ou *vir ter* (dirigir-se para), *afeito, achegar, passante de.*»

correntios na lavradoragem. A racinação latina, o colorido expressivo, a terminologia clara, o uso persistente de certos vocábulos, o esfusiamento gárrulo das interjeições, o sabor antigo, palavras rançosas de pergaminho e estrugidelas sarcásticas pelourando ironias e entupindo embustes, o quebranto dos conversados, as rimas do namôro, que tantas vezes nos prenderam no espairecer pelos campos, criaram assim para nós uma respeitável autoridade vernácula, confirmando nosso juízo (¹).

E de fito em demonstrar a pedantescos chasqueadores que a voz do povo tem sua nobiliarquia, lapisávamos breves nótulas, quando o acaso nos deparou estudo que logo concluía a tarefa, reduzindo-a a simples escolha: — o *Espirito da Lingua Portugueza* de *Antonio Pereira de Figueiredo* — Lisboa, em janeiro de 1781, publicado nas *Memorias de Litteratura Portugueza* pela antiga Academia Real das Sciências, tomo III, de pág. 111 a 226, trabalho que não escapou à meticulosidade do sr. *Agostinho de Campos.*

Será talvez curioso apontar a lexicologia de Barros, ainda hoje freqüente em nosso povo, usual em nossas aldeias: um bocadinho massudo, interessante afinal. E como não tem valia própria nossa, sacuda-se do pó.

(¹) *Camilo* que, no *Curso de Litteratura Portugueza*, se limitara a pequenas referências a *Barros*, aprecia assim com mais justiça e pausa o valor do cronista e do escritor no *Diccionario Universal de Educação e Ensino* (vol. I, pag. 229):

«...E' considerado historiador de primeira ordem e modelo de linguagem. As *Decadas da Asia* são a obra que mais lhe perpetuou a gloria e a fama, e tambem a que mais proveitosamente nos pode entreter em leitura convidativa. Nenhum escriptor do seu seculo enriqueceu tanto a prosodia lusitana, honrando simultaneamente a patria com a noticia dos seus fastos sempre arrojados, bem que nem sempre heroicos, na India.

Aos curiosos da antiga novela de cavalaria presta agradavel licção o *Clarimundo*, e não são de somenos interesse para os moralistas a *Ropica pneuma* (mercadoria espiritual) e o *Dialogo da viciosa vergonha*. Os philologos tambem são servidos com o variado engenho de tão eminente escriptor na *Grammatica da lingua portugueza e Cartinha para apprender a ler.*»

a

A bom recado, a Deus misericórdia — à misericórdia de Deus, *a menos tempo, a olhos vistos,· ao lume de água, a par, a pé quêdo, às cegas, às rebatinhas, às vessas, à tôa, a todo correr, abalar, abarbar, abastar, abocar* — entrar, *chegar a, abusam, acatamento* (a respeito da figura), *achega* — ajuda, *afeito* — acostumado, *afora* — além, a mais, *desafortunado* (no mesmo sentido em que Barros emprega afortunado), *afumada* — cheia de fumo, *agalardoar, agro* (agra· e agro também : leira de terra), *alevantar a Deus, alimária, alto dia, aláir, alumiar* (nomear), *ameúde, andar de amores, aninhado,· anojar, antemanhã, apercebimento, apinhoado* (— «Estava tudo apinhoado ou apinhado de gente» —), *apelidar* — chamar gente em socôrro, *apupada, a que* («a que êles dizem», «a que êles chamam»), *barafustar* (apontado como arcaismo por Duarte Nunes de Lião é vulgar e corrente), *ardideza* — afoiteza, *ardido* — afoito, atrevido, irrequieto, sensual, *guisa* — maneira, modo, à laia de, *I vós lá* (por ide vós lá — ouve-se, em algumas freguesias como forma imperativa usual), *atopir* — atupir (— «A bôca da mina estava atupid'a» —), *espedir* — por despedir (duma pessoa a morrer dizem — «Está a espedir, coitadinha!» —), *ardil, arrincar* (é assim mesmo que dizem), *assanhado, assoviar, avante* (não ir mais avante — não ir mais além), *aviamento* (— «Ande, avie-me, tenho a rabicha à espera» —), *malavindo, azado* (no momento asado, lugar asado —·propício).·

b

Baldear — mudar dum lugar para outro (daqui, talvez, o andar aos baldões da sorte), *basto* (denso, com seus derivados : homem abastado, abastança), *bolir* (— «Não te ponhas a bolir comigo...» —), *brigoso* — homem de brigas, arruaceiro, estoirado), *bufar* (expelir — «E bufava o sangue todo por aquela frida.» —).

c

Cabeça — chefe, *çafado* — ou safado — gasto (véstia safada), *çafaro* — carecido, *calidade, cardume, cata* (ir à cata de alguém), *ceçobrar* — naufragar, *chamado* (acudir ao chamado), *chuça, cisco, comedía* — comedoria, *come-ter* — por acometer, *como* — tanto que, uma vez que, *companha* — companhia, *compridão* — comprimento, *con-ceder* (é a forma vulgar de concordar), *contra* — em frente ou de frente, *cuspir* — lançar, *coitado* — desgraçado, *criar posse, crueza, cujo e cuja* — do qual, ou de quem, *çujo e çuja* (é como escrevem), *curar* — ter cuidado, *cuquiar, cuquiada.*

d

Dar — por acometer ou ir sôbre, *dar de mão* — lar-gar, *danar* — causar dano, sofreguidão (— «E' danado por guloseimas.» —), *debalde* — em vão, *de feito* — com efeito, *de seu* — de seu natural, por ex., *derrabar, der-redor, desalagar, desatinar, desavir-se e desavindo, des-empeçar* — desempecer, *desencalmar, despachado* — espe-dito, *despossado* — tirado da posse, *destinto* — instinto (— «Ah! isso é destinto dêle, nasceu com aquela que-da...» —), *discreto* — ajuizado, *dita* — felicidade.

e

Ir em pés e mãos — de gatinhas, *embaçar, embarbas-car* depois embasbacar, *empègar-se, empola* (metafórico), *encarar* (Barros emprega no mesmo sentido em que o povo ainda hoje), *encarentar* por encarecer, *enfiar* — me-ter de enfiada os animais na corte, contar de enfiada, *en-gatinhar, enterramento, entestar, entojo* («ai! que ento-jo!» — «ai! que embirrento!»), *entolhar-se* como anto-lhar-se, *enxergar, enxotar, escalavrar, escampado* — des-campado, *escapulir, escarmentado, escoar, escodear* — ti-rar a côdea, sem côdea, *escorchar* — despejar, *esfarra-par, esganiçar e esganiçar-se, esgarrar* — desgarrar, *es-morecer* — perder o ânimo, *espécia, esparecer* e espairecer, *espedaçar, estimação* — cômputo, avaliação, *estralar* — o estralar da madeira, por ex., *estremar* — separar, apartar, *estrugir* — fazer barulho.

f

Falecer — faltar (— «Já me falece a coragem» —), *fa-tiar* — cortar em fatias, *desta feita* — por desta vez, *feito em salada* — cansado, moído, banhado em suor (também se emprega no sentido de fresco, rociado da manhã, bem disposto, mas, aqui, é mais vulgar dizer-se — «Airoso, fresquinho como alface.»—), *fermoso* e *fermosa, fisgar* — matar, atirar de arremêsso (os garotos fisgam os passaririnhos), *fraqueiro, fumoso* — vaidoso (—«Olha quem ali vai com seus fumos de galante!»—).'

g

Gabar, gabo — louvar, louvor, *gasalhado* — agasalhado, *grita* por gritaria ou gritada, *guarida,* abrigo, refúgio (a guarita das sentinelas), *guinada* — investida.

h

Humildar-se — humilhar-se.

Não tenho ouvido *igar* por igualar, mas suponho existe; são correntes vários derivados: *igal* por igual, «é tudo gente da mesma *igalha*», *igaldade.*
Iscar — pegar, apanhar (e também no sentido metafórico — «Aquele foi p'ra a tropa e já anda iscado» —.

i

Jentar por jantar.

Labéo — labeu, mácula, *laborar* — trabalhar, *laçada* — prisão de laço (—«Então, Maricas, quando dás a laçada comigo?»—), *ladrar* — vozear (metafórico), *levar em propósito* — levar na mente, *liado* — atado, *louçainha* e *louçāo* — gala, enfeite.

m

Machocar — machucar, *maciço* (é como os artistas escrevem, e correctamente, e também mociço), *magote, maneira* por modo, semelhança, exemplo, *manquejar, mascabado, matar-se* por alguma coisa, *matinada* — estrondo (—«Ih! co'a' breca, raio de matinada que fazem aqueles dianhos!»—), *medrança, míngoa* — míngua, e seus derivados à míngua de, minguar, minguado.

n

Não por sem (—«Tagarelaram, tagarelaram, não que eu ouvisse...»—), *negridão, nutrimento.*

o

O ano passado, o dia de ontem, obra de por até, obra dum quarto de hora, por ex., obra de duas léguas, *trazer de ôlho* alguém ou alguma coisa.

p

Palhaça — cobêrto de palha e palhoça; *passante* — que passa, além de, *pastorar, pejar* — ocupar, andar pejada — andar grávida, *pejo* — embaraço, enleio, vergonha, *perraria* — de pêrro, mau, teimoso (—«Este trambalasanas está sempre com perrarias.»—), *senhor de sua pessoa* (diz o povo no mesmo sentido de Barros — «António de Sá fez como homem de sua pessoa que êle era.» —) *pesar-lhe* por sentir, *pinchar* — saltar, atirar, *pouco e pouco* por pouco a pouco, *prestar-se* — ajudar-se, *prestes, proveito* — tirar benefício, «meu proveito», *puridade* — intimidade, confidência, segrêdo.

q e r

Qualhar e calhar, *rente* por cerce, *retouçar, revezar--se, rostro, roupado* — coberto de roupa, mal roupado — mal vestido, andrajoso, *lampo, lâmpedo, relampo, relâmpedo, relâmpego, relâmpado* em vez de relâmpago e *relampado* — assombrado da trovoada.

s

Homem de bom saber — homem douto, experiente, criterioso, *sandeu, sandice* — louco, loucura, *seguridade* — segurança, *serviçal* — prestadio, *siso* — juízo, *soado* — constado, *sobresalente* — excedente, *somenos* — menor, *sovado* — amassado.

t

Té por até, *tento* — cuidado, *tolher* — embaraçar, *topar* — encontrar, *em torno* e *tornear* — em volta, cercar, *trepar, tresavô* — terceiro avô, *trilha* — caminho.

∨

Vagante — de vago, vacância, *vianda* — carne, mantimento, *vocaçãò* por invocação, *vozaria* — algazarra, falario.

Há centenares mais ([1]). Estes bastam a comprovar nosso asserto de que o povo não é tam mal falante como chocarreiramente se supõe e o juízo de *Agostinho de Campos* quanto ao viço de frescura nacional da linguagem de Barros. «Naturalidade, simplicidade, espontaneidade»: escute-se o aldeão e êstes predicados ganham sentido.

Guimarães — 3 de Abril de 1921.

EDUARDO D'ALMEIDA.

([1]) E' incerto o lugar do nascimento de *Barros:* Braga, Viseu, Vila Real, Pombal?... Ora se fôsse lícito seguir o raciocínio dos que pretendem (AUBREY BELL, *Gil Vicente*, DR. LEITE DE VASCONCELOS, *Nota sôbre a linguagem de Gil Vicente)* ver no vimaranense Gil Vicente um beirão, pelos ares da Beira que se respiram em seu estilo, opinião que — contra o dizer expresso de Nobiliários e genealogistas, a tradição fielmente mantida não só em Guimarães como em todo o país, a notória influência duma família de artistas e lavrantes e mesmo e também, pois que à briga em tal campo nos citam, uns modilhos e tons de linguagem, que afirmam exuberantemente como natural de Guimarães o ilustre poeta — , parece haver impressionado o douto e insigne publicista *Anselmo Braancamp Freire*, eminentíssima figura a quem devotamos a mais respeitosa admiração *(Gil Vicente*, ed. no prelo: artigo n'*A A'guia*, n.os 106, 107, 108), com férteis e melhoríssimas razões filiaríamos na provincia do Minho o autor das *Décadas*, indo em ajuda da reivindicação do saudoso *dr. Pereira Caldas*. À linguagem de *Barros* é tôda entretecida do nosso falar, o emprêgo de minhotismos constante, há laivos da nossa região em cada página. E preguntaríamos, tam maliciosamente como os que bizarram em nos tirar Gil Vicente — como e onde os aprendeu o historiador? ¿Não seria êle parente e discípulo daquele pio varão João de Barros, a que se refere *Estaço* (cap. 35, n.º 4), Cónego na Sé de Braga e Prior Secular do Mosteiro de S. Torcato, que, no ano do Senhor de 1475, pela autoridade do Papa Xisto IV e doação confirmada pelo Arcebispo de Braga Dom Luís, fêz anexar o dito Mosteiro à Colegiada de Guimarães?...

BOLETIM

Em harmonia com o n.º 19 do Regulamento e 8.º dos Estatutos da Sociedade, procedeu-se à organização da Direcção, que ficou assim constituída:

Presidente — Dr. Eduardo de Almeida;
Vice-presidente — Dr. Gonçalo de Meira;
1.º secretário — José de Pina;
2.º secretário — Rodrigo Pimenta;
Tesoureiro — Francisco Martins;
Vogais — Dr. David de Oliveira e P.ᵉ Anselmo Silva.

As diferentes partes da administração ficaram assim confiadas:

«Revista» — Dr. Eduardo de Almeida;
Biblioteca — Dr. Gonçalo de Meira e P.ᵉ Anselmo Silva;
Propriedades — Rodrigo Pimenta;
Museus — Dr. David de Oliveira e José de Pina.

Trocaram-se impressões sôbre assuntos dignos de ponderação e estudo.

O Sr. Dr. Eduardo de Almeida, Presidente, pondo em relêvo o estado de ruína e abandôno em que se encontram os claustros da Colegiada, acentua a necessidade de se promover o interêsse das Comissões de Monumentos Nacionais e da Arte e Arqueologia, e até das próprias Juntas de Paróquia, em benefício dessas relíquias das passadas glórias de Guimarães.

Resolveu-se publicar a «Revista de Guimarães», que se encontra interrompida desde 1913, ficando o Sr. Pre-

sidente encarregado de proceder aos trabalhos necessários para êsse efeito; que a Direcção fosse apresentar os
seus cumprimentos de homenagem à Ex.ᵐᵃ Sr.ᵃ D. Maria
de Freitas Aguiar de Martins Sarmento, viúva do ilustre
vimaranense que a está Sociedade deu o valor do seu
nome; que os livros da «Biblioteca Sarmento» só deviam
ser fornecidos para consulta na sala de leitura; e que se
procedesse ao arrolamento de todos os objectos existentes nos museus, melhorando-se-lhes as condições de conservação e exame e se organizasse um catálogo elucida-
tivo de todos êsses valores.

Mais se deliberou que, de conformidade com os estatutos, as reuniões se efectuassem nos dias 1 e 15 de
cada mês.

SESSÃO DE 18 DE ABRIL

Em sessão ordinária de 18 de Abril foram comuni-
cadas pelo Sr. José de Pina, secretário, as resoluções tomadas na reunião a que assistiu nos Paços do Concelho,
sôbre a conságração a Gil Vicente, as quais consistiram
na intensificação dos trabalhos em que a Academia do
Liceu se tem empenhado, para que, nesta cidade, seja
erigido um monumento a Gil Vicente, fundador do teatro
português, e se interesse nesse trabalho todo o concelho
de Guimarães, como o exige a grandiosidade do nome
de vimaranense tam ilustre.

Resolveu-se melhorar as instalações das preciosíssi-
mas joias que constituem o tesouro da Colegiada; conseguir com empenho o aproveitamento da Capela de S.
Brás, na Colegiada, para museu de Arte Sacra; organizar um plano e orçamento de obras de ampliação e restauro no edifício da Sociedade; circular aos sócios no
sentido de a quota ser elevada ao mínimo de 30 centa-
vos mensais.

Por proposta do Sr. Dr. David de Oliveira foram
admitidos para sócios os Srs. Dr. Filinto Elísio Vieira
da Costa, Dr. José Duarte Pinheiro e Dr. Delmino Simões de Araujo.

Pelo Sr. Alferes Carlos Gonçalves Coelho foram
propostos e admitidos para sócios os Srs. Major Antó-

nio Alves Viana, Capitão Mário de Vasconcelos Cardoso, Capitão José Marcelino Barreira, Alferes José Joaquim Guedes Gomes e Alberto Teixeira Carneiro.

A Sociedade recebeu desde 1 de Janeiro a 30 de Abril as seguintes ofertas, pelas quais de novo consignamos o nosso fundo agradecimento aos generosos oferentes.

Para a biblioteca:

Livros

Faculdade de Medicina do Porto, 25 «Teses diversas»;
Pedro Américo da Silva Gonçalves, 1 volume;
Dr. Alfredo Pimenta, 1 volume;
Jaime de Sampaio, 1 volume;
Artur Pinto Bastos, 1 volume;
A. Ménici Malheiro, 1 volume;
Júlio de Lemos, 1 volume;
Ministério das Finanças, 6 vòlumes;
Ministério do Trabalho, 1 volume;
Associação Comercial de Guimarães, 1 folheto;
Centro Comercial do Porto, 1 folheto;
Companhia Manufactora de Artefactos de Malha, 1 folheto;
Biblioteca Municipal do Porto, 2 folhetos;
Companhia dos Banhos de Vizela, 1 folheto;
António Luís da Silva Dantas, 10 volumes;
António Leandro, 3 vòlumes:
Eduardo de Lemos Mota, 11 volumes;
Manuel Joaquim da Cunha, 57 números da «Revista de Guimarães».

Para a colecção das revistas e jornais:

Agros — Boletim da Associação dos Estudantes de Agronomia e periódico de propaganda agrícola. — Director e Editor, Alberto Veloso d'Araujo. — Redacção e Administração, Tapada da Ajuda, Lisboa — Sumário do n.º 1 (V año), Janeiro de 1921 : — «O nosso Boletim», Veloso d'Araujo; «Mande quem deva», Loureiro Ferreira; «A nova calda Villedieu», Abílio Gomes da Costa; «Aos senhores assinantes», A Direcção; «A' Agricultura», Francisco Reis; «Pelo Instituto», A. V. A.; «Factos & Notas», António Barreto; «Livros, revistas e jornais», A. V. A. — ;
Anais das Bibliotecas e Arquivos, Lisboa;
Anais Scientificos da Academia Politécnica do Porto;
Arquivos de História da Medicina Portuguêsa;

Boletim da Associação Médica Lusitana, Porto;
Boletim da Biblioteca da Universidade de Coimbra;
Boletim Mensal das Famílias Católicas, Braga;
Boletim da Sociedade de Geografia de Lisboa;
Boletin de la Comision Provincial de Monumentos Históricos y Artísticos de Orense;
O Oriente Português, Nova Goa.
O Bom Pastor, Gaia;
O Comércio de Guimarães;
O Cristão Baptista, Porto;
Diário de Notícias, Lisboa;
Gil Vicente, Guimarães;
O Jornal do Comércio, Lourenço Marques;
A Luz e Verdade, Porto;
A Pátria, Lisboa;
A Paz, Famalicão;
Portugal, Madeira e Açôres, Lisboa;
O Primeiro de Janeiro, Porto;
O Progresso Católico, Porto;
O Teosofista, Rio de Janeiro;
A Velha Guarda, Guimarães.

Para os museus:

Dr. João Ferreira da Sılva Guimarães, 6 medalhas comemorativas;
Armando Humberto Gonçalves, 1 moeda de prata, portuguêsa:
Dr. Joaquim José de Meira, 2 campânulas de bronze e 2 ânforas de barro.

José Dê Pina.

REGISTO BIBLIOGRÁFICO

A *Revista de Guimarães* — publicação da **Socie-dade Martins Sarmento,** promotora da instrução po-pular no Concelho de Guimarães — aceita e agradece a permuta com as revistas periódicas. e os jornais diários, bem como outros que se relacionem com a sua activida-dade ou possam interessar o meio em que a exerce.

Dará notícia das publicações que forem entrando na biblioteca, a cujo precioso arquivo as destina, incluindo o sumário das scientíficas, literárias ou artísticas, e men-cionando de tôdas o necessário para sua identificação.

Solicita dos autores e editores nacionais e estrangei-ros, que se honram protegendo uma instituição desta na-tureza — que possui já hoje uma das melhores livrarias da província e museus arqueológicos notáveis — enviem um exemplar de suas obras, que serão cuidadosamente depositadas e catalogadas, ajudando assim em seu pró-prio interêsse e no das gerações futuras a manutenção do culto do labor espiritual.

Não é autorizada a leitura das obras oferecidas, se-não um ano após a sua recepção.

O registo bibliográfico dará notícia dêsses trabalhos, para o que estamos procurando organizá-lo devidamente.

Vai cansada a noite de vigília. Lentamente os olhos cerram-se. Ouço a chuva triste, a aguada de primavera, que esfolha as rosas, ane-mia as côres e os campos ressequidos avaramente sorvem. Da rua vem o vassoirar dos espia-trevas, ósseas figuras deambulando na sombra; aqui dentro o silêncio do ascetério. Dansam-me no cérebro em fulgu-rações metálicas, na alucinada exaustação, com as cifras do ofício, os góticos de imprensa de enredadas leituras, nesta já encardida tineta de íntimas tendências sempre algemadas.

Soletro ainda as últimas palavras de *Maurice Boissard*, que aca-bei de ler

«C'est une profonde jouissance, quand on aime les lettres, de penser à ces hommes qui ont écrit ces belles choses humaines, sensibles et vraies, qu'on a si grand plaisir à lire. Ecrire soi-même devient alors secondaire.»

Almas errantes no silêncio da noite... Os livros são poliformes como os estados de alma. Tanto nos abrem a instrução e o gôsto, nos sorriem a alegria tonificadora, ou nos ducham a tristeza, que salva da frivolidade ridiculamente idiota do vão contentamento, como salgam no esquecimento os irritados desaires, caricaturam de estéreis as ambiciosas freimas ou nos afogam na bôca, delindo-os no tumultuar das paixões alheias — e não, e nunca, fugazmente quiméricas — os gritos de revoltada dor, que nos estorcegam a alma. Segui-los é recordar os abençoados passos da mocidade, ver definido o drama que nos empolga, compreender da humana fraqueza a brutalidade hercúlea que nos cilindra e tortura. Ouvi-los é traduzir em nossa memória o enleio que nos agrilhetou à eterna mentira eternamente castigada, dar som às palavras mentais que não conseguimos dizer, escutar a linda voz feiticeira e perversa que de muito lônge, no passado, soluça o nosso abandôno e acarinha ainda, com seu luto de amor por nós, os desvarios que passámos, por levianamente, na febre sensual da novidade, a esquecermos, pobres diabos!...

Não te acuso de ingrato; acuso apenas
esta loucura de te amar de mais;
de ouvir com grande mágua as tuas queixas.

Deixá-lo. Eu já me afiz às grandes penas.
E beijo-te, beijando, entre meus ais,
os olhinhos do filho que me deixas.

(Desvairos, 2.ª ed., por *Maria José.* — Editor Hygino Assumpção — Rua da Porta do Sol, 27-32 — Porto)

Almas errantes e perversas... Vejo-os, aos livros, brumosamente, neste quási esmorecer de fadiga, pelas estantes, como lápides do coval, o fôrro de pedra da sepultura — porque os vivos também se enterram e catalepsiam —. Conheço os que me iludiram quando acalentava no coração a brasa partida de estrêla dos dezóito anos, os que me inocularam o veneno mortal da Arte; os que me aleitaram na fantasia do melhor, do mais perfeito, do ideal; os que alcovitaram as engalhosas aventuras do ardimento vascularmente ignorante; os que me disseram em sibilinos fogos — a mulher, o amor; os que me anarquizaram de revolta; os que me dementaram de capricho; os que me encheram de pavor; conheço-os todos. Sei, ali, naquele raio de estante, com suas vestes de púrpura mordiscadas de oiro, os que me entaiparam na frieza claustral, imensamente estéril, da filosofia. Sei, além, mais além, os que insoniaram de febre a palidez das noites invernosas. Com um — aí, assim — vi a tentação do crime enroscar-se no espírito, desmaiar-lhe a vontade, anegrar-lhe os motivos, iludir-lhe a perspectiva, enxofrá-lo de cólera, alcoolizá-lo de desespêro, temperar-lhe o punhal, erguer-lhe o braço, atrair ao peito a vítima. Subi, com o vizinho, à tôrre da Catedral — e cá em baixo o formigamento humano pareceu-me a beócia estultícia de carrejões atarefados; e, com o outro, desci a minas de grisu em explosões lívidas. Estou tocando com meus dédos a graça que entedia, a paixão incendida, a loucura genial, gargalhadas sôltas em lágrimas, ironias dispépticas — ideas, palavras, sinais, rimas, cáusticos, pérolas —, nem sei, já nem sei —, o miasma do pântano, em que chafurdam tôdas as ilustradorias tafuis que porpianham a massa, britam o rochedo, e do cérebro, os miolos duma caveira, arrancam um mundo auroreal de tortura.

Almas errantes e embaladoras... E' tarde, preciso dormir. São como insectos, em corpo de mendigo, êstes diab'almas. Picam, saltam, aferroam-se à imaginação, electrizam. São milheiros de desgraçados na entrudada de quichotes e heroínas. Seja ao menos, e duma vez, a ração de cicuta. ¿Para que, a nós que acarretamos em nossa tara os cadáveres dos antepassados, mais êsse carneiro imenso de podridas figurações? Tam pequeno o coração humano — ¿para que ilimitá-lo, a fingir cada um que fantasia em seus actores-personagens, de encomenda postiça, o que alguma vez sentiu?

Eis os poetas que engrinaldaram de rouxinalescos gorgeios, repipiantes de alores sentimentais, as salgueirenias margens por onde corria o rio das lágrimas té desaguar no oceânico desalento. Se pudera ouvir uma canção do bêrço!... E ouço a voz profética de *Junqueiro*, embalando a filha

> E eu, a urze má das encostas,
> eu sinto o dever sagrado
> de te beijar, — de mãos postas!
> de te abençoar, — ajoelhado!

O frémito do angélico sorriso ilumina-o de ventura

> Sou o sol que agoniza, e tu, meu anjo loiro,
> és o sol que se eleva.
> Inunda-me de luz, sorri, polvilha de oiro
> o meu manto de treva.

Mas, ao acordar, leva-as, em passeio matinal, à romaria, e, aí mesmo, na quermesse festiva, o pavor o assalta da tôrva realidade ao — *«uivar o sentimento humano como um cão»* —

> Não sabeis, não sabeis quanta dor, quanto luto,
> quanta mágoa sem fim, chora, soluça e clama
> na terra êste candente e miserável fruto,
> com a polpa de fogo envolucrada em lama.

> Não sabeis, não sabeis que nesta própria hora
> milhões, milhões, milhões de vítimas sombrias,
> a arder na mesma febre à luz da mesma aurora,
> tendo na mesma carne as mesmas agonias

> se contorcem no mesmo eterno matadoiro,
> sem um ai de piedade, uma oração de amor,
> indo engordar o estrume onde as abelhas de oiro
> zumbem na madre-silva e na verbena em flor.

(*Guerra Junqueiro: — Poesias Dispersas.
— Porto — Livraria .Chardron de Lelo & Irmão, Li-*

mitada, Editores — R. das Carmelitas, 144. — Aillaud e Bertrand — Lisboa — Paris. — 1920).

Como são justas, as ponderadas palavras de *Agostinho de Campos* (não me cansarei de elogiar o seu nobre esfôrço) :

«Se porém se entende, com esta fórmula de *O poeta da Raça*, intitular o autor dos *Simples* como o maior dos nossos poetas hoje vivos, então êsse título sonoro não passa de um pobre pleonasmo, pois nunca se poderia dizer menos do único sobrevivente actual da pléiade de gigantes, que encheram de glória as letras portuguesas no último quartel do século XIX.»

> *(Antologia Portuguesa*, organizada por *Agostinho de Campos : — Junqueiro* (Verso e prosa). — Livrarias Aillaud e Bertrand — Paris — Lisboa. — Livraria Chardion — Porto. — Livraria Francisco Alves — Rio de Janeiro. — 1920).

Versos soltos faíscam, na escuridão — noite cansada, noite fria de chuva... — :

> ...E que Pátria! a mais formosa e linda
> Que ondas do mar e luz do luar viram ainda!

E ouço esta voz dum simples, vinda de tam longe, doridamente

> Sabes que eu sôfro duma ferida
> que tem por nome desilusão,
> e que, roubando-me fôrça e vida,
> me infiltra a morte no coração.
>
> Morrer, Julieta, na flor dos anos,
> sem ter a dita de te esposar,
> ralado o peito de desenganos
> e sem a bênção do teu olhar!

> (versos de *Uriel Tavares*, trabalhador de enxada no Sul de Minas, Brasil, que fazem parte do livro — *Humilhados e luminosos* —, anunciado para breve, e insertos n'*A Aguia* (n.os 103-104-105), órgão da «Renascença Portuguesa». — Typographia do Annuario do Brasil. — Vol. XVIII (Julho e Dezembro de 1920). —).

Já uma voz dulcíssima de mulher, espírito gentil de rara formosura poética, luariza por momentos a plangência das bátegas

> E's orgulhoso e altivo. Também eu.
> Nem sei bem qual de nós o será mais.
> As nossas duas fôrças são rivais.
> Se é grande o teu poder, maior é o meu.

Tam alto anda êste orgulho! Toca o céu.
Nem eu quebro, nem tu. Somos iguais.
Cremo-nos inimigos. Como tais,
nenhum de nós ainda se rendeu.

Ontem, quando nos vimos, frente a frente,
fingiste bem êsse ar indiferente,
e eu, desdenhosa, ri, sem descòrar...

Mas que lágrimas devo àquele riso!
E quanto, quanto esfôrço foi preciso
para, na tua frente, não chorar!

Lembra, subtilizado no temperamento feminino, o lirismo, bem
nosso, de *João de Deus*, que as mãos piedosas doutro poeta *(Afonso
Lopes Vieira)* andam engrinaldando no *Livro do Amor*. Há também
um acento camoneano na simplicidade retraída, delicada, do pensamento, mesmo ennegrecido pelo desprêzo.

(Virginia Victorino:—Namorados.—1920.
Ofic. Ilustração Portuguesa — Rua do Século, 43 —
Lisboa)

Fito na ampulheta a fina areia do tempo. O silêncio é maior.
Por vezes, horas mortas, quando me encontro em face de mim próprio
e deixo cair a máscara, sinto cortarem as praças, enviesarem pelas ruas
mal distintos rumores de sonho, o ciciar das almas contorcidas no drama nocturno. E' tarde, é tarde... Queria apagar a luz do pensamento. Amanhã é dia de trabalho. Vós, amigos dum passado feliz porque descuidoso, aquietai com vosso dizer franco a inquietada insónia.

Deo-me o Destino, um dia, a taça da amargura,
Pra que eu, na minha dôr, aos poucos a esgotasse:
E eu obedeci, pensando que findasse,
Com a ultima gotta a minha desventura.

Sentindo a ultima gotta emfim a perpassar,
A taça retirei dos labios desmaiados...
Mas meos olhos sem côr, doentes e pasmados,
A viram outra vez de cheia a trasbordar!

Condemnou-me o Destino em seo querer profundo,
A esta pena cruel e horrivel, que não passa,
De beber toda a vida a magoa de uma taça,
De uma taça a que nunca avistarei o fundo!

E é bem a voz timbrada e dolente, no extase da forma, dando côr
ao som, do *Alfredo Pimenta*, hoje consagrado, e justamente, pelo seu
verdadeiro talento de erudito e pela sua feiticeira bizarria de poeta,
que eu estou ouvindo, como nas noites de boémia — já a maldição
queimando-nos como absinto de idealizações febris —, quando, à janela do seu quarto em Coimbra, gritávamos à policia as sátiras de *Go-*

mes *Leal* e às sombras amarguradas, encolhendo-se nos chales, o satanismo de *Baudelaire.*

(«*O Livro das Symphonias Morbidas*, escreveo-o *Alfredo Pimenta* para os olhos dos que o soubessem lêr, e para a alma dos que o puderem sentir.» — Lisboa, MCMXX — (Portvgalia Editora) —).

Distraia-me o *Pires de Lima* com seu carinho paternal de professor estremoso, as suas tam curiosas investigações etnográficas e folclóricas, o seu não fingido amor ao trabalho, a sua sempre leal amizade. Tonifica, esperta, lava, o ar sàdio do campo. E diz o sentir maravilhosamente

> Por 'mor de bôcas danadas
> fui perder meu bem primeiro;
> assim as veja estaladas
> como a fôlha do loureiro.

> Olha o demo da mulher
> os olhos que me deitou!
> Fiquei-me logo a tremer,
> e vai a figa quebrou...

Ainda lá, — vida agreste e rude! —, os males de amor consomem, e o véu da tristeza desce

> Neste quarto tudo sente
> tristezas vindas do amor;
> chora minha alma doente,
> ouço chorar ao redor.

> A triste da minha vida!...
> Tudo sempre me empèceu:
> rua abaixo, rua acima,
> não tenho nada de meu.

O cantar do poeta, que o é pela exacta integração no viver popular e pelo comovido sentimento cheio de nobreza e humanidade, confunde-se, mistura-se ao povo:

> A Amélia tecedeira
> tem o tear e não tece;
> ou é por falta de amor,
> ou o tear lhe aborrece.

> Meninas do rio triste,
> vinde lavar ao alegre,
> que a água do nosso rio
> põe a roupa côr de neve.

(*A. C. Pires de Lima.* — *Evocações.* — Livraria Moderna — 40, Largo dos Lóios, 50 — Porto, MCMXX — e — *Tradições Populares de Santo*

Tirso (3 ª Sélie) — Sepaiata da Revista Lusitana — Vol. XXII. — 1921 — Tipografia Sequeira, Limitada — 114, Rua José Falcão, 122 — Porto. Merecem êstes conscienciosos estudos a atenção e a homenagem de quantos se interessam pela nossa gens.

O autor publicou ainda, mais recentemente, o opúsculo — *Um herói do 31 de Janeiro — José de Castro Silva* («O Serrinha») — , Santo Tirso — Tipografia a vapor do José Cardoso Santarém — 47, Rua Sousa Tiêpa, 53 — 1921, cuja leitura nos sensibilizou profundamente e deve ser meditado por todos os que honram o nome de republicanos ou de patriotas).

São adoráveis as melodias rústicas iluminadas pela verdadeira inspiração poética. Entretenho-me a ouvi-las, porque, sempre que as leio e releio, sinto-as e oiço-as como vindas dentre os campos numa chapada de sol. A emoção lírica não se equimosa nas contundências barbarescas do soneto — sòmente belo quando perfeito — , nem se velutina de perfumarias duvidosas, nem se esfalfa de ladeirentas subidas. Ou brota espontânea, viva, louçan, ou logo se perde como pardalagem atrevida às negaças dum espantalho. Deu nome e celebridade a *Augusto Gil*, o suave e irónico poeta do *Luar de Janeiro, Alba Plena, Versos, O Canto da Cigarra, Sombra de Fumo:*

> Porque fui dançar na boda,
> — em que foi que te ofendi?
> Andei sempre à roda, à roda,
> — mas sempre à roda de ti...

> A luz do luar que diria,
> se falasse para alguém? ,
> Esta palavra : Maria,
> — o nome de minha Mãe...

> Não me recorda onde seja,
> mas já vi essa pureza
> num altarzinho de igreja
> com sua lâmpada acesa.

> Amor fundo sofre e cala.
> Se tens o afecto de alguém,
> não lhe escutes só a fala·
> — ouve o silêncio também...

> *(Augusto Gil: — O Craveiro da Janela. —*
> Livrarias Aillaud e Bertrand — Paris -- Lisboa. —
> Livraria Chardron — Porto. — Livraria Francisco
> Alves — Rio de Janeiro — 1920);

realça a justa fama de consagrado de *Júlio Brandão,* um delicado temperamento de artista ¹

O' cantigas portuguesas,
só vós sabeis espelhar
a fé, o amor, as tristezas
dum povo que andou no mar...

O' água triste — cautela ! —
vai devagar, devagar...
Que ela não pense que choras
porque me ouviste chorar !

Horas de dor, horas longas,
horas lentas a rolar,
— bando de corvos famintos,
mas que voam de-vagar !...

Coração, toma cautela,
sobe menos, coração !
Podes queimar-te na estrêla
que procuras na amplidão !

> *(Júlio Brandão:* — *Cantares.* — Livraria
> Chaidron de Lelo & Irmão, Limitada, Edit. — Rua
> das Carmelitas, 144 — Aillaud e Bertrand — Lisboa
> — Paris — 1920, na mimosa colecção — «Uma bi-
> blioteca para a mulher»);

e tenta os prosadores, como *João Grave*, romancista fecundo e muito
lido. · *(João Grave* (Da Academia das Sciências de Lisboa) : — *Fogueiras
de Santo António* — «Cantares». — Porto — Livraria Chardion de Lelo &
Irmão, Limitada, edit — Rua das Carmelitas, 144 — Aillaud e Bertrand —
Lisboa — Paris. — 1920).

E' à poesia popular que deve a emoção suavíssima de seus cantares, êsse poeta gentil que se chama *António Correa de Oliveira*. Bate
em seus livros o coração do povo. Enleva-nos e perturba-nos, como se
estivéssemos ouvindo a resignada tristeza e a rosa de esperanças da
nossa alma. Canta o soldado que vai à guerra

> Avèmarias : ao vento
> sob o lusco-fusco, um sino
> parece ungir, doce e lento,
> chagas de luz, ar sangrento,
> como um balsamo divino.

e canta maravilhosamente *A Nossa Pátria.*

> Dai-me um lugar, junto ao lume;
> vou contar-vos a minha história.
> — Saudade, é Hóstia divina
> feita do pão da memória.

> *(Na Hora incerta* ou *A Nossa Pátria* —
> «Redondilhas que para o Povo escreveu *António
> Corrêa d'Oliveira»,* ano de 1920, em cont).

A's minhas tardes de domingo enfloro a soturnidade da cela com a meditação dos poetas. Não leio versos, não posso, senão numa atmosfera de recolhimento, como quem camandula as suas horas canónicas. Lembram-me tantos, de entre os últimos que me deleitaram! Alguns novos, como o nosso *Marques Mendes (Marques Mendes — Alma Peregrina* — Versos — Com prefácios dos ilustres escritores José Agostinho e Raúl Brandão — 1920 — Imprensa Henriquina, mov a electricidade — Braga), ou que se afirmam e revelam com verdadeira intuição, como *José Forbes Costa*

AS ONDAS

A uma e uma as ondas vem rolando,
rugidoras, soberbas, alterosas,
das cristas branca espuma espadanando,
que o sol faceta em vibrações radiosas.

Mas, à medida que elas vão chegando
à vastidão das plagas arenosas,
uma a uma se vão esfrangalhando
como farrapos de canções saudosas.

Também as ilusões da mocidade
vem rolando, rolando em liberdade,
cheias de luz e brancas como a espuma.

Chega a velhice: é as ilusões — coitadas! —
vão, quais ondas, morrer esfarrapadas
no sinistro areal, a uma e uma.

(José Forbes Costa: — Amar! Sofrer! —
Porto — Companhia Portuguesa Editora — 1920).

Recordo, ao acaso, das últimas leituras

Eugénio de Castro: — Camafeus Romanos. — (Edição da Empreza Internacional Editora «Lumen» — Coimbra);

Arthur Botelho: — Camões — Drama Heróico. — (Porto — Livraria Chardron de Lelo & Irmão, Limitada — 1910);

D. João de Castro: — Jesus. — (2.ª edição parcialmente refundida e com ilustrações de António Carneiro. — Editores: — Renascença Portuguesa — Porto — Luso-Brasileira — Rio de Janeiro);

João de Barros: — D. João — Poema — (Livraria Aillaud & Bertrand — Paris — Lisboa — Lavraria Chardron — Porto. — Livraria Francisco Alves — Rio de Janeiro);

Antonio Valente d'Almeida: — Livro de Versos. — (1920 — Editora Imprensa Pátria — Rua Antero de Quental, 36 — Ovar);

Heine: — Intermezzo Lyrico — por *Joaquim Freitas Gonçalves.*

Humberto de Luna e Oliveira : — Evocando. — (Livrarias Aillaud e Bertrand — Paris — Lisboa — 1920) :

> Como os desejos,
> nascem os beijos
> que nos quebrantam,
> quer de leveza,
> quer de impureza;
> os beijos cantam,
> todos cadência,
> a existência...
>
> Beijo de amante,
> beijo inconstante,
> divino beijo,
> taça de fel,
> ou flavo mel,
> Vida — Desejo,
> infindo mar
> sem se esgotar !
>
> Como os desejos,
> nascem os beijos
> frescos e ardentes,
> rubins cantados.....

Visconde de Carnaxide : — No outono da vida. — (Imprensa Nacional de Lisboa — 1920);

Pedro de Menezes : — A lenda do Rei Boneco. — (Livrarias Aillaud e Bertrand — Paris — Lisboa — 1920).

.....Ondas febris de música vão lentamente descendo como as vagas em maré baixa. E' já do mar largo que o vento sopra o murmúrio do amor eternamente insatisfeito. Um espelho de água — profundo, imenso, traiçoeiro — o oceano, onde se reflectem as paixões humanas. Brama e soluça, altera-se e rasteja.
Meu doido pensamento : cala-te, pára...

> Lentement, doucement, de peur qu'elle se brise,
> prendre une âme; écouter ses plus secrets aveux,
> en silence, comme on caresse des cheveux;
> atteindre à la douceur fluide de la brise;
>
> dans l'ombre, un soir d'orage, où la chair s'électrise,
> promener des doigts d'or sur le clavier nerveux;
> baisser l'éclat des voix; calmer l'ardeur des feux;
> exalter la couleur rose à la couleur grise;
>
> essayer des accords de mots mystérieux
> doux comme le baiser de la paupière aux yeux;
> faire ondoyer des chairs d'or pâle dans les brumes;

Et, dans l'âme que gonfle un immense soupir,
laisser, en s'en allant, comme le souvenir
d'un grand cygne de neige aux longues, longues plumes.

Recordo ainda êste soneto de *Albert Samain (Le Chariot d'Or)*. Outras canções, mal distintas, erram e perdem-se na memória, sulcos de relâmpago que mais entenebrecem a escuridão. Horror, o duma vigília assim. Estou como paralítico nesta cadeira, sem acção, sem vontade. Fujo o veneno dum cigarro : outro vício Agora todos os vícios são caros, o da leitura, instrumento hoje necessário ao trabalho em qualquer forma da actividade, absurdamente caro. Mimo de ricos — uma categoria de pessoas ainda não classificadas após a guerra, novo tipo social com variadíssimos defeitos, e porventura sem as qualidades fundamentais das aristocracias anteriores.

Tem-se escrito muito — romance, novela, artigos soltos, tentativas de literatura e filosofia — e se eu pensasse, querendo minorar o tormento da noite, em referir apenas e só pela rama o principal em qualidade, gastaria, baldadamente, paciência e palavreado, sem que assim definisse orientação de modernos publicistas. E' um estudo a fazer, sério, numa pena culta, aligando-o ao esbôço metódico e inteligente de *Moniz Barreto* na «Revista de Portugal», do Eça, tomados os substanciosos apontamentos esparsos em *Theophilo Braga* e *Sampáio (Bruno)*.

Aqui estão, por exemplo, dois ensaios magníficos, singrando em tempo não propício a estudos e meditação. Deixem-me, porém, antes, apontar-lhes como precioso o estudo sôbre etnogenia portuguêsa, de *Mendes Corrêa : — Raça e Nacionalidade* — (Editores Renascença Portuguêsa — Porto — Luso-Brasiliana — Rio de Janeiro). O primeiro daqueles é o livrinho de *Jaime de Magalhães Lima :* — «Arte e Alentos de Pousadas da minha Terra» — *Rasto de Sonhos* — (Composição e Impressão Emprêsa Gráfica «A Universal» — R. Duque de Loulé, 131 — Porto).

A crítica está nestas carinhosas palavras do meu distinto amigo e ilustre professor Dr. João Barreira, que recortamos dum artigo na *Patria :*

«Na sequência lógica do seu ponto de vista, o sr. Magalhães Lima diz que a casa é nuclearmente um lar do qual tudo o mais irradia e depende : da idea moral do lar deriva, pois, o carácter estético da casa que fica sendo assim a revelação exterior de uma consciência e o casulo de um coração. Nada mais belo e mais nobre, mais educativo e mais forte do que êsse conceito que constrói a nossa casa de dentro para fora e não de fora para dentro, tirando o corpo da alma e não subordinando a alma ao corpo, fazendo triunfar assim o idealismo sôbre a sensualidade, a ternura sôbre a ostentação. O autor, feita a casa, acesa dentro dela a lâmpada da amizade, porque o amigo virá em peregrinação nos momentos alegres e nas horas amargas, põe-lhe em volta uma grinalda, o jardim, para que junto do culto da família se celebre o culto da natureza, e as flôres, que com o seu perfume envolvem a casa, sejam o símile dos corações, cuja emanação a perfuma lá dentro. Mas para isso o jardim deve ser liberto da escravidão geométrica e representar ingènuamente a transformação do craveiro que vermelhava na varanda, e depois desceu pelos degraus da escada, e poisou na beira do poço, juntando-se à porta, invadindo o pomar e alargando-se até às sebes da vedação, onde se confundiu com as madre-silvas do valado. O jardim é dest'arte a rima bucólica da casa, rima livre, espontânea, e que a prende por uma gradação harmónica à extensão dos campos onde loirejam as searas e à ondulação das colinas onde gemem os pinhais. Plantas, as da nossa terra, a flora que é uma função secular do nosso chão, as floritas que andam ligadas às saudades da nossa infância e são o ramalhete com que se esmaltam, em delicadas comparações, as trovas populares, nos improvisos dos cantadores em noites de espadelada. Só assim o jardim é um confidente das nossas horas de repouso e de contemplação, quando a lua sobe e na espessura cantam os rouxinóis.

Este poético livrinho, tam cheio de simpatias e de afeições, é um relicário de conceitos que elevam as modestas dimensões da nossa casa, se'foi construída em pureza, à grandiosidade de um templo e subalternizam a impertinência do palácio às proporções de uma estalagem de acaso. Para maior relêvo, é às vezes de um proselitismo franciscano que se justifica num devoto de Tolstoí, mas as suas humildades de filósofo são resgatadas por um religioso respeito por essas eternas realidades que são a Família, a Tradição, a Natureza, cujo somatório é ess'outra realidade transcendente que se chama Vida. Por isso deve ser lido pelos artistas que precisam de não esquecer nunca que arquitectura quer dizer poesia, que essa poesia brota na alma criadora do povo em assomos de genialidade instintiva, dando no mesmo movimento o ritmo da canção e o ritmo da linha construtiva, e que por isso os exemplos do passado devem fecundar no seu espírito a laboração do presente. E deve ser lido por todos aqueles que, fatigados das encruzilhadas do mundo, se interrogam na tristeza solitária aspirando ao refúgio do lar e num exame de consciência se redimem erguendo numa prece as paredes da sua pousada transitória sôbre a terra. — *João Barreira.*»

Publicou o sr. *B. V. Moreira de Sá* o volume I do *Manual de História das Artes Plásticas* (Arquitectura — Escultura — Pintura — Artes Suntuárias e Decorativas), aos cuidados da «Companhia Portuguêsa Editora» (Sede: Rua da Boavista, 307 — Sucursal: Rua Almada, 123 — Porto), ao qual, com precisa embora desbotada propriedade, se pode aplicar o dizer comum : obra para ser proveitosamente consultada pelos estudiosos.

São muito variadas as matérias de que trata nesta primeira parte. Ali desfilam em revista, com sínteses claras e esclarecimentos úteis, as artes e civilizações proto-helénica, grega, persa, etrusca e romana; a arte cristã e bizantina; as arquitecturas románica, árabe e gótica; a pintura trecentista e a *Renascença do Quattrocento*, as manifestações quinhentistas, definindo sempre a influência das várias escolas na arte portuguêsa. Magnífico trabalho de vulgarização, merece o nosso incitamento e o nosso louvor.

A notar ainda :

Ántonio Baião: — Estudos sobre a Inquisição Portuguesa — II. (Academia das Sciencias de Lisboa) — Coimbra — 1920.

Anselmo Braancamp Freire: — Ida da Imperatriz D. Izabel para Castela. — (Coimbra — 1920).

Transcrevo de *Remy de Gourmont (Couleurs)* : «Le roman ne relève pas d'une autre esthétique que le poème; le roman originel fut en vers : c'est l'Odyssée, roman d'aventures, c'est l'Enéide, roman de chevalerie; les premiers romans français étaient, nul ne l'ignore, des poèmes, et ce n'est qu'assez tard qu'on les transposa em prose pour les accommoder à la paresse et à l'ignorance de lecteurs plus nombreux. De cette origine, le roman garde la possibilité d'une certaine noblesse, et tout véritable écrivain, s'il s'en mêle, la lui rendra; à qui voudrait-on faire croire que *Don Quichotte* n'est pas un poème, que *Pantagruel* n'est pas un poème, que *Salammbô* n'est pas un poème? Le roman est un poème; tout roman qui n'est pas un poème n'existe pas. Flaubert ne m'avait pas encore appris, par les lettres qui racontent la composition douloureuse de *Madame Bovary*, qu'il faut «donner à la prose le rythme du vers (en la laissant prose, très prose) et écrire la vie ordinaire comme on écrit l'histoire ou l'épopée». En méditant cela, j'ai trouvé que Flaubert outrait de peu l'idée qu'il faut avoir de la prose littéraire, dont la beauté ne peut être faite que de mots et de rythme, le rythme étant primordial. La méthode qu'il voulait pour le roman, je la crois bonne aussi pour la comédie, le conte, même qui n'est qu'une anecdote, tout écrit, presque, et le simple article destiné à la matinée d'un journal. Il n'est point d'art inférieur.»

Não posso considerar nem como artista, nem como literato, um *António Ferro*, quaisquer que sejam os aplausos da basbaquice e os lucros da indústria. Parece-me ouvir, em viela de província — uma cidadezinha pequena e mal alumiada, o avinhar de espírito, muito balburdioso, de estudantinhos, noctivagando em casa suspeita o quarto de hora de amor. Será belo; tenho-o como idiota. Será génio; a mim, que não sou ninguém, enjoa-me, francamente. Não posso também ter como romance a *Sirena* — em prol da cultura physica! — do distinto escritor brasileiro *J. B. Gonzaga Filho.* E' um manifesto ramalhudo e simpático, bem lavado e bem vestido, um pouco de maneiras carioca, defendendo a higiene do corpo... e as poesias do autor. Que êste não faz trejeitos de modéstia — a cada passo, embevecidamente, recita os seus versos, com fartos aplausos de si próprio. Futurismos, hein?, que apaúlam o ronceirismo dum pobre de Cristo, muito supersticioso da grandeza, das maravilhas da Arte...

A literatura brasileira merece um lugar à parte e a meticulosa atenção dos nossos críticos de Arte. *João do Rio* é uma eminentíssima personalidade literária. Há sentimento, cultura, lava, nas suas páginas. Ainda neste último livro, meio aberto na minha banca, — *Rosário da Illusão* — (Portugal-Brazil, Limitada — Sociedade Editora — Lisboa), as impressões — *Pavor* — e — *Maria Magdalena* — são soberbamente modeladas.

E' quási manhã. Sinto a luz antes do alvorecer. Ela anuncia-se numa saudação do ar mais ligeiro e puro. Talvez, agora, me dispusesse a reler algumas passagens, a evocar emoções dos meus melhores amigos. Há um movimento de renascença nas letras portuguêsas.

A Senhora D. *Maria Amália*, o mais culto e bondoso espírito de mulher do nosso tempo, faleceu quando a reedição das — *Scenas do século XVIII em Portugal* — (Portugal-Brazil, Limitada — Sociedade Editoia — Lisboa), a vinham recordar a uns, e trazer a tantos outros a auréola perfumada do seu prestígio. Recordo com saudosa veneração o exemplo do seu nome, lamentando que tenha caído arrefecida pela morte a preciosa mão que burilou tam lindos quadros e se tenha cerrado ao nosso saudoso convívio a inteligência aberta e desempoeirada que tam bem soube compreender e sentir o heroísmo e a virtude, a desgraça e o amor.

O Senhor *Conde de Sabugosa* alcançou no nosso pequeno meio a mais justa celebridade. Instrui e cativa. Ressuscita os mortos com a verdadeira grandeza dum fidalgo, que em si encarna as virtudes da raça, e ilumina-os, nessa vida da sua prosa, com a clareza e brilho dum clássico. — *Embrechados* —, — *Donas de tempos idos* —, — *Gente d'algo* — (ed da.Portugal-Brazil), são livros àvidamente procurados e lidos com a delícia de quem, na mais amável companhia, passeasse, em manhã de Abril, ao primeiro sorriso das flores, pelo jardim evocativo, muito povoado de ruinas, dum antigo solar.

Tem nome já feito e consagrado o ilustre académico *H. Lopes de Mendonça.* As duas últimas publicações de contos de sua lavra — *Sangue Português* — e — *Gente Namorada* — (ed da Portugal-Brazil), foram excelentemente acolhidas pelo jornalismo e pelo público. Traceja com grandeza de côr, em opulento estilo, eruditamente adequado, alguns quadros, tipos e anedotas da velha história portuguêsa, que nêle encontraram o atento, escrupuloso e inteligentíssimo pintor. Há um forte sabor de vida antiga na sua frase castigada, no seu ritmo evocador, na sua fina ironia.

A outros já a nossa mentalidade a desempoeirar-se dos frivolismos parisienses vai procurando com agrado crescente, premiando o seu esfôrço e labor. *Sousa Costa,* que se apresenta na — *Ressurreição dos Mortos* — como romancista na virilidade do talento, tem-nos dado, incansàvelmente, obras de caracterizada feição portuguêsa. Sentiu bem a nossa terra, e o amor de filho canta em seus lábios hinos de triunfo, aleluias de luz, quebrantos sentimentais duma ingénua bondade, duma dor profunda, quási meiga, resignada... feliz. E' um fio étnico do nosso modo que se reata. Deixa-nos uma impressão de enleio e doce encanto. E eu tenho pena de não poder reler-vos, com lágrimas de orgulho nos olhos, na sua música tam nossa, essa admirável — *Página de Amor* — do — *Milagres de Portugal* — (ed da Portugal-Brazil).

Senhora do Amparo veiu enriquecer a escolhida produção de *Antero de Figueiredo* (ed. da Aulaad e Bertrand). De *A. Campos* eu recordo, com o enternecido carinho que tais iniciativas merecem, tam caras ao meu espírito, o — *Aldeias da Nossa Beira* — (ed da Renascença Portuguêsa), de *Júlio Dantas* as — *Abelhas Doiradas* — (ed. da Portugal-Brazil), que, como na frase de Theócrito — «zumbem, scintilam... e passam deixando a impressão doce do mel...», e a novela regionalista — *A Maria Abérola* —, que obteve o primeiro prémio no concurso literário de «A Capital», de *Raimundo Esteves* — (Edição da Casa Havanêsa — Figueira da Foz)...

Até o teatro, êste ano, nos deu uma boa novidade : a peça em 4 actos — *Zilda* — de *Alfredo Cortez.* Dela fala assim, em precisas linhas, o sr. *Cesar de Frias,* o crítico literário de «O jornal do Commercio e das Colonias» :

«Authentico e não vulgar successo á luz da ribalta, confirma-se elle agora na leitura do livro. Poder-se-ha discutir o significado moral da peça, poder-se-ha duvidar de que aquella figura da protagonista, de recorte accentuadamente bernsteineano, tenha ou tenha tido aproximada incarnação n'alguma mulher dos nossos meios mundanos, poder-se-ha mesmo sentir repulsa péla sua histeria dissipadora de almas e riquezas — mas o que não offerece sombra de duvida, quanto a nós, é que o seu feliz auctor, n'aquella obra de estreia, de modo algum surgiu com vizos de estreiante, e antes appareceu como dramaturgo feito, na posse de invejavel e segura *maneira* de fazer theatro. Não marcou passo, não tirocinou, não andou em exames de mediocre classificação. Chegou, viu e venceu, como o general romano. Galgou á posição mais alta logo de entrada. Por isso, quando, tendo em vista a excellencia, como obra scenica, da *Zilda*, se affirma que o theatro portuguez entrou numa epocha de ressurreição, se profere um asseito ôco, sem sentido real. A *Zilda* não é, afinal, um facto isolado. Lembremo-nos de *Carlos Selvagem* com os seus *Entre Giestas* e *Ninho d'Aguias* e alguns novos auctores mais, que, embora sem successo tão retumbante, algo produziram digno de menção e promissor d'essa renascença em que se fala e crê.

Gostoso nos seria alargarmo-nos em elogios bem sinceros ao auctor da *Zilda*, tanto mais que ao fazê-los, estamos inteiramente á vontade e livres da suspeita de compadrio: não o conhecemos pessoalmente.»

Nos solitários esguios, as flores acordam dum sono povoado de borboletas — o perfume, que estivera parado na solitude da noite, espalha-se outra vez como um carinho matinal. 'A linha do horizonte a negrura espairece, dilui-se em azul, alaranja-se com diafaneidade, rosa-se de travessura infantil e já o primeiro espargir de luz doirada irisa nas fôlhas ainda novas as joias do orvalho. Também o meu coração se alijeira de cuidados e uma ponta de febre de esperança — a nova ilusão de cada dia, em cada noite desfeita — me ressurge a vontade e tintina no cérebro a grasinada jovial. Dentro em pouco, alguns minutos apenas mais, a onda do trabalho arrasta-me, o pensamento maquiniza-se, a consciência desvia-se no alarme doutras preocupações. Cautelosamente fecharei a porta dêste sacrário íntimo, como quem esconde na energia a sua dor. Como é bom ser o transeunte, cujo destino se ignora... Mas eu voltarei, meus amigos, junto de vós, antes do crepúsculo, porque volta sempre o amante aos braços cruéis, em que sentiu o encanto do martírio. No meu busto de *Eça de Queiroz* o sorriso de ironia torna-se mais brando e humano. Eu costumo, fixando-o, pedir-lhe graça, e o sentido da humanidade, a razão do louco. Dali, o meu *Fialho* — e tenho-lhe tanto mêdo... — sacode-me em vergastadas de emoção.

Depois vieram outros mais novos. Ontem, *Malheiro Dias*. Hoje, os dois ilustres romancistas *Aquilino Ribeiro* e *Manuel Ribeiro*. Detenho-me, forçado de admiração, um pouco, ao grato memorar dêstes dois queridos artistas, que tam ràpidamente ascenderam à mais pura celebridade literária. Aos seus livros aplico aquelas palavras de *Remy* porque há ritmo nos seus poemas de tortura, de côr, de paisagem, de naturalidade. Voltamos a encontrar o nosso homem e a nossa terra. Fala-se a nossa língua. Ouve-se o nosso povo. Soluçam as nossas revoltas idealistas ou geme o nosso passado macambúzio. Tam pouco — e tam grande; tam simples — e é uma maravilha. A hora não

110

se presta a expansões, nem eu sou afeiçoado a elogios. Sinto demais, e, como os namorados, calo-me, incapaz de traduzir os pensamentos que se acumulam, doentios de afinada sensibilidade, mal humorados na suja e tremenda prosmicuidade mental.

A obra de *Aquilino Ribeiro* — *Jardim das Tormentas* (contos), *A Via Sinuosa* e *Terras do Demo* (romances), *Filhas da Babilónia* (novelas) — (ed. das Livrarias Aillaud e Bertrand) —, marca nas estantes um bom lugar entre,os bons e invulgares romancistas. *Manuel Ribeiro* tem n'*A Catedral* — (ed. Guimarães & C.a) —, formosíssimas páginas, onde são soberbamente descritas algumas das mais fortes comoções da nossa alma atribulada — a tradição, as crenças religiosas, a intuição ascética, a febre da arte, a revolta na ânsia dum mundo mais perfeito e liberto. *Aquilino* descobriu na alma popular filões ainda não explorados; a bizarria da sua linguagem é côr na paisagem e a tradução fiel do sentir da gente rude. *Manuel Ribeiro*, sugestionado pelo seu próprio feitio, faz uma curiosa aproximação das três asceses — religiosa, artística e revolucionária —. Eu os saúdo, ao abrir desta manhã.

Sôbre a minha banca, em leitura :

Alfredo Apell: — *Contos populares russos* — (Traduzidos do original). — Tradições do povo português e brazileiro comparadas com o folclore estrangeiro. — (Lisboa, Portugal-Brazil Limitada).

Brito Camacho: — *Gente rústica.* — (Lisboa, Guimarães & C.a).

Samuel Maia: — *Entre a vida e a morte.* — (Lisboa, Portugal-Brazil Limitada). ·

Emilia de Sousa Costa: — *Estes sim... venceram* — (Contos para crianças). — (Lisboa, Portugal-Brazil Limitada).

EDUARDO D'ALMEIDA.

Já composto êste artigo, folheamos um livro muito curioso e que por si próprio se recomenda :

Camillo Homenageado — *O Escriptor da Graça e da Belleza* — publicado pela — «Commissão de homenagem posthuma ao fecundo romancista» —, que é composta dos Ex.mos Srs : *José d'Azevedo e Menezes*, Presidente; *Daniel Augusto dos Santos; Francisco Maria de Oliveira e Silva; José Roballo; Francisco Correia de Mesquita Guimarães*, Tesoureiro; *Dr. Nuno Simões*, Secretario — A edição, da Tipografia «Minerva» de Cruz, Sousa & Barbosa, Limitada, de Famalicão, é muito cuidada. O intuito da obra nobilíssimo e a sua consulta proveitosa para aquêle que foi e ficará na língua portuguêsa como uma grande figura de génio e de desgraça.

A *Revista de Guimarães* tem duas dívidas em aberto, que vai procurar saldar — a comemoração de dois vimaranenses que honraram a sua terra, dignificaram as letras portuguêsas e a quem a *Sociedade Martins Sarmento* consagra merecidíssima gratidão e sempre recorda com profunda saudade — o Dr. João de Meira e o Ex.ᵐᵒ Senhor Domingos Leite de Castro — . O nosso próximo número será por isso em parte devotado à memória do Dr. joão de Meira.

REVISTA

DE

GUIMARÃES

PUBLICAÇÃO

DA

SOCIEDADE MARTINS SARMENTO

PROMOTORA DA INSTRUÇÃO POPULAR NO CONCELHO DE GUIMARÃES

VOLUME XXXI

N.º 3 — Julho — 1921

GUIMARÃES

Pap. e Tip. Minerva Vimaranense

1921

DUAS PALAVRAS PRÉVIAS

Meses depois do falecimento de João Meira, recebi, acompanhada do original, que agora se publica, a seguinte carta do Exmo Sr. Dr. Joaquim José de Meira:

«*...prezado amigo:*

Aí vai a conferência que o João tencionava ler em 9 de Março e que êle preparou, já doente e perdido sem remédio.

Por vários motivos ela lhe pertence. Mando-lha pois. Ele tinha por V.... uma grande e especial consideração. Há-de estimar que às suas mãos vá parar êste último trabalho, que, se outro valor não tem, mostra quanto êle era afeiçoado à sua terra, à nossa Sociedade e a V....

Creia-me sempre

am.º m.to af.º e obr.º,

J. Meira.»

Esta carta, tam enternecedora e generosa, quási não precisa de ser explicada, para muitos.

Presidia eu nesse tempo à Direcção da Sociedade Martins Sarmento e tratava-se de celebrar a sessão solene que as nossas disposições estatuárias fixavam no dia 9 de Março. A fórmula dessa celebração, que provisòriamente se adoptara no primeiro ano, eternizáva-se, enquistava, tornava-se completamente obsoleta e sobretudo muito mais prejudicial do que útil e atraente. Deixava de ser compreendida e apenas era explorada.

Pensara-se então em substituí-la por outra de que se excluísse o elemento ganancioso e a patente injustiça. Além disso, deram-se atritos emergentes do estabelecimento do novo regimen político e a nossa Sociedade, dondé a politiquice fôra sempre cuidadosamente afastada, viu-se tratada, com grande surprêsa nossa, como inimiga ou como suspeita. Foi necessário, mais ràpidamente do que supúnhamos, realizar essa transformação e resolveu-se que o número principal da sessão fôsse uma conferência, a que apenas se exigisse a condição de que o seu valor literário ou scientífico estivesse em harmonia com o daquele superior espírito, cujo aniversário natalício se comemorava.

Assim eu fui bater à porta de João Meira, professor abalisado, erudito e artista, cujo maior defeito era uma virtude, a modéstia, tamanha que o seu mais íntimo amigo, homem de uma clara e ilustrada inteligência, habituado a perscrutar todos os dias o funcionamento das mais recônditas molas da vida, apenas nos últimos meses da sua existência, conheceu todo o seu merecimento... quando conheceu que o perdia.

Ele era quási meu colega na Direcção, encóntrávamos-nos quási tôdas as noites, que êle passava em Guimarães, no nosso *clube*, a pequenina loja do Jácome (¹), tam nosso amigo e da Sociedade, que a deixou herdeira, e onde os quatro ou seis, que lá nos reuníamos, íamos ganhando fama de conspiradores. O disparate!

João Meira prestou-se da melhor vontade ao trabalho que eu lhe pedia. E foi logo nessas alturas que a doença o atacou, doença que não perdoa, e foi só nas vésperas da sessão de 9 de Março que eu soube a preceito e pude tornar pública a notícia da fatalidade que o não deixava cumprir em tôda a plenitude o seu compromisso.

Como distinto lente, que era, de medicina, êle conheceu perfeitamente o seu estado. Figure-se agora cada um o que foi essa luta atroz de tantos e tam compridos dias, quando pai e filho apenas cuidavam em iludirem-se um ao outro. Que me perdoem aqueles a quem estas palavras vão avivar, não a dolorida sauda-

<hr>

(¹) O Sr. Jácome.

de do morto, que essa não se esvai, mas a cruciante dor do instante fatal da separação. Eu precisava recordar estas tristezas para terminar o meu razoado. Foi escrita nestas condições a primeira história scientífica e crítica de Guimarães. Nós tínhamos os estudos do Cónego Gaspar Estaço, as descrições do Padre Torquato, do Padre Carvalho e do Padre Caldas e as monografias do Abade de Tagilde, João Gomes, com grande cópia de apontamentos; mas a tentativa de João Meira, dando aos factos a ordem cronológica, abre o caminho a uma nova forma de escrever a história local, donde se hão-de descobrir vários aspectos novos e largos horizontes inesperados. Cada terra tem o seu carácter, a sua idiossincrasia, suas virtudes e taras. Umas dadas ao prazer, outras mazorras e fúnebres, parecendo trazerem às costas todo o pecado original. Estas são industriais e laboriosas, aquelas religiosas ou indolentes, amam a sciência e a arte, outras são indiferentes. Porque? Qual a origem de cada espécie? ¿Quando e como começou a caracterizar-se a feição de cada uma? As histórias de cada terra hão-de tender a fazer-se estudos de psicologia social.

João Meira não pôde senão escrever a primeira metade da sua história até fins do século XVI.

O que êle pensava do que devia ser a história da sua terra no período imediato, aquele em que a divergência das concepções mais se acentua, não o podemos saber nós, porque a diferenciação dos dois períodos é muito acentuada e a maneira de tratar um pode não ser a mesma do outro. O que sabemos é que, na parte que nos deixou, deixou-nos um facho de luz sôbre o passado, um guia seguro para futuros trabalhos, um exemplo para estranhos.

Pois todo êste formoso estudo, como acima digo a primeira história scientífica e crítica de Guimarães, foi feito por entre as apreensões da morte próxima, postos os olhos na sua terra. Não há aí frase que não seja uma dor, uma lágrima, uma revolta sua ou dos seus, com que foi amassada. Esse primeiro esfôrço da nossa história é um monumento de amor pátrio e dedicação à Sociedade Martins Sarmento, sempre irmanadas, Guimarães e Sociedade, no seu coração e no seu espírito. Assim João Meira nos deixou, a uma e outra, isto é, a todos nós os vimaranenses, um primor de sentimento e heròicidade, um nobilitante e inapreciável legado — pedaços do seu coráção e da sua inteligência, encastoados numa joia literária que certamente Guimarães como a Sociedade Martins Sarmento nunca mais esquecerão, nem a história da literatura portuguêsa esquecerá nunca.

Tornado pois possuidor, pela gentileza da oferta do Ex.mo Sr. Joaquim José de Meira, da obra de seu filho, cabe-me a mim a obrigação de a comunicar àqueles a quem, na intenção do autor, ela foi directamente destinada, e que eu apenas provisòriamente represento para êste efeito — os nossos consócios da Sociedade Martins Sarmento e o povo de Guimarães, que tudo é a mesma coisa. Sem dúvida êle saberá receber o precioso legado como êle merece.

Costa, Maio de 1916.

D. Leite de Castro.

GUIMARÃES

950 - 1580

(Conferência inédita de JOÃO DE MEIRA)

Senhor Presidente,
Minhas Senhoras,
Meus Senhores:

«Não conhecermos a nossa própria história, diz um escritor moderno, é de bárbaro; conhecê-la, porém, viciada, tecida de burlas e de piedosas fraudes, é pior. Porque, no primeiro caso, com não sabermos quem somos, nem nos dizerem donde viemos, essa mesma ignorância obstará a que perpetremos muitos desconcertos; ao passo que, se laborarmos no vício de uma falsa informação, daremos muitas vezes, com a memória das fábulas que nos tiverem ensinado, razão sobeja e justificada a que se riam de nós.»

Há trinta anos que em Guimarães se luta para que nem sejamos chamados bárbaros, por ignorarmos a nossa história, nem sejamos objecto de mofa, por apresentá-la entretecida de lendas inaceitáveis.

Guimarães representa uma excepção em meio da indiferença com que tem sido tratados os estudos da história local.

Não nos têm faltado historiadores. Sem falar de André Afonso Peixoto e Luís da Gamá, de cujas obras só conhecemos os títulos, ocuparam-se de Guimarães o cónego Gaspar Estaço de Brito, o Padre Torquato Peixoto de Azevedo, o Padre António Carvalho da Costa, o desembargador Francisco Xavier de Serra Craesbeack e o Padre António José Ferreirá Caldas.

Incidentalmente, algumas crónicas monásticas, a propósito dos conventos aqui estabelecidos, referem-se também a assuntos de história local.

Mas só depois que esta casa se fundou, que a sua abundante biblioteca se abriu, e que a sua *Revista* se constituíu repositório de materiais, a história de Guimarães começou a fazer-se scientìficamente.

O homem ilustre a quem esta instituição se deve,

porque dela foi ocasião, porque em homenagem lha
ergueram os seus amigos e os seus admiradores, o
homem ilustre cuja data aniversária estamos comemo-
rando, dera o exemplo do estudo probo e desinteressado das origens étnicas, rebuscando-as no solo, na tradição e na interpretação dos monumentos escritos que
nos ficaram dá antiguidade.

Francisco Martins Sarmento pôde estabelecer certo número de verdades etnológicas que lhe teriam dado
renome universal, se as não escrevera em língua quási
desconhecida, onde se encontram sujeitas ao triste pre-
calço, que já lhes sucedeu, de irem enfeitar como penas de pavão o pouco escrupuloso trabalho de algumas
gralhas francesas.

. O exemplo de tenacidade e de amor ao estudo,
dado por Martins Sarmento, frutificou; e a nossa histó-
tória local encontrou no Abade de Tagilde o seu
Mommsen.

.... Minhoto sem mescla de sangue estranho, pelo menos durante cinco gerações, o Padre João Gomes de
Oliveira Guimarães amou de veras o concelho onde
nasceu, viveu e morreu.

... Sabendo que para a elaboração de uma história
honesta são necessários materiais, e não os achando
reunidos, devotou-se à enfadonha e inglória tarefa de
os juntar,

. . Tudo o que pode ter interêsse histórico relativamente a Guimarães e se encontra nos nossos cartórios
públicos ou particulares, nos cartórios eclesiásticos de
Braga e no Arquivo da Tôrre do Tombo, foi por êle
publicado, ou simplesmente indicado, ou ficou nas suas
notas à espera de uma oportunidade que a morte não
deixou chegar.

O seu perdurável título de glória é a persistência
com que durante pertó de trinta anos, desde 1884, procurou elucidar as questões de pormenor, ou leu, suma-
riou e publicou documentos.

O futuro monógrafo de Guimarães terá muito que
aproveitar dêle e bendirá a sua memória veneranda,
por encontrar desbravado o terreno, e já esquadriado e
pronto o material com que há-de erguer o edifício da
nossa história.

Em 24 de Outubro de 1147. foi tomada Lisboa. O que impedia para lá o Rei português, com o auxílio dos cruzados, prestado em condições fortemente onerosas, não era só o prazer da conquista e a necessidade de ampliação do território. Outro motivo forçava Afonso Henriques a submeter-se às duras condições da gente de guerra do Norte. Era a necessidade de assegurar o comércio de cabotagem e a necessidade de pôr têrmo à pirataria costeira em que os lisbonenses se mostravam peritos e vezeiros. Sem sciência nem coragem para se abalançarem ao mar largo, os lisbonenses do século XII sabiam e ousavam caminhar ao longo da costa e caír repentinamente sôbre as pequenas povoações da orla marítima, saqueando-as e devastando os seus arredores. O permanente estado de inquietação que daí resultava para as populações cristãs da beira-mar forçou Afonso Henriques a procurar a todo o transe a conquista de Lisboa.

Mudaram os tempos, mudaram as manifestações, mas não mudou a essência dos factos.

Como na época em que nós éramos já portuguêses e êles ainda mestiça população de sarracenos e mosárabes, Lisboa mantém os seus hábitos de rapacidade.

Para lá vão sincrònicamente as nossas contribuições, que na maior parte lá são gastas; e não contente com esta exaustação periódica dum organismo inteiro em proveito dum único órgão hipertrofiado, ainda de quando em quando um lisboeta arrola e faz expedir para Lisboa as nossas preciosidades artísticas ou documentais. Já fomos vítimas dêstes processos.

Um dia apareceu em Guimarães Augusto Soromenho que em virtude de ordem superior juntou e remeteu para a Tôrre do Tombo 4203 documentos do *Arquivo da Colegiada*. Iam os documentos para Lisboa, porque assim o pedira a Academia Real das Sciências, afim de os ter à mão ao publicar os *Portugaliae Monumenta Historica*. Isto sucedeu em Março de 1763 e desde então até hoje, de todos êstes 4203 documentos só 66 ([1]) se publicaram.

([1]) O «Portugaliae Monumenta Historica» publicou 66 documentos da nossa Colegiada, existentes na Tôrre do Tombo.
O «Vimaranes Monumenta Historica» publicou no 1.º fascí-

O facto de 1863 ameaça repetir-se.

Urge que nos defendamos. E, na impossibidade de reconquistar Lisboa, a única defesa eficaz e-profícua das nossas riquezas paleográficas é a convicção levada a tódo o país de que as estimamos no justo valor e as utilizamos na medida do possível.

Esta é a razão porque procuro chamar para a nossa história política e social a atenção dos vimaranenses, de modo a despertar-lhe interêsse pelos monumentos em que ela se baseia. Esta é a razão porque procuro estimulá-los a que não deixem sair para fora de Guimarães o que é nosso, só nosso, legìtimamente nosso. Esta é a razão porque lhes lérei alguns factos da nossa história social e política.

*

O solo que constitui o concelho de Guimarães apresentava, antes da conquista romana, uma feição absolutamente inversa da actual. Enquanto hoje a população habita nos vales, e por outeiro e montanha se entrelaça o emmaranhado das carvalheiras e pinhais, os homens que nos precederam viviam no alto dos montes onde tinham estabelecido povoações fortificadas, cujas ruinas com o nòme de castros, citânias ou cividades, são tam vulgares no Minho, Trás-os-Montes e Galiza.

A situação tornava essas povoações dificilmente acessíveis; mas, para que os ataques fôssem mais seguramente improfícuos, uma faixa de muros, simples, dupla ou tríplice, acompanhada ou não de fossos, rodeava por completo o povoado, ou protegia-o nos pontos de mais fácil assalto.

Dentro a população abrigava-se em casas circulàres de pedra e talvez de madeira, obedecendo a um chefe e compondo-se de duas classes: a nobreza e os servos.

Em tôrno a reduzida cultura dispunha-se em tabu-

culo parte daqueles e outros documentos da mesma Colegiada, em n.º de 58. E no fascículo 2.º, idem, em n.º de 68. No mesmo 2.º -fascículo publicam-se 66, extraídos dos Tombos, cujos documentos originais devem estar na mesma Tôrre.

(Nota do Sr. J. L. de Faria).

leirps pelo monte abaixo, e no fundo era a selva primitiva, espontânea, emmaránhada, onde os soldados romanos tantas vezes se perdiam e embaraçavam, retardando a sua marcha conquistadora e triunfante.

Algumas destas povoações vinham da época neolítica, outras da idade de bronze, outras dos tempos proto-históricos, outras tinham sofrido a influência civilizadora de Roma e ainda perduravam no século IV da nossa era.

Depois que os romanos pacificaram o território conquistado, a residência nos altos tornou-se inútil aos vencidos e contrária à política dos vencedores. E se não terminou imediatamente, pouco a pouco, de geração em geração, os homens desceram ao vale com um certo carácter de permanência : primeiro os servos, depois a nobreza, e por último os chefes. E então os terrenos fundos, onde os gados de cada povoação se alimentavam em comum, começaram de ser aproveitados para a cultura.

Os chefes que à data da invasão romana já traziam as terras usurpadas, guardando para si uma parte das que possuíam, distribuíram as restantes pelos homens livres que junto dêles assistiam. 'A classe servil que não tinha direitos ficou o encargo de trabalhar nas glebas dos outros. E porque Roma lançara sôbre os chefes um tributo, êstes para seu integral pàgamento cobravam uma anuidade dos cultivadores a quem haviam distribuído terras. Assim se constituíu uma nova espécie de propriedade, até então desconhecida na península, e a estas parcelas desmembradas da antiga propriedade colectiva das citânias chamou-se em latim *villae.*

As *villae,* resistindo através dos séculos a tôdas as comoções que revolveram a Espanha, chegaram quási ao começo da monarquia portuguêsa como unidade rural. Fragmentaram-se depois. Mas, como quer que relações de parentesco e amizade ligassem tradicionalmente os cultivadores de cada *villa,* depois que elas deixaram de ser domínio dum só dono, não perderàm por êste incidente a individualidade histórica, e aí as vemos hoje constituindo freguesias de que agora o núcleo é a igreja, como o era antes o paço do *Dominus,* do senhor.

Antes que Portugal fôsse Portucale, antes que o concelho de Guimarães fôsse o *Término de Vimaranes,* já Creixomil era Creiximir, já Urgezes era Colgeses, já Fermentões era Foramondanos, já tôdas ou quási tôdas as freguesias do concelho de Guimarães tinham o nome que hoje têm, com pouca corrupção. Já então a sua antiguidade era grande, porque, constituídas antes da conquista romana e sancionadas por ela, datavam, ao alvorecer da monarquia, de mais de um milhar de anos.

Estes pergaminhos de respeitável vetustez, é bom relembrá-los, para que, ao fazerem-se remodelações administrativas, os limites tradicionais das *vilas* ou propriedades romanas, conservados nas paróquias portuguêsas, não sofram alterações que vão quebrar uma tam antiga e tam respeitável tradição.

Como a *vila* rural foi uma criação romana, também a Roma se deve a iniciativa das *Urbes* ou cidades de planície, que vieram substituir os velhos *oppida* da montanha. Se anteriórmente à conquista algumas povoações abertas existiram, deviam ter sido bem raras e bem reduzidas, para que os seus vestígios de todo se perdessem.

No tempo de Ptolomeu, no território dos Brácaros existiam cinco ou seis povoados que êle classssifica de *oppida:* Bracaraugusta, Caladunum, Complutica, Tuntobriga, Araduca e talvez Sinetus.

Oppidum era uma praça forte habitada, maior do que o *castellum,* defendida quer pela posição, quer por obras de arte, fossos, muros, baluartes.

¿Referir-se-ia Ptolomeu na sua enumeração aos castros que foram, como dissemos, a primitiva habitação dos nossos predecessores? Para Bracaraugusta sabemos que não.

Desde o tempo de Plínio e do recenceamento de Agripa que Brácara (tendo com pequena diferença a actual localização) dava nome a uma das divisões estabelecidas pelos conquistadores — o *conventus bracaraugustanus,* e era centro donde irradiavam consideráveis vias de comunicação de que ainda hoje existem vestígios epigráficos.

Além de Brácara, Caladunum, Complutica e Pinetus, já mencionadas por Ptolomeu, andam no Itinerário de Antonino como estações de Via Romana de Braga a Astorga, e êste facto confirma-nos que seriam povoações de planície, porque os romanos não levavam as suas estradas pelos cabeços dos montes, a não supormos que Ptolomeu e o Itinerário nos dessem os nomes dos castros em cujo sopé passava a estrada..

Segundo o Sr. Domingos Leite de Castro, a quem se deve esta hipótese, Caladunum seria Guimarães, ou melhor a Penha, onde assentava bem um castro e onde se tem colhido vestígios de habitações primitivas.

A série de deduções que levam a êste resultado o ilustre Director da Sociedade Martins Sarmento, não pode reproduzir-se agora, e sejam ou não aceitas, o certo é que não existe continuidade nem topográfica nem histórica entre Guimarães actual e Caladunum : Caladunum no alto da Penha, Guimarães em baixo. Caladunum pre-romana, Guimarães neogoda.

Do Pôrto só há notícia, ao terminar a dominação romana, no crónicon de Idácio ; era então um diminuto povoado ribeirinho, destinado a servir na margem direita a Calem do Itinerário de Antonino.

As outras povoações, que são hoje as sedes dos concelhos Entre-Douro-e-Minho, haviam de formar-se posteriormente e eram então simples *vilas* ou prédios rurais.

O mesmo sucedia a Guimarães.

*

O que de certo se sabe sôbre as origens de Guimarães, extrai-se dos *Portugaliae Monumenta Historica* e é o seguinte :.

Em 950 e 959 Mumadona, senhora aparentada com Ramiro II de Leão, fundou na pequena quinta de *Vimaranes* um mosteiro, para satisfazer uma recomendação que à hora da morte lhe fizera Ermegildo, seu marido.

O mosteiro prosperou ràpidamente. Entre as causas desta prosperidade entraram por certo em grande parte o não existirem ainda neste canto da Península o grande número de conventos que depois se fundaram e as ordens militares que haviam de possuir após a constituição da monarquia tamanha soma de bens.

As importantes doações que lhe foram feitas, principalmente por Mumadona, seu filho D. Gonçalo e Ramiro II de Leão, puseram-no ràpidamente a par dos mais ricos que então havia. 'A data da entrada do conde D. Henrique em Espanha, um século depois da sua fundação, o cenóbio vimaranense era já riquíssimo em terras. Do Minho ao Vouga, e ainda para além dêstes rios, se lhe contavam numerosas propriedades, como o atesta o inventário dos seus bens realizado em 1509.

O Burgo Vimaranense nasceu e desenvolveu-se sob a influência desta crescente prosperidade. Onde cem anos antes viviam alguns pobres servos cultivando um prédio rústico, surgira uma população inteira, acolhendo-se à protecção espiritual do convento e à segurança material do Castelo.

Exemplos de nossos dias e do nosso concelho, cómo a formação do recente povoado de S. Torcato, ajudam a compreender estes fenómenos.

Todavia a existência do mosteiro não decorreu inteiramente isenta de perigos e de ataques de naturais e estranhos.

Poucos anos tinham passado sôbre a fundação, quando o terror de uma irrupção normanda, que viera até perto, obrigou Mumadona a juntar ao convento um castelo que erguido na eminência que lhe ficava mais próximo pudesse servir-lhe de defesa e refúgio.

Aos inimigos externos vinham juntar-se os inimigos internos, nesses tempos bárbaros em que a justiça era nada e imperava a fôrça, domada de longe em longe pelo terror do sobrenatural.

Durante a vida do Conde Gonçalo Mendes, filho de Ermegildo e Mumadona, foi êste, ao que parece, o defensor e protector do mosteiro. Pelo menos foi-o contra Gondisaluo Muniuz; e em recompensa recebeu a vila de Tavoadelo que por sua morte reverteu ao mosteiro. Depois dêle morto, Ordonio Ranemiriz e sua mulher D. Gelvira, vindo ao território portugalense, apoderaram-se por violência da vila que entregaram a sua filha Mumadona Ordoniz e seu genro Fredenandus Gondemariz. Este, porém, sabendo que lhe não pertencia de direito e temendo ver-se desapossado dela, vendeu-a a Ermegildo Menendus Fulieus e a sua mulher

Gunteronde Ordoniz que muitos anos a tiveram e afinal a doaram ao mosteiro de Guimarães em 1045.

Quando em 1064 Fernando Magno de Leão foi tomar Coimbra, acompanhado dos Bispos de Iria, Lugo, Viseu e Dume, e de muitos fidalgos, levou também consigo os abades de dois únicos mosteiros: o de Cela-Nova e o de Guimarães. Diz a tradição que o de Guimarães se fazia acompanhar dos seus frades e que o local onde acamparam junto a Coimbra recebeu o nome de Celas de Guimarães, que hoje se diz abreviadamente Celas.

O convento vimaranense foi primitivamente dúplice. Assim o instituiu Mumadona e assim se conservou até data ignorada. Em 1061 ainda existiam nêle freiras. Uma doação feita em 1103 refere-se simplesmente aos frades e um texto de 1111 permite concluir que o Mosteiro se achava já então transformado em Colegiada. E' possível que as freiras só abandonassem o Convento quando foi desta transformação.

Quando o Conde D. Henrique entrou na Espanha, Coimbra era a cidade mais importante da província de Portugal, mas uma tradição, que parece confirmada por documentos contemporâneos, diz que o Conde estabelecera em Guimarães a sua côrte, se tal pode dizer-se de uma residência incerta e quási anualmente interrompida.

Uma espessa treva vela estes primeiros anos de Guimarães, côrte do borgonhês, talvez pátria de Afonso Henriques. A extensão do povoado desconhece-se; os sucessos do tempo ignoram-se. A vida de S. Geraldo fala vagamente de congregação de próceres ou côrtes que então em Guimarães se realizaram e alude ao escândalo que o pio varão provocou na igreja de Santa Maria expulsando dela em meio da missa e na presença do Conde e da Raínha D. Teresa o nobre Egas Pais que apesar de excomungado persistia em assistir aos oficios divinos.

Com o Conde vieram alguns franceses habitar Guimarães. Aí se estabeleceram na *Rua dos Francos* e aí edificaram a poucos passos do Convento de Santa Maria a igreja-de Sant'Iago.

D. Henrique fêz provàvelmente construir a igreja de S. Miguel de Santa Margarida que as *Inquirições* de 1258 dizem ter sido capela real. Por êste tempo se edificaria também a igreja de S. Paio, a que se referem documentos do comêço do século XIII.

Assim encontramos erectos ao alvorecer do reino os templos que durante a primeira dinastia iam ser a sede das paróquias urbanas de Guimarães: Santa Maria, a fundação de Mumadona, alma-máter do burgo, mais velha que a monarquia, S. Tiago da Praça, capela dos Francos que acompanharam D. Henrique, Santa Margarida, primeiro capela real e depois, como S. Paio, sufragânea de Santa Maria de Guimarães.

Em tôrno destas igrejas, simples e modestas ermidas, de que S. Miguel do Castelo nos dá ainda hoje o modêlo restaurado, a população ia brotar, crescer, expandir-se em núcleos isolados que lentamente se fundiram num todo compacto.

As lutas que iniciaram o reinado de Afonso I deram a Guimarães o seu baptismo de sangue. Junto de Guimarães se pelejou a batalha de S. Mamede e foi ao cêrco do castelo de Guimarães que a palavra de Egas Moniz pôs termo.

Das penas e sofrimentos que então arrostaram os homens do Burgo, do bom e leal serviço que sob as ordens de Mem Fernandes, Sueiro Mendes o Grosso e outros da família dos Mendes da Maia, então prestaram ao moço combatente, ainda existe prova nas gratas palavras do foral de D. Afonso Henriques.

Há muito divorciados da guerra, porque há muito os sarracenos os tinham deixado em paz, pacíficos homens de comércio, artífices tranqüilos que já então decerto por aqui batiam o ferro e tanavam o couro, de boa ou má vontade não faltaram com o seu auxílio na hora amarga da luta.

A parte mais alcantilada do burgo vimaranense, que se dispunha em ruelas tortuosas tornejando-a fortaleza e constituindo a freguesia de S. Miguel do Castelo, recebeu de D. Afonso Henriques privilégios especiais e jurisdição distinta. D. Sancho I, confirmando-lhe a independência, marcou-lhe os limites, percorrendo-os a cavalo, acompanhado do seu séquito, num aparato que as *Inquirições* de 1258 relembram. Assim se encontraram lado a lado duas povoações com jurisdições e magistrados próprios. O concelho da vila de Guimarães reunia provàvelmente na galilé de Santa Maria, os juízes do Castelo de Guimarães davam audiência sob o alpendre de Santa Margarida.

Desde 1128 a 1216, através de todo o reinado de D. Afonso Henriques e de todo o reinado de D. Sancho I, a vila de Guimarães elaborava em paz a sua futura grandeza industrial e comercial, sem que os azares da guerra a distraíssem das suas tranqüilas ocupações, apenas de onde a onde interrompidas por visitas régias que pelos encargos que consigo traziam, longe de serem apetecidas, eram, por certo, de todos desestimadas.

Mas quási logo no início do reinado de D. Afonso II rebentou uma contenda que havia de durar até à implantação do regimen liberal, com alternativas de exacerbação e de acalmia.

A Colegiada de Guimarães pretendia-se, desde a origem, isenta da autoridade episcopal, e imediatamente sujeita no espiritual à Santa Sé e no temporal ao Rei.

O Arcebispo D. Estêvão Soares da Silva, vendo desconhecido pela igreja de Santa Maria e pelo concelho de Guimarães o que julgava os seus direitos de Prelado, e fiando pouco, ao que parece, da eficácia das excomunhões, acometeu Guimarães com muitos homens de armas, talando os arredores sem conseguir que a sua autoridade fôsse reconhecida. Daqui se seguiu pendência a que pôs têrmo uma concordata, pela qual se conferia ao Prior na igreja de Guimarães e nas anexas uma espécie de autoridade episcopal, mas ficando o prelado vimaranense em certo modo sujeito ao Arcebispo.

Nesta luta pela independência os vimaranenses viram-se desajudados e mesmo prejudicados pelo Rei, pois que, tendo até ali o Concelho e o Cabido o direito de eleição do D. Prior, D. Afonso II avocou a si essa prerrogativa dando ao Arcebispo de Braga a faculdade da confirmação.

Não obstante isto, tendo-se o Rei inimizado com o

Arcebispo, os burgueses de Guimarães, capitaneados por dous cavaleiros e pelos magistrados municipais, dirigiram-se a Braga e apoderaram-se dos celeiros e de todos os demais bens que ali possuía o Metropolita, o qual fulminando excomunhão contra os detentores só daí tirou a destruição das granjas arquiepiscopais, cujas vinhas foram arrasadas e os pomares e matos arrancados pela raiz ou reduzidos a cinzas. Dava-se isto aí por 1219.

Pouco tempo passado, em 1222, fazendo D. Martim Sanches, irmão bastardo de Afonso II, há muito retirado no estrangeiro, uma incursão em Portugal, não souberam os barões portugueses resistir-lhe, e acolhidos em Guimarães viram a hoste inimiga talar à vontade as cercanias.

Quando Sancho II deposto seguiu o caminho do exílio, Guimarães não se entregou à boa paz. Apesar das excomunhões do Arcebispo de Braga e do Bispo de Coimbra, que ordenavam obediência ao novo Soberano, Guimarães foi das povoações que o conde de Bolonha teve de reduzir pela fôrça.

No tempo de Afonso III, quando se organizaram as *Inquirições,* os moradores do *Castelo de Guimarães,* que assim se chamava à parte correspondente à freguesia de S. Miguel, hoje inclusa na da Oliveira, não encontraram expressos nelas todos os foros e privilégios de que se achavam em posse. Procedendo-se a nova *Inquirição,* ficaram bem discriminadas as jurisdições e bem nítidos os privilégios que até aí parece terem andado apenas na tradição oral.

A povoação do castelo murou-se neste reinado por volta de 1254, recebendo pouco depois o privilégio de estabelecer feira quatro vezes no ano.

O povoado inferior, de cujos muros já em 1265 se tratava, parece só tê-los visto acabados em tempo de D. Dinis, e ainda assim sem as tôrres com que mais tarde os reforçou e ornamentou D. João I.

Em 1322, na velhice de D. Dinis, quando o infante, depois Afonso IV, se rebelou contra o pai e lhe moveu guerra Entre-Douro-e-Minho, os de Guimarães, capitaneados por Mem Rodrigues de Vasconcelos, sustentaram a vila pelo velho Rei; e apesar de serem poucos e terem sido combatidos até pelos moradores de alguns julgados comarcãos, souberam defendê-la praticando façanha de lealdade que D. Dinis lhes agradece em mais de um documento público.

Em 1348 uma doença de extrema gravidade, a peste bubónica, conhecida então com o nome de *dor de levadigas,* que vinha desde a A'sia alastrando por tôda a Europa, chegou também a Guimarães. A menção de algumas casas e casais, de que após a peste deixaram de pagar-se rendas durante anos, são hoje os únicos vestígios que atestam o despovoamento em que essa triste visita deixou o têrmo de Guimarães.

Em tempo de D. Afonso IV também a vila se sustentou pelo Rei, defendendo-se do infante D. Pedro quando êste se revoltou após a morte de D. Inês de Castro. Junto dos seus muros no claustro do convento de S. Francisco, em 14 de Agôsto de 1355 prometeu o Rei ao Infante e vassalos que o tinham acompanhado perdão que jurou nas mãos do arcebispo de Braga D. Guilherme, «e fez menagem em as maaos de Gonçalo paaez, filho de Paay de Meyra, e de Nuno Viegas do Rêgo que el guardará e terá e côprirá o sobredicto perdom per el feito ê todólas sobredictas cousas e cada hũa delas por el outorgadas e não virá contra elas como dicto he».

Reinando D. Fernando, Henrique II de Trastâmara invadiu Portugal ao lado de um caudilho de reputação europeia, Beltran Du Claquin, condestável de Franca.

Na sua marcha vitoriosa tomaram e queimaram Braga que era pouco defensável e precipitaram-se sôbre Guimarães.

O modesto Burgo, porém, acostumara-se a estes combates. Resistira a Afonso VII de Leão, às tropas do Arcebispo D. Estêvão, a Afonso III, a Afonso IV, a D. Pedro I, quando Infante. Os homens afeitos na labuta do trabalho tinham-se habituado à defesa dos muros. A mesma mão brandia com igual perícia o malho e a acha de armas, a mesma tranqüilidade reinava nos corações quando os homens se debruçavam sôbre os tanques de curtimenta ou sôbre o parapeito das muralhas.

Mal D. Henrique se aproximou, os de Guimarães

com alguns fidalgos da comarca, capitaneados por Gonçalo Pais que tinha sido seu alcaide, deram sôbre êle em escaramuças vitoriosas. Apertou ó castelhano o cêrco e mandou armar engenhos de arremêsso. As terríveis máquinas ergueram-se ameaçadoras, mas as pedras que rejeitavam nunca fizeram mal aos de dentro. Os cercados armaram engenhos semelhantes e, diz o cronista, «tiraram aos de fóra, britarom-nos e matarom alguns homens e foi grande, alvoroço no arraial». D. Henrique furioso jurava não abandonar a vila sem que a tivesse tomado. E pois que via a impossibilidade de fazê-lo por fôrça, experimentou consegui-lo por ardil.

Concertou-se com Diego Gonçalves de Castro para que de noite entrasse disfarçado em panos de burel, dizendo ser homem de julgado que ia para a velar, e lhe pusesse fogo aos quatro lados, oferecendo assim ocasião propícia para o ataque. Foi o fidalgo mal sucedido; e conhecido logo na entrada, o mataram e deram por pasto aos cães.

O de Transtâmara trazia prisioneiro D. Fernando de Castro que ficara cativo em Montiel e suspirava por ocasião de se evadir. Souberam-no os cercados.e para maior vexame dos sitiantes, Gonçalo Pais, seus filhos Estêvão e Feram Gonçalves, Gonçalo Garcia de Feira e muitos da vila organizaram uma sortida, tomando-lhe no seu arraial por fôrça o fidalgo prisioneiro.

D. Henrique, desanimado, vendo que não podia entrar a vila, foi-se atacar as praças de Trás-os-Montes, tomando Vinhais, Bragança e Miranda.

Nesta ocasião os moradores do povoado inferior tiveram de ajudar a defender a vila alta, onde os habitantes, não por falta de coragem, mas por escassez de número, fraquejaram na luta.

Explorando o auxílio prestado e o benefício que nêle tivera o Rei em não se perder a terra, conseguiram os homens bons da vila baixa que D. Fernando, abolindo os antigos privilégios de que atrás falamos, lhes concedesse jurisdição no têrmo da povoação alta. Mal, porém, se encontraram dominadores, os juízes de Guimarães começaram de lançar sôbre os dominados fintas e talhas em tal quantidade que enquanto uns abandonavam o lugar já pouco populoso, outros levavam o seu protesto perante o Rei. Ante as queixas dos desapossados D. Fernando recuou, procurando uma transição que o conciliasse com ambos os litigantes, e acabou por determinar que, embora unidas as jurisdições, a eleição dos juízes e vereadores recaísse para um juiz e um vereador em pessoa da *vila do Castelo* e que cada semana os juízes dessem audiência uma vez sob o alpendre de Santa Margarida.

Enquanto se desenrolavam os sucessos que haviam de conduzir ao trono o Mestre de Avis, Guimarães teve voz por Castela. Aires Gomes da Silva, seu alcaide desde 1367, era casado com uma espanhola. Ou ligações de família ou promessas entorpeciam-lhe o patriotismo.

Viviam a êsse tempo em Guimarães Afonso Lourenço de Carvalho e Pais Rodrigues, seu cunhado, que tinham parentes na hoste portuguêsa.

O Arcebispo de Braga lembrou um dia ao Rei que escrevesse a êste Afonso Lourenço para que viesse ao Pôrto conferenciar com êle.

Veio o escudeiro à entrevista e aceita a proposta, concertado o plano e o dia, Afonso Lourenço voltou a Guimarães e saiu o Monarca do Pôrto com trezentos cavaleiros. Iam de-vagar e calados. Porque um cavalo relinchou, o Rei fê-lo matar. Entretanto Afonso Lourenço, em Guimarães, pretextando a entrada de uma cuba de vinho, fizera abrir ante-manhã o postigo do Campo da Feira. Por êle entrou primeiro a cavalo ao romper d'alva João Rodrigues de Sá, o famoso Sá das Galés, gritando *Portugal! Portugal!* A cêrca da vila baixa foi logo levada de vencida e saqueadas as casas dos partidários de Castela. Aires Gomes e os seus homens de armas acolheram-se à vila superior que já dissemos ser murada sôbre si. Aí organizaram a resistência e aí lutaram até que sitiantes e cercados acordaram em que Aires Gomes mandaria recado a Castela, e se dentro em trinta dias não fôsse socorrido entregaria a vila, saindo os que estavam dentro com o que possuíam. Assim se fêz; mas enquanto a resposta não chegava, um certo dia foi o pacto quebrado por um mal-entendido e, tendo-se os portugueses lançado ao assalto dos muros, a mulher do alcaide andava nos adarves entre a grita dos combatentes e o fumo do pez derretido com uma abada de pedras que ia distribuindo aos soldados. Chegou enfim a notícia de que o Rei de Castela não socorria Aires Gomes, e êste logo entregou a vila. Começava Julho de 1385 e para a vila e. para o país chamado a mais altos destinos uma era nova ia iniciar-se que duraria dois séculos.

*

A segunda dinastia é para o concelho um período de calma relativa. As guerras e sangüeiras de que geralmente se compõe a história, pelejavam-se longe.

Depois que D. João I atravessou a pé a vila, subindo a tortuosa rua de Gatos no meio do seu séquito, para agradecer a Santa Maria da Oliveira a vitória de Aljubarrota, Guimarães deixou de saber o que eram combates junto dos seus muros. Estes, que intrèpidamente haviam resistido durante a primeira dinastia a uns poucos de ataques de naturais e estranhos, seriam d'ora-avante para sempre inúteis.

Consolidado o poder de D. João I, estalou novamente a contenda entre a Colegiada e o Arcebispo de Braga, que então era D. Lourenço, chegando até à Cúria Romana onde o Papa tomou nela o parecer que lhe deu Vasco Rodrigues.

D. Martinho, sucessor de D. Lourenço, vindo em visita pastoral a Guimarães em 6 de Maio de 1405, encontrou as portas da igreja de Santa Maria fechadas, e do padrão da Senhora da Vitória, onde se abrigou da chuva torrencial que estava caindo, notificou pelo seu ouvidor Lourenço Afonso e pelo tabelião Vasco Domingues, ao Prior Diogo Alvares, que lhe abrisse a porta. Ao que o Prior de dentro rodeado pelos seus escudeiros e servidores respondeu pelo mestre pedreiro João Garcia, que não abria a um inimigo que o tinha excomungado por lhe não haver pago a vaga do seu benefício, e tinha levado no ano antecedente ornamentos do tesouro que distribuíra por quem quis, desrespeitando a concordata feita entre a Colegiada de Guimarães e a Sé de Braga. Um de dentro, outro de fora, cada qual em meio do seu séquito, os dois Prelados descompunham-se. O de Braga, forte na sua dignidade arquiepiscopal, fulminava contra o D. Prior todos os raios da Igreja, intimando-o a franquear-lhe a entrada. Mas o de Guimarães tinha na demência da sua cólera um pára-raios que o fazia zombar das ameaças. Dizia que não abriria e não abriu. O Arcebispo, cansado, foi-se embora.

Na tomada de Ceuta o concelho parece ter-se representado gloriosamente. O contingente de Guimarães, diz a lenda, combatendo ao lado das tropas de Barcelos no assalto da praça, atacou com valentia o lugar que lhe coube em sorte, e ainda acudiu esforçadamente ao lanço que os barcelenses abandonaram, ganhando por êsse feito o privilégio de as ruas da vila serem varridas na véspera de certas solenidades pelos vereadores de Barcelos num traje vexatório e grotesco.

Quando as primeiras nuvens, precursoras da borrasca de Alfarrobeira, se começaram juntando, por Guimarães encontramos o duque de Bragança reunindo nos seus paços a fidalguia desta comarca e de algumas vizinhas para incitá-la a bandear-se contra o Infante D. Pedro. Nem todos, porém, lhe seguiram o conselho e a vontade, porque ao lado do Infante combateu pelo menos Diogo Pires Machado, de S. Clemente de Sande.
Após a vitória, o Duque de Bragança, que há muito cubiçava a vila e a cidade do Pôrto, conseguiu a doação das duas importantes povoações. O Pôrto protestou enèrgicamente, e a sua situação já então preponderante no Norte, valeu-lhe ser ouvido. O Duque disse que não queria vassalos constrangidos e desistiu daquela parte da doação. Guimarães, porém, não foi escutada em seu protesto, e ainda em 1462 reclamava perante o Rei contra a renovação de doação que D. Afonso V fazia a D. Fernando, neto do Duque que primeiro a possuíra.
Quando D. Afonso V embarcou para Azamor, o anadel-mor dos bèsteiros João Martins acompanhou o Rei com homens de armas em uma nau fretada e equipada à sua custa.
Em Toro, com a gente que levava o Duque de

Bragança, lá estavam de-certo os de Guimarães e seu têrmo.

Fernão de Mesquita, fidalgo de Guimarães, acompanhou o Duque de Bragança na tomada de Azamor.

Seu filho Rui Mendes de Mesquita foi a Túnis com o Infante D. Luís. Junto de D. Sebastião foi cativo António Pereira da Silva.

Para as guerras da Índia, para as proezas, as cruéis façanhas que os Coutos e Barros chamaram proezas, despejou Guimarães, tanto neste período como no seguinte, os filhos segundos das suas casas fidalgas, muitas vezes os próprios morgados, que por lá morriam desbaratando os haveres.

O Arcebispo de Braga D. Henrique, que mais tarde havia de ser Rei, com a ousadia própria da pouca idade e com o orgulho de quem à dignidade arquiepiscopal aliava a fidalguia do sangue real, entrou em Guimarães rodeado de tropas e fêz as cerimónias da visita numa igreja, donde se haviam retirado em sinal de protesto o Prior, todos os cónegos e beneficiados.

Daqui se seguiu questão que ainda corria no juízo apostólico quando D. Fr. Baltasar Limpo tomou conta da Mitra de Braga.

Em 18 de Outubro de 1552, o D. Prior e o Cabido, sabendo das tenções em que êste Arcebispo se encontrava de visitar a Colegiada, protestaram perante os juízes ordinários. Chegando D. Fr. Baltasar Limpo a Guimarães, encontrou, como o seu antecessor D. Martinho, as portas da igreja fechadas; mas, mais resolvido do que êle, fê-las arrombar e também as do sacrário e dependências da Igreja, acudindo então o D. Prior a protestar contra a violação dos seus direitos.

E assim se originou nova questão que seguiu seus trâmites e veio a terminar por uma nova concordata em que se estipula que os Arcebispos possam visitar pessoalmente nas épocas determinadas a igreja da Colegiada; e por seus visitadores as igrejas dependentes de S. Miguel do Castelo, S. Paio, S. Miguel de Creixomil e Santa Eulália de Fermentões, enquanto o Arcebispo se achasse em Guimarães; que das culpas encontradas em visitação nos cónegos e beneficiados despachasse o Arcebispo, caso pudessem ter despacho sumário, porque de contrário remeteria as culpas ao D. Prior como prelado ordinário e juiz dos cónegos e beneficiados. Esta concordata teve confirmação do Papa e de D. Isabel, senhora da vila.

Quando, falecido o cardeal, D. António foi aclamado Rei, o povo de Guimarães acompanhou-o entusiàsticamente.

Ao constar a saída dos governadores, começaram a reparar-se activamente os muros e a tapar-se tôdas as entradas da vila, com excepção da porta de S. Domingos e do postigo do Campo da Feira a que fizeram portadas novas.

Em Guimarães vivia então, e era fidalgo dos principais, o cónego Francisco de Mesquita, homem de idade, cunhado de Pantaleão de Sá que governava o Pôrto em nome de Filipe II. Era o cónego, por solicitações do cunhado, grande parcial de Castela, correspondendo-se com o Conde de Lemos. Como morasse próximo duma das portas, *a da Garrida,* quis impedir que esta se tapasse. Sôbre isto Salvador de Mesquita, filho do cónego, questionou com-o corregedor; mas juntos os da governança e povo no claustro da Oliveira resolveram que a porta se tapasse, como de facto se tapou.

Apesar, porém, do afecto popular a D. António, Francisco de Mesquita, seu sobrinho Diogo Lopes de Mesquita de Lima, capitão-mor, Salvador de Mesquita, Fernão Coutinho de Azevedo, Alcaide-mor do Castelo, e outros conseguiram aclamar o Rei Espanhol e mandaram Manuel da Cunha de Mesquita com gente da vila e têrmo em socorro do Pôrto, levando consigo um capitão inglês que se achava prisioneiro no Castelo como suspeito de filipista.

Mas, ao saber-se em 3 de Outubro ao meio dia que D. António entrara de véspera no Pôrto vestido de verde, o povo levantou-se, fazendo tocar a rebate o sino do castelo e o sino da Oliveira. Os parciais de Filipe II desapareceram logo. Uns, como Torquato do Vale Peixoto, fecharam-se em casa; outros, como Diogo Lopes de Mesquita, já se haviam posto a salvo com mulher, filhos e criados. Até o próprio Salvador de Mesquita que aceitára em 23 de Setembro, quando já D. António estava em Aveiro, a capitania de uma das quatro companhias da vila, em substuição de Ambrósio Vaz Golias, que a engeitara, desapareceu também. Menos feliz, o alcaide Fernão Coutinho, quando ia retirar-se para a sua quinta da Carvalhosa, em Brito, foi preso pelo populacho armado, à Porta de S. Domingos, deitado do cavalo abaixo, sovado, ferido e por fim trazido ao corregedor Domingos Rodrigues, que o mandou em paz.

No dia seguinte, terça-feira e festa de S. Francisco, desapareceu êste corregedor e Pedro Dinis, seu Meirinho. Os parciais do Prior do Crato, comandados por António Machado de Almada, capitão-mor por D. António, ainda correram atrás dêles até Fafe, onde tinham as mulheres, mas já os não alcançaram.

Dos partidários de Castela ficara na vila apenas o velho Cónego Mesquita, a cuja protecção se havia acolhido ò alcaide sovado.

· A turba, ao passar junto da casa dêle, dirigia-lhe chufas e ameaças.

Neste mesmo dia correu a notícia de se estarem passando armas da casa do cónego para fora, lançando-as por cima da muralha que lhe ficava contígua. Saíu novamente o populacho em grande alvorôço e, indo em perseguição dos criados de Diogo Lopes de Mesquita, prendeu dois escravos e um almocreve, apreendendo-lhe várias armas e uma bandeira do campo, que trouxe desfraldada com descantes e festa como se houvesse feito grande emprêsa.

E vindo assim, queriam atacar a casa do cónego para lhe tomar as armas, se porventura ainda algumas tivesse, ao que algumas pessoas se opuseram dizendo ser melhor delegar em quem sossegadamente as fôsse buscar. Organizou-se então uma comissão composta de Belchior de Goios, mercador, frei Francisco de Sant'Ana, do Convento de S. Domingos, e dum outro homem, a quem o cónego disse que nenhumas armas tinha. Sabido êste recado, a multidão armada de lanças, pistoletes e arcabuzes, invadiu a casa, remexendo tudo e levando quanto quis.

Poucos dias passados, enquanto D. António estanceava no Pôrto, veio a Guimarães o corregedor Pero de Alpoím com alçada para devassar os filipistas. Alpoím mandou sequestrar os bens dos Mesquitas, fêz citar os ausentes por carta de éditos, e por Francisco Correia, seu meirinho, com uma escolta de arcabuzeiros negros mandou prender o cónego que teimosamente não tinha querido ausentar-se. Veio o fidalgo preso entre a escolta, muito vexado, às pousadas do corregedor que a princípio nem recebê-lo queria, fazendo-o depois desdenhosamente e enviando-o logo à cadeia da correição de envolta com outros presos de menos importância, colhidos na mesma devassa e de que só resta memória do barbeiro Pantaleão Gonçalves.

Entretanto Sancho de Ávila vinha sôbre o Pôrto, D. António fugia em 22 de Outubro e o general espanhol, depois de tomar essa cidade, avançava sôbre o Minho, encaminhando-se a Braga as tropas de D. Rodrigo Zapata.

Ao chegar à cidade arquiepiscopal soube D. Rodrigo que na quinta da Falperra, propriedade de João Teixeira de Azevedo, se encontrava o Prior do Crato. Enviando lá um capitão com cem caçadores espanhóis, êstes apenas surpreenderam dois criados, porque meia hora antes D. António se evadira, disfarçado em negociante de cereais.

'Achava-se Sancho de Ávila em Barcelos quando Francisco de Mesquita lhe deputou o filho Salvador e os vereadores de Guimarães, que tinham andado fugidos, para que o mandassem soltar. O general espanhol enviou a Guimarães Manuel de Sousa Pacheco, justiça-mor do campo, que deu liberdade ao prisioneiro fidalgo.

Enquanto D. António se acoitava no Paço de Anha, próximo a Viana, os soldados percorriam o concelho em marchas e contramarchas em busca do pretendente. Em Donim, em Pencelo, em S. Lourenço de Selho, exerciam vinganças por lhes não darem D. António. Em Gondomar prenderam o Abade Amador Fernandes que tinha estado no desbarato do Pôrto, e em Rendufe incendiaram a casa de um tal Bernaldo.

Do convento de Santa Clara tiraram os castelhanos D. Luísa, filha do Prior, que em companhia de D. Ana, mulher de Pedro Botelho, aí se havia acolhido, logo depois da entrada de Sancho de Ávila no Pôrto.

Em 22 de Dezembro, o Arcebispo D. Fr. Bartolomeu dos Mártires conseguiu que viessem para Guima-

Nova, e a rua de Santa Maria, conhecem-se desde os primeiros anos do século XIII. Depois foram aparecendo sucessivamente a rua Escura, a de Sant'Iago, a de Donães, a dos Mercadores, a de Alcobaça, a do Gado, a de S. Paio, a de Valdonas, a da Arrochela, a do Traspom, etc.

Intra-muros, algumas ruas, como a de Alcobaça, a de Valdonas e a de Santa Maria, conservavam há poucos meses e não sei se conservam o nome que sempre tiveram. Outras ruas, como a dos Mercadores, a do Gado, a Escura, a Sapateira, só após o advento do regimen liberal perderam o toponímico tradicionalmente característico. A Rua de Donães tem hoje uma designação que é a forma corrupta do nome que primeiro a distinguiu. A Rua Nova do Muro, passando a Rua Nova do Comércio, conservou, na forma simplificada de Rua Nova, um nome que já era anterior a esta designação.

Algumas das antigas ruas desapareceram, como a das Flores que a formação do Terreiro da Misericórdia englobou, a de Tuirizo que ficou compreendida na cêrca das Carmelitas e a de Maçoulas que ficou dentro da cêrca das Claras.

Outras ruas são hoje impossíveis de identificar, como a rua D. Elvira Mendes que existia em 1211, sendo de crer que sob esta designação se encubra qualquer outra rua conhecida onde morasse esta D. Elvira. A rua nova de Domingos Longo, citada num documento de 1331, é com certeza a rua Escura onde nessa data morava em casas com tôrre Domingos Longo, Juiz de Guimarães.

Em resumo, pode dizer-se que no meado do século XV existiam, na parte de Guimarães compreendida intra-muros, as mesmas ruas que hoje há. A fisionomia da vila era todavia muito diferente. As ruas, mais estreitas, tortuosas, sem passeios, que são um luxo moderno. Como a água de bica era rara e só no século XVI a trouxeram canalizada da Penha, de onde a onde existiam poços públicos. Havia-os na praça da Oliveira, na rua Sapateira, na rua que por autonomásia se chamou do Poço.

As casas na sua maioria só tinham de pedra os

alicerces e o rés-do-chão. Os primeiros andares, em ressalto de alguns palmos, eram construídos de rodísio, isto é de um entrecruzamento de barrotes em que os espaços triangulares restantes se enchiam de tijolo ou simplesmente de palha e barro.

As janelas dos primeiros andares tinham rótulas ou crivos que coavam uma luz ténue e não permitiam devassar os interiores.

As janelas do rés-do-chão apresentavam um peitoril largo, uma espécie de saliência, muito em uso ainda hoje em casas de aldeia, que podia ser de pedra ou de madeira, e a que chamavam tabuleiros.

O fogo facilmente se ateava nestas construções e, como os meios de atalhá-lo se reduziam então ao cântaro de água arremessado à fôrça de braços, os incêndios levavam as casas de enfiada. Duma catástrofe destas parece ter sido vítima a rua Sapateira em 18 de Novembro de 1446 (¹).

A nossa arquitectura religiosa não desdizia dêste quadro modesto. A igreja da Oliveira foi um templo românico, de cujas diminutas proporções se pode avaliar pela reconstrução gótica de D. João que visando a dar-lhe grandiosidade não foi além do que hoje se vê, deturpado e engalanado ao gôsto moderno.

A igreja de S. Tiago, que foi muito tempo sede de freguesias, não passava de humilde capela; e a paroquial de S. Sebastião, que antes de demolida todos conhecemos com tôrre, não a tinha ainda no comêço do século XIX. A Sociedade Martins Sarmento possui um desenho dessa época em que dois sinos figuram ao lado da igreja suspensos de postes de madeira.

Porcos e galinhas vagueavam nas ruas, e a falta de esgotos forçava os moradores a lançarem à via pública as águas caseiras. Só em véspera e dia de Corpo de Deus não eram permitidos os despejos, nem os passeios de suínos e galináceos.

(¹) «O cabido emprazou un aloque na rua Sapateira, que agora ardeu junto com a torre de Maria Gonçalves.»

(Nota do Sr. J. L. de Faria).

ſ . A população que dentro destas ruas se movia póde calcular-se por processos, cuja exposição não vem
para aqui, em 2200 a 2500 habitantes no tempo das
Inquirições de 1258, 4500 ao subir ao trono D. João I
e 6300 em 1527, quando D. João III organizou o re-
censeamento conhecido pela designação de *Livro do
Número.*

Guimarães era desde a primeira dinastia centro
dum têrmo muito extenso. Quando D. Afonso II mandou proceder às *Inquirições* de 1220, o têrmo de Guimarães excedia em grandeza a área do concelho actual,
pois que abrangendo (com excepção de seis) as freguesias que o concelho hoje contém, possuía a mais oito
freguesias do actual concelho de Fafe, cinco de Felgueiras e duas da Póvoa de Lanhoso.

A população vimaranense era quási exclusivamente constituída pelo elemento autóctone.
Da mistura de sangue árabe ficaram vestígios nas
Inquirições, se é que alguns indivíduos com o apelido
de Mouro acusam origem mais ou menos remotamente
sarracena.
Os judeus, que em 1351 moravam espalhados na
vila, já em 1370 se encontravam confinados na Judia-
ria com sua sinagoga e forno privativo, ocupando as
ruas que hoje chamam do Espírito Santo e Serralho,
e parece não terem sido numerosos.
Dos franceses que, como disse, vieram habitar
Guimarães em tempo de D. Henrique, acha-se rasto
através das *Inquirições* de 1220 e 1258. 'A data das
primeiras Gomes da Arrochela era homem rico, que
possuía em prestimónio vários casais da coroa e que
D. Afonso II escolheu para comissário das *Inquirições.*
Em 1349 ainda aos franceses pertencia a apresentação
de reitor na capela de S. Tiago; mas já em 1363, ci-
tando-se por éditos quaisquer pessoas que se julgassem
com direito à apresentação, ninguém apareceu.

Das indústrias que notabilizaram Guimarães nos
séculos seguintes, a cutilaria, a fiação de linho, a ouri-
vesaria e os cortumes, só do fabrico de couros há vestígios que alcançam o comêço da monarquia. A desi-

gnação de Rio de Couros, que aparece na toponímia local no meado do século XII, atesta suficientemente a existência duma indústria que pelo menos remonta ao princípio dêsse século.

As ruas Forja, Sapateira, Peliteira e Seleira, garantiriam à falta de outros documentos a existência dos artífices cujo nome indicam e que nelas viviam arruados.

As corporações de ofícios, que são em Portugal mais modernas do que em Espanha, França, Itália e Alemanha, parece datarem em Lisboa e no Pôrto, o mais tardar, do comêço do século XV.

Na primeira metade do século XVI determinou D. João III que em Guimarães houvesse doze misteres, ou seja doze representantes das corporações de ofícios a quem incumbia eleger anualmente dois, que deviam assistir às sessões da câmara e resolver com os vereadores em dadas questões.

Este documento pressupõe a existência de associações de trabalho com uma vida suficientemente larga para justificar a distinção e regalias que por êle eram conferidas aos artistas seus confrades.

E de facto confraria de alfaiates e sapateiros existia já em Guimarães desde 1296 pelo menos. Em 1315 dois mestres sapateiros, que certamente juntaram na arte o cabedal com que dotaram a sua fundação, instituíram irmandade de sapateiros com capela e hospício próprio.

Faltam elementos para dizer quantos eram os ofícios agremiados em Guimarães. Por uma distribuição de regimentos feita muito mais tarde, em 1719, sabe-se que existiam os de tecelão, tecedeira de tear alto, tecedeira de tear baixo, alfaiate, sapateiro, sombreiro, penteeiro, oleiro, tanoeiro, carpinteiro, pedreiro, serralheiro, ferreiro, cutileiro, espadeiro, albardeiro, seleiro, ferrador, violeiro e moleiro.

Infelizmente nenhum dos primitivos estatutos destas corporações chegou até nós. E dos reformados apenas sabemos existirem o dos ourives, o dos sapateiros, o dos sirgueiros, o dos cutileiros e dos bainheiros, o dos carpinteiros, ensambladores e violeiros.

Estas associações eram meio civis e meio religiosas. Pertencia-lhes a regulamentação do trabalho e a sua: fiscalização, de modo a garantir o bom nome da arte, impedindo as fraudes ou as incompetências que a pudessem desacreditar. Pertencia-lhes a organização da aprendizagem e a concessão de diplomas que a atestassem. Pertencia-lhes o encargo de socorrer as viúvas e filhos de confrades pobres, bem como os sufrágios dos que morressem. E agremiados sob a sua bandeira, deviam os confrades comparecer em algumas solenidades religiosas, quando não intervinham nelas com a exibição de certas danças e folias, como na procissão do Corpo de Deus.

As indústrias não se acantonavam de certo exclusivamente no agregado urbano. Como hoje sucede, deviam achar-se em grande parte disseminadas pelas freguesias rurais, tendo apenas em Guimarães o seu entreposto comercial, centro de consumo e de exportação.

A agricultura, no apogeu em todo o reinado de D. Afonso IV e D. Pedro I, decaíra em tempo de D. Fernando e não se levantou. A's côrtes de D. João I em 1428 queixavam-se os procuradores de Guimarães da grande pobreza dos lavradores do têrmo, «que se o rei lhe mandasse lançar lanças e escudos venderão os bois com que lavram e os bens per que se mantem pera comprar as ditas lanças e escudos.»

Ao lado dos artífices e dos agricultores, havia os mercadores, cuja rua, pelo menos desde 1340, é prova de que a classe tomara já então o incremento necessário para dar nome a uma rua.

Esta corporação, effectivamente, no século XV era já tam antiga e importante que dirigindo-se a D. Duarte lhe dizia muito convictamente: «Outrossy, senhor, sabe vossa mercê que desde o fundamento do mundo sempre foi costume que os mercadores desta villa...»

Os mercadores de Guimarães carregavam suas mercadorias na cidade do Pôrto, e faziam um comércio duplo, indo vender ao estrangeiro os produtos da terra e trazendo para Portugal aquilo que cá era fàcilmente negociável.

Em 1436 reclamavam os mercadores vimaranenses em côrtes contra o privilégio que haviam obtido os do

Pôrto para que se não carregassem ai. mercadorias com valor inferior a trezentas coroas de ouro, porque muitos mercadores havia em Guimarães que com pequeno capital negociavam, não carregando muitas vezes mais que o valor de cento e cinqüenta coroas, passando o mar, vendendo e trazendo o retôrno. E, por causa do privilégio do Pôrto, tinham de ir aos portos de Espanha, o que lhes era penoso a êles e prejudicial aos dízimos e sisas de Sua Majestade.

Com o descobrimento das ilhas adjacentes e da costa de África, o comércio vimaranense aumentou muito. ' Em tempo de D. João III os mercadores de Guimarães navegavam entre os arquipélagos dos Açores, Madeira, Canárias, o continente português e as terras de Flandres em naus, já do Pôrto, já de Vila do Conde, já de Viana, já de Azurara ou de Aveiro, negociando em açúcar, pimenta, cravo, gengibre, mel, queijo, algodão, panos, baetilhas, feltros, chapéus, linhas, cortiça, couros, pentes, etc.

'As vezes os corsários franceses davam nêles, até mesmo dentro dos nossos portos e, quando os não trucidavam, metiam-nos a tormentos para declararem seus haveres, levavam-nos cativos a Dieppe, a Croisic, a St. Malo e outros portos do litoral francês onde alguns morreram no cárcere. Outras vezes em um batel deixavam-nos ao sabor das ondas ou desembarcavam-nos em praias desertas, onde corriam risco de morrer à míngua.

Voltando à pátria, os mercadores, ao comêço, ainda mandavam a Ruão ou outra cidade requerer sua justiça; mas depressa se desiludiram de que em França se não fazia justiça de semelhantes roubos, porque ou lhes não davam sentenças favoráveis, ou, se as obtinham, não conseguiam vê-las executadas.

Além dêste comércio marítimo tínhamos comércio terrestre com a Espanha, em que era sobretudo importante o negócio da linha, de que no período a que me circunscrevi não encontro vestígios escritos, mas que existiu e de que muito falam os monumentos da época seguinte.

Guimarães era também um grande interposto no comércio interno. Sede de um vasto têrmo e de uma extensíssima comarca que abrangia perto de trinta concelhos, a sua situação tornava-a a chave do comércio com os concelhos mais interiores de Entre-Douro-e-Minho e Trás-os-Montes. Pela estrada de Chaves, que por Montelongo, Celorico e Cabeceiras de Basto vai a Ribeira de Pena, atravessando a Ponte de Cavez, que um dominico de Guimarães fêz construir à custa dê imensos sacrifícios, fazia-se em grande parte o comércio transmontano.

A vila possuía como muitas outras um privilégio do Conde D. Henrique para que nenhum poderoso pudesse viver em Guimarães sem consentimento do Concelho. A designação é um pouco vaga, mas sempre se entendeu por ela os fidalgos, a quem D. Fernando, além disso, proïbiu que pousassem na vila mais de oito dias.

Não quer isto dizer que Guimarães fôsse terra exclusivamente de pobres artistas, donde o elemento rico estivesse em absoluto excluído. Já vimos que na vila morava Gomes da Arrochela, senhor de grandes cabedais; e de outros, como Abril Pincalho e Urraca Manteiga, testemunham as *Inquirições* de 1258 a abundante fortuna. Pelo que toca a fidalgos, fez-se atrás menção de Afonso Lourenço de Carvalho e seu cunhado Paio Rodrigues, escudeiros e vassalos del Rey. Mas eram a princípio tam poucos ou tam comedidos, os fidalgos, que raras e dúbias notícias ficaram dêles. De alguns cuja lembrança veio até nós, como troncos de famílias chamadas nobres se tratavam então, ou, se no honrado exercício de misteres plebeus, estavam juntando o cabedal que havia de permitir o ennobrecimento da sua descendência.

Depois com o andar dos tempos tornaram-se mais numerosos e mais ousados.

Nas côrtes de 1439 queixam-se os procuradores de que Gonçalo Pereira, D. Branca de Vilhena, Martim Afonso de Sousa, Martim de Castro, D. Sancho e outros fidalgos estendiam demasiado os limites das suas honras, a pontos de as aumentarem dez vezes mais que o seu tamanho real. Nas côrtes de 1446 voltam a insistir, dizendo mais que Gonçalo Pereira estabelecera juiz e cadeia em duas quintas suas, onde prendia sem que tal tivesse autoridade ou jurisdição. Nas mesmas

côrtes os procuradores de Guimarães acusam Fernam
Coutinho, senhor do Couto de Belmir, de ter tomado
certos filhos de lavradores para como criados o servirem; e, porque êles e os pais não quisessem, presos
os mandou ao castelo de Celorico, donde só os soltou
sob fiança. Ainda nestas côrtes os procuradores de
Guimarães deram capítulos contra Rui Vaz que, apesar dos privilégios da vila, nela se havia estabelecido,
comprando casas para sua morada e retendo a cadeia
do Concelho para sua cavalariça e palheiro. Rui Vaz
abrigava malfeitores, dava pancadas nos judeus e judias,
e tomava aos lavradores do têrmo, carneiros, galinhas
e palha. E por «a sua casa se chegarem alguns que
são teudos à justiça, os juízes não ousam a fazer delles
cumprimento de direito com medo do dito Ruy Vaz e
doutros». Por falta de sustento os bois depereciam e,
se os lavradores tentavam queixar-se às justiças, estas
não faziam caso; e os criados de Rui Vaz ainda lhes
prometiam e liberalmente distribuíam pauladas.

'Vendo isto, o concelho tinha querido pô-lo fora, para o que, fundado nos seus privilégios, recorrera ao Infante Regente. O Infante pediu que o deixassem estar
mais alguns dias, porque Rui Vaz estava doente; e cor-
ridos onze meses andava o fidalgo são, dizendo que
havia de demorar-se enquanto fôsse sua vontade.

O corregedor e os seus meirinhos, o chanceler e o
seu escrivão, o porteiro e o carcereiro eram outra pra-
ga. Queriam também lenha e palha e obrigavam os
juízes de Guimarães a apresentar-lha de graça.

O recebedor dos dinheiros para Ceuta, não contente com a sangria que operava, queria ainda obrigar o
concelho a que por homens seus procedesse à cobrança, levando-lhe a casa o dinheiro.

O carcereiro do castelo levava aos presos uma
carceragem abusiva contra o que estava estatuído.

Os bèsteiros, que eram obrigados a servir em Ceuta um ano, viam-se lá retidos indevidamente dois, três
e até cinco anos, deixando mulher e filhos e bens ao
desamparo.

Com pretexto na lutuosa que tinha a receber, o anadel-mor Afonso Furtado vexava as viúvas dos bèsteiros, penhorando-as e recusando-se a aceitar em pagamento da lutuosa, a besta de uso do falecido, como era sua obrigação.

O alcaide e o meirinho, que o ouvidor do Duque de Bragança tinha posto na vila, nunca perdiam o ensejo de aprovisionar o arsenal de seu amo com as armas que os incautos trouxessem à vista.

E sôbre tudo isto, como se tudo isto não fôsse bastante, havia os echacorvos.

Os echacorvos eram uma espécie de andadores que vinham da Galiza esmolando para Santo Antão, para a Senhora de Guadalupe, para o Azinhoso, para Santa Maria da Estrêla e outros Santos. Eram leigos, mas vestiam de frades e à sombra do peditório cometiam inúmeros malefícios. Chegavam a juntar-se em Guimarães duzentos e mais. Permanentemente andavam perto de cinqüenta, a tal ponto que, pelo país fora, quando os mercadores da vila iam feirar eram desprezìvelmente chamados echacorvos, no que recebiam grande ofensa.

Seria útil e curioso acompanhar ainda a história de Guimarães nos seus períodos últimos, através da da dominação filipista e da restauração brigantina.

A revolução de 1640, a guerra que se lhe seguiu, a invasão francesa, duránte a qual a câmara de Guimarães deliberou em nome de Sua Majestade o Imperador dos franceses, Rei de Itália e Protector da Confederação do Reno, a revolúção de 1820, as lutas liberais, a Maria da Fonte, tudo isso nos oferecia situações, ora pitorescas ora heróicas, sempre eminentemente sugestivas da nossa vida local.

Mas o tempo já decorrido força-me a parar aqui. E dar-me hei por feliz, se os que me escutaram gravarem na memória um certo número de verdades que são geralmente ignoradas ou desprezadas:

I. Guimarães nasceu em volta do convento fundado por Mumadona numa quinta sua, no meado do século X. Anteriormente a esta data não existia no local onde nos encontramos qualquer agregado urbano. Como conseqüência: nem Guimarães pode ter sido a Araduca de Ptolomeu, nem S. Dâmaso, que viveu no século IV, pode ter sido vimaranense.

II. A Igreja de Sant'Iago foi construída pelos franceses que acompanharam o Conde D. Henrique, e na sua descendência se manteve muitos anos. Como conseqüência: esta igreja não pode ter sido templo de Ceres, nem Sám Tiago a pode ter cristianizado.

III. O castelo de Guimarães chamava-se de S. Mamede. Os documentos coevos dizem que a batalha de S. Mamede se feriu junto do Castelo. Como conseqüência: a batalha entre D. Afonso I e sua mãe não se deu em qualquer ponto do Vale de S. Torquato.

IV. Nenhum documento coevo diz que D. Afonso Henriques nascesse em Guimarães. Os primeiros livros que referem o nascimento em Guimarães datam do século XVII e não alegam autoridade mais antiga. Como conseqüência: é incerta a naturalidade de D. Afonso Henriques.

V. O Arcebispo S. Geraldo já tinha falecido em 1109. Como conseqüência: não é provável que baptizasse o rei, nascido, ao que parece, em 1111.

Scientes disto e do mais que expus, nem daremos motivo a que nos chamem bárbaros por não conhecermos a nossa história, nem nos prestaremos ao riso por a narrarmos amplificada com fábulas inconsistentes.

Disse.

Pequena, modesta e humilde é, sem dúvida, a minha homenagem à memória de João de Meira.

Mas eu, que nêle peguei ao colo em tamanino, e na lúcida transparência do seu olhar via espelhada a dum outro olhar amigo; eu, que no amor que lhe tinha, um outro amor confundia; e no afecto que sempre lhe votei, um outro afecto igualava, com saudade, tanto maior, evoco hoje o seu nome, quanto êle perdura entre as recordações da minha vida — as mais vivas, as mais íntimas e as mais amadas!

Lisboa, 28 — VI — 1921.

FERNANDO DA COSTA FREITAS.

JOÃO DE MEYRA

UMA PÁGINA DE MEMÓRIAS

A's vezes, pregunto a mim próprio por que estranho capricho da sensibilidade conseguimos habituar-nos a certas fatalidades brutais e aceitamos, com tanta facilidade, o irremediável.

Os anos passam, os cabelos embranquecem, as desilusões acumulam-se na alma, e as memórias amadas dos companheiros mortos vêm ter connosco, numa ronda enternecida de saüdades. Decerto, a própria idea da morte acaba por se nos tornar familiar. Vivem ao nosso lado, quási na mesma expressão com que os conhecemos, os que se envolveram nos nossos combates, os que se entusiasmaram com as nossas irreverências e acompanharam de perto as nossas loucuras da mocidade. Recordamos as suas frementes exaltações, os livros que recitávamos e criticávamos juntos, as obras que plaseámos, e até os jornais e as revistas efémeras em que escrevemos.

E como tudo isso vai longe!... Em poucos anos, refaz-se inteiramente a face do mundo; as ideas sucedem às ideas; os homens contradizem os homens; as revoluções, que, por vezes, parecem ciclones sociais, só não alteram fundamentalmente o que há de muito íntimo e de muito delicado no coração.

A vida de João de Meyra, evocada por mim neste momento, é uma lembrança bem amarga e bem dolorosa; mas é, ao mesmo tempo, uma consolação estranha. Foi sempre um rapaz admiràvelmente generoso.

Não conheci ninguém que tivesse, num grau mais elevado, a paixão e a dignidade do espírito. Vivia em permanência na febre e no entusiasmo das ideas. Artista de raça, a literatura absorveu-o quási absolutamente; mas, por uma contradição que só o seu grande talento podia explicar, foi também um homem de sciência.

Quando o conheci, era ainda estudante nos primeiros anos da Politécnica do Pôrto. Tinha vindo de Guimarães com uma mala cheia dè livros, e foi instalar-se numa república de solteirões veneráveis, na rua dos Mártires da Liberdade. Tinha, já nesse tempo, fama de muito inteligente, e coleccionava com fervor exemplares de edições raras de Camilo Castelo-Branco. E não o fazia exclusivamente por interêsse de bibliófilo, mas também porque a obra do romancista glorioso do *Amor de Perdição* lhe mereceu sempre uma análise muito atenta e cuidadosa. Entre os poetas, admirava profundamente Antero de Quental.

Isto passava-se, talvez, há vinte e cinco anos. Nós tinhamos formado, com meia dúzia de rapazes do nosso tempo, um cenáculo muito curioso; mas, como viviamos um pouco à lei da natureza e detestávamos a convenção e a regra, ignorávamos sequer a sede dêsse centro estranho de espiritualidade e de irreverência.

Quando reunimos, uma noite, em casa de Paulo Osório, para assentar na publicação duma revista e na escolha do mobiliário, surgiram as divergências, que o pobre João de Meyra removeu prontamente à gargalhada; e partimos, uma noite, para o *Camanho*. E, em volta duma chícara de café, fazíamos as *blagues* mais transcendentes; criticávamos os últimos livros aparecidos; envolvíamo-nos em discussões tremendas, que alarmavam o proprietário do pacato estabelecimento.

A's vezes, as mesas de mármore enchiam-se de caricaturas e de versos irreverentes. Uma bela noite, intimaram-nos mandado de despejo, e fomos assentar arraiais no *Suisso*, que, a êsse tempo, ainda se não havia democratizado.

O Meyra percorria os alfarrabistas à procura de livros interessantes e raros; e, todos os dias, nos comunicava algum achado precioso. Lia tudo febrilmente. · A's vezes,·à cabeceira da sua cama, entre os compêndios de química, de botânica ou de. zoologia, — cadeiras que então freqüentava, — havia volumes em prosa ´e verso, romances de Zola e de Daudet, de Goncourt, de Flaubert e de d'Annunzio, de·mistura com ensaios de economia social, que, então, profundamente o interessavam.

Éramos, quási todos, teòricamente revolucionários; e, um dia, resolvemos atroar a cidade de Guimarães, na sua pacatez provinciana, com um panfleto formidável, *A Parvónia.*

A mocidade tem, às vezes, dêstes estouvamentos. Aqui me penitencio dos versos extravagantes que publiquei com entusiasmo, no minúsculo jornal. Foi apenas um momento de exaltação efémera. A gazeta incomodou algumas pessoas timoratas; e o Meyra, que era fundamentalmente bom, resolveu pôr têrmo à campanha. E assim findou a nossa quixotesca escaramuça.

Eu parti para Coimbra, decidido a formar-me em Direito; êle foi para a Politécnica´ de Lisboa, vêr se os manes da química orgánica se lhe não mostravam tam adversos. Foi uma estada breve, de um ano apenas, e voltou, para freqüentar a Escola Médica do Pôrto.

Através do seu curso, a literatura entusiasmou-o sempre. Ia quási jurar que os seus compêndios escolares adormeceram muitas vezes; mas o talento e a capacidade formidável de trabalho de João de Meyra removiam tôdas as dificuldades. Lia e anotava um romance de Zola, numa noite. Imitava,os versos de Antero, de Cesário Verde, de Gomes Leal, de Junqueiro e de António Nobre, e redigia trechos admiráveis, dum recorte de forma incomparável, à semelhança de Camilo e Eça de Queiroz.

Pela análise comparativa dos textos, surpreendeu imitações flagrantes, quási decalques, que estabeleciam filiações curiosas na prosa de alguns dos nossos maiores escritores.· Foi assim que pôde constatar várias influências estrangeiras nos livros do autor da *Reliquia,* que, mais tarde, arquivou num folheto muito interessante e raro.

Ao mesmo tempo, lançava-se na luta política, e travava campanhas veementes em uma.fôlha de·Guimarães: Raras vezes, o jornalismo provinciano teve ao seu serviço uma pena tam culta e tam requintadamente literária. Era soberbo no arranque, correctíssimo nos processos de combate, leal e generoso, até mesmo com os seus mais intransigentes adversários. Num meio mais largo, as suas campanhas não podiam deixar de produzir um sucesso colossal; nas páginas apagadas duma gazeta de província passaram, numa fulguração surpreendente de talento. E é pena que se tivessem perdido. Mostravam uma vocação de combatente precoce e impunham-se pelo seu invulgar recorte literário.

Mas João de Meyra não teve apenas os ensaios ligeiros e superficiais dum improvisador da imprensa. Escreveu algumas dezenas de versos, duma factura requintada e estranha, que serviriam, quando publicados em volume, para documentar um temperamento muito nobre de artista e um voo lírico, cheio de idealidade e de comoção.

Mas nem só na arte êle teve admiráveis afirmações de talento. A sua monografia scientífica sôbre *O Concelho de Guimarães,* que foi a sua tese inaugural, é simultâneamente um notável estudo de história, de investigação clínica, de etnografia, de demografia e de crítica, realizado com um escrúpulo e um saber, que verdadeiramente surpreendem na sua idade.

Depois, as suas obrigações profissionais levaram-no a tentar outro género de estudos, como o *Parto Cesareo,* que eu não praticarei o sacrilégio de apreciar aqui, por ser inteiramente estranho à índole dêste escrito e me falharem também os conhecimentos especiais para o julgar. Basta que se lembre que foi êsse trabalho que lhe abriu as portas da Escola Médica do Pôrto, onde foi um professor muito ilustre.

Mas João de Meyra não teve, infelizmente, tempo para realizar uma obra cheia de unidade, em que as suas grandes faculdades se mostrassem. Morreu muito novo, quando o seu espírito parecia começar a orientar-se definitivamente na história da Medicina, em que escreveu páginas valiosas de investigação, que bem mostravam até onde podia chegar a sua curiosidade intelectual, auxiliada pela erudição mais extraordinária e mais invulgar.

Poucas vezes, como no seu caso, se terão reunido no cérebro dum homem os conhecimentos e as aptidões, aparentemente mais antagónicos. Ia quási dizer que o literato e o professor recìprocamente se contrariavam. Mas a sua passagem pela cá!edra assinalou uma individualidade marcante e deu a medida da sua alevantada probidade scientífica. Se o depoimento dos seus contemporâneos não bastasse, era, com certeza, suficiente o número avultado de estudos que deixou, dispersos em revistas de medicina, sobretudo na especialidade da história, a que, no fim da vida, se consagrou.

Mas João de Meyra, mais do que um médico e um professor, foi essencialmente um poeta. E tenho pena, tenho infinita pena de que ainda se não encontrem coligidos em volume os versos que deixou inéditos ou espalhados, ao acaso, por tôdas as publicações em que colaborou.

Quando isso se fizer, o nome do meu querido companheiro reviverá na devoção enternecida das almas que amam a beleza, e, de novo, sôbre o nosso passado distante, há-de cair serenamente uma luz muito pura, como se o seu espírito voltasse para junto de nós, a animar, outra vez, as nossas conversas e a participar do ardor dos nossos entusiasmos. Êsse livro será, de algum modo, o breviário da nossa mocidade, e havemos de lê-lo fervorosamente, com sentida admiração, por entre uma névoa de lágrimas. ♦

JOAQUIM COSTA.

JOÃO DE MEYRA

(NOTAS BIBLIOGRÁFICAS)

Se Guimarães é uma das terras mais características de Portugal, João de Meyra foi com certeza um dos vimaranenses mais típicos do seu tempo. Uma sólida cultura literária e scientífica elevaram-no a uma alta posição social, que êle, pelo seu trato um tanto rude de aldeão minhoto, pelo seu vestuário descuidado, e pelo recolhimento em que se isolava cada vez mais, parecia querer ocultar.

E' consolador ver como os admiradores do Meyra mantêm sempre vívida a lembrança do talentoso rapaz, que a morte levou em plena pujança da sua vigorosa actividade.

Em tempo, o Dr. Joaquim Costa disse-me que pensava coligir em volume as poesias daquele nosso companheiro e amigo das horas tam fugazes da mocidade. Seria bem justa a carinhosa homenagem; mas parece-me que não ficaria completa a consagração. Em prosa deixou o Meyra preciosos trechos que demonstram, tanto ou talvez mais que os seus versos, o autêntico valor dos seus dotes literários.

Para que um dia, porventura, venha a compor-se uma antologia das publicações do malogrado professor, muito útil será organizar-se uma lista completa dos seus trabalhos. Para ela fornecerei as seguintes notas :

1) «*A Parvonia*» — Aos 17 anos de idade colaborava João de Meyra, com pseudónimo, num jornalzito de arte e crítica que se publicava em Guimarães em 1898-1899 e do qual saíram pelo menos cinco números.

Nesse panfleto deixou algumas frases irreverentes, próprias da sua pouca idade e do estado de agitação revolucionária em que então se achava o espírito dos estudantes portugueses. Também ali publicou, subscritos com o seu nome, alguns sonetos.

2) «*A Memoria*» — Em 1900 publicou-se em Guimarães uma revista literária com aquele nome, da qual saíram pelo menos 13 números., Nela colaborou, em prosa e verso. Destacarei a narrativa "Espiritas" que firmou, com o pseudónimo *Homo*. E' quási inteiramente verídico êsse episódio tam magistralmente apresentado, que revela no Meyra, aos 19 anos, um escritor da raça de Camilo. Com o mesmo pseudónimo assinou a bela poesia «Evocando...», em que êle, desterrado em Lisboa, ao receber a visita dos seus antigos condiscípulos portuenses, assim os saudava:

Desta cidade, aonde me lançou
um destino cruel e traiçoeiro,
recordo aquele tempo que passou
em que fui vosso amigo e companheiro.

Lembro as manhãs de inverno carregado,
o nevoeiro intensamente baço
e as raparigas de cabaz no braço,
que iam fazer as compras ao mercado.

. . . .

E de todo êste tempo, relembrado
com amor, com saudade, com ternura,
esqueceram-me os dias de mau fado,
só me lembram as horas de ventura.

. . . .

Como quem vê surgir, em seu degrêdo,
um irmão, que o seguiu entre mil p'rigos
e se perdeu, depois o abraça ledo...
assim eu vos abraço, meus amigos!

3) «*Pontas de Fogo*» — Fevereiro de 1902.
«*A Pasta*» — 1902-1903.

Colaborou nestes jornaisinhos humorísticos dos estudantes de medicina do Pôrto. O primeiro dêles foi publicado por ocasião da ruidosa festa académica efectuada para celebrar o «Centenário da Badiana». Publicou ainda artigos e poesias diversas em vários jornais políticos e literários, entre êles o «Independente», de Guimarães, onde, além de muitos outros, inseriu, quando ainda aluno, uns artigos, que foram muito apreciados, sôbre a expansão da pelagra na sua terra.

4) *Cartas de Camillo Castello Branco a Francisco Martins Sarmento*. — Trata-se de 13 cartas, acompanhadas de prefácio e notas, que saíram em «A Revista» e depois em separata — Pôrto 1905.

5) *O claustro da Collegiada de. Guimarães* — («Revista de Guimarães», 1905-1906).

6) *O concelho de Guimarães. (Estudo de demographia e nosographia)* — Dissertação inaugural apresentada à Escola Médico-Cirúrgica do Pôrto em 1907 (1 vol. de VIII + 128 pág. com numerosos quadros e gravuras). E' a sua melhor obra e uma das teses mais valiosas que têm sido defendidas na Escola do Pôrto. São particularmente notáveis os capítulos referentes à história e à nosografia da sua terra natal.

7) *O parto cesareo*, dissertação de concurso, Pôrto 1908 (1 vol. de 149 pág.). — Desenvolve sobretudo a história da operação cesareana.

8) *Subsidios para a historia vimaranense no tempo do Prior do Crato* — Manuscrito publicado na «Revista de Guimarães», acrescentado com prefácio e notas (1908-1912). Tiraram-se separatas dêste trabalho. Na «Revista de Guimarães,» deixou ainda outros artigos.

9) *In. Memoriam* e *Reincidencia* — Pôrto 1911. — Trata-se de dois curiosos opúsculos que foram publicados por ocasião da reforma, como médico militar, do Prof. Maximiano Lemos. Neles imita João de Meyra, com grande propriedade, variados escritores.

10) *Eusebio Macario em Guimarães* — Com o sub-título de «Capítulos suplementares á *Corja* de Camillo Castello Branco» publicou em 1912, no «Mundo Illustrado», do Pôrto, um curiosíssimo conto, em que

ressúscita Eusébio Macário e outras personagens camilianas. Saíu também em separata.

11) *Sherlock Holmes no Porto* — Ainda no «Mundo Illustrado» do mesmo ano, com o pseudónimo *Donan Coyle*, publicou os contos: I O cadaver que se evade; II O «truc» de Mr. Raymond.

12) *Influencias estrangeiras em Eça de Queiroz* —. No «Ave — Gazeta de Santo Thyrso», publicou em 1912 um artigo muito erudito, em que confronta diversos passos de Eça de Queiroz com outros semelhantes de Zola, Gautier, Baudelaire, Renan, P. de la Gattina, Júlio Verne, Claretie e Flaubert.

13) *Assistencia publica em Guimarães — I Gafarias* («Gazeta dos Hospitaes do Porto», 1908-1909) — E' uma contribuição para a história da lepra em Portugal.

14) *A proposito do «Zacuto Lusitano» (Carta ao Prof. Maximiano Lemos)* — («Gazeta dos Hospitaes do Porto», 1909) — Notícia crítica da obra do prof. Maximiano Lemos, acrescentada com alguns documentos interessantes sôbre a história da peste em Guimarães.

15) *Alguns dados estatisticos da Morgue do Porto — O anno de 1909* — («Idem», 1910).

16) *A cholera no Porto* — («Idem», 1911) — Estudos sôbre a história das epidemias de cólera no Pôrto.

17) *Ferida no thorax* — Relatório médico-legal — («Idem»).

18) *Um caso de assassinato e suicidio* — Relatório médico-legal — («Idem», 1912).

19) *D. Pedro V morreu envenenado?* — («Arquivos de História da Medicina Portuguesa», 1910).

20) *Breve nota àcerca das edições da «Cirurgia» de Cruz* — («Idem», 1911).

21) *A lepra do Marquez de Pombal* — («Idem»).

22) *A morte de D. Estephania* — («Idem»).

23) *Se Pedro Amarello foi medico do Conde D. Henrique e de D. Affonso Henriques* — («Idem»).

24) *A peste de 1834, e as diversas palavras empregadas para designar o bubão pestilencial* — («Idem», 1911 e 1912).

25) *Os gafos do Nobiliario* — («Idem», 1912).

26) *João Cardoso de Miranda e a sua «Relação cirurgica e medica»*, com notícia de um livro desconhecido dos nossos bibliógrafos — («Idem»).

27) *Oração de Sapientia de 1912-1913* — Publicação póstuma no «Anuário da Faculdade de Medicina do Pôrto», ano lectivo de 1913-1914, Pôrto 1915. — No mesmo «Anuário» (1909-1910) publicou ainda um relatório sôbre «O ensino da Medicina legal».

Pôrto, 4 — VII — 921.

J. A. PIRES DE LIMA.

* * *

Quando, nesse comêço de outono de 1913, os jornais anunciaram a morte do professor João de Meyra, pela surprêsa havida, experimentei um indizível abalo. Parecia-me inconcebível, a mim, recém-chegado do estrangeiro e que ignorava a sua pertinaz enfermidade, que em tam verdes anos a vida o pudesse abandonar... Mas era a realidade confrangedora.

Contudo a João de Meyra apenas me prendiam meros laços de preito admirativo. Eu era tam sòmente um simples e ignorado admirador, dos muitos que o seu espírito invulgar justamente tinha conquistado.

Tivera-o, é certo, como professor no meu último ano da Escola Médica; mas essa circunstância, se mais avolumou a minha simpatia, em nada influíu no estabelecimento doutras relações que não fôssem de cortesia. Conhecendo-o de vista, há muito, dos tempos da Politécnica, só verdadeiramente me foi dado desvendar a sua personalidade após a tese, em 1907. Sabia-o literato, dedicado aos estudos históricos, mas muito vagamente.

Amigo do estudo, não afrouxava, dominado por essa sêde de conhecimentos, que, no dizer de Reynal, embora menos vulgar, é mais imperiosa que a do oiro...

Foi por certo o trabalho imoderado que lhe apressou a morte.

Dos múltiplos aspectos do seu facetado espírito, o lado fulgente de cabouqueiro da história era o que mais me atraía. Relegava para um plano secundário tòdas as suas qualidades de esculápio emérito, amplamente demonstradas na clínica e no professorado, para apenas entrever, em luminoso detalhe, a sua compleição de historiador, que a modalidade de erudito mais fazia realçar.

O magnífico capítulo de história da sua dissertação inaugural, basta para o consagrar na especialidade.

Ponhamos de parte citações de outros seus trabalhos no género.

Todos revelam idêntico critério de justeza e elevação de forma.

O dr. João de Meyra estudava a história como ela deve ser encarada, aplicando o «método scientífico e objectivo» único que a pode levar ao seu verdadeiro fim — a investigação da verdade.

Nessa senda afadigosa soube ser prodigiosamente imparcial e justo.

Não lhe faltava subtileza para relacionar, precisão para descrever, penetração para observar.

A veia literária, longe de o arrastar para um falaz idealismo, mais sedutor e aprazível, apenas lhe dava maior vigor para alcançar essa *intuição viva* de que fala J. Kaerst, pela qual o historiador «reanima o passado e dêle procura transmitir a sua verdadeira visão».

João de Meyra nos seus trabalhos históricos foi provadamente magistral.

A' sua acção de historiógrafo consciencioso aliou ainda as galas dum estilo aprimorado.

O que Fustel de Coulanges disse do estilo de Búffon, pode-lhe com direito ser aplicado:

«E' o estilo de um homem, que, se pensa no estilo, pensa ainda bem mais na verdade».

PEDRO VITORINO.

PROF. JOÃO DE MEIRA (¹)

Falar de João de Meira com inteira imparcialidade outrem o faria melhor do que eu, que em mim não reconheço ainda a frieza de ânimo indispensável para o examinar nas suas diversas manifestações. Se não renunciei a fazê-lo, todavia, foi porque a saúdade que me causou o desaparecimento de um amigo adquirido em idade em que já nos é dado consegui-los me não veda a limpidez da crítica, tanto mais que o seu diamantino carácter desafia a mais odienta malevolência.

As minhas relações com João de Meira devem ter começado nas aulas de medicina, visto que foi meu discípulo. A memória, porém, já me atraiçoa muito e quando ela começa a lembrá-lo é quando, aos 26 anos, em princípio de 1907 apareceu a defender a sua dissertação inaugural *O Concelho de Guimarães*. Nêsse trabalho, que o júri respectivo classificou com 20 valores, a parte que mais o notabiliza é o capítulo intitulado *História,* o mais completo que a respeito da sua terra natal alguma vez se escreveu. Meira conhecia bem os historiadores portugueses, desde Herculano ao sr. Gama Barros, e os cronistas, desde Fernão Lopes e Gaspar Dias de Landim aos insulsíssimos autores da *Guimarães agradecida;* formara o seu espírito no meio culto daquele centro provincial onde vivera Martins Sarmento e onde teve relações com Alberto Sampaio e o Abade de Tagilde — Oliveira Guimarães —, para citar apenas os de mais evidência, mas era isto pouco para a história que desejava escrever.

<hr>

(¹). Não é costume da *Revista* transcrever artigos doutras publicações. Abre hoje esta excepção pelo valor do estudo e pela autoridade de quem o firma.

Submeteu a exame minucioso os documentos dos *Portugaliæ -monumenta historica,* os existentes no Arquivo da Câmara e da Colegiada de Guimarães, alguns que foram copiados no Arquivo nacional, manuscritos locais em mãos de particulares e então começou a escrever, não havendo uma linha que se não baseie em documento autêntico, precedendo o aproveitamento de uma crítica rigorosa. Liberto de preconceitos de nomes, quando os documentos falavam em desarmonia com asserções dos consagrados preferia-os. Também não tinha o culto das personalidades. Da história política da sua terra durante a primeira dinastia escrevia : «E' uma crónica vaga, sem personalidades, que no seu anonimato deixa desprender melhor os sentimentos colectivos de independência local e fidelidade à autoridade suprema do rei» (pág. 62).

Meira nutria um entranhado amor à sua terra natal e bem o demonstrou escolhendo-a para objecto da sua dissertação. Não se imagine, porém, que êsse amor lhe oculte os defeitos da região que tanto afecto lhe merecia. «O verde Minho, o nosso Minho, é como aquela mulher de quem conta Bernardes, na *Floresta* (creio que é o bom Bernardes na sua ingénua *Floresta*) que foi tentar um eremita no seu retiro.

«Esbelta mulher era ela, com o rosto coberto por um véu; mas tam esbelta e tam donairosa, que só de contemplar-lhe a flexuosa elegância, só de aspirar a rescendência do seu perfume, o bom santo se tentou.

«E quando o bom santo, já perdido, já pecador, lhe estendia os braços frementes, a esbelta mulher, com um gesto de serena elegância, ergue tranqüilamente o espesso véu e deixa ver dois olhos como duas gemas de ôvo rolando numa chaga asquerosa que lhe tomava todo o rosto. Ante esta dolorosa aparição, logo o bom eremita fugiu horripilado, arrependido, já de novo santo e para sempre curado da sua paixão.

«Ora naqueles dias em que arrolamos os pelagrosos às dezenas, o verde Minho, o nosso Minho encantador, ergueu ante nós, como a mulher de Bernardes, o véu que lhe escondia a úlcera repelente. Mas eu, longe de fugir como o assustado eremita, se até aí o amava, fiquei-lhe depois querendo com um amor mais doce, mais extremoso, com àquele doce e extremoso amor

que se sente por uma velha mãe cheia de achaques»
(Dedicatória a seu pai).

Este sentimento compassivo, demonstração do seu
adorável carácter, não vá imaginar-se que desvia o historiador do seu mister de crítico. Leia o leitor êste período e julgue da razão com que escrevemos: «Surge
1820 e a série de revoltas e contra-revoltas que convul-
sionaram o país até 1851. E' a época mais vergonhosa
em tôda a história do concelho. O mesmo nome de fidalgo ou homem principal da vila assina cinco e seis
vezes diversos autos de câmara proclamando alternati-
vamente a carta ou o regime absoluto, D. Miguel ou D.
Pedro, conforme as divisões militares que entravam na
vila. No fundo, porém, o espírito público, contra o que
já vimos escrito, propendía singularmente para o abso-
tismo; e foi um dia de júbilo para Guimarães quando
o sr. D. Miguel e o sr. chantre da Colegiada atravessa-
ram inesperadamente as ruas em machos albardados.
O sr. chantre de jaqueta à espanhola, chapéu derruba-
do e pau de choupa; sua majestade em *toilette* demo-
cràticamente semelhante» (pág. 91).

Do escrúpulo com que a história é escrita diz bastante o que deixo escrito. Mas há que apreciar a maneira como ela é apresentada. O estilo é límpido, claro,
de quem maneja a língua com pureza e nitidez, sem
que deixe de ter a concisão e gravidade apropriada do
assunto tratado, mas o historiador uma vez ou outra
não resiste ao sorriso quando a scena descrita lho desafia irresistìvelmente. Haja vista o último trecho que
transcrevemos e se refere à entrada de D. Miguel em
Guimarães.

A segurança com que o assunto é tratado, a elegância com que é apresentado, mostram claramente
que não era O Concelho de Guimarães a estreia do autor. Bastava mesmo ler as notas para se ter conhecimento de trabalhos seus anteriores.

O início literário de João de Meira realizou-se em
1898 num periódico literário que redigiu com o seu
amigo António Garcia. Chamou-se A Parvónia 'e dêle
saíram cinco números, sendo o último de 9 de Outubro
dêsse ano.. A propósito dêste periódico encontrei a nota seguinte num artigo seu: «Reconheço a falta de gramática, a vacuidade das declamações, a injustiça dos

ataques, mas sobretudo, absolvendo tudo, um grande amor do que então eu julgava a verdade». Os redactores eram rapazes que ainda não contavam 17 anos feitos. Três anos depois já êsse passado parecia tam distante a João de Meira que escrevia: «O' *Parvónia*, minúsculas vinte páginas amarelidas, perdidas, ignoradas, minha iniciação na vida do jornal, não posso reler-vos sem uma lágrima de saüdade a embaciar-me o olhar!» (¹).

Pude ver depois os cinco números da *Parvónia*, obséquio que devo ao meu distinto colega J. A. Pires de Lima: Fôlha de mocidade, há nela tudo: crónicas ásperas, versos satânicos, mas também emoção, como nas poucas palavras consagradas a um morto ilustre, Martins Sarmento.

Logo depois do desaparecimento da *Parvónia*, em outra fôlha de Guimarães, *A memória*, de que tenho à vista uma colecção incompleta, colaborava o nosso amigo com o pseudónimo *Homo* e com êle subscreveu uma série de crónicas com o título *Espiritas* em que se acentua a sua feição de escritor e humorista. A notar no n.º 5, de 14 de Outubro de 1900, esta notícia: «Parte hoje para o Pôrto a freqüentar o 1.º ano da Escola Médica o nosso muito presado colaborador sr. João de Meira, filho do sr. dr. Joaquim José de Meira».

Em 1901, começou a publicar-se em Guimarães o periódico semanal *O Independente*, em cuja redacção tomou parte muito considerável. O programa do jornal consignava como princípios dirigentes a política da liberdade e da boa administração, o progresso material e moral daquela cidade, procurava inspirar-se nas mais elevadas virtudes cívicas e «seria para êle um dogma — são palavras textuais — o respeito pela dignidade pessoal de todo o cidadão».

Nessa fôlha se manifesta João de Meira sob as formas mais variadas. No primeiro ano é êle que a en-

---

(¹) *Independente*, n.º 35 de 13 de Setembro de 1902.

Houve um pequeno engano. Aquelas palavras são transcritas da *Iris* — «jornal independente do Independente» — , e que vinha inserto na 3.ª página do «Independente», n.º 1, 13 de Julho de 1902, no n.º 35 do 1.º ano do «Independente» da mesma data.

che quási tôda, desde o artigo do fundo até ao folhetim. Publica versos, traduz trechos dos autores favoritos, presta homenagem aos homens mais notáveis do. nosso pais. Em dois números sucessivos encontramos uma *Homenagem a Martins Sarmento* e outra a Camilo Castelo Branco, e ainda no mesmo ano a Antero de Quental (¹). Olhando para além das fronteiras, presta o seu culto a Zola no excelente artigo que intitula *O Apostolo da Verdade* (²).

Em 1903, começa a desenhar-se a sua simpatia pelos estudos históricos regionais com a publicação de documentos relativos às fases diversas por que passou Guimarães no começo das lutas liberais. Depois, à medida que os seus estudos médicos vão progredindo, começa a organizar o inquérito sôbre a pelagra a que atrás vimos referências, sem que abandone essa intensa curiosidade histórica.

Em 1905, encontro no periódico uns *Estudos da velha história pátria: o livro de Mumadona* (³) e no ano seguinte uma série de artigos sôbre as tradicionais festas académicas a S. Nicolau, publicando uma longa colecção de *bandos* ou programas dessas festas, escrevendo mesmo o relativo ao ano de 1905 (⁴).

Continuando, porém, a dar cuidados assíduos à redacção do *Independente,* a actividade do meu amigo manifestava-se ainda publicando no periódico literário a *Revista,* do Pôrto, as *Cartas de Camilo Castelo Branco a Francisco Martins Sarmento,* de que se fêz uma separata (1905).

No mesmo ano começava a colaborar na *Revista de Guimarães,* onde se estreou com *O Claustro da Colegiada de Guimarães,* em que se manifesta com brilho o espírito crítico que tanto se evidencia no *Concelho de Guimarães.* Das invencionices a que deram curso os historiadores da sua terra natal o juvenil historiador faz ràpidamènte o processo: «Nem Araduca fundada pelos galo-celtas, nem remoto castelo com a inscrição *Via-*

(¹) *Independente,* n.ºs 18 e 19.
(²) Idem, n.º 46 de 5 de Outubro de 1902.
(³) Idem, n.º 103 de 6 de Agôsto de 1905.
(⁴) Idem, n.º 211 de 10 de Dezembro de 1905.

-*Maris,* nem templo de Ceres cristianizado por Sam
«Tiago ou outro santo qualquer, eis a conclusão a que
chegamos» (¹). E na sua avidez e culto da verdade,
põe em dúvida, à mingua de documento comprovativo,
que D. Afonso Henriques nascesse em Guimarães e
portanto a lenda do seu baptismo na Igreja de S. Miguel do Castelo (²).

Ainda nessa *Revista* encontro *Os bandos escolasti-
cos da festa de S. Nicolau,* que já tinha visto no *Independente,* em mais correcta lição. Contém a série dos
pregões em verso que eram declamados nas ruas e prá-
ças por um dos académicos festeiros. Meira pôde encontrar a lista completa desde 1827, faltando apenas o
de 1830. Desde 1847 que êles foram impressos.

Se não está completa a notícia dos trabalhos literários do nosso amigo anteriores à conclusão do seu
curso, creio que pouco lhe faltará. Pelo menos procurei desveladamente não esquecer um só.

O *Concelho de Guimarães* não encontrou apenas
acolhida benevolente e aplauso unânime no meio académico; também a imprensa médica lhe dedicou palavras
de merecido louvor. A *Medicina Contemporanea* reco-
nhecia, áparte alguns pequenos senões, que o autor devia ter tido grandes dificuldades para conseguir os dados de diversa natureza que figuravam na tese, e concluía: «o que não tem dúvida é que o livro evidencia
as aptidões de trabalho do sr. Meira, aliás já demonstradas» (³).

Com mais justiça o apreciava o nosso distinto colega Ferreira de Castro na *Medicina Moderna,* ao escrever: «Tudo isto representa um enorme trabalho de
investigação que assume a culminância no capítulo *História* completamente original, bastando por si para formar uma reputação, tal é a soma de investigações e
anotações que assinalam as 43 páginas dêste erudito
capítulo, em que as faculdades de crítica não são dos
menores dotes a apontar ao autor» (⁴).

(¹) *Revista de Guimarães,* vol. XXII, 1905, pág. 56.
(²) *Revista de Guimarães,* vol. XXIII, 1906, pág. 105.
(³) *Medicina Contemporanea,* n.º 10 de Fevereiro de 1907.
(⁴) *Medicina Moderna,* n.º 161, de Maio de 1907.

Também o autor foi felicitado pelo seu escrupuloso trabalho por alguns dos homens mais ilustres do nosso país. Entre êles, citarei os srs. Ramalho Ortigão, Teófilo Braga, José Caldas e Henrique de Gama Barros (¹).

Meira, logo depois da sua formatura, começou a preparar-se para concorrer a uma das vagas que então havia na secção cirúrgica da Escola Médico-Cirúrgica do Pôrto. Alguns meses depois, aparecia a dar as respectivas provas, apresentando como dissertação de concurso o *Parto cesáreo, sua história, sua técnica, seus acidentes e complicações. Suas indicações e prognósticos.*

Não se tratava da obra de um cirurgião feito, visto que o autor apenas vira praticar a seu pai duas cesarianas, mas era uma revista crítica dos trabalhos nacionais e estrangeiros, feita com o maior escrúpulo e demonstrando a mesma erudição que já manifestara no seu livro anterior. Meira chega às seguintes conclusões:

«O parto cesáreo data da mais remota antiguidade, mas só modernamente entrou na prática obstétrica corrente, como intervenção de proveito geral reconhecido.

«A sua técnica é relativamente fácil.

«Os acidentes e complicações, que lhe são inerentes, tendem a tornar-se cada vez mais reduzidos e menos para recear.

«São numerosas as causas de distócia, capazes de justificar o seu emprêgo; mas é nas bacias raquíticas que o parto cesáreo encontra mais importante e ampla indicação, umas vezes imposta absolutamente como única intervenção possível, outras apresentando-se em concorrência com várias operações obstétricas.

«O seu prognóstico baixou da alta gravidade que em outros tempos o caracterizou até à feição relativamente benigna que as estatísticas hoje assinalam.

«Em Portugal o parto cesáreo tem sido raras vezes praticado, pois que além dos casos de Lisboa, Pôrto, Coimbra, Guimarães, Vila do Conde e Louzada, de

---

(¹) Estão publicadas as suas apreciações no *Independente,* n.º 278 de 31 de Março de 1907.

nenhuns outros nos deu conta a investigação a que procedemos.»

: No concurso, deu João de Meira demonstrações de qualidades muito notáveis de exposição e argumentação, o que levou o júri a classificá-lo em primeiro lugar. O respectivo despacho tem a data de 7 de Maio de 1908, tomando posse a 14 do mesmo mês.

No exercício do seu cargo de professor coube-lhe reger interinamente a cadeira de Medicina legal, e como tal de dirigir a Morgue do Pôrto. Meira poz tôda a boa vontade e dedicação no desempenho das suas funções, aumentando dia a dia a sua competência e manifestando uma grande circunspecção ao formular os relatórios dos trabalhos que empreendia e encarando com austera severidade o desempenho do seu papel de perito. Algum vestígio ficou do seu esfôrço em artigos que publicou na extinta *Gazeta dos Hospitais do Pôrto.*

A competência que tinha manifestado como historiador no *Concelho de Guimarães* e no *Parto cesáreo,* em que publicou um resumo do que a literatura médica portuguêsa lhe ofereceu sôbre o assunto, levou-o a ensaiar-se nos estudos de história da medicina, com um pequeno esbôço das *Gafarias* de Guimarães.

Quando, em 1910, comecei a publicar uma nova série dos *Arquivos de história da medicina portuguêsa,* João de Meira, da melhor vontade, se prestou a coadjuvar-me e o seu nome aparece associado ao meu nesta nova série. Enquanto sentiu fôrças, em nenhum dos seus números pode dizer-se que deixou de colaborar, manifestando predilecção pelos estudos de clínica histórica, como o provam os artigos *D. Pedro V morreu envenenado?, A lepra do Marquês de Pombal, A morte de D. Estefânia,* seguindo no encalço de Baschet e Cabanés, mas versando também assuntos de bibliografia, de crítica e patologia arcaica na *Peste de 1384 e de 1415,* nos *Gafos do Nobiliário,* etc.

Estava a crear-se como professor de história da medicina, e o Conselho da Faculdade de Medicina do Pôrto propô-lo para êsse cargo, que não chegou a desempenhar. Também quando aquela instituição se resolveu a publicar os seus *Anais,* cujo primeiro volume há dias se concluiu, foi João de Meira encarregado da sua direcção, mas já a doença lhe não permitiu colaborar nêsse repositório.

O trabalho literário continuava, porém, a interessá-lo. Buscava nêle distração e repoiso. A' *Revista de Guimarães* ainda deu os *Subsídios para a história vimaranense no tempo do Prior do Crato*, reprodução de um manuscrito pertencente ao sr. dr. Avelino Germano da Costa Freitas, seguido de outro possuído pelo sr. João Lopes de Faria, e a Sociedade Martins Sarmento, que publica aquela excelente revista, encarregou-o de continuar a obra do abade de Tagilde, Oliveira Guimarães, *Vimaranis Monumenta historica*, em que suponho que já não pôde trabalhar.

A um periódico do Pôrto, o *Mundo Ilustrado*, deu um conto fantástico, no género de Conan Doyle, *Um cadáver evadido da Morgue*, que produziu profunda impressão, e a curiosa novela *Eusébio Macário em Guimarães*, imitação de Camilo na sua última fase, tam perfeita que se diria obra do grande escritor.

A' revista *O Ave*, de Santo Tirso, deu porém o trabalho de maior valia que publicou, as *Influências estrangeiras em Eça de Queiroz*, em que se mostra crítico profundo e de uma enorme leitura dos escritores francêses que inspiraram o autor do *Crime do Padre Amaro*.

De poucos é conhecida a colecção de *pastiches* que Meira improvisou «das 10 às 2 horas da noite» para um jantar que os meus colegas me ofereceram quando me vi forçado a deixar o professorado. O meu amigo, que de vez em quando publicava nos periódicos versos imitados de Cesário Verde, de Antero, etc., que mistificavam os mais entendidos, imitou trechos de autores antigos e modernos numa realização perfeita.

Ainda depois publicou uma *Reincidência*, em que foi ampliada a série das imitações, todas excelentes. Cometi já a inconfidência de publicar alguns dêsses trechos, mas não reaírei no delito, para que se não suponha que quero reviver da vida do morto.

O ano de 1913 foi um longo martírio para êle e para os que lhe queriam. Em Guimarães e na pequena povoação de Gominhães, ora um sopro de esperança lhe alentava o ânimo, ora um recrudecer do mal o levava a encarar com resignação o têrmo de quem se

sentia *quási evaporado*. Afinal, lá repousa onde dese-
jou morrer «junto da modesta ermida e tamanha em
nosso amor, tam querida já dos avós, na sepultura humilde que o vidoeiro ensombra pela tarde».

. João de Meira foi uma ridentíssima esperança ma-
lograda. As suas aptidões literárias e a sua cultura
ficaram bem evidenciadas, mas não teve tempo de produzir as óbras definitivas que havia direito a esperar.
Como historiador, aí ficam algumas páginas que não
esquecerão sôbre a sua terra natal. Como professor de
medicina, as suas lições e os seus trabalhos, de quem
voluntàriamente se submetia a uma severa disciplina
de trabalho, demonstram que honraria a cátedra se lho
consentisse o curto espaço em que por ela passou.

Bem o sentiu Guimarães nas demonstrações de
saüdade que lhe deu por ocasião do seu falecimento.
A prestar-lhe homenagem acudiu 'tudo quanto a velha
cidade tem de mais distinto. Não faltaram também a ela
os seus colegas no professorado. Pela boca do professor Augusto Brandão, que já fôra mestre de seu pai,
lhe deu o último adeus a Faculdade que teve a fortuna
de lhe apreciar o talento e o carácter. Das suas palavras corto êste escôrço do trabalho docente de João de
Meira: «Foi-lhe dado reger uma cadeira em que os
conhecimentos médicos têm de esclarecer os mais deli-
cados problemas ligados à administração da justiça. Ao
serviço dela poz uma análise subtil, uma observação
meticulosa e uma honestidade de processos que o impunham à consideração dos que assistiam ao seu trabalho consciente». Pela Sociedade Martins Sarmento,
o sr. Domingos Leite de Castro disse com inteira justiça: «João de Meira, nos seus 32 anos, era já um erudito. Além do seu saber profissional, e ao mesmo tempo que dava o fruto saboroso e são, dava também a
flor fina e perfumada; era um artista. Era também um
patriota; tinha um verdadeiro amor à sua pequena pátria, e o seu livro perfeito — *O Concelho de Guimarães*
— em que lançou as bases de renovação da nossa história, é a prova de tudo isso». Pelos médicos da sua
terra, o sr. Pedro Guimarães resumiu o seu sentimento
ao proferir êste juízo: «A história quando falar dêle
há-de dar razão ao orgulho que Guimarães sentia em
lhe chamar seu filho».

Todavia, para a minha saüdade, ainda hoje tam viva como ontem, tôdas estas demonstrações de estima e aprêço, tudo me parece pouco.

MAXIMIANO LEMOS.

Antes de saír *A Parvonia* (o primeiro número tem a data V-VIII-XCVIII), começou João Meyra a publicar n'*O Commercio de Guimarães* uma série de sonetos, talvez influenciados na poesia filosófica de Antero. O primeiro — *Visão* —, escrito no Pôrto em 9-5-98, apareceu no número 1295 daquele bi-semanário, a 3 de Junho do mesmo ano de 1898. Seguiram outros — *Fatum, Duvida, Vae Victoribus, Fiat Lux!..., Quid est veritas?, Spartacus.*

HOMENAGEM A MARTINS SARMENTO

Eu não devia, fraco de engenho e apoucado de méritos, carecido de sciência que me ajude e de talento que me recomende, ser o primeiro a assinar na homenagem que à memória de Martins Sarmento presta hoje o «Independente»; mas ao tomar sôbre mim êste encargo (que às primeiras linhas já começo a sentir pesado) não fui sondar a minha competência encarada sob qual aspecto; botei tám sòmente os ólhos à admíração e achando-a incomensurável, com tal diploma me apresentò aquî, seguro de que ninguém legìtimamente poderá disputar-me a primazia em veneração e respeito ao Grande Morto.

Todavia, apóstolo assim fervente de um Mestre Supremo há pouco falecido, nunca andéi na sua intìmidade; e as minhas linhas de agora não revelam particularidades de um viver que não conheci, nem perpetuam palavras saídas de lábios que ouvi uma vez, mas nunca escutei.

Vi-o apenas de relance por três vezes; e onde aprendi a amá-lo, a venerá-lo e a conhecê-lo, foi só no elogio perene de seus amigos e melhor nas suas obras que a minha ignorância tem soletrado a custo.

Nesses vastos testemunhos de inegualável saber, de muito amor da pátria e de muito amor do estudo, transparece a serena despretenção de uma alma nobre, que se dava por bem paga de trabalhosas fadigas podendo indicar uma orientação determinada ao estudo das nossas origens, à interpretação dos monumentos que nos restam e conseguindo a reivindicação da nossa procedência ligúrica sem ou com tam insignificante mistura de elementos célticos que nem valia a pena falar neles.

- São dois os seus principais trabalhos no domínio da proto-história.

O primeiro, estampado em 1880 e totalmente refundido dezasseis anos depois, é a comentação sagaz e metódica do poema de Festus Avienus no que diz respeito às costas da Europa Ocidental.

Nêle vai seguindo passo a passo a obra do poeta grego, analisando os dados que sôbre cada golfo, cada promontório, cada ilha ou rio, ela lhe fornece. Parte do princípio de que o autor se guiou por um roteiro fenício de longa antiguidade e que, desconhecendo as regiões descritas, tudo transtornou com as identificações que quis fazer.

A sua vista perspicaz descobre a verdade no êrro, e a luz ressalta com úma evidência que nenhum demonstrador logrou ainda ter maior.

O outro, de 1887, é a averiguação paciente do verdadeiro significado e exacta orientação da viagem dos Argonautas contada no falso Orfeu e melhor em Apolínio de Rodes.

Neste livro, onde se acumula soma enorme de observações originais, reveladoras da mais complexa e completa erudição, prova-se que a *Argonautica* não é a versificação duma lenda puramente mítica e que a expedição de Jason não podia velejar para a Cólquida desconhecida ao tempo dos Gregos; prova-se também que o país de Aetes deve procurar-se na costa de Inglaterra, e provando-se por último que Gregos não podiam fazer proezas marítimas como as que diz o poema, no mesmo passo se demonstra que só a Fenícios pode imputar-se tam alto feito.

A deselenização da lenda dos Argonautas e a sua atribuição às aptidões marítimas da raça dos *Kenani* é assim uma das principais observações do estudo de Martins Sarmento e um dos factos que há nela mais dignos de ponderação.

Postas estas observações numa introdução, são examinados o décimo e undécimo trabalhos de Hércules e os Errores de Ulisses, com bastas e sobejas razões considerados versões diversas da mesma lenda poetizada na *Argonautica*.

Nesta, como nos Errores, descortinava o sábio extinto duas viagens independentes, ligadas por um 'laço artificial, correspondendo uma ao décimo trabalho de Hércules, viagem á Eritia, *non plus ultra* da navegação semítica para o norte, e a outra ao undécimo trabalho, viagem ás Hespérides, *terminus* da mesma navegação para o meio-dia.

Depois disto é que o poema de Apolónio é abordado directamente; mas os capítulos mais interessantes dos *Argonautas*, como os mais interessantes da *Ora Maritima*, são os que traçam o quadro etnográfico de tôda a Europa ocidental.

Esta parte dos estudos de Martins Sarmento diz respeito a todo o mundo ariano.

Expõe-se nela a marcha de uma migração asiática que, vindo ao longo do Danúbio até ao centro da Europa, aí se ramificou, seguindo uns o vale de Ródano, outros o vale do Reno; os primeiros penetraram na Itália, os segundos atravessando o estreito foram à Inglaterra, e descendo ao longo da costa vieram parar à Península.

Estas coisas passaram-se dezasseis séculos antes de Cristo, quando *não luziam ainda no céo todos os astros e dos Danaus apenas viviam os Arcades Apidanenses nascidos antes da Lua,* diz a *Argonautica.*

Ora quando os Gregos da *Argonautica,* isto é, quando os primeiros Fenícios se abalançaram aos mares do ocidente, foi a civilização dêsses povos ligúricos aquela que encontraram.

Ao longo do Reno e Ródano, ao longo da costa ocidental da Europa, uma série de colónias fazia o comércio do estanho, vindo de Inglaterra, onde os Albiões, ramo de ligures, o tinha descoberto.

Um grande sossêgo reinava então sôbre a terra e os Hiperbóreos podiam das tristes regiões geladas trazer as suas oferendas aos santuários de Dodona e Delos.

Mas ao tempo dos Fenícios da *Ora-Maritima* sentiam-se já os primeiros rebates de um desastre que dentro em pouco (século VII a. C.) havia de aniquilar tôda esta civilização do povo dos dolmens e por assim dizer fossilizá-lo.

Os ligures do Báltico haviam-se acolhido ao sul de Inglaterra, destroçados.

Os celtas descidos da Escandinávia tinham-lhes invádido o país, e o mêdo dos pobres lígures era tanto que, receando vê-los surgir na costa fronteira, nem ousavam descer à praia.

Felizmente para êles, o perigo de morte tinha passado na ocasião. Os homens do norte, ganhando o Reno, desciam até ao centro da Europa escravizando e trucidando as populações.

E deu-se então o desastre.

Tomadas as fontes do Reno, Ródano e Danúbio, o mundo precéltico ficou completamente desorganizado, o comércio do estanho perdido e os pios Hiperbóreos não mais trouxeram as suas oblações aos templos da Grécia.

Estas são, esboçadas muito ao de leve, as conclusões a que chegou Martins Sarmento.

Não obstante, o sr. Teófilo Braga, em o número especial da «Revista de Guimarães» diz:

> «Apontaremos como um dos seus mais gloriosos triumphos, o estudo sobre os *Argonautas;* porque n'este livro chegou a resultados confirmados por eruditos estrangeiros sem que mutuamente se conhecessem.»

Estas palavras espantaram-me, e logo, para saber quem fôssem os eruditos que assim apoiaram as investigações do nosso sábio patrício, vi as linhas subsequentes e nelas li que era apenas Theophile Cailleux autor da *Origine celtique de la civilisation de tous les peuples de l'Europe,* onde «sustenta que a civilisação é originaria das regiões atlanticas e que d'ahi se expandiu para os dois continentes.»

Então é que o meu espanto subiu à altura da estupefacção.

Origem céltica da civilização, e a obra de Sarmento descrevendo os celtas como bárbaros que onde paravam assimilavam a civilização do país!

Civilização originária das regiões atlânticas, e a obra de Sarmento descrevendo, desde a Ásia, a marcha do povo que para aqui a trouxe!...

Mas todo o alcance do êrro de Teófilo Braga, só o compreendi quando pude saber que Cailleux coloca o berço da primitiva civilização na Batávia e a propósito da Ilíada põe Tróia na Inglaterra.

E' fazer uma idea falsíssima do que foi na sciência Martins Sarmento, compará-lo com Cailleux, um
visionário que se tinha proposto e não sei se tentou demonstrar que as terras descritas na Biblia não eram
a Palestina e regiões circunvizinhas.

Ora, para que semelhante engano se não propague,
para que a data (Paris 1878) indicada para o volume
francês, não pareça uma insinuação, era bom que o
professor lisbonense explicasse, ao mundo scientífico,
não a mim, aquilo que pretendeu dizer.

Bem longa vai já a caminhada, e porque estejam
de há muito cansados os que lêem, e eu mesmo cansado também, remato dizendo como um dia o Camilo:
— Que escura e triste coisa é a sciência, ó Francisco Martins!

Em Guimarães, aos 2 de Março de 1902.

JOÃO DE MEIRA.

HOMENAGEM

CAMILO CASTELO-BRANCO [1]

Faz hoje 77 anos que, no Largo do Carmo em Lisboa, nasceu, filho de Manuel Joaquim Botelho Castelo-Branco e de D. Jacinta Rosa de Almeida do Espírito Santo, aquele que havia de nobilitar-se nas letras com o nome mais que todos glorioso de Camilo Castelo-Branco.

Poucos anos depois, morta a mãe e quási simultâneamente o pai *(Bohemia do Espirito,* pág. 384), Camilo que já aprendia a Gramática do Lobato (1834) com o professor Minas Júnior da rua dos Calafates *(Nas Trevas, O visconde d'Ouguella,* pág. 9) saíu para o Pôrto, (1835) com destino a Vila Real, no Vapor Jorge IV. *(No Bom Jesus do Monte,* pág. 16).

Acompanhavam-no sua irmã mais velha e uma criada (Idem, pág. 16).

Ao chegarem à vista da cidade, havia muito mar, que os obrigou a arribar a Vigo; daí por Tui, Valença e Ponte do Lima vieram a Braga, (Idem, pág. 17) onde a criada satisfez uma promessa ao Senhor do Monte, formulada em hora de apuros, quando bolsava as tripas com o enjoo, *(Bohemia do Espirito,* pág. 384).

Encaminharam-se depois para Vila Real de Trás-

---

[1] Vem reproduzido no «Germinal» n.º 12, de Julho de 1902, sob o título «Camillo — (esboço biographico)» e a dedicatória «Ao snr. Silva Pinto — unus ex discipulis quem diligebat...!.. — Joan. XIII, 23».

-os-Montes, onde foram habitar com D. Rita Caldeirão Castelo-Branco de quem se fala no *Amor de Perdição*.

Parece que o futuro romancista não gostou muito desta tia, pois que lhe fugiu para Lisboa (1837) com um par de piúgas e duas camisas atadas num lenço, *(No Bom Jesus do Monte*, pág. 21).

De volta a Vila Real, o que foi no mesmo ano *(Novellas do Minho, O Degredado)*, sua irmã casara na Samardan com um médico irmão dum padre.

O padre, que era aquele António de Azevedo a quem, volvidos muitos anos, Camilo havia de dedicar *O Bem e o Mal*, principiou a sua educação literária.

Rezavam juntos o breviário *(Seroens de S. Miguel de Seide*, 3.°, pág. 68); então aprendeu Camilo rudimentos de cantochão e pôde ler Fernão Mendes Pinto e Camões *(O Bem e o Mal, Ao anoitecer da vida*, pág. VIII).

Um dia, com 16 anos (1841), vindo a Friúme, apaixonou-se por Joaquina Pereira com quem casou pouco tempo volvido.

Por iniativa do sogro *(Alberto Pimentel)* veio freqüentar preparatórios e depois a Politécnica do Pô to (1843) e a Escola Médica. Fêz acto de química em 1844 *(General Carlos Ribeiro*, pág. 23), passando *némine*, graças a um condiscípulo que lhe ensinou o ponto *(Cavar em ruinas*, pág. 248).

Em 1845 foi para Coimbra, onde estava ainda em 1846 freqüentando o latim de um padre Simões *(Cancioneiro Alegre*, pág. 22, volume 2.°) ou dr. Dinis *(A mulher fatal)*.

Quando as aulas fecharam nesse ano, por causa da Maria da Fonte, partiu de Coimbra para Vila Real. A' saída de Penafiel êle e um companheiro encontraram a guerrilha de Milhundres, que os agregou na qualidade de proclamadores. Retrocederam à vila e fugiram no primeiro ensejo *(Memorias do Carcere*, pág. 23). Nesse mesmo ano de 1846 representou-se em Vila Real o drama em 5 actos *Agostinho de Ceuta*, primeira obra de teatro que compôs.

Um ano antes estreara-se em verso com os *Pondunores desagravados* e com o *Juizo Final e Sonho do Inferno*, raros opúsculos satíricos.

Foi então que tendo-se encontrado com Patrícia

Emília de Barros fugiu com ela para Coimbra, embora sua mulher fôsse ainda viva, pois só veio a morrer no ano seguinte (1847).

Um tio 'afim pediu a sua captura e reteve-os presos na cadeia da Relação de 9 a 23 de Outubro.

Em 1848 publicou *A Murraça* poema herói-cómico com algumas pretenções à paródia dos *Luziadas*.

E' dêsse ano também o *Maria não me mates que sou tua mãe*, folheto para o povo relatando um crime de assassinato.

Em 1849 publica o drama *O Marquez de Torres Novas (Henrique Marques)* e grande cópia de produções no *Nacional (Alberto Pimentel)*.

Por êsse tempo tomou parte nas célebres lutas de partidários de cantoras. Era contra a Dabedeille, por Clara Belloni a quem dedicou uma poesia inserta nas *Inspirações* (Henrique Marques) e mais tarde nas *Duas Epochas da vida* e a quem levantou um brinde no restaurante da Ponte de Pedra em meio de parciais da contrária *(Seroens de S. Miguel de Seide*, pág. 16 do 2.º, *Aventuras. de Bazilio Fernandes Enxertado*, pág. 166).

Nesses conflitos surgia armado de um *casse-tête*, o mais formidável de quantos há memória. De um lado uma sôga formava-lhe aselha para passar no pulso, do outro tinha um chavelho de veado e uma asa de ferro; além disso uma baioneta de dois palmos saía de dentro em momentos propícios *(R. Ortigão)*.

Fazia parte do grupo de *Leões* terror de país de família pela irresistível fascinação que exerciam sôbre as meninas solteiras e sôbre as mulheres casadas. Os seus companheiros e amigos eram Evaristo Basto *(Duas horas de leitura*, pág. 71 e seg., *Obulo ás creanças*, pág. 168), D. João de Azevedo *(Esboço d'apreciações litterarias*, pág. 7 e seg., *No Bom Jesus do Monte*, pág. 26 a 35), Jorge Artur de Oliveira Pimentel, *(Mulher fatal*, pág. 51, *Obulo ás creanças*, pág. 21), José Augusto Pinto de Magalhães, *(No Bom Jesus do Monte*, pág. 91 a 145), José Barbosa e Silva, *(Duas horas de leitura*, pág. 75 e seg., *Esboços e apreciações litterarias*, pág. 39 e seg.), Gonçalves Basto, *(Noites de Lamego*, pág. 149, *Suicida)*, Manuel Osório Negrão, *(Maria da Fonte*, pág. 248).

Em 1850 publica *O Clero e o Senhor Alexandre Herculano*. Cede o manuscrito a um militar empobrecido que colhendo fartos lucros quer dar-lhe metade. Não aceita e o militar compra com o dinheiro destinado ao escritor um bilhete de loteria que lhe saiu premiado.

Nesse mesmo ano a *Semana de Lisboa* começa a inserir o *Anathema*, saído em volume no ano seguinte.

De 1850 a 1852 freqüenta as aulas do Seminário com tenção de-se ordenar.

Depois publica sucessivamente: *Revelações* em 1852, *Um livro* em 1854, *Duas epochas da vida* em 1854, *Folhas cahidas apanhadas na .lama* em 1854, *Mysterios de Lisboa* em 1854, *A Filha do Arcediago* em 1855, *Scenas contemporaneas* em 1855, *Livro Negro do Padre Diniz* em 1855, *A neta do Arcediago* em 1856, *Onde está a felicidade?* em 1856, *Um homem de brios* em 1856, *Justiça* em 1856 (Henrique Marques).

Em 1857 estava em S. João de Arga, arrabaldes de Viana (Alberto Pimentel). Lá escreveu *Carlota Angela* e *Scenas da Foz*. Nesse ano apareceram mais: *Duas horas de leitura, Lagrimas abençoadas, Espinhos e flores, Purgatorio e Paraizo*. *Carlota Angela* veio à luz no ano seguinte com *O que fazem mulheres* e *Vingança*.

De 1858 datam as suas relações com D. Ana Plácido, esposa de Manuel Pinheiro Alves. Em princípio de 1859, depois de largo escândalo, os dois partem juntos para Lisboa de onde pouco tempo corrido regressam ao Pôrto indo hospedar-se no Hotel do Cisne.

Há um momento de arrependimento.

D. Ana chega a recolher-se a um convento de Braga; mas demora-se apenas um mês. Volta ao Pôrto com Camilo e vão morar na Foz, depois do que tornam a Lisboa.

Em dezembro dêsse ano Pinheiro Alves manda procuração para serem querelados os adúlteros.

Há várias demoras no processo.

D. Ana volta ao Pôrto no vapor «Luzitánia», vai a Famalicão e Santo Tirso. Junta-se a Camilo que havia ficado atrás e regressam à cidade *(Alberto Pimentel)*.

D. Ana é prêsa em 6 de Junho de 1860 *(Alberto Pimentel)*.

Em Maio, Camilo perseguido havia saído do Pôrto, caminho de Samardan *(Memorias do Carcere*, pág. VI e XIII). Retrocedeu porém ao ponto da partida (Idem, pág. XIV). Saíu segunda vez acompanhado de seu cunhado Francisco de Azevedo (Idem, pág. XV). Poucos dias passados, tornou ainda ao Pôrto (Idem, pág. XVII). Daí veio a Guimarães (Idem, pág. XVII), pernoitando na hospedaria da Joaninha, que ficava ao lado do edifício dos Paços do Concelho. De Guimarães foi a Briteiros (Idem, pág. XX) e daí para o Ermo (Idem, pág. XXI). Do Ermo torna às Taipas (Idem, pág. XXXII) e das Taipas ao Ermo, passando em S. Torcato e na Cruz de Lestoso (Idem, pág. XXXIII). Vai a Samardan (Idem, pág. XXXIV). Por Amarante (Idem, pág. XXXVII) vem ainda a Briteiros (Idem, pág. XLI) visitando a Citânia (Idem, pág. XLII) e o Bom Jesus do Monte (Idem, pág. XLIII). Tornou mais uma vez a Vila Real (Idem, pág. XLVII) e só então, voltando ao Pôrto em meados de Setembro, recolheu à cadeia no primeiro de Outubro (Idem, pág. XLIX).

Cuidava ver-se livre depressa, em dezembro dêsse mesmo ano (Cartas publicadas no *Independente*, n.º transacto).

Habitou um quarto de malta de onde tinha saído para a forca o conselheiro Gravito *(Memorias do Carcere)*. Foi aí visitado duas vezes por El-Rei D. Pedro V (Idem).

Entrado no cárcere, começou traduzindo a *Arte de ser feliz* de Droz, (*Correspondencia epistolar*, 2.º vol., pág. 21), o *Romance d'um rapaz pobre* de Feuillet e a *Fanny* de Feydeau (*Memorias do Carcere*).

Escreveu capítulos dos *Annos de prosa*, alguns dos *Doze casamentos felizes*, o *O romance de um homem rico* e o *Amor de Perdição* (*Memorias do Carcere*).

Absolvido em 16 de Outubro de 1861, foi para Lisboa com D. Anna.

De 1860 a 1862 publicou Camilo:

Abençoadas lagrimas, O Morgado de Fafe em Lisboa, Doze casamentos felizes, O Romance de um homem rico, As Tres

Irmãs, O ultimo acto, Amor de Perdição, Memorias do Carcere, Coisas espantosas, Coração, Cabeça e Estomago e Estrellas funestas.

Em 1863 nascia Jorge Camilo, morria Pinheiro Alves e Camilo (ao tempo na casa de saúde do Largo do Monteiro onde escreveu a dedicatória de *O Bem e o Mal* e uma carta a Ernesto Biester sôbre Joaquim Pinto Ribeiro inserta nos *Esboços de apreciações litterarias*) sentia no mesmo passo uma inexplicável sensação de asfixia, como se mão invisível procurasse estrangulá-lo (*Alberto Pimentel*).

Tendo de prover à sustentação de uma família, a sua actividade não conhece limites.

Nesse ano publica mais:

Annos de Prosa, O Bem e o Mal, Aventuras de Bazilio Fernandes Enxertado, Estrellas Propicias, Memorias de Guilherme de Amaral, Noites de Lamego, Scenas Innocentes da Comedia Humana e Agulha em Palheiro (Henrique Marques).

Em 1864 nasce-lhe um segundo filho, Nuno Castelo-Branco. Nesse ano o romancista vai passar uma temporada em S. Miguel de Seide onde escreveu o *Amor de Salvação* (*Amor de Salvação*). Voltando ao Pôrto, aí viveu sucessivamente na rua do Sol (1864), na rua do Almada, na rua do Triunfo (1868), na rua de S. Lázaro onde o visitou o imperador do Brasil, (1872) e na rua de Bonjardim (1873). Em 1875 foi para Coimbra sob pretexto de fazer a educação literária dos filhos.

Viveu primeiro numa casa dos Arcos de S. Bento e depois noutra da rua Larga.

Nesse largo período que vai de 64 a 75 publicou:

A filha do dr. Negro, No Bom Jesus do Monte, Vinte Horas de Liteira, Divindade de Jesus e Tradicção Apostolica, Esboços de apreciações litterarias, O esqueleto, Horas de Paz, Lucta de gigantes, O morgado de Fafe amoroso, A sereia, A Engeitada, O Judeu, O Olho de vidro, A Queda de um anjo, O Santo da Montanha, Vaidades irritadas e irritantes, A bruxa do Monte Cordova, A Doida do Candal, Cavar em Ruinas, Cousas leves e pesadas, O snr. do Paço de Ninães, Mosaico, Mysterios de Fafe, O retrato de Ricardina, O Sangue, As virtudes antigas, Os Brilhantes do Brazileiro, D. António Alves Martins, O Condemnado, A mulher fatal, Theatro comico, Voltareis, ó Christo?, O Carrasco de Victor Hugo José Alves, Livro de Consolação, Quatro horas innocentes, A Espada de Alexandre, Mata-o ou elle te matará, O Viscónde d'Ouguella, Scenas Innocentes da Comedia humana; O Demonio do Ouro, ao Anoitecer da Vida, Correspondencia epistolar, Noites de Insomnia, O Regicida, A Filha. do Regicida (Henrique Marques).

Desde esta época (1875) Camilo recolheu a S. Miguel de Seide (Alberto Pimentel). Mas a doença nervosa que o persegue não o deixa parar um momento. Vai ao Pôrto, à Póvoa de Varzim, a Braga, a Guimarães, voltando sempre mais descorçoado e mais. convencido da impossibilidade de arranjar sossêgo.

Em 1877 morre tísico na Póvoa de Varzim Manuel Plácido, filho de D. Ana e Pinheiro Alves.

Camilo que muito o estimava sofreu um grande abalo.

Entretanto obrigado da necessidade ia remando sempre na galé das letras pátrias :

Depois de 1874 publicou ainda :

Novellas do Minho, Curso de litteratura, Cancioneiro Alegre, Os criticos do Cancioneiro, Sentimentalismo e Historia, Suicida, Luiz de Camões, Historia e Sentimentalismo, Echos humoristicos do Minho, A Senhora Rattazzi, Perfil do Marquez de Pombal, Narcoticos, A Brazileira de Prazins, D. Luiz de Portugal, Questão da Sebenta, O General Carlos Ribeiro, O Vinho do Porto, Maria da Fonte, Seroens de S. Miguel de Seide, Bohèmia do Espirito, A diffamação dos livreiros, Esboço de Critica, Vulcoens de Lama, Nostalgias e *Delictos da Mocidade.* (Henrique Marques).

Em 1885 é agraciado com o título de Visconde de Correia Botelho e as côrtes decretam que seja isento do pagamento de direitos de mercê.

A cegueira, evidenciação periférica de uma selerose mielencefálica (Sousa Martins, apud Alberto Pimentel), que de há muito o andava ameaçando, e cujos primeiros pronúncios sentiu no cárcere, roubou a Camilo o esteio do trabalho.

Em 1889 é concedida pelas câmaras a pensão anual de um conto de réis a Jorge Camilo em reconhecimento dos serviços prestados por seu pai às letras pátrias.

Finalmente em 1 de Junho de 1890, pelas três horas e um quarto da tarde, o grande escritor rematava a carrèira de sua vida cóm um tiro de revólver no parietal direito.

Assim foi dormir o sono eterno da morte.aquele para quem já descera a eterna noite da cegueira.

Assim foi descansar do constante labutar de 40 anos aquele que foi o maior de todos os que escreveram e escrevem português.

Aqui deixo bosquejados muito em escôrço os principais traços da acidentada biografia de Camilo.

Quisera eu que me sobrassem espaço é tempo para poder escrever do alto valor de suas obras e inconfundível individualidade literária. Ambos, porém, me escasseam e tenho d.· limitar-me a pouco.·

As suas primeiras composições não denunciavam a futura glória.

Os poemetos que escreveu em 1845 estão imensamente distantes dos sonetos *Epilogo* ou *Na maior dôr humana;* o drama *Agostinho de Ceuta* não fazia prever *O ultimo acto* que arrancou lágrimas ou o *Morgado de Fafe* que manteve a platea em gargalhada constante; entre *O Caleche,* folhetim anti-cabralista, e *Os criticos do Cancioneiro* cava se um abismo, e entre o *Anathema* e *A Brazileira de Prazins* há outro abismo ainda maior.

Mas o talento apurado pela necessidade e pela desgraçà deu de si esta coisa estupenda: a produção de cento e trinta volumes num crescendo de perfeição, que ninguém sabe onde iria se a amaurose não vem estender um veu negro sôbre aquela luminosa inteligência.

Quando o seu espírito mais propendia a satirizar, saíam-lhe da pêna *Os Brilhantes do Brazileiro* ou as *Aventuras de Bazilio Fernandes Enxertado.*

Quando era a história que o solicitava, escrevia *O Judeu* ou essa espantosa triologia de *O Regicida, A Filha do Regicida* e a *Caveira da Martyr.*

Quando um ataque de religiosidade lhe invadia o espírito, apareciam as *Lagrimas abençoadas* ou *O Bem e o Mal,* e se alguém o agredia, muito de leve que fôsse, vinha *A questão da sebenta* ou *Os criticos do Cancioneiro* ou o *Modelo da Polemica Portugueza.*

Camilo foi essencialmente um impulsivo nos actos

da sua vida. Estas últimas produções, as de polémica, exuberantemente o demonstram.

Hoje fez-se em volta da sua obra um vasto silêncio. E' o comêço da admiração. Os aplausos ainda não vieram, porque muitos dos desapiedadamente zurzidos estão vivos; mas cedo virão. No entanto é bom dizer que os dislates sôbre o grande mestre ainda aparecem de vez em quando. Assim, o sr. Teófilo Braga diz na «Encyclopedia Portugueza» que *a frequencia da Academia Polytechnica deu a Camillo a tintura scientifica que realça entre as locuções populares dos seus variados romances.*

Ou uma desgraçada sina trás o sr. Teófilo a dizer asneiras numa idade em que elas ficam já demasiado mal, ou eu não sei como explicar esta casualidade de ter saído duas vezes da minha mais que humilde obscuridade e encontrar em ambas elas, atravancadas no meu caminho, as tolices do sábio.

Esta, nem me detenho a comentá-la.

Tendo posto um ponto por baixo das linhas que precedem, fui-me ao cemitério da Lapa a visitar a tua campa.

Lá estava, ao fundo da triste rua areada, a pedra de mármore com a coroa de Visconde e o nome do escritor.

Deus me é testemunha de que chorei ao ver-te como sempre tam só, tam desamparado no jazigo de Urbino.

No Pôrto, em Março de 1902.

JOÃO DE MEIRA.

ANTERO DE QUENTAL

Nasceu Antero Tarquino de Quental na cidade de Ponta Delgada, ilha de S. Miguel, aos 18 de Abril de 1812 (Termo de nascimento, *In Memorian*, 2, app. pág. XCI).

Foi sua mãe D. Ana Guilhermina da Maia, senhora que de fanática roçava na teomania (Souza Martins, Nosographia d'Anthero,. *In Memoriam,* pág. 241), e seu pai um dos 7:500 do Mindelo, democrata de tam rija têmpera que mandou picar a pedra de armas de sua casa (Carolina Michaëlis, Anthero e a Allemanha, *In Memoriam,* pág. 387), Fernando de Quental da Câmara, filho de André da Ponte de Quental. da Câmara.

Diga-se de passagem que êste André da Ponte foi companheiro de Bocage e seu grande amigo (Entre ou-tros, Julio de Castilho, *O snr. Antonio Feliciano de Castilho e o sr. Anthero de Quental,* pág. 24, Teófilo Braga *Vida de Bocage e sua epocha litteraria* e quási todos os colaboradores do *In Memoriam).*

Juntos estiveram presos, porque a intendência de policia não soube descriminar (Visconde de Faria e Maya, Recordações de família, *In Memoriam,* pág. 370) a quem pertenciam as Verdades duras mais conhecidas por «Pavorosa illusão» (Camillo, *Curso de litteratura,* 2.º vol., pág. 25), cuja paternidade ambos se arrogavam para naturalmente se salvarem.

No Limoeiro escrevia Bocage ao amigo:

Os vindouros mortaes irão piedosos
Ler-nos na triste campa a historia triste
Darão flores ó PONTE ás lyras nossas
Pranto a nossos desastres.

e noutro relanço:

Inda serão talvéz ná longa historia
Dois nomes immortaes, Bocage e PONTE.

André .da Ponte por volta dos 5o anos tornou-se misantropo, intratável e deixou de saír (Souza Martins, Nosographia d'Anthero, *In Memoriam*, pág. 240). Todavia em 1842 achámo-lo representando por procuração seu filho Filipe no baptizado do neto (Termo de Nascimento, *In Memoriam*, 2.º app., pág. XCII). Morreu pouco depois em 14 de Abril de 1845 (Ernesto do Canto, Esboço Genealogico, *In Memorian*, pág. XII) não sem ter feito queimar todos os manuscritos por seu filho Fernando.

Não foi êste o único membro da familia de Antero dado às letras, pois que a ela pertenceu o Padre Bartolomeu de Quental, fundador da congregação do Oratorio em Portugal e autor de várias obras místicas que podem ver-se em Barbosa Machado *(Bibliotheca Lusitana)* e em Inocêncio da Silva *(Diccionario bibliographico portuguez,* vol. I, pág. 336).

O jovem Antero vindo para o continente recebéu lições no colégio do Pórtico que o Visconde de Castilho dirigia. A família de Antero era das relações de Castilho desde a estada dêste em S. Miguel (Theophilo Braga, *As modernas ideias na litteratura portugueza*, 2.º vol., pág. 129). Quando foi da Questão Coimbrã, dizia Júlio de Castilho que Antero fôra o seu primeiro amigo (Julio de Castilho, *O sr. Antonio F. de Castilho e o sr. Anthero de Quental*, pág. 5).

Em 1856 entrou como interno no Colégio de S. Bento, aos Arcos do Jardim Botânico.

Em 1858 matriculou-se na faculdade de Direito (Entre outros Alberto Sampaio, Recordaçóos, *In Memorian*, pág. 10). Já então escrevera a primeira poesia que muito tempo esteve nas mãos de Andrade e Albuquerque e se perdeu depois (Andrade e Albuquerque, Em lembrança d'Anthero, *In Memorian*, pág. 73 a 74).

Em 1859 indo passar as férias grandes ná Ilha, Antero levava em escorço a poesia «A senda do Calvario» mais tarde impressa depois de refundida no

Academico (Andrade e Albuquerque, Em lembrança d'Anthero, *In Memoriam,* pág. 74) e arquivada depois por Teófilo Braga, num volume póstumo. ·

Como se depreende da leitura e categòricamente o afirma Andrade e Albuquerque (loco cit.) e o próprio autor *(Thesouro poetico da infancia),* estes versos foram inspirados pela ode de Alexandre Herculano — A Deus — .

Em 1860, projectando fazer uma colectânea de versos, escreveu os hendecassílabos :

> Raios d'extincta luz, echos perdidos...

cujo primeiro hemistíquio serviu a Teófilo Braga para título do volume que coordenou.

Em 1860 apareceram, editados por Stenio, 21 sonetos com o título de «Sonetos d'Anthero», um retrato do poeta em verso e uma carta a João de Deus sôbre a forma de soneto (Joaquim d'Araujo, Bibliographia Antheriana, *In Memoriam,* pág. I). ·

Antero estreava-se assim na forma em que mais tarde havia de ser inegualável. Chamava-o para êsse molde, não a imitação dos sonetos de João de Deus, mas, como êle próprio confessou em carta a D. Carolina Micaëlis, a influência dos de Camões, únicos que então conhecia (D Carolina Michaëlis, Anthero e a Allemanha, *In Memoriam;* pág. 390).

Em 22 de Outubro de 1862, visitando Coimbra o principe Humberto, foi Antero encarregado de redigir e ler-lhes a mensagem de boas-vindas (João Machado de Faria e Maya, Memorias, *In Memoriam,* pág. 151).

· Nesse curioso documento, publicado no «Conimbricense» e reproduzido por Joaquim de Araujo *(In Memoriam,* 2.º ap., pág. XXXII), se diz que não saúdam os estudantes o represente da casa de Saboia, mas o filho de Vítor Manuel, amigo de Garibaldi. :

Poucos dias passados, em 8 de Dezembro, no momento em que o reitor Basílio Alberto de Sousa Pinto, se erguia na distribuição de prémios, após o décano de Medicina, (Joaquim Martins de Carvalho, *Apontamentos para a historia contemporanea,* pág. 267) para pronunciar o seu discurso, todos os estudantes, soltando vivas à liberdade e à independência da Academia aban-

donaram de roldão a sala dos Capelos (Idem, idem).
. . . Ora estas duas manifestações, como a que havia
sido feita a Bernardo de Albuquerque, dimanaram da
Sociedade do Raio.

Coimbra naquele tempo diferia bem da Coimbra
de hoje, modorrenta e insulsa, erguendo-se apenas para
receber a pontapés os companheiros futuros. Então os
espíritos não tinham adquirido ainda a curvatura cifó-
tica que agora nos traz perpètuamente vergados diante
do senhor Reitor, dos senhores mestres e até dos ar-
cheiros e bedéis.

'As revoluções andavam ainda na lembrança de todos e a tradição do batalhão académico que se bateu
nas linhas não havia ainda sido olvidada, nem se es-
quecera a Sociedade dos Divodignos que assassinou
dois lentes no Cartaxinho, próximo a Condeixa.

Quanto Antero chegou a Coimbra, os regulamentos
universitários andavam bem carecidos de reforma, como
o. prova a portaria de 29 de Novembro de 1859 dirigida ao reitor Basílio (Soriano, *Revelações da minha vida,* pág. 191) que o era já, por carta régia de 26 de
Agôsto dêsse mesmo ano, (Idem, pág. 216).

. A necessidade aumentou, porém, quando o mesmo
Reitor com a sua intransigência de homem de 20 e o
seu catonismo de *fantasma do passado* começou exigin-
do a exacta observância dêsses caducos estatutos, chegando até a afixar um edital em que se ordenava que
as batinas fôssem cosidas na frente e se vestissem pela cabeça (Theophilo Braga, *As modernas ideias na
litteratura portugueza,* pág. 122).

. A luta entre elementos tam antagónicos era inevi-
tável e rebentou logo no ano lectivo de 60 a 61 (Martins de Carvalho, *Apontamentos para a historia contemporanea,* pág. 263).

. Em Abril de 61 foi fundada a sociedade secreta
do Raio, sendo a sua direcção entregue a um conselho
de cinco membros, além dos quais havia os chefes de
secção que aliciavam sócios e únicos que se achavam
em relação imediata com a direcção. As reuniões ma-
gnas e iniciações celebravam-se de noite, em sítios er-
mos como o pinhal situado por trás do cemitério de
Santo António dos Olivais, o vale onde está a capela
do Espírito Santo, a escavação que há entre o cemitério

novo da Conchada e o cemitério velho, o salgueiral do Mondego e, próximo à estrada de Santa Clara, no sítio do Vale do Inferno, (Martins de Carvalho, *Apontamentos*, etc., pág 264).

Os iniciados prestavam juramento de guardar inviolável segredo em tudo o que se relacionasse com a sociedade, de obedecer às ordens do conselho director transmitidas pelo seu chefe, de empregar todos os seus meios físicos, morais e pecuniários para a realização do fim da sociedade.

A sociedade do Raio, após a demissão do Reitor, que recebeu em troca o título de Visconde de S. Jerónimo, degenerou em loja maçónica de que foi venerável o dr. José da Cunha Sampaio, então estudante do 3.º ano, (Martins de Carvalho, *Apontamentos*, etc., pág. 269 e D. Leite de Castro, O nosso primeiro presidente, *in Revista de Guimarães*, vol. XVII, pág. 8).

O espírito irrequieto do grande poeta achou se naturalmente envolvido em tôdas estas lutas e foi Antero encarregado de escrever o *Manifesto dos Estudantes da Universidade de Coimbra á opinião illustrada do Paiz* (Entre muitos Theophilo Braga, *As modernas ideias*, etc., pág. 122), *porque já elle alem da melhor ideia da Academia era o seu melhor verbo* (Eça, de Queiroz).

Em 1863 publica a «Beatrice» e o «Fiat Lux» (Joaquim d'Araujo, *Bibliographia Antheriana, In Memoriam*, pág. II), escrito no Bussaco em Outubro dêsse ano (Alberto Sampaio, Recordações, *In Memoriam*, pág. 12).

Em Dezembro vai a Lisboa procurar para as «Odes Modernas», já então completas, um editor que não encontra (Idem, pág. 13). Visita Herculano na sua casa da Ajuda, (Idem, idem) e é recebido cordealmente por Castilho num dos sarausinhos de Tibur (Julio de Castilho, *O sr. Antonio Feliciano de Castilho e o sr. Anthero de Quental*, pág. 21). Vem ao Pôrto por mar e recolhe a Coimbra sem ter encontrado quem lhe imprima o livro (Alberto Sampaio, Recordações, *In Memoriam*, pág. 14).

Em 1864 os estudantes, em virtude da viagem régia ao norte, pretendiam perdão de acto que lhe foi negado pelo duque de Loulé. Produziram-se motins,

Antero e João Machado de. Faria e Maia que sé achavam no Bussaco vieram· apressadamente a Coimbra onde ós irritaram as aclamações da Academia a soldados que esta na véspera apedrejara quando em menor número.

Para castigar tal cobardia Antero imaginou logo uma partida monstruosa, nem mais nem menos do que levar para o Pôrto tôda a Academia, e propô-lo na reunião efectuada no Teatro, emquanto três ou quàtro adeptos faziam aos cantos da sala um barulho ensurde-cedor de aplausos.

⁊ A idea foi bem recebida e a voz de Teófilo Braga que protestava· abafada pelos brados de entusiasmo (João Machado de Faria e Maya, Memorias, *In Memoriam,* pág. 154) e lá partiram todos entre archotes ga-nindo a Marselhesa (Eça de Queiroz, Um genio que era um santo, *In Memoriam,* pág. 490).

Antero indigitado como chefe de um movimento que não encarara a sério, viu-se bem castigado, tendo de escrever manifestos para que não achava ideas, aconselhando o regresso a Coimbra. Voltou tam irri-tado que declarou esbofetear quem lhe falasse no inci-dente· (João Machado de Faria e Maya, Memorias, *In Memoriam,* pág. 155).

No seguinte ano, de 1865 publicou a *Defeza da Carta Encyclica de S. Santidade Pio IX contra a cha-mada Opinião liberal* e à sua custa as «Odes moder-nas» para que não achara editor.

Em Novembro iniciou a peleja que ficou célebre sob o nome de *Questão coimbrã,* (Alberto Sampaio, *In Memoriam,* pág. 16), com a carta *Bom senso e bom gosto,* dirigida a Castilho.

Travou-se renhida peleja e a bibliografia desta po-lémica, que pode ver-se em Teófilo Braga *(Modernas ideias,* pág. 179 e seg. do II vol.) e em Joaquim de Araújo *(In Memoriam,* 2.º ap., pág. X e seg.), compor-ta perto de cinqüenta números.

Antero, que muitas vezes se revelou singularmen-te caridoso, logo em Dezembro publicou novo folheto *Dignidade das lettras e litteraturas officiaes* (Alberto Sampaio, Recordações, *In Memoriam,* pág. 14), tirando à questão todo o carácter de pessoalidade e atenuando um tanto as violências do primeiro escrito. Este folhe-to nasceu em parte de palavras que João de Deus; então no Algarve, escreveu a Antero (Joaquim' d'Araujo, Bibliographia Antheriana, *In Memoriam*, pág. XV):

O estudo que a Antero dedicou Teófilo Braga nas *Modernas ideias* ressente-se de preocupações pessoais e é uma delas demonstrar que o poeta foi levado à questão por êle Teófilo. Ignoramos se é esta a verdade. Achamos o facto confirmado por João Machado Faria e Maia (Memorias, *In Memoriam*, pág. 160) para poder por sua vez afirmar que inspirou a Antero a *Defeza da Carta Encyclica*, e por mais ninguém.

Não nos é lícito duvidar das palavras do autor da «Historia de Litteratura», mas é-nos permitido duvidar da sinceridade de quem escreveu:

«O discurso sobre as *Causas da decadencia dos povos peninsulares* é um quadro de historia vaga e incoherente porque lhe faltava a base essencial, a comprehensão da marcha geral da Civilisação da Europa desde o fim da Edade-media até á Revolução franceza.» — (Theophilo Braga, *Modernas Ideias*, pág. 191).

depois de ter escrito:

«Sobre este ponto nada ha mais eloquente do que as *Causas da decadencia dos povos peninsulares* do sr. A. de Quental, o homem que melhor escreve a lingua portugueza e que relanceou a nossa historia da mesma altura a que Edgar Quinet pensou a philosophia da Historia de França.» — (Theophilo Braga, *Epopeias da raça mosarabe*, apud *In Memoriam*, pág. 158).

e de quem escreveu mais:

«A Carta *Bom senso e bom gosto*, é uma declaração emphatica de um espirito arrebatado por ideias mal defendidas, que tomam o aspecto pittoresco de entidades nominaes.» — (Theophilo Braga, *Modernas Ideias*, pág. 191).

tendo escrito também:

«Ao lerem-se as paginas d'este protesto *Bom senso e bom gosto* que ha de vir a ser um capitulo da historia da litteratura contemporanea, sente-se vibrar em cada palavra um sentimento illimitado de justiça como a sabem sentir os corações novos ou os homens que teem soffrido, victimas da preversidade dos outros.» — (Theophilo Braga, *Theocracias litterarias*, apud *In Memoriam*, pág. 159).

Por causa de referências que lhe eram feitas por Ramalho Ortigão no folheto *Litteratura d'hoje*, manda

Antero desafiá-lo para um duelo que se realizou no Pôrto, nuns campos próximos da Arca de Agua (Theophilo Braga, *Modernas Ideias,* pág. 178).

Antero, a quem repugnava o duelo, quando partiu para o Pôrto, parece que levava o projecto de espancar Ramalho e Camilo, mas encontrando êste, que afectuosamente o abraçou, tolheu-se-lhe metade do plano. Camilo, sabedor dos intentos do poeta, mostrou-lhe que o espancamento não evitava o duelo e convenceu-o a propô-lo (João Machado de Faria e Maya, Memorias, *In Memoriam,* págs. 165 e 166).

Foram testemunhas, por parte de Antero, Manuel Duarte de Almeida e Francisco Cardoso Pinto e por parte de Ramalho Ortigão, Custódio José Vieira e Antero Albano da Silveira Pinto.

Em Dezembro dêsse mesmo ano de 1866 Antero partiu para Paris onde se não deu bem e de onde veio em 1867 descansar três meses na quinta de Sant'Ana, perto do Convento da Costa, em Guimarães (Alberto Sampaio, Recordações, *In Memoriam,* pág. 18).

Voltando de novo a Paris visitou Michelet, com o pseudónimo de Bettencourt, dizendo-se incumbido pelo autor das *Odes Modernas* de lhe oferecer um exemplar. Leu e traduziu-lhe alguns trechos, recebendo do autor de *L'Oiseau* uma carta para o seu amigo, (Idem, idem, pág. 18).

De 1867 datam as suas relações com Oliveira Martins (João Machado de Faria e Maya, Memorias, *In Memoriam,* pág. 170).

Antes do fim do estio dêsse ano foi para S. Miguel de onde só voltou em Novembro de 1868 (Alberto Sampaio, Recordações, *In Memoriam,* pág. 19), indo habitar em Lisboa um quarto andar na rua dos Fanqueiros (J. Batalha Reis, Annos de Lisboa, *In Memoriam,* pág. 443).

Ligou-se então com José Fontana que lhe publicou o folheto *Portugal perante a revolução d'Hespanha; considerações sobre o futuro da politica portugueza no ponto de vista da democracia iberica,* (João Machado de Faria e Maya, Recordações, *In Memoriam,* pág. 160).

Um dia Eça de Queiroz, Manuel de Arriaga e outros trouxeram Antero a casa de Jaime Batalha Reis, que ficava numa esquina entre a rua dos Calafates (do

Diário de Notícias) e a Travessa do Guarda-Mor (do Grémio Lusitano, creio eu), e constituíu-se então o grupo que nas letras portuguêsas ficou conhecido pelo nome de *Cenáculo.*

Em discussões de *De omni re scibili* se passaram uns poucos de anos interrompidos apenas pela viagem de Antero aos Estados Unidos em fins de 1869 e princípios de 1870. Do *Cenáculo* nasceram as conferências de Casino e a invenção dos Satánicos do Norte e do tipo de Carlos Fradique Mendes.

A primeira das Conferências de Casino realizou-se a 22 de Maio de 1871 e foi apenas uma explanação do programa por Antero de Quental.

O manifesto que as anunciaria, datado em 6 de Maio e devido também a Antero, tinha as assinaturas de Adolfo Coelho — Antero de Quental — Augusto Soromenho — Augusto Fuschini — Eça de Queiroz — Jaime Batalha Reis — J. P. de Oliveira Martins — Manuél de Arriaga — Salomão Saraga — Teófilo Braga.

A 27 de Maio Antero efectuou a segunda conferência com o discurso sôbre as *Causas da decadência dos Povos peninsulares,* a 5 de Junho discursou Augusto Soromenho sôbre *Literatura contemporânea,* a 12 Eça de Queiroz sôbre o *Realismo da Arte,* a 19 Adolfo Coelho sôbre o *Ensino nos estabelecimentos superiores de Portugal.*

Quando se anunciavá uma quinta conferência por Salomão Saraga. sôbre os *Historiadores críticos de Jesus,* o Marquês de Ávila mandou-as encerrar por uma portaria que motivou a sangrenta *Carta ao ex.^{mo} sr. Antonio José d'Avila, Marquez d'Avila, presidente do conselho de ministros* (Teophilo Braga, *Modernas Ideias,* pág. 190).

Entre os opúsculos de Alexandre Herculano há um àcêrca da supressão das Conferências de Casino, com referências sumamente honrosas para Antero.

As *Causas da decadencia dos povos peninsulares* foram publicadas alguns dias depois por José Fontana, em opúsculo reconstruído sôbre os apontamentos que serviram para recitar, os extractos publicados nos jornais e as notas de alguns amigos (Theophilo Braga, *As modernas ideias,* pág. 190).

Em 1872 Antero vive no Minho e no Pôrto (Alber-

to Sampaio, Recordações, *In Memoriam,* pág. 23).
Em Janeiro publica as *Primaveras Romanticas,* onde
inclui a *Beatrice* dada a luz em 1863, e em Junho um
trabalho que antes saíra em folhetins no «Primeiro de
Janeiro» — *Considerações sobre a philosophia da historia litteraria portugueza.*

Em 1873 e princípios de 1874 esteve na ilha de S.
Miguel (Andrade e Albuquerque, Em lembrança d'Anthero, *In Memoriam,* pág. 77) onde não sei se assistiu
à morte do pai sucedida a 7 de Março de 73 (Ernesto
do Canto, Esboço Genealogico, *In Memoriam,* pág.
XI). Lá o visitou em 1874 Oliveira Martins com quem
voltou ao continente (Andrade e Albuquerque, idem,
pág. 78).

Já então se lhe manifestara a doença nervosa que
tam cruelmente havia de torturá-lo (Carta Autobiogra-
phica, in *Raios d'extincta Luz,* pág. XXXIV).

Nevrose hereditária, como o deixou amplamente
demonstrado Sousa Martins (Nosographia d'Anthero,
In Memoriam, págs. 240 e 241) agravada por múltiplos
factores como os desregramentos de Coimbra, a convivência com nevrópatas, as súbitas dores de alma e o
seu modo de alimentação, manifestou-se numa gastro-
plegia — que resistiu ao tratameuto do próprio Charcot,
em astenias musculares, que o imobilizavam durante
dias, em insónias e numerosas fobias (Sousa Martins,
idem, idem).

Em 1875 Antero habita em Lisboa na rua do Tesouro Velho (hoje de António Maria Cardoso) com sua
mãe e irmã mais nova (Batalha Reis, Annos de Lisboa,
In Memoriam, pág. 466) e dirige com Batalha Reis a
Revista Occidental (Batalha Reis, idem, idem, e Candido de Figueiredo, *Homens e Lettras,* pág. 308).

Em Novembro de 1876 morre-lhe a mãe (Cartas
a Oliveira Martins, *In Memoriam,* 3.º ap., pág. XI) o
que nó dizer de Oliveira Martins a Sousa Martins foi
para o poeta um abalo crudelissimo (Souza Martins,
Nosographia d'Anthero, *In Memoriam,* pág. 255).

Em 1877 vai a Páris consultar Charcot, que lhe
aconselha o tratamento hidroterápico (Alberto Sampaio,
Recordações, *In Memoriam,* pág. 467) que segue num
estabelecimento de Bellevue (Batalha Reis, Annos de
Lisbõa; *In Memoriam,* pág. 567).

Voltando a Portugal, como sua mãe tinha morrido, foi viver com a irmã, D. Ana Calado, na rua do
Passadiço (Batalha Reis, idem, idem, pág. 468).

Em 1880 morrendo repentinamente Germano Vieira de Meireles, toma conta das suas duas filhas.

Em 1882 fixa a sua residência em Vila do Conde
(João Machado de Faria e Maya, Memorias, *In Memoriam,* pág. 125).

Em 1886 sai a edição dos seus *Sonetos Completos,*
devido ao trabalho de Oliveira Martins e em 1889 a
segunda edição aumentada com um apêndice contendo
numerosas traduções, entre as quais algumas pertencentes a versão que do livro fêz o sábio alemão dr.
Wilhelm Storck.

Em 1890 depois do Ultimatum formou-se a *Liga
patriótica do norte* de que Antero foi presidente por
lembrança e convite de Luís de Magalhães *(In Memoriam,* pág. 132).

Em Junho de 1891 retira para Ponta Delgada
(Andrade e Albuquerque, Em lembrança d'Anthero,
In Memoriam, pág. 81) e finalmente em 11 de Setembro, pelas 8 horas da noite, junto do muro da cêrca do
convento da Esperança (Andrade e Albuquerque, idem,
idem, pág. 86) sob uma legenda que dizia — Esperança — suicidou-se com dois tiros, levando-lhe um parte
do nariz e indo o outro alojar-se-lhe no cérebro. (Carta
de José Bensaúde, apud Souza Martins, Nosographia
d'Anthero, *In Memoriam,* pág. 308).

Maior poeta português abaixo de Camões, corpo
de maior alma que teve a nossa terra, Antero foi dia
a dia, durante longos e torturados anos, anotando cada
nova dor e cada novo tormento com um soneto novo.

Bíblia dos desgraçados, dos que sofrem e são es-
carnecidos por quem ignora que as agonias mais dolo-
rosas vêm da imaginação, o livro dos sonetos é o mais
alto monumento que um homem podia erguer com
suas próprias mãos.

À glória de Antero contem-se tôda, como a sua
alma, dentro dessas cento e nove composições que eu
sei de cor e a todos os momentos redigo para me livrar
das angústias do Tédio, do Pesar, do Desengano e da
Ilusão.

As *Primaveras Romanticas* è as *Odes Modernas*

são livros de um grande poeta onde vibra o lirismo de uma alma apaixonada ou o entusiasmo de um revolucionário convicto, mas os *Sonetos* são muito mais do que isso, porque são a obra de um grande desgraçado que soube dar forma artística à sua dor.

O meu egoísmo diante de tais maravilhas abençoa as agonias que as geraram e a minha vaidade trocava sem hesitar a vida serêna que levo pela coroa de espinhos do poeta, se com ela me dessem também a sua glória.

No Pôrto, em 18 e 19 de Abril de 1902.

João de Meira.

«O CONCELHO DE GUIMARÃES»

Real Bibliotheca da Ajuda, 26 de fevereiro

Ao Exmo Snr. Monteiro de Meira:

Muito agradeço a bella monographia de que teve a amabilidade de offerecer-me um exemplar. Li-a com vivo prazer. Dou-lhe os meus sinceros parabens pelos seus processos de estudo, que são perfeitos, e pelo seu methodo de escrever, tão rigorosamente scientifico e de exposição tão lucida, tão saborosamente vernacula e tão documentadamente esclarecida. Queira o Snr. Monteiro de Meira persistir em tão proveitosos e tão bem auspiciados estudos acceitando os cumprimentos mais cordealmente affectuosos do seu velho camarada

Ramalho Ortigão.»

⚜

Lisboa, 21 de fevereiro de 1907

Exmo Snr. e meu presadissimo Collega:

Foi para mim um vivo prazer a recepção do valioso livro — *O Concelho de Guimarães,* que tratei de lêr immediatamente, pelo interesse do assumpto, e pela sympathia que me merece o querido Minho. Não me contentaria em agradecer por simples cortezia a homenagem que representa a offerta de V. Ex.ª; no meu agradecimento vae implícita a impressão que me deixou a obra, scientificamente fundamentada e bem pensada. Refiro-me especialmente ao capitulo (p. 42 a 72) da

Historia social de Guimarães, do mais vivo interesse, reconstruindo as phases constitutivas d'essa povoação, resistente, altiva e industrial, que sendo um centro de elaboração nacional se incorporou na nacionalidade, conservando ainda todos os seus caracteres ethnicos primitivos.

Muito aprendi n'esse capitulo estudado nas fontes puras das mais authenticas documentações.

Tambem me impressionou muito o capítulo da População; eu conheço o homem do Minho arrebentado de·trabalho, mal comido, mal vestido, mal abrigado em choças escuras, e observei-o em todos os seus trabalhos desde o roçar no monte até ás doentias malhadas do centeio. As crianças são brutalisadas com excesso de trabalho e pancadaria, com fomes negras, e as que escapam teem diante de si o recrutamento militar iniquo, e a formação de familia aggravando a irremediavel miseria. E comtudo cantam, dansam, amam, expandem-se pelas romarias, que é esse o caracter de resistencia inquebrantavel da nossa raça lusa, de que tanto abusam os governos dos nossos grandes estadistas dos Sanatorios da Madeira, da Salamancada, do Porto de Lisboa, de Mac-Murdo, das garrafas, dos adeantamentos, que tratam isto como carne morta. Enfim esse capitulo da População parece carregado, mas é profundamente verdadeiro, basta o conhecimento medico da extensão da pellagra, da lepra de uma raça maltratada!

Saudando-o pelo seu livro não esquecerei a honrosa menção aos meus estudos do genial Gil Vicente.

Crêa-me de V....

T. S. Gertrudes n.º 70.

Theophilo Braga.»

⚜

«*Vianna, 20 de fevereiro de 1907*

Ill.ᵐᵒ è Ex.ᵐᵒ Snr.:

Venho agradecer-lhe o seu valiosíssimo estudo sobre Guimarães. Ha muito que não leio trabalho portuguez tão solidamente documentado, nem exposição mais lucida e mais sóbria do que aquella que o seu livro ostenta.

Infelismente, a indole do seu precioso estudo não permittia que os quadros historicos, n'elle esboçados, podessem ostentar aquelle colorido, que a natureza dos sucessos, em mais de um passo, lhes estão como que naturalmente impondo! Aquelle cêrco de Guimarães, por exemplo, quando dos dias de João I, que formosissimo capitulo não seria!

Mas a historia é um capitulo incidental na sua thése. Poucos, na sua edade, o poderiam seguir. Poucos... ou nenhum seguramente.

Teve V. grandes e primaciaes qualidades, como investigadôr e como erudito. Além dessas qualidades, accusa uma ponderação, e um critério tão sasonado, que por elle se poderiam compôr escriptôres eficañecidos.

Acceite V. as minhas mais sinceras felicitações, e creia-me como sendo — De V....

J. Caldas.»

✧

«Ex.ᵐᵒ Snr. João Monteiro de Meira :

Com o mais vivo reconhecimento, agradeço a V. a offerta de um exemplar do seu livro *O Concelho de Guimarães,* que vou lêr com o especial interesse que me inspiram sempre os trabalhos congeneres do seu, porque ha muito que estou convencido, como V. está, do grande alcance das monographias para o conhecimento da historia social.

Muito favor me fez igualmente V. indicando-me a nota do seu livro, a pag. 65, onde se corrigem as referencias que, a respeito de algumas freguezias de Guimarães, se leem na minha «Historia da Administração». Já aproveitei as emendas para o exemplar do meu uzo.

Com a mais distincta consideração — De V....

Lisboa, 18 — 2 — 907.

Henrique da Gama Barros.»

Mal parecia encerrar esta ligeira mas comovidíssima homenagem ao nosso ilustre e saudoso consócio, sempre vivo em nossa amizade e gratidão, sem que alguém a ela se associasse, em nome dos actuais corpos gerentes da Sociedade Martins Sarmento, que a deliberaram e assim realizam com bem visível modéstia e profundo, indelével sentimento.

Foi curta a passagem na vida de João de Meyra. A sua falta, patente e notória, essa há de projectar-se e sentir-se por bem mais largos anos. Ele morreu precisamente na hora aziaga, a hora incerta da morte louca, assassina, quando o seu espírito floria e produzia na sciência, na arte, e na história.

Na medicina portuguêsa estava preparado para igualar senão exceder um *Cabanès* e um *Nass*, na história vimaranense êle já marcara como um *Herculano* e um *José Caldas*, puderia ligar, na poesia, o lirismo de *João de Deus* à amargurada elevação da poesia *anteriana* e, na literatura, reatar a tradição de *Camilo* com os processos de *Flaubert* e a ironia artística de *Daudet*, marcando sempre e inconfundível a sua personalidade.

A sua morte não nos desperta sòmente o pranto. João era também um *homiem de carácter* e daquela bondade que é feita de compreensão e ternura. A sua queda no túmulo arrepela como um verdadeiro crime.

Tomara a vida a série. Aos desoito anos embarcara para o mar largo da sciência e da arte com uma erudição rara, decidido a ser útil, honrando o seu nome e a sua terra. A vida não gosta de se ver tomada a série.

Cá dentro, o João, nestas salas de biblioteca, nestes museus, nos nossos próprios corações, é, todos os dias, em cada um dia que passa, recordado, porque, a cada momento, como instintivamente se repete — ah! se o João aqui estivesse!...

Hora incerta da morte louca, assassina...

EDUARDO D'ALMEIDA.

SANTA MARIA DE GUIMARÃES

A JURISDIÇÃO DA SUA IGREJA

A igreja de Guimarães, que na sua fundação ([1]) foi dedicada ao Salvador, à Virgem e aos Apóstolos, ficou pouco depois, até ao século XIV, a denominar-se Santa Maria de Guimarães e daí em diante Santa Maria da Oliveira ou também Nossa Senhora da Oliveira, hoje mais conhecida por êste último título. Foi, desde o seu início, até 1216, nulius diocoesis, isto é os seus abades, depois priores, exerciam nela e seu pessoal e no povo da vila a jurisdição, como qualquer bispo na sua diocese, sem reconhecer o arcebispo de Braga como seu prelado ordinário, nem metropolita: era para todos os efeitos prelado de Guimarães; daqui se inferiu o aforismo «Sé sem bispo».

Sôbre êste assunto direi em notícia resumida, e trasladarei os documentos que achar curiosos sôbre o viver passado do povo vimaranense, e que colhi no arquivo da Colegiada antes de 1 de Novembro de 1911.

A razão da grande prerrogativa, de ter jurisdição ordinária como qualquer bispado, é ignorada. Se constava da bula da fundação da igreja e seu mosteiro, se é que a houve, ou de quaisquer letras apostólicas, tais documentos já não existiam no século XIV, senão, por certo, seriam trasladados no *Livro de D. Mumadona*,

---

([1]) Vide o mui desenvolvido e proficiente artigo «O Claustro da Colegiada de Guimarães», publicado pelo saudoso vimaranense Dr. João de Meira, a fl. 18 e 94 do XXIII vol. desta *Revista*.

que data dêsse século, como o foram os mais importantes e antigos desta igreja.

A opinião do nosso cónego Gaspar Estaço, nas suas «Varias Antiguidades de Portugal», cap. 25, é que, quando se fundou o mosteiro de Guimarães, estava a de Braga sem pastor, encomendada e seu bispado ao de Lugo, Galiza, e assim esteve até ao ano de 1067, em que foi eleito D. Pedro; e por consentimento ou dissimulação dos bispos de Lugo e de Braga não conhecia por superior senão ao Papa, e que o sucessor do bispo D. Pedro, S. Geraldo, notou divagar a jurisdição do prelado da igreja de Guimarães independente da sua, e contudo nada fêz contra ela e o mesmo os arcebispos que se seguiram, apesar dos desejos que sempre tiveram de a sujeitar a si; mas atendendo a que a dita igreja foi e era capela real do conde D. Henrique e da raínha D. Teresa sua mulher, do filho e do neto dos mesmos, D. Afonso Henriques e D. Sancho I; e em suas vidas retinha esta voz e título, e nele era venerada e respeitada, ainda que êles aqui não residissem sempre: e os arcebispos de Braga dissimulavam o que não ousavam contradizer.

Mas, quatro anos depois da morte do último, pareceu bem ao arcebispo D. Estêvão Soares da Silva, após a sua sagração, tal ocasião para conquistar esta vizinha, que a veneranda antiguidade e nobreza dêste santuário fizeram isenta.

O dito Arcebispo D. Estêvão quiz visitar e sujeitar esta igreja de Guimarães e as mais do D. Prior dela, e, para haver efeito a sua pretensão, entrou em Guimarães com mão armada, acometendo a igreja com muita gente, e o prior com os seus cónegos, clérigos e povo também com armas se defenderam, havendo de parte a parte mortes, destruições e danos de fazendas, depois do que os de Guimarães expulsaram os de Braga, porque todos desejavam não conhecer o Arcebispo por seu Prelado. Desta tentativa de usurpação nasceu a animosidade que ainda e sempre haverá entre os cidadãos de Braga e Guimarães.

O mesmo arcebispo partiu para Roma e fêz a sua queixa ao Papa Inocêncio 3.º que, tomando conhecimento dela, cometeu a causa a 2 arcediagos, de Zámora e de Astorga, os quais juntos em Benavente, vila do reino de Leão, fizeram concórdia entre ambas as partes, datada de 23 de Outubro de 1216, em que ficou decidido: que o Arcebispo tivesse jurisdição sôbre o Prior como a tem de direito sôbre qualquer Bispo sufragâneo e igreja do mesmo, e nos cónegos e porcionários de Guimarães tivesse a jurisdição nos casos em que a tinha nos cónegos e porcionários de qualquer igreja catedral sua sufragânea, e o Prior tivesse a jurisdição nos seus cónegos e porcionários como a tinha qualquer Bispo diocesano nos seus, excepto dos casos que requeressem privação ou suspensão *in perpetuum*, dos quais conheceria o Arcebispo e não o Prior, e que se perdoassem as injúrias de parte, etc., etc. Esta concordia (¹) foi confirmada pelo Papa Honório 3.º em 10 de Janeiro de 1217 e por Gregório 9.º, Alexandre 4.º e outros Sumos Pontífices.

Depois desta primeira usurpação de jurisdição que fica referida, não consta que houvesse, até ao tempo do Arcebispo D. Martinho de Miranda, turbação alguma entre a igreja de Braga e a de Guimarães.

O Bispo João, Cardeal Sabinense, *legado a latere*, visitou esta igreja e pessoal dela, e, nas constituições que lhe ordenou de 1228 ou 1229 (²) manda por autoridade apostólica que os cónegos e beneficiados desta igreja tivessem por seu Ordinário ao Prior dela e lhe obedecessem em tudo.

D. Diogo Alvares de Brito, sendo apresentado por carta de El-Rei D. João I, de 3 de Janeiro de 1403, neste priorado, levantou os caídos desde a morte do seu antecessor D. Luís de Freitas, os quais o Arcebispo D. Martinho exigia para si, excomungou o Prior por lhe não entregar tais rendas, havendo litígio; visitou esta igreja e distribuiu ornamentos dela às igrejas que bem lhe pareceu, estando o mesmo prior ausente, por cujo motivo vindo em 6 de Maio de 1405 o mesmo Arcebispo para fazer outra visita, o dito prior não lhe

---

(¹) E' o documento n.º CLXXIX que se publica no «Vimaranis Monumenta Historica» a fl. 128.
(²) Idem n.º CCXVII idem, a fl. 200.

abriu as portas da igreja e êle, porque estava a chover, recolheu-se debaixo da abóbada do Padrão, que tudo se relata no seguinte documento de *apelação (?)*.

———

.... conegos .... por Gil .... da dita egreja ...... cedula de .... escripta por .... da qual o theor tal é — Tabelião da força e requerimento que eu Diego Alvares priol da egreja de S.ᵗᵃ Maria de Guima.ᵉˢ do arcebispado de Braga faço a João L.ᶜᵒ chantre de Guima.ᵉˢ e conegos outrosi da dita egreja e raçoeiros vos..... publico ou publicos instromentos para guarda de meu direito assim é q a mim foi dito q D. Mart.º arceb.º de Braga mandara uma sua carta a dita egreja de Guim.ᵉˢ em q denunciava por excomungados a mim e Gil Af° e Pedre Anes conegos da dita egreja e ora que era e el chegara á dita egreja de Guim.ᵉˢ pª visitar e eu lhe mandei cerrar as portas da dita egreja e q eu fui estando eu nas sobreditas apelado delle q ao tempo a q el prometera de dar os apostolos q Gil Af° em meu nome e do dito Pedre Anes não embargando q el sobredito arceb° lhe dava os apostolos el os não quiz receber e q por tanto apelações de mim e dos sobreditos eram desertas segundo esto e outras cousas são mais esperamos contendas na dita carta e porque vós sobredito chantre e conegos me podiades esquivar e os ditos conigos como excommungados e podiades despois agegar ignorancia dizendonos q pois era duvida se eu e os ditos conegos eramos excommungados que vos por mais seguro deviaes estarlhe e por vós sobreditos dignidades e conegos não poderdes állegar ignorancia em este feito vos destes de.. .... gou ás portas da dita egreja de Guimarães dizendo que queria vizitar .... q se dizia seu procurador que pois na composição que era dantre a egreja de .... de .... esperado quel el pousasse nas casas do priol ou da castra quando viesse visitar como era tendo de fazer e a esto lhe respon... ... de elle visitar ou pousar nas ditas casas se por a dita composição o havia de fazer de direito .... mal querença e q por a maneira q vinha que eu entendia que el me queria deshonrar e ...... desse boa cau-

çom que eu não recebesse delle mal que eu·não lhe
mandaria abrir as portas...... se contém mais compridamente em um instromento feito por mão de Vasco
Domingues tabalião geral de nosso Snr......... logo
fes perante os sobreditos chantre e conegos e assim o
que diz o dito arcebispo em sua carta q vinha pª visitar e que lhe fecharom as portas sua reverencia guardada nao é verdade porque a el nunca lho defenderom
se dera boa caução como dito é e outrosim do que diz
que dava os apostolos ao dito Gil Affonso meu procurador e de Pedre Annes e que el não os quiz receber
salvante sua graça elle nunca lh'os deu nem lhos d....
e verdade é que lhe dava escripturas q não faziam a
esse feito quanto era para...... os e era uma força
tão grande q um tabelião não escreveria as ditas escrituras em um mez e..... o dito arcebispo por me dar
custa grande e bem parece q esto fazia maliciosamente
por me dar perda e em como todos os direitos e doutores digam q se algum juiz da apostolos refutatorios,
elles devem conter as razões q o dito juiz ha pª não
receber apelação e estes apostolos vão dar ao maior, e
em como o dito arcebº em pº q foi requerido por o dito
Gil Affº q lhe desse uma cedula em q as ditas razões
eram conteudas nunca lha mandou dar, se não q tornasse os traslados das sobreditas escripturas q não faziam efeito por tanto o dito arcebº pois não quiz dar
apostolos ao termo q os ficou dar processo ou sentença
ou quaesquer cousas a q depois procedesse eram e são
nullas e posto q efeito fizessem não as devia de dar por
apostolos senão em logar e tempo convinhaveis e portanto vos sobreditos chᵉ e conegos não devedes obedecer á sobredita carta e por não alegardes depois ignorancia logo faço ler perante os sobredᵒˢ um instromᵒ
feito por mão de Vasco Dóiz tabelião q se esto e outras
cousas mais cumpridam.ᵉ contem: e demais e demais
(sic) q todo esto não fosse nada.. estas razões não valessem. o q é o contrario eu soi e fui isempto do dito
arcebispo ha passado um anno por uma isempção de
boa memoria do papa Bonifacio IX na qual se contem
q me exime de toda sua jurisdição ordinaria e q el não
possa fazer escontra mim se não perante o bispo de
Lamego o qual me dá por juiz antre elle e mim e q har
por iruptos e inaveis todos processos e sentenças q o

dito arçeb° fulminar escontra mim esto segundo esto e outras cousas mais compridam^te são conteudas na dita isemção a qual isemção foi publicada ao dito arceb° ha passado um ano segundo se contem em este instrom^to q vos logo leia este tabelião p^a não poderdes depois alegar ignorancia o qual instrom^to foi feito por Gil Vasques do Porto tabelião geral delrei e outrosim vos faço ler a dita exempção e publicovola por não poderdes alegar ignorancia e porquanto eu como priol da dita egreja de Guimarães o chantre e conegos e clerigos da dita egreja me sedes sojeitos em todos os casos q o chantre e conegos da alguma egreja cathedral são a seu bispo salvante em caso q mereça suspenção ou privação perpetua e por q como dito hei a dita carta do dito arcebispo não vale nada porq é e foi dada por aquelle q não ha jurisdição sobre mim em tal caso segundo as razões suso alegadas ; por tanto vós ditos chantre e conegos não me devedes de esquivar por excomungado e devedes de haver por nem uma a sobred^a carta assim como aquella q foi dada escontra direito expresso et inde suo judice e da publicação isemçom e publicação desta cedula e resposta por vós chantre e conegos dada vós, tabelião me daredes 1 ou 2 ou mais instromentos e quantos cumprirem segundo que pedido hei p^a guarda do meu direito. E mostrada assim a dita cedula de fronta como suso escripto é logo por o dito priol foram mostrados e por Gil Af° outrosim conego da dita egreja lidos e publicados 3 instrom^os publicos em o qual de um delles são escritas e exertadas de umas cartas de letras do papa dos quaes o teor delles de verbo a verbo um após outro tal é — Saibam q^tos este instrom^to virem q na era de 1443 anos feria 4.ª 6 dias do mez de maio dentro na egr^a de Sta Mª de Guim^es do arceb° de Braga em presença de mim Vasco Dóis tabelião geral por nosso snr elrei nos seus reinos e testem^as adeante escriptas estando hi Diego Alvares prior da dita egreja e as portas principaes della fechadas oras d'ante terça pareceu L^co Af° ouvidor geral do honrado padre e snr D. Mart° arceb° de Braga e fez fronta e requerição em nome do dito snr arceb° ao dito priol em esta guisa dizendo q o dito snr havia dois dias com o dia d'hoje que chegára á dita villa p^a visitar a d^a egreja e q lhe mandava frontar e requerer el e o dito snr arceb° q lhe desse as

pousadas da dita egreja em q pousasse e q lhe abrisse as portas e o recebesse á dita visitação e esso mesmo frontava e requeria aos conegos da dita egreja
absentes não estando hi conego q eu tabelião conheces-
se por conego dessa egreja q estivessem presentes
com o dito priol pª receberem a dita visitação e da
fronta e requerição q fazia pediu a mim tabelião em
nome do dito snr arcebispo um instrom⁰ ou mais q
cumprirem dizendo q logo o dito snr arceb⁰ queria visitar e o dito Priol disse q el daria as ditas cousas sua
resposta hoje em este dia á vespera e o dito Lᶜᵒ Afᵒ
em nome do dito snr arceb⁰ pediu de todo os ditos ins-
trom.ᵒˢ e o dito Priol frontou e requereu a mim tabelião
q não desse instrom⁰ sem sua resposta a qual lhe ficou
a dar até á vespera no dito dia como dito e; testemᵃˢ
q presentes forão Gonc⁰ Gomes almoxarife delrei na
dita villa de Guin.ᵉˢ e João Garcia mestre da obra e
Vasco Miz genro de Gomes Frz e João Glz do Canto
e Lᶜᵒ Glz de rua Escura moradores na dita villa e outros eu Vasco Doiz tabelião geral sobredⁿ q esta nota
escrevi; e logo depois desto no dito dia e mez e era
suzo escriptos a horas das vesperas como suzo dito é o
dito snr arceb⁰ chegou antre as portas da dita egreja
de S.ᵗᵃ M.ᵃ de Guim.ᵉˢ e achou as cerradas e porq cho-
via entrou dentro sub-abobada do padrão de Sᵗᵃ Mᵃ da
Oliveira e assentou se e mandou logo ao sobredito Lᶜᵒ
Affᵒ seu ouvidor q chegasse ás ditas portas principaes
da dita egreja q estavam cerradas e presente mim ta-
helião e testemunhas chamasse o dito priol q diziam q
estava dentro na dita egreja e lhe frontasse e requeres-
se da sua parte q lhe abrisse as ditas portas. pª ir vizitar a dita egreja e o dito priol e conegos e freguezes
della e o dito Lᶜᵒ Affᵒ presente mim tabelião e testemunhas afundo escriptas por mandado do dito snr arceb⁰ chegou logo ás ditas portas q assim estavam cerradas e deu com as mãos em ellas dizendo se estava hi
o dito priol e não falou nem um de dentro e logo João
Garcia mestre da obra q presente estava foi por a outra parte por a porta descontra S. Braz a ver o dito
priol e dizerlhe q viesse ás ditas portas principaes falar
ao dito ouvidor e foi e tornou logo e disse e deu de si
fe q el fora á dita egreja e dissera ao dito priol que
viesse ás ditas portas falar ao dito ouvidor e q lhe res-

pondera q se ia lhe dera sua resposta e o dito Lço Affᵒ em nome do dito snr arcebᵒ pediu dello a mim sobredᵒ tabelião um instromᵒ e dois e mais testemᵃˢ q presentes forão Payo Rõiz Gil Pez Afᵒ Glz do Canto e Luiz Miz e Goncalo Anes Colete moradores na dita villa e outros e logo o dito Lço Affᵒ presente mim tabelião e testemᵃˢ juso escriptas chegou á porta de S. Braz e achou ahi estando escudeiros e homens do dito priol e disselhes q dissessem ao dito priol q chegasse á dita porta q lhe trazia recado do dito snr arcebᵒ e forão chamalo e o dito priol chegou logo á dita porta de dentro e o dito ouvidor e eu tabelião e testemᵃˢ de fora e o dito ouvidor disse ao dito priol q o dito snr arcebᵒ lhe mandava requerer e frontar q lhe abrisse as ditas portas da dita egreja q estava prestes ao dito padrão pᵃ ir visitar e da fronta e requerimento q lhe fazia pediu a mim tabelião um instromᵒ e 2 e mais os q cumprissem em nome do dito snr arcebᵘ e o dito priol deu por resposta q o dito snr arcebᵒ não sendo el dito priol presente viera visitar a dita egreja ora ha um anno e q visitara a egreja e thezouro della e dera os ornamentos a outras egrejas huse pagara o q el não devera de fazer segundo direito e segundo a composição e q porem temendo-se el de visitar o dito snr arcebᵒ a dita egreja e conegos e de o aggravar em ello q porém estava as ditas portas por não entrar dentro na dita egreja e q sobre estas cousas suso ditas daria sua resposta hoje a vespera assignada por sua mão das quaes cousas o dito Lço Affᵒ em nome do dito snr arcebᵒ pediu a mim tabelião os ditos instromentos testemᵃˢ q presentes forão Gil Pez Luiz Miz Afᵒ Glz do Canto Diego Pẽz abbade de Candoso e João Dõiz papeiro moradores na dita villa de Guimarães e outros e depois desto no dito dia e mez e era suso escriptos dentro na dita egreja de Guimarães oras de vesperas estando hi o dito Diego Alvares priol da dita egreja de Guimᵉˢ em presença de mim Vasco Dõiz tabelião suso escripto e testemᵃˢ adeante escriptas pareceu o dito Lço Afᵒ ouvidor do dito snr arcebᵒ e requereu ao dito Diego Alvares q lhe desse resposta ás sobreditas frontas q lhe assim fizera em nome do dito snr arcebᵒ e o dito priol deu uma resposta escripta e assignada por sua mão em papel da qual o theor tal é
— respondendo eu Diego Alvares priol da egreja col-

legª de Guimarães do arcebispº de Braga a um reque-
rimᵗ⁾ q me foi feito por Lꜱº Afº ouvidor q se dizia de
D. Martº⁽ arcebº de Braga o qual dizia em nome do dito arcebº q o dito snr aia de pousar nas casas do dito
priol e eu digo que o dito snr na era de 1442 anos
visitou de feito e contra direito a egreja e conegos e
thezouro da dita egreja não estando eu hi e contra di-
zendço o meu procurador e deu dos ornamentos do
dito thezouro a quem lhe pruge indo de feito escontra
uma composição q é e foi antre os arcebºˢ de Braga e
sua egreja e os priores de Guimᵉˢ e sua egreja e confirmada por o padre Santo e guardada e outras muitas
cousas q fez contra a dita composição de feito escontra
aireito e porém eu não lhe consentirei nem consinto
de pousar o dito arcebº nas casas da dita egreja porque
pousando elle nas ditas casas poderia ir como foi e não
de direito escontra a dita composição e alegar posse a
qual nunca houve segundo o q diz q por visitar escontra direito e contra a composição sobredita e sendolhe
contradito da minha parte e não estando eu presente
como suso dito é mais se me der o dito snr caução q
el não faça se não as cousas conteudas na dita composição e q venha escrita ela eu prestes sou e foi e serei
de lhe guardar a dita compçsição entendidamᵗᵉ canoni-
camᵗᵉ como deve e de mais q eu ando com o dito snr
em demanda perante D. Gonçalo bispo de Lamego juiz
delegado por nosso snr o papa por q lhe não quero
pagar a vaga do dito meu benefício q el de direito não
pode haver e porem me excomungou de feito e contra
direito estando del apelado e me ha odio e mal querença e queria ora comigo pousar por me deshonrar e fazer vilto e outrosim estando agora del apelado sobre
estes aggravos q entendia q me havia de fazer e não
guardando a dita apelação antre posta antre mim e elle
procedeu logo de feito e contra direito a sentenças de
excomunhão escontra mim porende estando as ditas razões como dito hei não lhe consentirei de pousar nas
ditas casas e esta resposta do dito prior da fronta e requerimᵗᵒ q lhe o dito Lꜱº Afº fez dentro na dita egreja;
e outro sim a fronta e requerimᵗᵒ q fez a porta de S.
Braz o priol de Guimarães. A qual resposta assim da-
dá o dito Lꜱº Afº em nome do dito snr arcebº como seu
ouvidor e procurador pª as sobredᵃˢ cousas por uma

procuração q eu tabelião tenho registada em meu livro pediu a mim sobred° tabelião 1 instrom^to e 2 e mais os q lhe comprirem em nome do dito snr arceb° e o dito Diego Alvares priol pediu outro ou outros instrom^tos os q lhe cumprirem testem^as foram Paio Roiz e João Glz do Canto Aff° Glz genro d'Af° L^co Vasco Miz genro de Gomes Frz vigario e João Dõız papeiro e Gonçale Anes Colete moradores na dita villa e outros e eu Vasco Dõız tabelião geral sobredito q as sobred^as cousas com as ditas testemunhas presente foi e este instrom^to em minha presença fiz escrever por fiel escrivão por q era ·ocupado doutros negocios e esto su escrevi por minha mão e aqui fiz meu sinal que tal é. — (¹)

(Continua).

JOÃO LOPES DE FARIA.

(¹) Êste documento é uma facha de seis e meia fôlhas de papel, 2,^m55 de comprido e 0,^m30 de largo, com o princípio deteriorado. Não vai copiado com a sua ortografia, o que outro curioso com melhor vista e mais competência poderá com facilidade fazer, atendendo a que agora o arquivo da colegiada está na biblioteca da Sociedade Martins Sarmento.

AS DOENÇAS E A MORTE
DE HERCULANO [1]

Dos médicos e cirurgiões que intervieram no tratamento de Herculano na sua última doença, já conhecemos Mendes Pedroso. Vamos procurar conhecer os restantes, e em primeiro lugar saibamos quem era o dr. Santos, a quem se refere Brito Aranha e que substituía o assistente quando êste se via obrigado a ausentar-se para assistir à sua clientela.

Era António dos Santos, a respeito de quem escreveu um extenso esbôço biográfico um dos nossos primeiros discípulos, o dr. Augusto de Castro, que fêz clínica em Santarém durante anos. Não nos é possível acompanhar êste excelente trabalho nas suas minudências, mas extractaremos dêle o mais importante para tornar conhecida a simpática figura do modesto clínico.

António dos Santos nasceu no lugar das Moitas de Cima, da freguesia de Alcanede, no concelho de Tôrres Novas, em 13 de Abril de 1815. Os pais, António dos Santos e Maria do Rosário, viviam do trato agrícola e em escassa modéstia de recursos. O filho cedo começou a moirejar como pegureiro, mas descuidava-se para tentar decifrar as letras de um livro que pôde haver às mãos e quási se pode dizer que aprendeu a ler por exclusivo trabalho próprio. Havia em Monsanto um convento de frades que fornecia instrução literária às crianças que o demandavam e onde Santos, vencida pelos religiosos a repugnância dos pais em consentirem que o pegureiro estudasse, recebeu a sua primeira educação, sendo mais tarde enviado para o convento

[1] Continuação de pág. 82.

de S. Pedro de Alcântara, em Lisboa, com o fim de fazer o seu noviciado, mas a extinção das ordens religiosas por Joaquim António de Aguiar deixou-o sem recursos, sem protecções, ao abandôno em terra tam hostil como a Lisboa do tempo para um desprotegido. Foi trabalhar a bordo de um navio ancorado no Tejo, mas a brutalidade com que o tratavam levou-o a abandonar o navio, vagueou faminto pela cidade e obteve meios de não morrer de fome, vendendo água e fazendo recados em algumas casas, uma das quais foi a de José Dionísio Correia, ao tempo administrador da farmácia do Hospital de S. José. Êste, passado algum tempo, deu-lhe colocação na farmácia do Hospital, mas os seus empregados hostilizaram o pequeno e êle viu-se obrigado a abandoná-la e a fazer-se taberneiro com outro moço que fôra tratado com a mesma crueza pelos praticantes da botica do Hospital. A sua tentativa foi, porém, mal sucedida e êle viu-se forçado a voltar à farmácia onde o proprietário o acolheu festivamente, mas não os companheiros. Afinal, estes harmonizaram-se e êle pôde trabalhar na botica e ao mesmo tempo estudar os preparatórios para a Escola Médico-Cirúrgica de Lisboa, na qual se matriculou em 1841, concluindo o curso em 1846, com a defesa da dissertação inaugural que se intitula: *O frio nas suas aplicações terapêuticas e principalmente cirúrgicas.* Iniciou então a sua vida clínica, primeiro em Lisboa, depois em Monsanto e por último em Santarém, onde se fixou em 1852. Aqui, também teve grandes obstáculos a vencer, mas acabou por triunfar, para o que lhe não faltavam qualidades de médico esclarecido e de cirurgião perito, abalançando-se com bom êxito às operações mais delicadas, como a talha, a traqueotomia, as laqueações de vasos importantes, o trépano, as delicadezas da cirurgia ocular. Diz o sr. dr. Augusto de Castro que foi êle o primeiro cirurgião que na província empregou a cloroformização, o que não temos elementos para confirmar ou negar, porque não é datada a asserção. Tinha uma grande habilidade mecânica e gostava de a exercitar não só em instrumentos de cirurgia para proveito dos seus doentes, mas em mecanismos de outra natureza.

Fora da sua profissão, foi eleito em 1862 vereador

do município de Santarém e na sua gerência dotou aquela cidade de melhoramentos importantes, vencendo a rotina e as contrariedades que se lhe depararam. As mesmas qualidades de decisão e energia manifestou em outros cargos que desempenhou. Afinal faleceu em 27 de Setembro de 1896 e a cidade prestou-lhe dignamente as honras a que lhe dava direito uma vida inteira de fôrça de vontade, de abnegação e de coragem. A memória das suas qualidades e serviços não esqueceu em Santarém, visto que ainda hoje a recorda uma enfermaria com o seu nome que em Março de 1909 foi inaugurada no Hospital.

O amigo de Herculano que escreveu a Bulhão Pato a carta, que no número anterior desta *Revista* transcrevemos, era José Alexandrino de Avelar que nasceu na ilha de S. Miguel, pelas alturas de 1833 e faleceu em 12 de Março de 1895, de púrpura hemorrágica ([1]). Era filho de um liberal que exercera o cargo de escrivão da Mesa Grande em Ponta Delgada e depois prestou os maiores serviços à causa constitucional na memorável batalha da Ladeira da Velha quando Vila Flor fêz a expedição de S. Miguel. Bateu-se então como voluntário, mas em seguida, como empregado de finanças, não foi menor a sua dedicação, conseguindo recursos para o novo Govêrno que déles carecia. Veio depois para Lisboa, em 1836, foi nomeado administrador da Alfândega de Ponta Delgada que circunstâncias imperiosas de pundonor o forçaram a rejeitar. Foi por isso colocado como guarda-mor do sal e lastros em Setúbal, cargo que exerceu até 1844 em que o demitiram por ter mostrado simpatia pela revolta de Tôrres Novas. Quando as lutas civis terminaram em 1852, foi nomeado director do círculo das alfândegas do Algarve. Era de um carácter franco e generoso, dedicado até ao sacrifício e de ânimo forte para suportar as contrariedades da vida ([2]).

José de Avelar fêz com muita distinção o curso

([1]) Devemos esta informação ao nosso bom amigo e colega dr. António de Azevedo, a quem muito a agradecemos.
([2]) *Portugal — Diccionario historico.*

da Escola Médico-Cirúrgica de Lisboa, terminando-o em 1859 com a defesa da dissertação *Cancro das mamas, extirpação,* alcançando aprovação com louvor. Era querido dos seus professores Tomás de Carvalho e Magalhães Coutinho e no círculo dos seus condiscípulos tinha verdadeira dedicação por dois, um que foi vitima da sua dedicação pela humanidade, João Luís Gonçalves, e outro que teve um certo renome nas letras, Rodrigo Paganino.

Bulhão Pato descreve-o em 1856: «Era alto. O pescoço elevava-se dos hombros robustos, mas airosamente descahidos; a cabeça fazia lembrar os retratos de Velasques, se as feições fossem tão duras como as dos cavalleiros, que immortalizou na tela o famoso pintor hespanhol. O rosto severo e pálido, salvo quando um impeto de colera lhe alvorotava o sangue. Felizmente eram muito raros esses ímpetos e só depois de provocação insolita. Os olhos pretos, como os cabellos tambem pretos, abundantes e ondeados.

«Barba crescida, negra, retinta e finissima. Era o mais bello moço do seu tempo em Lisboa, e os condiscipulos apontavam-no como o mais intelligente» (¹).

Avelar exerceu a princípio clínica em Lisboa e uma vez ou outra escrevia nos periódicos do tempo, como no *Futuro,* onde publicou um sentido artigo àcêrca de João Luís Gonçalves; assistiu à agonia de Rodrigo Paganino, o malogrado autor dos *Contos do tio Joaquim;* depois exerceu a sua profissão em Vila Nova de Portimão, e veio depois para Lisboa, pouco antes de 1879, sendo nomeado guarda-mor da saúde do Pôrto de Bélém.

Como tal interveio pela imprensa numa questão a que deu lugar a publicação do livro de Sousa Martins *A febre amarela importada pela barca Imogene.* Depois nada mais sabemos a seu respeito até à data do seu falecimento.

José Maria Alves Branco é uma das figuras mais notáveis da moderna cirurgia portuguêsa. Nasceu em Lisboa a 8 de Fevereiro de 1822 e nesta cidade faleceu

---

(¹) Bulhão Pato — *Sob os ciprestes,* Lisboa, 1877, pág. 199.

a 8 de Junho de 1885. Formou-se na Escola Médico-Cirúrgica de Lisboa em 30 de Julho de 1842, defendendo a dissertação inaugural sôbre *Hipertrofia da lingua,* que ficou manuscrita. Pouco depois da conclusão do seu curso foi nomeado cirurgião extraordinário do Hospital de S. José em 24 de Novembro de 1842, e em 30 de Julho de 1855 cirurgião do.banco.

⁘ Desenvolvendo-se a cólera na Madeira, tam violenta foi a epidemia que numa população de 100.000 habitantes mais de 7.000 morreram. Não havia médicos, nem medicamentos, e o Govêrno mandou socorros e pessoal e entre os facultativos Alves Branco. Foi êste de uma coragem, de uma energia e de uma devoção verdadeiramente extraordinárias. Um dos maiores serviços foi a instalação de um hospital em S. Vicente, concelho horrorosamente assolado pelo flagelo. Ao papel de médico teve de associar o de farmacêutico, o de agente de socorros domiciliários, de administrador do dinheiro dos que pagavam os medicamentos. Foi extenuante o trabalho e tanto que a sua robusta constituição foi vencida. Quási no têrmo da epidemia foi acometido pela cólera, mas felizmente resistiu-lhe. Deu-se então um facto notável que mostra bem que os sentimentos generosos se albergam às vezes nos indivíduos mais degradados. «Quando a epidemia parecia querer deixar deserta a cidade e o Hospital da Misericordia estava convertido em vastissima enfermaria de colericos, faltaram num dia os enfermeiros de ambos os sexos. Uns haviam morrido, outros achavam-se tocados do flagelo, e alguns aterrados pelo presencear tão repetidas scenas de agonia e de morte tinham abandonado os seus logares. Alguem se lembrou nestas circunstancias de ir á enfermaria de sífilis, denominada de Santa Maria Madalena, para ver se conseguia que algumas das meretrizes ali em tratamento servissem de enfermeiras dos colericos. A tentativa parecia infructuosa, considerada a gravidade do perigo, a fraquesa ·do sexo e a desfavoravel condição moral daquelas infelizes. Não foi porem, assim, pois que contra a espectativa geral *todas declararam que queriam servir»* ([1]).

([1]) *Medicina contemporanea,* de 1885, pág. 185.

Regressando a Lisboa, foi em 1857 nomeado director do banco do Hospital de S. José e coube-lhe em 27 de Abril de 1862 a direcção de uma enfermaria de mulheres, passando em 1878 a fazer clínica no Hospital Estefânia. Durante os 20 anos que serviu neste hospital, teve ocasião de prestar valiosos serviços não só a prática cirúrgica, mas ainda à educação profissional da geração médica que se lhe seguiu. Introduziu entre nós muitos aperfeiçoamentos colhidos nas suas leituras de cirurgiões inglêses e norte-americanos. Foi êle quem fêz em Lisboa as primeiras aplicações do penso de Lister e quem fixou definitivamente em Portugal a ovariotomia que fôra pela primeira vez praticada por António Maria Barbosa, que se deixou possuir de desânimo perante o mau resultado da sua primeira intervenção.

Disse Miguel Bombarda na *Medicina contemporanea:* «Era na pratica da ovariotomia que de modo mais brilhante se patenteavam as suas eminentes qualidades de operador e acima de todas a serenidade, o sangue-frio inalteravel, com que eram encaradas as mais inesperadas e as mais intrincadas difficuldades, mesmo aquellas que, predizendo uma terminação fatal, com ella abalariam os creditos do operador. Hoje que a ovariotomia se converteu numa operação corrente, tão corrente como tantas outras mais difficeis que antes della se executavam todos os dias, hoje essas qualidades tão notaveis em Alves Branco como que perdem do seu extraordinario vigor. Mas é preciso reportarmo-nos ao tempo em que elle proprio começou a sua serie de ovariotomias, aos preconceitos que então dominavam a cirurgia portugueza e faziam do peritoneu o mais terrivel dos inimigos que o cirurgião tem a subjugar, á impressão deixada pelos insucessos de um dos nossos mais notaveis operadores, para que se levantem á sua verdadeira altura essas qualidades de humor inalteravel e de *sans-gêne,* que ainda hoje são objecto de admiração para aquelles que viram Alves Branco manipular as vísceras abdominaes quase como se faria num cadaver.»

Alves Branco assinalou-se igualmente como jornalista médico. Desde 1859 começou a publicar no *Arquivo Universal* umas *Revistas medicas de Lisboa,* que eram apreciadas. Na *Revista medica portugueza,* na *Gazeta medica do Porto,* no *Jornal da Sociedade Emulação,* no *Jornal da Sociedade das Sciencias Medicas* e no *Correio Medico de Lisboa,* periódico que fundou com o prof. Silva Amado e com Clemente José dos Santos, encontram-se artigos seus de valia. Nêle fêz uma campanha denodada em favor da reforma das instituições hospitalares de Lisboa.

Sócio da Sociedade das Sciências Médicas, da Academia Real das Sciências e da Sociedade de Geografia, em tôdas estas corporações se salientou, sobretudo na primeira de que chegou a ser presidente. Eleito vereador da Câmara Municipal de Lisboa, prestou-lhe relevantes serviços, sobretudo melhorando a higiene e a instrução do município. Pertenceu ao Directório do partido republicano português mostrando decidido amor à causa democrática. Por ocasião do seu falecimento, as honras fúnebres que lhe foram prestadas demonstraram bem quanto era estimado e considerado.

(Conclui no próximo n.º).

Maximiano Lemos.

REGISTO BIBLIOGRÁFICO

A *Revista de Guimarães* — publicação da *Sociedade Martins Sarmento*, promotora da instrução popular no Concelho de Guimarães — aceita e agradece a permuta com as revistas periódicas e os jornais diários, bem como outros que se relacionem com a sua actividade ou possam interessar o meio em que a exerce.

Dará notícia das publicações que forem entrando na biblioteca, a cujo precioso arquivo as destina, incluindo o sumário das scientíficas, literárias ou artísticas, e mencionando de tôdas o necessário para sua identificação.

Solicita dos autores e editores nacionais e estrangeiros, que se honram protegendo uma instituição desta natureza — que possui já hoje uma das melhores livrarias da província e museus arqueológicos notáveis — enviem um exemplar de suas obras, que serão cuidadosamente depositadas e catalogadas, ajudando assim em seu próprio interêsse e no das gerações futuras a manutenção do culto do lábor espiritual.

Não é autorizada a leitura das obras oferecidas, senão um ano após a sua recepção.

O registo bibliográfico dará notícia dos principais trabalhos sempre que as nossas circunstâncias de tempo e trabalho o consintam.

Alfredo Guimarães: — Meiga — (H. Antunes & C ª, Editores — Lisboa — Rio de Janeiro — 1920). *António de Cértima: — Bodas de Vinho* — (Edição da Pléiada Bairradina — CMXIX). A. C. *Pires de Lima: — O Livro das Adivinhas* — (1921 — Livraria Moderna — Largo dos Loios, 50 — Pôrto). *Joaquim A. Pires de Lima: — Notas sôbre a epidemia gripal* — (Separata do «Portugal Médico» — 3.ª Série, vol. IV, n.º 11, 1918) — (Pôrto — Tip. a vapor da Enciclopédia Portuguêsa — 1918). *Alfredo Coelho de Magalhães: — Tentativas Pedagógicas* — (Edição do Autor — Pôrto — 1920). *F. A. da Costa Cabral: — Dom João II e a Renascença Portuguêsa* — (Col. Grandes Vultos Portuguêses, IV) — (1915 — Livraria Ferin, Editora — Tôrres & Comt.ª, 70, Rua Nova do Almada, 74 — Lisboa). *César de Frias: — Ao Sôpro da Vida* — (Novelas) — (Livraria Lisbonense — Domingos & Franco, Editores — Rua do Mundo, 27-29 — Lisboa). *Antologia Portuguêsa* organizada por *Agostinho de Campos: — Trancoso: — Histórias de Proveito e Exemplo* — (Livrarias Aillaud e Bertrand, Paris-Lisboa — Livraria Chardron, Pôrto — Livraria Francisco Alves, Rio de Janeiro — 1921).

Na torrêsma côr de lava de semelhantes dias, o cérebro em adormecimentos e molezas de água morna, picado a espaços duma trovoada faíscante de ideas em delírio, o corpo todo impingento da mordedura pruridosa dos mosquitos, não, meus amigos e consideráveis indeferentes e adversários — olhos postos no refervido estilo, ou ânsias de apanhar um deslise fatal aos créditos — , não me atrevo a escrever-lhes de emoções artísticas e muito menos ousaria astuciar a crítica de trabalhos de história e educação.

Faço a vénia do estilo — e meto dispensa. Porque cá de mim confesso que a centigradação do pensamento baixa proporcionalmente ao que sobe o nível de mercúrio da temperatura. Se é que estas coisas se medem assim...

Alfredo Guimarães é um nosso querido patrício que anda sempre enamorado da sua terra. Sente o Minho num encantado bucolismo e com rara intensidade poética. As suas conversas tiveram sempre para mim o extasiado e expressivo deleite duma viagem pelos campos, no alto duma diligência, com bons compadres arremangados e papagaios. No seu coração há como que o lar carinhoso dos velhos tempos, assim um coração fidalgo e desprendido à antiga portuguêsa. Tem espírito, naturalidade, singeleza. A alegria feliz da sua mocidade — e por certo cada vez o encontro mais novo — , nubela-se, como na deveza a canção da lavradeira, dumas picadinhas de malícia — filosofando, filosofando... — e desta indefinida tristeza que é a nossa sina de incorrigíveis namorados.

A *Meiga* foi e justamente aplaudida pela crítica. Eu senti a maviosa intenção do poeta e vi-o com galhardia vencer um lance bem arriscado. Segue-se com ternura a singela história do seu coração amante e dá vontade, no fim, como no adro da igreja, de lançar flores e confeitos aos noivos. Em boa hora!

Gostaria de o ver tentar o auto e a farça vicentina. Pois não seria tempo de orientar ao nosso norte as sandices e piruetas das revistas? Com o seu saber do povo e o seu gôsto literário...

Três magníficos trabalhadores, de quem muito gostaria de falar com espaço: os dois irmãos *Pires de Lima* e o *dr. Alfredo C. de Magalhães.*

Liga-me ao *dr. Augusto C. Pires de Lima* o melhor espírito de camaradagem, que vem dos anos despreocupados e sans de Coimbra. Ao vê-lo modesto, leal, formoso espírito — pelo equilíbrio e pelo ideal.—, raríssimo coração, inteligente e estudioso, marcando já, no tropel da boémia e no não te rales pois a estudantes nada fica mal, acentuadas qualidades de carácter, depressa lhe tributei amizade e me rendi com admiração à nobreza do seu esfôrço e do seu porte.

·*Pires de Lima* é professor do Liceu por uma queda natural do seu coraçãọ. Ele ama a sua aldeia, o povo da sua aldeia, histórias, velhas usanças, tradicionais costumeiras. A aldeia é como uma casa do povo, cheia de sol, abençoada por Deus. E com a mesma espontaneidade ama os seus discípulos que por certo muitas vezes confunde com seus próprios filhos — eu o tenho visto atravessar as ruas do Pôrto com um bando de rapazinhos, conduzindo-os com verdadeira afabilidade paternal. A sua obra literária traz êste contraste. Sinto um doce contentamento quando um livro seu vem visitar-me. Já sei que vou passar umas horas de suave lirismo, como se estivesse em cozinha familiar, sentado no escabêlo, a ouvir as velhinhas que estrigam as rocas.

O *Dr. Joaquim A. Pires de Lima,* que hoje com a sua colaboração engalharda a nossa *Revista,* é um professor distintíssimo da Escola Médica do Pôrto. As suas altas qualidades profissionais, a sua laboriosidade inteligente e tenaz, o seu coração afectuoso, estão caracteristicamente sintetizadas no pequeno estudo que, de entre tantos, para esta desluzida e apressada cortesia, deixo acima apontado. Num verão ainda não distante, vai passar as férias grandes a uma aldeia do Minho, em S. Simão de Novais. «Possuindo como único meio de transporte um cavalo, como instrumentos clínicos sòmente um termómetro, um fonendoscópio e uma seringa de Pravaz, e tendo de visitar cada dia algumas dezenas de doentes, dispersos, em habitações quási sempre insalubres, por uma região bastante acidentada e mal servida de caminhos, vi-me forçado a fazer pura clínica rural, nas mais precárias condições». Desenvolvera-se alarmantemente a epidemia de gripe. Pires de Lima é incansável e desinteressado na luta em que se empenha. Em 25 dias trata com a maior assiduidade 505 doentes distribuídos por várias freguesias. Leva-lhes os recursos da sciência e a grande medicina do seu coração generoso, toma os seus apontamentos e numa síntese clara e sobria expõe-nos depois e ainda os resultados das suas inteligentes observações.

As *Tentativas Pedagógicas* do *dr. Alfredo Coelho de Magalhães* enaltecem o actual professorado português.

«Todo o meu desejo e tôda a minha esperança é de, no ensino secundário, educando *educativamente,* como se exprimiria Dubois, conseguir o máximo de perfeição individual, transformando os elementos maus da natureza em elementos melhóres. E está aqui,, certamente, a explicação para o facto, neste livro afirmado, de eu atribuir ao estudo do lirismo um grande poder de educação.

O nosso lirismo é predominantemente, senão exclusivamente, *amoroso*. Estudá-lo é aproveitar a capacidade amorosa dos portugueses, como fonte criadora das mais nobres virtudes. Eu tenho a impressão de que ler os mais altos poetas líricos lusitanos, e a todos excede, e por isso mesmo substitui, Camões, é fazer descer ao fundo da alma os sentimentos ruins, para a ela aflorar e ficar a dominá-la a necessidade de amar, desabrochando em sacrifício generoso, lialdade e alvoroçado desejo de perfeição.

Mas, ao lado dêste aspecto humano, eu quero ainda que a educação revista um carácter eminentemente nacional, como já proclamava Garrett. O problema da nacionalização do ensino é dos mais urgentes em Portugal. Sentem-no todos aqueles que vêm como a nossa vida tem sido, desde há séculos, pobríssima de originalidade.»

...«A vida não é feita apenas das realidades imediatas e tangíveis. Mas também estas não podem iludir-se. Tornam-se cada vez mais dominadoras e mais opressivas. E daqui nasce uma solução para o problema do ensino que consistirá em conciliar a corrente utilitária e a idealista.

...E' neste sentido que eu tenho dirigido a minha acção de humilde educador. E faço-o com o íntimo sobressalto e o recolhido contentamento dum crente. E' que não há para mim virtude que valha mais do que a bondade — flor divina que nasce da saúdade de Deus e se alimenta de dor eterna...»

Extraio do prefácio estas palavras. Elas retratam o professor e são o melhor elogio da sua obra porque revelam a nobre orientação a que obedece, a culta e inteligente e patriótica maneira como encara e cumpre o seu dever.

Refere-se na *Chronica dos valorosos e insignes feitos d'El-Rey Dom João 2.º, de gloriosa memoria*, por *Garcia de Rezende*, no Cap. LI, que dormindo o monarca nos Paços de Santarém, já depois da meia noite, e estando todos repousados, bateram à porta da câmara em que jazia com a Raínha. Estranhou D. João e mais que o importuno não respondesse às suas preguntas, continuando a bater açodado. Levantou-se então «mui manso, e vestiu um roupão, e tomou uma espada, e uma adarga, e uma tocha accesa na mão... e elle depós elle lhe foi o homem fugindo, abrindo todas as portas até os desvaos dos paços...», sem que conseguisse alcançá-lo, embora, sem ajuda de fidalgos de seu serviço, apenas agora acudindo aos gritos assustados da Raínha, o procurasse atinadamente em todos os esconderijos. Provada infructuosa a busca «tornou-se El Rey então com todos, fasendo fechar as portas, tão despejado, e o rosto tão seguro e alegre, que todos vinham espantados.»

Costumava o *Homem* dizer — «Ha tempos para usar de coruja e tempos para voar como falcão». —

Cercado de conspirações, no próprio momento em que iam atentar contra a sua vida — a que impuzera um verdadeiro destino de príncipe da renascença —, a sua serenidade não quebra, nem a sua altivez consciente desarma. O seu reinado é à mais alta e profícua obra de patriotismo, no sentido preciso de engrandecimento da pátria. Reflectido e culto, corajoso e diplomata, simples e grande, nele se ajuntaram as preclaras virtudes dos que sabem ser e são reis de facto pela sua terra e pelo seu povo. No quadro maravilhoso do tempo, impõe-se com singular e forte relêvo.

O trabalho do sr.·*dr. Costa Cabral* (em quem há muito conhecemos dotes de superior·cultura e educado critério, juntos a uma afinada sensibilidade) é, sem postiça enfunação de têrmos, excelente. E muito a propósito porque a grande figura em geral se desconhece, ou, peor, apenas se conhece por aspectos de ruim parcialidade. Sintetiza com erudição consciente o quadro e move com humana naturalidade·as figuras — o que o torna muito instrutivo.

Ao Sôpro da Vida merecia bem pausada referência. Tenta-me aquele estilo cuidado e elegante, vincando perfeitamente o português na desconhecida coloração e sugestiva audácia do vocabulário, a observação arguta, a graça pictural. Novelas assim — bravo. O sr. *César de Frias* (há quanto tempo andava encomendado êste livro no meu livreiro!) tem a mordacidade dum espírito cultivado sôbre um suave enleio de poeta. Dramatiza o riso, comediantiza o chôro, em impulsos de verdadeiro artista. Gostei. Gostei muito e marca — não é lá por eu o dizer...

O sr. *dr. Agostinho de Campos* andou acertadamente em ressuscitar os contos singelos e curiosos de *Trancoso*. Conhecia apenas o nome e as controvérsias da história·literária concernentes à obra. Saboreei com regalo as histórias, os exemplos de instrução e proveito. E, valha a verdade, fiquei dizendo para mim que nós, em geral, ignoramos os tesouros da casa e andamos sempre a lambusar os beiços com quaisqueres ridicularias de marca estrangeira. Porque, sobretudo, se reconstitui o viver português daquele tempo pelo gôsto marcado pela obra. Creiam — a *Antologia Portuguesa* deve ser lida e consultada por todos os estudantes (sem distinção da carreira) e por quantos por desfastio ou obrigação se votam à literatura nacional.

António de Cértima alucina-me um pouco com êste seu livro estranho. Noto-lhe qualidades de poeta e confio nos dará obra de mais elevada inspiração. O seu paganismo é viril, por certo, e impetuoso o seu ardor. E' um caminho. Mas a ladeira é ingreme.

Se eu lhes fôsse a contar do mais que li... Mas o dianho é que não há maneira de botar p'ra'qui rabiscos mesmo de tem-te não caias, dentro desta forneira estival.

Fica para àmanhã a conversa, se Deus quizer...

EDUARDO D'ALMEIDA.

BOLETIM

Sessão de 13 de Maio

Presidência do Exmo Sr. Dr. Eduardo d'Almeida, estando presentes os Srs. Directores Dr. Gonçalo de Meira, Francisco da Silva Pereira Martins e José Luís de Pina, Secretário.

O Sr. Presidente, dando conhecimento dos trabalhos de preparação da «Revista de Guimarães» e da visita feita pelo sócio benemérito Exmo Sr. Marques da Silva ao edifício da Sociedade, conforme o pedido que lhe fôra endereçado, disse que tinha grande satisfação em poder acrescentar que êsse ilustre arquitecto manifestou a sua melhor vontade em continuar a prestar os seus valiosíssimos serviços a esta Sociedade, carecendo, apenas, depois de observar as dependências utilizáveis para a instalação do tesouro da Oliveira e restantes museus, de uma planta do espaço aproveitável para a continuação do edifício desta Sociedade.

Disse mais que, tendo informado o mesmo Sr. dos intuitos que animavam a Direcção relativamente aos claustros e templo da Colegiada, S. Ex.ª lhe lembrou a necessidade de se incluir nos cuidados da Sociedade a capela de S. Miguel do Castelo, pois que, como membro do Conselho de Arte e Arqueologia, patrocinaria tam importante assunto.

Ficou encarregado o Sr. Director José Luís de Pina de levantar a planta desejada.

Tendo estado nesta cidade, de visita ao museu de arqueologia da Sociedade, o ilustre Director Assistente do Museu da Universidade de Oxford (Inglaterra), Sr. E. Thurlow Leeds, onde se demorou dous dias a colher elementos e a tirar desenhos dos objectos nêle existentes, pelos quais manifestou grande interêsse e admiração, cumpria-lhe comunicar a honra dessa visita e a oferta que ao insigne visitante foi feita pelo Sr. Director José de Pina de alguns números da «Revista», referentes à Citania de Briteiros e Sabroso.

O Sr. Dr. Gonçalo Meira, encontrando-se bem impressionado com o progresso das obras encetadas no museu de cerâmica, disse ser de tôda a conveniência encerrá-lo até à conclusão dêsses trabalhos; e notando que no quadro dos sócios honorários faltam alguns nomes, lembrou a oportunidade de completar a sua inscrição.

Referindo-se à acanhada e imprópria instalação da Escola Industrial «Francisco de Holanda», acomodada por favor no antigo convento de Santa Clara, julga dos fins desta Sociedade que se faça despertar nos poderes públicos o interêsse pelo regular funcionamento da referida Escola, tam útil ao ensino profissional num meio tam industrial como o de Guimarães.

Por proposta do Sr. Dr. Gonçalo de Méira foi admitido sócio o Sr. Alberto Alves Vieira Braga; pelo Sr. Francisco Martins, o Sr. Manuel da Silva Barbosa; pelo Sr. Alfredo de Sousa Felix, os Srs. P.e Francisco Antunes de Almeida e José Costa; pelo Sr. Alberto Alves Vieira, o Sr. Oscar Pires; e pelo Sr. José Luís de Pina, o Sr. Manuel António Pacheco Guimarães.

Sessão de 28 de Maio

Presidência do Ex.mo Sr. Dr. Eduardo d'Almeida, estando presentes os Srs. Directores Dr. Gonçalo Meira, Francisco Martins, P.e Anselmo da Conceição Silva, Dr. David de Oliveira e José Luís de Pina, Secretário.

Tomado conhecimento dum telegrama transmitido pelo Ex.mo Sr. Dr. Lúcio dos Santos, deputado por êste círculo, comunicando a aprovação que no Parlamento teve o seu projecto da transferência do Liceu Central Martins Sarmento para o estado. Disse o Sr. Presidente que o diploma legislativo que acabava de ser aprovado e que vinha garantir a existência do Liceu sem agravamento de despesa para o Município, era obtido também pela cooperação dos nobres esforços dos deputados do círculo, os Ex.^{mos} Srs. Dr. Costa Cabral e Carvalho Mourão. Por isso não podia esta Sociedade deixar de manifestar o seu reconhecimento pela satisfação duma das maiores aspirações desta cidade, pelo que ia comunicar imediatamente a êsses devotados amigos de Guimarães os seus agradecimentos e as suas felicitações.

Em seguida fêz lisonjeiras referências ao corpo docente do Liceu e afirmou que êste importantíssimo melhoramento para a instrução não se teria realizado se não fôsse o brilhante renome dêsse estabelecimento de ensino e a fama do seu excelente professorado.

O Sr. P.^e Anselmo da Conceição Silva disse ser de tôda a conveniência, para a regularização dos serviços da biblioteca, que se evite a saída dos livros, quando o requisitante não satisfaça às disposições do que se acha regulamentado.

Resolvido pôr em execução o respectivo regulamento e que os talões fôssem assinados pelos requisitantes. O Sr. Dr. Gonçalo Meira, referindo-se à péssima instalação do cartório do Cabido, informa que o arquivo que ainda resta na Colegiada, se encontra amontoado numa acanhada dependência do edifício sem possibilidades de ser consultado pelos estudiosos, e em perigo de se perder, constando-lhe também que outro perigo surgia para um futuro desentaipamento do preciosíssimo monumento da Oliveira.

O Sr. Presidente diz que prevê uma aura favorável para os padrões das nossas glórias passadas, pois que espíritos esclarecidos e patrióticos pensarão em restaurar aquele templo, e que não pode supor que, dirigindo-se a Sociedade às repartições competentes, ela não seja atendida. Lembra, pois, a urgência que há em ponderar à Comissão Central da Lei de Separação que o edifício do Cabido, anexo à Colegiada, não deve ser cedido a qualquer entidade estranha cujos embaraços a futuras restaurações representariam assim um perigo para êsse antiqüíssimo monumento.

O Sr. Francisco Martins congratula-se por ver realizado o benefício do Liceu e salienta os trabalhos que, pelo Sr. Dr. Eduardo d'Almeida para êsse fim foram prestados.

Resolvido nomear sócio correspondénte o Sr. Joãó Lopes de Faria, em homenagem aos valiosos serviços prestados à Sociedade.

Foi lido um ofício da Câmara Municipal comunicando a transferência do Liceu para o Estado; resolvido agradecer.

Foram admitidos sócios os Srs.: Dr. Florêncio Lobo, Dr. Miguel Mendonça Monteiro, Eduardo Pizarro de Almeida, D. Angélica Pizarro de Almeida, José de Freitas Guimarães, Francisco de Assis Pereira Mendes, Alfredo da Cunha Guimarães, Lino Teixeira de Carvalho, António Teixeira de Carvalho, Belmiro Mendes de Oliveira, Domingos Ferreira de Oliveira Guimarães, Aurélio da Silva Mendes, José Rodrigues Júnior, Alberto Rodrigues de Figueiredo, Sebastião Teixeira, de Carvalho, Manúel José Rodrigues, Joàquim da Costa Vaz Vieira, Manuel Joaquim Marques, Dr. José Cardoso Martins de Menezes, Manuel de Freitas, Dr. Joaquim Roberto de Carvalho, Capitão António José Teixeira de Miranda, António de Freitas, Abel de Vasconcelos Cardoso, António da Silva Cunha, Francisco Pinto de Queirós e Alberto Gomes Pereira de Sousa.

Sessão de 14 de Junho

Presidência do Ex.ᵐᵒ Sr. Dr. Eduardo de Almeida, presentes os Directores Srs. Dr. Gonçalo Meira, Francisco Martins e José de Pina, Secretário.

Trocadas impressões sôbre a visita que a Direcção fêz às estações da Citânia de Briteiros e Sabroso, todos os Srs. Directores se manifestaram desfavoràvelmente impressionados com o que ali observaram. O Sr. Presidente diz que cada vez importa mais defender e melhorar as condições e o estado dêsses lugares tam importantes e queridos de Martins Sarmento, promovendo e activando tôda a acção em benefício dêles. Resolveu-se pedir providências ao Comando da secção da Guarda Republicana, desta cidade.

Também se resolveu nomear uma comissão para coligir os artigos e estudos de Martins Sarmento, publicando-se depois separadamente em dois volumes: um relativamente à Citânia de Briteiros e Sabroso, outro contendo as obras dispersas, inserindo o primeiro uma síntese em francês e inglês. Para êsse fim foram nomeados os Srs. João Lopes de Faria, Alberto Alves Vieira e Francisco de Assis Pereira Mendes.

Por último resolveu-se que a Direcção se faça representar pelo Secretário Sr. José de Pina na recepçáo ao ilustre deputado Dr. Lúcio dos Santos, para o que a Câmara lhe dirigiu convite, e aguardar a honrosa visita de S. Ex.ª a esta Sociedade.

Foram admitidos sócios os Srs.: Fernando José de Freitas, António Pereira Mendes, Domingos Pereira Mendes, João Carlos de Carvalho, José Mendes Ribeiro, António de Pádua da Cunha Monteiro, Alvaro Ferra, Joaquim da Silva Eugénio, Raúl Rocha, Manuel A. Pereira Duarte, António Vieira de Andrade, José Gonçalves, Egídio Alvaro Marques, Adolfo Antunes de Oliveira Guimarães, Dr. João de Oliveira Bastos, João Baptista de Sousa, Manuel Joaquim Pereira de Carvalho, Eugénio Teixeira Leite Bastos, Luís Teixeira de Carvalho, Joaquim Patrício Saraiva, Joaquim Teixeira de Carvalho, José Joaquim Vieira de Castro, Manuel Caetano Martins, Benjamim de Matos, Manuel Martins Fernandes, Emílio Castelar Guimarães, Domingos Machado, António Peixoto da Costa, José Fernandes, Elísio Teixeira de Carvalho, José Teixeira de Carvalho Júnior, Abel de Oliveira Bastos, João Monteiro, Joaquim Luciano Guimarães, Pedro Pereira de Freitas, Silvino Alves de Sousa, José Pinto de Almeida, António Nicolau de Miranda, Luís Gonzaga Pereira, José Pinheiro Guimarães, Joaquim de Sousa Pinto, Domingos Ribeiro da Cunha Mendes, Luís Faria, Alberto Pereira Dias, Alberto Sousa Pinto, Joaquim Lopes de Sousa Neves, Florêncio Leite Lage, P.e João Ribeiro, José Maria Leite Júnior, Manuel de Jesus e Sousa, João José Ribeiro de Abreu, José Henrique Dias, Francisco da Costa Jorge, António Ferreira de Melo Guimarães, António Pereira de Campos, José Soares Barbosa de Oliveira, José Figueiras de Sousa, Aristeu Pereira, Manuel Pereira Bastos, Heitor da Silva Campos, Fernando Lindoso e Carlos Abreu.

·Sessão de 15 de Julho

Presidência do Ex.ᵐᵒ Sr. Dr. Eduardo d'Almeida, estando presentes os Directores Srs. Francisco da Silva Pereira Martins, P.ᵉ Anselmo da Conceição Silva e José de Pina, Secretário.

O Sr. Presidente, solicitando licença de seus dignos colegas, manifestou o desejo de, antes de se versar a matéria pròpriamente da sessão, propôr se exarasse na acta um voto muito sincero de condolências pelo inesperado fàlecimento do ilustre académico, scintilante jornalista e tam bom e leal amigo de Portugal que devia certamente impor-se pelo seu carâcter e generosas virtudes cívicas, o ilustre escritor brasileiro João do Rio (Paulo Barreto). A sua morte — e o proponente via em João do Rio, através a sua prosa ardente e límpida, um homem moço ainda fadado para os mais brilhantes futuros — viera privar a literatura fluminense dum dos seus mais belos cultores e a nossa terra dum amigo consciente e devotado. Quem lê, por necessidade ou amor que não por desfastidiosà ocupação do espírito — e há muitos destes casos na vida espiritual —, cria àqueles escritores, que mais impressionam a sua sensibilidade estética ou emocionam o seu coração, efusivas simpatias que por vezes se convertem em amizades verdadeiras e puras do rudo fadário da vida.

Ruskin notara, numa conferência célebre sôbre quanto são fiéis e preciosos amigos os livros, o encanto de viver entre êles, como em eterna côrte onde encontramos uma companhia «vasta como o mundo, numerosa como os seus dias, a poderosa, a escolhida, de todos os lugares e de todos os tempos». A influência dessa afectividade espiritual sentira-a ainda neste inverno — ao ler ou reler as páginas dos *Cynematographos, Chronicas e Frases de Godofredo de Alencar, Ramo de Loiro* e *Rosario da Illusão,* na sedução do artista observador e culto, dum espirituosismo filosófico, que caricaturava as extravagâncias do mundo das riquezas, com sua pelintrice ou leviandade de sentimentos sãos e compadecidos, como no *A Correspondencia de uma Estação de Cura,* e vibrava doridamente os dramas da miséria — e bastaria recordar o conto «O Milagre de S.

João» no *A Mulher e os Espelhos* —, com um sabor helénico, forte, pagão, sarcástico pelo contraste e deduções. Nesse convívio espiritual desenvolvera-se, radicara-se, intimizara-se a sua grata admiração de amigo obscuro pela grande alma do querido amigo ausente.

João do Rio tinha, porém, outro direito ao nosso luto de hoje, à nossa pesada e amargurosa saüdade, a que o seu nome perdurasse na gratidão portuguesa.

Amigo sincero do poeta Dr. João de Barros, a quem o apresentava por uma fria tarde de inverno, em Lisboa, o polígrafo artista, Manuel de Sousa Pinto, procura alastrar, apostolizar, com ambos, a idea feliz e o salutar estreitamento das relações intelectuais entre os dois povos e consente em dirigir também a excelente revista *Atlantida*, há pouco infelizmente suspensa.

Trava no seu jornal *A Patria* um nobre e rijo combate a favor dos portugueses, vítimas duma campanha infeliz e ingrata. O seu amor à Terra Portuguesa não é só exuberante — é intenso; não é apenas literário — é do coração. Belo espírito, belo artista — amigo seguro e admirável! Não era aquele momento oportuno de lhe tracejar o perfil cheio de brilho. Impedia-o também a comoção.

Aí ficava a sua proposta com o pedido de se comunicar ao jornal *A Patria* e à Academia Brasileira, de que João do Rio fôra distinto ornamento.

Esta proposta foi aprovada por unanimidade.

Continuando, diz que, por combinações já encetadas pela Direcção anterior, e que logo pela actual foram reconduzidas e ultimadas, teve a Sociedade Martins Sarmento a honra de ser no Congresso Luso-Espanhol, que teve lugar no Pôrto dos dias 24 de Junho a 1 de Julho passado, representada pelo ilustre médico o muito distinto etnógrafo Ex.mo Sr. Eduardo Augusto de Freitas.

Revestiu êsse certame scientífico um alto aspecto não só de comunhão dos dois povos da península nas lutas admiráveis pelo progresso humano, mas do avanço inteligente, da operosidade irremunerada e heróica, da energia concentrada e tenaz com que, dum lado e outro das linhas, tradicional e inquebrantàvelmente divisórias de duas pátrias, que devem andar amigàvelmente aliadas, tornando fértil e produtiva a sua vizinhança e os laços que já na história a prendem, magníficos trabalhadores vêm pugnando em cada ramo da actividade espiritual pelo incremento, pela utilização, por um progressivo ideal dos conhecimentos humanos e sua aplicação utilitária e generosa ao bem estar das sociedades.

Nesse raro e consolador pleito de civilizados, o nosso muito digno representante deixou bem marcada a dupla facêta da sua aplicação, distinguindo-se como homem inteligente e estudioso e como profissional, tanto na memória que apresentou sôbre medicina, como na que, dedicada à memória bemfazeja e querida de Martins Sarmento, leu sôbre um ex-voto lusitano e que revela um cuidadoso estudo e um atilado critério, prendendo ao mesmo tempo pela sua significativa curiosidade, pelo seu maravilhoso simbolismo.

Se o autor não pensasse em publicá-la, teríamos de a pedir para com ela honrar as páginas da *Revista de Guimarães*.

Cumprindo um dever — dever de reconhecimento e de solidariedade —, propunha ficassse bem exarado na acta o quanto esta Direcção se rejubila com tam competente e ilustre representante e como são sinceras e comovidas as nossas felicitações. Oxalá S. Ex.ª continue dispensando a esta Sociedade a sua valiosa coadjuvação e, como já tivera a gentileza de prometer-nos, dentro em pouco o possamos contar no número dos colaboradores da *Revista*. Emquanto por outra forma esta Direcção não puder manifestar-lhe o seu agradecimento, propunha, finalmente, se lhe enviasse cópia desta parte da acta.

Estas propostas foram unânimemente e calorosamente aprovadas.

Passou em seguida a referir-se à necessidade de adquirir para a Biblioteca todos os estudos e trabalhos que se publicassem sôbre Gil Vicente. A escassa dotação com que era subsidiada a Sociedade Martins Sarmento não lhe permitia certamente emparelhar com outras forçadas e urgentes as largas despesas na compra de livros, e a própria e pequena verba até agora a êsse fim destinada não podia, atentas as multíplas necessidades dos leitores e a obrigação de continuar a dar à biblioteca a organização que tinha, consumir-se num só objectivo. Mas muito se impunha que sempre se tivesse em vista aquele de que se estava ocupando e que era uma forma alevantada e prática de Guimarães manter e cultivar a memória do genial dramaturgo e do sagacíssimo crítico de costumes, grande poeta lírico e sarcástico, cujo nome ficará sempre cá dentro e lá fora como um dos mais rasgados e intuitivos evolucionadores da literatura e da arte de teatro.

No criterioso livro — *Tentativas pedagógicas* — do ilustre professor Dr. Alfredo Coelho de Magalhães vem uma muito completa bibliografia vicentina que deve ser oportunamente consultada para êsse efeito. Desde já lembrava a conveniência de ver se podiam obter-se da generosidade e culto e. patriótico espírito dos seus autores ou editores os seus excelentes trabalhos.

O Sr. Francisco Martins disse que um dos principais, senão o mais nobre, dos fins a que a Sociedade Martins Sarmento visava era a promoção da instrução popular no concelho de Guimarães. Largos e profícuos eram os serviços que nêsse intuito havia prestado desde o seu início e por muitos anos, criando e sustentando aulas no próprio edifício da Sociedade, lutando pela fundação e desenvolvimento da Escola Industrial, promovendo conferências e estendendo a acção duma propaganda criteriosa e ilustrada. Já por mais duma vez esta Direcção se ocupara do assunto,. versando e discutindo a forma porque havia de orientar a sua acção e manifestando claramente o desejo de prestar serviços à instrução popular. Sentia-se pois animado a apresentar a seguinte proposta :

Proponho que a Direcção da Sociedade Martins Sarmento convide todo o professorado primário do concelho de Guimarães a apresentar um trabalho, produto do seu estudo, observação e experiência, e no qual aprecie o que a lição de todos os dias lhe está seguramente indicando relativamente a programas, método e orientação do ensino primário, aponte defeitos a corrigir ou alterações a fazer nesse ramo básico da instrução, tendo em vista não só a difusão do ensino como o melhor aproveitamento dos alunos, ou ainda mesmo se limite às suas notas pessoais quanto ao funcionamento das escolas primárias.

Ao autor do estudo que, como satisfazendo melhor ao fim que se tem em vista, fôr indicado à Direcção por uma Comissão, que para êsse efeito será oportunamente nomeada, se oferecerá a título de modesta lembrança a quantia de Esc. 200$00 e êsse trabalho será integralmente publicado na «Revista de Guimarães».

Este concurso deverá estar aberto desde 1 de Setembro a 31 de Janeiro, inclusivè. As memórias deverão ser apresentadas na Secretaria da Sociedade Martins Sarmento, devidamente fechadas e com esta direcção: «Memórias dum professor (ou professora) de Instrução Primária».

Foi calorosamente aprovada.

Referindo-se ao monumento histórico de Pombeiro, fêz a comunicação de que correm grande risco uns frontais de couro nêle existentes e lembra a necessidade de se reclamarem para tam lamentável caso os cuidados da Comissão dos Monumentos Nacionais.

Aprovado.

O Sr. José de Pina refere-se a uma visita que recentemente fizera à Capela de S. Miguel do Castelo e informa que teve o ensejo de nela encontrar uma imagem em pedra de Ançã, obra da Idade-Média, representando Santa Margarida.

Resolveu-se oficiar ao Ex.mo Sr. Carvalho Mourão, deputado, pedindo para se interessar pela continuação do edifício a apropriar para a instalação do *Tesouro da Oliveira*, e ao Sr. Marques da Silva, para patrocinar perante a Comissão de Arte e Arqueologia a entrega da Capela de S. Miguel do Castelo ao cuidado desta Sociedade.

Foram admitidos sócios: por proposta do Sr. Francisco Martins, os Srs. José Marques Coelho e Armindo Peixoto; pelo Sr. Armindo Peixoto, os Srs. J. M. Ribeiro Guimarães, Ernesto de Vasconcelos, José de Freitas Soares; e pelo Sr. António Faria Martins, os Srs. Avelino Ferreira Meireles e Artur de Oliveira Sequeira.

Sessão extraordinária de 9 de Agôsto

Presidência do Ex.mo Sr. Dr. Eduardo d'Almeida, estando presentes os Srs. Dr. Gonçalo de Meira, Francisco Martins e José de Pina, Secretário.

O Sr. Presidente convocou esta sessão extraordinária em comemoração do dia 9 de Agôsto de 1899, data do falecimento do saudoso consócio o sábio vimaranense Dr. Francisco Martins Sarmento, nome ilustre e cheio de esplendor que, pelos seus eruditos trabalhos, muito ennobreceu a cidade de Guimarães.

Propôs que se lavrasse na acta um voto de profundo sentimento e que a Direcção por êsse motivo fôsse, pelas 18 horas, apresentar cumprimentos à Ex.ma Sr.ª D. Maria de Freitas Aguiar Martins Sarmento, viúva daquele benemérito e inolvidável consócio.

Esta proposta foi aprovada por unanimidade, levantando-se em seguida a sessão.

Sessão de 11 de Agôsto

Presidência do Ex.mo Sr. Dr. Eduardo d'Almeida, estando presentes os Srs. Dr. Gonçalo de Meira, Francisco Martins, Dr. David de Oliveira e José de Pina, Secretário.

O Sr. Presidente, Dr. Eduardo d'Almeida, usando da palavra, disse:

No *Diário do Govêrno*, 1.ª Série, n.º 155, de 30 de Julho, vem publicado pela 4.ª Repartição da Direcção Geral da Justiça e dos Cultos, Ministério da justiça e dos Cultos, o decreto n.º 7.623, cujo teor é o seguinte:

«Sob proposta do Ministério da Justiça e dos Cultos, e nos termos do artigo 104 da lei de 20 de Abril de 1911: hei por bem ceder à Administração da Caixa Geral de Depósitos o prédio denominado «Casa do Cabido», sito no Largo do 1.º de Maio, da cidade de Guimarães, a fim de aí se estabelecer uma agência da referida Caixa Geral, mediante a indemnização única, para os efeitos do citado artigo, de 6.000$ que serão pagos à Comissão Central de Execução da Lei de Separação, por intermédio da Comissão sua delegada no concelho de Guimarães, logo após a publicação dêste decreto. A cessionária é obrigada a conservar no compartimento da «Casa do Cabido», onde actualmente se encontra, o tesouro da extinta Colegiada de Nossa Senhora da Oliveira, até que seja removido para o edifício da Sociedade Martins Sarmento, e a iniciar as obras de adaptação do prédio cedido no prazo de um ano, a contar da data dêste decreto. — Paços do Govêrno da República, 30 de Julho de 1921. — (a) *António José de Almeida. José do Vale de Matos Cid.*»

Mais uma vez a cidade de Guimarães foi maldosa e inglòria-
mente afrontada pela já vezeira, mas sempre amarga; leviandade
dos Governos e pela trapaça e birra de enfunados caprichos pessoais
que fazem gala de deprimir e contrariar a opinião sensata.

A actual Direcção da *Sociedade Martins Sarmento*, sabendo
bem, ao tomar posse do seu cargo, numa hora um pouco desconso-
lada na vida desta casa, quanto seria exaustiva, melindrosa e difícil
a sua gerência, não quis todavia adiar por mais tempo o dever,
que, por vários títulos, e expressas sugestões da opinião pública, se
lhe impunha, de interferir directamente na guarda, conservação e
defesa dos nossos monumentos históricos e artísticos — nova e ingrata missão a que só espíritos esclarecidos e as gerações futuras
prestarão justiça imparcial.

Na realização dêsse intuito, logo em sua primeira reunião, em
6 de Abril do ano corrente, ao distribuir os diferentes cargos da
administração, os novos corpos gerentes confiaram a dois dos seus
membros, os srs. Dr. David de Oliveira, ilustre Reitor do Liceu Central de Guimarães, e José de Pina, distinto artista e professor do
mesmo Liceu, que haviam sido nomeados directores dos Museus,
como um novo «pelouro» — o dos monumentos históricos e artísticos —, e logo também ficara ponderado e assente, entre outras medidas e providências, que se organizassem e publicassem catálogos
ilustrados do *Tesouro da Oliveira* e do *Museu Arqueológico* desta
Sociedade; as visitas, que mais tarde faríamos, às *citânias de Briteiros e Sabroso*, esta vandalizada por criminosos danos; a obten-
ção, por intermédio da Comissão dos Monumentos Nacionais, da
capela de Santa Margarida, antiga *capela de S. Miguel*, à beira
do velho *Castelo de Guimarães*, e a congregação dos nossos esforços para a defesa e melhoramento da *Igreja da Oliveira*.

Passados dias, correndo atentamente com José de Pina o *templo da Oliveira*, não exagero, nem literatejo dizendo que senti uma
forte comoção de tristeza e revolta. Ao que há em mim de vimaranense e artista pungia às lágrimas aquele cemitério em descalabro,
pela ingratidão e pela ignorância com que deixaram amontoar em
ruinas um tesouro de fé e de patriotismo, pelo desleixo e pelo esquecimento, verminando jóias de pedra, flores de tradição, ogivas
e brocados magníficos. O estado de abandôno e porcaria em que
os vimaranenses deixaram cair a *Igreja da Oliveira*, êste povo de
crentes prodigalizando fortunas em oratórios, festarolas pesporren-
tes mas efémeras e jogos de bola esturdientos, e de *bairristas*, que
tanto se ufanam do título, àquela ara sagrada da nossa nacionalidade e da nossa independência, é a maior vergonha de Guimarães no
nosso tempo — digo-o com o desassombro e o remorso da parte de
cumplicidade que no imperdoável atentado possa caber-me.

Os templos como os palácios, os solares dos ricos como as
choupanas dos pobres, onde as mãos se erguem a Deus em súplica
ou nos tugúrios onde olhos sêcos de lágrimas desvairam nos ester-
tores da fome, têm, na dansa de roda da fortuna, os seus momentos de glória e as suas longas horas de desgraça; o império de ontem, a caducidade pelintra de amanhã. Ali, onde ajoelharam reis
— quando o rei era o mais esforçado cavaleiro duma ala de namorados —, ali, primeiro murmúrio do coração de Portugal, há o bafio enjoante dum cofre vazio de antiquário. E' como sôbre o caixão

que esconde um grande cadáver, eternizado em nosso ideal e nossa saüdade, um pano de armador, comido da traça e pingado de cera. No alto da tribuna, é a mesma Imagem da *Senhora da Oliveira* — mas entristeceu-se-lhe o olhar, há na sua face morena a palidez de concentradas amarguras e sofridos desenganos, embaciáram os bordados do manto, oxidou-se a fulgência do diadema e ela vai desaparecendo, amortalhada em teias de aranha, ao cantochão dos ratos carcomendo as tábuas do seu trono desflorido e pobre...

Não nos ficamos nós no cómodo expediente das endeixas sentimentais. A actual Direcção da *Sociedade Martins Sarmento* que, em suas primeiras sessões, se ocupara da necessidade, em que nos víamos, de prosseguir nas obras do edifício — hoje por demais acanhado —, começou desde então pensando, por honra do seu nome e do de Guimarães, em opor enèrgicamente e capazmente um basta àquele desprêzo, e mesmo, num sonho de entusiasmo que eu lhe trazia, em meter ombros à restauração da *Igreja da Oliveira*. E só puderá avaliar com equidade dos embaraços da nossa situação quem conhecer a falta de recursos com que lutamos relativamente à nossa vasta e múltipla função social, o quanto hemos de poupar a dadivosa generosidade dos nossos patrícios e amigos, não os cansando com sucessivos peditórios, hoje para o alargamento do nosso edifício, amanhã para a projectada *Exposição Industrial* — iniciativa da *Associação Comercial de Guimarães*, a que muito folgo de referir-me e que nos deve merecer o mais leal e constante incitamento e auxílio, estreita e afectuosa solidariedade —, antes os equilibrando na razão dos maiores apertos da urgência e procurando atenuá-los com outros recursos, e, finalmente, quem souber o quanto essa arrojada iniciativa deve ser reflectidamente estudada.

A questão levantou-se, pois. Já se arrumaram livros, móveis e alfaias que corriam perigo de deterioramento ou extravio, já se tem discutido qual o plano da obra, que consultas a estações competentes e profissionais de merecimento a devem preceder e orientar, se haverá possibilidade de desentaipar a igreja das tábuas de camarim galante, com que pretenderam esconder a severidade dos arcos de pedra, a singeleza crua da nave, como deverá restaurar-se a rosácea, que «constituiria, no dizer dum ilustre professor da *Escola de Belas Artes,* um originalíssimo exemplar de gótico flamejante se o personagem que agora se encontra voltado para o interior da igreja é com efeito jessé, do qual devia irromper em maravilhosa dicotomia pelo vão da vasta ogiva, a árvore genealógica da sua descendência»; já um de nós se entendeu com um digno camarista pedindo pessoal para limpar o jardim do claustro, onde jazem ossadas de nobres e mendigos, os mortos no hospital e da cadeia, e se têm estudado os reparos inadiáveis da formosa — pela policromia dos estilos e suave graciosidade dos arcos — *crasta de Santa Maria de Guimarães,* hoje imundo chiqueiro de caniça, que o nosso bom José de Pina, não obstante a fadiga que lhe acarretou a limpeza e nova arrumação do museu arqueológico, já procurara, em mangas de camisa, vassourar de maior monte de estercaria.

Veio encontrar-nos de surprêsa, no meio da preocupação em que êste importantíssimo assunto naturalmente nos trazia, a má novà de que se projectava ceder a *Casa do Cabido* para instalação duma agência, nesta cidade, da *Caixa Geral de Depósitos.*

A *Casa do Cabido* interessava já muito de perto a *Sociedade Martins Sarmento.* E' nela que se encontra o *Tesouro da Oliveira,* escrínio de algumas das melhores jóias portuguêsas, pelo altíssimo valor histórico e pela encantadora, maravilhosa cinzeladura artística, e os restos, escapos à triste monomania de levar para Lisboa velhos pergaminhos e códices, mas ainda de raro valor para estudiosos, do muito precioso *Arquivo da Colegiada.*

Tesouro e *Arquivo* haviam-nos sido entregues. Lutando a *Sociedade* com sérias dificuldades, apenas removíveis com tempo e sacrifício, para a sua condigna instalação no próprio edifício, tem, ainda assim, procurado honrar a confiança que justamente nela depositaram, do que será prova não só a publicação do Catálogo em breve, como facto por si eloqüente de, até esta altura do ano, as visitas ao *Tesouro* haverem sido bem superiores às realizadas durante a última meia dúzia de anôs. Estávamo-nos mesmo habilitando para mandar construir algumas estantes mais, destinadas à conveniente exposição de peças de valor da indumentária católica.

Na *Revista de Guimarães* tem exuberantemente demonstrado esta *Sociedade* que ao *Arquivo* sabem os vimaranenses dar o devido aprêço e que êle não nos serve apenas de esquecido *Tombo* com empregados, mas sem trabalhadores e estudiosos. A obra do *Abade de Tagilde* e do *Dr. João de Meyra* funda-se, em grande parte, em elementos ali colhidos e o nosso digno consócio *João Lopes de Faria* pode bem citar-se, com orgulho para a nossa terra, como homem de excepcionais qualidades de investigação criteriosa, de patriótico e arreigado amor ao estudo das antiguidades relativas ao concelho de Guimarães.

Andava precisamente esta *Sociedade* empenhada em dar ao *Arquivo* um melhor ordenamento para que a sua consulta fôsse mais fácil, vindo assim a necessitar de mais alguma sala naquela casa, que, por virtude das referidas entregas, tinha uma aplicação de *claro e evidente interêsse público* e *nos estava por isso destinada enquanto não pudéssemos trazer o Tesouro e o Arquivo para o nosso edifício,* irrefutável conseqüência de decretos em vigor.

Torna-se pois duma intuição comezinha — porque são destas coisas que os mais parvinhos alcançam — que a falada cedência era prejudicial à regular conservação do *Tesouro* e do *Arquivo.* O mais cego enxerga, mesmo daquela cegueira dos que não querem ver, quanto é diferente viver em sua casa, a ter um cantinho — um *compartimento...* — por esmola ou favor em casa alheia, sujeitas as visitas às conveniências e comodidades dos donos, tendo nós de andar sempre de chapéu na mão a pedir licença para irmos lá acima mostrar a umas senhoras o *Altar de Aljubarrota.*

Quanto ao *Arquivo,* não haveria outro remédio senão trazê-lo às costas e depressa, para não se misturarem os forais da nossa térra com os verbetes e cautelas de depósitos e penhores, sem bem sabermos onde havermos de agasalhá-lo, pois de há muito lutamos embaraçadamente com falta de espaço e aquilo é um tesouro!

Mais grave e prejudicial era a cessão para o futuro. A *Casa do Cabido* é uma construção do princípio do século XIX, fatalmente condenada a desaparecer quando se faça a restauração da Igreja.

A *Oliveira* está acachapada, encaixotada, metida entre acrescentamentos e edifícios de construção recente, que são verdadeiros aleijões. Quando a desafrontarem, dando-lhe a verdadeira perspectiva, a sua côr, no desafôgo e na pureza do seu estilo, só então verão todos as razões que nos assistem nesta campanha desinteressada e comovida.

Onde ir amanhã buscar o dinheiro para expropriar um prédio onde funcione a *Caixa Geral de Depósitos*, sabido que as nossas leis màximamente protegem com soberanas regalias, mesmo contra o direito de propriedade, os estabelecimentos comerciais e industriais?

Não. Isto não se discute. Não há o direito mesmo — por um princípio de dignidade social — de consentir a rabulice, em casos desta natureza, a torcer, a inventar, a fazer-se de tôla...

A *Câmara Municipal* e a *Sociedade Martins Sarmento* protestaram conseqüentemente, na bem entendida defêsa do nosso património artístico — cumpriram o seu dever.

E foi bem contrariadamente que o fiz — direi para que o oiçam as gafeiras onde se almoeda a honra alheia —, porque me doía ter de contrariar o sr. dr. Daniel Rodrigues — e *não faltam na cidade e até à venda edifícios mais próprios e em melhor local (que o não é nada o Largo 1.º de Maio)* —, aborrecia-me, por virtude do modesto cargo do meu ganha-pão, se lanzoasse haver a incitar-me o ciume do concorrente, e sobretudo me contrariava ter de incomodar — pois quero crer fará justiça às minhas intenções — uma pessoa por quem tenho sincera amizade, misantrópica como o meu feitio, mas segura e constante como o meu coração.

De nada valeram protestos. e reclamações. Ao cêsto dos papeis com as representações da *Câmara* e da *Sociedade!* A esta nem ao menos a resposta que se dá ao galego. A opinião sensata e honesta dos vimaranenses apodou-se de má língua que gaiteirava sandices.

O atentado consumou-se. A cessão. fez-se. *E fez-se com acinte, com desprêso, com ultraje, para a cidade de Guimarães.*

Amanhã nos dará razão. Mas amanhã é tarde.

Cada visitante, cada forasteiro de cá ou de fora, ao dobrar do Largo da Oliveira para a Senhora da Guia, e ao ver a tenda do negócio nas dependências do Templo, há de justiçar-nos com palavras duras para nossa ignomínia e para nossa vergonha.

Porque é chapadamente uma vergonha!

O contrato é em tudo infeliz, vesgo, apressado. A cedência é uma pouco ladina defraudação dos dinheiros do Estado. O preço pelo qual a *Caixa Geral dos Depósitos* adquiriu o prédio — seis contos — é simplesmente irrisório, nos tempos que correm. Foi por tuta e meia. Foi por muito menos do que o seu valor real. Tôda a gente o diz, tôda a gente o sabe.

Demais o decreto é ilegâl. O Senhor Ministro da Justiça contrariou o espírito e a letra da Lei de Separação.

Conheço o Senhor Dr. josé do Vale de Matos Cid. Tive a honra de ser seu colega na *Assemblea Nacional Constituinte*. Apreciei e reconheci então em Sua Ex.ª, que foi um dos mais ilustres membros daquele parlamento, firmes e demonstradas qualidades de critério, inteligência, saber, estudo e austeridade de carácter.

Não posso supor, não suponho, parcialidade da parte de sua Ex.ª. Mas houve êrro ou insuficiência de informação. Houve, à sua volta, empenho e pressa de arrumar com a questão contra nós que, diga-se, não temos outro interêsse que não seja o de defender o nosso património artístico.

Pelo artigo 104 do decreto com fôrça de lei de 20 de Abril de 1911 — precisamente aquele em que o decreto se fundamenta ! — o Ministério da justiça não está autorizado senão a aplicar os bens mobiliários e imobiliários no mesmo artigo referidos a qualquer fim de interêsse social. Para serem definitivamente aplicados — e a cedência fêz-se a título definitivo — *é indispensável que sejam, antes, incorporados nos bens próprios da fazenda nacional:*

«e serão definitivamente aplicados, *depois da sua incorporação nos bens próprios da fazenda nacional*, e sem prejuizo dô disposto no artigo 182, sucessivamente, aos seguintes destinos...»

Artigo 112 :

«Apurados definitivamente os bens que pertencem ao Estado e ficam na sua livre disposição, *serão transferidos para o Ministério das Finanças e incorporados nos próprios da fazenda nacional, para lhes ser dado o destino referido no artigo 104*, sem prejuizo da entrega às juntas da paróquia daqueles que representarem, no todo ou em grande parte, o resultado de subscrições locais posteriores à promulgação do código civil.»

A cedência definitiva só pudia ser feita pelo *Ministério das Finanças.*

A *Casa do Cabido* já estava sendo, em parte, aplicada a um fim de interêsse social, bem mais em harmonia com os intuitos que ditaram o mencionado artigo 104 — a guarda do *Tesouro da Oliveira* e *Arquivo da Colegiada* — pois, cremos, ninguém se atreverá a aventar que haja um interêsse social maior na instalação da *Caixa Geral dos Depósitos.*

Na Lei de Separação distingue-se e restringe-se o sentido de interêsse público e social a que os antigos bens da igreja podem ser aplicados. Dá-se preferência — taxativamente imposta —, ou porque lhe sejam destinados os bens ou o seu producto, a obras de assistência e beneficência ou de educação e instrução, mandando mesmo atender-se ao espírito das leis especiais e dos usos tradicionais dos institutos a que pertenciam (art. 167).

O decreto é, pois, ilegal e contrário à Lei de Separação.

Puderia ainda ventilar-se quanto é melindrosa a cedência dum edifício anexo a um *monumento nacional*, para fins alheios à conservação ou restauro dêsse monumento — e deve notar-se que a *Casa do Cabido* tem servidão pelo claustro e está em parte edificada sôbre êle —, sem ao menos ouvir a respectiva *Comissão* (art. 46 do Decreto de 26 de Maio de 1911).

Julgo que a propósito dé bem informar a *Comissão de Execução da Lei de Separação*, que, neste caso, apenas serviu para que a lei não fôsse executada, chamando-se à ignorância dos seus preceitos mais claros, foi Guimarães visitada por um cavalheiro que se dizia bacharél e, depois de ter declamado «que ia meter tudo na ordem» — como se o povo vimaranense fôsse algum subalterno da sua repartição — , se permitiu chamar à *Sociedade Martins Sarmento — um armazem de pedras.*

Custa-nos muito a acreditar que um funcionário público viesse até à província e a uma terra tam nobre pelas suas tradições e hoje ainda pelo seu trabalho bacorejar gracejos tais que, ferindo pela insolência e pela ignorância, apenas afinal ferreteiam quem os profere.

Se são verdadeiras as nossas informações, nós a tal desplante entendemos como único castigo, compatível com a nossa dignidade e consciência, afastá-lo com o gesto enérgico e repulsivo com que se cortam as impertinências ultrapassantes dos limites do decôro.

Fica assim definida a nossa atitude e expostas as razões do nosso proceder. Como vimaranense, como presidente desta *Sociedade,* eu protesto com mágua contra o atentado e violência. Protesto.

Realmente entristece e desalenta ver como em Guimarães são tratados os monumentos históricos, pedras sagradas, fundamentais da nacionalidade, padrões de glórias, encantadoras ruínas do passado.

Não será tempo de arrepiar caminho ou de gritar — basta! —, ao menos?

Pelo Sr. José Gonçalves foi proposto e admitido sócio o Sr. Domingos Gonçalves; pelo Sr. Dr. David da Silva Oliveira, o Sr. Tenente Augusto César Salgado; pelo Sr. Armindo Peixoto, os Srs. Domingos Ribeiro da Silva Guimarães e José Marques Guimarães; pelo Sr. Francisco Pereira Mendes, o Sr. Alberto Rodrigues Milhão; e pelo Sr. Domingos Gonçalves, o Sr. João Eduardo Gonçalves.

Os Srs. Presidente e Vice-presidente pediram licença para se ausentarem por alguns dias.

A Sociedade recebeu desde 1 de Maio a 31 de Agôsto as seguintes ofertas, pelas quais de novo consignamos o nosso fundo agradecimento aos generosos oferentes.

Para a biblioteca:

Livros

Luís de Pina, 1 volume;
Dr. Costa Cabral, 1 volume;
César de Frias, 1 volume;
António de Cértima, 1 volume;
Dr. Joaquim Roberto de Carvalho, 2 volumes;
Alfredo Guimarães, 1 volume;
P.ᵉ José Carlos Alves Vieira, 12 volumes;
João Lopes de Faria, vários jornais, documentos e folhetos de grande interêsse e valor;
José Pinto Teixeira de Abreu, 22 folhetos;
Ministério das Finanças, 5 volumes;
Universety of Oxford, 1 volume;
Dr. Pedro Pereira da Silva Guimarães, 30 volumes, 7 revistas e 107 folhetos;
Dr. Ademar Ferreira de Miranda, 1 folheto;
Liceu Sá de Miranda, 1 folheto;
Alferes Nuno Beja, 1 folheto.

––––––––

Dr. J. A. Pires de Lima — (Professor Ordinário de Anatomia descritiva da Faculdade de Medicina do Pôrto):

Faculdade de Medicina do Pôrto — Cadeira dé anatomia topográfica — Programa para o ano lectivo de 1912-1913, com dois diagramas representando as regiões superficiais do corpo humano;

O Congresso de Londres — (Separata dos n.ᵒˢ 18, 19 e 20, VII ano, da «Gazeta dos Hospitais do Pôrto») — (Pôrto — Tip. a vapor da Enciclopédia Portuguêsa — Rua Cândido dos Reis, 49 — 1913);

Sur Quelques Observations de Fistules juxta-uréthrales congénitales — Communication au XVIIᵉ Congrès International de Médecine — Londres 6-12 Août 1913, Section I — (Anatomie et Embryologie) — (Idem);

Notas de Anatomia — Sôbre um ôsso encontrado no Vasto Externo da coxa — (Separata da «Gazeta dos Hospitais do Pôrto», n.º 14, de 1913) — (Idem);

Notas sôbre a epidemia gripal — (Separata do «Portugal Médico», 3.ª série, vol. IV, n.º 11, 1918) — (Idem);

Deux observations de tumeurs congénitales du plancher pelvieu ayant provoqué des monstruosités — (Extrait du «Bulletin de la Société Portugaise des Sciences Naturelles», Tome VIII, Séance du 12 Juin 1918) — (Lisbonne — Imprimerie de la Librairie Ferin — 1918);

Etude d'un Monstre otocéphalien — (Extrait du «Bulletin de la Société Portugaise des Sciences Naturelles», Tome VIII, Séance du 23 Janvier 1918) — (Idem);

Sôbre Alguns Casos de Sindactilia Congénita — (Separata dos «Anais Scientíficos da Faculdade de Medicina do Pôrto», vol. IV, n.º 3) — (Pôrto — Tip. a vapor da Enciclopédia Portuguêsa — 47, Rua Cândido dos Reis, 49 — 1918);

Sôbre Alguns Casos de Diverticulo de Meckel — (Separata da «Medicina Contemporânea», 1919) — (Tip. Adolfo de Mendonça — Rua do Corpo Santo, 45 e 48 — Lisboa, 1919);

Deux Cas de Polymastie — (Extrait de la «Gazette Médicale du Centre», du 15 Mars 1920) — (Tours — Imprimerie Tourangelle — 20-22, Rue de la Préfecture — 1920);

Polydactilie Transitoire — (Extrait des «Comptes rendus des séances de la Société de Biologie», Séance du 24 juillet 1920);

Ramificação insólita da artéria humeral — (Separata da «Revista dos Estudantes da Universidade do Pôrto», I ano, n.º 2) — (Tip. da Renascença Portuguêsa — Pôrto);

Hernáni Bastos Monteiro — (1.º Assistente de Anatomia da Faculdade de Medicina do Pôrto) : — *A Contribuição Portuguêsa Para o Estudo Das Anomalias Musculares* — Revista Crítica — (Separata do «Portugal Médico», 3.ª série, vol. IV, n.ºs 1 e 2, 1918) — (Pôrto — Tip a vapor da Enciclopédia Portuguêsa — Rua Cândido dos Reis, 47 a 49 — 1918);

Alfredo Veiga : — *Anomalias Arteriais* — (Separata do n.º 5, 7.º ano, da «Gazeta dos Hospitais do. Pôrto») — (Idem).

Para a colecção das revistas e jornais :

Boletim da Faculdade de Direito da Universidade de Coimbra — Ano VI, n.ºs 51, 52 e 53 — Sumário : «Doutrina»; «O Direito internacional privado no Código Civil brasileiro», Prof. A. Machado Vilela; «Súmula histórica da história do direito português», Prof. Manuel Paulo Maria ; «La race au point de vue social», Próf. P. Descamps; «Um plágio famoso», Prof. Magalhães Colaço ; «jurisprudência crítica — Acórdão da Relação de Coimbra de 4 de Janeiro de 1919 (Cumulação de pedidos — A habilitação como elemento da legitimidade das partes», Prof. Alberto dos Reis; «Decreto sob-consulta do Supremo Tribunal Administrativo de 26 de Novembro de 1918 (deliberações provisórias, regimen contencioso)», Prof. Machado Vilela; «Sentença de 2 de Janeiro de 1915 do juiz de direito de Melgaço, Dr. Adolfo Ramos (ausência)», Prof. Carneiro Pacheco; «Sumário de decisões judiciais»; «Bibliografia»; «Vária» — ;

Boletin de la Comision de Monumentos Historicos y Artisticos de Orense — Tomo VI, n.ºs 137 e 138 — Sumários : Benito F. Alonso, «El Puente de Orense»; «Efemerides para la historia de la provincia y obispado de Orense»; «Actas relativas a la Iglesia de Santa Comba de Bande»; M. Castro y M. Martinez Sueiro, «Documentos del Archivo Catedral de Orense»; Benito·F. Alonso, «El Puente de Orense». (conclusão); Candido

Cid, «Documento raro y curioso»; «Contracto entre el entallador Alonso López y los monges de Sam Estebam»; «Bibliographia»; «Galicia y el Runo de los suevos»; Juan A. Suco y Arce, «Literatura popular de Galicia»; M. Castro y M. Martinez Sueiro, «Documentos del Archivo Catedral de Orense (continuação» — ;

Boletim da Biblioteca Pública e do Arquivo distrital de Braga — VII, n.º 1 — Sumário : «O Têrmo de Braga», por Alberto Feio; «O memorial de Diogo Soares», por josé Machado; «Diplomas Pontifícios», «Bulário Bracarense», «Indice», «Sumário», por Lopes Teixeira; «Invasões francesas — Registo de óbitos de 1809, por Alberto Feio; «O casamento de D. Pedro I», por Alberto Feio; «Os privilégios de Braga»; «Bibliografia», por José Machado; «Pergaminhos da co'ecção cronológica»; «Registo», por Alberto Feio — ;

Revista da Universidade de Coimbra — Vol. VII — Sumário : Presidente da República, «telegrama lido na festa de homenagem ao Dr. Júlio Henriques»; Dr. Anselmo Ferraz de Carvalho, «O ensino da botânica e o jardim Botânico»; Doutora D. Carolina Micaëls de Vasconcelos, «Notas Vicentinas — Preliminares duma edição crítica das obras de Gil-Vicente»; Dr. Filomeno da Câmara, «Dr. Manuel Pereira»; Prof. Gonçalo Sampaio, «A obra scientífica do Dr. júlio Henriques»; Dr. Ricardo jorge, «Francisco Rodrigues Lobo, ensaio biográfico e crítico»; Dr. Teixeira Bastos, «Discurso de encerramento da festa de homenagem ao Dr. Júlio Henriques»; Dr. J. M. Teixeira de Carvalho, «A cerâmica coimbrã (Século XVI e XVII); Dr. António Aires de Gouvêa, «Dr. josé Joaquim Fernandes Vaz»; «Mensagem dirigida ao Dr. Júlio Henriques pela Faculdade de Sciências da Universidade do Pôrto»; «Mensagem dirigida ao Dr. júlio Henriques pela Universidade de Coimbra» — ;

Revista da Faculdade de Letras da Universidade do Pôrto — N.os 1, 2, 3 e 4, 1921 — Comissão da Redacção : Leonardo Coimbra, Hernani Cidade e Mendes Corrêa — Sumários : «As bases geográficas e étnicas da nova carta política da Europa»; «O individualismo através da literatura — II, O Lirisino»; «L'influence française en Allemagne»; «O Bolchevismo como experiência moral»; «O pensamento filosófico de Antero de Quental — II»; «O govêrno do Prior do Çrato»; «O exemplar de Chaucer da Biblioteca Municipal do Pôrto»; «Uma nova etimologia dum verbo»; «O português de D. Manuel no Museu Municipal do Pôrto»; «Notas bibliográficas»; «O Problema da Indução»; «O Individualismo através da Literatura»; «Factos e teorias históricas (sociais»; «Um problema paleogeográfico»; «Estudos de Glotologia indo-europêa»; «O Govêrno do Prior do Crato»; «Torrent of Portyngale»; «Ligeira notícia sôbre os cadernos de António Nobre»; «Ensaios filológicos» — ;

Arquivos da História da Medicina Portuguêsa — XII ano, Junho, 1921, n.os 3 e 4 — Redactor principal, Maximiano Lemos — Sumários: «Camilo e os Médicos», por Maximiano Lemos; «A Medicina no «Cancioneiro de Garcia de Resende», por Maximiano Lemos; «Francisco Sanches», por José Machado; «As verti

- gens de Damião de Gois», por Tiago de Almeida; «Um inédito de Gomes Coelho»; «Congresso Scientífico do Pôrto», por J. A. Pires de Lima; «Primeiros trabalhos sôbre a produção e a auscultação em Portugal», por Gonçalves de Azevedo; «A teratologia nas tradições populares (continuação)», por J. A. Pires de Lima — ;

Anais das Bibliotecas e Arquivos — Lisboa, Vol. II, n.º 6, Abril e Junho de 1921 — Revista trimestral de bibliografia, biblioteconomia, biblIologia, bibliotecografia, arquivologia, etc. — Director, Júlio Dantas; secretário, Raul Proença — ;

Boletim oficial do Ministério da Instrução Pública — Ano I, n.º 1 a 12 — Ano II, n.º 20 a 22 — ;

A. B. C. — Director, Rocha Martins — Revista portuguêsa interessantíssima; ilustrações e colaboração primorosas — ;

Congresso de Oporto — Tomo I — Discursos inaugural y de apertura — Realisado em la cidade de Oporto del 26 de junio al 1.º de julio de 1921 — ;

O Instituto de Anatomia da Faculdade de Medicina do Pôrto — Director, J. A. Pires de Lima — ;

Anais da Faculdade de Medicina do Pôrto — Vol. I, Fascículo I — Publicação scientífica, notícia histórica, estado actual da Faculdade de Medicina — Trabalho de estudo e interêsse — ;

A Talabriga — N.º 1 — Revista de arte e acção regional — Aveiro — Sumário: «Simplesmente...», António de Cértima; «Talabriga», Marques Gomes; «Paixão e Morte da Infanta», João Grave; «Barcos de Massarelos» (desenho), Luz Fernandes; «O canto de Antero», António de Cértima; «Agueda Velha», Adolfo Portela; «Despedida de Francélio ao Vouga», Francisco Bingre; «Retrato de Santa joana», Marques Gomes; «Um pobre» (desenho), Cunha Barros; «Vulto misterioso», Alexandre de Córdova, «Ditirambo», Gomes Ferreira; «A estética dos nossos barcos»; Alberto Souto; «Soneto Galego», Euscenio Carré; «Da vida que passa — Comentários, notícias, livros» — ;

Estatística Financeira — Anuário das contribuições directas, parte III — ;

A Arquitectura Portuguêsa — Revista mensal da arte arquitectural antiga e moderna — Ano XIV, n.ºs 5, 6, 7 e 8 — Sumários: Arquitectura Portuguêsa Moderna — Palacete do arquitecto Eduardo Alves; Arquitectura portuguêsa tradicional — Casas pelo arquitecto Tertuliano de Lacerda Marques; Arquitectura de estilização gótica — Arquitecto Alfredo de Assunção Santos — ;

A Crisálida — Pôrto, 1.º ano, n.ºs 1 e 2 — Mensário de literatura, sciências e crítica — ;

Agros — Boletim da Associação dos Estudantes de Agronomia e periódico de propaganda agrícola — Director e Editor, Alberto Veloso de Araujo — ;

A Aguia — Orgão da Renascença Portuguêsa — Red. e Adm.; Rùa dos Mártires da Liberdade, Pôrto — N.ºs 106, 107 e 108, Outubro a Dezembro de 1920 — ;

- *Nós* — Boletín mensual da cultura galega, órgao da Sociedade Galega .de pubricaciós «Nós» — Red. e Ad., Padre Feixóo, 12, Ourense — Sumário do n º 6, 20 Agôsto 1921 : «Os meus versos», por Alexandre de Córdova; «Lembranza», por Ramón Villar Ponte; «Do Padre Feixóo», por Primitivo R. Sanjurjo; «Séición Pedagóxica», por Vicente Risco; «Archivo filolóxico e etnográfico de Galizia»; «A muller galega», por Francisca Herrera e Garrido; «Do nóso tempo», por Florentino C. Cuevillas; «Os homes, os feitos, as verbas», pol-a Redaución; «Libros, Revistas e xornaes».

Recebemos a captivante visita desta excelente publicação e as palavras de amável deferência com que veio honrar o nosso modesto trabalho. Esta interessante revista dedica-se a estudos regionalistas, nela sobressaíndo com entusiasmo e nobre inteligência o amor à terra, às suas tradições morais, às suas belezas, no que integra o homem no seu meio e na sua raça. Juntamos, pois, aos nossos agradecimentos o nosso modesto e sincero estímulo e aplauso —.

Imprensa da Manhã, Lisboa;
Gazeta das Aldeias, Pôrto;
Correio da Manhã, Lisboa;
Aurora do Lima, Viana do Castelo;
A Opinião, Lisboa;
O Comércio do Pôrto Mensal, Pôrto;
O Oriente Português, Nova Goa;
O Bom Pastor, Gaia;
O Comércio de Guimarães;
O Cristão Baptista, Pôrto;
Diário de Notícias, Lisboa;
Gil Vicente, Guimarães;
O Jornal do Comércio, Lourenço Marques;
A Luz e Verdade, Pôrto;
A Pátria, Lisboa;
A Paz, Famalicão;
Portugal, Madeira e Açôres, Lisboa;
A Cidade, Pôrto;
O Primeiro de Janeiro, Pôrto;
O Progresso Católico, Pôrto;
O Teosofista, Rio de Janeiro;
A Velha Guarda, Guimarães;
Jornal de Notícias, Pôrto;
A União, Lisboa;
A Esfinge, Pôrto;
O Lavrador, Pôrto;
Pró Viana, Viana do Castelo;
Le Progrès Civique, Paris.

Para os museus:

Simão Costa Guimarães, 75 cédulas de várias Câmaras Municipais do país e estabelecimentos particulares;

Dr. Joaquim Roberto de Carvalho, 1 medalha comemorativa do Congresso Luso-Espanhol;

Dr. Pedro Pereira da Silva Guimarães, Esqueleto dum Gallus Domesticus Haushulsn;

Fernando da Costa Freitas, uma colecção de calendários;

Augusto Mendes da Cunha, 4 aduelas pertencentes a um arco romano e três pedras ornamentadas da antiga igreja de S. Paio;

Rodrigo José Leite Dias, a base e um fuste duma pia de água benta, estilo manuelino;

Capitão João Gomes de Abreu Lima, um pêso de barro e um machado de pedra;

Presidente da Comissão dos Bens da Igreja, 6 serafins (tocheiros), um grupo de imagens de madeira, jarras, pedaços de talha, 50 azulejos, 5 mochos, um quadro de talha com uma pintura e um obelisco do tanque central dos Claustros de Santa Clara.

JOSÉ DE PINA.

EXPLICANDO E CORRIGINDO

Por motivos vários, que seria ocioso enumerar, procuramos seguir e adoptar a ortografia oficial.

Como o nosso homenageado do presente número não revelou sectarismos em questões de grafias, preferimos publicar em ortografia oficial o trabalho que o morto queridíssimo não chegou a declamar nem ainda vira a luz pública e, por coerência com esta resolução, transcrevemos também na mesma ortografia os seus trabalhos publicados em jornais.

*

Todos conhecem as dificuldades de uma revisão esmerada. Há sempre lapsos de matizes variegados.

No nosso número de Janeiro-Abril escaparam, entre outros: na pág. 21, linha 12, *retumbante* em vez de relumbrante; na página 22, linha 8, *banco* em vez de bando; na pág. 62, linha 21, *apressando* em vez de apreçando.

REVISTA

DE

GUIMARÃES

PUBLICAÇÃO

DA

SOCIEDADE MARTINS SARMENTO

PROMOTORA DA INSTRUÇÃO POPULAR NO CONCELHO DE GUIMARÃES

VOLUME XXXI

N.º 4 — Outubro — 1921

GUIMARÃES

Pap. e Tip. Minerva Vimaranense

1921

ARQUIVO DA COLEGIADA

DE

GUIMARÃES

(Continuado de fl. 19)

23.º

Carta de el-rei D. João I, feita por Pedro Álvares, tomando debaixo da sua protecção a sua igreja de Santa Maria de Guimarães, as dignidades, cónegos e beneficiados dela, por seus capelães, ordenando que lhe sejam defesos, guardados e cumpridos todos os privilégios, honras e graças que a êles e à dita igreja eram outorgados.

Dada em Montemor-o-Novo, a 31 de Janeiro de 1385. (fls. 15 v.º).

24.º

Outra carta do mesmo rei, fazendo graca ao prior, chantre, cónegos e clérigos da sua igreja de Guimarães, de lhe confirmar todos os privilégios e graças que a mesma igreja e seus beneficiados tinham até ao seu tempo. El-rei o mandou por João Afonso, bacharel em degredos e do seu desembargo e Brás Esteves a fêz.

Dada em Guimarães, a 6 de Junho de 1385. (fls. 16 v.º).

25.º

Outra carta do mesmo rei, dirigida aos juízes e caudel da sua vila de Guimarães, fazendo-lhes saber que havia dado privilégio à sua igreja de Santa Maria da mesma vila, para que os caseiros e lavradores dela fôssem escusados de ir servir na guerra ou a outras partes, e de lhes ser tomado seu pão e vinho ou outra cousa do seu, contra suas vontades, e porque lhe constava que, sem embargo disto, os constrangeram a ir para o servir, e lhes tomaram seu pão e vinho, obrigando-os a levar-lho; — manda-lhes que vejam o dito privilégio e o cumpram e façam cumprir e guardar; e, se lhes tinham tomado ou embargado os ditos géneros, que lhos restituam e desembarguem e não os obriguem a levar-lhos.

Feita por Álvaro Gonçalves, por mandado de el-rei, no Arraial da «Nossa» praça da cidade de Tui, a 1 de Agôsto de 1398. (fls. 17).

26.º

Outra carta do mesmo rei, dirigida ao recebedor e escrivão, no arcebispado de Braga, das 4 dízimas que lhe foram prometidas, nas côrtes que «hora» fez na cidade do Pôrto, pela clerezia do seu senhorio mandando-lhes não constranjam nem mandem constranger o prior, cónegos e beneficiados da sua igreja de Santa Maria de Guimarães que paguem essas dízimas aquilo que lhes montava pagar dos benefícios que tinham na dita igreja e nas suas anexas, e se para isso alguns bens lhe haviam tomado ou penhorado, logo lhes sejam entregues, por quanto lhes havia dado privilégio para não lhe pagarem nenhuma das dízimas que lhe fôssem prometidas. Foi mandada fazer a Álvaro Gonçalves, seu vedor e vedor da sua fazenda. Dada na cidade do Pôrto a 15 de Janeiro de 1399. (fls. 17 v.º).

27.º

Outra carta do mesmo rei, feita por Gonçalo Caldeira, dirigida a Gonçalo Anes Carvalho, corregedor na comarca de Entre Douro e Minho, a Martim Gomes, seu Juíz em Guimarães, aos condes e apuradores da mesma comarca e a todas as suas justiças, — porque o «Priol da Nossa igreja de Santa Maria de Guimarães Nos disse que Nós demos Nosso Privilegio ao dito priol, chantre e cabido da dita igreja em que mandamos que os seus caseiros e lavradores e moradores nas suas terras e coutos fossem privilegiados, que não paguem em peitas, fintas nem talhas, nem em nenhuns encargos que por Nós nem por os concelhos onde elles morarem sejam lançados, nem vão servir por mar, nem por terra a nenhumas partes, nem lhes tomem seus filhos, nem filhas para servidão de nenhumas pessoas, nem lhes tomem seus bois, nem bestas, nem pão, nem vinho, nem outra cousa nenhuma contra suas vontades : —segundo esto e outras muitas cousas no dito Privilegio que lhe assi Demos são conteudas ; e que ora vós lhes ides contra os ditos Privilegios que lhes assi demos ; e que os constrangedes que paguem em estes pedidos que nos ora pagam para a Guerra do Nosso Senhorio ; e nos encargos dos concelhos ; e que outrosim os apuraes para ir á dita Guerra ; e lhes julgaes os filhos seus que os ajudam a manter suas casas e lavoiras que vão servir com os Nossos Vassalos na Guerra ; e que outro sim lhes tomaes seus bois e bestas, e pão para encargo da guerra, e lhes ides contra o dito privilegio, que assim tem de Nós e lhos não quereis guardar, porque dizeis que lhos não deveis guardar nos feitos e tempo da dita guerra : E pediu-Nos o dito priol por mercê que a isto lhes houvessemos remedio e lhes Mandassemos guardar os ditos privilegios, assim e pela guiza que lhes por Nós era outorgado. E Nós vendo o que Nos pedia, e Querendo-lhes fazer graça e mercê á honra e reverencia de Santa Maria, cujo as ditas herdades, coutos e lavradores são : Temos por bem e mandamos-vos que vejades os ditos privilegios que de Nós teem e cumpride-lhos e guardade-lhos em todo pela guiza que em elles é conteudo, e lhes não vades contra elles nem parte d'elles por razão da Guerra que havemos com nossos inimigos, nem por qualquer outra razão, nem occasião. Cá Nossa Mercê e vontade é de lhes os ditos privilegios serem mui bem aguardados e cumpridos não embargando quaesquer mandados e defesas que de Nós hajades em contrario d'isto, os quaes mandados e defesas mandamos que se não entenda no dito prior e cabido nem em os seus coutos, herdades e bens, moradores e lavradores delles : E de tal guiza o fazede que o dito prior e cabido se não enviem a Nós mais querellas por o não quererdes vós assim fazer, se não a.vós Nos tomaremos por elle e vol'o estranharemos gravemente, e uns e outros al nom façades.» — Dada em Santarém a 28 de Março de 1400. (fl. 18).

28.º

Outra carta do mesmo rei, fazendo saber aos juízes de Guimarães que o chantre, tesoureiro, cónegos e outros beneficiados clérigos da sua igreja de Santa Maria, dessa vila, lhe enviaram dizer — «que elles enviam seus sergentes aos açougues e praça d'essa villa para haverem por seus dinheiros as carnes e pescados e outros mantimentos que a ella veem para vender e que como quer que os peçam aos almotacés que pelo tempo são que elles não querem dar com'os dão aos outros mais pequenos que ha em essa villa, pela qual rasão elles convém muitas vezes de se partirem das matinas e das outras horas em que estão e irem pedir por si as ditas carnes e pescados e outras viandas deixando a igreja só e o divinal officio e não embargando que assim vão por suas pessoas que tão pouco lhes dão os ditos mantimentos como aos seus serventes e os fazem ir estar bradando até que todos os da villa ou a maior parte d'elles levam os ditos mantimentos e que então os dão a elles e muitas vezes se partem sem elles ou por lh'os não quererem dar ou por lh'os darem tão tarde que lhes não compre tanto esperar — e pediram-nos por mercê que a isto lhe houvessemos algum direito com direito, e nos vendo o que nos diziam porquanto não havemos por bem de se fazer assim como elles dizem que se faz, porém detemos por bem e mandamosvos que vós d'aqui em deante façade por tal guisa que quando os ditos beneficiados, clérigos da dita igreja dessa villa, enviarem por seus sergentes pedir as ditas carnes e pescados e outros mantimentos, que vós lhos façaes logo dar por seus dinheiros assim e tão azinha como derem aos mais honrados e afazendados d'essa villa, em tal guisa que elles e seus sergentes que forem requerer os ditos mantimentos sejam logo dos primeiros desembargados assim que elles hajam mui bem seus mantimentos e não hajam azo por mingua de vós assim não quererdes fazer, de se partirem da igreja e leixar o divinal officio, porque a nossa mercê é delles haverem os ditos mantimentos bem e cumpridamente e os primeiros pela guisa que dito é........ que não o fazendo vós assim que á vós nos tornaremos por ello e e vollo estranharemos gravemente nos corpos e nos haveres é al não façades.» — el-rei o mandou por João Afonso de Santarem, escolar em leis, seu vassalo, e por Rui Lourenço, licenciado em degredos, daiam de Coimbra, ambos do seu desembargo, e Martim Lourenço a fez.

· Dada em a cidade de Bragança (¹) aos 21 de Outubro de 1400. (fls. 19).

29.º

Carta de el-rei D. João I, em Guimarães, a 23 de Janeiro da era de 1439, ao priol, chantre e cabido, mandando aos juízes da cidade do Pôrto e à todas as outras suas justiças, guardem o privilégio à igreja de Santa Maria de Guimarães, para os seus caseiros e lavradores e moradores das suas terras, coutos e honras não irem servir na *adua* e obra que se fazia na cidade do Pôrto, a que os queriam constranger, nem para outras servidões, nem pagarem em fintas, peitas, talhas e encargos dos concelhos, por serem escusos de tudo isso. (fl. 20).

30.º

Carta de el-rei D. João I, em Leiria, a 5 de Abril da era de 1439, mandando ao corregedor de Entre Douro e Minho, juízes de Guimarães, coudéis, apuradores, outros oficiais e pessoas, guardem os privilégios dos caseiros, lavradores e moradores nas terras e coutos da igreja de Santa Maria de Guimarães, não os constrangendo a pagarem peitas, fintas, talhas nem outros encargos quer sejam lançados por el-rei ou pelos concelhos onde morem, a ir ou os filhos servir a parte alguma, por mar ou terra, não lhe tomem bois, bestas, pão, vinho, ou outra cousa, contra suas vontades, ainda que tudo isto isto seja para serviço da guerra. (fl. 21).

(¹) Esta carta também está incorporada no n.º 69, e ái diz ser dada na cidade de Braga.

31.º

Outra carta do mesmo rei D. João I, do teôr seguinte : D. João pela graça de Deus, Rei de Portugal e do Algarve. A vós Gonçali Annes Carvalho, corregedor por nós na comarca e correição Dantre Doiro e Minho, e a vós juizes na villa de Guimarães, e a todellas outras nossas justiças, e a outros quaesquer offíciaes a que desto conhecimento pertencer por qualquer guisa que seja a que esta carta for mostrada. Saude. Sabede que o cabide e conigos e coreiros do coro da igreja de Santa Maria de Guimarães nos enviaram dizer que em a dita villa foi publicada uma nossa Ordemnação em a qual he contheudo antre as outras couzas que os clerigos nom tenhão daqui em. diante barregaãs manteudas para com ellas hauerem de fazer peccado dafornicassom sob çertas pennas em a dita Ordemnação contheudas, que som postas âs ditas barregaãs, e mançebas se o contrairo fezerem E que elles obedeçendo ao nosso Mandado partirão de sy aquellas mulheres, que tinhão em suas cazas, e as puzeram fora dos. seus poderes, e que ellas tomarom suas cazas em que vivem bem, e honestamente apartadàs, e que ora se temem dos nossos Alcaides dessa Villa, e de suas gentes, e dos nossos Rendeiros dessa alcaidaria, e de outras pessoas poderozas de lhes fazer mal, e sem razom el de lhes britarem suas casas de noite, e de lhes entrarem em ellas, e de os roubarem e infindo que lhe catão suas cazas asy como já aconteceo que fizerom a outros clerigos do nosso Senhorio e de lhes fazerem outras digo outras Injurias (sic) e forssas dizendo que lhes catão suas cazas se tem dentro as ditas molheres viuendo ellas já bem, e como deuem em suas cazas apartadas honestamente, e como boas molheres no que dizem que elles desto reçebem grande agrauo, e sem razom, e injuria, e desaguizado e enuiaronos pedir por merçe que lhes ouueçemos sobrello algum remedio, e lhes deçemos nossa carta em que mandacemos que nóm consentiçedes (sic) aos ditos alcaides, nem aas suas gentes, nem aos ditos rendeiros, nem a outras nenhũas pessoas por poderozas, que fossem que lhes de noite abrão, nem britem suas cazas, nem lhes fassam outra nenhũa sem razom, nem tendo elles as ditas mançebas comsigo».... pelo que «mandamosuos que nom consintades aos ditos alcaides, nem as ditas suas gentes, nem aos ditos rendeiros, nem a outras nenhũas pessoas poderozas, que seyão, que lhes fassão mal, nem forssa, nem outro nenhum desaguizado, nem lhes consintades que lhes britem, nem roubem, nem busquem de noite nem de dia suas cazas, nom tendo elles as ditas molheres, nem lhes trastornem suas cazas, nem arcas, nem lhes fassão uultas, nem forssa, nem injuria, nem outro nenhum mal, nem desaguizado; e posto que lhe fassão algu'a injuria, e mal em alguas das couzas suzo ditas vos nom lho consintades, e alçadelhes logo delles fronta, e dade estromento aaquelles em que tães habitos, e prezençoes achardes culpados se o em tães feitos couber soluo sendo vos certos por testemunhas dignas, e decrer que os ditos clerigos tem a as ditas mulheres em suas cazas, e em tal guiza o fazede que elles nom hayam razom de se a nós sobrello inuiarem agrauar. Câ nossa merçe he de lhes nom ser feito mal, nem desagrado, e de a nossa O'rdemnaçom ser cumprida, e agoardada pella guiza que em ella he conteuda e de elles, e as ditas mulheres viuerem bem e honestamenta a seruiço de Deus, e nom reçeberem nenhũa sem razom em nenhũa maneira que seya. Vnde al nom fassades.» (fl. 22).

32.º

Carta de el-rei D. João I, em Lisboa, a 12 de Novembro da era de 1449, por queixa ou pedido do priol e cabido, mandando a Gonçalo Vasques, seu corregedor, «Antre Doiro e Minho e aos successores e a todas as suas justiças, não vão contra os privilegios da igreja de Santa Maria de Guimarães em nenhuma guisa que seja por carta nossa, salvo se em ella fizer menção dos caseiros e lavradores da dita igreja expressamente.» Feita por Fernando Afonso. (fl. 23).

33.º

Carta de el-rei D. João I, em Cintra, a 12 de Novembro da era de 1452, porque, tendo-lhe o priol, chantre e cabido, da igreja de Guimarães, enviado dizer que o corregedor da comarca Dantre Douro e Minho com os juízes e homens da vila de Guimarães lançaram um pedido a todos os caseiros lavradores da mesma vila, que pagasse cada um 4 reis de 3 libras e meia para o Paço do Concelho que queriam fazer, e que constrangiam os caseiros da sua igreja que traziam outras herdades que não eram dela a pagarem no dito pedido por razão das herdades que traziam doutrem, manda aos referidos corregedor, juízes e justiças, que no dito pedido, nem outros nenhuns pedidos que sejam lançados às cabeças e não aos bens, não os constranjam a pagar em nenhuma guisa, posto que tragam outros bens alguns a fora os da dita igreja, «e se algumas obras se fizerem em que elles devam pagar e servir pelos bens e não pelas cabeças que paguem e sirvam em ellas dos bens que assim trouxerem que não forem da dita igreja e pelas herdades e bens que trouuerem da dita igreja nom paguem nem sirvam.» (fl. 24).

34.º

Carta de el-rei D. João I, em Sintra, a 21 de Novembro da era de 1452, dirigida aos mesmos da antecedente, porque, «o priol, chantre e cabido da nossa igreja de Santa Maria de Guimarães enviaram dizer constrangedes os caseiros da dita igreja que sejam tutores dos filhos de seus parentes e que perô alegão que forom atá aquy dello escusados e o deuem de seer por o preuillegio nosso que tem que vós lhe nom queredes delle conhecer; mandamos-vos q̃ fassades por esta guiza: quando ouuerem outros parenttez tão chegados a esses que ouuerem dauer os tutores, como os cazeiros da dita igreja, e forem tambõms, como elles pera os saberem reger, e aproueitar dade encargo dessas tutorias aos outros e nom aos cazeiros da dita Igreya, e quando os ditos cazeiros, forem mais chegados parentes, e souberem melhor reger, e aproveitar os bẽns dos orfãos em este cazo oseyão mais nom doutra guiza.» (fl. 25).

(Continua).

João Lopes de Faria.

ESCASSA RESPIGA LEXICOLÓGICA

(Provincianismos Minhotos)

Em aditamento ao meu opúsculo «Provincianis-mòs Minhotos», publicado em 1920, segue abaixó a pequena recolha dalguns têrmos, a mor parte dêles topados ao acaso em velhos papéis de passageiras e variadas ànotações.

Sem que me atreva à tarefa, aliás dificílima, dum joeiramento consciencioso e prático, prefiro espalhá-los sem destrinça e com o sabor corrente da linguagem boçal que os ditou, nas páginas desta «Revista», ao criterioso saber daqueles que ao idioma dedicam ò valor do seu estudo e o aturado esfôrço das suas investigações.

Não levaram volta de compostura, nem nenhum dêles, sequer, serve de arranjo a puxar efeitos de beleza ou quantidade, porque são o que são, simplesmente como os ouvi e anotados com sinceridade, não curando tam pouco de recorrer a aturados partos de invenção para dar melhor e mais variada lista de saboroso recheio.

De resto, todos se devem reunir e publicar, porquanto o *povo não cria nem transforma arbitràriamente*, e assim, num plano vasto de organização, embora confuso e amontoado, se chegará a um remate definido de escolha, tornando mais vantajoso e variado todo o trabalho de inventário e comparação.

Cingido mais ao menos ao plano da Academia das Sciências de Portugal, plano que tive a honra de receber por intermédio do Sr. Oscar de Pratt, eu subordino-me quanto possível à orientação estabelecida, não curando de saber, por vezes, qual a localidade do têrmo, indicação que julga importante aquele ilustre glotólogo, e isto simplesmente porque é bem difícil, ou pelo menos curiosidade que provoca espantação, o preguntar-se, assim à queima-roupa, a morada dêste ou daquele, a quem à laia de conversa se ouviu um têrmo digno de nota.

Todavia os vocábulos são mais ou menos do concelho, e englobados como Prov. Minh. bem cálham sob essa designação, e creio realizar assim, em conjunto, a *idea geral do plano de investigação* da Academia.

Já que falei no plano da Academia, é louvável salientar, — e isto para um novo chamamento de estímulo e nova tentativa a empreender junto daqueles que podem fornecer vastos e úteis elementos à filologia —, a idea maravilhosa que pôs em prática aquela colectividade scientífica, mandando, e isto já em 1915, uma circular ao professorado e· ao clero para· a *investigação vocabular*.

Não foi coroada, essa ideia, com aquele entusiasmo que tam vasto e elevado assunto merecia. Alguma coisa se fêz, contudo.

E se é de estranhar que nenhum pároco ou professor do concelho de Guimarães prestasse a sua cooperação àquela vantajosa iniciativa, podem ainda, e é apêlo que não vai aqui descabidamente, fornecer a esta «Revista» todos os elementos que possam conseguir nas suas freguesias.

E é que variam, os têrmos, de freguesia para freguesia, sendo por isso mesmo bem importante e de útil alcance tôda a recolha que se faça, podendo-se assim ir por diante num trabalho mais perfeito e organizar uma obra mais completa.

Fica o pedido feito, lembrando mais, para estímulo, que *uma língua é tanto mais rica e formosa quanto mais variada fôr a linguagem popular*.

Lá das bandas da serra, de S. Salvador de Pinhelro, Guimarães, o meu amigo Luís de Pina mandou-me uma boa fornada de têrmos, todos êles apanhados em conversa, nas seroadas do·trabalho e nas horas calmas da sesta, quando aquele bom povo da costeira baixa da Penha se dava ao lento e pousado desfiar do paleio. Agradecido. Todos os seus vocábulos vão marcados com asterisco.

A

* *Abatóco-te!* —(interj.) Estrenóco-te! Abrenúncio!

Abombar — Acto de agitar, de sacudir (o bombo — baloiço). (Inf. de Salvador Dantas).

* *Abrocheados* — Diz-se dos socos que são «enfeitados» com tachinhas brancas ou amarelas nos bordos da madeira.

* *Acedo* — Acaso. «Por um acedo consegui», etc.

Alanco — Impulso.

* *Alapar-se* — Sentar-se. Vem o têrmo no Nov. Dic. Cândido F. em várias outras acepções.

Alegrar-se — Embriagar-se.

Alfotrecos — Trastes velhos.

Altor — Altura. Vem no N. D: C. F. como prov. trasmontano.

* *Alturas* — (interj.) Alto! Basta!

Apancado — Adoentado; abalado de saúde; tolo. Vem no N. D. C. F. só com esta última significação.

Apanhador — Utensílio de madeira que serve para apanhar o varredalho. Vem nas «Nótulas» de Cláudio Basto e no Vocab. G. Viana.

* *Apertete* — Apertão; aglomeração de gente.

Apombada ou *Apombadinha* — Diz-se da roupa que, estando a secar, não ficou nem muito molhada, nem muito sêca. (Ouvido em Felgueiras).

Arrebouçar ou melhor, *rebouçar* — Debaixar: dar a primeira espadelada ao linho.

Assinto — Absintio — Planta de sabor amargo e aromático. Cozida esta erva, e tomada em chás, é boa para provocar o sono e boa também para o flato (Medic. Pop.).

Assucar — Abrir sulcos com o assuco.

Assuco — Aradeça, araveça — arado leve.

Atafais — Roupas; trastes miúdos.

Atuir — Entupir. Vem no Nov. Dic. Cândido F. como prov. trasm.

B

Bancas — Travessás de ferro ou madeira, das latadas, que assentam sôbre os esteios.

Bandear — Balouçar. «A escada, por ser alta, *bandeava* muito».

Barbos — Excrescência na língua dos bois.

Barreleiro — Dala — tabuleiro de lousa onde se lava a louça. No N. D. C. F. vem o t. com significação muito diversa.

Barrufador — Borrifador, regador. Dic. Cândido Figueiredo regista *barrufar*.

Batôco — Crôco — canhoto, tôsco; que tem poùca habilidade.

Becote — Jagodes, etc. No Vocabulário de M. Boaventura vem com a significação de gajo, meco.

Bicha — Ter a bicha no lombo ou na espinha — ter preguiça. Vulgar.

Bicha-pinta — Saramela — salamandra.

Bilhestres — Paínço, milho, *cum quibus*, chelpa, dinheiro. Cand. Fig. trá-lo como gíria trasmontana.

Bisgaio — Visgôlha; zarôlho.

Bistio — Tio avô, 2.º tio. (Póvoa de Lanhoso).

Borrêco — Púcaro de barro.

Bosteiro — Monte de bosta. Poio. Porcalhão.

Botefeiras ou *Correolas* — Cordões das botefas, das cabaças.

Bouxe! — (interj.) Para afoutar o gado a beber.

Bradório ou *Brodório* — Beberete que os doridos dão depois do entêrro.

Bravo — Pardal. (Inf. de Salvador Dantas).

Bufas — (calão) Botas. Suíças. (Inf. de S. Dantas).

Burra — Cesta de vindima.

C

Cabaço — Côco ou panelo do cântaro. Vem em sentido diverso no Nov. D. C. Figueiredo.

Cabeçalho — Colher — girino. (Póvoa de Lanhoso).

Cabido — Pagar-foro ao *cabido* — ter areia na bola, macacos no sótão; atolado; zoeira.

* *Cachapina* — Aguardente.

Caleador — Caiador. O N. D. C. F. regista só *calear* e *caleadela*,

Caleiras ou *Calheiras* — Escaleira — escada de pedra.

* *Campeiro* — Enterra, coveiro. (De campa),

* *Canabarro* — Canecão — caneca grande.

Canecão — Caneca grande. «Nos jantares de festa as grandes terrinas e escudelas de víveres, os largos pratos com peças desmedidas, entremeados com as infusas e *canecões* de vinho verde». («A Propriedade e Cult. do Minho», de Alberto Sampaio).

Cangalhas — Fueiros compridos que se colocam na dianteira do carro e servem para amparar a carga. (Ouvido em Felgueiras).

Canhota — Acha — pedaço de lenha toscamente partido. Vem no N. D. C. F. canhoto, que aliás é tambem vulgar nesta mesma acepção. (Inf. de S. Dantas).

* *Caquico* — Chícara, bacio, pote, peniço.

Carapinha — Tecido felpudo de lã; revestimento exterior de paredes, feito com massa líquida de cimento.

Caras — Fazer caras — fazer caretas, momices, etc. (Inf. de Salvador Dantas).

Carezia — Carestia, careza. Este último têrmo vem já no Nov. Dic. C. F.).

* *Carinca* — Pessoa enfezada, fraca,

Carneiro — Morcão das cerejas,

* *Carocha* — Parte superior da meda.

Carqueirada — Paulada, pancada.

* *Carrejadeira* — Carregadeira. (De carrejo),

* *Carucha* ou *Caruta* — Cimo, coroa de árvore.

* *Carunho* ou *Carucho* — Caroço de fruto. .

Castanha — (calão) Croque — pequena pancada com os nós dos dedos. (Inf. de Salvador Dantas).

Casulo — Coxilo, chapelete, o mesmo que *choupilo*; planta crassulácea.

Catripanas — O mesmo que *tripanas* — homem mal arranjado, etc.

* *Cavar* — (gir.) Fugir, espantar-se, etc.

* *Cegação*. — Loucura, maluquice,

* *Ceira* — (pop.) Lábia, manha, rônha, saia, etc.

Ceroulas — Botões das ceroulas. (Inf. de Salvador Dantas).

Céu-aberto — Rêgo a céu-aberto — descoberto. E' têrmo conhecido, mas bastante antiquado, e por isso pouco vulgar: Tem a mesma significação o têrmo *regueira*, hoje mais empregado e vulgar. — «O homem do Minho é muito hábil em pesquisar as correntes subterrâneas, captá-las e conduzi-las, tanto em regos a *céu aberto*, como em aquedutos subterrâneos.» («A Prop. e Cult. do Minho», de Alberto Sampaio).

Céu-velho — Pedaço de caliça, ferrugem ou qualquer outra coisa, que caia do alto sem se esperar. «Na panela, descoberta, caíu um pedaço de *céu-velho*». (Inf. de Salvador Dantas).

Chanato — Remendo pequeno e insignificante. Vem no Nov. D. C. F. em sentido diverso.

⁎ *Chaquiço* — Já registei êste têrmo com a significação de: árvore pequena, que se desenvolve pouco. Hoje aparece noutra acepção: estaca para plantar.

Charriço — Cheirar a *charriço* — a chamusco.

Cheira-a-têsto — Que anda sempre a meter o nariz em tudo. (Inf. de Salvador Dantas).

⁎ *Chibas* — (pop.) Barbas.

Chieira — (pop.) Prosápia, basófia, etc.

⁎ *Chifra* — Chança, prosápia.

Chinquilhar ou *Chinguilhar* — Tilintar, (o dinheiro, etc.).

⁎ *Chó!* — (interj.) Arreda! Apre!, etc. Diz-se também e vulgarmente: — *Chó! vem cá toma! Chó! vem cá estona!* Designativos de espantação: Abrenúncio!

Choça — (calão) Chôco, pirola, quente, ninho, cama.

Chorado — (Pão) Diz-se quando êle fica *ensebado*, quer dizer, com água de mais. Diz-se também *mijado*.

Chumbeira — (pop.) Seringa, guarda-chuva.

Chuzes — (pop.) Sapatos ordinários e mal feitos.

Cieiro — Zieiro — vento frio e sêco.

⁎ *Côdea* — Pouca coisa — «Comprei um fato por uma côdea», por tuta e meia, etc.

⁎ *Códega* — Cabra que nunca teve filhos. ¿Será o mesmo que machorra?

Colmaço — Diz-se da casa, palheiro ou cabana coberta de colmo. No N. D. C. F. vem *colmaça*.

Correolas ou *Botefeiras* — Cordões das botefas, das cabaças.

Cris — Crise.
* *Cruzes* — (pop.) Região dos rins.
* *Cumúa* — Casinha, secreta, sentina. E' t. vulgar.
* *Cusma* ou *Pusma* — Espuma.

D

Dar bocas — Dar beijos. (Inf. de A. Costa).
Degajar — Tombar; murchar, etc. «A chuva degajou as flores tôdas».
* *Deixar qualidade* — Deixar filhos, ter filhos.
Derrabado — Podriqueiro; indolente; preguiçoso.

E

* *Embaldear* — Mexer bem; baldear, baloiçar.
Empaliar — Paliar — Remediár provisòriamente; entreter; adiar.
* *Empesar* — Espremer o vinho do bagaço. (De empêso). Vem no N. D. C. F. como prov. trasm.
* *Emprègar* — Entrevar. Vem no Nov. Dic. C. Figueiredo emprègado.
* *Emprèguecer* — Entrevar.
Enchoupilado — Inchado. «Os olhos enchoupilados de chorar...»
* *Enfolipado* — Amuado. (De fole. Ver êste t.).
* *Engaranho* — Enguiço; mau agoiro; infelicidade.
* *Engenheiro* — Moleiro.
* *Engenho* — Moínho, azenha.
* *Ensalsar* — Guardar. «Tem dinheiro ensalsado». E' têrmo vulgar.
Ensebado — (Pão) Mijado, chorado — que ficou mal cozido, enchumbado em água.
* *Enterra* — (pop.) Coveiro. (De enterrar).
* *Entoupar* — Toupar, morrer.
Escabeche — (calão) Barulho; falario, etc.
Escadario — Escadório. O N. D. C. F. regista *escadaria*. (Inf. de Salvador Dantas).
Escorrimaça — Escaramuça, corrida, etc.
Escravanada — Pancada de chuva, de pouca duração.

Escravanado — Estoira-vergas, etc.

Esfraguear ou *Fraguear* — Lascar, defecar, obrar. Fraguear vem no Nov. D. C. F. como têrmo de Paredes de Coura.

Esfriar — Dar a primeira lavagem à roupa, antes de a meter à barrela.

Esgaçar — Chover à esgaçar — chover muito. Vem no Vocabulário de Manuel B.

Esgomitar — Vomitar.

Esmoucadela — Topada, etc.

Esmoucar — Magoar; aleijar; estragar. «Esmouquei um pé, uma mão», etc. No Nov. Dc. C. F. vem esmouçar como prov. minh. e com a designação de estragar ou danificar com pancadas ou por atrito os bordos da loiça, móveis, etc.

* *Esnuado* — Nu; despovoado. «E' um lugar esnuado de casas», etc.

* *Espevinça* — Pessoa fraca, frouxa, mole.

: *Estabalhoado* — Estavarêda, estouvanado, etc. O N. D. C. F. regista estabalhoadamente, e diz: «O mesmo que estavanadamente. Cf. Camilo, General C. Ribeiro, 46». Mais parecem, os têrmos *estabalhoado* e *estabalhoadamente* corruptela de atabalhoado e atabalhoadamente. (Inf. de Salvador Dantas).

Estesicado ou *Estresicado* — Magro; doente; enfesado, etc.

Estonar — Dar que estonar — dar que fazer. «Foi serviço que deu que estonar». (Inf. de Salvador Dantas).

* *Estrufegar* — Já registei o têrmo. E' corruptela de *trasfegar*. Hoje vai com outra significação, também vulgar: Estrufegar — estragar; matar. «Estrufegar um porco, um frango», etc.

(Continua).

ALBERTO V. BRAGA.

AS DOENÇAS·E A MORTE
DE HERCULANO ·(¹)

O mais ilustre dos médicos de Herculano foi José
Eduardo de Magalhães Coutinho. Este ilustre professor nasceu em Évora a 24 de Outubro de 1815 e faleceu em Lisboa a 13 de Janeiro de 1895, sendo filho de
um oficial do exército, José Bernardo de Magalhães
Coutinho. Começou a estudar as primeiras letras em
Évora, e prosseguiu os estudos em Tôrres Novas, para onde o pai fôra transferido. Por ocasião dos acontecimentos políticos de 1828 para 1829, Magalhães Coutinho veio com o pai para Lisboa; mas êste dentro em
pouco foi prêso, à ordem do Intendente da Polícia, e o
filho ficou abandonado, não pensando em aulas, mas
não descurando os livros, porque lia e relia os dois ou
três ·que possuía. António Maria do Couto, professor
régio de grego, recebeu-o em sua casa, e com êste
aprendeu o moço estudante o latim, o francês, o grego, a lógica e a retórica. Chegou o ano de 1831 em
que as perseguições políticas se exaltaram e em.que o
Govêrno procedeu a um recrutamento rigoroso. Magalhães Coutinho não se sentia com vocação para as armas e não queria contrariar as ideas liberais do pai que
também eram as dêle. Aconselhou-o António Maria do
Couto a que se matriculasse na Escola Régia de Cirurgia, que tinha sido criada em 1825, e êle assim o fêz,
menos por inclinação que sentisse para a medicina do
que por se tirar de uma situação difícil. Em 1831 começou os seus estudos de anatomia e em 1832 freqüen-
tou matéria médica. Ninguém podia prever o ·destino

(¹) ˉConclusão de pág. 216.

brilhante que lhe estava destinado, visto que êle, sobressaltado com as desgraças da sua família e carecido de meios, era pouco aplicado e chegou a adquirir entre os condiscípulos o conceito de mau estudante. E' curioso o motivo da sua metamorfose; nárra-o o prof. Eduardo Mota pela maneira seguinte : «Havia no curso de clinica cirurgica um alumno sem talento; ancho, porém, de aliás duvidosa sciencia e impando de filaucia, exercia sobre os seus condiscípulos um certo despotismo, julgando todos inferiores a si e tratando-os com uma ironia revoltante. Magalhães Coutinho, altamente indignado, resolveu desaffrontar o curso e dar lição condigna ao enfatuado condiscípulo que táó orgulhoso se pavoneava. Começou portanto a estudar, mais por causa d'elle do que por causa dos mestres ou do seu futuro. Encontrou n'esse trabalho a compensação, porquanto em pouco o temeroso Golias ficou reduzido ás suas justas proporções, e bem castigada. a sua audaciosa petulancia. Eis como um acontecimento meramente casual, e á primeira vista insignificante, preparou a Magalhães Coutinho a brilhante carreira, que lhe sagrou a immortalidade. Elle mesmo dizia ter sentido a influencia, que tal acontecimento exercera na direcção que dera aos seus ulteriores estudos» [1].

Havia pouco tempo que se tinha matriculado no terceiro ano da Escola, quando se proclamou em Lisboa a carta constitucional e a legitimidade de D. Maria segunda, o que lhe interrompeu por algum tempo os estudos, porque a mocidade de Lisboa correu a alistar-se nos batalhões que então se organizaram, mas pouco tempo serviu na vida militar, porque logo depois da acção de 5 de Setembro foi requisitado pelo director do Hospital Militar da Estrêla, Lourenço Félix Sardinha, para o auxiliar no tratámento dos feridos. Em 1836 concluiu o curso e tirou a respectiva carta.

No conflito de 28 de Agôsto de 1837, acompa-

___

[1] Eduardo Motta — *Discurso pronunciado na Sociedade das Sciencias Medicas de Lisboa em 25 de junho de 1898 na sessão consagrada á memoria de José Eduardo Magalhães Coutinho* — no *Jornal da sociedade das sciencias medicas de Lisboa,* de Junho e Julho de 1898.

nhando o marechal Saldanha, cujas opiniões políticas aliás não seguia, teve ensejo de praticar as suas primeiras operações cirúrgicas. O primeiro ferido que operou foi o Conde de Vila Real, amputando-lhe o membro inferior direito a pouca distância da virilha. A operação realizou-se sem pessoal habilitado, com maus instrumentos e até privado de alguns reputados indispensáveis.

O caso é narrado por Bulhão Pato pela seguinte forma :

«José Eduardo de Magalhães Coutinho completará o seu curso no Hospital de S. José e acompanhava o pae, official de cavallaria, não sei se do lado dos cartistas se dos setembristas, como cirurgião militar.

«Terminado o combate do *Chão da Feira,* Magalhães Coutinho percorria o campo quando se lhe deparou um rapaz, uma creança quasi, horrivelmente mutilado. Julgou que fosse francez ou belga, por uma exclamação sumida que soltou em francez. Uma bala de canhão tinha-lhe despedaçado uma perna.

«Transportado, como Fernando Mousinho e outros feridos, para um logarejo, Magalhães Coutinho tratou de proceder á amputação. Faltavam-lhe instrumentos; os poucos que possuia haviam-se desencaminhado.

«Acudiu ás navalhas de um barbeiro e ao serrote de um marceneiro.

«Durante a operação, o paciente só exclamou :

« — *Mon Dieu! Mon Dieu!*

«As suas mãos crispadas deixaram, porém, os dedos assignalados nos que o seguravam.

«A boa organização e a mocidade triumpharam. Em poucos dias estava em plena convalescença.

«Magalhães Coutinho viu logo que o seu operado era moço intelligente e de fina educação. Falava portuguez, mas fora educado em França. Disse-lhe que pertencia a familia portugueza e se chamava Fernando de Souza.

«Medico e enfermo eram já amigos de alma. Uma mulher solicita não seria mais carinhosa do que Magalhães Coutinho foi com o pobre amputado.

«Um dia, duas senhoras apearam-se de uma liteira e entraram a porta da casa.

«A distancia sentia-se, n'aquellas duas senhoras, a

distincção da fidalguia portugueza, rarissima no ambiente ranço em que respiramos agora.

«Eram a Condessa de Villa Real e sua filha segunda, D. Maria Theresa de Souza, depois Condessa da Ponte.

«Falleceu ha poucos mezes a finissima senhora, exemplo de virtude durante uma longa vida.

«Quando D. Fernando de Souza, — conde de Villa Real, — partiu para Lisboa, a irmã tirou do seio uma bolsa de setim roxo e offereceu-a ao medico que lhe salvara o irmão. Eram cem libras esterlinas.

«Cem libras naquelle tempo!

«A ultima vez que Magalhães Coutinho me contou este episodio da sua mocidade foi em Valle de Lobos, ante-vespera de Alexandre Herculano expirar, e disse-me, como dizia sempre que narrava o facto:

«— Julguei-me um rei!» [1].

Em fins de 1837 regressou Magalhães Coutinho a Lisboa e pensou em ir estabelecer residência fora da capital, mas sentindo em si a fôrça de lutar com as dificuldades que se lhe antolhassem na vida clínica resolveu habilitar-se no primeiro concurso que se lhe oferecesse no estabelecimento em que se havia formado.

Bulhão Pato refere-se também a esta época da vida de Magalhães Coutinho: «Magalhães, tão estimado em casa do Conde de Villa Real pela gratidão que lhe tributavam, era querido e admirado tambem pela vivacidade do seu espírito.

«O medico entrava, pois, na flôr da grande roda portugueza e da grande clinica.

«Era alto e moreno; feió; olhos pretos retintos, ardentes como duas brazas; bocca rasgada, de beiços grossos, mas expressivos.

«Vida petulante a saltar-lhe da musculatura, da arca do peito, do gesto, dos movimentos, da palavra, sempre colorida e fecunda.

«Homem extraordinario.

«Alexandre Herculano disse-me muitas vezes que era a mais vasta intelligencia que tinha conhecido. Possuia todas as condições dos cerebros excepcionaes;

---

[1] Bulhão Pato, *Memorias*, III, pág. 26-28.

via as coisas em largas syntheses, sendo ao mesmo tempo analytico e penetrante observador» (¹).

O prof. Eduardo Mota é mais preciso:

«Deliberou, pois, ficar em Lisboa e habilitar-se para concorrer ao magisterio; fez-se então explicador de anatomia, e frequentou os cursos de physica, chimica, botanica e zoologia, a fim de collocar-se ao nivel dos cirurgiões formados depois de 1836.

«Bem sabia elle, na penetrante agudeza do seu espírito, que a medicina, para estar á altura da sua missão, precisa familiarizar-se com a linguagem de quasi todas, senão todas, as sciencias.

«Como explicador de anatomia, d'essa sciencia que, no dizer do mais assombroso genio da nossa littératura contemporanea (Latino Coelho) é para as sciencias do organismo o que a geometria é para as sciencias cosmologicas, foi Magalhães Coutinho digno continuador dos nomes, que tanto honraram como anatomicos a escola de Lisboa, e que a ella deixaram o seu nome perpetuamente ligado. Ninguem mais brilhantemente empunhou o escalpelo, ninguem dissecou com mais habilidade, e ninguem melhor do que elle comprehendeu o quanto o cadaver opportunamente interrogado pode concorrer para a solução de muitos problemas medicos.

«Quem sabe anatomia, dizia elle, sabe por força toda a cirurgia; aquelle, para quem é familiar o exercicio da dissecção, não encontrará grandes difficuldades na pratica das operações cirurgicas.

«A fama dos seus cursos transpoz o modesto limiar do amphitheatro anatomico, e, chegando até á Escola de Bellas Artes, por tal forma impressionou os respectivos alumnos, que estes lhe fizeram o pedido de um curso de *Anatomia artistica* que realisou com a proficiencia e elevação que presidiam a todos os seus cometimentos, e que, segundo o testemunho de contemporaneos, foi uma das mais explendidas exhibições do seu excepcional talento.»

Em 1842 fêz algumas conferências sôbre frenologia, que estão publicadas.

(¹) Bulhão Pato, op. cit.

Em 14 de Janeiro de 1845 entrou no professorado médico, sendo esta a data do seu despacho como demonstrador de cirurgia. A sua iniciação no professorado médico fez-se com um memorável curso de operações no ano lectivo de 1847-1848 quando ainda era substituto. Algumas destas lições apareceram no periódico *Zacuto Lusitano* que fundara com o Dr. Tomás de Carvalho.

Por decreto de 6 de Agôsto de 1850 era provido na cadeira de partos e diz o Dr. Eduardo Mota que «professor algum conquistou do alto da cathedra maior sympathia e auctoridade sobre os seus discípulos, e são ainda bastantes os que me ouvem, o que provinha do seu muito saber acompanhado de uma dicção facil, corrente e elegante sem arrebiques. Ao mesmo tempo, a par com a sua insinuante apresentação, possuia, como a poucos é dado possuir, uma tal vivacidade de gesto, um olhar tão faiscante e uma tal animação de physionomia, que tudo isto dava ás suas convicções de sabio e cirurgião um enthusiasmo capaz de seduzir e despertar os espíritos mais frios e insensíveis. Reunia ao talento a expressão esthetica, sendo a um tempo orador e artista» [1].

Se as palavras do ilustre professor apenas traduzem justiça extreme, outro professor bem mais ilustre o tinha aquilatado por forma que igualmente merece registo. E' de Manuel Bento de Sousa, na memorável oração que pronunciou por ocasião do falecimento de António Maria Barbosa, o seguinte retrato:

«Magalhães Coutinho, esse foi a concentração mais feliz de tudo o que seja elevação num homem de sciencia; e para complemento dessa felicidade tem até a de ser ainda vivo e não ser alvo do odio, que a sua classe lhe devia votar pela lesão enorme que lhe causou com o retirar-se do seu convivio.

«Emquanto se deixou ver, foi esse homem o nosso encanto. Era humanista profundo, conhecia nas linguas mortas as litteraturas antigas, conhecia egualmente a sua contemporanea, sabia toda a historia da medicina, estava senhor de todos os segredos da sua

---

[1] Eduardo Mota, op. cit., pág. 182.

profissão, expunha por uma forma seductora, e era em cirurgia o·que se designa, porque de outro modo não´ha, pela expressão franceza de cirurgião *savant*.

«Mas sendo um facto, que nem pretendo explicar, o não se mostrarem os cirurgiões *savants* egualmente elevados na pratica, pelos predicados excepcionaes da sua organização era Magalhães Coutinho o que em toda a parte se chama um operador eximio, tendo atingido a perfeita execução da sua arte. Operando, não se curvava e dir-se-ia que previamente traçava diante de si uma circunferencia imaginaria, que limitasse o plano estrictamente necessario, dentro do qual devia mover as mãos. Quando operava, parecia não ser elle que levava o ferro aos differentes districtos da região anatomica, mas serem os orgãos, que vinham elles mesmos, conscientes do que lhes convinha, applicar-se e dividir-se sobre os instrumentos, voltando depois ás suas necessarias relações.

«A operação feita por elle era graciosa, e a sua conclusão, reunidas as partes e feitas as costuras, era uma pintura. A *maneira* deste homem talentoso, sabio e artista, era a *finura*.»

Adiante, o grande·médico e grande escritor compara alguns dos cirurgiões do seu tempo com homens ilustres nas letras. Depois de ter comparado José Lourenço da Luz com Herculano, prossegue:

«Lemos depois Garrett. Na obra d'este primoroso escriptor as paixões são mais ternas, os homens teem mais coração, as heroínas são mais mulheres, e o leitor tomaria toda aquella vida imaginaria por uma existencia, a que realmente assistisse, se em todas as paginas não tivesse Garrett derramado profusamente a encantadora finura de um genio espirituoso, que era só d'elle. E porque esse espirito sempre·mimoso não pode ser o das personagens, que alli se nos mostram, ao lermos Garrett acontece-nos como ao lermos Herculano, e termos constantemente ao nosso lado e por companheiro inseparavel o divino artista, que produziu uma obra tão sua, que ainda até hoje não appareceu outra que possa com ella soffrer comparação.

«Guardadas ainda as differenças dos dois generos, a obra litteraria de Garrett é comparavel á cirurgia de Magalhães Coutinho.»

Magalhães Coutinho também pertenceu ao corpo médico do Hospital de S. José. Nomeado em 2 de Junho de 1856 cirurgião extraordinário, foi no ano seguinte ajudante de cirurgião do Banco. Serviu nos hospitais da cólera-morbus e da febre amarela em 1856 e 1857 e exerceu clínica no Hospital do Destêrro, pedindo a sua exoneração em 1 de Março de 1862. Foi director da Escola Médica de Lisboa, cargo para que foi nomeado em 25 de Janeiro de 1871, mas pediu a sua exonoração em 28 de Novembro de 1873 para não sancionar o que reputava uma ilegalidade dos poderes superiores.

Eleito deputado em 1853, entrou nas seguintes legislaturas. Na primeira, em sessão de 15 de Março, defendeu vigorosamente um projecto em que eram elevadas à categoria de Faculdades de Cirurgia as Escolas de Lisboa e Pôrto, e os seus alunos, depois de aprovados na tese inaugural ficavam sendo bacharéis em Cirurgia, sem restrição no exercício clínico, podendo o bacharel em medicina pela faculdade de Coimbra curar de cirurgia e vice-versa. O projecto não foi aprovado; mas quanto era justa a reforma, demonstrou-o mais tarde a carta de lei de 24 de Abril de 1861, em que estão codificadas algumas das disposições daquele projecto. Concorreu muito para que fôsse aprovada a criação, nas Escolas, da cadeira de anatomia patológica e a de medicina legal e higiene, e a organização dos serviços de saúde de 1854.

Demonstrada a sua competência nas questões de ensino e de higiene pública, a ela deveu as nomeações de vogal extraordinário do conselho de instrução pública, e de vogal efectivo do mesmo conselho; director geral da instrução pública; delegado da conferência escolar; vogal da junta consultiva de instrução pública; vogal do conselho superior de instrução pública; vogal da junta consultiva de saúde, de que ocupou muitas vezes a vice-presidência.

Sôbre Magalhães Coutinho caíram tôdas as distinções a que lhe dava direito o seu mérito e adornavam-lhe o peito numerosas condecorações nacionais e estrangeiras. Tinha as gran-cruzes de Cristo e de Santiago, as comendas da Legião de Honra de França, de

S. Lourenço e S. Marcos da Itália, de Leopoldo da Bélgica e do Leão Neerlandês.

Muito estimado do rei D. Luís, que o nomeou seu secretário particular e o consultava nas dificuldades políticas, foi primeiro médico da real câmara e bibliotecário da Ajuda, sucedendo a Alexandre Herculano.

De tam trabalhosa e longa carreira, poucos vestígios ficaram. A acreditar-se no que disseram os que com êle privaram, Magalhães Coutinho não era só quando operava que fazia lembrar Garrett, como escreveu Manuel Bento de Sousa. «Porque não deixou na sciencia um grande nome? escreveu Bulhão Pato. Pela paixão absoluta, pela paixão cega que o dominava: as mulheres! Rompia por tudo, esquecia tudo, família, sciencia, amigos, e lá ia na piugada de uma saia, de cabeça alevantada, a *ventos,* como perdigueiro de finissima raça, e *parava e entrava,* sem que o *mandassem,* no portal de escudos timbrados e na cabana do pescador.

«Isto de *cabana de pescador* não é rhetorica.

«De uma vez desappareceu de casa, abandonando doentes e discípulos, e andou perdido por essas praias do norte com uma ondina de tamanquinhas, brunida dos salgadios do mar, risinho de perolas, covitas nas faces, ancas roliças, sacudindo a saia curta, cinta quebrada, chapelito braguez firmando-lhe na cabeça o lenço fluctuante de cores lubricas, arrecadas e coração de filigrana, mais apetitosa e picante do que a *viva da costa!*

«Já com os setenta puxados adoeceu em certo aposento. De improviso apparece um eminente personagem e encontra-lhe á cabeceira, não uma dama do Paço, mas, posto que já no declinar do sol, uma rainha da beleza!» (¹)

Este último traço biográfico merecia fixar-se.

MAXIMIANO LEMOS.

. (¹) Bulhão Pato, *Memorias,* III, pág. 30 e 31.

S. JORGE

Num manhoso cavalo de batalha,
de vagarosa e trôpega andadura,
vai S. Jorge vestido de armadura,
em punho a lança que o temor espalha.

Provocou sempre o riso da canalha
sua guerreira e medieval figura,
simulando uns vestígios de bravura
a sua imagem de madeira e palha!

Abrindo o seu procissional cortejo,
corria o povo para admirá-lo
por essas ruas da cidade antiga;

e parece que ainda hoje o vejo,
quando, aos fracos galões do seu cavalo,
lhe fugiam os ratos da barriga!...

II

«SENHORA A' VILA»

Lá da encosta da serra, por caminhos
só conhecidos de algum bom pastor,
vinha a Senhora à Vila, em seu andor,
cheirando a alfazema e rosmaninhos.

Com ela vinham todos os vizinhos
da sua igreja; e, a tocar tambor,
homens rudes, cobertos de suor,
e outros amortalhados, por anjinhos...

Ao chegar cá abaixo, que alegria!
Tam moreninha em seu andor sorria,
e o seu sorriso um doce enlêvo tinha!

Repicavam os sinos fortemente,
e sempre à volta dela tôda a gente,
implorava: «Senhora da Lapinha!...»

(Dum livro a publicar).

JERÓNIMO DE ALMEIDA.

FRANCISCO DE MENEZES MEIRELES DE TÁVORA DO CANTO E CASTRO (¹)

(VISCONDE DE MEIRELES)

Entre os livros, que constituíram sempre' o principal entretenimento da sua vida; rodeado pela espôsa amantíssima e pelos filhos idolatrados; cercado de flores e de plantas; aspergido de bênçãos e de perfumes; chorado pelos amigos e lamentado por todos os que com êle trataram — tais foram os últimos, tranqüilos momentos, dêsse alto e bem equilibrado espírito que se finou ao entardecer dum dêstes dias de primavera sem par, no honesto e recatado *home* de S. Mateus, às margens do Tejo silencioso e brando...

A sua cabeça audaz repousou enfim, e o seu corpo franzino, mas da rigidez do aço, tombou por último na batalha da vida — direito como o roble, e como o roble, altivo!

Hão-de decorrer muitos anos; à geração actual outra sucederá, talvez melhor preparada para compreender e galardoar, em justa medida, o carácter e a inteligência daqueles que puderem impor-se pelos seus talentos e pelas suas virtudes, e ainda então o nome de Francisco Meireles do Canto sobressaïrá dentre êsses, como astro de primeira grandeza, cuja luminosa trajectória perdurará no espaço e no tempo — como incentivo e como exemplo.

Assim, por felizes devem ter-se aqueles que, co-

(¹) Êste artigo, escrito expressamente para a *Revista de Guimarães,* só agora pode ser publicado, por ter estado suspensa, durante anos, a sua publicação.

mo o autor destas linhas, viveram na intimidade do patriota insigne e do diplomata ilustre entre os que mais o foram, e puderam, de tal sorte, gozar o inefável encanto da sua convivência; aquilatar a sensibilidade da sua alma; apreciar a lucidez da sua inteligência; a justeza, o alcance, e o inesperado do seu bizarro raciocínio; admirar a acuidade e a subtileza do seu espírito, onde, por vezes, a Ironia adejáva nos frémitos do Riso — inofensivo e simples — ; avaliar os primores da sua educação esmeradíssima, sabido como é, que a verdadeira educação não é a que se apregoa, mas a que se pratica, e que no Visconde de Meiréles ela se manifestava até nas coisas mais insignificantes e comezinhas.

A seu lado as horas deslizavam com a rapidez dos minutos e quantas vezes — quantas?! — não sucedeu esquecermo-nos dos interêsses próprios, enlevados com a sua conversa fluente, tam agradável como interessante, tam variada como instrutiva?!

Que o digam os dias, os muitos dias passados junto dêle, e o pesar que sentimos por nunca mais podermos renová-los, — nunca mais!

The right man in the right place, dizem os inglêses, e assim convencidíssimo estamos de que nunca o desempenho dum cargo de tanta responsabilidade e importância, como é o de representante dum país em terra estranha, requerendo por isso mesmo aptidões especiais, foi confiado a quem melhor o compreendesse e desempenhasse do que o antigo Ministro Plenipotenciário de Portugal na República Argentina, pois a sua pessoa reünia tôdas as qualidades e predicados que se exigem num *diplomata,* na verdadeira e rigorosa acepção desta palavra, desde a figura, que no Visconde de Meireles era simultâneamente insinuante e correcta, airosa e elegante, até ao talento formosíssimo, à inteligência maleável e perspicaz, e ao ânimo forte e varonil, já anteriormente experimentados nos elevados cargos de Cônsul Geral em Bombaím e Adido Comercial na Alemanha.

San Lucar fixou como dogma, ou estabeleceu como regra, que o homem da sociedade é inútil, ou fútil, e que o útil não deve procurar-se ali.

Quanto êsse dogma é falível, ou quanto essa regra sofre excepções, está justamente no que acabamos de escrever àcêrca de Francisco Meireles do Canto, pois ao conjunto de circunstâncias que apontamos, tam raras como felizes, deveu êle, sem dúvida, os sucessos que alcançou na sua larga e brilhante carreira pública, e a essas mesmas circunstâncias deveu também — ¿ porque não havemos nós de afirmá-lo aqui, nesta hora, cuja solenidade não admite subterfúgios nem tergiversações? — as pequeninas invejas, que do charco da vida se ergueram, coachando à sua passagem, sem todavia o assustarem, ou o fazerem mudar de caminho, mas confirmando apenas o provérbio: — «Medem-se as tôrres pela sombra e os grandes homens pelo número dos seus invejosos.»

A nossa Guimarães, «essa *terra de tam amorável acolhida e de tam glorioso renome»*, como êle a' denominou, mereceu-lhe sempre especial predilecção, predilecção que se manifestava no amoroso carinho e no desvelado interêsse com que seguia o seu desenvolvimento e com que acompanhava de longe uma das mais brilhantes manifestações da sua vitalidade e do seu progresso, — a ilustre e benemérita *Sociedade Martins Sarmento,* da qual era sócio correspondente e com cujo título muito se honrava.

Referiu-se um jornal aos relevantíssimos serviços prestados pelo Visconde de Meireles no difícil govêrno do Território de Manica e Sofala, que por três vezes exerceu, citando, a propósito, o desenvolvimento da actual cidade da Beira, em que a mão do homem transformou as áridas e extensas dunas duma pequena parte do litoral africano.

Assim foi, de facto. Porém, outros serviços, não menos relevantes, prestou no desempenho dêsse cargo, que inteiramente se devem ao trabalho, à iniciativa, à tenacidade e diremos até à clarividência do Visconde de Meireles.

Mas, ao escrevermos hoje a seu respeito, seja-nos lícito transcrever para aqui o trecho dum artigo, que há perto de oito anos publicamos num jornal de Guimarães, e justamente porque êsse trecho recorda um caso passado na Beira com Francisco Meireles do Canto duma das vezes em que êle exerceu ali as funções de Governador do território.

Quiseram os hábitantes daquela cidade dar-lhe uma

prova da saüdade com que o viam afastar-se do seu lado, e ao mesmo tempo prestar-lhe homenagem de reconhecimento pela maneira brilhantíssima como se conduzira naquele lugar, onde a responsabilidade do desempenho corre paralela com a multiplicidade das questões a estudar e dos assuntos a atender.

Para isso lembraram-se de oferecer-lhe um banquete nas vésperas da partida, banquete a que assistiu tudo quanto então constituía a, sociedade escolhida da capital dos territórios de Manica e Sofala.

Ao *toast* ergueram-se para brindar o Governador, os representantes consulares acreditados ña Beira, fazendo-o cada um no seu idioma nacional e revestindo cèrtamente êsses brindes com as melhores e mais finas roupagens do mais belo e bùrilado estilo.

Seguidamente o Visconde de Meireles, dando todo o aprumo à sua elegante figura de beduíno, de olhar perscrutador, mento fino e barba à Nazareno, levantou-se e, erguendo a taça, respondeu a cada um dêsses brindes no idioma respectivo, mas por forma tal que dir-se-ia estar a ouvir um natural daqueles países, tál a correcção, a elegância e a facilidade com que êle falou simultâneamente em francês, inglês e alemão.

Isto que para o Visconde de Meireles representava apenas o exercício dum despôrto a que se habituara desde criança e em que, depois, por completo se amestrara nos cargos diplomáticos em que servira, cativou por tal forma a assistência, que é fácil imaginar a grande ovação com que lhe recompensaram a gentileza, nomeadamente aqueles que assim ouviam falar a sua língua pátria a um tam alto e tam distinto funcionário português.

Mas o homem que assim procedia nunca se deixou arrastar pelas adulações nem pelas lisonjas dos que o cercavam, o que afinal não seria para admirar em quem, pelo mérito próprio, tinha ascendido então às mais altas posições, antes provou em tôdas as circunstâncias da vida, singelamente, naturalmente, desprendidamente, a superioridade do seu carácter, sendo dessa prova o facto que vamos narrar.

Duma das vezes em que o Visconde de Meireles se encontrava em Africa, faleceu ali um oficial que lhe estava subordinado, e pelo qual o Visconde de Meireles tinha grande estima, oficial que possuía, além doutras condecorações, um dos graus de Tôrre e Espada.

Não satisfeito em assistir ao funeral do amigo e do companheiro de trabalho, — inglório e já esqueci-do!—, o Visconde de Meireles enviou a seguir à viúva, acompanhado dum ofício repassado de mágoa e sentimento, como êle sabia fazê-los, a chave do ataúde e as veneras do valoroso militar, ofício que êle próprio minutou e escreveu, remessa que êle próprio preparou e expediu, — em requintes de gentileza e cortesia, de que só êle tinha o segrêdo e de que por isso mesmo só êle era capaz.

Mas se das aplicações práticas da vida, do seu atroz positivismo e dêsse *struggle for life* que é o apanágio da hora presente, passarmos para os pequenos nadas, para os efémeros *bibelots* da existência com que por momentos o coração se avigora, a alma se compraz e o espírito se recreia, aí recordamos então o artista subtil e o homem de letras consumado, extasiando se ante uma tela de Columbano, ou uma aguarela de Gameiro, ante um romance de Camilo, ou um soneto de Fernandes Costa — artistas máximos do pincel e da pêna, cujas obras têm alguma coisa de sagrado —, manifestando na sinceridade e no entusiasmo com que as apreciava, ou discutia, a certeza de que a sua opinião não resultava duma rápida impressão de momento, e assim, nada tendo de subjectiva, provinha apenas do conhecimento perfeito e completo que êle possuía do assunto.

E se isto era uma conseqüência natural do seu espírito extremamente culto, e da sua invulgar erudição, supérfluo será acrescentar que o Visconde de Meireles elaborava com a mesma facilidade um tratado de comércio e um artigo de jornal, um simples *suelto* ou uma crítica literária, traduzindo da mesma forma, — correctíssima e vernácula —, um romance de Lavedan, ou de Shakespeare, uma obra de Hoffmann, ou de Edmundo de Amicis.

Assim, desde a sua colaboração nesse belo magazine — *«A Leitura»* — que fêz época entre nós, até ao *«Jornal das Colonias»*, que dirigiu e administrou durante muito tempo, e depois à sua assídua colaboração no importante *«Jornal do Commercio»*, do Rio de Janeiro, onde, além dos folhetins, lhe estavam confiadas a «*Revista geographica*» e a «*Revista do commercio internacional*», é de admirar não só a correcção, a beleza e a elegância da forma, a elevação e o colorido, mas ainda a argüeza de vistas e a justeza da observação, a pureza dos conceitos e a exposição clara e sugestiva de *Ruy Xavier,* ou *Mendo Vaz,* pseudónimos usados pelo V. de M. desde o seu noviciado nas letras portuguesas, das quais veio a ser, por fim, um dos mais belos ornamentos.

Foi seu último trabalho «*A Conquista da India*» já quando o corpo, alquebrado e gasto, mal podia resistir aos efeitos da fatal doença. Mas ainda assim Meireles do Canto deu-lhe uma concepção bizarra, e traçando-o com mão de mestre, nêle se afirmou plenamente o escritor primoroso e simultâneamente o historiador de vastos e profundíssimos conhecimentos, expondo em linguagem clara e sóbria as lutas que acompanharam a conquista da India pelos europeus e cuja administração constitui, evidentemente, o trabalho mais notável e colossal de quantos os estadistas inglêses têm realizado no mundo!

Isto que aqui fica, — ditado pela Verdade e imposto pela Justiça —, foi escrito tanto mais livremente, quanto jamais poderá agradecê-lo aquele a quem se refere e a quem estivemos presos, desde a primeira e inesquecida hora, por uma afeição que, se não nasceu na época em que de ordinário as maiores amizades se contraem, despontou justamente numa idade em que o melhor conhecimento dos homens, das suas qualidades e dos seus defeitos, nos permitiu avaliar quanto êste tinha de excepcionalmente generoso e bom.

E foi sobretudo a sua bondade, como radiosa estrêla, que ao seu fulgor prendeu o nosso afecto — para sempre!

Lisboa, 12 de Março de 1915.

FERNANDO DA COSTA FREITAS.

UM NOVO APARELHO
PARA ANESTESIA GERAL

———

O CLOROETERIZADOR

———

Senhor Presidente,
Meus Senhores: (^{1})

A anestesia cirúrgica geral é uma operação de prática correntia, que todos os médicos teem por dever conhecer bem, tanto mais que dela depende, em parte, a vida ou a morte dos operados. Não nos parece, portanto, descabido, ao apresentarmos êste nosso aparelho, expormos alguns pormenores da anestesia, que também podem servir para justificar a oportunidade do mesmo.

A anestesia geral produz, como se sabe, um estado que sintomàticamente se traduz pela abolição total da percepção, insensibilidade à dor, perda de domínio sôbre os músculos voluntários e diminuïção da excitabilidade reflexa; tudo isto sem perturbação de maior nas funções da respiração e da circulação. Para conseguir-se um semelhante complexo de sintomas, tem-se lançado mão de variados agentes, sendo os melhores incontestàvelmente o Protóxido de azoto, o Éter e o Clorofórmio. Outros, tais como o cloreto ou o bro-

———

(^{1}) Memória apresentada ao Congresso Scientífico Luso-Espànhol, no Pôrto.

meto de etilo, o amileno, etc., são menos empregados, devido a serem pouco satisfatórios os resultados, por causa dos perigos de sua propinação, por não determinarem uma relaxação muscular completa, por gozarem de escasso poder anestésico, etc.

Todos estes anestésicos actuam pelos seus vapores sôbre o cérebro e sistema nervoso em geral, com os quais se põem em contacto por meio da circulação, depois de se haverem passado à torrente sangüínea através das vesículas pulmonares, onde foram levados por inalação.

E' possível introduzir alguns daqueles anestésicos por diferente processo e outras vias, v. g. o que sucede com o éter que já tem sido propinado por via venosa e por via rectal, mas verificou-se que a melhor de tôdas ainda é a pulmonar.

Na última Conferência Cirúrgica Interaliada, por intermédio da sua 5.ª secção, reünida em *Val-de-Grâce*, foi essa a conclusão a que se chegou, proclamando também os melhores anastésicos pela ordem seguinte: 1.º Protóxido associado ao oxigénio; 2.º Éter, especialmente sob a forma de vapores aquecidos (meio muito utilízado pelos inglêses e americanos); 3.º Cloreto de etilo, e 4.º Clorofórmio.

O protóxido de azoto, mormente associado ao oxigénio, parece realmente dever considerar-se o melhor dos anestésicos.

Entre nós, contudo, não encontra emprêgo e em França também é limitado o seu uso.

Tem contra si as dificuldades de aplicação; não produzir completo relaxamento muscular; acarretar modificações respiratórias que perturbam o trabalho do operador. Os aparelhos para sua propinação são bastante volumosos, de dispendiosa aquisição, de difícil manejo e não fácil transporte. A anestesia é trabalhosa, e necessita, muitas vezes, de ser completada com o éter. Também requere, mais que qualquer outro anestésico, um máximo de atenção da parte de quem anestesia.

Nos indivíduos alcoólicos, ou nos fàcilmente excitáveis, esta, mesmo prolongada, não obsta a convulsões, por vezes violentas.

O protóxido tem de ser conservado em pesados

cilindros metálicos, o que representa outra complicação, e, actuando conjuntamente com o oxigénio, destinado á obstar à asfixia, tem necessidade de um aparelho perfeitamente estanque, também, por isso, mais
melindroso do que os que costumam servir para propinação dos outros dois anestésicos. Enfim, actua com
tal rapidez, e o momento da anestesia está tam próximo do da asfixia, se lhe falta o correctivo oxigénio, que
a vigilância tem de ser excessiva, portanto fatigante e,
na mesma proporção, sujeita a qualquer descuido.

Pela simplicidade dos aparelhos e segurança de
efeitos, são ainda o clorofórmio e o éter os anestésicos
de melhor e mais rotineiro emprêgo. — *Prof. Lejars
diz (Journal des Praticiens, 7 Mai 1921): «C'est le
chloroforme qui restera toujours le véritable anesthé-
sique».*

Esquecia-nos dizer que o protóxido seguido do
éter constitui também um método excelente quanto à
rapidez de anestesia e comodidade do doente, a quem
se evita, assim, o que têm de desagradáveis as primeiras aspirações dos vapores etéreos, mas, assim propinados, maior perícia requerem da parte do anestesiador,
recaíndo-se, também, na complexidade dos aparelhos.

O Éter propina-se, como se sabe, pelos dois mé-
todos: semi aberto e aberto. Todos concordam em
que é êste o melhor. E' o menos propício possível à
asfixia, o que acarreta menor perigo de movimentos
reflexos, por serem menores os relaxamentos musculares (diafragma, por exemplo) e, assim, permite anestesias demoradas, com bastante segurança para a vida
do doente e concomitante tranqüilidade para o cirurgião operador.

Consiste o método em forçar o anestesiado a respirar uma parte do produto de sua própria respiração
ao mesmo tempo que a mistura ar-éter.

Esta respiração, num recinto parcialmente fechado, tem em vista juntar aos efeitos sabidos, do anestésico, a acção excitante do ácido carbónico exalado, o
qual aumentando a amplitude e freqüência dos movimentos respiratórios, torna mais rápida a acção e menor o consumo do mesmo anestésico.

Acusam com razão o éter de provocar certas complicações pulmonares.

E' o arrefecimento do pulmão o causador dessas complicações, o qual depende, pelo consenso de vários autores, de 3 causas primordiais. Em primeiro lugar o rebaixamento de temperatura, originado junto dos alvéolos pela vaporização rápida do éter. Depois o desprendimento abrupto dêste anestésico por exalação pulmonar, devido a que o anestesiado passa de respirar ém um recinto fechado (a máscara do aparelho) onde a atmosfera é húmida e um tanto quente, para um ar sêco e frio, como por via de regra é o da maior parte das enfermarias hospitalares.

Finalmente, o abalo térmico experimentado pelo doente na passagem do ambiente mais quente da sala de operações para o meio mais frio da enfermaria, se estas não teem, como sucede com as dos nossos hospitais, aquecimento artificial.

Alguns dêstes inconvenientes se propõe remediar A. Morlet preconizando a cobertura da bôca e nariz do anestesiado com uma máscara respiratória de gase humedecida com água quente.

E' com idênticos intuitos que se generalizou o hábito de trabalhar com vapores de éter aquecidos, e, como estes perdem bastante do seu poder anestésico com o aquecimento, o de iniciar a anestesia com o clorofórmio, passando depois para a outra substância. Diz Bazy (Journal des Patriciens, n.º 10, pág. 159, 1917) que, por tal processo, se podem prolongar por duas e três horas, e sem inconveniente de maior, muitas anestesias.

O clorofórmio, seja qual for o método empregado, há-de propinar-se sempre com entrada maior ou menor de ar, porque os seus vapores teem absoluta necessidade de serem atenuados por intermédio dêste elemento. E, como se trata de um agente enérgico, é necessário procurar a maior exactidão de doses, e tactear cuidadosamente tendo em vista as susceptibilidades que divergem muito de indivíduo para indivíduo e, tam variáveis, que se não podem marcar de antemão, nem por aproximação sequer as doses que não devem ser ultrapassadas e portanto onde cessa a anestesia cirúrgica.

Inevitáveis seriam os resultados, os mais desastrosos, se houvéssemos de fiar de qualquer engenhosa disposição de órgãos, no aparelho adequado, a segurança absoluta na propinação do anestésico, a tal ponto que ela se convertesse em acto puramente maquinal, podendo até entregar-se a qualquer leigo.

O factor principal na anestesia é justamente a capacidade do anestesista para determinar com exactidão os efeitos que necessita ou intenta produzir, mas muito o ajudará a posse de um aparelho por meio do qual a propinação da droga se possa fazer como é mister.

O método aberto, e um aparelho devidamente regulável, permitem uma administração de clorofórmio lenta, progressiva, doseada, regular, e, por isso mesmo, eficiente.

E' ao emprêgo irregular e às doses maciças que deve atribuir-se a maior parte dos acidentes precoces.

E' à absorpção de grandes doses, e conseqüente acumulação no sangue, que há que imputar as complicações tardias.

Para fugir a tais inconvenientes, é que se tem procurado substituir, aos processos primitivos da máscara ou da compressa, os aparelhos graduados, uns utilizando misturas de clorofórmio e oxigénio, outros de clorofórmio e ar, em proporções determinadas.

O clorofórmio é um pouco mais perigoso que o éter, porque a dose manipulável, a que permite adormecer o cérebro sem adormecer o bôlbo, tem menor flexibilidade, mas a resistência à acção anestésica é maior para o éter do que para o clorofórmio. *Reynier (Paris Medical, n.º 14, Abril, pág. 288, 1918)*, em discussão com *J. L. Faure*, que acusava êste anestésico de perigoso, afirma que os acidentes perigosos não são devidos ao clorofórmio, mas sim ao que o propina.

«Conheça o anestesiador as leis fisiológicas que comandam o seu emprêgo, que êste seja mitigado pela mistura com ar, e proporcionado sempre ao estado do pulso, e, assim poderá constatar que o clorofórmio é, se pode dizer, isento de todo o perigo.»

De facto, nós, na nossa prática de alguns anos, nunca assistimos a acidentes mortais, com fundamento imputáveis a êste anestésico, durante a anestesia.

Quanto aos acidentes extemporâneos, ou tardios,

devidos certaménte à sua acção sôbre o fígado e rins, embora *Reynier* os não impugne, classifica-os de raros e evitáveis, manejando convenientemente o clorofórmio, não o dando *como quem dá leite* e concedendo preferência ao éter, se há motivos para se suspeitar que aquelas vísceras estão em estado de menor resistência.

Clorofórmio e Éter! Tais são, afinal, os anestésicos de mais constante emprêgo, ou propinados em separado ou cada um sôbre si, mas consecutivamente, ou em misturas como as do tipo *Schleich*, ou em misturas a percentagens variáveis.

As misturas tipo *Schleich*, ainda mesmo administradas com o aparelho de *Pellot*, são de emprêgo limitado, como êste autor é o próprio a reconhecer, negando-lhes utilidade, por exemplo, nas histerectomias, e o próprio *F. Jayle*, que lhe não é desfavorável nas intervenções ligeiras de cirurgia geral, o contra-indica nas ginecológicas e abdominais, se carecem de duração anestésica superior a quinze minutos. Melhor, portanto, o método sucessivo, ou o emprêgo da mistura C. E. em percentagens variáveis.

Esta mistura C. E., por mais conveniente que o éter, e mais segura que o clorofórmio, é de aplicação mais geral e muito preconizada por *J. Blumfeld* e *M. D. Cantab (Manual Prático de Anestesia, tradução de D. Julio Ortega, Doutor em Medicina — Madrid, Hilhos de Reus, Editores, 1914)* especialmente para ós indivíduos de compleição vigorosa e sangüíneos, que geralmente necessitam grandes doses de anestésico, seja êle qual fôr.

Também é o preferível para os grandes bebedores e para os que fumam em demasia, especialmente cigarros, porque nestes indivíduos o éter, sobretudo haurido frio, provoca tosse pertinaz.

. Da mesma sorte nos obesos, nos quais esta diatese é contra-indicação para anestesia pelo éter, quando demoradas (de duração superior a um quarto de hora) e em que o próprio protóxido requere cuidados especiais em sua aplicação.

Quando há dispneia, pode dizer-se, de uma maneira geral, que é de evitar tanto o éter como o protóxido, pelo método fechado.

Este preceito é invariàvelmente aplicável quando a dispneia é de origem laríngea, como na difteria, no edema da glote, ou na compressão traqueal, especialmente de origem inflamatória.

Nestes casos, quanto mais ar se puder juntar ao anestésico, melhor, para se evitarem mucosidades que excitem a dispneia.

E' por isso que o clorofórmio tem preferência, e, se se torna precário o estado geral, a mistura C. E.

Também se há-de escolher o clorofórmio, quando as dificuldades respiratórias são devidas a enfermidades agudas do aparelho respectivo, tais como bronquite, bronco-pneumonia, ou derrames pleurais; mas se o coração é débil e taquicardíaco, a anestesia, neste caso perigosa pelo clorofórmio, deve dar a vez à mistura C. E.

Em resumo, a mistura é melhor que o C. só, sempre que haja dispneia com cardiopatia. Nos enfisematosos, bronquíticos ou portadores de sobrecarga adiposa do coração, empregue-se a mistura C. E.; nas doenças vulgares dêste órgão, compensadas, é indiferente empregar um ou outro anestésico; mas, se há congestão pulmonar e excesso de carga para o coração direito, é então preferível empregar um método aberto com franca entrada de ar, sendo ainda muito útil, neste caso, o emprêgo da mistura.

Nas operações abdominais há que considerar, primeiro, que a natureza dos movimentos respiratórios reflecte-se no abdómen movimentando demais o local operatório se a respiração se torna forçada, ou exagerada; segundo, que as complicações pulmonares consecutivas são mais para temer, porque a dificuldade em tossir é maior por causa da localização da ferida operatória e concomitante enfaixamento, e porque da menor expansão diafragmática durante o acto operatório resultam fàcilmente congestões das bases, sendo, portanto, o clorofórmio o anestésico a eleger, precedido do protóxido ou éter ou ainda a mistura C. E., se há razões especiais contra o emprêgo dos outros.

Foi baseados nestas considerações que nos pareceu útil procurarmos uma disposição para um aparelho que pudesse servir, êle só, para os efeitos que costumam exigir mais de um, poupando-se espaço nos arsenais cirúrgicos e o dinheiro das administrações hospitalares, e pondo ao alcance dos anestesistas uma pequena máquina susceptível de fornecer sucessivamente, e por meio de uma fácil manobra, uma anestesia pelo clorofórmio ou pelo éter, ou pela mistura dos dois e, no caso do éter, vapores frios ou aquecidos.

E'-ao que vem o cloroeterizador que se compõe dum vaso cilíndrico no interior do qual existem dois depósitos perfeitamente independentes, um para o C., outro para o E.

Na parte superior há um disco giratório que faz de funil, onde é lançada a água quente que aquece os vapores de éter. Numa altura conveniente há um orifício de escape que anuncia quando o depósito está cheio (veja planta). Como a evaporação do éter, roubando bastante calor, vai arrefecendo a água, na base do aparelho há uma resistência eléctrica que pode ser ligada. a corrente urbana de 110 volts e que corrigirá êsse arrefecimento.

Nas salas operatórias, onde não há electricidade, substitui-se a água arrefecida por água quente, bastándo para isso lançá-la no disco.

Na tampa dêste aparelho há: um tubo para uma bexiga, um dispositivo de válvulas e um tubo para a máscara, que pode ser colocada em qualquer posição, o disco giratório ligado a um ponteiro deslizando em dois sentidos e que indica o tipo de anestesia que o aparelho está a fornecer.

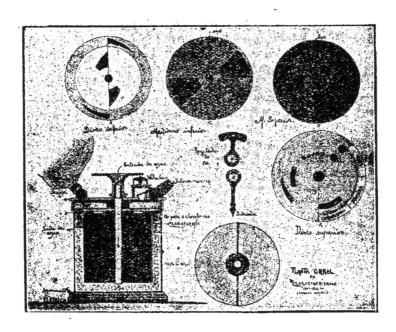

Querendo-se uma anestesia pelo clorofórmio, coloca-se o ponteiro no 0, adapta-se a máscara e o doente respira ùnicamente ar, indicando o bater das válvulas auditivamente que o doente respira.

A continuação da anestesia resume-se no avanço do ponteiro até atingir o limite que se deseja.

Na anestesia pelo éter a manobra é a mesma. Neste caso as válvulas param automàticamente para ceder lugar à bexiga.

No caso da mistura, coloca-se o ponteiro onde se lê. *mistura*, com mais ou menos clorofórmio, mais ou menos éter e mais ou menos ar.

Na substituição do E. pelo C., deve vigiar-se que não haja dificuldades respiratórias por mucosidades, o que pode suceder, devido a vigorosa respiração pelo E., e que, sendo um obstáculo ao ingresso do ar, enquanto se emprega êste anestésico, seria um impedimento para a apacível respiração.

O funcionamento do aparelho, como se vê, resume-se no movimento do disco que conduz o ponteiro indicador.

O aparelho pode ser transportado numa pequena caixa de madeira de 0,^{m}20 por 0,^{m}12 de largura e espessura, que contém na própria tampa uma pinça de língua, um abre-bôca, dois metros de fio com uma tomada de corrente, uma caixa com seringa para injecções, algumas empolas de cafeína, óleo canforado, esparteína, etc., acessórios indispensáveis.

Não tivemos a pretenção de inventar, mas sim possuír um aparelho, para uso próprio, que nos desse comodidade.

Disse.

ROBERTO CARVALHO.

A VARANDA DE FREI JERÓNIMO

No mosteiro da Costa, em Guimarães, que pertenceu aos monges de S. Jerónimo e foi Universidade no século XVI, existe uma varanda ideal, armada na face sul do edifício, fronteira da serra, onde a voz religiosa da água acompanha a passo e passo o caminho do tempo, brotando contínua e melancòlicamente, e òs cravos tecem uma atmosfera de enlêvo.

Nada mais simples do que a traça dêsse trecho excepcional de arquitectura. Contudo, nada mais difícil do que a transposição literária dessa mesma e adorável simplicidade.

Construção sóbria e elegantemente armada à portuguêsa, data do priorado de Frei Jerónimo dos Anjos, iniciado em 1682; e esta rara manifestação de idealismo artístico, porventura sugestionante como uma bela mulher, vingou construír-se, após aturado combate com a comunidade, mercê da inteligência e espírito de perseverança do seu para sempre louvado e egrégio fundador. Clamavam os filhos de S. Jerónimo que mister era que se continuasse, com o espaço destinado à varanda, o dormitório do mosteiro, atento ser já diminuto o número das celas. Objectava o Prior que os rendimentos da Ordem não permitiam, ali, o aumento da Congregação.

Delineou-se a obra e o trabalho começou. Seria a varanda um aposento quadrilátero, com três ângulos armados em colunas, e um outro — a fechar a parte interna do edifício — singelamente erguido em parede.

Primeiro que tudo, tornou-se indispensável construír, dentro daquele sossegado recanto do pomar, um caixotão, digamos, de cantaria maciça, tendente a dar à varanda do projecto de Frei Jerónimo dos Anjos o mesmo plano das sacadas que, voltadas para o adro da aldeia, decoravam tôda a fachada principal do mosteiro.

—— Assim se fêz; e após a construção de uma ligeira escadaria rústica, aberta a norte, para serviço da cêrca, entraram de erguèr-se lá em cima, sôbre a moldura circundante do pavimento, ainda então não totalmente lajeado, uma a uma, as colunas de um doce Renascimento português, tôdas elegantes na quadratura dos ângulos e em que os ornatos, de singelo tipo geométrico, afinavam um sentimento proporcionalmente estranho na arte de decorar. Em seguida, para suspender em redor a barra encorpada e sem ornatos do entablamento, desfolharam-se um tanto as réguas superiores das colunas, produzindo-se em suporte artístico um capitel harmonioso e seguro. E eis que sôbre isto — desempenado, airoso, elegante — se erguem por fim as quatro águas do telhado, fechando, com o aposento vastíssimo da varanda, o sonho delicado de Frei Jerónimo dos Anjos, falecido adiante, em 28 de Abril de 1708, e por memória de quem as abelhas que costumam perfumar-se no laranjal fronteiro haviam de ficar eternamente cantando...

Frei Diogo Brandão — aliás de Santa Maria — que sucedeu a Frei Jerónimo no priorado do mosteiro, amou esta varanda solheira em tôda a espiritualidade do sèu repouso, a riqueza de oiro do seu pomar e o encanto incomparável dos seus panoramas de serra e vale. E porque era, sob o hábito de monge, um rico temperamento de artista, delineou para a varanda, com garantia das belezas naturais que a cercavam, vestido de gala que lhe ficasse bem e mais formosa a tornasse.

Foi êste Prior quem ergueu, sob a barrotada do alto, o amplo tecto de carvalho, em maceirão, discretamente ornado de molduras. Deve-se-lhe, ou devemos-lhe todos os que amamos as coisas belas, o lajeamento completo do adorável local, elemento da construção destinado a suster a obra prima da Varanda de Frei Jerónimo. E nisto quero eu referir-me ao grande tanque central da varanda, de tipo D. João V, a alma de divina harmonia que, com as suas oito bicas, abrindo de bem gomadas estilizações de flora, jorra da

VARANDA DE FREI JERÓNIMO
(CONVENTO DA COSTA)

grande urna cimeira e de remate piramidal à concha
boleada e ampla de uma taça, e cai por fim, em toada
religiosa, na abastança tam elegante como equilibrada
do hexágono do tanque.

Frei Jerónimo dos Anjos criara à varanda o corpo
belo; Frei Diogo Brandão dera-lhe a alma impoluta.

Mas, como não considerasse bastante o número
dos seus serviços, Frei Diogo Brandão, que com tanta
canseira trouxera a água à varanda e a ouvia agorá
descer, musical e adormecedora, na interminável conta dos dias, pensou ainda que junto de tam agradável
retiro, o mais freqüentado do edifício, deveria ficar
memória que ilustrasse as glórias do mosteiro de S.
Jerónimo — memória que as águas exaltassem, como
um velho hino sagrado.

E criou-se então o último dos encantos desta obra
singular. Na larga parede de ângulo que isolava a
varanda da parte habitada do edifício e a meio da
qual se abriu, em proporção excelente, a portada ilu-
minadora de um corredor ladeado pelas duas grandes
ordens de celas — nas duas paredes laterais da portada montaram-se, em azulejo provàvelmente coimbrão,
dois elegantíssimos *panneaux* de carácter setecentista,
pintados a azul sôbre fundo lácteo.

Como que os erguem e mostram, em regosijo, os
dois braços ocultos da portada regular de molduras e
afoitamente aberta da cimalha ao pavimento.

Mas nem só à guisa de pregão faustuoso parece
terem sido montados os primorosos azulejos. Também
as bancadas de granito, que entestam com cada um
dos dois panos laterais de parede, necessitavam, na sua
construção de grande escabelo, de um recôsto ou espaldar sobejamente galhardo, no descanso do qual
fôsse grato ouvir ali as teorias primaveris da água, de
olhar longamente perdido nas paisagens. E esta tem
visos de ser a mais exacta, sem deixar de ser a mais
epicúrica origem da colocação dos *panneaux*.

Configura o da direita, dentro de um *encadre-
ment* decorado com trechos de arquitectura, elegantes
festões de frutos e flores, e bambinos apregoando por
trombetas a fama do grande sucesso, nada menos do
que a chegada ao mosteiro, para o curso universitário,
dos infantes D. Duarte e D. António, Prior do Cra-

to (¹). Êste facto, que se deu nos meados do século XVI, é todavia indicado pelo decorador com costumes do último quartel do século XVII, sendo o desenho, com excepção dos cavalos do cortejo, em geral bem lançado e agradável.

Representa o *panneau* da esquerda, dentro da mesmíssima, embora sempre interessante, decoração envolvente, o recebimento solene, na sala capitular,. dos infantes, pela comunidade, presidindo ao acto, segundo a indicação do azulejador, o ainda lembrado Frei Jerónimo dos Anjos.

. E assim ficou a varanda completa, sendo rara de encantos, entre tantas do género, que conhecemos no país.

Ora eu queria viver ali; desejava descansar em meio daquela maravilha de graça, já não digo o corpo, mas a inconstância do meu espírito, escravo a uma finalidade melancólica como poucas.

Pelos dias de sol tranqüilo, junto dos craveiros que ornamentam as grades, que entre si ligam, com singeleza discreta, as lindas colunas renascentistas, seria um amplo prazer à alma ir percorrendo, desde a mancha confusa de verduras da mata dos Jerónimos, a paisagem que se eleva em frente até ao planalto da serra de Santa Catarina e dali declina, em gostosa viagem, a ondular por sôbre todos os longos montes que, como na augusta situação da cidade romana, por sete arvorecidas alturas, rondam e defendem o vale ajardinado de Guimarães.

. Nessas horas de silêncio e calma, ao côro conventual da água e movendo-se sob a alegria esplendorosa do sol, não seria ilusão visual o distinguir, na sinceridade da mesma vida que antes e estranhadamente tinham vivido, tôdas as singulares figuras, que no decurso de dois séculos humanamente ilustraram o scenário original dessa varanda.

. Voltaria a encontrar-se aquele curioso Frei Baltasar. de S. Tomás — «mais conhecido pelo diminuitivo

---

- (¹) O A. não se responsabiliza por esta afirmação que os azulejos e uma inscrição pretendem garantir.

de Baltasarinho» — filósofo e póeta, coxo e hidrocéfaló, cuja poesia em verso heróico e de pronunciada ênfase gongórica o obrigava a exagerar, nos recitativos constantes, o aspécto caricatural da sua figura tôsca e meã. E junto dêste, Frei José de S. Paio — «grande companheiro do padre aeimã» — doido igualmente e de uma tam extraordinária alegria e megalomanismo — nas folias que representava com o seu companheiro e nas largas ofertas de oiro e prata que fazia aos santos — que era freqüente ouvi-lo afirmar, àcêrca da hora da sua morte, que «havia de haver (em sua honra) repiques de sinos e gaita de foles», o que de verdade sucedeu, por festejarem nessa tarde Santa Luzia os criados do mosteiro.

E quando o sol mais subisse, cantando, admirar-se-iá, debruçado das grades para a ladeira da prêsa, vermelhaço e quási quadrado de carnes, no saco sôlto do tuniquete, aquele habilíssimo Frei Dâmaso das Chagas — «grande tangedor de corneta» — o qual, apertando contra a bôca em ôvo a tuba sonorosa e congestionando com entusiasmo as bochechas, lograva fazer ouvir ao ermitão da serra os seus estridentes avisos de batalha.

Madrugando, quando a água rezasse, Frei Nuno da Rocha — aliás dos Santos — ressurgiria, estranho, como a própria alma do mosteiro. Alto, à maneira de uma sombra, pois «a sua estatura propendía mais para alta que para baixa, cercilho bem povoado de cabelo mais preto do que branco, a côr do rosto branca desmaiada, sobrancelhas grossas e carregadas, olhos pretos», êste monge pernalta e com o hábito «sempre esfrangalhado», incansável na varanda como nos caminhos, quando saía à prègação, passearia longamente, reflectidamente, a examinar-se da consciência e meditando, ao lento chorar do tanque, a filosofia de que era leitor excelente.

Soariam depois as gargalhadas saúdáveis do Padre Frei Miguel, entrando e recostando-se no espaldar azulejado das bancadas alegóricas, como monge que, sôbre ser organista de mérito, «logrou sempre humor de rapaz, podendo-se-lhe aplicar com propriedade o *Puer centum annorum* de Isaías».

E surgiria, passando as contas, o santo Frei Francisco de Lacerda, velho de uma saüdade muda de criança, com o capelo sempre caído para os olhos, e por quem os mendigos, na portaria, gostavam de ser tocados, beijando-lhe com devoção o hábito.

E passariam mais — quantos mais ! — uns hidrópicos, alargando as correias, outros esguios, caricaturando ciprestalmente a fauna, e entre êles aquele monge conhecido pelo «dos cravos vermelhos», que estufava de oiro as imagens, e êsse outro, pitoresco, de nome Frei João Baptista, a quem uma noite, pelas necessidades da neve que cobria a serra vizinha, morreram, asfixiados pelas brasas de um fogareiro de barro, todos os pintassilgos que engaiolava na cela.

Deliciosas seriam essas horas !

Com o montesinho correr da água, no tanque, não só se ressuscitava uma antiguidade singular, mas lograr-se-ia também, com o impulso ilimitado da imaginação, um agradável sonho de futuro — para o que todo êsse iluminado ambiente concorreria com o seu imenso espírito de beleza tränqüila.

Assim Deus tenha no Céu, e a ilumine, a alma de Frei Jerónimo dos Anjos !

ALFREDO GUIMARÃES.

RECOLHIMENTO
DO ARCANJO S. MIGUEL

(AS BEATAS DO CHAPÉU)

Sit Nomen Domini benedictum.

A Guimarães, em que vivi criança (há mais perto de quarenta.do que de trinta anos) tinha uma fisionomia muito sua e bem outra da cidade industrial de hoje, a enquadrar-se no insípido modêlo de todos os centros urbanos, assolhada de clareiras e enviesamentos geométricos a tira-linhas, com panos ou tábuas de anúncios nas frontarias e palmeiras nos arrelvados... por onde o garotio, na mesma farrapagem, salta o ribaldeixo aos clamores de palavrório obsceno, e figurinhas insexuadas, de placas de tinha caspentas, magras como os cães que à roda farejam as escorrências do lixo, nascendo já idosas, se expulgam entediadamente.

Ao cair das trindades, os lampianistas marchavam, no ângulo estiradiço de robertos a vintém, escada ao ombro, acender os candieiros de petróleo, e, a êsse vagaroso piscar de lucernas discretas pela baça atonia do crepúsculo, quando já pela tenda continuava o folhetim da discussão política, muito puxada à sustância regedorial, na casinha de jantar, o burguês, de moiras de bezerra e meias de linha, servida a ceia — dadas as graças e as boas noites —, armava, num velário íntimo, o serão da família.

Havia sempre, como nos bons contos de Júlio Dinis, uma tia velhota que, de manhã, passeava as missas de capela em capela (a do senhor cónego chantre, vagaroso nas ceremónias e no silabado latim; a do reitor, muito expedita, com desembaraços de falas e de gestos) sem perder pitada das soalheirices, debicadas no aflato de embiocados compungimentos, e então, na longura morna do inverno, esfiava, com o linho da roca, dulçorosas histórias de mosteiros, evocadoras passagens doutros tempos, que a nossos olhos se iluminavam de fábula, como vitalizações de côr na emoldura de talha.

A vida religiosa, de patriarcal mansuetude, infiltrava-se por imitação, e era feriado regalo de meninotes correr com a trôpega devocioneira, espanejando cotientos merinos, a que se pegara o cheiro do incenso e o bolor da água-benta, teimosa e danada na conquista do seu lugar na bem-aventurança, os passos quaresmais, as candelárias brilhantes, as festas pomposas da Insigne Oliveira, sabendo-se mais pronto quando os santos faziam anos do que certos parentes — uns unhas nos folares.

Então um ano era muito maior, dum Natal a outro um século de aulas, dissabores, compridos dias compridamente espapaçados, e a gente ficava com pêna, ao recolher a procissão, e vinha para casa numa soturna pieguice, como se tivesse um mundo a atravessar para a outra procissão com a música, os anjinhos, os andores e as santa-marias do acompanhamento, bicha torcicolada pelas ruas do itinerário — que algumas, pobres ruelas, nunca mirolharam a corôa dum padre no escanhôo prá festa.

Lembro-me de pessoas, que se viam apenas em determinadas solenidades, e havia um sujeito já idôso, muito esgrouviado na sobrecasaca de chicória moída, com os colarinhos abertos a meio do pescôço, que eu encontrava necessàriamente, pelas cinco horas da tarde, acompanhando a senhora e as filhas com vestidos de sêda preta e medalhões de oiro ao peito, a descer pela estrada de Fafe, no domingo de Lázaro.

As freiras das Capuchinhas ouviam-se na segunda--feira de pascoêlo, dia de Nossa Senhora dos Prazeres — acabam os serões e começam as merendas —, quando os fidalgos de Guimarães, os Lindosos altos e desempenados, de casaca e laço branco, traziam, em padiola, dos claustros, onde tinham recolhido ao luto quaresmal, as preciosas imagens de S. José e Nossa Senhora, agora no destêrro dum altar no Campo da Feira.

Cantavam lá no alto, ao fundo da igreja, por detrás dos cortinados espessos que cobriam as rexas apertadas do côro, num lacrimejante murmúrio de suave, dolorida resignação (mas donde um rústico e ingénuo perfume dimanava, fazendo pulsar mais brando o nosso coração de pecadores) e de esperança na aleluía de além-túmulo.

Não era a voz gorgeada, física, que se materializa na garganta, nem mesmo a voz pura de mulher, abrindo em adoração, como as rosas brancas aos oiros quentes do sol, ou os trinados melancólicos na ramaria, quando agoniza um dia de primavera; mas uma voz que não tinha corpo, voz da alma, que arroia em eflúvios espirituais, arco-íris de notas florindo em luz, e se quebranta e sobressalta na atmosfera grosseira do mundo, e logo procura ascender e ilibar-se nas alturas, deixando só, quando passa, um perfume de saüdade, uma carícia de divino, um adejar de ideal em doce mágua.

Nós hoje não compreendemos a paz dramática dos conventos. As nossas ideas, como a nossa vida, são tôdas rua, exterioridade, um botequim de azáfama balburdienta. Ensinaram-nos assim em furores de epilepsia. Rimo-nos da alma que sofre serenamente, na incurável desilusão das paixões, enclaustrada dentro dum túmulo de vivos. Ao nosso riso — ímpio e maldoso — chamamos liberdade, e é entre gargalhadas de pensamentos rubros e soltos que, por filosofia, abafamos a nossa dor mesquinha.

A própria crença, armada na praça em ar de guerra, se espectaculizou. Há lâmpadas eléctricas no templo, amaneiramentos efeminados no culto. A voz emmudeceu... Os sinos de S. Pedro, que badalaram em regosijo o hino da Carta, foram convictamente levados a tanger os acordes da Portuguêsa — agora até os sinos teem opinião política!

Havia talvez menos cascatas nas esquinas, esboroando o musgo pelos degraus poídos dos casebres. Mas evitava-se a impertinência duma lição — o rato roeu a rolha da garrafa — ou a sacudidela de orelhas

ALBERGUE DA SENHORA DO SERVIÇO
(NO ANTIGO LARGO DE S. PAIO)

por qualquer diabrura, com uma igrejinha no sótão: um ermo de foragidos.

Era vê-los então, aos rapazes, assediando as pobres recolhidas do Anjo, que fabricavam hóstias (e com pouco mais do que essa renda viviam) pedindo gulosamente as aparas. Foi lá muito menino bonito, ateu, mais tarde, abundantemente. E as criadas de servir, que também são filhas de Deus, entravam na capela e faziam o mês de Maria, à compita com a novena fidalga de Santa Clara.

Era ali acima, em S. Paio, no largo, entre as ruas do Anjo, dos Açougues e a da Tulha, perto ainda da rua de Alcobaça, a atravancar, com a sua casaria monótona, escura e pobre, o alegre campo a que hoje deram o nome de Condessa do Juncal, em homenagem à caritativa benfeitora da Santa Casa da Misericórdia ([1]).

O Recolhimento, já muito decaído, foi encerrado em Outubro de 1910 ([2]), e o edifício, que desde 1907 ameaçava ruína, sem outro valor arquitectónico que o do seu cariz de velhice, muito singelo, derrubou-se, pouco depois, com o Albergue de Nossa Senhora do

---

([1]) «Passou êste recolhimento, escrevia o *P.e Caldas*, in *Guimarães* — «Apontamentos para a sua história» — (Vol. II, pág. 157) por várias reformas na sua fábrica; sendo mudada a capela para o lugar que hoje ocupa, e benzida em 1748. Consta esta apenas dum altar-mor de talha sem importância, pintado a côres, e tem fronteiro à porta da sacristia outro pequeno altar, dedicado ao Senhor da Cana Verde. O côro de cima ocupa quási meio recinto de tôda a capela, e sôbre os degraus do altar-mor do lado da Epístola há uma grade, que serve de comungatório às recolhidas. Tem ainda ao lado do púlpito sôbre uma peanha de madeira a imagem de S. Francisco de Assis.

Ainda hoje serve de recolhimento de beatas franciscanas, que ali são admitidas pelo administrador do concelho: e usam de capa côr de cinza e véu branco, segundo as determinações do Arcebispo de Braga D. José de Bragança em 1751; o qual no ano seguinte lhe concedera o uso de escapulário.»

Posteriormente ao *P.e Caldas* havia na capela do Anjo uma imagem de Nossa Senhora de Lourdes e uns pequenos altares onde se veneravam Nossa Senhora das Dores e Nossa Senhora da Luz. — (Vej *J. G. d'Oliveira Guimarães (Abade de Tagilde) — Guimarães e Santa Maria*, 1904, pág. 35 e 102).

([2]) Recolhidas que saíram então — Narcisa de Jesus Gonçalves, natural de Vila Cova, Rosa de Jesus da Silva, de Braga, Laura Barbosa, de Guimarães e Maria da Assunção Sarmento, de Viseu.

Serviço, êste de antigo e puro estilo, perdendo-se, por furto, o simbólico nicho do Arcanjo S. Miguel, que brasonava a frontaria, e levando tal sumiço que até hoje não foi possível encontrar-lhe o paradeiro, o histórico altar de S. Gualter — «onde tinha resado S. Francisco» —, que enriquecia a despida pobreza do claustro (¹).

A última recolhida que exerceu o cargo de regente (Maria da Assunção Sacramento) despediu-se daquelas ruínas na acurvada abdicação e profundo desalento de quem vê, numa hora, findar em pó que o vento leva um passado de séculos, beijou os degraus do côro, onde rezara, num beijo longo e choroso, como se nêle viessem, em esfumada teoria, mansamente, de joelhos, as almas de tôdas as velhinhas que ali penaram seu fadário, saíu ao portal aberto ao sol cru de gloriosa indiferença, tremeu, cambaleou e foi-se arrastando té à freguesia de Vila Cova, no concelho de Fafe, para ali morrer, lembrando na derradeira prece as suas colegas de clausura, uma das quais, internada

---

(¹) A 6 de Dezembro de 1910 o engenheiro municipal, Inácio Teixeira de Menezes, comunicava à Câmara que «tanto o edifício do extinto recolhimento do Anjo como o muro do quintal do Albergue para pobres velhas, situados na rua dos Açougues e no largo do Anjo, ameaçam ruína em grande parte das suas paredes voltadas para aquela rua e para o largo dos Açougues, sendo um perigo iminente para quem ali habita e para· quem passa pela dita rua e largo». Uma comissão nomeada pela Câmara Municipal em sessão de 10-Junho-1908 a propósito do «Albergue do Anjo» (não é o Albergue do Anjo — que fica na viela de S. Crispim, mas sim o Albergue da Senhora do Serviço ou de S. Paio, no Anjo) emitiu o parecer de que ou dentro do edifício do extinto convento de Santa Rosa de Lima (que é conhecido pelo Convento das Dominicas), cedido à Câmara, pelo Estado, por decreto de 10-Maio-1892, ou fora dêle na grande cêrca, havia espaço e local para abrigo das pobres velhas que habitavam o Albergue. Este era administrado pela Curaria e portanto a Câmara teve de entender-se com o Cabido que, por ofício de 29 de Novembro de 1910, declarou aceitar a resolução tomada. As obras de «construção duma casa para albergue das mulheres inválidas na cêrca do extinto Convento das Dominicas» foram orçadas em Esc. 560$00. Procedeu-se à demolição em 1912.
Sôbre aquele Albergue diz o *P.ᵉ Caldas* (obr. cit., pág. 227): «E' uma casa térrea com limitada horta, sita no largo de S. Paio. Tinha noutro tempo adjunta uma capela, que lhe deu o título, da qual nem vestígios restam. E' administrado pelos padres da curaria que recebem por esta via vários foros, e têm a seu cargo a fábrica

como .educanda, irrequieta de primavera e de sonhos, duma atraente simpatia de morena, saudou a liberdade com a mais ingénua veemência, no doce engano de quem vira o mundo, com alma pura dem.enina, através as grades do convento, ainda no estonteio de mêdo e curiosidade do primeiro amor.

Mais alguns anos, e quem, em flauteado passeio ou no acabrunho de seus negócios, atravessar o largo, nem mesmo ao acaso se lembrará daquele velho recanto duma espessa tristeza, onde as Beatas do Anjo, quando cantavam no côro, atraíam a curiosidade dos fiéis e dos galanteadores.

Não penso em erguer aqui à sua memória uma lenda de poesia, nem me sinto com fôrças de narrar a história obscura e monótona das terceiras franciscanas. Vou ver, com escrupuloso respeito e enternecido cuidado, se consigo apontar uma ou outra curiosida-

---

da casa e a admissão das velhas pobres, que o albergue recolhe em número de oito. A estas apenas o albergue dá um quarto para dormir e fôrno e cozinha comum, e a Ordem Terceira de S. Francisco distribui 500 reis a cada uma na véspera de Natal, segundo o legado de Ana Maria Lobo, ou 4$000 reis distribuídos igualmente pelas que estiverem.

O facto de ser êste albergue da administração da curaria leva a crer, que o seu fundador fôsse algum beneficiado da colegiada, cujo nome se perdeu por incúria.»

O *Abade de Tagilde* (*obra cit.*, a pág. 123 e 154) diz que a capela ainda existia em 1692 (naturalmente porque vinha mencionada nas *Mem. res. da antiga Guim.*) e acrescenta: — «E' certo ter ·sido a propriedade e administração dêste albergue duma antiga confraria, instalada na Colegiada, conhecida por confraria dos tabeliães, tendo por titular Nossa Senhora do Serviço, à qual nos princípios do século XV já estava unida uma outra confraria denominada dos alfaiates, cujo titular foi S. Vicente. Nuns estatutos, que foram organizados sendo juiz Gil Lourenço de Miranda, vassalo del-rei D. João I, para dar melhor ordem à velha confraria, lê-se no preâmbulo que esta «he huma das confraryas a milhor e mais honrada que ha em esta villa de Guimarães onde a ditta Senhora he servida de muitos fiéis christaãos asy do logar como doutras partes e por suas emprezas e rogos fez muitos milagres». Celebrava esta confraria missa todos os sábados a que os confrades deviam assistir, assim como em tôdas as festas da Senhora. Extinta no correr dos tempos pela carência de irmãos, o D. Prior D. Diogo Lobo da Silveira em 5 de Março de 1665 entregou à coraria o albergue e todos os mais haveres da confraria do Serviço, que desde então os ·administra.»

de, reconstituindo um quadro singelo da vida vimaranense antiga, duma estranha e sedutora psicologia.

Estou envelhecendo — e os velhos gostam das
coisas idas. Para mim, dantes, tais rebuscas em pergaminhos amarelidos e safados causavam horror e acha-
va-as amanho muito próprio de espíritos despreocupados, entontecidos pelos anos, misoneístas ásperos,
num insulamento egoísta das luzes da civilização e dos
prazeres do século. Só agora lhes descobri o bálsamo
perfumado, a magia enlevante, como se a alma, que
nós queremos ressuscitar em ideal para o futuro, se
comprazesse em reviver de saüdade no passado.

Ao entrar, como lavrador bisonho no átrio dumà
casa estranha, hesitante e atarantado, no bafio entristecido destas velharias, aliás proveitosas à reconstitui̇-
ção da nossa vida histórica no seu dinamismo quoti-
diano, o mais vulgar e também o mais íntimo e de
surpreendentes ensinamentos, murmuro a conhecida
saüdação provinciana do — louvado seja... —, esperando levem abonadas à minha boa fé as faltas em que
certamente vou incorrer.

E... principio, dando conta de como as *Beatas dö
Chapéu* defendiam, não sem certo orgulho, e falavam

DA ANTIGUIDADE E HISTÓRIA
DO RECOLHIMENTO DO ANJO

«S.ʳ D.ʳ Corrigidor, e Provedor
desta Com.ᶜᵃ de Guim.ᵉˢ

Foy notificada á ordem de V. M., á M.ᵉ Reg.ᵗᵉ do
Recolhim.ᵗᵒ do Anjo S. Miguel desta m.ᵃ Villa p.ᵃ exhi-
bir na Sua prez.ᶜᵃ os titulos q. tem do m.ᵒ Recolhim.ᵗᵒ

He tam antigo o Recolhim.ᵗᵒ do Anjo nesta Villa
de Guim.ᵉˢ, q. ha huma tradição q. S. Franc.ᶜᵒ esteve
nelle quando profetizou, = *que este Reyno de Portugal
nunca seria junto aos Reynos de Castella* =. Como
diz Fr. M.ᵉˡ da Esperança na Histor. Serafic. tom. i.
lib. i. Cap. 2. n. 2. Eq. na m.ᵃ, ou outra ocasião pro-

fetizara, q. sempre no d.º Recolhim.ᵗᵒ haviria uma Recolhida depura Santid.ᵉ, e a ser tambem na m.ª occazião foy no anno de *i2i4* como diz a d.ª Histor. Sup.ª (¹)

E nam ha duvida q. o com vento de S. Franc.º desta Villa teve seu pr.º principio na era de *i2i6.* no sitio chamado = *a fonte Sánta* = o m.ᵉ A. na Histor. Serafic. tom. i. cap. 3g. n. i., e cap. 40. n. i. (²). Po-

---

(¹) São as seguintes as passagens de *Frei Manuel da Esperança:*

1 — «Quando o Santo seráfico, deixando Ciudad-Rodrigo, se meteu em Portugal, corria já o ano de 1214, e é tradição constante que esteve em a cidade da Guarda. Que caminho, saíndo daqui levasse, não sabemos..... Pode ser que chegasse a Coimbra, onde a Côrte estava : porém isto não nos consta, e diz o padre frei Marcos com Gregório de Almeida, ou quem foi autor do livro intitulado — *Restauração de Portugal,* que em Guimarães achou êle a Raínha D. Urraca, mulher del Rei D. Afonso II, à qual buscou de propósito para encomendar a sua religião.

2 — Nestas visitas lhe profetizou o Santo que êste *Reino de Portugal nunca seria junto aos reinos de Castela,* como o achou escrito o dito padre frei Marcos, que também o escreveu.....

6 — Mas ou o Santo em Guimarães a dissesse, ou noutro lugar do reino, não deixa de ser certíssimo, que esteve nessa vila. Não foi contudo para visitar a S. Gualter, seu discípulo, como disse um Autor dos nossos tempos, porque tinha ficado em Itália, e não veio a Portugal, senão daí a dois anos, no qual tempo principiou o convento. Seria sua tenção ver a Raínha, se ela na mesma vila estava, ou Deus o levou para acreditar seu nome com o milagre seguinte, que foi dos primeiros, em que mostrou seus poderes sôbre as fôrças da morte. Tinha-se êle recolhido, como costumava sempre, num hospital na companhia dos pobres, e obrigando-o um devoto a pousar em sua casa, Deus lhe pagou brevemente pelas mãos do mesmo Santo esta sua caridade, porque falecendo sua filha, a qual estava enferma, foi restituída por seus merecimentos à vida. Com isto se imprimiu tam notável devoção, e afeição a seu respeito nos moradores da vila, que ainda permanecem grandes vestígios dela. Despediu-se finalmente entretendo as instâncias de lhes conceder convento, com uma promessa dêle para quando houvesse ocasião, e seguindo seu caminho pela cidade de Braga, foi santificando a terra, que pisava com os pés, e fazendo bem a todos...» — *(Historia Serafica da Ordem dos Frades Menores de S. Francisco na Provincia de Portugal,* 1.ª ed., 1656, Liv. I, Cap. II, n.ᵒˢ 1, 2, 6, pág. 44, 45 e 46).

(²) *1* — «Das raízes duma serra, chamada de *Santa Catarina,* à vista de Guimarães pela banda do sul se levanta um oiteiro, muito fresco, e alegre, como são todos os outros à roda por razão dos arvoredos, que os vestem. Entre as fontes, de que se acha re-

rem no anno de *i27i*, semudou p.ª o hospital q. se chamava do Anjo junto á Torrevelha: o m.º A. Sup.ª na Histor. Serafic. tom. i. cap. 4i. n. i (¹), e 2. Gaspar Estaço Antiguidad. de Portug. cap. 29. n. 2.

---

gado, nasce uma quási meio quarto de légua da vila, a qual merecendo nome célebre pela bondade, e abundância da água, hoje se chama *fonte santa* ou *fonte de são Gualter*, a respeito das insignes maravilhas, que Deus tem obrado nela por sua intercessão. Para esta parte se retirou o mesmo Santo («sendo certo que na vila todos, o queriam receber «em suas almas, quanto mais em suas casas», porque «viam nêle que dêsse modo andava, descalço, mortificado e pobre, N. P. S. Francisco quando na sua mesma vila ressuscitou a defunta») com seu companheiro naqueles primeiros dias, ordenando umas choupanas de ramos, como de homens passageiros, que caminhavam da terra para o céu. Comiam das esmolas, com que vinham visitá-los os devotos sem êles as procurarem, e aproveitando-se da fonte, dela bebiam, e nela lavavam as suas túnicas em uma pia de pedra, a qual se achou há poucos anos, e serve agora na mesma fonte medicinal, onde muitos enfermos se banharam, e alcançaram saúde.»

2 — «Neste tempo saíu a resolução dos moradores da vila, a qual foi que nem êle ficasse tam longe como queria, nem o obrigassem a fundar tam perto como êles desejavam: mas que o convento se fizesse mais abaixo para a parte da vila, quási em distância igual entre ela, e a fonte.....»

E depois de citar uma carta de partilhas entre Gil Lourenço de Miranda e outros, feita por Fernão de Sela, a 16 de Julho de 1448, e na qual se demarca, a confinar com a fonte, a herdade de *Borreirós*, prossegue:

3 — «.. ...Donde se vê, ser fundado o convento muito abaixo da fonte, cuja água recolhe em si o sobredito ribeiro. Teve assento num campo, o qual agora confronta por tôdas as quatro partes com a quinta de Vila Verde, campo e devesa do Minhoto, campo chamado do *Cavalinho*, e com o caminho público, que vai da fonte do Amor pela porta da quinta do Alvim, no qual parece que ficava a entrada do convento. Aqui numa eminência se vê ainda à flor da terra um pedaço de parede, e noutras partes vizinhas desentranhá o arado alguns tejolos e pedras: argumentos claros de antigo edifício. Depois que nós o deixámos na mudança para a vila os seculares, a quem ficou êste campo, fizeram um pombal nêle, que por razão do convento se chamava de *são Francisco o velho*. E no ano de 1476 passou com as outras casas juntas, por doação de Alvaro Gomes, e de sua mulher Isabel Mendes, à confraria dos sapateiros, em cujo arquivo se guarda a escritura. Nós demos estas notícias, para que se não acabe totalmente a memória dum dos solares, que teve a nossa Religião neste reino.» — *(Obra cit.*, Cap. XXXX, n.ᵒˢ 1, 2 e 3, pág. 138, 139 e 140).

(¹) *1* — «Foi entendendo Guimarães quanto melhor lhe estava a vizinhança do convento, que a distância dêle, e assim se resolveu em o trazer para perto dos seus muros, donde os religiosos

Este Segundo convento foi mandado demulir por
ordem do S. Rey D. Diniz, porq. na guerra q. teve
com seu f.º q. teve esta Villa cercada, e de lhe cauzara
gd.ᵉ damno: Histor. Serafi. tom. i. cap. 34 n. i. Gasp.
Estac. cap. 29. n. 3. o P.ᵉ Ant.º Carv.º na sua Corografia Portugueza tom. i. cap. i6 pag. mihi 65. ibi. = (¹)

A segunda fundação deste comvento foy dentro da
Villa de Guim.ᵉˢ junto a torre velha, em hum hospital,
que chamão do Anjo, situado na rua do seu nome, q.

---

mais fàcilmente acudissem às obrigações da caridade cristã. Êste
foi o motivo da mudança, e não por ser doentio o lugar, onde es-
távamos, como alguns por erradas informações escreveram; porque
na verdade era frêsco, e sadio, quais são todos nestas partes. Pelo
que, estando dêste acôrdo a nobreza e o povo, mandaram chamar
à Câmara o guardião frei Miguel, e aí lhe fizeram doação dum hospital, por outro nome *Albergaria*, no qual se recolhiam as pobres,
que passavam de caminho, e por ser administrado pelo govêrno da
vila se chamava o *hospital do concelho*. E parece que em prémio
da nossa caridade exercitada com os pobres, e enfermos dos sobreditos hospitais, nos concedeu o céu êste, muito próprio do nosso
santo estado, o qual é de passageiros pela terra para o reino da
glória. Foi feita a doação pelo juiz Mem Martins, e por todo o concelho a 23 de Novembro, ano de Cristo de 1271, estando também
presentes o alcaide-mor Pero Rodrigues, Fernão Gonçalves Cadilho,
e muitos homens bons, como então se chamavam os honrados....»
2 — «Estava o hospital junto da vila, *juxta villam*, como diz
o auto da dita posse, à roda dos muros dela, *circa murum villae*
conforme a doação, *prope portam, quae vocatur de turre veteri*, e
perto da sua porta, chamada *da torre velha*. Estes muros eram
aqueles antigos, que El-Rei D. Dinis mandou depois renovar, e D.
João I fortificou com tôrres novas, das quais a que sucedeu à outra,
que se chamava *a velha*, ainda tem êste nome; e no alto ostenta
uma imagem de N. P. S. Francisco.... Aqui em uma planície ficava o hospital, pouco acima do sítio, onde agora estamos. E neste
mesmo lugar se vai edificando outro mais rico, e sumptuoso, que
instituiu, e subordinou ao convento na forma, que adiante diremos,
um especial devoto do dito santo Patriarca; para que o mundo aca-
basse de entender, como não é perdido o que se gasta com êle,
pois em retôrno dum hospital, que nos deu a vila de Guimarães,
lhe tornamos a dar outro em tudo mais avantajado.»
(¹) «A segunda fundação dêste Convento foi dentro da vila
de Guimarães junto à tôrre velha, em um hospital, que chamam do
Anjo, situado na rua de seu nome, que é hoje Recolhimento de Beatas da Ordem de S. Francisco, donde o mandou derrubar El-Rei
D. Dinis pelos anos do Senhor de 1290 em razão do dano, que dêle fizeram às suas gentes no cêrco que naquela Vila pôs o Infante
D. Afonso seu filho nas diferenças que teve com êle; e querendo-se

hoje he Recolhim.^{to} de Beatas da Ordem de S. Francisco, donde omandou derrubar El Rey D. Diniz pellos annos do Senhor de 1290. inquam, de 1200. em razão do damno, q. lhe fizerão as suas gentes no cérco q. naquella Villa pos ao Infante Dom Affonço Seu filho nas diferenças q. teve com elle; equerendo-se tratar da sua ultima fundação no lugar emq. hoje está, lhe foram postos embargos pello Cabido da Collegiada de Guimarães q. se guardam no seu Archivo. Mas sem embargo do impedim.^{to} continuou a d.ª fundação aq. lançou a pr.ª pedra o Arcebispo de Braga D. Frey Tello, Religioso desta Ordem, com m.^{ta} solenidade no anno do Senhor de *1290.* e deu muita parte do dinheiro, que se gastou na obra, como dis Gonzaga no seu Livro da Religião Serafica fol. 273. = (¹)

Aqui se ve claram.^{te} q. junto atorre velha no hospital do Anjo esteve o comvento de S. Fran.^{co} e q. forão lançados os Padres fora delle, por causa das guerras, q. teve com seu f.º o Sr Rey D. Diniz, e que depois disso entraram p.ª o m.º hospital ás Beatas da

---

trátar da sua última fundação no lugar em que hoje está, lhe foram postos embargos pelo Cabido da Colegiada de Guimarães, que se guardam em seu arquivo. Mas em embargo do impedimento continuou a dita fundação, a que lançou a primeira pedra o Arcebispo de Braga D. Frei Telo, Religioso desta Ordem, com muita solenidade no ano do Senhor de 1290 e deu muita parte do dinheiro, que gastou na obra, como diz Gonzaga no seu livro da Religião Seráfica, fol. 273.» — (*P.ᵉ Antonio Carvalho da Costa — Corografia Portugueza —*, Lisboa M.DCC.VII, cap. XVI, pág. 65.

Gaspar Estaço — Varias Antiguidades de Portugal —, impressas em Lisboa no anno de 1625, cap. 29, 3, diz : — «Esta casa foi mandada derribar pelo mesmo Rei D. Dinis, porque na guerra, que teve com o Infante D. Afonso seu filho, em que o Infante teve esta vila cercada, que estava por El Rei seu pai, de cima do mosteiro, que estava chegado ao muro, faziam os do Infante grande dano aos da Vila. E tornou-se a edificar onde agora está de licença de El Rei D. João primeiro (em nota — «A carta de licença está no cartório de S. Francisco de Guimarães» —) dada em Braga em três de Novembro da Era de 1438 ano do Senhor de 1400, com condição que não fôsse mais chegado à Vila do que estava o de S. Domingos...»

(¹) E' a versão também apresentada pelo *P.ᵉ Torquato Peixoto d'Azevedo* nas *Memorias Resuscitadas da Antiga Guimarães*, em 1692, ed. de 1845, cap. 92, pág. 341.

Ordem de S. Fran.^{co}, e ñam ha duvida e he tradição, q. entrarão logo q. sahirão os Padres, eq. ficaram sempre sugeitas aos mesmos e assim o diz o m.º Carv.º sup.ª prox.ᵉ Cap. i6. pag. mihi. 6o. infine. ibi. = (¹)

A capella do Anjo com o seu Recolhim.^{to} de Beatas de S. Francisco admitidas pelo Comiſsario dos Terceiros do Seu Comvento, q. está situada na rua do Anjo, de quem tomou o ñome. =

Neste Recolhim.^{to}, q. he tam antigo, q. não ha outra memoria do seu principio, houve sempre tanto fervor no zelloso servisso de Deos, q. nunca delle sahirão senam bom exemplo; e m.^{tas} virtudes; nunca padeçeo ō menor dezar à sua pureza, antes tem tido Recolhidas detam exzemplar vida, como escreve o Insigne

---

(¹) O *P.ᵉ Caldas (Guimarães,* vol. II, pág. 94 e seg.) afasta--se nêste ponto de todos os autores antigos e dos velhos monografistas vimaranenses. «Alguns escritores, explica, que se ocupam desta segunda fundação (do convento de S. Francisco) dizem que ela tivera lugar no hospital do concelho, *que actualmente serve de recolhimento às beatas do Anjo,* e que fica dentro dos antigos muros da vila a norte da Tôrre Velha. Todavia se atendermos às palavras da doação, que se leem na História Seráfica dos frades menores da Província de Portugal, se apreciarmos bem os acontecimentos e avaliarmos outras circunstâncias, teremos de rejeitar o êrro, e convencer-nos de que o hospital em questão estava fora de muros, ocupando um lugar, muito provável, entre a actual Fonte dos Passarinhos e a igreja de S. Dâmaso, não podendo por isso ser nunca o recolhimento do Anjo». Basea-se primeiro naquelas palavras da doação — *juxta villam, circa murum villae, prope portam, quae vocatur de turre veteri.* «Acresce a isto que no correr dos tempos, como reza a história, crescendo a fábrica dêste segundo convento, também a cêrca se foi dilatando *daqui até ao rio da rua de Couros,* portanto o convento devia ficar fora de muros, pois que não era natural, que entre o convento e a sua cêrca corressem os muros da vila, separando o que por tôdas as razões devia estar ligado». Finalmente — «El Rei D. Dinis depois do cêrco, que Guimarães briosamente sustentou contra as tropas de seu filho rebelde, mandou derrubar êste convento, *que por estar muito perto dos muros da vila* servira de baluarte à gente D. Afonso, que *dali* causara grandes prejuízos e danos às tropas sitiadas. Portanto o segundo convento dos franciscanos, demolido por ordem régia, nada tem com o actual recolhimento.»

Genealogico Trocato Peixoto Azevedo seu vezinho, q. foy, deq.^m trata a Histor. da Caz. Real Portuguez. Sempre em toda a idade teve Recolhidas m.^{to} nobres por nascim.^{to} eveneraveiz por virtuozas; com.º Reco- lhim.^{to} teve entre outras heroínas á pr.^a fundadora do Most.º da Me de Deos da pr.^a Regra de Sta Clara desta m.^a Villa de Guim.^{es} como diz o P. Fr. Fran.^{co} da Soledade no seu tom. 5. da Hist. Serafic. Cap. 35. pag. mihi. 806. Sub. n. ii80 or.^{do} A pedra ibi. =

A pedra fundamental della foy huma varonil mo- lher digna de perpetua lembrança, nam so pello eleva- do do seu espirito, mas pella valentia do seu generoso animo. Chamava-se Catharina das Chagas e vivia na Companhia de outras Beatas da Terçeira Ordem no Recolhim.^{to} do Anjo damesma Villa; as quaes são de habitos, e mantos de sayal com toucas na forma das Manteletas da dita Orde etambem de chapeos quando sahem fora de casa vindo todos os dias a Igreja do nofso comvento de duas em duas ouvir mifsa, confessarsse, e assistir aos officios divinos. Neste Recolhim.^{to} com grande consolação do seu espirito vivia Catharina das Chagas por se achar nelle separada e livre dos laços do mundo; mas entre tanta felecidade lhe asestia hum disgosto aq. tinha pertendido remedio, enam acabava de o conseguir. =

Aqui neste lugar nam so diz o d.º A. afsima, emq. antigam.^{te} vivião, dos habitos, vida e procedim.^{tos}, mas continua em como a m.^a fundou o d.º Most.º no anno de *i67i;* e foy a Roma pessoalm.^{te}, e fes outras m.^{tas} pruezas deq. fala o d.º P. por todo o d.º cap. 35.

Ficaram as mais Recolhidas no seu Recolhim.^{to} do Anjo sempre com am.^a exzemplar vida e custumes re- correndo aos Prelados Ecclesiasticos de Braga, p.^a lhe conçeder a faculd.^e da admenistração dos Sacram.^{tos} da sua Capella, e se ve a fl. 5; e *segg;* aq. lhe premetio o Sereníssimo Sr D. José Arcebispo Primaz, o qual tendo especial informação das suas vidas e custumes, e o grave deterim.^{to} q. padeção em sahirem ao com- vento de S. Fran.^{co} as admetio debaixo da Sua por- tercção, e tirou da sugeição dos P.^{es} de S. Frañ.^{co} e

lhe pos Capellão como se ve do desp.º, ou decreto
fl. 7 —, e lhe conçedeo a licença p.ª as absolverem e
sepultar na sua Capella a fl. 8. eafl. 9; eafl. îo; eafl.;
p.ª a mudança da sua Capella a fl. ii e v.º; e as houve
por izentas das sugeições parochiaes a fl. i2. deu l.ᶠᵃ
p.ª lançar o habito ao Donato fl. i3. mandou continuar
o off.º de N.ª Sr.ª a fl. i4. deu-lhe nova forma de habitos fl. i5. com mantos i6. e escapulario fl. 17., e lhe
deu outro Capellam fl. i8. e outros mais, cujas izenções
e decretos se acham confirmadas, pello Sereniſſimo Senhor D. Gaspar a fl. 19. e outros m.ᵗᵒˢ Decretos, e
Provizões. (¹)

As mesmas Recolhidas q. sempre forão observantes da 3.ª Ordem de S. Fran.ᶜᵒ vendo-se opremidas

---

(¹) Todos os referidos documentos se encontram apensos à
representação, que não tem data, mas é escrita em letra conhecida
aqui dos antiquários, devendo ter sido feita nos meados de mil se-
tecentos. E' o primeiro a certidão da Provisão do *S.ʳ Rey D. João
V*, a que se referem no parágrafo seguinte, e foi passada em Lisboa
ocidental a 24 de Outubro de 1736, deferindo o pedido que as recolhidas lhe haviam feito, e porque «há muitos anos viviam pobrís-
simas e sempre observantes da Ordem Terceira de S. Francisco com
muita virtude e honestidade», de pedirem ou mandarem pedir esmolas «para sua sustentação e reparo do seu Recolhimento que se
acha danificado e fazerem alguma obra mais precisa», licença váli-
da por um ano e extensiva não só ao têrmo de Guimarães mas a
todo o Arcebispado de Braga. As recolhidas representaram ao Arcebispado para que sua ilustríssima fôsse servido mandar que os
reverendos párocos insinuem a seus fregueses êste acto de caridade
pedindo as esmolas pelas suas freguesias e juntas elas em sua casa
avisem as recolhidas para as mandarem buscar por pessoa de sua
confidência. Em cabido Sede Vacante 30 Janeiro 1736 o Deão lançou o seguinte despacho
— «*Poderám as Supplicantes mandar pedir: porem obriga-
çoens novas aos Parocos nam.*» —
Os hábitos eram todos de lã, na forma e segundo a regra da
Terceira Ordem de S. Francisco. As recolhidas mandaram amostras ao Arcebispo e veio a resposta de que qualquer delas podia
servir. Quando pediram para fazer mantos e escapulário, de Braga
disseram (31 Janeiro 1752) — bastam mantos — : Elas insistiram —
«desejavam usar de escapulário para mais modéstia, composição e
honestidade das mãos e das pessoas e como das Ordens Terceiras
Seculares do Carmo, da Trindade, de S. Domingos, de S. Francisco usam dêle tôdas e as Sup.ᵉˢ professando recolhidas teem mais
razão para usarem dêle que as pessoas seculares» —, alcançando licença (14 Maio 1752).

nam so recorrerão a Sua Alteza Real o Serenissimo S. D. J.^e Arceb.º Primaz aonde juntaram m.^{tos} Docum.^{tos} do m.º Recolhim.^{to}, e lá ficaram, pella morte do m.º, como tambem qd.º requeram ao Sr Rey D. João 5.º, q. lhe conçedeo a Provizão fl. i. daqual se mostra, mostraram o seu intacto preçedim.^{to}, e antiguid.^e do m.º Recolhim.^{to} q. preçedendo as informaçóis se lhe concedeu na era de *1736*. como se ve fl. i. v.º do q. tudo se colhe a antiguid.^e do m.º Recolhim.^{to}, e a sciencia q. delle tinha aquelle memoravel Monarca, e como as ditas Recolhidas, eram molheres se havia, como não ha duvida, alguns docum.^{tos} se perderam, ou consumirão pello espaço de tantos annos, deq. constão os livros, q. se allegam, q. fazem prova : Themud. 3. p. d.^e 340. pag. 322. mihi. n. 34. Peg. 6. foz. cap. 164. n. 12. card. Deque. de Regalib. d.^e 3i. pag. mihi. 82. n. 7. Barbos. ad. Ord. in. 4.º tit. 102. q. i. n. 3.

E pello espaço de tantos annos se prezume intervirem todas as solenidades, e requezitos n.^{os}, Valasc. cons. 169. an. 25. Reynos. ob.ª 7i. n. 4 e add ibi.

E m.^{to} milhor se presumem todas as Solenid.^{es}, a vista da Provisão a fl. i. e v.º por consentim.^{to}, e aprovação deq.^m a conçedeo. ex Reinoso Ob.ª 7i n. 3. e ud.º ibi. Simon. Vas Barbos. Litera c. n. 98. August. Barbos. illius frater Ax.^{or} 46. n. 4.

E o certo he q. hoje se chamão Beatas ás molheres q. se dedicão a Deos ferquentando os Sacram.^{tos}, porem em outro tempo só assim se chamavão as q. vivião religiosam.^{te} como bem mostra Frey M.^{el} da Esperança, Estor: Serafic. p. i. Liv. 5. Cap. 20. pag. mihi 560. n. 2. (¹)

(¹) «Chamamos *Beatas* hoje às mulheres seculares, que sendo mais reformadas na vida e no seu hábito parecem religiosas, o qual nome se deu já antigamente no Concílio IX de Espanha, celebrado pelos anos de 655, às donzelas, que se consagram a Deus, e são bem-avenfuradas por êste seu sacrifício.»

Na referida immemorial posse se conservam ·as Recolhidas do Anjo, sem impedim.ᵗᵒ,. nem perturbação alguma q. conste des a sua pr.ᵃ origem; nam tem outro t.º, e se pode attribuir esta falta ou a sua singeleza, e elevação mais nas glorias do Ceo, que nas da terra; ou ao discurso do m.º tempo, q. tudo consumio; e tudo q.ᵗᵒ lhe falta esperam supra a piedosa inflexibelid.ᵉ de tam recto Mn.º, porq.ᵐ rogaram a D.ᵒˢ prospere, e felecite. por todo o favor que imploram neste seu sincero memorial.

E. R. M.

(Continua).

Eduardo d'Almeida.

RECOLHIMENTO DO ANJO

SANTA MARIA DE GUIMARÃES

A JURISDIÇÃO DA SUA IGREJA

(Cont. do n.º 3, pág. 206)

Saibam quantos este instromento virem que na era de mil e quatrocentos e quarenta e tres anos tres dias do mez de Junho no adro de santa maria do Azinhoso depois da missa de prima perante o honrado padre e senhor D. Martinho por a graça de Deus e da santa egreja de Roma arcebispo de Braga e primaz que presente estava em presença de mim Vasco Domingues tabelião geral por nosso senhor el-rei nos seus reinos e testemunhas adeante escriptas apareceu Gil Affonso conego que se dizia da egreja de Guimarães e procurador de Diego Alvares priol da dita egreja de Guimarães e em nome do dito priol e seu e de Pedre Anes que se outrosim diz conego da dita egreja de Guimarães e disse que el em nome dos sobreditos priol e Pedre Anes e seu pedira o dia d'hontem os apostolos ao dito senhor arcebispo a umas appellações que lhe forão publicadas da sua parte delles e que o dito senhor arcebispo lhe dera muitas escripturas por apostolos e por elo mostrou logo perante o dito senhor arcebispo uma cedula escripta em papel da qual o teor tal é — Vasco Domingues desto que aqui é escripto me dareis um instromento ou dois que eu Gil Affonso em nome do prior da egreja de Guimarães e meu e de Pedre Anes conego da dita egreja de Guimarães recebo por apostolos uma cedula escripta em papel de resposta que meu senhor o arcebispo da as appellações que

lhe por mim foram entimadas pela parte do dito priol
e Pedre Anes e minha por que não recebia os ditos
apostolos e recebo algumas sentenças sea hi ha que façam a este feito que foram dadas por virtude dalguns
processos dessés que o dito senhor dá por apostolos
e composição que diz que foi antre ·D. Estevão arcebispo que foi de Braga e o priol e conegos que então
eram de Guimarães e os-estromentos que diz que foram feitos por nos dito Vasco Domingues e esto com
protestação de não fazer prejuizo ao dito priol e ao dito Pedre Anes nem a mim e somente recebo estas escripturas em aquellas cousas que fazem por o dito priol
Pedre Anes e mim dito Gil Affonso e requeiro ao dito
senhor que me mande dar as ditas escrituras como dito hei e que as receberei por apostolos nas que.......
e dessas outras escrituras que não fazem a esto e que
da por dar despesa dos sobreditos que se não poderiam
escrever em dois mezes que as não recebo por apostolos nem consinto em elles e assim me dareis um instromento ou dois de como vos destes as ditas escrituras e a soma e confusão dellas e a multidão e do tempo em que vos parece que se podiam escrever e isso
mesmo digo aos apostolos que diz que da ao dito Pedre Anes e a mim dito Gil Affonso que aquelles processos e aquellas inquirições e comprometimentos que
da por apostolos que não fazem a este feito a dar razão porque não recebo as appellações mais que se me
der as ditas escripturas como dito hei que as receberei
por apostolos com as ditas protestações; Outro sim me
dareis um instrumento como o arcebispo da a estes
mesmos apostolos as apellações que lhe foram intima-
das pela parte de Pedre Anes conego da dita egreja e
pela minha 'A qual cedula assim mostrada o dito senhor
arcebispo lhes deu por resposta aos sobreditos apelantes
da sobredita cedula que ora presentava o dito Gil Affonso que elle nos apostolos que lhe hontem deu não
·lhes da escrituras superfluas mais antes lhes deu e da
por apostolos escrituras e sentenças que fazem afeição
e por claramente se mostrar legitimamente estar em
posse de os arcebispos de Braga visitarem a dita egreja de Guimarães assim na cabeça como nos membros
e que as suas apelações são maliciosas e frívolas e dizendo que elles não cumprem receber os ditos apostò-

·los por 'a guisa que lhos dou e da (sic) pedio o dito se-
·nhor Arcebispo a mim sobredito tabelião um instro-
·mento dois tres e mais os que lhe cumprirem e o dito
:Gil Affonço disse que ele não recebia nem queria os
·ditos apostolos em nome do dito priol e seu e do dito
·pedre Anes se não por a guisa que se contem na so-
·bredita cedula e pediu outrosim esse Gil Affonso em
seu nome e dos sobreditos a mim tabelião um instromento e quinze e mais quantos lhe cumprirem e eu ta-
helião dou de mim fe que tenho em mim a dita resposta e escrituras exãtadas em ella que lhes o dito senhor
arcebispo deu por apostolos e que é tanta escriptura
·que se me dessem penhores que as escreverei em dez
ou doze dias ao mais tardar testemunhas que presentes foram Diego Affonso Correa comendador de Algo-
so e Martim Mendes comendador do Mogadoiro e Rodrigo Alvares de Midões escudeiro e João Affonse morador em S. Martinho do Peso e Vasco Gil vedor e
Gonçalo Anes escrivão da casa do dito senhor arcebis-
:po e outros e eu Vasco Domingues tabelião geral so-
·bredito que esto instromento em minha presença escrever fiz por fiel escrivão por que era ocupado doutros
negocios e esto su escrevi por minha mão e aqui fiz
meu signal que tal é. — Saibam os que este instromen-
:to de publicação virem que no anno da era de 1442
annos feria sexta 25 dias do mez d'abril em a cidade
de Braga dentro no cural de paços do honrado padre
e senhor D. Martinho por merce de Deus arcebispo do
dito logo de Braga perante elle pareceu Gonçale Anes
morador em a cidade e Gil Miz morador em Vizeu co-
procuradores que eram do honrado Diego Alvares Priol
da egreja de Santa Maria de Guimarães por uma procuração feita e assignada por mão de Rui Miz tabalião
do dito logo de Vizeu segundo por ella parecia da qual
procuração o theor della é tal — Saibão quantos esta
·presente procuração virem como nos Diego Alvares
priol de Guimarães fazemos nossos certos procuradores abundosos sufficientes como elles melhor e mais
:compridamente podem e devem ser e por esto mais valer Gonçale Anes morador na cidade do Porto e Gil
Miz de Vizeu escudeiro de nos dito priol os portadores
ou portador desta presente procuração que elles e ca-
·da um delles por nos e em nosso nome presente e pos-

sam presentar publicar e fazer publicar a D. Martinho
arcebispo de Braga e primaz letras graciosas de nosso senhor o Papa de execução em que o exime de
toda a juridição ordinaria do dito senhor arcebispo e
outra letra em que o licenceou que não fosse i prouen-
do a ordens sacras já 5 annos segundo esto e outras cousas mais compridamente nas ditas letras que
conteudo e outras quaesquer letras que nos tenhamos
e hajamos do dito senhor o papa e possam pedir e
requerer instromentos das ditas publicações e cada
uma dellas e que outrosim possam em nosso nome e
da dita nossa egreja fazer frontas e protestações e requerimentos quaes virem que cumprem e mester fazer especialmente que possam protestar e fazer protestação que pela dita exenção do dito senhor papa e
não entendemos de renunciar nem renunciamos em fazer por juizo a composição que é escripta antre os arcebispos que forem de Braga e os priores que forem
da dita sua egreja e confirmações que sobre ella ema-
naram em corte de Roma e a exemção e posse della
em que a dita nossa egreja e nos em seu nome estivemos e estamos por longos tempos por bem do que
dito é e discrem e rasoarem e fazerem no que dito é
todas as cousas e cada uma que nós diríamos e faria-
mos se por nossa pessoa presente fossemos ainda que
taes cousas avenhão que requeiram e não mostrem especial mandado nós havemos e prometemos dar todo
firme e estavel todas as cousas que pelos ditos nossos
procuradores ou por cada um delles por feito procurado nas cousas suso ditas e cada uma sob obrigação de
todos nossos bens e beneficios os quaes nos para esto
obrigamos e relevamos os ditos procuradores e cada
um de todo encarego de satisfação com suas clausulas
acostumadas feita a procuração em a dita cidade nas
pousadas do dito priol 15 dias dabril era de 1442 anos
testemunhas que presente foram Affonso Glz conego e
vigario do dito logo e Alvaro Glz e Diego Miz homens
do dito priol e outros e eu Rui Miz tabalião del-rei em
Vizeu que esta procuração escrevi em que meu sinal
fiz que tal é. — E presentada a dita procuração o dito
Gonçale Anes procurador do dito priol e em seu nome
delle ler e publicar fez por mim Gil Vasques tabellião
geral debrei antre doiro e minho em pessoa do dito ar-

cebispo uma sedula de fiança escripta em papel de que
·o theor tal é. — Em como eu Diego Alvares prior secular da egreja de Guimarães do arcebispado de Braga por força de uma composição antre o arcebispo de
Braga e os seus predecessores e priores da dita egreja
em outro tempo feita e confirmada e até este tempo
·guardada foi e so ·de toda jurisdição e suberção e senhorio do direito diocesano do dito arcebispo de Braga ·
·isempto tirados certos casos especiaes. — E agora de
·novo por algumas razões legitimas·por que mais cesse
a temer o que especialmente recomenda que o que geralmente é mandado e porque da minha parte forão
empetradas letras apostolicas de nosso senhor o papa
Bonifacio nono·nas quaes o dito senhor o papa mim e
os conegos da dita minha egreja e outras pessoas que
provem na dita·egreja exemiu da jurisdição do dito
·arcebispo em quanto el mim e de seus officiaes e su-
·jeitos e comissarios as quaes cousas são conteudas mais
·compridamente nas ditas letras dexemção — e cupero
que en estas letras dexemção mandei gançar eu á dita
·composição e direito meu e dos priores meus anteces-
·sores que por o tempo foram que hão e que houverem
de haver não entendo de renunciar nem nem dir escon-
·tra ella em nenhuma cousa prejudicar mas na dita composição e todalas cousas quero guardar assim devo e
só teudo e a isto,sempre serei aparelhado não embar-
·gando as ditas letras dexemção—ou privilegio as quaes
por isto que dito hei não renuncio nem quero renunciar
mais que ouvir usar das ditas letras e liberdades emquanto umas ás outras não repugnam nem prejulgam
·nem contradizem nem adusem e isto expressamente
protesto por guarda do meu direito A qual cedula de-
·fronta assim lida e publicada em pessoa do dito arce-
·bispo como dito é logo o dito Gonçale Anes em nome
·do dito priol presentou d'umas letras do mui santo ·pa-
dre Bonifacio papa nono que ora é de Roma escriptas
em pergaminho por latim e selladas da.su verdadeira
bulla em fios de retroz vermelho e amarello segundo
modo e costume de Roma segundo parecia e requereu
a mim dito tabelião que as lesse e publicasse em pessoa do dito arcebispo e começandoas eu dito tabelião a
.ler o dito senhor arcebispo me pediu que lhe desse as
ditas letras as quaes elle dito senhor arcebispo leu por

sua boca presente mim dito tabellião e testemunhas adeante escriptas das quaes o theor dellas se seguem em este modo (¹). — A qual cedula de fronta por mim dito tabelião assim lida e publicada e letras sobreditas por o dito senhor arcebispo lidas como suso dito é o dito Gonçale Anes procurador do dito priol pediu um instromento dois e mais das publicações e letras sobreditas para a guarda do dito priol e seus beneficios e logo o dito senhor arcebispo disse e deu em resposta que lhe dessem a copia da dita cedula e letras sobreditas e que el daria a ello sua resposta testemunhas o honrado Affonso Glz arcediago de Neiva e Affonso Glz arcediago de Barroso Vasco Doiz escrivão do dito arcebispo moradores em essa mesma e Rui Glz priol do mosteiro de Santa Maria de Villa Nova de Mujha e outros e eu Gil Vasques tabelião sobredito isto escrevi. — E depois desto sabado 26 dias do dito mez da sobredita era em a dita cidade de Braga na ante camara dos paços do dito senhor arcebispo perante el pareceu o sobredito Gil Miz procurador do dito priol na dita procuração conteuda e presente mim Gil Vasques tabalião sobredito o dito Gil Miz em nome do dito priol disse ao dito senhor arcebispo que presente estava em como lhe publicadas forão as ditas cedula de requerimento e letras sobreditas feria sexta que ora foi des'a prima hora da qual cedula de fronta e letras elle dito senhor pedia o traslado da dita fronta e letras em publica forma sob signal de mim dito tabelião das quaes el houvera copia e lhe ja era entregue por mim dito tabelião que lhe desse a ello sua resposta como ficara e como lh'o requeria que pedia um instromento em nome do dito priol e o dito senhor arcebispo disse e deu em resposta que el não dizia nenhuma cousa por aquillo que o dito prior dizia na dita cedula era requerimento e não havia mester resposta testemunhas o dito Lourenço Domingues notario do dito arcebispo e Alvaro..... porteiro do dito arcebispo e eu tabelião sobredito a todo esto presente fui e este instromento em duas peças perante dito priol escrevi em que fiz meus si-

---

(¹) Não publico as letras apostólicas para não avolumar este artigo.

gnaes e no juntamento e no fim deste instromento que tal é. — A qual cedula e instromento e letras assim mostradas e por Gil Affonso conego sobredito lidas e publicadas como suso escripto e declarado é o dito senhor priol pediu a mim sobredito tabelião um instromento com o traslado da dita cedula pois as outras sobreditas escripturas haviã de ser tornadas a sua mão para guarda de todo o seu direito e os sobreditos chantre e conegos disserão que lhes dessem o traslado das sobreditas escripturas todas e que elles haveriam seu conselho e que d'hoje a 9 dias dariam a ello sua resposta testemunhas que presentes estavam Gil Lourenço genro de Gonçalo Romeu e João Glz do Canto e André Anes enqueredor e Affonso Glz Leborom e Vasco Miz filho do Dom Abbade de Pombeiro e Alvaro Glz e Fernão Anes e Martim Glz escudeiros do dito priol e outros eu Vasco Dias tabelião sobredito que este traslado escrevi e que meu signal fiz que tal é. Signal publico.

(Continua).

João Lopes de Faria.

P.ᶜ JOÃO GOMES D'OLIVEIRA GUIMARÃES
(ABADE DE TAGILDE)

APONTAMENTOS PARA A HISTÓRIA

DO

CONCELHO DE GUIMARÃES

PELO

P.ᵉ João Gomes d'Oliveira Guimarães

(ABADE DE TAGILDE)

1853 - 1912

Na monografia *Tagilde*, relatando os abades que
teem paroquiado a igreja, chega o autor ao ponto de
dizer — «29.º *João Gomes d'Oliveira Guimarães*, actual
abade, natural da casa dos Abreus, freguesia de S. Vicente de Mascotelos, filho de Jacinto Gomes d'Oliveira
e D. Maria Alves de Abreu Pereira, nasceu em 29 de
Dezembro de 1853. Fêz o curso de preparatórios nos
liceus de Coimbra e Braga, concluindo-o em 1872; o
primeiro ano do curso teológico no seminário de Braga em 1873, sendo aprovado *nemine cum laude;* o segundo ano em 1874, e o terceiro em 1875, sendo em
ambos aprovado *nemine com distinção;* ordenou-se
prebistero em 23 de Setembro de 1876; exerceu o
cargo de pároco encomendado de S. Tiago de Candoso desde 31 de Agôsto de 1878 a 27 de Setembro de
1880; foi apresentado pároco de S. Vicente de Mascotelos por decreto de 21 de Janeiro de 1880, colado em
30 de Dezembro do mesmo ano, tomando posse em 9
de Janeiro de 1881; nomeado vogal eclesiástico da
junta do arbitramento e derrama das côngruas do

concelho de Guimarães por portaria do Arcebispo Primaz, de 10 de Fevereiro de 1886; foi apresentado nesta igreja de Tagilde por decreto de 27 de Janeiro de 1887, colado em 22 de Abril e tomou posse em 2 de Maio do mesmo ano. Entre outras comissões de serviço público, fêz parte da comissão encarregada da lotação dos benefícios paroquiais dêste concelho, criada pelo decreto de 30 de Dezembro de 1890, nomeado pelo Arcebispo Primaz por portaria de 24 de Abril de 1891. E' *sócio honorário* da Sociedade Martins Sarmento, proclamado em assemblea geral de 9 de Janeiro de 1892. Além de diversas escritos religiosos, políticos, históricos e de diferentes correspondências políticas e noticiosas publicadas em diversos jornais do país, publicou em 1893 um folheto de cincoenta páginas sob o título *Convento de Santa Clara de Guimarães,* estudo histórico publicado antes na *Revista de Guimarães,* que não foi posto à venda; foi um dos fundadores do jornal religioso *O Espectador,* publicado em Guimarães desde 1 de Novembro de 1883 a 30 de Outubro de 1884 e igualmente do jornal político *17 de julho,* publicado também em Guimarães desde 5 de Agôsto de 1886 a 5 de Maio de 1887.»

O homem que assim se biografava, evocando, na frieza dos números, por onde o leitor corre a vista enfastiado e distraído, os tempos da sua mocidade académica, a sua primeira missa, a sua vida coçada e triste de *cura d'almas* em pequenas aldeias minhotas, os serviços públicos que prestou, e as suas inclinações espirituais, dando, com modesto relêvo, como título único e bastante a lisonjeá-lo, porque lhe sorria ao coração — bom, forte e honesto coração de vimaranense — o facto de haver sido nomeado *sócio honorário* da Sociedade Martins Sarmento (¹), foi um sábio ilustre a

---

(¹) *«Acta d'assemblea geral*

Aos nove dias do mez de janeiro de mil oitocentos e noventa e dois, n'esta cidade de Guimarães e sala das sessões da Sociedade Martins Sarmento, achando-se presentes socios em numero legal, foi proclamado presidente o Ex.mo Snr. Francisco Ribeiro Martins da Costa que convidou para secretarios o Ex.mo Snr. José Luiz Ferreira e a mim Domingos de Souza. Abérta a sessão, depois de lida e approvada a acta da antecedente, o Ex.mo Snr. Dr. Avelino da

quém a história de Guimarães ficará devendo os seus primeiros fundamentos scientíficos e a uma rigorosa e consciente orientação. E' destas raras e nobres figuras que a morte sepulta e dilui na memória dos homens, no seu aspecto físico, mas que, no andar do tempo, cada vez mais avultam e se distinguem no seu labor, na obra de coração e inteligência que nos deixaram. A vida, passou-a, lá no rústico quarto do seu presbitério, consultando dia a dia, infatigàvelmente, pergaminhos, documentos, códices, que lhe desvendassem, ao cabo de torturas de paciência e exaustos de investigação, a verdade histórica sôbre o seu pequeno mas venerabilíssimo torrão natal; e desta abnegada tarefa apenas se distraía ou no escrúpulo dos seus deveres de sacerdote, dando a palavra da graça e da esperança aos que padecem. e aos agonizantes, ou, nos seus passeios a Guimarães, onde costumava hospedar-se no palacete do belo e fidalgo ancião que foi o *Barão de Pombeiro,* para intervir, com o seu andar de alentado desempêno, os cabelos já encanecidos.— o lidar com a velhice das idades avelhenta —, risonho, bonómico, muito façanhudo e singelo, o cigarro colado aos lábios, e pelejar na política, na administração camarária e nos amuos de campanário de bons rapazes, que se faziam perrices e se chofravam contundências inofensivas, ou ainda para desencantar nos arquivos as informações de que necessitava.

Sacerdote, político e historiador — tal foi o *Abade de Tagilde* —, com arreigada fé, com dignidade e

---

Silva Guimarães em nome da direcção de que é digno presidente, apresenta as seguintes propostas — ....,. Entre as pessoas, que tem prestado á Sociedade e seus fins sociaes, mais revelantes serviços, não podem esquecer e sem injustiça o nosso estimavel consocio o Snr. Abbade de Tagilde, P.e João Gomes d'Oliveira Guimarães, e o tenente d'infanteria 20 o Snr. João Baptista Barreira: o primeiro pela sua infatigavel collaboração na — *Revista de Guimarães* — e pela sua prestantissima e salvadora coadjuvação na organisação da exposição industrial de 1884, e pela sua intervenção efficaz para ser dotada esta corporação com o edificio proprio; o segundo, pela efficacia, zelo e generosidade com que não só organisou, mas tem dirigido a escola militar infantil.... Sobre este assumpto, approvadas que foram por unanimidade e sem discussão as.... propostas da digna direcção......»

correcção, com esclarecida, patriótica e erudita sciência. A história de Guimarães não poderá jamais continuar-se sem a invocação de seu nome, e há-de o operário, ao começar o trabalho, de rezar em sua gratidão um ave aos três nomes de *Sarmento, Tagilde* e *João de Meyra.*

Dizia-lhe do Pôrto, a 16 de Julho de 1908, *Alberto Sampaio*

«Meu amigo

Cá me chegou ontem à noute o 1.º fascículo dos «Vimaranis Monvmenta Historica». Muito e muito obrigado. Já lhe passei os olhos por cima. Não faz idea da impressão agradabilíssima que me fêz, e contudo falta ainda o índice e o mapa que hão-de aparecer no fim da 2.ª Parte, completando as duas, digamos assim, o 1.º Tomo de tôda a obra.

Mil parabens do coração. Se o meu louvor, não obstante a obscuridade de quem o dá, serve de alguma cousa, peço que o receba de braços abertos, pois é ditado pelo sentimento de plena sinceridade. Esta investigação, tam esmerada e tam cuidadosa, é a primeira no seu género no nosso país. Deus dê ao meu amigo largos anos de vida para poder levá-la a cabo.

Lembro que era conveniente mandar a obra para as principais bibliotecas e sociedades sábias estranjeiras, mas só quando estiver publicada a 2.ª Parte com o índice e o mapa, brochados juntos os dois fascículos. Dêste modo facilitava-se a gente, pouco conhecedora da nossa língua e da nossa terra, a compreensão do plano geral; e ao mesmo tempo dava-se-lhe informação de que os estudos históricos progridem entre os portugueses, dos quais, infelizmente, se faz hoje na Europa a pior opinião.

Brevemente agradecerei à Sociedade Martins Sarmento.

Com a expressão da minha admiração receba as mais afectuosas saudações e cumprimentos de quem é

Seu amigo m. dedicado e criado
muito obrigado

Alberto Sampaio.»

· Como as palavras efusivas e simples desta carta retratam bem duas almas!·

«Deus dê ao meu amigo largos anos de vida para poder levá-la a cabo.» Era um pressentimento? Nas últimas palavras *Ao Leitor* dizia o *Atanagildensis Abbas* — «Oxalá tenha força e tempo para rematar o encargo, que me foi commètido; é o voto que faço, por quanto

Eu d'esta gloria só fico contente
Que a minha terra amei e a minha gente.

(Aos bons engenhos, Dr. A. Ferreira).»

...A morte levou-o quando procedia à revisão do 2.º fascículo, que devia completar o 1.º tômo da obra... No leito da agonia confiou o encargo — a última, a mais soberana paixão da sua alma de vimaranense! —, ao *João de Meyra*. Isto passava-se em Abril de 1912. Em Setembro de 1913, *João*, novo, particularmente dotado para concluir o *Vimaranis*, já todo amor à sciência histórica, é morto (porque sempre encaro o seu desaparecimento como um assassinato da natureza) noutra aldeia, a sua lírica e ensombrada Gominhães (¹).

_____

(¹) «Mas a obra capital do *Abade de Tagilde*, empreendida à custa do município e cujo encargo recebido pela Sociedade Martins Sarmento por ela lhe fôra cometido, é a publicação dos *Vimaranis Monvmenta Historica.* ·

Não pôde concluir êsse monumento de saber e beneditina paciência. Mas deixa impresso o primeiro volume em cujos índices trabalhava actualmente.

No *Vimaranis Monvmenta Historica* deviam ter cabimento os diplomas que por qualquer maneira interessassem à história do concelho de Guimarães, e até à data das Inquirições de D. Afonso III, sem excepção todos os documentos referentes ao território vimaranense.

O programa foi seguido à risca no primeiro volume. ·

Para o cumprir, o *Abade de Tagilde* solicitou não só cópias paleográficas dos diplomas em tempo transferidos do arquivo da Colegiada para a Tôrre do Tombo, das Inquirições ainda não publicadas nos *Portugaliae Monumenta Historica* e doutros, mas êle mesmo conseguiu extrair do *Livro das Cadeias* e do *Liber Fidei* (o célebre cartulário que o cabido bracarense não deixou ver ao próprio Alexandre Herculano) vinte e tantos documentos que nesses livros dizem respeito a assuntos vimaranenses.

E assim como dos seus pergaminhos de Souto se extraem as

A *Sòciedade Martins Sarmentò* deve-lhe muito. Foi um dos mais assíduos, entusiásticos e valorosos obreiros desta belíssima instituição. A' cidade deu esfôrço produtivo e criterioso como Prèsidente da Câmara Municipal, e foram sem dúvida os seus trabalhos que conquistaram à *Revista de Guimarães*, com a ala de estudiosos em que galhardamente acamaradava, o bom rènome de que goza entre os letrados e os amigos do lar natal.

E' por certo deficiente e truncada a resenha, que apresento do seu fecundo labor: — que a sua memória o perdoe... .

mais antigas notícias que temos àcêrca de gafarias, ainda pouco antes de morrer, êle me fazia notar que de um documento transcrito do *Liber Fidei* se via a necessidade de alterar a data fixada para a morte do arcebispo S. Geraldo.

Os *Vimaranis Monvmenta Historica* ficariam, se fôssem levados à conclusão, obra sem igual no país, porque o *Corpus codicum* da Câmara do Pôrto, única obra de compilação documental concelhia que conheço, destinava-se a transcrever exclusivamente os documentos do arquivo camarário.

Não lhe foi dado, ao *Abade de Tagilde*, concluir o seu trabalho e essa pena levou consigo, como a única que podia conservar, quando com suave resignação cristã viu chegar a morte.

Dois dias antes de morrer ainda êle dizia a um amigo:

— E' você quem há-de tomar conta dos *Vimaranis*.

E êsse amigo, se não visse a necessidade de arredar-lhe pensamentos tristes, insinuando-lhe a perspectiva de uma vida ainda longa, ter-lhe-ia dito:

— Não, meu amigo. O primeiro volume verá a luz porque o deixa pronto e não é preciso mais que rever-lhe as provas dos índices. Mas a obra ficará interrompida. O homem que há-de retomar dignamente a tarefa em que a morte o colhe, volto os olhos em roda e não o vejo. E a falta de quem o substitua, meu amigo, é a maior prova do seu valor excepcional. — Guimarães, 21 de Abril. — *J. de M.*» — (in *O Commercio de Guimarães*, n.º 2644, de terça-feira 23 de Abril de 1912).

O segundo fascículo do *Vimaranis* está como ficou à morte do Abade e à morte de João Meyra. Estão impressos os monumentos, mas falta imprimir o índice remissivo dos nomes próprios, os toponímicos e as abundantíssimas erratas, bem como a carta corográfica. Vai esta Direcção, com a ajuda do Sr. João Lopes de Faria, e a pecuniária da Câmara Municipal, que espera, tentar publicá-lo, ficando assim completo o I Tômo da obra... .

Trabalhos publicados na «Revista de Guimarães»

Monographos vimaranenses

(Vol. I, n.º 4 — pág. 190)

Tinturaria

(Vol. III, n.º 1 — pág. 22)

Apontamentos para a historia de Guimarães

(Vol. V, n.º 1 — pág. 39)

Relação histórica dos eclesiásticos do Concelho de Guimarães que se encontram na «Collecção de listas que contem os nomes das pessoas que foram pronunciadas nas devassas e summarios pela Alçada creada por decreto de D.' Miguel, de 14 de julho de 1828», ou seja dos padres que sustentaram a causa da monarquia liberal.

Apontamentos para a historia de Guimarães

(Vol. V, n.º 4 — pág. 187)

«*Provizão* de D. João V extinguindo a obrigação, que pesava sobre os moradores de Cunha e Ruilhe, de virem varrer a praça e açougue de Guimarães na vespera de sete festas do anno», de 25 de fevereiro de 1743.

Documentos inéditos dos seculos XII-XV

(Mosteiro do Souto)

(Vol. VI, n.º 2 — pág. 72, n.º 3 — pág. 132; vol. VII, n.º 1 — pág. 18, n.º 2 — pág. 56, n.º 3 — pág. 135, n.º 4 — pág. 193; vol. VIII, n.º 1 — pág. 52, n.º 2 — pág. 67, n.º 3 — pág. 136, n.º 4 — pág. 204; vol. IX, n.º 1 — pág. 17, n.º 3 — pág. 170; vol. X, n.º 2 — pág. 97, n.º 3 — pág. 188, n.º 4 — pág. 222; vol. XI, n.º 1 — pág. 69, n.º 3 — pág. 165, n.º 4 — pág. 215; vol. XII, n.º 1 — pág. 36, n.º 2 — pág. 91, n.º 3 — pág. 120, n.º 4 — pág. 145; vol. XIII, n.º 1 — pág. 30, n.º 3 — pág. 107)

Convento de Santa Clara de Guimarães

(Vol. IX, n.º 4 — pág. 187; vol. X, n.º 1 — pág. 5)

Tagilde
(memoria historico descriptiva)

(Vol. XI, n.º 1 — pág. 5, n.º 2 — pág. 81)

Os D. Priores da Collegiada

(Vol. XIII, n.º 2 — pág. 49; vol. XV, n.º 3 — pág. 107)

Apontamentos para a historia de Guimarães
(A Villa do Castello)

(Vol. XV, n.º 1 — pág. 5)

Apontamentos para a historia de Guimarães

(Doc. textualmente copiado do *Livro das Provisões* sôbre a obrigação que tinham os moradores de Barcelos de virem com barretes vermelhos varrer as ruas de Guimarães, D. Filipe — 10 de Junho de 1608)

(Vol. XV, n.º 2 — pág. 48)

Couto de S. Torquato

(Vol. XV, n.º 4 — pág. 139)

Couto de Ronfe

(Vol. XVI, n.º 1 — pág. 23)

Caldas de Vizella

(Vol. XVI, n.ºˢ 2 e 3 — pág. 71)

Cartas do Padre Bartholomeu do Quental
Fundador da Congregação do Oratorio

(Vol. XVI, n.º 4 — pág. 152; vol. XVII, n.º 2 — pág. 152)

F. Martins Sarmento

(Vol. XVII, n.º 2 — pág. 130)

Inscripção inedita

(Vol. XVII, n.º 2 — pág. 148)

Inscripções ineditas

(Vol. XVII, n.º 4 — pág. 183)

F. Martins Sarmento
(Ineditos)

(Vol. XVIII, n.ᵒˢ 1 e 2 — pág. 6)

Emilio Hübner

(idem — pág. 30)

Catalogo do Museu archeologico

(idem — pág. 38)

Theatro vimaranense

(no especial número da *Revista* consagrado
a Gil Vicente)

(Vol. XIX, n.º 2 — pág. 97)

*Apontamentos para a historia do concelho
de Guimarães*

O architecto João Lopes d'Amorim

(Vol. XIX, n.º 3 — pág. 120)

*Apontamentos para a historia do concelho
de Guimarães*

Abastecimento d'aguas potaveis

(Vol. XX, n.º 1 — pág. 26, n.º 2 — pág. 72, n.ᵒˢ 3 e 4
— pág. 129; vol. XXI, n.º 1 — pág. 35, n.º 2 — pág. 64,
n.ᵒˢ 3 e 4 — pág. 131; vol. XXII, n.ᵒˢ 1 e 2 — pág. 57)

Festas annuaes da Camara de Guimarães

(Vol. XX, n.ᵒˢ 3 e 4 — pág. 160 e vol. XXI, n.º 1 —
pág. 20)

As epidemias em Guimarães

(Vol. XXIII, n.º 2 — pág. 52, n.ºˢ 3 e 4 — pág. 108; vol. XXIV, n.ºˢ 3 e 4 — pág. 123)

O museu archeológico

(Vol. XXIV, n.º 2 — pág. 79)

Apontamentos para a historia de Guimarães

Vínculo da Casa Nova
Capella e vínculo de S. Braz
Morgados de S. Braz
Morgado de S. Miguel
Vínculo de Valladares
Vínculo de Paço de Nespereira

(Vol. XXIV, n.ºˢ 3 e 4 — pág. 145)

Centenario da guerra peninsular

(alocução proferida em sessão solene
da *Sociedade M. Sarmento)*

(Vol. XXV, n.ºˢ 3 e 4 — pág. 113)

Apontamentos para a historia de Guimarães

**(*Livro dos acordãos desta Camara da villa de Guimarães
feytos no anno de 1692)***

(Vol. XXVI, n.º 4 — pág. 140)

Archivo da Collegiada de Guimarães

(Vol. XXII, n.ºˢ 3 e 4 — pág. 135; vol. XXIII, n.º 1 — pág. 5. n.ºˢ 3 e 4 — pág. 133; vol. XXIV, n.º 1 — pág. 5, n.ºˢ 3 e 4 — pág. 133; vol. XXV, n.º 1 — pág. 5, n.º 2 — pág. 75, n.ºˢ 3 e 4 — pág. 162; vol. XXVI, n.ºˢ 1 e 2 — pág. 24; vol. XXVII, n.º 1 — pág. 5, n.ºˢ 3 e 4 — pág. 97; vol. XXVIII, n.ºˢ 1 e 2 — pág. 17, n.ºˢ 3 e 4 — pág. 106; vol. XXIX, n.º 1 — pág. 5, n.º 2 — pág. 49, n.º 3 — pág. 116.

Esta obra, importantíssima, ficou incompleta. A'
conscienciosa e nobre dedicação do Sr. João Lopes de

Faria deve a *Sociedade* que a continuasse, com inteligência e saber, no vol. XXX, a pág. 37 e vol. seg.^{tes}).

No Número da *Revista de Guimarães* (MCM) consagrado a *Martins Sarmento* inseriu ainda um minucioso estudo sôbre o ilustre arqueólogo, completando excelentemente a biografia em que, com relêvo carinhoso, o *dr. José Sampaio* saüdara, logo no 1.º número (a pág. 35) o nosso primeiro sócio honorário, e a que deu o título

Os ultimos quinze annos

Não temos dados para o registo da sua colaboração na imprensa periódica e política, que foi dispersa, multipla e brilhante. Agradecemos penhoradamente, para arquivar nesta *Revista,* os elementos de informação que se dignarem enviar-nos os nossos leitores e os amigos do saüdoso Abade.

No número especial d'*O Progresso* (semanário progressista) de 9 de Março de 1898, no dia do aniversário natalício de *Martins Sarmento,* publicou o artigo

Honra de Briteiros

e, no mesmo jornal (2.º ano, n.º 94 — 2 Abril 1892), quando faleceu o *Marquez de Lindoso,* chefe do partido progressista no concelho, em que militava, e seu amigo particular, a curiosa nota dos vínculos representados pelo nobre titular e sua genealogia.

Rememoramos d'*O Espectador* a galeria de vimaranenses ilustres — Frei Raphael de Jesus, Frei Manoel de S. Damazo, Frei Antonio de Senna, Ignacio d'Almeida (mestre de capela na catedral bracarense), João de Campos Navarro d'Andrade (lente de medicina em Coimbra e médico de D. João VI), D. Gabriel da Annunciação, Padre José Pinto Ferreira, Thadeu Luiz Antonio Lopes de Carvalho Fonseca e Camões, João Baptista Felgueiras, Frei Damaso da Silva, P.^e Torquato Peixoto d'Azevedo, Pedro Machado de Miranda Malheiro, Payo Galvão, Fr. Pedro dos Martyres, Padre António da Cunha Rolla, José Joaquim Leite Guimarães (Barão de Nova Cintra), Fr. Bernardino de S.ta Rosa, Manoel Barbosa, Padre Antonio José Lisbão, Antonio de Villas-Boas e Sampaio, Fr. Antonio de S. Miguel, Fr. Estevam de S. Paio, Agostinho Barbosa, Manoel da Madre-de-Deus Miranda, Luiz Antonio da Costa Pego Barbosa, Soror Apollonia Maria do Santissimo Sacramento, D. Catharina M. de Sousa Cezar e Lencastre (Viscondessa de Balsemão), João Rebello Leite, S. Antonia M. do Santissimo Sacramento, Soror Maria Antonia do Rosario, Bernardo S. L. de M. Almada e Castro, João Evangelista de Moraes Sarmento, Christovam d'Azeredo, Soror Marianna de Jesus, Fr. Martinho da Apresentação, Conde d'Arrochella; além doutros artigos, como:

S. Gualter
(apontamentos historicos)

I — Diversas trasladações das reliquias

Recolhimento de Val-de-Donas

Convento da Madre de Deus

Na *Portvgalia*, tômo 1.º, pág. 851 a 853 vem interessantíssima comunicação apresentada pelo Abade — *«Usos e Costumes Religiosos — Obitos».*

No «17 de Julho»

A Penha
(notas historicas)

e em quási todos os números uma curiosa colecção de

Ephemerides de Guimarães

Não tivemos tempo de respigar, no jornalismo da terra, a sua colaboração religiosa, política e histórica, que deve correr esparsa em números comemorativos e nos semanários progressistas — *Vimaranense, Imparcial, Progresso*, etc. A êsse tempo as gazetas — lamparinas ou folhas de couve segundo o credo — eram feitas com agudeza de crítica, altanaria no combate e boa graça. O *dr. Avelino Guimarães* tinha o en-

genho, a teimosia, a dialéctica dum verdadeiro jornalista. Por ocasião de eleições vinham as capas de as-
pergesdos magnates, anònimamente, como era uso
consagrado. Escreviam todos, então: o *Abade*, o *Dr.
Meira*, o *P.ᵉ João Cândido*, formosa alma, formoso estilo, o *Reitor de Fermentões*, aquele *P.ᵉ José Fernandes*
de largo gesto, improvização fácil, buriladura vernácula, o *dr. Marques*, que se matava logo, porque a sua
prosa tinia as mesmas gargalhadas francas e rapazientas
que soltava... Era quando do Beringel descia, com
as célebres epístolas, o *Cónego José Maria*, abrindo
clareira. O meu republicanismo espiritual, na sôfrega
curiosidade em que os seguia a todos, e ao meu sempre
querido e saüdoso Pai, despontava com o meu buço...
Adiante.

Separatas e obras editadas em volume

*Convento de Santa Clara
de
Guimarães*

(Estudo histórico
publicado na *Revista de Guimarães)*

Porto, Tip. de A. J. da Silva Teixeira, Cancela Velha—70, 1893

*Influencia dos Papas
 e dos
Arcebispos de Braga
sobre a Instrução em Portugal*

Discurso proferido em Braga na Academia litteraria
realisada em 16 de maio de 1893 no Seminario de
Santo Antonio e S. Luiz Gonzaga

Pôrto, Imprensa Comercial, Rua dos Lavradores—16, 1894

Tagilde

Memoria Historico-Descriptiva

Pôrto, Tip. de A. J. da Silva Teixeira, Cancela Velha—70, 1894

Guimarães
e
Santo Antonio

.Publicação comemorativa do 7.º Centenario

Guimarães, Editorés — Freitas & C.ª — 1895

Documentos Ineditos
dos
Seculos XII - XV

Relativos ao *Mosteiro do Salvador do Souto*

Pôrto, Tip. de A. J. da Silva Teixeira,
Cancela Velha—70, 1896

Cartas do Padre Bartholomeu do Quental
Fundador da Congregação do Oratorio

Existentes na Biblioteca da *Sociedade M. Sarmento*
de Guimarães ,

Porto, Tip. de A. J. da Silva Teixeira,
Cancela Velha—70, 1900

Guimarães e Santa Maria
Historia do culto .de Nossa Senhora
no concelho de Guimarães

Porto, Tip. de A. J. da Silva Teixeira, Cancela Velha—70, 1904

Apontamentos para a Historia
do
Concelho de Guimarães
·Abastecimento d'aguas potaveis

Pôrto, Tip. de A. J. da Silva Teixeira, Cancela Velha—70, 1905

Catalogo dos Pergaminhos
existentes no
Archivo da Insigne e Real Collegiada de Guimarães

Lisboa, Imprensa Nacional, 1909

(Edição e propriedade do *Museu Etnológico Português)*

Vimaranis
Monvmenta Historica

A Saecvlo nono post Christvm

ivssv

Vimaranensis Senatvs

Edita

Pars I

(Vimarane, ex Typis Antonii Ludovici da Silva Dantas
— MDCCCCVIII)

—

No último trabalho de *João Meyra,* que os leitores encontrarão no anterior número desta *Revista,* dizia o saüdoso escritor, com inteira verdade — «Tudo o que pode ter interêsse histórico relativamente a Guimarães e se encontra nos nossos cartórios públicos ou particulares, nos cartórios eclesiásticos de Braga e no Arquivo da Tôrre do Tombo, foi pór êle publicado, ou simplesmente indicado, ou ficou nas suas notas à espera de uma oportunidade que a morte não deixou chegar.»

O espólio literário do *Abade de Tagilde,* essa querida parcela do seu formoso espírito, foi generosamente confiado à *Sociedade Martins Sarmento,* onde assim a sua memória, por forma efectiva e perdurável, nos continuará ensinando e guiando, não deixando interromper o seu devotadíssimo convívio. Desentorpecida a *Revista de Guimarães* do letargo em que as circunstâncias (superiores aos intuitos e sinceros esforços de todos os corpos gerentes da *Sociedade)* a deixaram enleada, impunha-se como primeiro e sobrelevante dever coligir e publicar as notas manuscritas do preciosíssimo legado. E, logo ao folheá-las, se nos depararam uns três ou quatro volumosos cadernos que, representando aturado estudo, prendiam pelo seu alto interêsse e verdadeiro valor. Eram apontamentos soltos, tomados em diferentes épocas, a colheita em montão, cuidadosamente recolhida, sim, aqui abundante, além mais parca, mas ainda não metodizada, para uma obra futura de raro fôlgo — a *História Descritiva das Freguesias do Concelho de Guimarães.*

De facto, no estudo sôbre *Tagilde,* saído nesta *Revista* e depois em volume, assim marcava seu intento:

«Desde muito que coligimos os materiais para a história das setenta e seis freguesias de que se compõe a parte rural do concelho de Guimarães, que, devidamente organizados, publicaremos oportunamente como complemento dos dois volumes, que sob o título *Guimarães, apontamentos para a sua história,* publicou em 1881 o nosso finado amigo padre António J. F. Caldas. A *Memória,* que hoje publicamos, é um espécimen do projectado trabalho, não devendo levar-se-nos a mal a preferência, que demos ao assunto de que ela se ocupa.»

Tendo em atenção estas palavras, vê-se que o *Abade,* posteriormente ocupado em outras investigações e trabalhos históricos, não pôde voltar a consagrar-se à realização do seu velho intento — sem deixar, sempre que algum dado lhe vinha à mão, ou aproveitando qualquer informação casual ou propositada, de anotar em seus cadernos. A monografia sôbre a aldeia, que vinte e cinco anos pastoreou, é modelar no género — *Fundação, Couto de Padroso, Honra das Quintas, Padroado e Rendimento paroquial, Igreja paroquial e dependências, Capelas, Legados e clamores, Abades, Districto de Paz, Correio, População, área, profissões, Viação, Rios e pontes, Clima e higiene, Produções, Arborização, Irrigação, Pecuária, Documentos.* — Que belo monumento de história seria a obra completa!

Para não deixar perdido o paciente labor e como homenagem da minha grata saüdade à memória do *Abade de Tagilde,* lembrei-me, em má hora porventura..., de o desencardir para estas páginas, ordenando-o tanto quanto é possível à minha forçada mas ceguinha intrusão em estudos, a que andara alheio, a procurar trazê-lo e actualizá-lo ao plano estabelecido, não escorreito, bem longe disso por certo, que me falece o tempo e a competência, sobejamente o sei, mas a ver se capaz de alguém o acolher, amanhã, para obra útil e feliz.

(Continua).

EDUARDO D'ALMEIDA.

REGISTO BIBLIOGRÁFICO

Já de véspera, terça de Entrudo, se queixara —
«Isto está por pouco...» —, escreve, a um, o seu
testamento, que é aprovado a 3 pelo notário *Fazenda,*
e — «aos quatro dias do mês de Março de mil nove-
centos e onze às dez horas da noite, na rua de João
Vaz, desta freguesia de S. Vicente, concelho de Cuba,
diocese de Beja, faleceu, sem ser sacramentado, um
indivíduo do sexo masculino por nome *José Valentim
Fialho d'Almeida,* de idade de cinqüenta e três anos,
médico e proprietário, natural de Vila de Frades...»
O pároco, cónego *Luciano Barata Mendes,* à semelhança, diga-se, do que o obituado fizera em seu testamento, pensou ao exarar o assento que, nêsse dia,
apenas morrera o médico e o proprietário, encaderna-
ção social do homem — se outras estorceduras de consciência lhe não entorpeceram a mão. O escritor, não.
Pouco depois, o entêrro foi na manhã de 6, apareceram na montra do *Teixeira-editor,* que fôra nomeado testamenteiro, alguns livros — «*Barbear, Pen-
tear*» (a capa vem datada de 1911, mas, dentro, na
fôlha de rosto, marca ainda 1910), *Saibam quantos...*
(onde se anunciavam, como a sair do prelo, as *Figuras de destaque,* ainda até agora recolhidas), e, bastante mais tarde — de 1912 a 1921 —, os dois últimos:
Aves Migradoras e *Estancias d'Arte e de Saudade.*
Fialho dispusera — «Os papéis manuscritos, cadernos de apontamentos, jornais, brochuras, etc., onde
venham artigos meus, serão minuciosamente examinados por *Xavier Vieira* e *António Maria Teixeira,* inu-
tilizando-se os apontamentos e papéis que só a mim
interessam, e ficando a matéria publicável pertencendo
a *António Maria Teixeira* que dela fará o que quiser.
A êste meu amigo lego também a propriedade de to-

dos os meus livros, publicados ou em projecto, para
que faça edições e disponha como entender......»

Os organizadores do *In Memoriam* tinham notado,
pelo que ouviram de *Joaquim Madureira* (que manu-
seou os inéditos e dispersos) que do grande escritor
«pouco mais de meia-obra se conhece». E de certo
bem assim é.

Na autobiografia («Eu») do *Á Esquina* (editado
em Coimbra — 1903), êle se desalentava de haver escrito, vencido o curso, cêrca de mil e trezentas páginas
por ano, achando-se publicados, até então, «seis volumes de contos e *bluettes,* cujas matérias somadas per-
fazem alguma coisa como mil novecentas e - oitenta
páginas compactas». A seguir àquele, não falando nos
póstumos e reedições *(Contos, A Cidade do Vicio,
Vida Ironica, O Paiz das Uvas, A' Esquina, Os Gatos), Fialho,* apenas, e de colaboração com *Henrique
de Vasconcelos* e *Manuel Penteado,* nos deu o *Livro
Proïbido* (1904).

Abriram praça as zargunchadas feias ao escritor.
Êle não tem, como o genial Camilo, tam seu afim intelectual, a consagração modelada nas formas protoco-
láres e académicas. Os feitores de crónicas à imortalidade e os mestres compendistas hesitarão ainda, no
enfronhado receio à cacheirada ou malquerença dos
pontífices, botequinistas, pais de meninos e politicantes
de qualquer das castas (que nem numa, nem noutra
lhe perdoam) em citar-lhe o nome como um dos que
engrandeceu o tempo baixo e negrusco, muito sujo de
interêsses, da sua actividade literária e via dolorosa.
Não amalta a bisonhice enconchada-dos panúrgios que
dizem sempre que sim e amém, e desconcerta os geó-
metras do equilibrio, os que estendem o fio do babo,
trémulo, ao poído das frases emmesmadas no mono-
córdio do verbalismo vulgar, hirtas na sintaxe, pífias
na côr, mas calçadoiras e fofinhas, como os chinelos de
trazer por casa, prosa-esqueleto, engomada prosa de
brunideiras, ôca e reluzente. E, curiosíssima pequeni-
ce, nem mesmo, ao truculento farsista de carnavais,
com bisnagas fétidas e soantes chalaças portuguêsas,
lhe sublinham, isso nos valha, como às celebridades
admitidas, acomodadas na morte ao egoísmo dos vivos, com sorrisos frascários, as passagens escandalo-

sas: não eram deslizes apimentando aqui e além a solene compostura e impingindo ao freguês a mercadoria,
antes naturalidade, sarcasmo, dor: de geito que, ido o
primeiro pasmo garoto — ora bolas! isso não vale! —
havia miôlo dentro...

Em dois lugares comuns fundamentam os con-
siderandos da sentença em que pretendem julgá-lo:
não fêz uma obra, estropiou a língua. Nunca o pude
ouvir a sangue frio. E, como não armo em crítico,
direi porque, resumindo. *Fialho* mesmo se queixava
e respondia — «O primeiro ponto é bem notado, e eu
mesmo me entristeço de até à hora presente não ter
senão uma efémera bagagem de historietas de espuma
e artigos «mais ou menos verrineiros». Pouco importa
que essa obra faça o melhor de cinco ou seis mil páginas, e represente a fadiga de mais de quinze anos de
nervos excitados. O público entre nós não diviniza senão fabricantes de grandes calhamaços (critério natural
num país onde a leitura é tôda de lombadas), e mesmo
que eu fizesse, naqueles pobres bocados, maravilhas,
passaria sempre por um cronista aguado das futilida-
des mansas do meu tempo.» Acontece que essas verdadeiras maravilhas são porém sempre ao fim apontadas pelos mesmos que, pela fôrça automática que veio
ganhando o senão, o debicam e rilham de mau humor,
e apontadas naquela não fingida emotividade com que
só as obras de arte, imortais, ascendem no espírito
atento, suspenso de enleio, perturbado de ascese, na
irmanação do sentimento, no vibrar rangido dos nervos,
na cegueira à luz do génio, no deslumbramento à côr,
justa, shakespereana, gementé, soluçante, da paisagem: dessa natureza com sangue e alma que viveu e
pintou como ninguém, inconfundìvelmente, na língua
portuguêsa — *A Ruiva, O Violino do Sergio, Madona do Campo Santo, Os Ceifeiros, O enterro de D.
Luiz, Fantasmagorias da noite: os carros p'ro mercado* (abrindo a *Vida Ironica*), o *Ninho d'Aguia, Pelos
campos, Os pobres, Tres cadaveres* («panno famoso,
22 jardas...»), *Amor de Velhos, Fantoche, O Sineiro
de Santa-Agatha* — ; páginas dispersas — a sua poesia
de sarcasmo e de revolta, a sua grande inclinação pelos humildes, a que tam consubstancialmente casava as
torturas do seu espírito de visionário e de estudioso,

de psicólogo minuciador e desvairado — do *Jornal d'um vagabundo* —, ou ainda os repousos droláticos — *Os cabellos d'Alzira, A verruga, As Phases da Lua, Para o senhor padre!* —. Havia aí génio que bastasse a sagrar vários escritores em qualquer país e em qualquer tempo. Mas vem o *avaloador* e começa a medir as páginas à polegada e os lombos do volume a côvado... Literatura que não agüente as estiràdiças até às 35o fls. in 8.º não chega ao estalão. E vamos nisto — ora, mas uma obra, uma Obra! —, confundindo, por Deus!, contos e romances, novelas e rocamboles, o drama incisivo e rápido com o preparo, o entrecho, a efabulação, os actos e quadros, o marche-marche cronométrico de qualquer incidente rueiro e comum, fùtilmente bagatela, e, calhando, na mesma frase em que nos carpimos de não levar hoje, com a gasolina do andamento em que tudo automobiliza, o celebrado *Zola* de fio a pavio e trazemos da estranja, para exemplo, o poder sugestivo de estudos e quadros no estilo, scenário e tempo apropriados ao assunto. *Barbey d'Aurevilly, Poe, Villiers de l'Isle Adam, Maupassant...* os admiráveis contos de *Flaubert, Anatole France, Gourmont, Régnier, Blasco Ibañez, Jean Moréas, Emile Bergerat, Maurice Beaubourg...* as anotações à vida dos humildes dos escritores russos... outros, tantos, mesmo brasileiros ou inda nossos, mas sem o «cadastro» demoníaco do pobre Fialho, que nasceu em Vila de Frades e morreu em Cuba, pela quaresma, às dez da noite...

Quando vem a pêlo a maneira de escrever do *Fialho,* muitos se avermelhaçam, desgeringonçados, à palmatoada. E logo, num velho propòsitozinho maldoso (o terrível poder da sombra...) o sabatinam com o *Eça.* Que sim, concordam — agora! — os maraus, que o *Eça,* tanto ano reprovado por escrever português à francêsa, alimpou a vista ao estilo, clarificado, preciso, ironizou-o com sobriedade, e, utensilizando-se de singelo e comezinho vocabulário, abriu-lhe as asas, deu ritmo e brilho azul e oiro às concordâncias mai-las regências, até então estudantinhas acanhadas. Nada mais verdade. Todo me regalo de o ouvir. E' que a gente, de rapaz, tem umas ideas, amores, simpatias, muito ralhadas dos velhotes, e depois vê crescendo, entrando ná vida, a ganhar carreira, e, de suspeitas, com retrato na polícia, arvoradas em comenda de S. Tiago.

. O ruinzinho está no confronto néscio, perfeitamente idiota, de dois escritores de temperamentos, intuitos literários, ideas e tendências ímpares, disformes. *Eça de Queiroz* adaptou com subtil engenho e fino gôsto uma escrita molenga, pastosa, com catrapiscos saloios a arremedar sulcos de relâmpagos e fanados miosótis, artificiais, muito lambidos, ao sabor castilhense, a um estilo correntio, claro, natural e culto na ironia, inteligente, criterioso na disposição e estética, tal qual à feição dos seus romances modelares (¹). O raro valor de *Fialho d'Almeida* — e em que isto, alminhas do céu, os obriga feiamente a bulhar? — vem de modalizar a prosa às cambiâncias do assunto que enfrentava. Não apenas, como deixa perceber *António Sérgio,* nos *Ensaios,* livro de claro pensar e dizer ousado, desiludida obra dum espírito apreensivo e irreverente, com a mira da «escritura artística», mas para dar tôda a vida ao quadro — a côr da paisagem na

---

(¹) *Eça de Queiroz* deixava-se cair, e não de muito em muito longe, em arrepios de frases duma cacafonia molesta, uns 11 e n n teimosos, ingurgitantes.

«Comprei, habitei o pa*l*acete amare*ll*o, ao *L*oreto : as magnificencias da minha insta*ll*a*ção* são bem conhecidas pe*l*as gravuras indiscretas da «*Ill*ustra*ção* Franceza». Tornou-se famoso na Europa o meu *l*eito, d'um gosto exuberant*e e* barbaro, còm a ba*rr*a re*c*oberta de *l*aminas d'o*i*ro *l*avra*d*o, e cortin*ad*os d'um raro brocado negro *onde onde*iam, bord*ad*os a pero*l*as, versos eroticos de Catu*l*o; uma *l*ampada, suspensa no interior, derram*a all*i a c*l*aridade *l*actea e amorosa dum *l*uar de verão.» — (*O Mandarim,* cap. lll).

Seria fácil referir muitos exemplos : *«a alma lhe limpa»*, «esperando *atra*ı *és da treva a vela»,* «uma *força facil»,* «*lampejavam relampagos languidos»,* «um *longo* o*l*har ao *l*eito que *seria o leito* d'e*ll*a», «uma *fina frescura»,* «os cabellos *rareavam-lhe na risca»,* «as *l*agrimas *lhe* correram mas *l*entas», «*como coisa suja e só»,* «*se me fez o fado* triste»... e mostrar ainda como, período a período, se torna alcatruzante, monótona, idea fixa, a aposição, maçuda como estribilho, de dois bem acentuados adjectivos, dois têrmos de oração, parelhas choutosas como as da fila dos carros à romaria, intérmina, que pegou na moda e nos cozinha «o escrever à Eça». Mas afinal são mesquinhices que em nada prejudicam o seu indesmentido valor.

reprodução verbal, o alucinamento do sonho pela nubilização electrizante da frase, a chalaça grosseira no vocabulário plebeu, futrica à futrica e hamlético na tragédia. O violino do Sérgio está gemendo, soluçando, musicando os períodos. Assim o -queria o artista e amplamente o realizou. Confronte-se a sinfonia da primavera com um quadro de burguesia, a-ardência sufocante, dolorosa, febril dos ceifeiros com as páginas de chuvisco e lama, a expressão idiliar da madona com a verrina sarcástica do panfletário. E depois essa da francesia, excomunhão maior e irremissível, generalizada com simpleza por sobejo magistérica, como fundamental e constante defeito da sua construção literária, não resiste a exame sério. Pecadilhou além do medíocre no galicismo. Era por vezes a irritação do perseguido às surriadas da crítica. Mas, e por amorável tendência do seu espírito, melhor diríamos do seu coração, tam perto, tam amigo, tam parente da verdadeira miséria dos sem-nome, êle aproveitou com enternecida piedade o falar do povo, característico, ineruditável. Nos quadros morais, no mexer de figuras saloias, campesinas, lá estão com sabor e muito a propósito os mais expressivos provincianismos. E quanto velho têrmo, caído no esquecimento, não trouxe do passado e dos poeirentos clássicos!

O dr. *Claudio Basto,* na sua contribuïção para o *In Memoriam (A Linguagem de Fialho),* como em tempos fizera *(«Norte»)* António Barradas com os *Contos,* dá-nos um escolhido vocabulário fialhêsco, e pena tenho de que não levasse até hoje avante o seu intuito de o completar. Agora, ao passar, em concentrado êxtase, as páginas das *Estancias d'Arte e de Saudade,* onde tanto se revela o valor do grande escritor, apontei ligeiramente alguns têrmos e expressões que bem demonstram quanto era variado e rico o seu poder artístico, a magnética sugestão do seu espírito inquieto, nervosado, original, traindo uma das mais angustiadas sentimentalidades de tôda a nossa literatura. Resumo-os aqui, breves notas a lápis.

⇛

bracieiras do Gery — de bracear, bracejar: os braços, as margens prolongadas?

transfiltrar — infiltrar, no sentido de pais a filhos, de além para cá, de passados a vindouros.

petrexal de trabalho — a ferramenta, o conjunto dos apetrechos do trabalho. Devia ser, portanto, petrechal, ou apetrechal.

nitidez cutelar

cúrvejadas e lindas espirais

castelos parranas — parrana é têrmo conhecido.

pinhos, arestisando no céu lombas dramáticas — cortar como em aresta, ou de aresta.

coquetice — fr.

mais brandeira — mais branda, mais lisa, mais serena de recortes.

vaporinho — vaporzinho.

aquatintado

bandeleta — de banda.

escadozes babosos de limugem — escadoz é repetido por Fialho no sentido de escada.

jogos de barra e de paulito — paulito é o alvo na malha, chinquilho, etc.

penduras de cebolinho e de melões — de pendurar.

safirina — água azulada das redomas de botica.

granito de bago descarnado — bago: grão.

casotas javardas e sem tipo

conchas fazem benitérios — pias de água benta.

rocailhosa — de «rocaille», rocalhosa.

cresteria — de «crête», crista?

esclerozadas — esclerose.

povitos — pequenos povos ou lugares.

lavis — de «lavis» (fr.), aguada, aguarela.

cyanosar — de cianose, coloração azul ou lívida.

palações — (palação) — palácio grande.

cidade adentrada — do interior; a dentro.

fosfenou-se um momento de calças brancas — de fosfena ou fosfeno — impressão luminosa.

cremor de tartaro — falando do vinho verde.

cestos almoceiros — «almoçadeiros», do almôço.

dedos de palmouras — palmoira — pé das aves palmípedes.

fuinhar — de fuínha.

silvas e floretas — de flor.

bonecage — de boneca, bonecagem.

parochias d'architectura lardacea — de lardo, ornato. Talvez influência de Camilo.

clarescuradas — claro-escuro.

repassos de salitre, simulando nódoas de gordura — de repassar.

fendilhar — abrir fendas em.

churriguerescos portões — do cast. Churro — sujo?

um mirante, airando — aberto ao ar.

barbarenga — de bárbaro.

enxertaria — de enxêrto.

ponto de cachondeio das sopeiras e mulherucas — do prov. cachonda, cio das fêmeas.

taslinas — mulheres ordinárias. ¿De talina, género de plantas portaláceas, como é também a beldroega, e por esta no sentido achincalhativo? Já ouvi ao povo — «Olha a beldroega!...» —, na mesma expressão.

xarepes — homens vis — charepes — dic. Charepe — pequeno cereareiro: veja o cuidadoso «Vocabulario alemtejano» do Sr. A. Thomaz Pires — Elvas, 1913.

populeira — do povo.

porcaz — porca, imunda.

côro das carcaxadas — de risos' e mofetes. Talvez de carcás ou carcassa, como explosão estrídula de matérias inflamáveis. Carcajada, carcalhada. N'«Os Gatos» escreveu — carcachadas.

relojete — relógio pequeno.

guizos e fritangas — de cozinha.

chosco — por chasco? modulação provincial ou êrro tipográfico?

pareca das bilhas — ?

rustem os mariolões — rustir, repontar, pórventura infl. de rústica, falazar rùsticamente.

targalho — naco ordinário e duro de comida.

bigotudo — de grande bigode.

manjadura — manjedoira.

sortis — sortir, sair. E' o fr. «sortir».

sita — lugar, sítio. Sito: vej. «Voc. alemt.» de T. Pires.

quintas d'imparrado — de vides de enforcado.

bisonheria — bisonhice.

olhos sanguinolentos, farésios de palpebra

voz gochinada — de goche ou gocho — desafinada.

podrideiro — cemitério.

avemariar — rezar áves, ciciar em acompanhamento.

as fontes telingam — pingam.

xarifas — de xerife, ou xarife — coifa, chapéu. Não dicionarizado nêste sentido.

repausa — descansa, refastela-se.

labrósticos — de labroste.

murraças — vinhaças, vinho ordinário. E' provincianismo minhoto.

emuralhado — emuralhar, cercar de muralha.

destravadas mariolices

platós e vales — «plateau» (fr.): planura, planalto.

em nuvrizias mendigas — em nuvens, em bandos. Do trasm. «nuvre» — nuvem, também usado no Minho, ou, como no cast. «nuble», e «nublem» e ainda «nuve» e «nubele», êste muito soado pelos que presumem de bem falantes.

ainda mocha de torres — inda sem tôrres. De mochar — cortar um membro —, cortada, falta de. *Mônas* — dizem aqui das cabras deschavelhadas. Não sei se ao Alberto Braga, que tam diligente e criteriosamente entesoura o vocabulário do povo, terá escapado o prov. — se tal, por milagre, aconteceu, que o registe.

floresta cercana — próxima, cêrca, nas cercanias.

olhos pretos ramudos — pestanudos.

caniço — «ou taipal de vimes cesteiros», caniço, caniças ou caniçada — «espécie de grade feita de vêrga entrançada, que se coloca ao lado dos fueiros quando a carga é de objectos miúdos (fôlha, estrume, rapão, etc.).» — (A. Gomes Pereira: «Tradições Populares, Linguagem e Toponymia de Barcellos», Livr. Espozendense, 1916, pág. 210 e 214 a 215).

amura — bôrdo, restringindo ainda o sentido çom que Camilo empregava «amurada» — muro, parede.

nombril — umbigo.

vinha d'espaldeiro — mais conforme ao nosso dizer que a espaldeira regist. em C. de Figueiredo.

irrefutaveis malgas de verdasco — Irrefutável é empregado e conhecido, pròpriamente, como aqui, por que se não pode recusar.

enxugue — como subst. Nós dizemos também enxugo — o enxugo, como subst.

um «joujou» — um brinquedinho.

romão — românico. Assim escrevia Fernão Lopes.

gothico florido ou «flamboygante» — flamejante, do francês.

tarjeta — lápide, de tarja.

igrejóta do campo — igrejola. Aquela forma é correntia entre nós.

baldaquinho — baldaquino.

pastugal maninho — pastural, de pasto.

grossas travas de carvalho esculpturadas — tráves.

chusmas de pilhos jogando os chancros
por entre o bastio do mato — por entre o basto mato. Bastio vem dic. como locução alent. dizendo espêsso, moitas densas.

muralha fernandina — de D. Fernando.

vendo o Tejo deante a esfugar-se nas arêas — a espreguiçar-se, a desaparecer.

peguinhar — peguinhar, de pèguinho — palmilhar, marcar com os pés, deixar pègadas.

mal'as moedas — mai-las, mais as.

lotaréus — «ou gigantes de pedra».

zoinava a falla das visinhas — estrugia, mexericava. De zoina, zania.

sitando — sitar, ficar sita ou situada. Veja atrás — sita — lugar, sítio.

«mulheres dos montes» — «são, na lingua do seculo XVI, as que vivem nos campos, em casaes isolados. «Monte», nas herdades kilometricas do Alemtejo, é ainda hoje a casa onde vive o couteiro ou maioral, e mais creados.»

matasanos — «médico, curandeiro».

linhos e estopas de fuso e têa
o borbilho que gastam os serigueiros — borbadilho, torçal.

ás rumadas — em rúmas ou rimas.

sobre esteirões e laráus de grossaria
sob tesminos d'alho e rapozun
caravellos — caravelas.

repoupos de lobo em jaula estreita — saltos.

olhinhos de jaiz — de jalde.? amarelo.

circula a pobla dicaz das senhoras — o povo, a multidão. De «puebla».

guçadas — excitadas, apressadas. De guça.

a carapinha em crenchas — tranças. E' têrmo conhecido e dic., mas opõe-se a carapinha, empregado aqui em sentido desprezativo, ridicularizante.

chafranafra das vozes e dos gritos — chinfrim.
ignidade — ignição, de ígneo.
esmaido — esmaecido.
louça ratinha da mais primitiva moldagem — pequena, ordinária.
alpendroadas — alpenduradas, alpendradas.
como os botões recomidos — esbotenados.
troncos rocados onde enxuga a roupa
espendurando-se-lhes dos — dependurando.
a apercepção da cidade — o avistar.
farejais — *farejal* — farrajal, forrajal, ferrajal — «Voc.
alemtejano» — ferragial.
a cahida singular que paira na cidade — morrinha, silêncio.
commado — «como os naturais (de Évora) chamam ao hotel». Cómodo, quartel. *Cómmado* — Vej. «Vocab. alemt.» cit. O nosso povo diz «arranjei cómodo», ou quartel: quarto e comida.
entretengas — entretenimentos.
perspectiza — de perspectiva.
escadinholas — pequenas escadas.
janelliculas — pequenas janelas.
mimeira — mimalha, grácil, mimosa.
tão ricamente decoraes — decoral — decorativo.
d luz morrente
tatibitateando — tatibitatear — de tatibitates, tataranha. O nosso povo diz — «Pobrezinho, êle é tato!» —, ou de tatejar: — «Ui! como êle tateja...» —
talhas de barro pesgádas — de pesgar, pêsga, barradas interiormente de pez.
destrelados — Fialho, no passo, não quere dizer desatrelados, desligados da trela, mas puxando, tirando às trelas. Os cavalos destrelaram — começaram a cavalgar. Tenho idea de o ouvir no mesmo sentido a cocheiros de diligências e assim com certeza o disseram no Alto Minho. — «Destrela daí pra fora» — larga daí: é usual entre nós.
...á uma.... á outra... — popular.
delongar — não por demorar, mas como alongar.
tardes espairantes
tem o firman do seculo XVI — o cunho, as características, o tipo de estilo. Porventura sugestão de firmão

(pers. «farmen» vej. C. Figueiredo) ou de «firmare» latino.

debitando nomes, titulos e a era — declinando, inscrevendo.

achegadas — próximas, de achegar. — «Os meus parentes mais achegados, que inda não passaram, são...»
— «E' um quintalório mesmo achegado ao teu...» —
como o pietismo formalista do seculo passado deixou garotar o azulejista — não é seita, nem fanatismo, sim o estilo de piedade, aliás formalista, do século.

mamelas á mostra — despeitoradamente, esmamalhada.

um frontal de tissu — tisso.

circumtornando as casas

mandou dar de convinte — como prova de gratidão. Por infl. de convindo, no sent. usado em clássicos.

aziatismo chalro — de chalrar, gritante, barafúndico.

sustadas a cunhaes — sustentadas, amparadas, poisando em.

milagrice

ninguem symphonisa o paladar mais finamente

fructedos — pomares. Há proprietários rurais que assim o designam. — «A quinta é pequena, mas não má. Tem casa, seu frutedo junto, reserva que deve dar duas pipas...» —

doces mosteiraes — mosteiral, do ou relativo ao mosteiro.

a clientella das aristocráticas presenteiras — presentes.

Falcôas — «No Alemtejo ha o costume de distinguir generos até nos apellidos. As senhoras da familia Carvalho, são as Carvalhas, as da familia Falcão, são as Falcôas... Conheci n'uma aldeia do districto d'Evora, mulheres da familia d'um emigrado francez d'apellido Claret. Eram as «Claréas» em toda a parte!»

relevuras d'espigas — relêvos.

que vestibula — «vestibular» (v.) — de vestíbulo.

barranhões dos chiqueiros dos porcos — barrenhão.

lacrimários — lacrimatórios.

e um campanil ligeiro para a garrida — campanário.

nas avistadas — arredores.

cortinas creneladas — «crénulé, crénelé ée» (fr.) — crenulado, crénula, crenel, crena.

metros de prumada — prumo, a prumo.

altanice — altanadice, altanaría.

suante de mistério
profilando os seus galbos d'alva cor — «profiler» (fr.),
projectar de perfil; «galbe» (fr.), contornos.
pensatividade
corporejam duas chaminés
espuriar — de espúrio.
derodeando — derodear — em redor.
obsedante — «obséder» (fr.) no part.
provabilisar — de provável.
nostalgisar — de nostalgia.
a arte, na galanura exterior dos edifícios — galanice,
engalanamento.
crasta solareiga — solarenga, solariêga.
principengo palacio — principesco, principalho.
cheraviscar — fuïnhar.
capullo — «base formativa», arqüit.
um postigo, templete ou arco manuelino
desenrolo — desenvolvimento, de desenrolar.
quando não os feijões com alabaças e cagarripas salô-
bras da barreira — plantas hortenses. Vej. «Vocabulario alemtejano» citado.
poialitos — pequenos poiais.
deladeando — deladear — de lado, de um e outro lado.
torrejamento — de tôrre, torrejar.
stepa brazilênha — brasilense, brasiliana, brasílica.
casocas — casotas, casinholos.
em moïnhas confusas — moïdeiras, sons monótonos, re-
petidos, vagos.
pilastrilhas de pedra — pequenas pilastras.
catel — cátele, catre, tamborete.
ia dos bailaricos terrenhos ás advinhações de pulhas e
charadas
portetas — pequenas portas.
medievalisa as ideas
por derivança — derivação. Usa-se no nosso povo. —
«Foi derivança do pai...» —
rodeira a Beja — em roda de Beja.
gentüza — gentaça, gentalha. Aqui dizem gentuça.
lhe soleassem boas vindas — de solo, trec. mus.
semeões e mantieiros — os que semeiam e tratam.
acanhação — acanhamento. — «Deu-te agora p'ra a acanhação...» —
excelcesa — excelência.

minusculerias — minuscularias (como escreveu n'«Os Gatos»), pequenices, nonádas.

gestos de bichininar — bichinar.

exhibencia — exibição.

atado em barbuqueixo — na barbela, como diria o minhoto.

mulherota

são pandeirões desastrados e tunantes — naturalmente por pandegões.

arrufos palaceigos — palacianos.

quiçá albanilem e carpintejem — de albanel — alvanel — pedreiro de alvenaria; (fig.) : o que faz obra tôsca.

banzara — banza, viola : é popular. Veja bánzera no «Voc. alemt » de T. Pires. Entre nós é bânzara que dizem, donde banzarrear.

a elegia cazeosal (do fado) — de caseoso, aqueijada, gorda, molenga, sebenta.

o queixume aiado e lyrico da baceira luzitana — de baço (baceiro), de bacento, ou de baceira — febre?

sensitividade

repulir — repelir, repulsar, fazer esquecer.

conflitar — de conflito.

o «aturuxo» soez das orgias bordelengas

lezardentos — de «lézard» fr.

sequilhos (das bestas) — guisos, de ceguim.

passeatas lazaronicas

puchero — pochero, de poche, bolsa.

os carrapiços da trunfa — carrapichos. E' corrente neste sentido.

e o preto azul dos monhos — «Bluteau» : topete postiço, que usavam as mulheres calvas.

parasolam — parassolar — abrigar.

libras a derrochar das burras — a despejar, a derronchar.

classe rotineira e pézuda — pesada, teimosa, pesunha.

aparvajado — aparvalhado, parvajola, apanascado.

courelas sem olivos — oliveiras, árvores.

vôos de gryfos helycoidam no ar legendas funebres.

✣

Safa, safa... A jornada vai que nem a légua da Póvoa. Tenham paciência. Só alguns minutos de gratidão, mesmo porque já sinto a'florir em 'nevado luar o entristecido anoitamento dêste pequeno dia de férias.

São ainda palavras do grande escritor que me ajudarão a falar do *dr. Agostinho de Campos:*

«Portugal precisa de professores que só trabalhem no ensino, e tenham a inteireza de viver pobres, por êle e para êle, sem tergiversar por práticas videiras. Em tôda a parte o bom sábio é como o bom padre, uma criatura de abnegação, rebelde às glórias da mundaneidade e às ciganices do dinheiro, sofrendo pelos outros, vivendo para os outros, na exclusivação dum ideal messiânico e divino. E' por êsse abandôno formal dos bens terrenos, por êsse destêrro voluntário numa tebaida de estudo, por essa exclusivação numa vida de châma e sacrifício, que pensadores, professores, sábios e artistas teem no culto das multidões uma exaltação moral distinta, pois, como diz *Nietzche,* são «os espiadores do espírito, que desfloram o conhecimento imaculado» e formam na humanidade como uma aristocracia de monges e de santos.» — *(Saibam quantos... — Instrucção e educação popular).* Traduzem o mais íntimo de meu pensar sôbre esta nobre figura moral de educador. E' mais difícil discorrer dos vivos do que dos mortos, máxime num pequenino horto como o nosso, onde rareia o trabalhador, mas superabunda o poeta que o visiona em jardim, quando não o farfalhudo que de tudo sabe discretear. Ao *dr. Agostinho de Campos* não faltam, dos competentes, os estímulos e aplausos que a sua obra merece e impõe sem favor, nem das autoridades o relêvo ao incontestado benefício da gigântea emprêsa que, dia a dia, a sua inteligência e amor executam com agradável perfeição.

Conheci, estudante, o nome simpático dêste homem, que creio bom e justo, ligado ao lúcido e carinhoso *Alberto d'Oliveira,* com a publicação das *Mil Trovas;* fui seguindo a sua obra, depois, naturalmente cativo dos seus úteis, sinceros, honestíssimos e, ó maravilha!, sensatos ensinamentos *(Educação e Ensino; Europa em guerra; Casa de Pais, Escola de Filhos; Jardim da Europa; Educar).* E sempre, no livro como no jornal, na política tanto como no professorado, vencedor ou vencido, na Direcção Geral, que tomou a sério, ou simples estudioso, *Agostinho de Campos* se mostrava norteado pelo são intuito de contribuir com o talento do seu espírito e com o ideal de sua alma, com seu claro raciocínio e fria — porque serenamente reflectida — mas amantíssima dedicação pelo alevantamento das novas gerações, hesitantes, atónitas de incerteza, envenenadas de fanatismo, palavrório e mentira, na idade mais ingrata e no século desatento, amoral, dinheirático e crassamente pervertido.

A *Antologia Portuguesa* é como um novo curso do bom mestre a um discipulado mais vasto. Sejamos francos — a empanturração scientífica trazia-nos arredados do humanismo. A' porta da aula de português ou de latim o nosso vaidoso estudantismo encolhia os ombros e bocejava, remoía-se da grandissíssima estopada. Dizíamos, de outiva, lindas suavidades aos clássicos, mas, face a face, pela calada do estudo atirávamos-lhes nomes irreverentes, chascosos. *Lucena* — sim, êsse mostrengo do *Lucena!* —, ¿quem o aturaria com a sua *«Vida do Padre Francisco de Xavier»* (¹)

_____

(¹) Há, na biblioteca da *Sociedade Martins Sarmento,* um exemplar, em bom estado, da primeira edição. Diz no rosto

HISTORIA DA VIDA DO PADRE FRAN CISCO DE XAVIER

E do que fizerão na India
os mais Religiosos da
Companhia de Jesu
Composta pelo Padre Ioam de lucena
da mesma Companhia Portugues na
tural da Villa de Trancoso
Impressa por Pedro Crasbeek
Em Lisboa

Anno Do
Senhor 1600

Tem as 908 pág. de texto, em duas colunas, mas não as tabuadas e erratas. Foi oferecido à Sociedade pelo Conde de Vila Pouca.

senão por desfastio de convalescença, na entrevação
de emplasmos e boticas, meio adormecido nas almofa-.
das, ou de caturreira nas eternas seroadas do inverno
provinciano? *Agostinho de Campos* apresenta-o com
tal jeito que o mais trombudo livre-pensadors e esque-
ce do jesuíta, admira o homem e se deixa seduzir de
sua narrativa. E a leitura aproveita como lição da língua (¹), como elemento de história, mesmo como interessante informe do movimento religioso.

Obra patriótica, muito oportuna, inteligentemente

Transcrevemos a dedicatória

A Serenissima Senhora
Dona Catherina, Senhora dos
estados de Bragança

As rezões, que eu tenho pera offerecer a V. A. os fruytos de
meus estudos, sam tam sabidas, que me desobrigam de a dar deste
atrevimento. Porque por parte de nossa mínima Companhia, demais
della ser propria herança, que V. A. ove dos Reis dom Ioam, dom
Sebastiam, dom Anrique, tios & sobrinho de V. A.; V. A. com as
grandes m. m. que continuamente lhe faz, a tem feito toda sua : &
quanto ao meu particular, sô ha em que por os olhos no em q V.
A. & os excellentissimos Duques senhores dessa casa em mĩ fizeram, & poseram. A pouquidade da obra somente me deuera deter
pera a nam mandar diante de V. A. mas as primicias bastalhe ser
primeiras, pera nam deixarê de ser agradaueis por imperfeitas : &
posto que estas o sejam por o que tem de meu estou certo que a
materia em si sera bem recebida, & estimada de V. A. por ser a vida d'hum varam santo, & santos trabalhos dos que na India o acompanharam, & seguiram na dilataçam da fe com ardente zelo da gloria de Deos, & salvaçam das almas : que como deve ser o sim de
todos os intentos dos Principes verdadeiramente catholicos : asi he,
& foy sempre a maior satisfaçam, & todos os gostos de V. A.
Nosso Senhor de a V. A. muito de seu diuino espirito.

Ioam de Lucena.

(¹) Lá estão na prosa de *Lucena* muitas expressões ainda peculiares ao nosso povo e a cotio vulgar : — *acabar com alguém ou
com alguma coisa* — por conseguir de alguém ou liquidar algum
assunto; *declarar* — por explicar; *encarecer* — por exagerar; *ha-
vê-lo com alguém* — por aturá-lo ou sofrê-lo; *jôgo* — por espectá-
culo; *vigia* — por vigília; *fazer mais vantagem* — por levar mais
vantagem; *fábrica* — por construção; *atalhar* — por abreviar; *es-
galho* — por galho; *conto* — ponteira (ou conta); *tirar a* — asse-
melhar-se; *murtinhos*; *praso* — propriedade; *tranqueiras* — esta-
cadas; *sangrar as águas......*

coordenada, de séria utilidade imediata e de valiosíssimos proveitos no futuro, se confirma poderosamente, vai contribuir para doravante invalidar estas amargas reflexões: «Mas, quando se percorre o que dêstes grandes prosadores (os *Barros, Lucenas, Bernardes, Sousas,* etc.) disseram uns e outros dos seus peseudo-panegiristas ou críticos, pouco mais se encontra do que um tilintar de adjectivos sonoros e ocos, quando não é a simples repetição, religiosa, supersticiosa, misteriosa, dos nomes que êles usaram. E a respeito da significação de cada um, do seu valor literário relativo, da importância que tiveram ou teem como artistas, do ensinamento ou influência que uns dêles hajam recebido dos outros — nem palavra aproveitável...»

Os juízos preconcebidos, a leitura automática, a análise dogmatizada em meia dúzia de axiomas, velhos e rançosos como a própria forma usual de interpretar os clássicos, desaparecem com a lição excelente não só do próprio texto, aproximado, sem deturpação, da moderna linguagem, mas também dos estudos, minuciosos, claros, feitos com saber, ironia e aprumo, relativos à vida dos autores e dizendo-nos o meio em que viveram, os seus predecessores e herdeiros espirituais, a natureza e regras do seu estilo.

Assim, *Fernão Lopes* nos aparece outro do cliché gasto e sabido e atendendo os esforços dos *Paladinos da Linguagem* se afervora o nosso amor à velha casa por onde vagueiam hoje ainda, em noites de velada do espírito, do coração ou da consciência, as almas nobres dos antigos solarengos, êsses que deram lustre e nome ao nosso pobrito e amado lar natal.

※

Sejam, por sua vez, algumas palavras do *dr. Agostinho de Campos* que sirvam, com indiscutível autoridade, a manifestar o meu profundo reconhecimento a uma escritora ilustre: «Entre as várias senhoras portuguesas que actualmente se consagram à missão tam agradável, tam útil; tam feminina de escrever para as crianças, figura a sr.ª *D. Emília de Sousa Costa* como uma das mais assíduas e mais compenetradas.

Creio não errar, consignando quê os seus três óu quatro volumes iniciais são florilégios de contos mais ou menos fantásticos : cohtos de fadas, histórias da Carochinha, literatura de imaginação e de fantasia.»

Obras posteriores da muitó distinta escritora vieram ainda mais justificar estas merecidas considerações. *Polichinelo no Minho (Biblioteca Infantil — n.º 5 —* Lisboa, Livraria Clássica Editora de A. M. Teixeira — Praça dos Restauradores, 17 — 1921) é um livro encantador, fruto duma inteligente e acariciadora bondade maternal. E' obra duma senhora de espírito culto, mas é sobretudo duma mulher de coração. A literatura infantil é extremamente perigosa. Há os livros de fantasia desvairada que enraízam falsas noções da vida e transplantam a imaginação das crianças a paraísos perdidos, onde as pequeninas almas, espreitadas àvidamente pela realidade do mundo, vagabundeiam preguiçosas e iludidas. Outros descambam num scientífico materialismo, enormemente pesado, criando, e com sobejos motivos, de cedo, o fartum dos livros de ensino. E muitos, com suas princesinhas encantadas e galanteadores de elmo e bandurra, são espessos enchimentos de anedotas imorais com adultérios, incestos e pornografia vária.

A Senhora *D. Emília de Sousa Costa* consagrou-se a uma obra que merece não só aplauso, mas o vivo reconhecimento das famílias da nossa terra. Em nome dos pequeninos — obrigado.

Queria finalmente referir-me a outras obras :

J. A. Pires de Lima :

A Teratologia nas Tradições Populares

(Separata dos «Arquivos de História da Medicina Portuguêsa»)

O dente-santo de Aboím da Nóbrega e A Lenda de S. Fructuoso (Abade)

(Extracto dos «Trabalhos da Sociedade Portuguêsa de Antropologia e Etnologia»)

Luís de Pina :

Sol Nascente

(Guimarães — Pap., Enc. e Tip. Minerva Vimaranense — 1921)

A. de Amorim Girão:

Antiguidades Pre-Históricas de Lafões

(Publicações do Museu Mineralógico e Geológico
da Universidade de Coimbra — N.º 2 — *Memórias e Notícias* — Coimbra, Imprensa da Universidade — 1921)

Mas é tempo. O primeiro revela mais uma vez
as suas excelentes faculdades de estudioso, o seu apê-
go às curiosidades folclóricas do nosso povo. Estreia
de poeta, *Luís de Pina* dá-nos a impressão de vir a
marcar o seu lugar entre os novos, honrando a nossa
terra. Da obra de *Amorim Girão* procuraremos tratar
no próximo número, quando acabarmos a sua interessante leitura.

Eduardo d'Almeida.

BOLETIM

Sessão de 1 de Setembro

Presidência do Exmo Sr. Dr. Eduardo d'Almeida, presentes os Directores Srs. Dr. Gonçalo Meira, Francisco da Silva Pereira Martins e José de Pina, Secretário.

O Sr. Presidente deu conhecimento da dolorosa notícia da morte do nosso muito digno consócio o Sr. José Menezes de Amorim, ocorrida ontem. E' com sincero e amargurado sentimento que fazia esta triste comunicação, porque era não só um cidadão prestável, de excelentes qualidades de carácter, de trabalho e de manifesta bondade, mas também um grande e dedicado amigo desta casa, onde exerceu por longo tempo o lugar de tesoureiro.

A Sociedade Martins Sarmento merecia a José Menezes de Amorim cuidados extremosos. Foi um infatigável trabalhador para o seu desenvolvimento e prosperidades, contribuíndo quanto lhe era possível para o seu engrandecimento.

Propunha, pois, que se lançasse na acta um voto de sentido pesar pelo tristíssimo acontecimento, e que a Direcção comparecesse nos funerais e se adoptassem as manifestações de luto em uso nestes dolorosos acontecimentos.

Foi aprovado por unanimidade, sendo em seguida encerrada a sessão.

Sessão de 17 de Outubro

Presidência do Exmo Sr. Dr. Eduardo d'Almeida, presentes os Directores Srs. Dr. Gonçalo Meira, Francisco da Silva Pereira Martins e José de Pina, Secretário.

O Sr. Presidente, depois de justificar os motivos pelos quais se não realizaram as sessões de 15 de Setembro e 1 de Outubro, determinados pela licença do ·Sr. Presidente e Vice-Presidente, e pela ausência de _outros membros da Direcção, propôs se·lançasse na acta um voto de muito comovida e sincera congratulação pelo restabelecimento da Exma Senhora D. Adelaide Sofia Monteiro de Meira; nossa estimadíssima consócia e esposa do Exmo Sr. Dr. Joaquim José de Meira — à quem esta Sociedade é devedora, desde as primeiras horas da sua vida, da mais acrisolada, entusiástica e nobre amizade e que nunca lhe faltou com o seu conselho altamente reflectido e esclarecido, com o seu trabalho modelarmente profícuo e levantado, com o seu prestantíssimo concurso — da muito grave enfermidade que a acometeu e sobressaltou intimamente esta Direcção que a considera e muito respeita pelas suas virtudes, pela afabilidade cativante com que sempre também se interessou pela existência e progresso. desta colectividade. Fazia votos muito do coração, porque essas melhoras se acentuassem e a ilustre Senhora pudesse em breve voltar ao convívio da sociedade vimaranense, em que tem um carinhoso lugar de destaque.

Apreciando os valiosos e revelantes serviços prestados pelos dedicados consócios Ex.^{mos} Srs. Coronel António Tibúrcio de Vasconcelos na ordenação e catalogação da biblioteca, procurando ainda fazer o inventário do cadastro dos livros: P.^e Domingos José da Costa Araújo, nos trabalhos da revisão das provas da «Revista de Guimarães» e João Lopes de Faria na organização, destrinça e distribuição do arquivo da Colegiada, ùltimamente confiado a esta Sociedade, pela Comissão Concelhia dos Bens da Igreja, propôs e foi unânimemente aprovado, que se lhes oficiasse, agradecendo a sua cooperação no progresso e bom nome da Sociedade.

Em seguida fáz a comunicação de que tomou a liberdade de convidar o Exmo Sr. Dr. Henrique Trindade Coelho, para S. Ex.ª realizar uma conferência no salão nobre da Sociedade, convite a que o distinto escritor imediatamente anuíu.

· Referindo-se por último ao pedido feito pela Direcção para que á capela de Santa Margarida fôsse confiada à guarda da Sociedade, lembra que novo apêlo se faça ao sócio benemérito o Exmo Sr. José Marques da Silva, a fim de que êste abalizado arquitecto patrocine perante o Conselho de Arte e Arqueologia, de que faz parte, a nossa pretensão, que representa a defesa dêsse histórico monumento.

O Sr. José de Pina, director dos Museus, diz que tendo observado cuidadosamente em companhia do anterior director, Exmo Sr. Capitão Francisco Martins Fernandes, o cálice de Serzedelo, depositado no cofre do Tesouro da Senhora da Oliveira, lhe surgiram dúvidas sôbre a autenticidade dêsse objecto, ali recolhido como sendo de valor artístico, pelo que imediatamente comunicou as suas impressões ao Sr. Presidente da Comissão Concelhia, sendo-lhe afirmado por êste e pelo Exmo Sr. Capitão Francisco Martins Fernandes que tinha sido aquele o cálice entregue ao Tesouro.

Foi resolvido agradecer ao Exmo Sr. Fernando da Costa Freitas, filho do saüdoso sócio fundador Dr. Avelino Germano da Costa Freitas, a oferta de uma colecção de calendários, diversas moedas, medalhas e fósseis.

Foram admitidos sócios: por proposta do Sr. Francisco da Silva Pereira Martins, o Sr. Albano Pires de Sousa; pelo Sr. Coronel Tibúrcio de Vasconcelos, a Exma Sr.ª D. Cândida Barbosa Pinto; pelo Sr. Manuel Pereira Mendes, o Sr. Ernesto Soares Barbosa de Oliveira; pelo Sr. Alberto Alves Vieira Braga, o Sr. Américo Alves Ferreira; pelo Sr. Aurélio da Silva Mendes, o Sr. Augusto Montes Guimarães.

Sessão de 5 de Novembro

Presidência do Exmo Sr. Dr. Éduardo d'Almeida, estando presentes os Directores Srs. Dr. Gonçalo Meira, Francisco da Silva Pereira Martins, Padre Anselmo da Conceição e Silva e José de Pina, Secretário.

O Sr. Presidente propôs se exarasse na acta um voto. de comovido sentimento pelas vítimas dos miseráveis atentados da noite de 19 de Outubro, os dedicados portugueses Machado Santos, Carlos da Maia, Freitas da Silva e dr. António Granjo, que tôda a sua vida honestamente consagraram, com êrros e virtudes, humanamente, ao engrandecimento da sua Pátria. Teve algumas palavras de repulsa pelo crime infamíssimo que, manchando indelèvelmente o nosso tempo de desnorteamento e amoralidade intelectual e política, sem um alto ideal humano, apenas de rudes, comezinhas, grosseiras paixões de riqueza e poderio, avassalando sem distinção tôdas as classes, dissolto de costumes, fácil e fértil de vãos e estultas filosofias, enlutou tôda a sociedade portuguêsa. Chora a sua alma de republicano ao ver, numa das freqüentíssimas convulsões que há tantos anos, como abalos sísmicos apenas escalavrando a terra portuguêsa, sulcam, sacodem e desorientam mais e mais a sociedade política, caírem mortos pela tigrina fereza de sombras tôrvas de criminosos, que os nossos ódios e dissenções açulam, íntegros caracteres e devotados lutadores. Fôra companheiro, na Assemblea Nacional Constituinte, de Machado Santos e Carlos da Maia, e qualquer que houvesse sido a distância de critério político, no momento, que os separara na execução dum programa afinal comum, sempre vira, nos dois marinheiros, dois lusos corações e duas almas bem formadas. António Granjo era figura muito querida ao seu espírito. Não pode, na esmagadora opressão do momento, salientar-lhe o belo, o rude, o admirável perfil de português às direitas. Mais alto que a sua palavra sem eco, fala, com eloqüência formidável, a dor, a indignação, a vergonha, o assombro de tôda a sociedade portuguêsa.

Todos se associaram-a esta sentida homenagem, sendo aprovado por unanimidade o voto proposto.

: · Em seguida o Sr. Presidente, referindo-se às obras da autoria do Sr. Dr. Costa Cabral, antigo Deputado por êste círculo, amigo de Guimarães e ilustre Director Geral da Instrução, que acabava de honrar esta colectividade oferecendo exemplares para a sua biblioteca, deseja que fique exarado na acta que a Sociedade Martins Sarmento se congratula por vê-lo sobraçar a pasta do Ministério da Instrução Pública, onde terá ocasião de corresponder ao que de S. Ex.ª há a esperar.

O Sr. Francisco Martins, tesoureiro, tendo tomado a seu cargo a elaboração das bases dum novo contrató de seguros distribuídos pelo edifício social, museus e biblioteca, apresentou os seus trabalhos à apreciação dos colegas e propôs que o seguro fôsse elevado a 200:000$00.

· Esta proposta, depois de apreciada e discutida nos seus detalhes, foi aprovada sem modificações.

Por último, aprecia a qualidade dos paramentos e dos objectos artísticos que a Ex.ma Comissão Concelhia dos Bens da Igreja ùltimamente entregou à guarda desta Sociedade, os quais foram recolhidos pelo Sr. Director dos museus na casa do Tesouro, e renova a proposta referente à organização do catálogo dos museus de arqueologia e do Tesouro da Oliveira.

·· Por proposta do Sr. P.e Anselmo da Conceição e Silva foram admitidos sócios os Srs. Drs. António Maia Aroso e António de Jesus Gonçalves.

Sessão de 23 de Novembro

· Presidência do Ex.mo Sr. Dr. Eduardo d'Almeida, presentes os Directores Sr. Drs. Gonçalo Meira, Francisco da Silva Pereira Martins e José de Pina, Secretário.

A Direcção manifestou o desejo de que ficasse consignado no princípio da acta o seguinte: Que viu com tristeza o modo como, por intermédio da Administração do Concelho e contra a opinião unânime de todos os que podem ter voto nestas questões de arte e monumentos nacionais, se fêz a entrega da Casa do

Cabido à Caïxà Geral dos Depósitos, pretendendo-se assim rematar esta malfadada questão.

O Sr. Presidente diz`que, em sessão de 23 de Abril de 1893, foi apresentado um ofício da Exma Câmara Municipal de Guimarães, acompanhando uma cópia da proposta aprovada e apresentada pelo vereador Dr. António Campos da Silva, na qual a Exma Câmara mandava publicar todos os documentos, incluindo os que existem na Tôrre do Tombo e das épocas mais remotas que se pudessem obter, formando volumes denominados *Anais do Município de Guimarães*. Constava também dessa proposta que se inserisse uma anuidade de 200$00 para custear as despesas que proviessem desta publicação e que da execução dêste trabalho fôsse encarregada a Sociedade Martins Sarmento, visto a sua índole se harmonizar bem com o assunto da proposta, solicitando ainda que, no caso de resposta afirmativa da parte da Sociedade, lhe fôssem indicadas quaisquer condições, para serem submetidas à aprovação superior. Deliberou-se então aceitar o honroso encargo de se promoverem os trabalhos necessários à realização dos fins a que se referia a proposta, dentro dos limites do subsídio votado; tomar o compromisso de, anualmente, prestar contas do modo como era aplicado e, finalmente, que a forma da publicação se fizesse aos fascículos, como o permitissem as fôrças do subsídio, ficando o Sr. Presidente encarregado de conferenciar com a Exma Câmara para estabelecer o necessário acôrdo sôbre o número de exemplares, sua distribuïção e destino.

Disse mais que em sessão de 1 de Maio de 1911 foi a Direcção informada pelo seu Secretário que a Exma Câmara nunca deixará de dar cabal cumprimento ao compromisso tomado e que nos orçamentos municipais era incluída a verba para êsse fim. Confiado êsse trabalho à muita competência do sócio honorário Exmo Sr. João Gomes d´Oliveira Guimarães, Abade de Tagilde, publicou-se o 1.º fascículo, 1.ª parte, que foi .distribuído segundo as condições estabelecidas, tendo dispendido esta Sociedade adiantadamente a quantia de 73$00, como se pode ver das respectivas contas. Ficou calculado que para o que faltava para concluir o 2.º fascículo, com a importância adiantada pela Sociedade, com as despesas do 1.º fascículo e de parte do 2.º, acrescidas do correio para as bibliotecas e para o estranjeiro, a Ex.ᵐᵃ Câmara poderia dispor, nêsse tempo, da quantia de 180$00.

Na sessão da Direcção, realizada em 15 de Maio do mesmo ano, resolveu-se comunicar ao Ex.ᵐᵒ Sr. Abade de Tagilde a deliberação da Câmara, lida nessa sessão, pela qual havia sido votada a verba de 180$00 para a continuação da publicação dos *Anais*, a qual seria incluída no primeiro orçamento suplementar a organizar.

Tendo falecido no dia 20 de Abril de 1912 o Ex.ᵐᵒ Sr. Abade de Tagilde, que estava encarregado do trabalho da publicação do *Vimaranis Monvmenta Historica* (Anais do Município de Guimarães), delibérou a Direcção, em sessão de 3 de Maio do mesmo ano, tornar efectiva a indicação feita pelo Ex.ᵐᵒ Sr. Abade de Tagilde dando como substituto o Ex.ᵐᵒ Sr. Dr. João de Meira, que pela natureza dos seus estudos predilectos, era quem devia tomar êsse encargo, com honra para esta Sociedade e para a cidade de Guimarães, faltando para a conclusão da 2.ª parte compor o índice dos nomes próprios, toponímicos, erratas e imprimir a carta corográfica do concelho de Guimarães.

Por último propõe, sendo unânimemente aprovado, que se oficiasse à Ex.ᵐᵃ Câmara, expondo-lhe o estado em que se encontram êsses trabalhos, tais como se haviam organizado, solicitando-lhe que fôsse votada a verba necessária para a sua conclusão, a qual nunca poderia ser inferior a 1.500$00 e também a entrega da carta corográfica; foi resolvido que se oficiasse ao nosso consócio Sr. João Lopes de Faria, aceitando, com muito agrado, o seu oferecimento para finalizar êsses trabalhos, para o que o auxiliaria o Sr. Presidente.

Referindo-se à entrega da Capela de S. Jorge (Casa do Tribunal) que a Ex.ᵐᵃ Câmara em tempos fêz a esta Sociedade, lembra a conveniência de encarregar o nosso Director Sr. José de Pina de investigar do melhor modo de ali poder fazer uma visita, requisitando da Ex.ᵐᵃ Câmara as chaves da referida Capela.

Tendo-se o Ex.ᵐᵒ Sr. Nogueira de Brito, distinto jornalista e arqueólogo, ocupado amàvelmente no diário «Imprensa da Manhã» do momentoso assunto da *Casa do Cabido*, resolveu a Direcção agradecer-lhe o áuxílio do seu valor moral e comunicar-lhe o estado actual da questão.

Pelo Sr. Francisco Martins foi proposto e admitido sócio o Sr. António Teixeira Mendes; e o Sr. José Adão Pereira da Silva que, por esquecimento, não foi mencionado na acta de Junho.

———————

A Sociedade recebeu desde 1 de Setembro a 30 de Novembro as seguintes ofertas, pelas quais de novo consignamos o nosso sincero agradecimento aos generosos oferentes.

Para a biblioteca:

Livros

A. Ménicí Malheiro, 1 volume;
D. Emília de Sousa Costa, 1 volume;
João Serafim da Silva Ribeiro, o 1.º ano do «A. B. C.»;
Ordem Terceira de S. Francisco, 1 folheto;
Universidade de Coimbra, 1 volume;
J. Schulman, 1 volume;
Ministério das Finanças, 4 volumes;
Maximiano de Aragão, 1 folheto;
Instituto Histórico do Minho, 2 folhetos;
Júlio de Lemos, 1 folheto;
Instituto de Viseu, 1 folheto.

Para a colecção das revistas e jornais:

Nós — Boletín mensual da cultura galega — N.º 7 — Sumário: «...!», por Xavier Prado; «A Embaixada espiritual de Leonardo Coimbra e o Criacionismo»; «De Xúpiter y-os Xigantes», por Primitivo Sanjurjo; «Seición Arqueolóxica»; «Caricatura do pintor João Peralta», por Alvaro Cebreiro; «Archivo filolóxico e etnográfico de Galisia»; «O concurso da Revista «Mondariz», por X. G.; «Os homes, os feitos, as verbas», pol-a Redaución; «Libros, Revistas e xornaes» — ;

Luza — Revista dirigida por Cláudio Bastos e Pedro Vitorino — Viana do Castelo, Ano III, n.º 56, Abril e Dezembro de 1920 — Sumário: «Literatura dos contos populares», por J. L. de Vasconcelos; «Kimono ou dinheiro?», por Wenceslau de Morais; «A propósito de uma poesia», por Cândido de Figueiredo; «Respiga literária», por Gomes de Brito; «Um rasgo de Nun'Alvares», por Figueiredo da Guerra; «Cartas etnográficas» — ;

A Nossa Revista — Mensário fundado por alunos da Faculdade de Letras do Pôrto — N.os 4 e 5, ano 1.º — Sumários : «O outro», Reis Pereira; «Saüdade», Alvaro de Morais; «Evolução», Machado Falcão; «O amor platónico», Leonardo Coimbra; «Sonho Oriental», António de Sousa; «Soneto», António da Silva Gomes; «Da originalidade na literatura portuguêsa», H. Cidade; «O Dia a Noite», Ernesto Alexandrino; «Adoração — Cânticos de amor — Leonardo Coimbra», (apreciação), António de Sousa; «Noite», Teixeira de Pascoais; «O discurso de Fedre», Trad. Angelo Ribeiro; «Poesia do Outono», Júlio Maria; «Mortes Sequiosas», Salgado Júnior; «Quadras», Afonso Guimarães; «Da Arte de ser Cavaleiro», Augusto Casimiro; «Ao Luar», «Escuta», Baltasar Valente; «Analogias», Helena Lousada; «Para Ela», Mateus de Macedo; «Trindades», Horácio Fontes; «Costumes do Norte», Alice de Almeida; «Arquivo mensal» — ;

A. B. C. — Director, Rocha Martins — Revista portuguêsa interessantíssima, publicação semanal; ilustrações e colaboração primorosas, de flagrante actualidade — ;

Revista Económica — Arquivo mensal dos interêsses da Indústria, Comércio e Seguros — Ano I, n.os 1 a 10 — Pôrto — Director, José Vitorino Ribeiro — Sumário do n.º 10: «Ideas presidenciais sôbre a situação actual do país», I. V. R.; «Onze anos de República — Falando à nação»; «O Govêrno»; «A política financeira do govêrno»; «Gás e Electricidade — Golpe de vista retrospectivo da questão»; «Associação dos jornalistas»; «País essencialmente agrícola», Albano de Sousa; «Exposição do Rio de Janeiro e Feira de Lisboa»; «A pauta dos impostos camarários no Pôrto»; «Os vinhos licorosos no parlamento da Noruega», A. Edmond Santos; «Os acontecimentos de Lisboa»; «Os italianos no Brasil»; «Feira do Pôrto — Esboço descritivo»; «Questões de seguros — Tipo único de apólice»; «Livros»; «Notícias económicas e financeiras»; «Câmbios» — ;

Agros — Boletim da Associação dos Estudantes de Agronomia e periódico de propaganda agrícola — Director e Editor, Alberto Veloso de Araújo — Maio e Junho de 1921 — Sumário : «Notas da «Semana Agrícola», Loureiro Ferreira; «O ensino doméstico agrícola», M. S.; «A Terra da Tapada da Ajuda» (conferência), Filipe Eduardo de Almeida Figueiredo; «Economia agrícola», Albano Pacheco; «Secção de flores ornamentais», M. S.; «Arborização» — ;

A Aguia — Órgão da Renascença Portuguêsa — Red. e Adm., Rua dos Mártires da Liberdade, Pôrto — N.os 109, 110 e 111 — Sumário : «Literatura — Gomes Leal», Ricardo jorge; «Um soneto de Antero de Quental»; «Os descobrimentos dos portugueses e a viagem de Magalhães», Alberto de Oliveira; «Alma», Mário Beirão; «O velho do Restelo», Afrânio Peixoto; «A aleluía das horas mortas», Augusto Casimiro; «Monumento a Fernão de Magalhães em Punta Arenas», Guelherme Cordoba; «Panorama da cidade de Natal e Foz do Rio Potengy»; «Retrato e *fac-simile* dum artigo de Antero»; «Agua forte», A. C.; «A reacção contra os intrusos», Rocha Pombo; «Aos estudantes promotores da trasladação dos restos mortais de Antero de Quental», António Sérgio; «A Celebração do Centenário de Magalhães pelo Chile»; «Exposição de História e Arte Retrospectiva no Rio de Janeiro»; «Carta do Brasil»; «Bibliografia»; «Academia Brasileira»; «Homenagem a dois Poetas» — ;

Gazeta das Aldeias — Semanário ilustrado de propaganda agrícola e vulgarização de conhecimentos úteis, fundado em 1896 — Director, Júlio Gama — ;

Arquivos da História da Medicina Portuguêsa — Nova série, XII ano, 1921 — Sumário : «Sôbre barbeiros sangradores do Hospital de Lisboa», por Costa Santos; «A morte de D. João II», por Maximiano Lemos; «Um inédito de Gomes Coelho»; «Manuel Constâncio — O Páreo Português» (continuação), por Augusto de Castro; «A teratologia nas tradições populares» (conclusão), por J. A. Pires de Lima — ;

Boletim da Sociedade de Geografia — 1920, n.os 3 a 12 — Sumário : «O presente e o futuro de Macau», por Jaime Luso; «L'anti-alcoolisme au Mozambique», por George Tribolet; «O rio Cunene no distrito de Mossâmedes», por José Manuel da Costa; «Musa-Quanto o Namuali», por Carlos Roma Machado; «Inspecções das circunscrições civis do distrito de Inhambane», por Joaquim Nunes; «Movimento social»; «Índice da 38.ª Série» — ;

Boletin de la Comision Provincial de Monumentos Historicos y Artisticos de Orense — Sumário : Júan Dominguez Fontela, «Importantes hallargos em La Guardia»; «La Iglesia de Santa Comba de Bande declarada Monumento Nacional»; «Acuerdos de la Comision»; «Bibliografia»; Juan A. Saco y Arce, «Literatura popular de Galicia»; M. Castro y M. Martinez Sueiro, «Documentos del Archivo Catedral de Orense» (continuação) — .

Imprensa da Manhã, Lisboa;

Gazeta das Aldeias, Pôrto;

Correio da Manhã, Lisboa;

Aurora do Lima, Viana do Castelo;

A Opinião, Lisboa;

O Comércio do Pôrto Mensal, Pôrto;

O Oriente Português, Nova Goa;

O Bom Pastor, Gaia;

O Comércio de Guimarães;

O Cristão Baptista, Pôrto;

Diário de Notícias, Lisboa;

O Jornal do Comércio, Lourenço Marques;

A Luz e Verdade, Pôrto;

A Pátria, Lisboa;

A Paz, Famalicão;

Portugal, Madeira e Açôres, Lisboa;

O Primeiro de Janeiro, Pôrto;
O Progresso Católico, Pôrto;
O Teosofista, Rio de janeiro;
Jornal de Notícias, Pôrto;
A União, Lisboa;
A Esfinge, Pôrto;
O Lavrador, Pôrto;
Le Progrès Civique, Paris;
Povo de Anadia;
O Distrito de Portalegre;
Jornal de Cantanhede;
O Vilarealense;
Jornal de Felgueiras;
Bairrada Elegante;
Voz de Guimarães;
Jornal de Albergaria;
Noticias de Melgaço;
A Voz de Sintra;
Campeão das Provincias, Aveiro;
Ecos de Tomar;
Correio dos Açores (diário), Ponta Delgada;
Jornal das Taipas;
Jornal de Abrantes.

Para os museus :

Simão Ribeiro, 1 pedra de armas;
Simão Costa, 10 cédulas de várias Câmaras Municipais;
Bento dos Santos Costa & C.ª, 12 notas;
Dr. David da Silva Oliveira, 1 ânfora e 7 machados de pedra;
Coronel António Tibúrcio de Vasconcelos, 3 medalhas comemora-
tivas duma exposição de avicultura;
Fernando da Costa Freitas, 117 moedas, 20 medalhas, 3 pedras em
forma de concha, 1 punhal vátua, 1 caixa com areia saída de
Samora Correia;
João do Couto, 1 sêlo em bronze, de D. João VI;
Alberto Meira, 6 cédulas;
José Adão Pereira da Silva, 4 cédulas;
Alberto Alves Vieira Braga, 7 cédulas.

JOSÉ DE PINA.

No intuito de bem trazermos os dignos sócios da *Sociedade Martins Sarmento*, os nossos leitores e amigos, a par dos assuntos que interessam esta colectividade e da forma como a Direcção procura desempenhar o seu mándato, e dando-se ordinàriamente o caso de a *Revista de Guimarães*, que àquele efeito consagra desde o seu início uma secção especial — Boletim ou Crónica —, ser publicada no decurso do trimestre respectivo e não precisamente no primeiro mês, que lhe serve de data, resolvemos inserir, conforme já fizemos em nosso número anterior, o extracto das actas das sessões realizadas até ao momento de seguir pàra a tipografia o Boletim.

CORRIGINDO E LEMBRANDO

Dos lapsos no último número notaremos os seguintes:

Página 121, linha 12, *impedia*   por impelia.
    »   121   »   36, *1763*   »   1863.
    »   126   »   10, *1509*   »   1059.
    »   148   »   38, *a pontos* de   »   a ponto de.
    »   190   »   4, *1812*   »   1842.
    »   207   »   42, *Zámora*   »   Zamora.
    »   215   »   16, *facha*   »   faixa.
    »   226   »   15, *vêm*   »   vêem.
    »   227   »   29, *quaisqueres*   »   quaisquer.

Dêste número:

Página 306, linha 4, *dem enina*   por de menina.
    »   327   »   2, *e a uma*   »   e uma.

*

Aos nossos queridos colaboradores lembramos e pedimos a fineza de nos advertirem sempre dos lapsos mais reparáveis. Redobram assim o nosso fundo reconhecimento, quando seja em artigos da sua lavra, e triplicá-lo hão, quando o penhorante altruísmo os houver descoberto em seara alheia.

LISTA DOS SÓCIOS

DA

SOCIEDADE MARTINS SARMENTO

Sócios honorários

Alvaro (Dr.) de Castro, Lisboa.
António (Conselheiro) Carlos Coelho de Vasconcelos Pôrto, Lisboa.
António (Dr.) José de Almeida, Lisboa.
Bernardino (Dr.) Machado Guimarães, Lisboa.
Bernardo Moreira de Sá, Pôrto.
Conde de Agrolongo, Lisboa.
Condé de Paçô-Vieira, Guimarães.
Delfina (D.) Rosa de Oliveira Cardoso.
Domingos José Ribeiro Calixto, Guimarães.
Francisco dos Santos Guimarães, Guimarães.

Gaspar (Dr.) de Queirós Ribeiro, Marco.
Guilherme Afflalo, Foz.
João (Conselheiro) Ferreira Franco Pinto Castelo Branco, Fundão.
José (Dr.) Maria Vilhena Barbosa de Magalhães, Lisboa.
Joaquim (Dr.) José de Meira, Guimarães.
Joaquim de Vasconcelos, Pôrto.
José (Padre) Joaquim Gomes, Vizela.
José Marques da Silva, Pôrto.
Manuel (Dr.) Marinho de Castro Falcão, Pôrto.
Maria (D.) de Madre de Deus Freitas Aguiar Martins Sarmento, Guimarães.

Sócios correspondentes

Adolfo Salazar, Pôrto.
Alberto (Dr.) Osório de Castro.
António Arroio, Lisboa.
Conde de Bretiandos, Lisboa.
Félix (Dr.) Alves Pereira.
Francisco (Dr.) Tavares Proença, Castelo Branco.
João Lopes de Faria, Guimarães.

João (Dr.) de Vasconcelos e Menezes, Marco.
José (Padre) Rafael Rodrigues, Vila Pouca de Aguiar.
José (Dr) Leite de Vasconcelos, Lisboa.
Ricardo Severo da Fonseca e Costa, S. Paulo.
Visconde de Meireles.

Sócios efectivos

Abel de Oliveira Bastos.
Abel de Vasconcelos Cardoso.
Abel (Dr.) de Vasconcelos Gonçalves.
Abílio (Padre) Augusto de Passos.
Adelaide (D.) Sofia Monteiro de Meira.
Adelino (Dr.) Adélio Leão Costa, Pôrto.
Adelino Joaquim Neves.
Adelino Lemos, Abrantes.
Adelino (Dr.) Ribeiro Jorge. ... ...
Adolfo Antunes Oliveira Guimarães.
Adriano Trêpa Ramos.
Adrião (Padre) Neves Saraiva.
Afonso da Costa Guimarães.
Afonso (Coronel) Mendes.
Agostinho (Padre) Antunes de Azevedo, Vila do Conde.
Agostinho Fernandes Rocha.
Agostinho Oliveira Bastos.
Alberto Alves Vieira Braga.
Alberto Cardoso Martins de Menezes Macedo.
Alberto da Costa Guimarães.
Alberto da Cunha e Castro.
Alberto Gomes Alves.
Alberto Gomes Pereira de Sousa, Lisboa.
Alberto (Dr.) Martins Fernandes.
Alberto (Dr.) de Oliveira Lobo.
Alberto Pereira Dias.
Alberto Pimenta Machado.
Alberto (Dr.) Ribeiro de Faria.
Alberto (Dr.) Ribeiro Jorge.
Alberto (Dr.) Rodrigues Ferreira da Silva.
Alberto Rodrigues de Figueiredo.
Alberto Rodrigues Milhão.
Alberto (Cónego) da Silva Vasconcelos.
Alberto de Sousa Pinto.
Alberto Teixeira Carneiro.
Alcino (Coronel) da Costa Machado.
Alexandrino Pereira da Costa Guimarães.
Alfredo da Cunha Guimarães.
Alfredo (Dr.) Dias Pinheiro.

Alfredo (Padre) João da Silva Correia.
Alfredo José de Sousa Félix.
Alfredo (Dr.) de Oliveira de Sousa Peixoto.
Alvaro da Costa Carvalho.
Alvaro da Costa Guimarães.
Alvaro Ferra.
Alvaro Jorge Guimarães, Sande.
Alvaro (Dr.) José da Silva Básto, Coimbra.
Alvaro (Dr.) Ribeiro da Costa Sampaio, Famalicão.
Amadeu da Costa Carvalho.
Américo Alves Ferreira.
Américo Veloso.
André (Comendador) Avelino Lopes Guimarães, Pôrto.
Angélica (D.) Pizarro de Almeida.
Anselmo (Padre) da Conceição e Silva.
Antão de Lencastre.
Antónia (D.) de Araújo Fernandes Leite Castro.
António Alves Martins Pereira.
António (Major) Alves Viana, Braga.
António de Araújo Salgado.
António Augusto de Almeida Ferreira.
António (Conselheiro) Augusto Fernandes Braga, Lisboa.
António (Padre) Augusto Monteiro.
António (Dr.) Baptista Leite de Faria, Lisboa.
António do Carmo Pereira de Andrade.
António (Padre) de Castro Mouta Reis.
António (Dr.) Coelho da Mota Prego.
António da Costa Guimarães.
António (General) Eduardo Alves de Noronha.
António Emílio da Costa Ribeiro.
António Faria Martins.
António Ferreira de Melo Guimarães.
António (Alferes) Françisco de Almeida.

António (Dr.) Francisco Portas, Vizela.
António de Freitas, Pôrto.
António (Dr.) de Freitas Ribeiro, Pôrto.
António (Cónego) Hermano Mendes de Carvalho, Louzada.
António José da Costa Braga.
António José Pereira de Lima.
António José Pereira Rodrigues.
António (Dr.) José Rodrigues Toriz.
António (Dr.) José da Silva Basto Júnior.
António José da Silva Ferreira.
António (Capitão) José Teixeira de Miranda.
António Leite Castro Sampaio Vaz Vieira.
António Lopes de Carvalho.
António Lopes Martins.
António Luís da Silva Dantas.
António (Dr.) Maria do Amaral e Freitas.
António Maria Rebelo de Magalhães, Fafe.
António Nicolau de Miranda.
António de Pádua da Cunha Monteiro.
António Peixoto da Costa.
António Pereira de Campos.
António Pereira Guimarães.
António Pereira de Lima, Pôrto.
António Pereira Mendes.
António Pereira da Silva.
António da Silva Cunha, Pôrto.
António (Padre) Teixeira de Carvalho.
António Teixeira de Carvalho, Pôrto.
António Teixeira de Carvalho e Sousa Cirne, Foz.
António Teixeira de Melo, Pôrto.
António (Coronel) Tibúrcio Pinto Carneiro de Vasconcelos.
António (Dr.) Vicente Leal Sampaio, Póvoa de Varzim.
António Vieira de Andrade.
António Virgem dos Santos.
Armando da Costa Nogueira.
Armando Humberto Gonçalves.
Aristeu Pereira.
Arminda Peixoto, Pôrto.
Artur Fernandes de Freitas.

Artur (Capitão) Jorge Guimarães, Foz.
Artur de Oliveira Sequeira.
Artur (Dr.) Ribeiro de Araújo Faria.
Augusto (Tenente) César de Morais.
Augusto (Tenente) César Salgado.
Augusto Gomes de Castro Ferreida Cunha.
Augusto (Dr.) José Domingues de Araújo.
Augusto (Dr.) Luciano Guimarães.
Augusto Mendes da Cunha.
Augusto Mendes da Cunha e Castro.
Augusto Montes Guimarães.
Augusto Pinto Areias.
Augusto de Sousa Passos.
Aurélio da Silva Mendes, Vizela.
Avelino (Capitão-tenente) Augusto da Silva Monteiro, Lisboa.
Avelino Teixeira Meireles.
Baronesa de Pombeiro de Riba-Vizela.
Belmiro Mendes de Oliveira.
Benjamim de Matos.
Bento da Costa Caldas.
Bento José Leite.
Bernardino Faria Martins.
Carlos Abreu.
Carlos (Alferes) Augusto Gonçalves Coelho.
Cacilda (D.) Neves de Castro Guimarães, Pôrto.
Carolina (D.) Teixeira, Lisboa.
Casimiro Martins Fernandes.
Cipriano Baptista Guimarães.
Cristina (D.) Martins de Queirós Montenegro.
David (Dr.) da Silva Oliveira.
Delfina (D.) Emilia Carneiro Martins.
Delmina (D.) Simões de Araújo.
Diocleciano Costa, Pôrto.
Dinis Teixeira Lobo, Felgueiras.
Domingos Antonio de Freitas Júnior.
Domingos Ferreira de Oliveira Guimarães.
Domingos Francisco Guimarães.
Domingos Gonçalves, Lisboa.
Domingos (Padre) José da Costa Araújo.

Domingos José Pires.
Domingos Leite de Castro.
Domingos Machado.
Domingos Marques.
Domingos Martins Fernandes.
Domingos Pereira Mendes.
Domingos Ramos Pinheiro.
Domingos Ribeiro.
Domingos Ribeiro da Cunha Mendes.
Domingos (Dr.) Ribeiro Dias da Silva.
Domingos Ribeiro Martins da Costa.
Domingos Ribeiro da Silva Guimarães, Pôrto.
Domingos (Padre) da Silva Gonçalves.
Domingos (Padre) da Silva Pereira.
Domingos (Dr.) de Sousa Júnior.
Duarte (Tenente-coronel) do Amaral Pinto de Freitas.
Duarte (Capitão) Ferreri de Gusmão Sousa Fraga.
Eduardo (Dr.) d'Almeida. -
Eduardo (Dr.) Augusto de Freitas, Lixa.
Eduardo Lemos Mota.
Eduardo Passos.
Eduardo Pizarro de Almeida.
Eduardo da Silva Guimarães.
Eduardo Vieira da Cruz Pinto de Almeida.
Egídio Alvaro Marques.
Eleutério (Dr.) Adolfo Moreira da Fonseca, Foz.
Elísio Teixeira de Carvalho.
Emílio Castelar Guimarães.
Ernesto de Vasconcelos, Pôrto.
Eugénio da Costa Vaz Vieira.
Eugénio Teixeira Leite Bastos.
Felicidade (D.) Rosa de Araújo Figueiras de Sousa.
Filinto (Dr.) Elísio Vieira da Costa.
Florêncio Leite Lage.
Florêncio (Dr.) Lobo.
Fernando António de Almeida.
Fernando Augusto da Costa Freitas, Lisboa.
Fernando (Dr.) Gilberto Pereira.
Fernando José de Freitas.
Fernando Lindoso.

Fernando (Dr.) Lopes de Matos Chaves.
Fernando Ribeiro.
Francisco (Padre) António Peixode Lima.
Francisco (Padre) Antunes de Almeida.
Francisco de Assis Abreu Almeida.
Francisco de Assis Costa Guimarães.
Francisco de Assis Pereira Mendes.
Francisco Baptista Coelho da Silva.
Francisco da Costa Jorge.
Francisco Faria.
Francisco (Padre) Fernandes da Silva.
Francisco Gonçalves Guimarães.
Francisco Inácio da Cunha Guimarães, Pevidém. -
Francisco Joaquim de Freitas.
Francisco José Ribeiro.
Francisco Lopes de Matos Chaves.
Francisco Martins Fernandes.
Francisco (Capitão) Martins Fernandes Júnior.
Francisco (Major) Martins Ferreira.
Francisco Pereira da Silva Quintas.
Francisco Pinto Coelho Soares de Moura.
Francisco Pinto de Quéirós, Lisboa.
Francisco Ribeiro da Cunha Mendes.
Francisco Ribeiro Martins da Costa.
Francisco (Dr.) da Silva Garcia, Taipas.
Francisco da Silva Pereira Martins.
Gaspar (Padre) da Costa Roriz. .
Gaspar (Tenente-Coronel) do Couto Ribeiro Vilas.
Gaspar (Padre) Nunes.
Gaspar Pereira Leite de Magalhães e Couto.
Gonçalo (Dr.) Loureiro Montenegro Dá Mesquita Paúl, Pôrto.
Gonçalo (Dr.) Monteiro de Meira.
Gualdino Abreu Pereira.
Guilhermino Augusto Barreira.

Heitor da Silva Campos.
Helena (D.) Arminda Cardoso Go-
mes Teixeira de Meira.
Helena (D.) Gomes T. de Meira.
Henrique (Dr.) Cardoso de Mene-
zes, Conde de Margaride.
Henrique (Dr.) Rodrigues de Oli-
veira Sá.
Henrique de Sousa Correia Gomes.
Hermano (Padre) Amândio Men-
des de Carvalho. -
Jerónimo Antonio de Almeida.
Jerónimo (Dr.) Gonçalves d'Abreu,
Silvares.
Jerónimo Pereira de Lima.
João António de Almeida.
João (Dr.) António de Almeida
Júnior.
João António Sampaio.
João (Dr.) Antunes Guimarães,
Pôrto.
João Baptista de Sousa.
João Cardoso de Menezes Martins.
João Carlos de Carvalho.
João (Dr.) da Costa Santiago de
Carvalho e Sousa.
João Eduardo Alves Lemos, Extre-
moz.
João Eduardo Gonçalves, Lisboa.
João de Faria e Sousa Abreu.
João Fernandes de Freitas.
João Fernandes de Melo.
João (Dr.) Ferreira da Silva Gui-
marães, Silves.
João Gomes de Abreu Lima.
João Gomes Teixeira de Meira.
João José Ribeiro de Abreu, Sil-
vares.
João (Padre) Luís Caldas.
João (Dr.) Martins de Freitas.
João Mendes Fernandes.
João Monteiro.
João (Padre) de Oliveira.
João (Dr.) de Oliveira Bastos.
João de Paiva Leite Faria Brandão.
João (D.) Pedro Peixoto da Silva
Bourbon.
João Pereira Mendes.
João (Padre) António Ribeiro.
João (Dr.) Ribeiro da Costa Sam-
paio Cardoso, Braga.
João (Dr.) Rocha dos Santos.
João Rodrigues Loureiro.
João Serafim da Silva Ribeiro.

João da Silva Marques Júnior.
João de Sousa Neves.
João Teixeira Aguiar.
Joaquim de Almeida Guimarães.
Joaquim Antunes de Castro.
Joaquim (Dr.) Augusto Machado.
Joaquim Cardoso Guimarães.
Joaquim da Costa Vaz Vieira.
Joaquim Faria Martins.
Joaquim José Novais.
Joaquim Luciano Guimarães.
Joaquim Patrício Saraiva.
Joaquim Pereira Mendes.
Joaquim Ribeiro da Silva.
Joaquim (Dr.) Roberto de Carva-
lho, Pôrto.
Joaquim da Silva Eugénio.
Joaquim Lopes de Sousa Neves.
Joaquim de Sousa Pinto.
Joaquim Teixeira de Carvalho.
José Adão Pereira da Silva.
José António de Castro Júnior.
José António Fernandes Guima-
rães.
José Augusto Ferreira da Cruz.
José Bernardo Forte Côrte-Real,
Foz.
José Borges Teixeira de Barros.
José Caetano Pereira.
José (Dr.) Cardoso de Menezes,
Lisboa.
José (Padre) Carlos Alves Vieira.
José (Padre) Carlos Simões Velo-
so de Almeida.
José Costa.
José da Costa Carneiro.
José da Costa Santos Vaz Vieira.
José (Dr.) Duarte Pinheiro.
José (Abade) do Egipto Vieira,
Braga.
José Elói de Freitas Garcia.
José Fernandes.
José Fernandes da Costa Abreu.
José Figueiras de Sousa.
José Francisco Gonçalves Guima-
rães.
José de Freitas Costa Soares.
José de Freitas Guimarães.
José de Freitas Soares, Pôrto.
José Garcia.
José Gonçalves.
José Gonçalves Barroso.
José Henriques Dias.
José Jacinto Júnior.

José (Alferes) Joaquim Guedes Go-
mes.
José (Dr.) Joaquim de Oliveira
Bastos.
José Joaquim Vieira de Castro.
José (Dr.) Júlio Vieira Ramos,
Barcelos.
José Luís de Pina.
José (Capitão) Marcelino Barreira.
José Maria Baptista Ribeiro.
José Maria Cerqueira Machado,
Negrelos.
José Maria Leite Júnior.
José (Dr.) Maria de Moura Ma-
: chado.
José (Padre) Maria da Silva.
José Marques Coelho, Pôrto.
José Marques Guimarães, Pôrto.
José Martins Fernandes.
José Martins Júnior.
José Mendes de Oliveira.
José Mendes Ribeiro, Pevidém.
J. M. Ribeiro Guimarães, Pôrto.
José Neves Pereira.
José Nicolau de Miranda.
José Pinheiro.
José Pinheiro Guimarães.
José de Pinho, Amarante.
José Pinto de Almeida.
José (Alferes) Pinto Gonçalves Cor-
rea.
José Pinto de Sousa e Castro, Vi-
zela.
José (D.) Pinto Tavares de Men-
donça Ferrão.
José Pinto Teixeira de Abreu.
José Ribeiro Moreira de Sá e Me-
lo, Vizela.
José (Padre) Rodrigues Fernandes.
José Rodrigues Júnior, Pevidém.
José (Dr.) Sebastião de Menezes,
Pevidém.
José da Silva Guimarães.
José (Dr.) da Silva Monteiro, Foz.
José Soares Barbosa de Oliveira.
José de Sousa Lima.
José de Sousa Passos.
José Teixeira de Carvalho Júnior.
José Teixeira dos Santos.
Júlio António Cardoso.
Justino José da Silva.
Leovegildo Ribera.
Lino Teixeira de Carvalho, Lisboa.
Luís Afonso Vieira Aguiar.

Luís (Capitão) Augusto de Pina
Guimarães.
Luísa (D.) Cardoso de Macedo
Martins de Menezes.
Luís Cândido Lopes.
Luís Cardoso de Menezes.
Luís Faria.
Luís Gonzaga Pereira.
Luís José Gonçalves Basto.
Luís Miguel Leite de Castro.
Luís da Silva Branco.
Luís do Souto.
Luís Teixeira de Carvalho.
Madalena (D.) Baptista Sampaio.
Malaquias (Capitão) Augusto de
Sousa Guedes.
Manuel A. Pereira Duarte.
Manuel António Pacheco Guima-
rães.
Manuel Augusto Ribeiro de Mi-
randa.
Manuel Caetano Martins.
Manuel de Castro Sampaio.
Manuel da Costa Pedrosa.
Manuel da Cunha Machado.
Manuel Fernandes Braga.
Manuel Fernandes Guimarães;
Gondomar.
Manuel Fernandes de Oliveira e
Castro.
Manuel Ferreira Guimarães.
Manuel de Freitas.
Manuel Gomes dos Santos Oli-
velra.
Manuel de Jesus e Sousa.
Manuel Joaquim da Cunha.
Manuel Joaquim Marques, Gon-
domar.
Manuel Joaquim Pereira de Car-
valho.
Manuel José de Carvalho.
Manuel José Rodrigues, Pevidém.
Manuel Lourenço Marques Gui-
marães.
Manuel Martins Barbosa de Oli-
veira.
Manuel Martins Fernandes.
Manuel Martins Fernandes Gui-
marães.
Manuel Mendes de Oliveira.
Manuel Monteiro de Oliveira.
Manuel (Dr.) Moreira Júnior.
Manuel Pereira Bastos.
Manuel Pereira Mendes.

Manuel da Silva Barbosa.
Manuel Soares Moreira Guimarães.
Manuel de Sousa Guize.
Marcelino (Dr.) Fernandes.
Maria (D.) Adelaide Monteiro de Meira.
Maria (D.) de Araújo Fernandes.
Maria (D.) Beatriz Monteiro de Meira Vieira Ramos.
Maria (D.) do Carmo Pinheiro Osório Sarmento, Lisboa.
Maria (D.) da Glória de Sousa Bandeira.
Maria (D.) Josefina da Costa Freitas.
Maria (D.) da Natividade Simões e Silva.
Maria (D.) de Oliveira Almeida.
Maria (D.) Reis.
Mário Gomes Alves.
Mário Dias Pinto da Costa.
Mário Joaquim Queirós.
Mário (Capitão) de Vasconcelos Cardoso.
Miguel (Dr.) Mendonça Monteiro, Aveiro.
Modesta (D.) Martins de Sá.
Nicolau (Dr.) da Silva Gonçalves.
Oscar Pires.

Paulo Lobo Machado de Meío Sampaio.
Pedro (Dr.) de Barros Rodrigues.
Pedro Pereira de Freitas.
Pedro (Dr.) Pereira da Silva Guimarães.
Porfírio Mendes Ribeiro, Pevidém.
Raúl (Capitão) Brandão.
Raúl Rocha.
Ricardo (Dr.) de Freitas Ribeiro.
Rodrigo Augusto Lopes Pimenta.
Rodrigo José Leite Dias.
Rogério (Alferes) dos Santos.
Rosa (D.) Araújo Fernandes.
Rosa (D.) Emília Pereira de Freitas.
Sebastião Teixeira de Carvalhó, Lisboa.
Serafim (Conselheiro) Antunes Rodrigues Guimarães, Briteiros.
Serafim José Pereira Rodrigues.
Silvino Alves de Sousa.
Simão da Costa Guimarães.
Simão Eduardo Alves Neves.
Simão Pinheiro Ribeiro Guimarães.
Simão Ribeiro.
Vicente Pinheiro Ribeiro.
Virgínia (D.) Adelaide Monteiro de Meira.

Sócios falecidos

Abílio (Dr.) da Costa Torres.
Agostinho (Dr.) António do Souto (sócio honorário).
Alberto (Dr.) da Cunha Sampaio (sócio honorário).
Albano Ribeiro Belino (sócio correspondente).
Alberto Alves da Silva.
Álvaro da Cunha Berrance.
Antero (Dr.) Campos da Silva.
António (Padre) Afonso de Carvalho.
António Augusto da Rocha Peixoto (sócio correspondente).
António Augusto da Silva Caldas.
António Augusto da Silva Cardoso (sócio honorário).
António Caires Pinto de Madureira.

António Cândido Augusto Martins.
António da Costa Guimarães.
António (D.) da Costa (sócio honorário).
António (Comendador) Fernandes de Araújo Guimarães.
António Ferreira dos Santos (sócio correspondente).
António (Padre) Gualberto Pereira.
António Joaquim da Costa Guimarães.
António Joaquim de Meira.
Antonio (Dr.) José da Costa Santos.
Antonio José da Silva Bastos.
António Peixoto de Matos Chaves.

António (Padre) José Ferreira Caldas.
António José Pinto Guimarães.
António Leal de Barros e Vasconcelos.
António Luís Carneiro.
António Mendes Guimarães.
António Manuel de Almeida.
António (Dr.) Manuel Trigo.
António Martins de Queirós. ·
António da Silva Carvalho Salgado.
António (Cónego) da Silva Ribeiro.
Augusto Leite da Silva Guimarães.
Avelino (Dr.) Germano da Costa Freitas (sócio honorário).
Avelino (Dr.) da Silva Guimarães (sócio iniciador).
Artur (Capitão) Augusto da Fonseca Cardoso (sócio correspondente).
Barão de Pombeiro de Riba-Vizela.
Bernardino (Padre) Fernandes Ribeiro de Faria.
Bernardino Rebelo Cardoso de Menezes.
Bráulio (Dr.) Lauro Pereira da Silva Caldas.
Caetano (Dr.) Mendes Ribeiro.
Carlos A. Bezêrra do Rêgo Cardoso.
Carlos (General) Maria dos Santos.
Conde de S. Bento.
Conde de Margaride.
Conde de Vila-Pouca (sócio honorário).
Condessa de Margaride.
Custódio (Padre) José Bragança.
Custódio José de Freitas.
Damião (Capitão) Martins Pereira de Menezes.
Domingos António de Freitas.
Domingos José Ferreira Júnior (sócio iniciador).
Domingos José Ribeiro Guimarães.
Domingos José de Sousa Júnior.
Domingos Leite de Castro (sócio honorário).
Domingos Martins Fernandes.
Domingos Ribeiro da Costa Sampaio.
Domingos (Padre) Ribeiro Dias.
Domingos Ribeiro Martins da Costa (benemérito protector).

Eduardo Araújo Moura e Castro.
Eduardo Manuel de Almeida.
Eugénio da Costa Vaz Vieira.
Félix António Lopes Guimarães.
Fernando de Vasconcelos Fernandes.
Fortunato (Padre) Casimiro da Silva Gama (benemérito protector).
Fortunato José da Silva Basto.
Francisco António Alves Mendes.
Francisco António de Sousa da Silveira.
Francisco Jácome.
Francisco Joaquim Gomes Santa-Cruz.
Francisco José de Carvalho e Oliveira Júnior.
Francisco (Dr.) Martins Gouveia de Morais Sarmento (1.º sócio honorário).
Francisco da Silva Monteiro. ·
Gaspar Loureiro de Almeida Cardoso Paúl.
Geraldo (Dr.) José Coelho Guimarães.
Guálter Martins da Costa. ·
Henrique (Dr.) Ferreira Botelho (sócio correspondente).
Inácio (General) Teixeira de Menezes.
Ilídio (Dr.) Aires Pereira do Vale (sócio honorário).
Jerónimo de Castro.
Jerónimo Peixoto de Abreu Vieira.
Jerónimo Guálter Martins Navarro Vaz Nápoles.
Jerónimo (Dr.) Pereira Leite de Magalhães e Couto.
João António Gouveia Moreira Guimarães.
João (Abade) Antonio Vaz da Costa Alves.
João Antunes Guimarães (sócio honorário).
João (General) Augusto Pereira de Eça de Chaby.
João (Tenente) Baptista Barreira (sócio honorário).
João Crisóstomo.
João de Castro Sampaio.
João (Dr.) de Deus (sócio honorário).
João Gualdino Pereira. ·
João Jacinto.

João Joaquim de Oliveira Bastos.
João Lopes Cardoso.
João (Dr.) de Melo Sampaio.
João (Dr.) Monteiro de Meira.
João Pereira da Silva Guimarães.
João Pinto Coelho Simães.
João Ribeiro Jorge.
Joaquim António da Cunha Guimarães.
Joaquim (Padre) Augusto Pedrosa (sócio correspondente).
Joaquim (Prior) Ferreira de Freitas.
Joaquim Ferreira Moutinho (benemérito protector).
Joaquim Ferreira dos Santos.
Joaquim José da Cunha Guimarães (benemérito) protector.
Joaquim (Conselheiro) Maria Pereira Boto.
Joaquim Martins de Macedo e Silva.
Joaquim Martins de Menezes.
Joaquim Martins de Oliveira Costa.
Joaquim Ribeiro Gonçalves Guimarães.
José do Amaral Ferreira.
José (Reitor) António Fernandes Guimarães.
José Augusto Ferreira da Cunha.
José (Dr.) de Barros da Silva Carneiro, Marco.
José Correia de Matos.
José (Dr.) da Cunha Sampaio (sócio iniciador).
José (Dr.) Eugénio de Almeida Castelo-Branco.
José Ferreira Mendes da Paz.
José (Dr.) de Freitas Costa.
José Henriques Pinheiro.
José Joaquim da Costa.
José Joaquim Ferreira Monteiro.
José Joaquim Monteiro de Meira.
José (Dr.) Joaquim da Silva Pereira Caldas (sócio honorário).
José Luís Ferreira.
José (Cónego) Maria Gomes (sócio honorário).
José Martins da Costa.
José Martins de Queirós.
José Mendes da Cunha.
José Menezes de Amorim.
José Miguel da Costa Guimarães.

José Ribeiro Martins da Costa.
José da Silva Caldas.
José (Conselheiro) Tomás Ribeiro Fortes (sócio correspondente).
José (Tenente) Vieira de Faria.
Lopo (Conselheiro) Vaz de Sampaio e Melo (sócio honorário).
Luís (Dr.) Augusto Vieira.
Luís Lopes Cardoso.
Luís (Comendador) Martins Pereira de Menezes.
Luís Martins de Queirós.
Luís (Dr.) Ribeiro Martins da Costa.
Luís dos Santos Leal.
Manuel Augusto de Almeida Ferreira.
Manuel (Conselheiro D. Prior) de Albuquerque.
Manuel (Abade) Augusto Esteves Vaz.
Manuel Baptista Sampaio.
Manuel (Abade) Duarte de Macedo (sócio correspondente).
Manuel de Castro Sampaio.
Manuel (Comendador) da Cunha Guimarães Ferreira (sócio honorário).
Manuel (Padre) Ferreira Ramos.
Manuel José Cerqueira Júnior.
Manuel Lopes Cardoso.
Manuel Pereira Guimarães.
Manuel Pinheiro Caldas Guimarães.
Manuel Pinheiro Guimarães.
Manuel Ribeiro de Faria.
Manuel Ribeiro Germano Guimarães.
Manuel Vieira de Castro Brandão.
Maria (D.) Alexandrina Vieira Marques (sócia honorária).
Maria (D.) Macrina Ribeiro.
Maria (D.) do Carmo Lobo Leite de Castro.
Mariano Augusto da Rocha.
Mariano (Conselheiro) Cirilo de Carvalho (sócio honorário).
Marquês de Lindoso.
Miguel (Dr.) Tóbim de Cerqueira Braga.
Nicolau José da Silva Gonçalves.
Pedro Belchior da Cruz.
Pedro Lobo Machado Cardoso de Menezes.

Roberto Vítor Germano.
Rodrigo Augusto Alves.
Rodrigo (Capitão) Augusto de Sousa Queirós.
Rodrigo (Dr.) de Freitas Araújo Portugal.
Rodrigo (Dr.) Teixeira de Menezes.
Rodrigo Venâncio da Costa Viana (benemérito protector).
Rufino Luís Ferreira.

Simão Alves de Almeida Araújo.
Teotónio (Dr.) Rebelo Teixeira.
Tomás (General) Júlio, da Costa Sequeira.
Tomás Pedro da Rocha.
Visconde do Paço de Nespereira.
Visconde de Sanches de Baêna (sócio protector).
Visconde de Sendelo.
Viscondessa de Roriz.
Visconde de Taíde.

Aureliano da Cruz Fernandes.
Casimiro Vasco Leão (benemérito protector).
Emiliano Abreu.

Francisco Ribeiro Martins da Costa (sócio honorário).
João (Abade) Gomes de Oliveira Guimarães (sócio honorário).

ÍNDICE DO XXXI VOLUME

Lightning Source UK Ltd.
Milton Keynes UK
UKHW021311221118
332685UK00010B/1825/P